인공지능 시대를 위한

컴퓨터 과학 개론

지은이 **정기철** kcjung@ssu.ac.kr

경북대학교 컴퓨터공학과에서 석사와 박사 학위를 취득했다. 현재는 숭실대학교 IT대학 글로벌미디어학부 교수로 재직 중이며, 인공지능과 HCI(Human-Computer Interaction) 등의 분야를 공부하고 있다. 급변하는 IT 환경 속에서 단순히 지식이나 기술의 전달 및 암기 위주의 공부를 하는 것보다 기본적인 원리에 대한 이해, 문제 해결 방법 등이 더 중요하다고 느끼며 이를 위한 수업 방법 및 저서를 개발하기 위해 노력하고 있다. 저서로는 『체험! 자료구조』(연두에디션, 2018), 『컴퓨터 구조』(연두에디션, 2018), 『그림을 그리며 배우는 프로세싱 언어』(숭실대학교출판부, 2017), 『게임을 만들며 배우는 C 언어』(홍릉과학출판사, 2016), 『체험 인공지능』(홍릉과학출판사, 2016), 『게임을 만들며 배우는 프로세싱 기초』(홍릉과학출판사, 2016) 등이 있다.

- https://sites.google.com/site/itselfuniv/

인공지능 시대를 위한 컴퓨터 과학 개론

초판발행 2020년 6월 19일
5쇄발행 2026년 1월 31일

지은이 정기철 / **펴낸이** 전태호
펴낸곳 한빛아카데미(주) / **주소** 서울시 서대문구 연희로2길 62 한빛아카데미(주) 2층
전화 02-336-7112 / **팩스** 02-336-7199
등록 2013년 1월 14일 제2017-000063호 / **ISBN** 979-11-5664-495-8 93000

총괄 박현진 / **기획·편집** 김성무 / **교정** 이수희 / **진행** 박하나
디자인 표지 박정화 내지 이아란 / **전산편집** 이소연 / **제작** 박성우, 김정우
영업 김성삼, 이정훈, 임현기, 이성훈, 김주성, 심지연

이 책에 대한 의견이나 오탈자 및 잘못된 내용은 출판사 홈페이지나 아래 이메일로 알려주십시오.
파본은 구매처에서 교환하실 수 있습니다. 책값은 뒤표지에 표시되어 있습니다.
홈페이지 www.hanbit.co.kr / 이메일 question@hanbit.co.kr

Published by HANBIT Academy, Inc. Printed in Korea

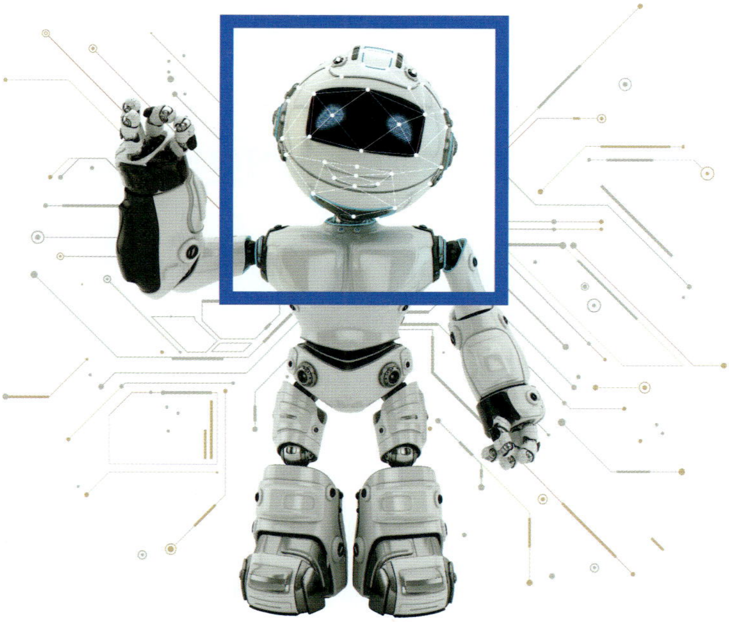

인공지능 시대를 위한

컴퓨터 과학 개론

정기철 지음

한빛아카데미
Hanbit Academy, Inc.

인공지능 시대의
컴퓨터 과학 전반을 짚어보는 필수 교양서

2016년 다보스포럼(Davos Forum)에서 경제학자 클라우스 슈밥(Klaus Schwab)이 4차 산업혁명(The Fourth Industrial Revolution)이라는 개념을 처음 제시하면서 우리는 바야흐로 4차 산업혁명 시대에 돌입했습니다. 아직 4차 산업혁명 시대에 대한 의미가 명확히 정립된 것은 아니지만 최근의 논의를 종합해 보면, '인공지능을 중심으로 한 첨단 ICT 기술이 사회 전반에 융합되어 혁신적인 변화가 일어나는 차세대 산업혁명'이라고 할 수 있습니다.

이 책은 이러한 인공지능 시대에 컴퓨터 과학의 원리를 알고 싶어 하는 학생과 일반 독자를 대상으로 하며, 전개상 다음과 같은 특징을 가지고 있습니다.

- 대부분의 컴퓨터 개론 서적이 컴퓨터와 관련된 세부 주제를 챕터별로 나누어 설명한다면, 이 책은 각 주제를 보다 통합적인 관점에서 익힐 수 있도록 하드웨어와 소프트웨어, 소프트웨어 사용자와 개발자 등의 관점에서 복합적으로 설명합니다.
- ICT 기술이 빠르게 발전함에 따라 예전에 중요하게 다뤘던 내용이 지금은 덜 중요하게 여겨지기도 합니다. 이 책은 핵심 컴퓨터 이론을 중심으로 설명하되 최신 기술에 대한 내용도 포함시켜 시대 흐름에 따른 기술 변화를 살펴볼 수 있도록 합니다.
- 컴퓨터와 연관된 기술, 문화, 사회 현상 등을 다각도로 설명하여 ICT 융합 분야를 공부하는 사람들에게 도움을 줍니다. 이러한 기술이 향후에 어떻게 전개될지 조망하는 식으로 설명했기 때문에 단순 지식 습득을 넘어 실생활에서 도움을 얻을 수 있습니다.

아울러 교재로써 다음과 같은 특징을 가지고 있습니다.

- 컴퓨터 기초부터 인공지능까지 컴퓨터 과학의 전반을 체계적으로 정리할 수 있습니다. 특히 4차 산업혁명 시대의 빅데이터, 사물인터넷, 가상현실(VR), 증강현실(AR), 인공지능(AI) 등의 기술을 두루 살펴볼 수 있습니다.

- 프로그래밍 언어 챕터에서는 누구나 쉽게 배울 수 있는 파이썬 언어로 실습하면서 프로그래밍 원리를 이해할 수 있습니다.
- 시각적으로 표현한 도식과 퀄리티 높은 이미지를 통해 재미있게 학습할 수 있습니다.
- 연습문제는 암기 내용을 테스트하는 문제가 아닌 여러 현상에 대한 고찰을 유도하는 문제로 자신만의 견해를 정리해 볼 수 있습니다.

이 책을 집필하기 위해 참고했던 수많은 책, 그리고 참고할 수 있도록 소중한 자료들을 인터넷에 올려 주신 많은 분들께 감사드립니다. 그 정보들이 없었다면 저는 이 책의 1/10도 완성하지 못했을 것입니다. 그래서 저도 제 웹 사이트(https://sites.google.com/site/itselfuniv/)에 책과 관련한 멀티미디어 자료나 인터넷 자료들을 최대한 정리해 올릴 예정입니다. 이를 바탕으로 단순 이론서가 아니라, 컴퓨터 과학 입문자들에게 다양한 분야를 소개하는 종합 서적으로서 역할을 수행할 수 있길 바랍니다.

책을 마무리하기까지 도움을 준 고마운 사람들이 참 많습니다. 특히 저보다 더 고생한 한빛아카데미(주)의 김성무 과장님께 감사의 말씀을 드립니다. 또한 책을 탈고하는 과정에서 아직 완성되지 않은 교재로 열심히 수업을 들어준 숭실대학교 IT대학의 글로벌미디어학부 학생들에게도 감사의 말을 전합니다. 학생 여러분들이 전해 준 피드백이 이 책의 완성도를 높이는 데 가장 중요한 부분을 차지하였습니다. 마지막으로 마음의 안정과 사랑의 기쁨을 전해 준 부모님, 힘이 되어 준 아내 현주와 두 아들 성혁, 성범에게도 감사의 마음을 전합니다.

저자 **정기철**

이 책의 사용 설명서

강의 보조 자료

한빛아카데미 홈페이지에 '교수회원'으로 가입하신 분은 인증 후 교수용 강의 보조 자료를 제공받을 수 있습니다. 한빛아카데미 홈페이지 상단의 〈교수전용공간〉 메뉴를 클릭해 주세요.

http://www.hanbit.co.kr/academy

연습문제 해답 안내

이 책은 대학 강의용 교재로 개발되었으므로 연습문제 해답은 제공하지 않습니다.

무엇을 다루는가

1장 ICT 기술과 컴퓨터
ICT 기술과 컴퓨터에 대한 전반적인 내용과 미래 컴퓨팅 기술에 대해 알아봅니다.

2장 데이터 표현과 논리회로
컴퓨터의 데이터 표현 방법과 논리회로에 대한 전반적인 내용을 이해합니다.

3장 컴퓨터 구조
컴퓨터 시스템이 어떻게 구성되어 있는지와 이를 어떻게 제어하는지에 대해 학습합니다.

4장 소프트웨어와 운영체제
소프트웨어와 운영체제의 개념을 알아보고, 운영체제가 컴퓨터를 관리하는 방법을 이해합니다.

5장 프로그래밍 언어
프로그래밍 언어에 대해 알아보고, 파이썬을 이용해 기초 프로그래밍 문법을 파악합니다.

6장 자료구조
자료구조의 개념에 대해 이해하고, 선형 자료구조와 비선형 자료구조에 대해 알아봅니다.

7장 알고리즘
알고리즘의 전반적인 내용에 대해 이해하고, 정렬 알고리즘과 검색 알고리즘을 학습합니다.

8장 데이터베이스와 빅데이터
데이터베이스의 전반적인 내용을 학습하고, 빅데이터에 대해 알아봅니다.

9장 데이터 통신과 네트워크
데이터 통신을 이해하고, 네트워크에 대한 내용과 네트워크 교환 방식 및 분류를 학습합니다.

10장 인터넷과 모바일 컴퓨팅
인터넷, 모바일 컴퓨팅, 사물인터넷에 대한 전반적인 내용에 대해 알아봅니다.

11장 정보 보안
정보 보안의 개념과 기술에 대해 이해하고, 패러다임이 어떻게 변화하고 있는지 살펴봅니다.

12장 멀티미디어
멀티미디어의 개념과 구성 요소에 대해 이해하고, 응용 기술에 대해 살펴봅니다.

13장 인공지능
인공지능과 기계학습에 대해 알아보고, 인공신경망의 개념과 구조에 대해 학습합니다.

구성 요소

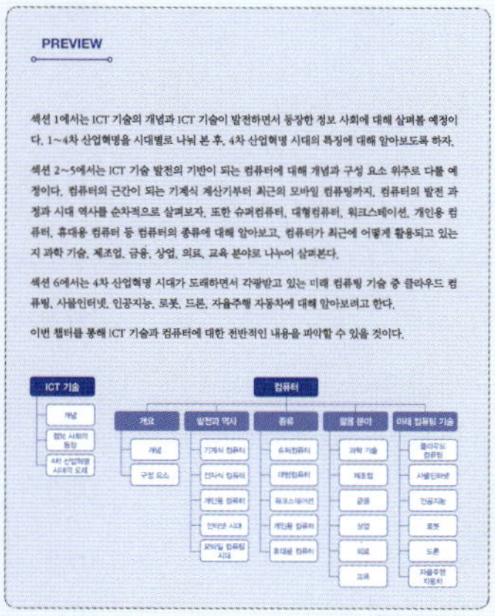

Preview

각 챕터에서 다룰 내용을 큰 맥락에서 미리 살펴볼 수 있도록 도식과 함께 간략하게 정리하였습니다.

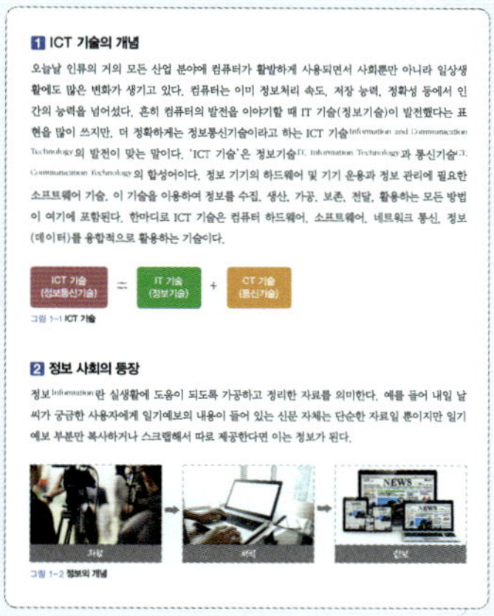

본문

그림과 표를 활용하여 컴퓨터 개론의 주요 개념을 세심하게 설명하였습니다.

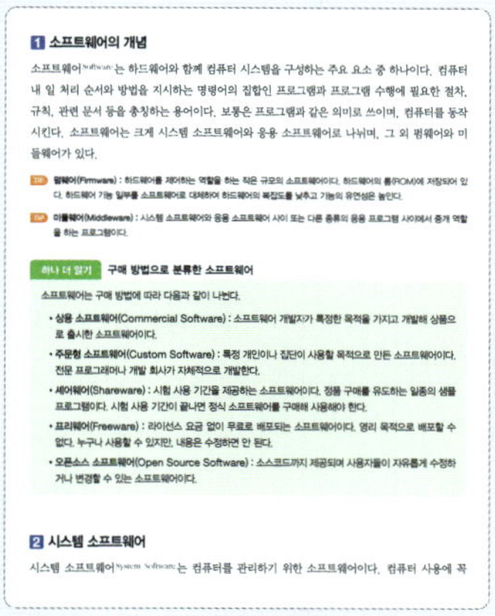

하나 더 알기/TIP

본문에서 다루지는 않지만 알아 두면 도움이 되는 참고 사항을 담았습니다.

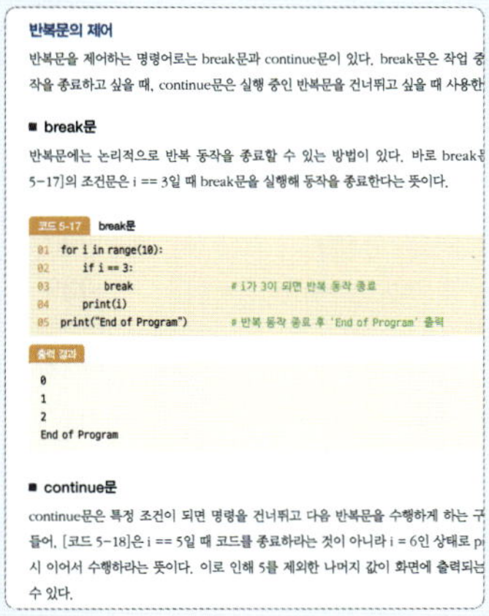

코드/출력 결과

실제 파이썬으로 프로그래밍했을 때의 실행 과정과 출력 결과를 함께 담았습니다. 파이썬 윈도우용 버전에서 코드를 입력하며 실습해 봅니다.

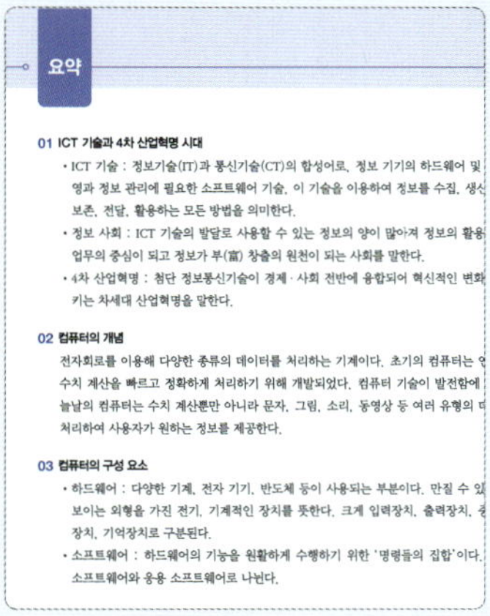

요약

각 챕터가 끝날 때마다 핵심 내용을 간략히 요약해 정리하였습니다. 앞서 배운 내용을 한눈에 파악할 수 있습니다.

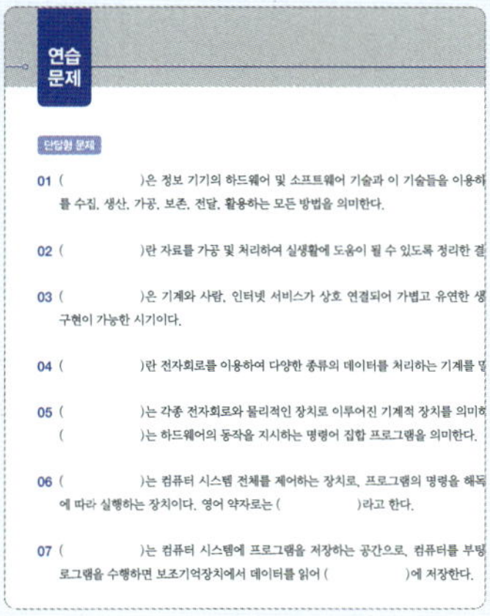

연습문제

각 챕터 마지막에 본문에서 익힌 내용을 단답형/객관식/주관식으로 풀어 볼 수 있도록 문제를 제시하였습니다.

목차

CHAPTER 02 데이터 표현과 논리회로

CHAPTER 03 컴퓨터 구조

목차

CHAPTER 05 프로그래밍 언어

CHAPTER 06 자료구조

목차

목차

CHAPTER 11 정보 보안

CHAPTER 12 멀티미디어

목차

CHAPTER 13 인공지능

CHAPTER 01

ICT 기술과 컴퓨터

01 ICT 기술과 4차 산업혁명 시대

02 컴퓨터의 개요

03 컴퓨터의 역사

04 컴퓨터의 종류

05 컴퓨터의 활용 분야

06 미래 컴퓨팅 기술

요약

연습문제

학습목표

- ICT 기술과 정보 사회를 이해하고, 어떻게 4차 산업혁명 시대가 도래했는지 알아본다.
- 컴퓨터의 개념과 기본적인 구성 요소에 대해 살펴본다.
- 컴퓨터의 역사를 시대별로 파악한다.
- 컴퓨터의 종류에 대해 학습한다.
- 컴퓨터가 어떤 분야에서 어떻게 활용되고 있는지 알아본다.
- 미래 컴퓨팅 기술에 대해 이해한다.

PREVIEW

섹션 1에서는 ICT 기술의 개념과 ICT 기술이 발전하면서 등장한 정보 사회에 대해 살펴본다. 1~4차 산업혁명을 시대별로 나눠 본 후, 4차 산업혁명 시대의 특징에 대해 알아보도록 하자.

섹션 2~5에서는 ICT 기술 발전의 기반이 되는 컴퓨터에 대해 개념과 구성 요소 위주로 다룰 것이다. 컴퓨터의 근간이 되는 기계식 계산기부터 최근의 모바일 컴퓨팅까지, 컴퓨터의 발전 과정과 시대 역사를 순차적으로 살펴본다. 또한 슈퍼컴퓨터, 대형컴퓨터, 워크스테이션, 개인용 컴퓨터, 휴대용 컴퓨터 등 컴퓨터의 종류에 대해 알아보고, 컴퓨터가 최근에 어떻게 활용되고 있는지 과학 기술, 제조업, 금융, 상업, 의료, 교육 분야로 나누어 학습한다.

섹션 6에서는 4차 산업혁명 시대가 도래하면서 각광받고 있는 미래 컴퓨팅 기술 중 클라우드 컴퓨팅, 사물인터넷, 인공지능, 로봇, 드론, 자율주행 자동차에 대해 알아본다.

이번 챕터를 통해 ICT 기술과 컴퓨터에 대한 전반적인 내용을 파악할 수 있을 것이다.

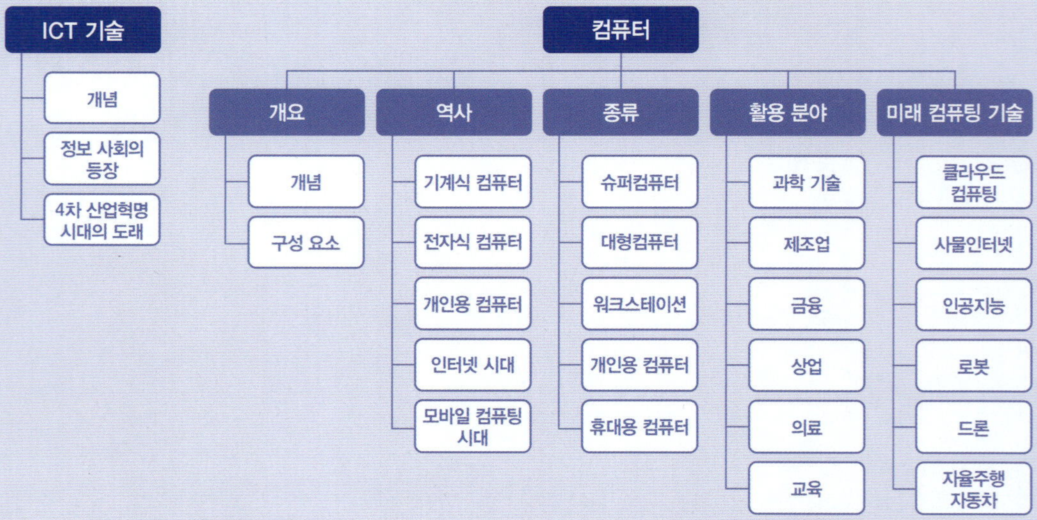

SECTION 01 ICT 기술과 4차 산업혁명 시대

1 ICT 기술의 개념

오늘날 인류의 거의 모든 산업 분야에 컴퓨터가 활발하게 사용되면서 사회뿐만 아니라 일상생활에도 많은 변화가 생기고 있다. 컴퓨터는 이미 정보처리 속도, 저장 능력, 정확성 등에서 인간의 능력을 넘어섰다. 흔히 컴퓨터의 발전을 이야기할 때 IT 기술(정보기술)이 발전했다는 표현을 많이 쓰지만, 더 정확하게는 정보통신기술이라고 하는 ICT 기술Information and Communication Technology의 발전이 맞는 말이다. 'ICT 기술'은 정보기술IT, Information Technology과 통신기술CT, Communication Technology의 합성어이다. 정보 기기의 하드웨어 및 기기 운용과 정보 관리에 필요한 소프트웨어 기술, 이 기술을 이용하여 정보를 수집, 생산, 가공, 보존, 전달, 활용하는 모든 방법이 여기에 포함된다. 한마디로 ICT 기술은 컴퓨터 하드웨어, 소프트웨어, 네트워크 통신, 정보(데이터)를 융합적으로 활용하는 기술이다.

그림 1-1 ICT 기술

2 정보 사회의 등장

정보Information란 실생활에 도움이 되도록 가공하고 정리한 자료를 의미한다. 예를 들어 내일 날씨가 궁금한 사용자에게 일기예보의 내용이 들어 있는 신문 자체는 단순한 자료일 뿐이지만 일기예보 부분만 복사하거나 스크랩해서 따로 제공한다면 이는 정보가 된다.

그림 1-2 정보의 개념

정보 사회Information Society란 ICT 기술의 발달로 정보의 양이 많아져 모든 업무의 중심이 정보 활용으로 이루어지고 정보가 부(富) 창출의 원천이 되는 사회를 말한다. 1980년대에 이르러, 대니얼 벨Daniel Bell과 앨빈 토플러Alvin Toffler 등의 미래학자들은 정보 사회를 예견했다. 그리고 20세기 말, 인터넷이 기하급수적인 속도로 보급되면서 정보 사회가 고도화되었다. 21세기에는 스마트폰의 대중화와 사물인터넷IoT, Internet of Things, 증강현실 등 새로운 ICT 신기술이 출현하면서 단순 정보 사회가 아닌 '4차 산업혁명 시대'로 돌입했다.

하나 더 알기 **앨빈 토플러의 세 가지 물결**

앨빈 토플러는 인류 문명 역사에서 일어난 몇 번의 커다란 변혁을 '물결'이라 정의하며, 제3의 물결을 예측하였다. 그가 제시했던 세 가지의 물결은 다음과 같다.

- **제1의 물결 :** 원시 수렵 및 채집 문명에서 농업사회로의 변화를 이끈 '농업 혁명'
- **제2의 물결 :** 증기기관의 발명으로 인한 '산업 혁명'
- **제3의 물결 :** 컴퓨터의 발명으로 인한 '정보 혁명'

3 4차 산업혁명 시대의 도래

4차 산업혁명The Fourth Industrial Revolution은 2016년 세계경제포럼인 다보스포럼Davos Forum에서 클라우스 슈밥Klaus Schwab 회장이 처음 제시한 개념이다. 용어에 대한 논의가 아직 충분히 이루어지지 않아 그 의미가 명확히 정립된 것은 아니다. 하지만 최근의 논의를 종합해 보면 '인공지능, 사물인터넷, 빅데이터, 모바일 등 첨단 ICT 기술이 경제·사회 전반에 융합되어 혁신적인 변화가 일어나는 차세대 산업혁명'으로 정의해 볼 수 있다.

4차 산업혁명은 속도, 범위, 영향력 등의 측면에서 3차 산업혁명과 차별화될 것이다. 그래서 인류가 한 번도 경험해 보지 못한 새로운 시대가 열릴 것이라고 전망하고 있다. 4차 산업혁명의 주요 특징으로는 획기적인 기술 진보, 산업 재편, 전반적인 시스템의 변화 등을 꼽는다.

표 1-1 1~4차 산업혁명 분류와 설명

구분	설명
1차 산업혁명	• 18세기 영국, 증기기관의 발명과 기계식 생산 방식이 도입되면서 시작됨 • 농업과 수공업 경제에서 기계를 사용하는 제조업 경제로 전환됨
2차 산업혁명	• 19세기, 컨베이어 벨트가 도입되자 분업과 자동화 생산이 확대되면서 시작됨 • 자동차 등의 제조업 제품을 공급자 중심으로 대량생산함
3차 산업혁명	• 1970년대 자동화 대량생산 체계가 도입되면서 시작, 현재까지 지속되고 있음 • 제조업의 디지털화와 자동화가 시작됨
4차 산업혁명	• 기계와 사람, 인터넷 서비스가 상호 연결되어 가볍고 유연한 생산 체계 구현 가능 • 대형 맞춤 생산이 가능한 생산 패러다임으로 진화할 것으로 예상됨

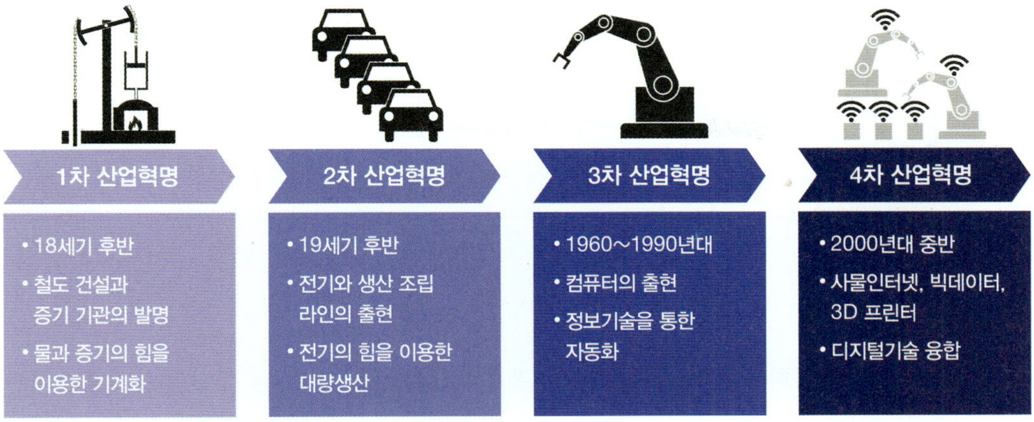

그림 1-3 1~4차 산업혁명의 주기별 분류

SECTION 02

컴퓨터의 개요

1 컴퓨터의 개념

컴퓨터Computer란 전자회로를 이용하여 다양한 종류의 데이터를 처리하는 기계이다. 개발 초기만 해도 컴퓨터는 인간보다 수치 계산을 빠르고 정확하게 처리하기 위해 사용되었다. 그러나 오늘날의 컴퓨터는 수치 계산뿐만 아니라 문자, 그림, 소리, 동영상 등 여러 유형의 데이터를 처리하여 사용자가 원하는 맞춤 정보를 제공하는 일까지 수행한다.

컴퓨터의 특징을 간략하게 정리하면 다음과 같다.

- **신속성 :** 빠르고 신속하게 정보를 처리할 수 있다.
- **정확성 :** 오류나 오차를 최소화하여 계산할 수 있다.
- **자동성 :** 입출력을 비롯한 처리 과정 전체를 자동화할 수 있다.
- **대량성 :** 대량의 데이터를 처리하고 저장할 수 있다.

하나 더 알기 컴퓨터와 추상화

컴퓨터와 같은 복잡한 대상을 이해하기 위해서는 개념들을 추상화하여 이해하는 것이 편리하다. 추상화에 대한 이해를 바탕으로 컴퓨터의 기본 구성 요소를 살펴보자.

피에트 몬드리안(Piet Mondrian)의 추상화는 수직, 수평선, 사각형이 가지는 느낌을 미적으로 담아내고 있다. 절제된 색 표현도 작품의 완성도에 기여하고 있지만, 균형 잡힌 선의 배치는 작품의 전체적인 구도를 형성한다. 이와 같은 추상화(Abstraction) 기법은 예술 외 분야에서도 유용한데, 시스템 설계사나 컴퓨터 프로그래머 등이 세부적인 사항에 신경 쓰지 않고 핵심에만 집중할 수 있도록 도와준다.

물론 예술과 기술 분야에서 추상화가 가지는 의미는 서로 다르다. 예술에서는 작가의 생각이나 느낌을 단순화하거나 강조하려는 것이 목적이라면, 기술에서는 복잡한 시스템을 단계별로 단순화함으로써 문제를 이해하고 해결하려는 목적이 강하다. 하지만 예술이든 기술이든 추상화의 기본 정의는 같다. 바로, 복잡한 문제를 핵심적인 것부터 다루거나 표현하는 방법이라는 점이다.

그림 1-4 몬드리안의 추상화

2 컴퓨터의 구성 요소

컴퓨터는 종류가 다양한 것에 비해 내부 구조는 거의 같다. 각각의 컴퓨터가 가지고 있는 세부적인 내용도 중요하지만, 일단 컴퓨터 시스템 고유의 특징만 간추려 본질적인 면을 살펴보고자 한다.

컴퓨터는 크게 하드웨어와 소프트웨어로 구성된다. 하드웨어는 각종 전자회로와 물리적인 장치로 이루어진 기계적 장치를 뜻하며, 소프트웨어는 하드웨어의 동작을 지시하는 명령어 집합 프로그램을 의미한다. 소프트웨어는 하드웨어와의 긴밀성에 따라 다시 시스템 소프트웨어와 응용 소프트웨어로 나뉜다. 그러므로 하드웨어와 소프트웨어의 역할과 서로 간의 관계를 잘 알면 전체 시스템을 이해하는 데 큰 도움이 될 것이다.

[그림 1-5]는 하드웨어에서 응용 소프트웨어까지의 관계를 순서대로 나타낸 도식이다. 컴퓨터와 같은 복잡한 대상을 설명할 때는 이처럼 계층적으로 추상화하여 설명하는 것이 좋다.

그림 1-5 **컴퓨터 시스템의 계층 구조**

하드웨어

하드웨어Hardware는 다양한 기계, 전자 기기, 반도체 등에 사용되는 부분으로, 만질 수 있으며 눈에 보이는 외형을 가진 전기, 기계적인 장치이다. 현대사회에서 고속 컴퓨팅이 가능한 이유는 하드웨어의 비약적인 발전 덕분이다. 하드웨어는 소프트웨어와 다르게 한 번 제작하여 설치되면 수정이 어렵다.

하드웨어는 크게 입력장치, 출력장치, 중앙처리장치, 기억장치로 구분된다.

- **입력장치(Input Device)** : 외부로부터 문자, 소리, 그림, 영상 등의 데이터를 받아들이는 장치이다. 대표적인 입력장치로 키보드, 마우스, 스캐너 등이 있다.

- **출력장치(Output Device) :** 수행된 결과를 문서나 그림 형태로 전달하는 장치이다. 대표적인 출력장치로 모니터, 프린터, 스피커 등이 있다.

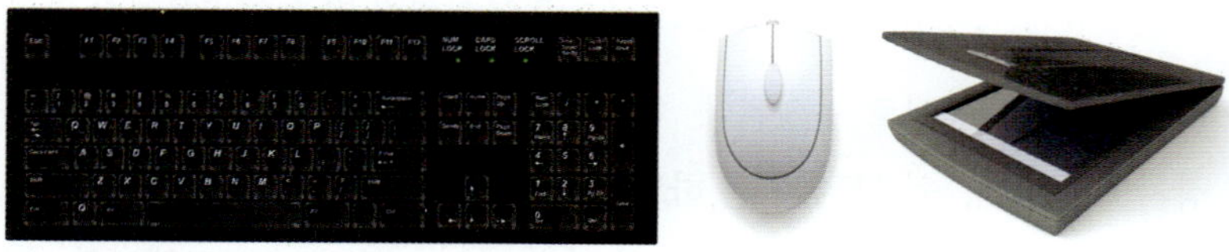

(a) 입력장치

(b) 출력장치

그림 1-6 **입력장치와 출력장치 종류**

- **중앙처리장치(CPU, Central Processing Unit) :** 컴퓨터 시스템 전체를 제어하는 장치로, 프로그램의 명령을 해독해 실행한다. 모든 컴퓨터의 작동 과정이 중앙처리장치의 제어를 받기 때문에 컴퓨터의 두뇌에 해당한다. 중앙처리장치는 레지스터, 연산장치, 제어장치로 구성되어 있다.
- **주기억장치(Main Memory) :** 주기억장치는 컴퓨터 시스템에 프로그램을 저장하는 공간으로, 컴퓨터를 부팅하여 프로그램을 수행하면 보조기억장치에서 데이터를 읽어 주기억장치에 저장한다. 주기억장치에는 램RAM, Random Access Memory과 롬ROM, Read Only Memory 등이 있다.

(a) 중앙처리장치(인텔 코어™ i7) (b) 램(DDR3) (c) 롬(DB59000)

그림 1-7 **중앙처리장치와 주기억장치 종류**

소프트웨어

소프트웨어Software는 하드웨어의 기능을 원활하게 수행하기 위한 '명령들의 집합'이다. 소프트웨어는 시스템 소프트웨어와 응용 소프트웨어로 나뉜다.

TIP 컴퓨터의 범용성(General-purpose, Versatility)은 소프트웨어에 기반한다. 여기서 범용성이란 동일한 하드웨어 내에서 소프트웨어를 변경해 다양한 목적으로 활용할 수 있게 함을 의미한다.

- **시스템 소프트웨어(System Software) :** 컴퓨터를 관리하기 위한 소프트웨어나 사용자에게 편의 기능을 제공하는 소프트웨어를 포함해, 컴퓨터 사용에 필수적인 프로그램들을 뜻한다. 대표적인 시스템 소프트웨어로는 운영체제Operating System, 컴파일러Compiler, 어셈블러Assembler 등이 있다.
- **응용 소프트웨어(Application Software) :** 워드프로세서, 웹 브라우저, 컴퓨터 게임 등 특정 업무를 할 때 필요한 프로그램들을 말한다. 컴퓨터 사용자가 직접 적용해 쓰는 소프트웨어이다.

SECTION

03

컴퓨터의 역사

컴퓨터의 역사를 통해 컴퓨팅 기술의 발전을 예측하는 것은 매우 흥미로운 일이다. 컴퓨터의 발전 과정을 잘 이해하면 이를 바탕으로 미래를 예측할 수 있기 때문이다. 하드웨어와 함께 소프트웨어도 발전해 왔는데, 이를 중심으로 시대별 컴퓨터의 발전 역사를 살펴보자.

1 기계식 계산기의 변천사

현재 우리가 사용하는 컴퓨터는 전기를 사용하는 '전자식 컴퓨터Electronic Computer'이다. 컴퓨터의 개념을 어떻게 정의하느냐에 따라 범위도 달라지겠지만, 컴퓨터 자체를 '인간의 계산 과정을 도와주는 도구'라고 넓게 정의한다면 전자식 컴퓨터 이전의 기계식 계산기 또한 컴퓨터라고 볼 수 있다. 기계식 계산기가 어떻게 발전해 왔는지 그 과정을 알아보자.

TIP **전자식 컴퓨터 :** 전류의 흐름(차단)으로 0과 1을 표현하는 컴퓨터이다. 전자(Electron)의 흐름이 전류이므로, 전자식 컴퓨터라고 부른다.

신체 활용

기계가 나타나기 전, 인간은 여러 신체 부위를 계산에 활용했다. 그중 손가락은 인간의 숫자 개념에 많은 영향을 끼쳤으며, 계산을 하는 데 사용한 최초의 신체였다. 손가락 개수와 더불어, 손가락 마디 수나 신체의 다른 부분을 숫자에 대응했다. 우리나라 고유의 측정 단위인 한 뼘, 한 발, 한 길 등은 모두 몸의 특정 부분을 단위로 사용한 것이다. 서양사회에도 신체를 이용한 측정값인 인치, 피트, 야드 등이 널리 쓰이고 있다.

TIP '한 뼘'은 손가락을 좌우로 완전히 폈을 때의 길이, '한 발'은 양팔을 펼쳤을 때의 길이, '한 길'은 어른 한 사람의 키 정도의 길이이다. '인치'는 손가락 한 마디의 길이, '피트'는 발 크기, '야드'는 몸의 중심으로부터 한쪽 팔을 뻗었을 때의 길이를 뜻한다.

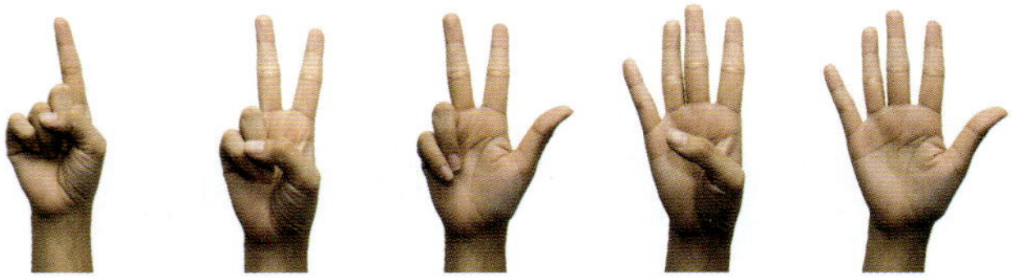

그림 1-8 **손가락을 사용한 계산법**

돌멩이와 나무 조각 사용

사람의 신체 다음으로 활용된 계산 도구는 바로 돌멩이나 나무 조각들이었다. 돌멩이의 크기나 모양, 나무 조각의 개수나 조각에 새겨진 눈금 등을 이용하여 숫자를 표현했다. 이처럼 돌멩이나 나무 조각의 수를 세어 셈을 하면서 점차 도구의 모양과 사용법을 바꾸어 나간 것이 인간의 신체를 벗어난 도구의 유래였다.

그림 1-9 **돌멩이와 나무 조각**

주판의 등장

신체가 아닌 도구를 사용하던 초창기에는 바닥에 돌멩이를 늘어놓거나 바닥에 선을 그어 그 위에 작은 돌멩이를 차례로 놓으며 계산을 했다. 그런데 바닥에 놓아둔 돌멩이가 자꾸 흩어져 계산에 방해가 되자 막대기에 돌멩이를 끼워 숫자 계산에 사용하기 시작했는데, 여기서 발전한 도구가 바로 주판Abacus이다. 주판은 단순히 돌멩이를 계산에 사용한 것보다 한층 더 개량된 도구라고 할 수 있다. 주판은 주판알의 개수에 따라 두 종류로 나뉘는데 [그림 1-10] (a)는 한국식 주판이고, [그림 1-10] (b)는 중국식 주판이다. 한국식 주판은 윗부분에 1개의 주판알이, 그리고 아랫부분에 4개의 주판알이 있다. 아래 4개의 주판알을 사용하여 1~4까지 표현하고 5를 표현해야 할 때는 위의 주판알 1개를 사용해 5진법을 활용한다. 그리고 아래와 위의 주판알을 모두 사용해서 10을 표현해야 할 때는 위 자릿수의 주판알을 사용해 10진법을 활용한다. 즉, 주판은 5진법과 10진법을 동시에 사용하는 구조이다.

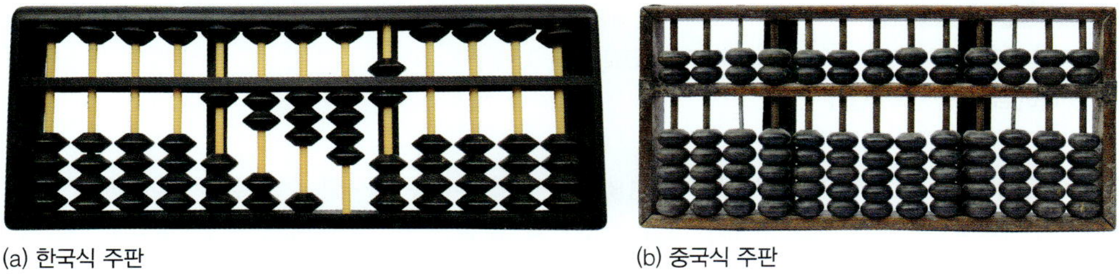

(a) 한국식 주판 (b) 중국식 주판

그림 1-10 **주판의 종류**

기계식 계산기의 발명(17~19세기)

앞서 소개한 도구들의 공통점은 사람이 직접 개입해야 계산이 수행되는 '수동식 계산기'라는 점이다. 지금부터는 수동식에서 한 단계 더 발전한 '기계식 계산기'에 대해 살펴보자.

1642년, 프랑스의 수학자이자 철학자인 블레즈 파스칼Blaise Pascal은 19살의 나이에 톱니바퀴를 이용한 최초의 기계식 수동 계산기를 만들었다. 계산 작업으로 고생하는 회계사 아버지를 돕기 위해서였다. 파스칼의 계산기는 기어에 연결된 바퀴 판들을 이용해 덧셈과 뺄셈, 자리올림까지 수행할 수 있었다. 첫 번째 바퀴는 첫째 자리의 숫자를, 두 번째 바퀴는 둘째 자리의 숫자를 나타내는 방식이며, 각각의 바퀴에는 눈금이 10개씩 있어 10진법 자릿수 계산이 가능했다.

(a) 블레즈 파스칼

(b) 파스칼의 계산기

그림 1-11 파스칼의 계산기

1671년, 독일의 수학자이자 철학자인 고트프리트 라이프니츠Gottfried Wilhelm von Leibniz는 덧셈, 뺄셈, 곱셈, 나눗셈까지 가능한 사칙연산기를 개발해 상품화하기도 했다.

(a) 고트프리트 라이프니츠

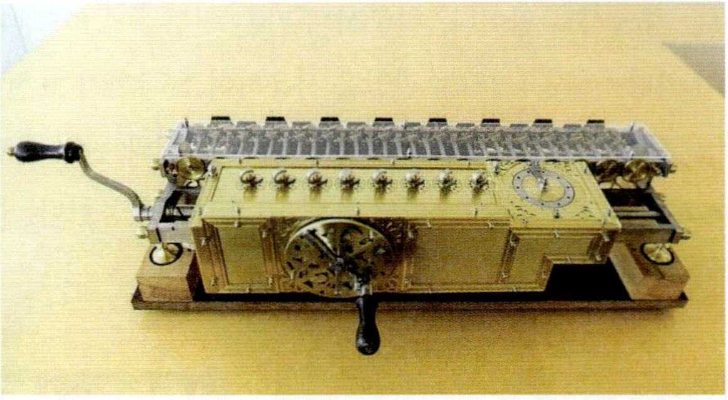
(b) 라이프니츠의 사칙연산기

그림 1-12 라이프니츠의 사칙연산기

영국의 수학자 찰스 배비지Charles Babbage는 1822년 다항함수를 계산할 수 있는 차분기관Difference Engine을, 1837년에는 좀 더 일반적인 계산이 가능한 해석기관Analytical Engine을 설계하였다. 이 계산기는 수를 저장하는 장치(기억장치), 펀치 카드에 기반한 자동 제어를 통해 저장된 숫자들을 계산·제어하는 장치(연산 및 제어장치), 데이터를 입출력하는 장치(입출력장치)로 이루어져 있는데, 오늘날 사용하는 자동 컴퓨터의 기본 요소를 모두 갖춘 모양이었다.

TIP 설계라고 표현한 데는 이유가 있다. 당시의 기술 수준으로는 정밀한 톱니바퀴 제조가 어려워, 이 두 기계는 하나의 결과물로 완성되지 못했기 때문이다.

(a) 찰스 배비지

(b) 차분기관

(c) 해석기관

그림 1-13 **찰스 배비지의 차분기관과 해석기관 설계 구현**

천공카드 : 새로운 입력 시스템(18~19세기)

1712년에는 영국의 발명가인 토머스 뉴커먼Thomas Newcomen이 증기기관을, 1781년에는 기술자 제임스 와트James Watt가 개량된 증기기관Steam Engine을 발명했다. 이를 토대로 1차 산업혁명1st Industrial Revolution이 시작됐다.

그림 1-14 **증기기관을 사용한 공장 풍경**

섬유산업 분야에서는 1725년, 실크 공장에서 일하던 프랑스의 바실 부숑Basile Bouchon이 구멍을 뚫은 종이로 직물기를 조종하는 방법을 개발하였고, 1801년에 조셉 마리 자카드Joseph Marie Jacquard가 직조기에 천공카드Punched Card를 결합하는 방법을 개발하였다. 개량된 천공카드를 직조기의 입력장치로 사용하는 방식이었다.

그림 1-15 **자카드 직조기**

1832년에 이르자 종이 카드에 구멍을 뚫어 자료를 입력하는 천공카드 시스템을 자동화된 계산기에 사용하기 시작했다. 1889년에는 통계학자인 허먼 홀러리스Herman Hollerith가 천공카드 기반의 공학용 도표 작성기를 개발했다. 허먼 홀러리스는 타뷸레이팅 머신Tabulating Machine이라는 회사를 세웠는데, 이 회사는 나중에 IBM으로 발전한다.

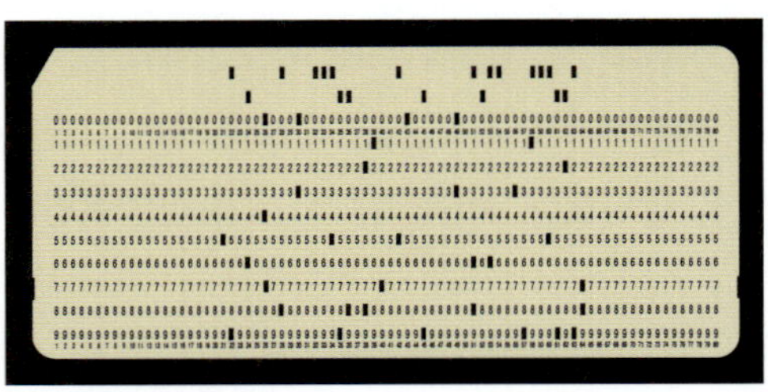

그림 1-16 **천공카드**

2 전자식 컴퓨터의 시초

전자식 컴퓨터는 1940년대부터 본격적으로 개발되기 시작했다. 전자식 컴퓨터의 개발 역사와 함께 이론적인 내용도 살펴보자.

튜링머신

1936년, 영국의 수학자 앨런 튜링Alan Turing이 튜링머신Turing Machine이라는 컴퓨팅 모델을 제안하였다. 튜링머신은 컴퓨터라고 가정할 수 있는 기계 실행과 데이터 저장을 수행할 수 있는 추상적인 계산 모델로, 처음에는 자동 기기Automatic Machine라고 불렸다. 아주 간단한 장비인 테이프에 정보를 기록하여 읽거나 변경할 수 있었고, 테이프를 앞뒤로 움직이면서 임의의 계산을 수행할 수 있어 현대 컴퓨터의 기본 개념을 제시했다고 할 수 있다. 이 모델은 알고리즘의 복잡도나 계산 이론 등의 분야에서 여전히 활용되고 있다.

(a) 앨런 튜링

(b) 튜링머신을 실제적인 하드웨어로 구현한 결과

그림 1-17 **앨런 튜링과 튜링머신**

전자식 컴퓨터의 개발

1942년에 완성된 ABC Atanasoff-Berry Computer는 미국 아이오와 주립대 교수인 존 아타나소프John Vincent Atanasoff가 선형 방정식Linear Equation을 해결하기 위해 개발한, 세계 최초의 전자식 컴퓨터이다. 1944년에 개발된 마크원Mark-I은 전자식이 아닌 전기기계식이지만, 배비지의 해석기관이 실제로 구현된 기계라 여겨지고 있다. 수년 동안 수학이나 과학 문제를 해결하는 데 큰 공헌을 했다.

(a) ABC

(b) 마크원

그림 1-18 **ABC와 마크원**

1946년에는 다용도 전자식 컴퓨터인 에니악ENIAC, Electronic Numerical Integrator And Computer이 개발되었다. 에니악은 18,000여 개의 진공관이 사용된 30톤의 거대한 기계로, 2차 세계대전 중 탄도 계산 등을 하기 위해 개발되었다. 10진법을 사용하였으며, 탄도 계산 시 평균 처리 속도가 기존의 전기기계식 계산기보다 1,000배 정도 빨라 전자식 컴퓨터의 가능성을 보여 주었다. 하지만 에니악은 프로그램을 배선판에 일일이 배선하는 외부 프로그래밍 방식Hard-wired Programming이었으므로 작업에 따라 배선판을 교체해야 하는 번거로움이 있었다. 또한 실행할 때마다 평균 7분에 1번 오류가 발생했고, 온도 및 습도 조절을 위한 시설 운영 전담 팀이 따로 필요한 고가의 기계였다.

그림 1-19 **에니악**

TIP [그림 1-19]에 보이는 에니악 이미지는 지저분한 선들뿐이지만, 이 선들이 바로 프로그램이다. 일명 전선을 이용한 외부 프로그래밍 방식으로, 스위치 조작과 전선들의 연결로 프로그래밍이 실행된다.

내장형 프로그램 방식 구현

1945년, 수학자 폰 노이만John von Neumann은 메인메모리에 컴퓨터의 명령어와 데이터를 모두 기억시키는 프로그램 내장 방식(내장형 프로그램 개념)Stored-Program Concept을 제안했다. 프로그램 내장 방식이란 컴퓨터의 기억장치에 프로그램을 저장해 놓고, 이 명령어들을 순서대로 꺼내 해독한 뒤 실행하는 방식이다. 지금은 소프트웨어 프로그램을 메인메모리로 로딩Loading해 사용하지만, 소프트웨어의 개념이 만들어지기 전까지는 전선 또는 스위치를 연결하는 작업이 바로 프로그래밍이었다.

1949년에는 에드삭EDSAC, Electronic Delay Storage Automatic Calculator, 1950년에는 에니악을 개량한 에드박EDVAC, Electronic Discrete Variable Automatic Computer이 개발됐다. 모두 프로그램 내장 방식을 구현하였다. 1951년에는 에드박을 개량한 최초의 상용 컴퓨터, 유니박 IUNIVAC-I, Universal Automatic Computer이 개발됐다. 유니박은 대통령 선거 결과를 예측하는 데 사용된 최초의 컴퓨터였다.

(a) 에드삭 (b) 에드박 (c) 유니박

그림 1-20 **에드삭, 에드박, 유니박**

이후로도 컴퓨터는 기술의 단점을 조금씩 보완하면서 많은 단계의 결과물을 탄생시켰다. 반도체 기술과 전자 기술 등의 컴퓨터 제작 관련 기술이 빠른 속도로 발전함에 따라 컴퓨터의 크기는 점점 작아지고 연산 속도는 피코P, Pico 단위로 빨라졌으며, 저장 용량은 테라T, Tera 단위까지 올라갔다. 이용 범위도 확대되어 가정은 물론 산업의 여러 분야에서 다양하게 이용되고 있다.

3 개인용 컴퓨터의 등장

상용 컴퓨터로 컴퓨터의 대중화가 이루어지자, 개인용 컴퓨터PC, Personal Computer가 만들어지기 시작했다. 개인용 컴퓨터의 등장은 컴퓨터의 새로운 사용 방식을 의미하는데, 이는 초고밀도집적회로VLSI, Very Large Scale Integration의 개발로 가능해졌다. 1970년대 초반, 이 기술을 활용한 인텔Intel사의 마이크로프로세서Micro-processor가 등장하면서 컴퓨터는 점차 소형화, 저가화되었다. 1970년대 후반에는 가정마다 한 대 이상의 컴퓨터가 보급되었는데, 관련 시장이 급격히 커지면서 이에 따른 하드웨어와 소프트웨어 관련 산업도 부흥하기 시작했다. 1975년에 개발된 알테어 8800Altair 8800은 최초의 상업용 마이크로컴퓨터이다. 그리고 1976년에 애플Apple사가 애플 I을 만들어 출시했으며, 1981년에는 IBM사가 개인용 컴퓨터 IBM 5150을 제조하여 공개하였다.

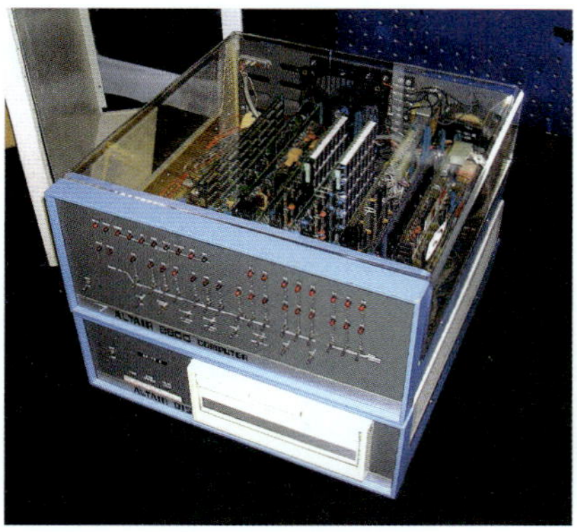

(a) 알테어 8800

(b) 애플 I

(c) 애플 II

(d) IBM 5150

그림 1-21 개인용 컴퓨터의 종류

4 인터넷 시대의 도래

개인용 컴퓨터와 함께 독립적으로 일을 처리하던 작업 형태가 인터넷Internet의 등장으로 또다시 변화를 맞이한다. 인터넷은 미국 국방성의 고등군사연구계획국ARPA, Advanced Research Projects Agency에서 시작된 프로젝트였다. 프로젝트 초기, 연구 목표는 과학자들이 서로 정보를 공유하고, 전쟁 등과 같은 재난 때문에 네트워크 일부가 무력화되더라도 전체 시스템은 동작 유지가 가능한 구조를 만드는 것이었다. 처음 만들어진 프로젝트 결과물은 아르파넷ARPANet이라고 불렸는데, 4대 정도의 컴퓨터를 연결한 작은 네트워크였다. 이후 웹Web이라고 하는 WWW World Wide Web가 개발되어 전 세계로 퍼져나갔다.

초창기 인터넷은 연구소나 대학에서 주로 사용되었다. 대부분 텍스트 기반의 이메일 전송, 뉴스그룹, FTP 서비스 등의 기능을 이용했다. 컴퓨터 성능과 네트워크 속도가 점점 빨라지면서부터는 다양한 종류의 멀티미디어 데이터 전송이 가능해졌다. 그리고 인터넷 사용 인구가 폭발적으로 증가하자 새로운 서비스도 지속적으로 등장했다. 개인용 컴퓨터로 서로 단절된 채 처리하던 작업들이 이제는 인터넷을 통해 서로 연결되었다. 오프라인의 거리 개념에 의존하지 않고, 개인의 역량을 무제한으로 펼칠 수 있게 된 것이다.

TIP **뉴스그룹 :** 관심 분야가 동일한 사람들이 모여서 의견을 나누는 서비스로, 최근에 인터넷 동호회 또는 SNS 등과 유사한 성격을 가지고 있다.

TIP **FTP(File Transfer Protocol) :** 파일 송수신 시 사용하는 서비스 및 통신 규약을 뜻한다.

5 모바일 컴퓨팅 시대

2000년대에 들어서는 개인용 컴퓨터의 시대를 넘어 모바일 컴퓨팅 시대가 시작되었다. 개인용 컴퓨터의 특징이었던 '1가구 1컴퓨터' 시대에서, 이제는 '1인 다(多) 컴퓨터' 시대가 된 것이다. 이에 따라 컴퓨터의 시장 규모는 극대화되고 있으며, 개개인에게 최적화된 소프트웨어 제작과 서비스 제공도 가능해졌다. 또한 SNS Social Network Service도 활성화되고 있다.

이처럼 모바일 컴퓨팅이 가능하기 위해서는 다음의 3가지 기반 기술이 필요하다.

- **고속 네트워크 :** 모바일 컴퓨팅을 가능하게 하는 고속의 네트워크 전송 기술이다.
- **모바일 하드웨어 :** 휴대성을 위한 초소형, 초경량의 하드웨어 제조 기술이다.
- **모바일 소프트웨어 :** 개인에게 최적화된 소프트웨어 제작 및 유통 기술이다.

그렇다면 2020년대는 어떤 시대가 될까? 바로, 사물인터넷 시대이다. 초고속, 초연결, 저지연성 Low Latency을 지향하는 5세대 통신 기술5G이 보급되어, 다양한 정보 기기들이 서로 연결되고 인간에게 새로운 편의와 가치를 제공해 줄 것이다. 5G 시대에는 스마트폰과 같은 통신 장비 외에도 인공지능AI, Artificial Intelligence, 사물인터넷IoT, Internet of Things, 가상현실VR, Virtual Reality, 자율주행 자동차 등이 실생활에서 광범위하게 사용될 전망이다. 특히 사물인터넷은 각종 물체에 센서 및 통신 기능을 내장해 인터넷과 연결하는 기술인데, 인터넷으로 연결된 사물들이 데이터를 서로 송수신하고 자체적으로 분석한 정보를 사용자에게 제공한다.

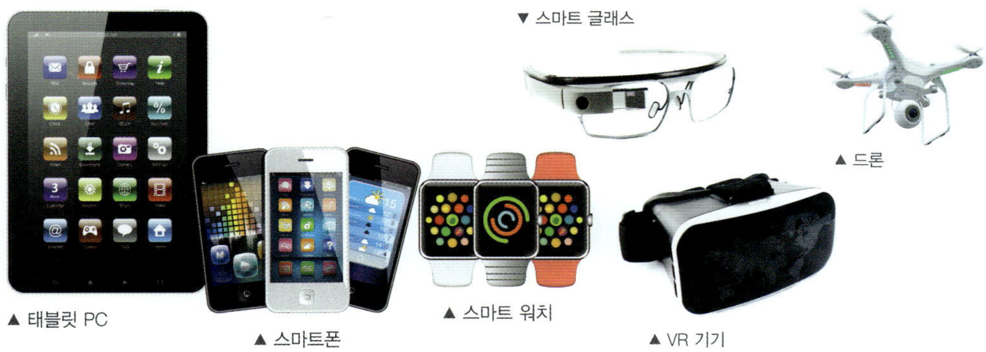

그림 1-22 **모바일 컴퓨팅 시대에 활용될 다양한 모바일 기기들**

하나 더 알기 **컴퓨터 하드웨어의 발전 역사**

컴퓨터의 발전 역사에서 중요한 부분 중 하나는 컴퓨터를 구성하는 가장 기본적인 소자의 종류일 것이다. 이를 기준으로 컴퓨터 하드웨어의 발전 역사를 살펴보자.

❶ **제0세대(1950년대 이전) :** 릴레이(Relay)는 19세기 중반에 전자석(Electro-magnet)을 기반으로 만들어진 부품이다. 전기 소모가 크고 발열이 심했다. 릴레이를 이용한 컴퓨터는 Z1, Z2, Z3, 마크원(Mark-I), 마크투(Mark-II)이다.

❷ **제1세대(1950년대 초) :** 1904년에 개발된 진공관(Vacuum Tube)은 진공 유리관 내부의 전자(Electron) 운동을 이용한 신호 증폭에 사용되는 부품이었다. 진공관은 전력 소모가 크고 열을 많이 발생시켰다. 그래서 대형 냉각 장치가 필요해 컴퓨터의 크기가 커질 수밖에 없었다. 저장장치로는 자기 드럼, 입출력장치로는 천공카드를 사용하였다. 이 시기의 컴퓨터들이 바로 에니악, 에드박, 에드삭, IBM 650 등이다.

❸ **제2세대(1950년대 말) :** 1947년, 벨 연구소(Bell Lab)에서 개발한 트랜지스터(Transistor)는 진공관에 비해 크기가 1/100 정도로 작고 전력 소비가 안정적이며, 속도가 빠르고 발열이 적었다. 1958년부터 컴퓨터에 사용되기 시작했다. 진공관보다 가격도 저렴해 운영비용이 내려가자, 컴퓨터의 활용 분야가 대폭 확대되었다. 이때부터 보조기억장치로 자기디스크를 사용하기 시작했다.

❹ **제3세대(1964~1970년) :** 1959년, 텍사스 인스트루먼트(Texas Instrument)사와 페어차일드(Fairchild)사가 집적회로(IC, Integrated Circuit)를 개발했다. 반도체를 이용하여 프린트된 기판 위에 구성된 전자부품이다. 여기서 '집적(Integrated)'이라는 단어는 많은 수의 트랜지스터를 하나의 칩(Chip)에 집적함을 의미한다. 이 부품으로 인해 컴퓨터 크기는 훨씬 더 작아지고 속도도 빨라졌다. 이후 등장한 미니컴퓨터(Minicomputer)는 메인프레임 컴퓨터에 비해 크기가 작고 가격도 저렴한 데 반해, 처리 속도 및 성능은 크게 뒤떨어지지 않았다.

❺ **제4세대(1971년~현재) :** 1970년대 초부터 수천 개의 트랜지스터가 하나의 칩으로, 마이크로컴퓨터 1대가 칩 하나로 서서히 집적되었다. 이런 회로를 초고밀도집적회로(VLSI, Very Large Scale Integration)라고 한다. 초고밀도집적회로는 개인용 컴퓨터가 생산되는 데 큰 영향을 미쳤다. 이때의 비약적인 발전으로 인하여 마이크로프로세서의 성능은 18개월마다 2배로 늘어나고 가격은 매년 반으로 떨어진다는 뜻의 '무어의 법칙'이라는 말도 생겨났다.

전체적으로 보면, 컴퓨터를 구성하는 기본 소자가 점점 소형화 및 고속화되면서 개인용 컴퓨터와 모바일 컴퓨터의 기술적인 발전도 가능해졌다. 중요한 점은 이 작은 부품의 기술 발전이 인간의 문명과 생활 방식을 급격하게 변화시키고 있다는 점이다.

(a) 진공관

(b) 트랜지스터

(c) 집적회로(IC)

(d) 초고밀도집적회로(VLSI)

그림 1-23 **1~4세대 하드웨어 종류**

SECTION 04

컴퓨터의 종류

우리 주변에는 개인용 컴퓨터뿐만 아니라 노트북, 스마트폰, 태블릿 PC 등 다양한 종류의 컴퓨터가 있다. 이러한 컴퓨터는 규모와 처리 성능에 따라 크게 슈퍼컴퓨터, 대형컴퓨터, 워크스테이션, 개인용 컴퓨터, 휴대용 컴퓨터로 나눌 수 있다. 각각의 컴퓨터에 대해 알아보도록 하자.

1 슈퍼컴퓨터

슈퍼컴퓨터Super Computer는 말 그대로 고속도· 고용량의 컴퓨터를 말한다. 일기예보 등을 위한 기상 해석, 항공기 또는 핵융합로 시뮬레이션, 우주 탐사, 신약 개발 등 대량의 데이터를 고속 처리하기 위한 목적으로 사용한다. 슈퍼컴퓨터의 기준은 해당 시기의 컴퓨터 기술 발전 속도에 따라 꾸준히 향상되고 있다. 2010년대 후반부터는 테라플롭스Teraflops(TFLOPS, 10^{12}FLOPS) 또는 페타플롭스Petaflops(PFLOPS, 10^{15}FLOPS) 정도의 속도를 보여야 슈퍼컴퓨터라고 불린다.

TIP **플롭스(FLOPS, Floating-point Operations per Second) :** 1초당 실행되는 부동소수점 연산 개수의 단위를 의미한다. 부동소수점이란 실수(Real Number)를 컴퓨터에서 표현하는 방법이며, 1TFLOPS는 1초에 1조 개의 부동소수점 연산을 수행할 수 있음을 의미한다.

그림 1-24 슈퍼컴퓨터 IBM Power System AC922

2 대형컴퓨터

대형컴퓨터Mainframe는 대용량과 고속 처리를 주 목적으로 하는 컴퓨터로, 주로 연구소, 기업, 은행 등에서 사용한다. 또한 대형컴퓨터는 하나의 컴퓨터에 여러 대의 단말기를 연결해 다수의 사용자가 동시에 사용할 수 있다.

TIP **미니컴퓨터(Mini-computer) :** 개인용 컴퓨터와 대형컴퓨터의 중간 단계에 있는 컴퓨터로, 일반적인 중소형 컴퓨터를 뜻한다.

그림 1-25 **대형컴퓨터 IBM System z10**

3 워크스테이션

워크스테이션Workstation은 대형컴퓨터보다는 작고 느리지만 개인용 컴퓨터보다는 크고 빠른 중형급 컴퓨터이다. 대형컴퓨터와 마찬가지로 다수의 사용자가 단말기를 이용해 동시에 업무를 처리할 수 있다. 워크스테이션은 주로 과학기술 분야에서 연구개발용으로 사용된다.

그림 1-26 **워크스테이션 ThinkStation P910**

4 개인용 컴퓨터

개인용 컴퓨터PC, Personal Computer는 개인이 사용하는 컴퓨터라는 의미이며, 일반적으로 하나의 컴퓨터를 1명이 사용한다. 마이크로컴퓨터Microcomputer나 데스크톱 컴퓨터Desktop Computer, 또는 줄여서 데스크톱이라고도 부른다.

그림 1-27 개인용 컴퓨터

5 휴대용 컴퓨터

휴대용 컴퓨터Portable Computer는 이동하면서 작업을 수행할 수 있게 고안된 컴퓨터이다. 휴대용 컴퓨터에는 노트북 컴퓨터Notebook Computer, 스마트폰Smart Phone, 태블릿 PCTablet PC 등이 있다.

(a) 노트북

(b) 스마트폰

(c) 태블릿 PC

그림 1-28 휴대용 컴퓨터 종류

하나 더 알기 임베디드 컴퓨터

임베디드 컴퓨터(Embedded Computer)의 '임베디드'란 단어는 내장형이라는 의미로, 내비게이션, 휴대 전화, 자동차 등과 같은 특수한 시스템에 내장된 소형 컴퓨터를 뜻한다. 임베디드 컴퓨터는 최근에 가장 많이 사용되고 있는 컴퓨터지만, 다른 하드웨어와 한 덩어리로 묶여서 단일 시스템의 형태로 공급되기 때문에 일반 사용자들은 컴퓨터라고 인식하지 못하는 경우가 많다. 요즘은 임베디드 보드의 고성능화로, PC와 임베디드 컴퓨터 간의 성능 차이를 규정하는 것이 무의미해지고 있다.

임베디드 컴퓨터는 각종 개발 실험용 보드로 많이 활용되고 있다. 대표적으로 마이크로컨트롤러를 내장한 아두이노(Arduino) 보드와 리눅스를 탑재할 수 있는 초소형 컴퓨터인 라즈베리파이(Raspberry Pi) 보드가 있다.

(a) 아두이노 보드　　(b) 라즈베리파이 보드

그림 1-29 **아두이노 보드와 라즈베리파이 보드**

SECTION
05 컴퓨터의 활용 분야

컴퓨터는 과학 기술, 제조업, 금융, 상업, 의료, 교육 등 매우 광범위한 분야에서 활용되고 있다. 실제로 얼마나 다양한 분야에서 컴퓨터가 활용되고 있는지 사례를 통해 알아보자.

1 과학 기술 분야

과학 기술 분야에서는 매우 복잡한 수식이나 알고리즘의 수행 결과를 얻기 위해 컴퓨터를 사용하고 있으며, 현재 컴퓨터 활용 분야 중 1순위를 차지한다.

- **항공우주 :** 우주로 쏘아 올리는 발사체를 정교하게 제어하고, 발사체와 종합 관제실 사이의 원활한 통신시스템을 개발하기 위해 컴퓨터를 이용한다.
- **이동통신 :** 통신시스템에 필요한 소프트웨어를 개발하고 시험할 때 컴퓨터가 활용된다.

(a) 항공우주

(b) 이동통신

그림 1-30 **과학 기술 분야의 활용 예**

2 제조업 분야

컴퓨터는 제조업 분야에서도 활발하게 활용되고 있다. 로봇, 자동차, 스마트 가전, 해양조선 분야를 중심으로 살펴보도록 하자.

- **로봇 :** 단순 제조업이나 인간이 작업하기 어렵고 위험한 환경에서 사용되던 로봇이 컴퓨터 기술과 결합한 후 더욱 지능화되면서 사용 범위가 넓어지고 있다. 통신과 컴퓨팅 기술이 로봇

기술과 접목하면서 로봇의 기능과 형태도 발전하고 있으며, 국내에서도 로봇 산업을 신성장 동력 산업으로 선정해 적극적으로 지원하고 있다.

- **자동차 :** 자동차의 안전을 향상시키기 위해 물리적으로 수행하던 충돌 실험을 컴퓨터 시뮬레이션으로 대체해, 전보다 더 안전한 자동차를 만들 수 있게 되었다. 특히 최근에는 전기자동차, 자율주행 자동차가 등장하면서 ICT 산업으로 그 위치를 옮겨 가고 있다.
- **스마트 가전 :** 기존의 가전제품에 ICT 센서, 디스플레이 등의 부품을 결합한 스마트 가전제품이 출시되고 있다. 이러한 스마트 가전제품들은 스마트홈Smart Home 환경에서 유기적으로 동작한다.
- **해양조선 :** 노동 집약적, 기술 집약적인 조선 산업을 자동화하기 위해 ICT를 접목한 통신 및 레이더 기술 분야의 연구가 진행 중이다. 이외에도 설계 및 항해 운항 시스템, 선박용 위성통신 기술 등에 컴퓨터 기술이 활용되고 있다.

(a) 산업 로봇

(b) 자율주행 자동차

(c) 스마트 가전

(d) ICT를 접목한 해양조선

그림 1-31 **제조업 분야의 활용 예**

3 금융 분야

금융 분야는 기존에도 입출금, 전자상거래 등의 업무에 컴퓨터를 활용하고 있었지만 그 폭이 점차 넓어지고 있다. 특히 스마트 뱅킹은 은행에 방문하지 않아도 금융 업무 서비스를 받을 수 있게 한 것으로, 스마트폰이 대중화되면서 활용도가 점점 더 커지고 있다.

TIP **소프트웨어를 활용한 증권 거래 :** 소프트웨어를 사용하여 증권 거래용 서버에 접속해 주식을 거래하는 방법이다. 인공지능 기술이 발달하면서 거래 자체도 소프트웨어가 스스로 결정하고 진행하는 비율이 높아지고 있다.

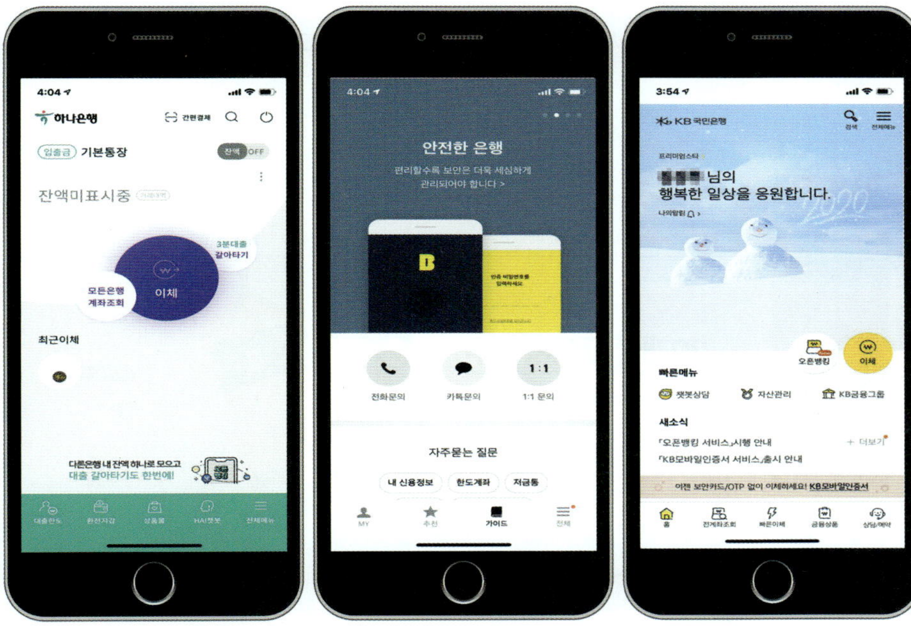

그림 1-32 **금융 분야의 활용 예 : 스마트 뱅킹**

하나 더 알기 **암호화폐**

암호화폐(Cryptocurrency)는 2009년 사토시 나카모토(Satoshi Nakamoto)가 비트코인을 개발하면서 생겨난 개념으로, 실물이 존재하지 않고 온라인상에서만 거래되는 화폐이다. 비트코인이 나타난 후 수많은 암호화폐가 개발되었다.

암호화폐 중 가장 대표적인 화폐인 비트코인은 사토시 나카모토가 만든 온라인 공간 안에서 컴퓨터가 제시하는 어려운 수학 문제를 해결하면 그 대가로 획득(채굴)할 수 있다. 비트코인은 인터넷 환전사이트에서 팔거나 구매할 수 있으며, 현재 일부 국가에서는 지급결제 수단으로 인정하고 있다.

암호화폐는 블록체인(Blockchain) 기술을 기반으로 하는 응용 분야인데, 블록체인 기술은 다보스포럼에서 제4차 산업혁명을 이끌 기술 중 하나로 선정돼 향후 많은 분야에서 활용될 것으로 보인다. 하지만 암호화폐는 아직 개발 초기 단계인 만큼 보편화, 보안, 안전성 등의 문제를 가지고 있다.

4 상업 분야

상업 분야에서는 컴퓨터를 활용한 전자상거래가 이미 대중화되어 있다. 전자상거래e-commerce란 인터넷상에서 제품을 사고파는 행위를 뜻한다. 기업과 개인 소비자 간의 전자 거래를 의미하는

B2C Business to Customer, 기업 간의 거래를 의미하는 B2B Business to Business 등 방식은 다양하다. 최근에는 스마트폰을 통한 전자상거래의 인기가 높다.

TIP **오픈 마켓(Open Market) :** 옥션, G마켓, 인터파크, 11번가 등의 웹 사이트처럼 사이트 내부에 많은 상점이 입점해 있는 형태를 말한다.

TIP **독립형 쇼핑몰 :** 개인이 직접 구축한 쇼핑몰 사이트이다. 구축 비용이 많이 든다는 단점이 있지만 사이트만의 개성이 뚜렷해 차별화, 전문화가 가능하다.

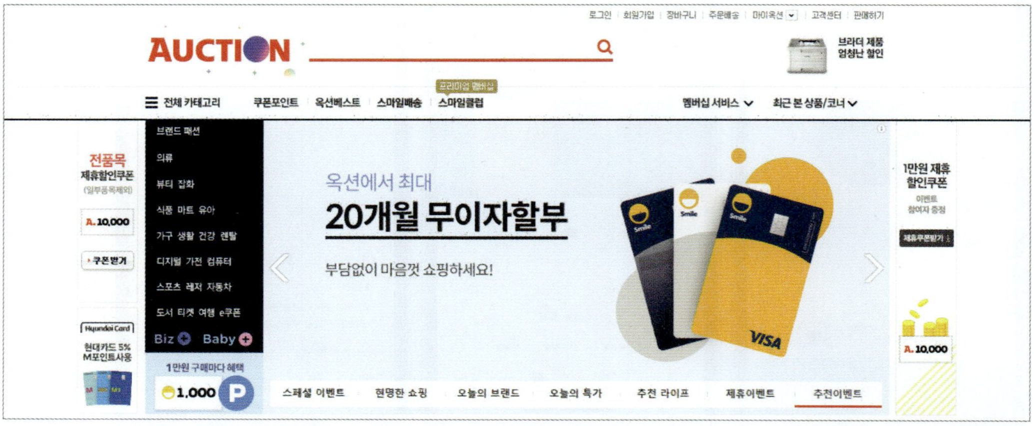

그림 1-33 **상업 분야의 활용 예 : 대표적인 전자상거래 웹 사이트 '옥션'**

5 의료 분야

의료 분야에서는 오래전부터 컴퓨터를 활용한 진료 및 수술이 이루어지고 있었다. MRI, 초음파 검사, 레이저 수술 등에서 촬영(수집)된 정보를 컴퓨터로 보낸 후 정보들을 통합 및 시각화하여 검사의 효율성을 높인 것이다. 가상현실 환경에서 수술 전 사전 모의 수술을 진행하기도 한다. 또한 햅틱Haptic 기술 기반의 수술이 도입되었는데, 햅틱 장비는 사용자의 움직임에 따른 반응(촉감)을 인공적으로 피드백하는 장비이다. 로봇을 활용한 수술, 원격 수술, 의료 시뮬레이터 등의 장비에 활용된다. 최근에는 인공지능 의사 시스템이 병원에서 활용되고 있다.

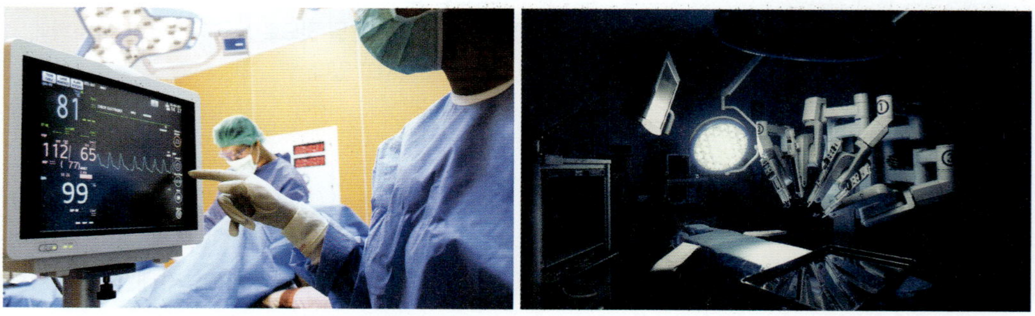

그림 1-34 **의료 분야의 활용 예 : 컴퓨터를 이용한 진료 및 수술**

6 교육 분야

대학 생활에 매우 중요한 수강 신청 작업은 인터넷을 통해 이루어지고 있으며, 많은 수의 강의가 온라인 강좌로 제공되고 있다. 교육 분야에도 오픈코스웨어[OCW, Open Course Ware] 등이 보급되고 있는데, 그중 무크[MOOC, Massive Open Online Course]는 MIT와 하버드대학교가 함께 만든 온라인 강좌 서비스이다. 국내에서는 K-MOOC 사이트를 통해 강좌를 볼 수 있다.

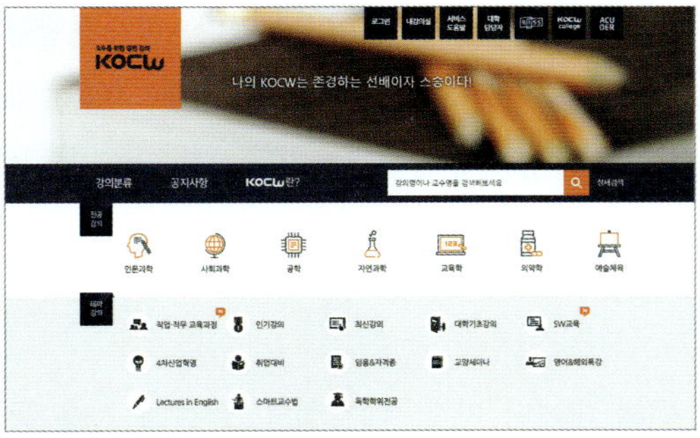

(a) 코리아 오픈코스웨어 KOCW

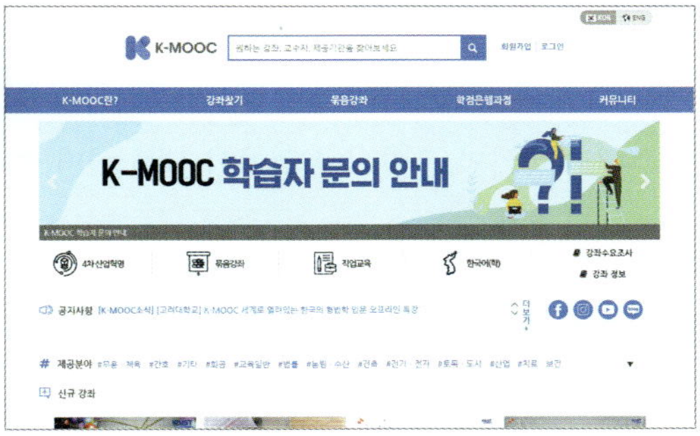

(b) 코리아 MOOC 강의 K-MOOC

그림 1-35 **교육 분야의 활용 예**

하나 더 알기 **스마트팜**

스마트팜(Smart Farm)은 농업 기술에 ICT 기술을 접목한 농장이다. 온도와 습도 등의 재배 환경이 자동으로 측정되고, 클라우드에 축적된 빅데이터를 분석해 최적의 생육 환경을 조성한다. 유통 및 판매 단계까지 컴퓨터 기술이 활용된다. 스마트팜은 미래 식량 문제와 농촌 노동력 문제를 해결할 대안으로 떠오르고 있다.

SECTION 06

미래 컴퓨팅 기술

4차 산업혁명에 따른 일상생활의 변화 또한 여러 분야에서 활발하게 일어나고 있다. 현재진행형이라고 할 수 있는 미래 컴퓨팅 기술인 클라우드 컴퓨팅, 사물인터넷, 인공지능, 로봇, 드론, 자율주행 자동차가 무엇이며 우리의 삶에 어떤 영향을 끼치고 있는지 알아보자.

1 클라우드 컴퓨팅

클라우드 컴퓨팅Cloud Computing은 인터넷 서버를 통해 데이터 저장, 네트워크, 콘텐츠 사용 등 ICT 기술 관련 서비스를 동시에 사용 가능케 하는 컴퓨팅 환경이다. 정보는 인터넷 서버에 영구적으로 저장되고 데스크톱, 태블릿 PC, 노트북, 스마트폰 등의 정보기기와 같은 클라이언트에는 일시적으로 보관된다. 사용자는 모든 정보를 인터넷 서버에 저장해 두었다가, 각종 정보기기를 활용해 언제 어디서든 꺼내 쓸 수 있다. 클라우드 컴퓨팅을 도입하면 기업이나 개인은 컴퓨터 시스템을 유지·보수·관리하는 데 필요한 비용, 서버 구매 및 설치 비용, 업데이트 비용, 소프트웨어 구매 비용 등의 여러 비용, 시간, 인력을 줄일 수 있다. 하드웨어에 의존하지 않아도 되는 환경이 조성되므로 미래에는 더욱 주목받을 기술이다.

그림 1-36 클라우드 컴퓨팅

2 사물인터넷

사물인터넷IoT, Internet of Things은 각종 사물에 컴퓨터칩과 통신 기능을 내장해 인터넷에 연결하는 기술이다. 사물들이 서로 협력해 센싱과 정보처리, 네트워킹 등을 하는 사물 공간 연결망이라고 볼 수 있다. 컴퓨팅 기술인 입력, 저장, 출력, 정보처리 기능이 사물에 부여되어 사람이 개입하지 않고도 사물끼리 상황을 감지하고 데이터를 모아 인터넷에 전달한다.

사물인터넷의 핵심 기술은 보는 관점에 따라 다르지만, 일반적으로 센싱 기술, 유무선통신 기술, 서비스 인터페이스 기술, 보안 기술로 구분된다.

- **센싱 기술 :** 사물에서 데이터를 인식하고 추출해 인터넷으로 전송하는 기술이다.
- **유무선통신 기술 :** 사람과 사물, 서비스 등의 분산된 컴퓨팅 자원을 서로 연결하여 고속 처리와 병렬 처리를 가능하게 하는 네트워크 인프라 기술이다.
- **서비스 인터페이스 기술 :** 각종 서비스 분야와 형태에 알맞게 정보를 가공 · 처리 · 융합하는 기술이다.
- **보안 기술 :** 대량의 데이터 등 사물인터넷 구성 요소에 대한 해킹이나 정보 유출을 방지하기 위한 기술이다. 개인정보 보호에 매우 중요한 기술이다.

사물인터넷은 스마트홈, 헬스케어, 원격검침, 스마트카 등 다양한 분야에 적용할 수 있다. 또한 농 · 축산업, 건설, 에너지, 자동차, 교통, 물류, 환경, 디지털 콘텐츠 등 다양한 산업에 융합하여 사용할 수 있다.

그림 1-37 **사물인터넷으로 구현하는 스마트홈**

하나 더 알기 **5G**

5G는 데이터 송수신 용량과 속도 관점에서 유무선 간 차이가 거의 없는 이동통신 환경과, 저전력 및 안전성을 보장하는 사물인터넷 통신 환경을 동시에 구현할 수 있는 이동통신 기술의 표준 방식이다. 5G는 기존 기술과 비교했을 때 데이터 용량과 속도, 응답 속도, 밀집도의 혁신적인 발전을 이뤘으며, 2020년대부터 본격적으로 활용될 것이라 예상된다. 5G에 따른 사물인터넷 사용 환경이 구축되면서 사물인터넷 기기들의 인터넷 접속도 급격히 늘어날 전망이다.

© The Bible of 5G's New World, 알서포트 신동형, 2019년 3월 21일

3 인공지능

인공지능AI, Artificial Intelligence은 컴퓨터 과학, 생물학, 심리학, 언어학, 수학, 공학 등의 학문에 기초해 지능을 기계로 실현하고자 하는 과학 분야 기술이다. 기계가 스스로 학습과 추리를 하여 사람과 동일한 작업을 수행할 수 있게 하는 것이 목적이다. 2016년, '알파고와 바둑기사 이세돌 9단의 바둑 대결'에서 인공지능 알파고가 4승 1패를 거두면서 인공지능이라는 개념이 사람들에게 널리 알려졌다. 인공지능 기술을 활용한 생활 속 제품으로는 인공지능 스피커, 스마트폰 페이스 ID, 번역 어플 등이 있다. 이외 인공지능에 관한 내용은 챕터 13에서 자세하게 다룰 예정이다.

(a) 인공지능 스피커 아마존 '에코'

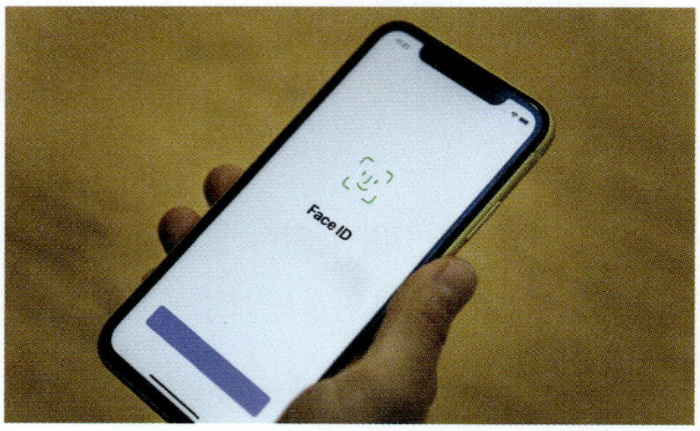

(b) 스마트폰 페이스 ID

그림 1-38 **인공지능 기술 적용 예**

4 로봇

로봇Robot은 스스로 작업하는 능력을 갖춘 기계이다. 과거에는 자동차, 선박, 반도체 등의 제조 분야, 위험한 작업 환경에서 인간의 노동력을 대신하는 자동화 공정 분야에서 주로 활용했다. 물론 지금도 자동차 조립, 물류 분류, 배송 분야에서 많이 사용되고 있다. 하지만 최근에는 광대역 통신 및 컴퓨팅 기술의 발전으로 로봇의 형태가 진화하고 있다. 로봇청소기가 대표적인 생활 밀착형 로봇이며, 2족 보행 로봇이나 웨어러블 로봇 개발도 진행 중이다. 미래에는 인간과 동물의 운동 능력을 뛰어넘는 로봇들이 개발될 전망이다.

(a) 로봇청소기

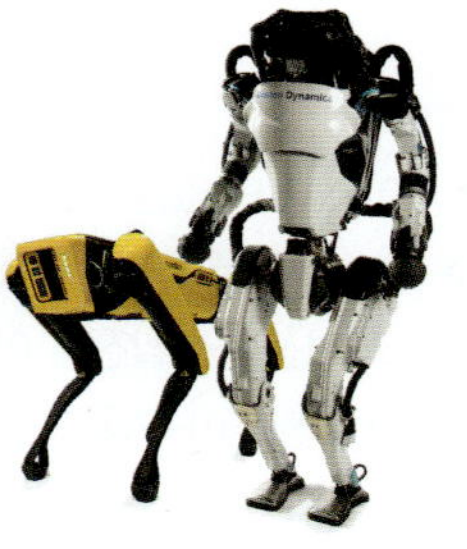

(b) 보스턴 다이나믹스의 로봇

그림 1-39 **로봇 기술 적용 예**

5 드론

드론Drone은 로봇 기술을 응용한 무인 비행 물체이다. 개발 초기의 드론은 사람이 직접 조종을 해야 했지만, 최근에는 무선인터넷 통신, 인공지능 기술, 센서 등을 탑재해 다양한 서비스가 가능해졌다. 드론은 산업, 예술 등 다양한 분야에서 활용되고 있다.

(a) 배달용 드론

(b) 농업용 드론

그림 1-40 **드론 활용 예**

6 자율주행 자동차

자율주행 자동차Self-driving Car는 운전자가 조작하지 않아도 알아서 움직이는 자동차로, 4차 산업혁명의 대표적인 기술인 인공지능, 빅데이터, 로봇 기술 등이 집약된 결과물이다. 구글은 2012년 미국의 네바다 주에서 세계 최초로 자율주행 자동차의 시험 주행 운전면허를 취득해, 현재까지 수백만 Km 이상의 주행 기록을 쌓았다. 최근에는 영국, 독일 등 자동차 선진국들이 앞다투어 무인운전 차량의 도로상 테스트를 법적으로 허가하고 있다. 스웨덴은 이 국가들보다 앞서 시험 주행을 허가했다. 한편 일본은 무선예약을 통해 알아서 손님을 모시러 가고 주차장을 찾아가 다음 손님을 기다리는 자율주행 자동차 개발을 계획하고 있다. 일반 자동차에도 자율주차, 자동 사고회피, 자동 경제운전 등의 자율 기능은 이미 상용화되고 있다.

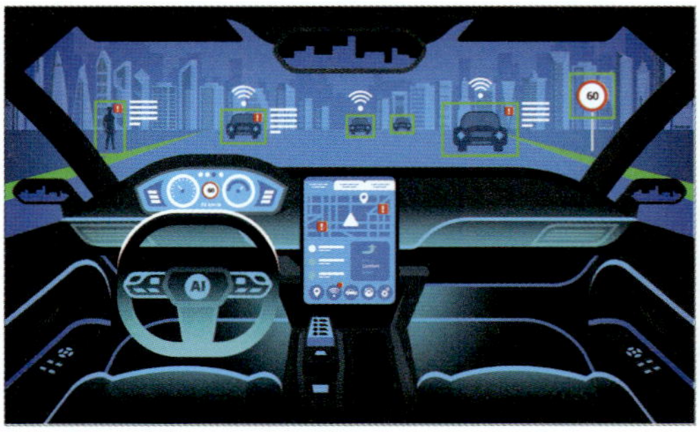

(a) 자율주행 자동차 내부 조감도

(b) 자율주행 자동차 콘셉트카

그림 1-41 **자율주행 자동차**

하나 더 알기 **컴퓨팅 기술의 부정적인 요소**

컴퓨팅 기술의 발전으로 컴퓨터와 스마트폰은 우리 삶의 일부가 되었지만, 기술 관련 이슈와 대안은 점점 복잡해지고 있다. 개발 당시에는 예상하지 못했던 윤리적·사회적 문제도 발생하고 있다.

- **컴퓨터 범죄 :** 컴퓨터와 컴퓨터 시스템은 범죄의 대상이 되기도 하고 범죄의 도구가 되기도 한다. 승인을 받지 않았거나 해를 끼칠 목적으로 컴퓨터에 접속하는 행위는 모두 범죄로 규정된다.
- **지나친 의존성 :** 컴퓨터 활용도가 늘어나면서 일부 사람들로부터 컴퓨팅 기술에 대한 높은 의존도와 컴퓨터, 인터넷 중독 증상이 나타나고 있다. 이로 인해 적대감, 불안감, 강박적인 성향이 전보다 높아지고, 대인 관계에도 문제가 생겨 우울, 불안, 공포 등의 감정이 증가했다는 연구 결과가 있다.
- **컴퓨터 오남용 :** 대표적인 사례로 스팸메일을 들 수 있다. 스팸메일에는 성인물, 부정 거래와 서비스, 신용사기 등의 내용이 담겨 온라인상에 무작위로 뿌려진다. 최근에는 스마트폰 사용이 늘면서 스팸문자 전달량도 늘고 있다.
- **실업 :** 컴퓨팅 기술은 기업을 혁신시키는 한편 기업 감축 결과를 낳았다. 이는 실업의 증가를 의미하는데, 한 경제학자는 '소수의 엘리트 전문가들만 기업을 운영하는 영구 실직 사회'가 도래할 가능성이 있다고 경고했다.
- **건강 위협 :** 장시간 컴퓨터를 사용하면 나타나는 주요 증상은 눈의 피로이다. 눈이 건조해지고 흐릿하게 보이기도 하며, 눈 주위 근육에 통증이나 경련이 일어날 때도 있다. 또한 손목터널증후군, 컴퓨터 시각증후군이 나타나기도 한다. '테크노 스트레스(Techno Stress)'라는 질환은 기술의 급격한 발전이 개인에게 부정적인 영향을 끼쳐 나타나는 것으로, 신경질적인 반응, 인간에 대한 적대심, 조급함, 피로 누적 등의 증상을 보인다.

우리는 위와 같은 증상들을 이미 갖고 있을 수도 있고, 갖고 있지 않을 수도 있다. 언제나 잊지 말아야 할 것은 컴퓨터 사용이 나에게 도움이 되고 있는지를 계속 생각하는 습관을 들여야 한다는 것이다. 더불어 컴퓨터 중독성에 경계심을 가져야 한다. 편리함을 위해 만든 기계 때문에 인간이 피해를 봐서는 안 된다. 그러므로 컴퓨터를 사용할 때는 어느 정도 계획을 세워 둘 필요가 있다.

위에서 설명한 디지털 질병들은 사실 의식적으로 신경 쓰면 대부분 예방할 수 있다. 신체적인 증상은 스트레칭, 휴식, 운동 등으로 충분히 극복할 수 있다. 실제로 정부에서는 아동, 청소년의 게임중독을 막기 위해 '셧다운 제도' 정책을 도입하기도 했다. 이 정책에 대한 찬반 논의가 거세긴 하지만 그만큼 사회적으로 심각한 문제라는 의미이기도 하다. 그러니 본인 스스로 컴퓨터를 사용하는 목적과 이유를 분명하게 정하고, 무분별한 사용을 예방해 정신 건강에 피해를 주는 일이 없도록 하자.

요약

01 ICT 기술과 4차 산업혁명 시대

- ICT 기술 : 정보기술(IT)과 통신기술(CT)의 합성어로, 정보 기기의 하드웨어 및 기기 운영과 정보 관리에 필요한 소프트웨어 기술, 이 기술을 이용하여 정보를 수집, 생산, 가공, 보존, 전달, 활용하는 모든 방법을 의미한다.
- 정보 사회 : ICT 기술의 발달로 사용할 수 있는 정보의 양이 많아져 정보의 활용이 모든 업무의 중심이 되고 정보가 부(富) 창출의 원천이 되는 사회를 말한다.
- 4차 산업혁명 : 첨단 ICT 기술이 경제 · 사회 전반에 융합되어 혁신적인 변화를 일으키는 차세대 산업혁명을 말한다.

02 컴퓨터의 개념

전자회로를 이용해 다양한 종류의 데이터를 처리하는 기계이다. 초기의 컴퓨터는 인간보다 수치 계산을 빠르고 정확하게 처리하기 위해 개발되었다. 컴퓨터 기술이 발전함에 따라 오늘날의 컴퓨터는 수치 계산뿐만 아니라 문자, 그림, 소리, 동영상 등 여러 유형의 데이터를 처리하여 사용자가 원하는 정보를 제공한다.

03 컴퓨터의 구성 요소

- 하드웨어 : 다양한 기계, 전자 기기, 반도체 등이 사용되는 부분이다. 만질 수 있고 눈에 보이는 외형을 가진 전기, 기계적인 장치를 뜻한다. 크게 입력장치, 출력장치, 중앙처리장치, 기억장치로 구분된다.
- 소프트웨어 : 하드웨어의 기능을 원활하게 수행하기 위한 '명령들의 집합'이다. 시스템 소프트웨어와 응용 소프트웨어로 나뉜다.

04 컴퓨터의 발전과 역사

신체 활용 → 돌멩이와 나무 조각 이용 → 주판 → 기계식 계산기의 발명 → 천공카드 → 튜링머신 → 전자식 컴퓨터의 개발 → 내장형 프로그램 방식 구현 → 개인용 컴퓨터의 등장 → 인터넷 시대의 도래 → 모바일 컴퓨팅 시대

05 컴퓨터의 종류

- 슈퍼컴퓨터 : 고속도 · 고용량의 컴퓨터를 뜻한다.
- 대형컴퓨터 : 연구소, 기업, 은행 등에서 주로 사용하며 대용량, 고속 처리를 주 목적으로 하는 컴퓨터이다.

요약

- 워크스테이션 : 대형컴퓨터보다는 작고 느리지만 개인용 컴퓨터보다는 크고 빠른 중형 규모의 컴퓨터이다.
- 개인용 컴퓨터 : 개인이 사용하는 컴퓨터로, 일반적으로 하나의 컴퓨터를 1명이 사용한다.
- 휴대용 컴퓨터 : 이동하면서 작업을 수행할 수 있게 한 컴퓨터이다.

06 컴퓨터의 활용 분야

컴퓨터는 과학 기술, 제조업, 금융, 상업, 의료, 교육 등 매우 광범위한 분야에서 활용되고 있다.

07 미래 컴퓨팅 기술

- 클라우드 컴퓨팅 : 인터넷 서버를 통해 데이터 저장, 네트워크, 콘텐츠 사용 등 ICT 기술 관련 서비스를 동시에 사용할 수 있는 컴퓨팅 환경이다.
- 사물인터넷 : 각종 사물에 컴퓨터칩과 통신 기능을 내장하여 인터넷과 연결하는 기술이다.
- 인공지능 : 기계가 학습과 추리를 통해 사람과 동일한 작업을 수행할 수 있도록 하는 기술이다.
- 로봇 : 스스로 작업하는 능력을 갖춘 기계이다.
- 드론 : 로봇 기술을 응용한 무인 비행 물체이다.
- 자율주행 자동차 : 운전자가 조작하지 않아도 스스로 움직이는 자동차로, 인공지능 · 빅데이터 · 로봇 기술 등이 집약되어 있다.

연습 문제

단답형 문제

01 (   )은 정보 기기의 하드웨어 및 소프트웨어 기술과 이 기술들을 이용하여 정보를 수집, 생산, 가공, 보존, 전달, 활용하는 모든 방법을 의미한다.

02 (   )란 자료를 가공 및 처리하여 실생활에 도움이 될 수 있도록 정리한 결과이다.

03 (   )은 기계와 사람, 인터넷 서비스가 상호 연결되어 가볍고 유연한 생산 체계 구현이 가능한 시기이다.

04 (   )란 전자회로를 이용하여 다양한 종류의 데이터를 처리하는 기계를 말한다.

05 (   )는 각종 전자회로와 물리적인 장치로 이루어진 기계적 장치를 의미하며, (   )는 하드웨어의 동작을 지시하는 명령어 집합 프로그램을 의미한다.

06 (   )는 컴퓨터 시스템 전체를 제어하는 장치로, 프로그램의 명령을 해독하여 그에 따라 실행하는 장치이다. 영어 약자로는 (   )라고 한다.

07 (   )는 컴퓨터 시스템에 프로그램을 저장하는 공간으로, 컴퓨터를 부팅하여 프로그램을 수행하면 보조기억장치에서 데이터를 읽어 (   )에 저장한다.

08 소프트웨어는 (   )와 (   )로 분류할 수 있다.

09 (   )은 돌멩이를 계산에 사용하던 방식을 개량한 도구로, 5진법과 10진법을 동시에 사용하는 구조이다.

10 1832년, 종이 카드에 구멍을 뚫어 자료를 입력하는 (   ) 시스템을 자동화된 계산기에 사용하기 시작했다.

연습 문제

11 (   )은 컴퓨터라고 가정할 수 있는 기계의 실행과 데이터 저장을 수행할 수 있는 추상적인 계산 모델로, 처음에는 자동 기기라고 불렸다.

12 1946년에 다용도 전자식 컴퓨터로 개발된 (   )은 18,000여 개의 진공관이 사용된 30톤의 거대한 기계로, 2차 세계대전 중 탄도 계산 등을 위해 개발되었다.

13 아르파넷은 초창기에 4대 정도의 컴퓨터를 연결한 작은 네트워크였으며, 지금은 웹(Web)이라고 하는 (   )의 개발로 전 세계에 퍼지게 되었다.

14 (   )는 고속도 · 고용량의 컴퓨터이다. 기상 해석, 항공기 또는 핵융합로 시뮬레이션, 우주 탐사, 신약 개발 등 대량의 데이터 고속 처리를 목적으로 한다.

15 (   )란 인터넷상에서 컴퓨터를 이용하여 제품을 사고파는 행위이다.

16 (   )은 각종 사물에 컴퓨터칩과 통신 기능을 내장하여 인터넷에 연결하는 기술을 뜻한다.

17 (   )은 스스로 작업하는 능력을 갖춘 기계이다.

18 (   )은 로봇 기술을 응용한 무인 비행 물체다.

객관식 문제

19 다음 중 ICT 기술이 융합적으로 활용된 기술이 아닌 것은?

① 하드웨어

② 소프트웨어

③ 네트워크 통신

④ 정보

⑤ 자동차

20 ICT 기술의 발달로 사용할 수 있는 정보의 양이 많아져 정보의 활용이 모든 업무의 중심이 되고 정보가 부(富) 창출의 원천이 되는 사회는 어떤 사회인가?

① 4차 산업혁명 사회 ② 데이터 사회 ③ 정보 사회
④ 복지 사회 ⑤ 자본주의 사회

21 4차 산업혁명은 첨단 ICT 기술이 경제 · 사회 전반에 융합되어 혁신적인 변화를 일으키는 차세대 산업혁명이다. 다음 중 첨단 ICT 기술에 해당하지 않는 것은?

① 인공지능 ② 사물인터넷 ③ 빅데이터
④ 컨베이어 벨트 ⑤ 모바일

22 1차 산업혁명으로 인해 농업과 수공업 경제는 어떤 경제로 발전하였는가?

① 제조업 ② 어업 ③ 축산업
④ 자동차업 ⑤ 상공업

23 다음 중 컴퓨터의 특징이 아닌 것은?

① 신속성 ② 집중성 ③ 정확성
④ 자동성 ⑤ 대량성

24 컴퓨터는 크게 하드웨어와 무엇으로 구성되어 있는가?

① 펌웨어 ② 입력장치 ③ 중앙처리장치
④ 계산기 ⑤ 소프트웨어

25 다음 중 하드웨어가 아닌 것은?

① 입력장치 ② 주기억장치 ③ 범용장치
④ 중앙처리장치 ⑤ 출력장치

26 다음 중 입력장치로 알맞은 것은?

① 모니터 ② 프린터 ③ 롬(ROM)
④ 스피커 ⑤ 키보드

27 중앙처리장치는 레지스터, 연산장치, 그리고 어떤 장치로 구성되어 있는가?
① 제어장치 ② 입력장치 ③ 출력장치
④ 범용장치 ⑤ 포획장치

28 워드프로세서, 웹 브라우저, 컴퓨터 게임 등은 어떤 소프트웨어에 속하는가?
① 응용 소프트웨어
② 시스템 소프트웨어
③ 통신 소프트웨어
④ 소셜 소프트웨어
⑤ 보안 소프트웨어

29 현재 우리가 사용하고 있는 컴퓨터는 전기를 사용해 동작되는데, 이러한 컴퓨터를 무엇이라고 부르는가?
① 자동식 컴퓨터 ② 계산식 컴퓨터 ③ 전류식 컴퓨터
④ 전자식 컴퓨터 ⑤ 기계식 컴퓨터

30 최초의 기계식 수동 계산기를 만든 사람은 누구인가?
① 찰스 배비지 ② 스티브 잡스 ③ 고트프리트 라이프니츠
④ 블레즈 파스칼 ⑤ 토머스 뉴커먼

31 차분기관과 해석기관을 설계한 사람은 누구인가?
① 찰스 배비지 ② 스티브 잡스 ③ 고트프리트 라이프니츠
④ 블레즈 파스칼 ⑤ 토머스 뉴커먼

32 세계 최초의 전자식 컴퓨터는 무엇인가?
① 에니악(ENIAC) ② 에드삭(EDSAC) ③ 에드박(EDVAC)
④ 유니박 I(UNIVAC-I) ⑤ ABC

33 다음 중 에니악(ENIAC)의 특징이 아닌 것은?

① 18,000여 개의 진공관을 사용했다.

② 2차 세계대전 중 탄도 계산 등을 수행하기 위해 개발되었다.

③ 16진수를 사용하였다.

④ 평균 7분에 1번 사용 오류가 발생했다.

⑤ 운영을 전담하는 팀이 필요한 고가의 기계였다.

34 최초로 프로그램 내장 방식을 제안한 사람은 누구인가?

① 폰 노이만 ② 빌 게이츠 ③ 앨런 튜링

④ 조셉 마리 자카드 ⑤ 바실 부숑

35 최초의 상용 컴퓨터로, 대통령 선거의 결과를 예측하는 데 사용된 컴퓨터는 무엇인가?

① 에드삭(EDSAC) ② 에드박(EDVAC) ③ 유니박 I(UNIVAC–I)

④ 에니악(ENIAC) ⑤ 튜링머신

36 다음 중 개인용 컴퓨터가 아닌 것은?

① 알테어 8800(Altair 8800) ② 에니악(ENIAC) ③ 애플 I

④ IBM 5150 ⑤ 애플 II

37 개인용 컴퓨터의 등장은 무엇의 개발로 가능했는가?

① 논리회로 ② 초고밀도집적회로(VLSI) ③ 마이크로프로세서

④ 롬(ROM) ⑤ 램(RAM)

38 다음 중 모바일 컴퓨팅 시대의 특징이 아닌 것은?

① 컴퓨터의 시장 규모가 극대화되었다.

② 개인에게 최적화된 소프트웨어 제작과 서비스 제공이 가능해졌다.

③ 텍스트 기반의 이메일 전송, 뉴스그룹, FTP 서비스 등의 기능이 가능해졌다.

④ SNS가 활성화되었다.

⑤ 사물인터넷 시대가 열렸다.

연습문제

39 다음 중 규모와 처리 성능에 따른 컴퓨터의 종류가 아닌 것은?

① 슈퍼컴퓨터　② 대형컴퓨터　③ 워크스테이션
④ 개인용 컴퓨터　⑤ 업무용 컴퓨터

40 개인용 컴퓨터를 줄여서 무엇이라고 부르는가?

① 데스크톱　② 미니컴퓨터　③ 스마트폰
④ 슈퍼컴퓨터　⑤ 일반 컴퓨터

41 컴퓨터 활용 분야 중 제조업 분야의 특징이 아닌 것은?

① 단순 제조업이나 인간이 작업하기 어렵고 위험한 환경에서 사용되던 로봇이 컴퓨터 기술과 결합한 후 더욱 지능화되면서 사용 범위를 넓혀가고 있다.
② 전기자동차, 자율주행 자동차를 개발해 이제는 ICT 산업으로 위치를 옮겨 가고 있다.
③ 기존의 가전제품에 ICT 센서, 디스플레이 등의 부품을 결합한 스마트 가전제품이 출시되고 있다.
④ 조선 산업 시스템을 자동화하기 위해 통신 및 레이더 기술 분야의 연구를 진행하고 있다.
⑤ 우주로 쏘아 올리는 발사체를 정교하게 제어하고, 발사체와 종합 관제실 사이의 원활한 통신시스템을 개발하기 위해 연구가 진행되고 있다.

42 컴퓨터 활용 분야 중 의료 분야의 특징이 아닌 것은?

① 컴퓨터의 활용으로 전염병이 사라졌다.
② MRI 등에서 촬영(수집)된 정보를 컴퓨터로 통합하고 시각화한다.
③ 가상현실 환경에서 수술 전 사전 모의 수술을 수행한다.
④ 햅틱 기술 기반의 수술이 도입되었다.
⑤ 로봇을 활용한 수술, 원격 수술, 의료 시뮬레이터 등이 이루어지고 있다.

43 인터넷 서버를 통해 데이터 저장, 네트워크, 콘텐츠 사용 등 ICT 기술 관련 서비스를 동시에 사용할 수 있는 컴퓨팅 환경을 무엇이라고 하는가?

① 로봇　② 자율주행 자동차　③ 클라우드 컴퓨팅
④ 사물인터넷　⑤ 인공지능

44 다음 중 사물인터넷의 핵심 기술이 아닌 것은?

① 센싱 기술 ② 유무선통신 기술 ③ 로봇 기술

④ 보안 기술 ⑤ 서비스 인터페이스 기술

45 다음 중 인공지능에 대한 설명이 아닌 것은?

① 컴퓨터 과학, 생물학, 심리학, 언어학, 수학, 공학과 같은 학문에 기초하여 지능을 기계로 실현하고자 하는 과학 분야이다.

② 인공지능 알파고가 바둑기사 이세돌 9단과의 바둑 대결에서 이기면서 대중에게 알려졌다.

③ 인공지능 기술을 활용한 제품으로는 인공지능 스피커, 스마트폰 페이스 ID, 번역 어플 등이 있다.

④ 기계가 학습과 추리를 통해 사람과 동일한 작업을 수행할 수 있도록 하는 기술이다.

⑤ 스마트홈, 헬스케어, 원격검침, 스마트카 등 다양한 분야에 적용할 수 있다.

주관식 문제

46 ICT 기술의 발달로 나타난 사회를 무엇이라고 부르는지 적으시오.

47 1980년대에 정보사회를 예견한 2명의 학자 이름을 적으시오.

48 1~4차 산업혁명의 주요 내용을 서술하시오.

49 하드웨어 종류 4가지와 각각의 장치별 특징을 쓰시오.

50 블레즈 파스칼부터 폰 노이만까지 컴퓨터의 발전사에 큰 영향을 끼친 인물들을 순서대로 나열해 보고 이들의 업적을 간략히 기술해 보시오.

연습 문제

51 1942년에 개발된 ABC와 1946년에 개발된 에니악(ENIAC)의 차이점을 적으시오.

52 모바일 컴퓨팅을 가능하게 하는 기반 기술 3가지와 각 기술들의 정의를 적으시오.

53 컴퓨터의 종류와 각각의 특징을 설명하시오.

54 컴퓨터가 제조업 분야에서 어떻게 활용되고 있는지 적으시오.

55 미래 컴퓨팅 기술에는 어떤 것들이 있는지 적고 간략히 설명하시오.

CHAPTER 02

데이터 표현과 논리회로

학습목표

- 컴퓨터에서 사용하는 수의 체계와 진수 변환 방법을 이해한다.
- 컴퓨터 내 정수, 실수, 문자 표현 방법을 알아본다.
- 논리회로의 개념과 표현 방식에 대해 학습한다.
- 조합 논리회로와 순서 논리회로에 대해 알아본다.

PREVIEW

섹션 1에서는 수의 체계와 변환을 이해하기 위해 진법의 개념을 알아보고, 10진법과 2진법의 정의와 진법 변환에 대해 살펴본다.

섹션 2에서는 데이터의 표현 방법에 대해 알아본다. 컴퓨터 내에서 정수와 실수를 표현하는 방법과 문자를 표현하는 방법을 살펴본다.

섹션 3에서는 2진수가 하드웨어에서 어떻게 표현되고 연산되는지 논리회로를 통해 알아본다. 먼저 논리회로의 구체적인 개념과 표현법을 살펴보고, 게이트를 이용해 논리회로를 만드는 방법인 조합 논리회로와 순서 논리회로에 대해 차례로 학습한다.

이번 챕터를 통해 컴퓨터의 데이터 표현 방법과 논리연산을 수행하는 논리회로에 대한 전반적인 내용을 파악할 수 있을 것이다.

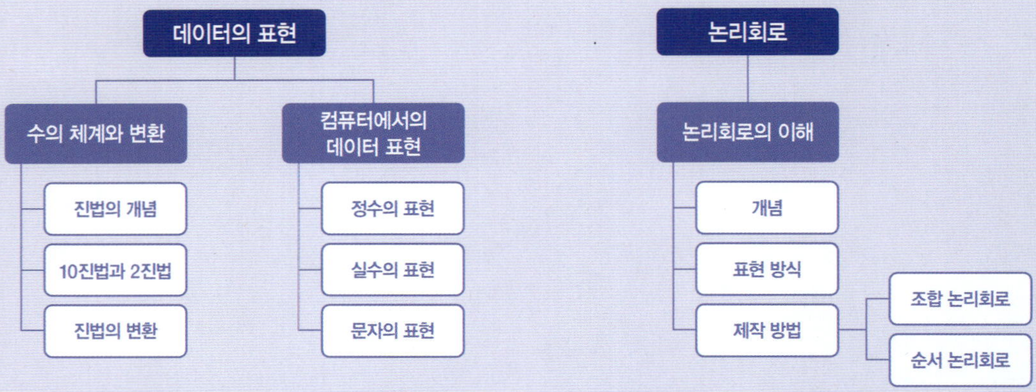

SECTION 01

수의 체계와 변환

1 진법의 개념

진법이란 사용할 수 있는 숫자 개수와 각 숫자의 위치 값을 정의한 수 체계이다. 여기서 사용할 수 있는 숫자 개수란 '0부터 해당 진법의 수보다 1 작은 수'이다. 예를 들어, 10진법은 사용할 수 있는 숫자가 0부터 9까지 10개이고, 2진법은 0과 1로 2개이다. 우리가 주로 사용하는 진법은 10진법이지만 이외에도 2, 4, 5, 8, 10, 12, 16, 60진법 등 다양한 진법이 사용되어 왔다. 컴퓨터는 2진법을 사용한다. 2진법은 사람이 사용하기에 불편한 점이 많지만 컴퓨터로는 쉽게 표현할 수 있다. 컴퓨터가 표현하는 체계를 알기 위해 2진법과 10진법을 서로 비교하며 살펴보고, 진법 간의 변환 방법도 알아보자.

하나 더 알기 **진법을 알아야 하는 이유**

[그림 2-1]에서 왼쪽은 아날로그 시계이고, 오른쪽은 디지털 시계다. 아날로그 시계는 시곗바늘의 흐름으로, 디지털 시계는 숫자의 변화로 시간을 파악한다. 이처럼 아날로그 데이터는 연속적(continuous)인 데이터, 디지털 데이터는 비연속적인(discrete) 데이터를 의미한다. 컴퓨터는 0과 1, 즉 디지털 형식으로 정보를 표현하고 관리하기 때문에 이를 실생활에 적용하려면 아날로그 데이터를 디지털 데이터로 변환해 표현해야 한다. 우리가 2진법에 대해 알아야 하는 이유이다.

그림 2-1 아날로그 시계와 디지털 시계

2 10진법과 2진법

10진법은 0부터 9까지 10개의 숫자를 한 묶음으로 하여 10이 될 때마다 1자리씩 자리올림을 하는 방법으로, 사람의 손가락 개수에서 유래했다. 10진법의 각 자릿수는 [그림 2-2]와 같이 표현한다. 여기서 '자릿수'가 가지는 의미는 다음과 같다. 432_{10}라는 숫자에서 4는 100의 자리가 4개,

즉 400이라는 값이다. 이때 4는 이 숫자를 100으로 나누었을 때의 '몫'이라는 의미이기도 하다. 그다음 자릿수인 32는 앞서 100으로 나누었을 때의 '나머지'가 된다. 동일한 방식으로 숫자 2는 10으로 나누었을 때의 나머지라는 뜻이다.

$$
\begin{aligned}
432_{10} &= 4\times10^2 + 3\times10^1 + 2\times10^0 \\
&= 4\times100 + 3\times10 + 2\times1 \\
&= 432
\end{aligned}
$$

그림 2-2 **10진수 표현 방식**

그런데 컴퓨터는 0과 1, 두 가지 숫자로만 수를 표현하는 2진법을 사용한다. 컴퓨터가 2진법을 사용하는 이유는 최초의 컴퓨터가 진공관을 사용했기 때문이다. 진공관은 켜고 끄는(on/off) 기능만 있었기 때문에 초기의 컴퓨터는 진공관이 꺼지면 0, 진공관이 켜지면 1로 인식했다. 10진법은 10의 지수 승으로 자릿수를 올린다면, 2진법은 2를 기본 단위로 하여 2의 지수 승으로 자릿수를 올린다.

그림 2-3 **2진법 개념**

하나 더 알기 **컴퓨터 용량 단위**

1. 비트, 바이트, 워드

컴퓨터 용량의 기준 단위는 비트, 바이트, 워드이다. 비트(Bit)는 2진수를 표현하는 가장 기본 단위로, 데이터를 표현하는 최소 단위이다. 1비트는 0과 1, 즉 2가지 상태만 표현할 수 있다. 바이트(Byte)는 문자를 표현하는 단위로, 1바이트는 8비트를 하나로 모은 것이다. 1바이트로는 256(=2^8)가지 상태를 표현할 수 있다. 워드(Word)는 컴퓨터가 한번에 처리할 수 있는 데이터의 단위로, 1워드는 일반적으로 4바이트이다. 예를 들어 32비트 CPU란 1워드 사이즈, 즉 데이터의 기본 단위가 32비트란 뜻이다.

2. 큰 용량을 표현하는 단위

바이트를 기준으로 큰 용량을 표현하는 단위는 킬로바이트(Kilo Byte), 메가바이트(Mega Byte), 기가바이트(Giga Byte), 테라바이트(Tera Byte), 페타바이트(Peta Byte) 등이 있다.

표 2-1 큰 용량을 표현하는 단위 구분

용량 단위	약어	2진법 크기	바이트 대비 크기
바이트(Byte)	B	2^0	1B
킬로바이트(Kilo Byte)	KB	2^{10}	1,024B
메가바이트(Mega Byte)	MB	2^{20}	1,048,576B
기가바이트(Giga Byte)	GB	2^{30}	1,073,741,824B
테라바이트(Tera Byte)	TB	2^{40}	1,099,511,627,776B
페타바이트(Peta Byte)	PB	2^{50}	1,125,899,906,842,624B

3 진법 변환

진법 변환이란 주어진 수를 다른 진법으로 변환하는 것이다. 컴퓨터는 2진법을, 사람은 10진법을 사용하므로 두 진법 간의 변환 방법을 알아보고 이해해 보자.

10진수 → 2진수

먼저 정수인 경우부터 알아보자. 계산 방식은 10진수를 계속 2로 나누면서 몫은 아래에, 나머지는 오른쪽에 기입하면 된다. 몫이 더 이상 2로 나누어지지 않을 때 아래에서부터 순서대로 나머지를 나열하면 2진수가 된다. [그림 2-4]와 같이 10진수 41_{10}을 2로 계속 나눈 후 나머지를 거꾸로 읽으면 2진수 101001_2 값이 나온다.

그림 2-4 10진수 → 2진수 변환 : 정수 부분

이번에는 소수가 있는 경우를 알아보자. 일단 정수 부분은 앞서 말한 방식대로 변환하면 된다. 그리고 소수점 아래의 소수 부분은 2를 계속 곱하면서 정수로 자리올림이 발생하는지 기록하고 이를 2진수 변환에 사용하면 된다. 한 예로, 10진수 0.6875_{10}를 2진수로 변환해 보자. 0.6875에 2를 곱하면 1.3750이 되는데, 여기에서 소수점 윗자리인 1이 2진수에선 0.1이 된다. 1.3750의 소수점 윗자리를 0으로 고친 후 다시 2를 곱하면 0.7500이 되는데, 자리올림이 이루어지지 않았으므로 소수점 윗자리인 0이 0.1의 뒤에 붙어 0.10이 된다. 이와 같은 방식으로 적당한 자리까지 계산하다가 소수점 아래가 전부 0이 되면 계산이 끝난다. 10진수 0.6875_{10}는 2진수 0.1011_2 값을 가진다.

```
  0.6875
×      2
--------
  1.3750  (➡ 0.1)
  0.3750
×      2
--------
  0.7500  (➡ 0.10)
  0.7500
×      2
--------
  1.5000  (➡ 0.101)
  0.5000
×      2
--------
  1.0000  (➡ 0.1011)    결과: 0.1011₂
```

그림 2-5 **10진수 → 2진수 변환 : 소수 부분**

2진수 → 10진수

정수인 경우부터 알아보자. 계산 방식은 2진수의 0과 1을 각 자릿수만큼의 2의 지수 승으로 곱한 후 모두 더하면 된다. [그림 2-6]과 같이 2진수 101001_2을 10진수로 변환하면 41_{10}이 된다.

$$
\begin{aligned}
101001_2 &= 1\times2^5 + 1\times2^3 + 1\times2^0 \\
&= 1\times32 + 1\times8 + 1\times1 \\
&= 41_{10}
\end{aligned}
$$

그림 2-6 **2진수 → 10진수 변환 : 정수 부분**

이번에는 소수인 경우에 대해 알아보자. 정수의 변환 방식과 동일하게 각 자릿수를 고려해 계산하면 되지만 주의할 점이 있다. 정수와는 반대로, 소수점 아래로 내려갈수록 자릿수가 커지고 마이너스를 붙여 계산해야 한다. [그림 2-7]과 같이, 2진수 0.1011_2은 10진수로 변환하면 0.6875_{10}가 된다.

$$
\begin{aligned}
0.1011_2 &= 1\times2^{-1} + 1\times2^{-3} + 1\times2^{-4} \\
&= 1\times0.5 + 1\times0.125 + 1\times0.0625 \\
&= 0.6875_{10}
\end{aligned}
$$

그림 2-7 **2진수 → 10진수 변환 : 소수 부분**

TIP 컴퓨터 내부에서 이루어지는 숫자 표현에 대한 설명을 잘 이해하려면 2진법에 익숙해져야 한다. 그러니 진법 간의 변환 원리에 대해 잘 이해하도록 하자.

하나 더 알기 **16진법**

컴퓨터 입장에서는 2진법이 편리하다. 하지만, 사람은 2진수를 봤을 때 정확히 얼마인지 단번에 파악하기가 어렵고 2진법을 표기하면 자릿수가 길어지기 때문에 편의상 16진법을 사용하기도 한다. 16진법으로 표현하려면 다음의 16가지 기호가 필요하다. A는 10진수의 10을 의미하고, F는 10진수의 15를 의미한다.

```
0, 1, 2, 3, 4, 5, 6, 7, 8, 9, A, B, C, D, E, F
```

그렇다면 2진법에서 16진법으로는 어떻게 변환하면 될까? 바로, 2진수의 오른쪽에서부터 4비트씩 모아 계산하면 된다. 예를 들어 2진수 100010_2을 10과 0010으로 나눠 계산하면 각각 2와 2가 되므로 16진수로 표현하면 22_{16}이 된다.

10진수 34_{10}를 다양한 진법으로 표현하면 다음과 같다.

10진수: 34_{10}　　　2진수: 100010_2
16진수: 22_{16}　　　8진수: 42_8

TIP 8진법은 0~7까지 8개의 기호만 사용한다. 2진법에서 8진법으로 바꾸려면 2진수의 오른쪽에서부터 3비트씩 모아 계산하면 된다.

TIP 진수를 읽는 방식은 일반적으로 숫자를 읽는 방식과 다르다. 예를 들어 22_{16}는 '16진수 이십이'라고 읽지 않고 '16진수 이이'라고 읽는다.

SECTION
02 데이터의 표현

컴퓨터는 데이터를 숫자나 문자로 표현할 수 있다. 숫자의 표현은 정수의 표현과 실수의 표현으로 나눌 수 있는데, 이 두 표현 방법은 완전히 다르니 살펴보도록 하자. 또한 문자를 표현하는 방법에 대해서도 함께 알아본다.

1 정수의 표현

정수Integer는 셀 수 있는 수를 의미하며 음의 정수(…, −3, −2, −1), 0, 양의 정수(+1, +2, +3, …)로 구성되어 있다. 컴퓨터에서의 정수는 부호 없는 정수와 부호 있는 정수로 나뉜다.

부호 없는 정수

부호 없는 정수Unsigned Integer는 말 그대로 부호를 생략한다는 의미로, 모든 숫자는 0 또는 양의 정수이다. 표현에 사용되는 8비트가 모두 숫자의 절댓값으로만 나타나는 방식이다.

8비트로 부호 없는 정수를 표현하면 [그림 2−8]과 같이 0_{10}~255_{10} 범위의 숫자들을 표현할 수 있다. 2^8은 256인데, 10진수로 변환했을 때는 255까지 표현이 가능하다. 즉, 8비트를 사용한 부호 없는 정수는 0~255(2^8-1)까지 나타낼 수 있는 것이다. 이를 일반화하면 n비트를 이용한 부호 없는 정수 표현은 0부터 (2^n-1)까지이다. 1비트를 사용하면 0을 포함해 2(=2^1)가지, 10비트를 사용하면 1024(=2^{10})가지 상태를 표현할 수 있다.

$0000\ 0000_2 \leftrightarrow 0_{10}$
$1111\ 1111_2 \leftrightarrow 255_{10}$

그림 2−8 8비트의 2진수 값을 10진수로 변환

부호 없는 정수에서 2진법을 이용한 사칙연산 방법은 기본적으로 10진법에서의 연산 방법과 동일하다. 먼저 용어를 설명하면, 2진법의 가장 오른쪽 비트를 최소유효비트LSB, Least Significant Bit라고 한다. 덧셈을 수행할 때는 최소유효비트부터 시작해 각 비트의 수를 더하고, 1+1로 자리올림이 발생하면 상위 자리로 1을 올리면 된다.

```
 0000 1010₂  = 10₁₀
+1000 1010₂  = 138₁₀
------------------------------------------
 1001 0100₂  = 148₁₀
```

(a) $00001010_2 + 10001010_2$

```
 0110 1010₂  = 106₁₀
+1011 0011₂  = 179₁₀
------------------------------------------
1 0001 1101₂  = 285₁₀
```

(b) $01101010_2 + 10110011_2$

그림 2-9 **2진수의 덧셈 연산**

하나 더 알기 **오버플로우**

[그림 2-9] (b) 연산은 덧셈 결과, 가장 왼쪽의 비트인 최대유효비트(MSB, Most Significant Bit)에서 자리올림이 발생한다. 하지만 지금 우리는 8자리만을 사용하기로 했기 때문에 자리올림으로 올라간 1이라는 숫자는 사실상 고려할 수 없다. 그렇게 되면 실제 106_{10}과 179_{10}의 덧셈 결과는 285_{10}가 아니라 29_{10}가 되므로, 이는 덧셈 결과가 틀린 값을 낸 것이다. 이러한 경우를 오버플로우(Overflow)라고 한다.

오버플로우는 덧셈의 결과가 8비트로 표현할 수 있는 범위를 넘어선 상황을 말한다. 컴퓨터 내부에서는 논리적(logical)으로 정확한 결과(answer)를 냈다 하더라도, 표현 가능한 범위를 벗어났기 때문에 실제 수행 결과는 옳은 값이 아니다. 즉, 계산 결과를 정확히 표현할 수 없게 된 것이다. 실제로 컴퓨터 프로그래밍을 하다 보면, 아주 큰 수끼리의 연산에서 오버플로우가 발생하고는 한다. 그런데 문제는 오버플로우가 일어나서 연산 결과에 오류가 나더라도 프로그램은 계속 실행된다는 점이다. 프로그램은 중간에 멈추지 않기 때문이다. 이는 틀린 값을 정확히 체크하지 않으면 최종 결과에 영향이 미친다는 뜻이기도 하다.

부호 있는 정수

이번에는 음수의 표현까지 고려한 부호 있는 정수Signed Integer에 대해 알아보자. 부호 있는 정수의 표현 방법으로는 부호화 절댓값 표현과 보수 표현이 있다.

■ 부호화 절댓값 표현

부호화 절댓값Signed-magnitude 표현은 가장 왼쪽에 위치한 비트인 최대유효비트가 0이면 양의 정수(+0 포함)로, 최대유효비트가 1이면 음의 정수(−0 포함)로 표현하는 방식이다.

```
0000 0101₂ → +5₁₀
1000 0101₂ → -5₁₀
```

그림 2-10 **2진수의 부호화 절댓값 표현**

8비트를 이용하여 부호화 절댓값을 표현할 때는 절댓값 계산을 위해 7비트까지만 사용할 수 있으므로, 표현할 수 있는 값의 범위는 -127_{10}에서 $+127_{10}$까지이다. 이를 일반화하면 n비트를 이용한 부호화 절댓값 표현은 $-(2^{n-1}-1) \sim +(2^{n-1}-1)$까지이다.

TIP 부호화 절댓값이라는 표현 방법은 사람이 쓰기에는 익숙하지만 컴퓨터에서는 잘 사용하지 않는다.

■ 보수 표현

보수Complement란 두 수의 합이 진법의 밑수(N)가 되게 하는 수를 의미한다. 예를 들어, 10진수 2_{10}의 10의 보수는 8_{10}이고, 10진수 6_{10}의 10의 보수는 4_{10}이다. 2진법에는 1의 보수와 2의 보수가 있는데, 이 둘은 서로 조금 다르지만 개념은 같다. 일단 2의 보수에 대해서만 알아보도록 하자.

2의 보수는 절댓값이 같고 부호가 다른 두 수를 말한다. 즉 $+10_{10}$의 2의 보수인 -10_{10}에 해당하는 2진수 덧셈은 [그림 2-11] (a)와 같다. 이 경우에 00001010_2을 $+10_{10}$이라 하고, 11110110_2을 -10_{10}이라 부르기로 약속한 것이 바로 2의 보수 표현이다. 그렇다면 2의 보수 표현은 어떻게 알 수 있을까? 보수라는 정의를 그대로 사용해 [그림 2-11] (b)와 같이 구하면 된다. [그림 2-11] (b)의 연산은 서로 더해서 0이 되는 상대 수를 찾기 위해 0에서 $+10_{10}$을 뺐다.

```
  0000 1010₂   = +10₁₀
+ 1111 0110₂   = -10₁₀
----------------------------------------
1 0000 0000₂   =   0₁₀
```

(a) $00001010_2 + 11110110_2$

```
 1 0000 0000₂   =   0₁₀
-  0000 1010₂   = +10₁₀
----------------------------------------
   1111 0110₂   = -10₁₀
```

(b) $100000000_2 - 00001010_2$

그림 2-11 2의 보수 간 연산

이 과정을 [그림 2-12]와 같이 2단계로 나누어 좀 더 자세히 계산해 보자. [그림 2-11] (b)의 100000000_2이 아닌 11111111_2에서 $+10_{10}$을 빼고, 나중에 00000001_2을 더하는 방식이다.

```
  1111 1111₂
- 0000 1010₂
---------------
  1111 0101₂
+ 0000 0001₂
---------------
  1111 0110₂
```

그림 2-12 2단계로 2의 보수 구하기

즉 어떤 수의 2의 보수를 구하기 위해서는 그 수를 0과 1로 바꾼 값에 1을 더하면 된다. 이렇게 2의 보수를 구하는 연산은 하드웨어를 이용하면 쉽게 구할 수 있다.

```
NOT 0000 1010₂ + 1
  = 1111 0101₂ + 1
  = +10₁₀의 2의 보수
  = -10₁₀
```

그림 2-13 NOT을 이용한 2의 보수 구하기

하나 더 알기 **컴퓨터는 10000000_2이 음수인지 양수인지 어떻게 알까?**

컴퓨터는 양수인지 음수인지 구별하지 않는다. 부호가 없으니 구분할 필요도 없다. 그냥 그 자체로 컴퓨터가 이해할 수 있는 숫자다. 음수인지 양수인지 구별하는 것은 사람이 읽기 위해서다. 사람은 2진수 비트 패턴이 양수인지 음수인지, 또 10진수로 그 숫자가 어떻게 표현되는지 궁금해하지만, 컴퓨터는 이런 것들을 궁금해하지 않는다. 다시 한번 강조하면, 수를 2의 보수로 표현하면 부호라는 개념은 없어진다. 보수 표현은 부호라는 개념을 전혀 고려하지 않은 방식이다. 또한 컴퓨터는 2진수의 값이 10진수일 땐 어떤 숫자인지도 궁금해하지 않는다. 컴퓨터는 오직 2진수만 사용하기 때문이다.

2 실수의 표현

실수Real Number는 유리수와 무리수를 총칭하여 확장한 수이다. 수직선 위에 나타낼 수 있는 모든 수를 뜻한다. 컴퓨터 내부에서 실수를 표현하는 방법으로는 고정소수점 표현과 부동소수점 표현이 있다.

고정소수점 표현

[그림 2-14]와 같이 16비트를 사용하는 경우, 앞의 8비트는 정수 부분을 표현하고 나머지 8비트는 소수 부분으로 할당된다. 예를 들어, 5.34_{10}를 2진수로 변환하면 [그림 2-14]의 수식과 같이 표현된다. 즉, 음영으로 처리된 부분은 정수 부분, 나머지 부분은 소수 부분이다.

5.34_{10} = 101.01010111_2

그림 2-14 **고정소수점 표현법**

고정소수점 표현Fixed-point Representation은 소수점의 위치를 고정시켜 표현한다는 의미이다. 앞에서 배운 정수 표현 방법을 정수 부분과 소수 부분에 각각 적용한 것이다. 지수 승으로 인해 아주 큰 숫자가 되었거나 소수점 아래가 너무 길어서 정확한 실숫값을 나타낼 수 없을 때 사용한다. 고정소수점 표현 방식은 숫자 표현이 간단하기 때문에 연산 속도가 빠르다는 장점이 있지만 제한된 부분에서만 사용된다. 일반적으로 컴퓨터에서는 이런 방식을 사용하지 않는다.

부동소수점 표현

부동소수점 표현Floating-point Representation이란 소수점의 위치를 고정시키지 않고 가수와 지수를 사용해 실수를 표현한다는 의미이다. 여기서 가수는 유효숫자를 나타내며 지수는 소수점의 위치를 나타낸다.

10진수 0.34_{10}를 예로 들어 보자. 0.34_{10}를 2진수로 바꾸면 0.010101110_2이 되는데 이를 부동소수점 표현으로 나타내려면, 먼저 정규형으로 바꿔야 한다. 정규형Normalized Form이란 정수 부분에 '0 아닌 수를 하나'만 남기는 것이다. 그래서 0.010101110_2을 정규형으로 표현하면 1.0101110×2^{-2}이 된다. 이제 이 정규형 표현에서 지수와 가수를 나누면 된다. [그림 2-15]를 보면 2진수 비트 열에서 지수Exponent는 가수Significand 앞에 위치하며, 부호Sign는 가수의 부호를 나타낸다.

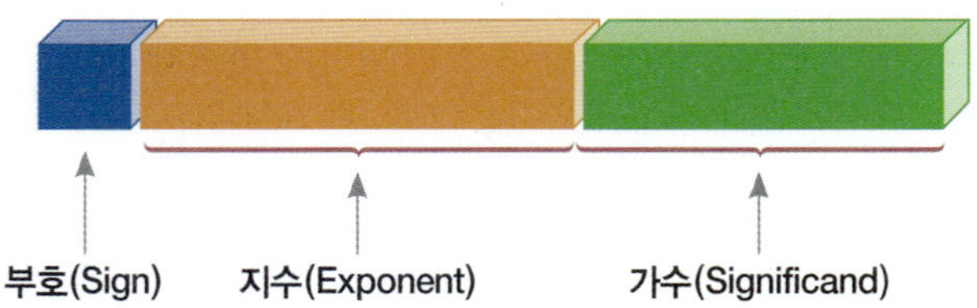

그림 2-15 부동소수점 표현 구조

그럼 이제, [그림 2-16] (a)와 같이 8비트를 사용해 실수를 표현할 때 부호 1비트, 지수 3비트, 가수 4비트를 할당한다고 가정해 보자. 지수에 3비트를 할당할 때는 3초과표현3 Excess Representation을 사용한다. 무슨 말인가 하면, 정규형으로 표현된 1.0101110×2^{-2}은 지수가 -2가 되기 때문에 지수 영역에는 3을 초과하여(−2+3) 1을 적는 것이다. 가수는 1.0101110에서 4비트밖에 사용하지 못하므로, 앞에서부터 4비트를 잘라 1010이 된다. 따라서 이를 그대로 표현하면 [그림 2-16] (b)와 같다.

TIP 지수를 나타낼 때는 초과표현이라는 것을 사용한다. 지수에 3비트를 사용할 때는 3초과표현을 사용하는데, 2를 표현해야 할 때는 3을 초과시켜서 5로 표현하는 방식이다.

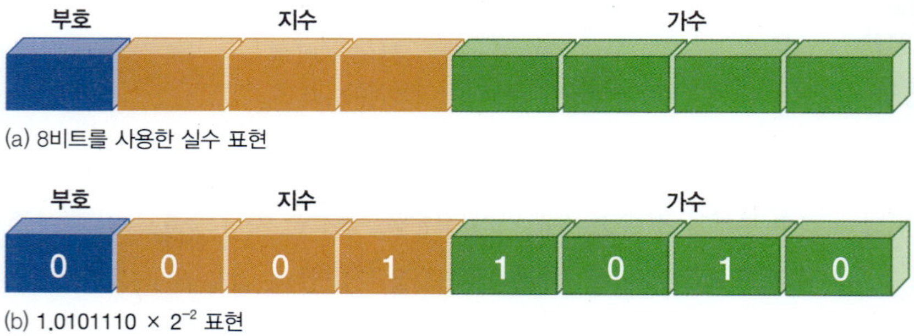

(a) 8비트를 사용한 실수 표현

(b) 1.0101110×2^{-2} 표현

그림 2-16 부동소수점 표현법

정리하면, 0.34_{10}는 컴퓨터 내부에서 00011010_2이라는 2진수로 저장된다. 이를 다시 정규형으로 표현하면 1.010×2^{-2}이 되는데, 10진수로 바꾸면 0.3125_{10}가 된다. 원래 표현하고자 하는 0.3410_{10}이 아니므로, 오차가 발생했다는 것을 알 수 있다.

3 문자의 표현

컴퓨터는 기본적으로 숫자만 다루지만 인간은 문자로 소통한다. 그래서 컴퓨터도 문자를 처리하기 위해 숫자와 문자를 대응시키는 코드를 사용하는데, 그 대표적인 코드가 아스키코드와 유니코드이다.

아스키코드

컴퓨터를 사용하기 시작한 초창기에는 다양한 방법으로 문자를 표현했는데, 그 과정에서 호환 등의 여러 문제가 발생했다. 그래서 부호 없는 정수에서 00000000_2은 숫자 '0', 11111111_2은 숫자 '255'라 부르기로 약속한 것처럼 문자를 표현할 약속 체계도 만들기로 했다. 01000001은 영어 대문자 'A', 01011010은 영어 대문자 'Z'라는 식이었다. 이 중에서 가장 많이 사용되는 체계가 미국표준협회ANSI, American National Standards Institute에서 만든 아스키코드ASCII Code, American Standard Code for Information Interchange Code이다. 아스키코드는 7비트로 구성되어 있어, 표현할 수 있는 문자 개수는 128(2^7)개이다.

표 2-2 아스키코드

10 진수	16 진수	부호	10 진수	16 진수	부호	10 진수	16 진수	부호	10 진수	16 진수	부호
0	0	NUL	32	20	SP	64	40	@	96	60	`
1	1	SOH	33	21	!	65	41	A	97	61	a
2	2	STX	34	22	"	66	42	B	98	62	b
3	3	ETX	35	23	#	67	43	C	99	63	c
4	4	EOT	36	24	$	68	44	D	100	64	d
5	5	ENQ	37	25	%	69	45	E	101	65	e
6	6	ACK	38	26	&	70	46	F	102	66	f
7	7	BEL	39	27	'	71	47	G	103	67	g
8	8	BS	40	28	(	72	48	H	104	68	h
9	9	HT	41	29	)	73	49	I	105	69	i
10	0A	LF	42	2A	*	74	4A	J	106	6A	j
11	0B	VT	43	2B	+	75	4B	K	107	6B	k
12	0C	FF	44	2C	,	76	4C	L	108	6C	l
13	0D	CR	45	2D	–	77	4D	M	109	6D	m
14	0E	SO	46	2E	.	78	4E	N	110	6E	n
15	0F	SI	47	2F	/	79	4F	O	111	6F	o
16	10	DLE	48	30	0	80	50	P	112	70	p

17	11	DC1	49	31	1	81	51	Q	113	71	q
18	12	DC2	50	32	2	82	52	R	114	72	r
19	13	DC3	51	33	3	83	53	S	115	73	s
20	14	DC4	52	34	4	84	54	T	116	74	t
21	15	NAK	53	35	5	85	55	U	117	75	u
22	16	SYN	54	36	6	86	56	V	118	76	v
23	17	ETB	55	37	7	87	57	W	119	77	w
24	18	CAN	56	38	8	88	58	X	120	78	x
25	19	EM	57	39	9	89	59	Y	121	79	y
26	1A	SUB	58	3A	:	90	5A	Z	122	7A	z
27	1B	ESC	59	3B	;	91	5B	[	123	7B	{
28	1C	FS	60	3C	〈	92	5C	₩	124	7C	|
29	1D	GS	61	3D	=	93	5D	]	125	7D	}
30	1E	RS	62	3E	〉	94	5E	^	126	7E	~
31	1F	US	63	3F	?	95	5F	_	127	7F	DEL

유니코드

아스키코드는 영어 문화권에서 사용할 땐 문제가 없었지만 한국, 중국, 일본 등 그 외 나라에서 사용할 땐 문제가 발생했다. 영어가 아닌 언어를 표현할 수 없기 때문이다. 이러한 문제를 해결하고 다양한 나라의 언어를 표현하고자 만든 코드 체계가 유니코드Unicode이다. 언어의 종류와 상관없이 모든 문자를 16비트(=2바이트)로 구성해 65,536(=2^{16})개의 문자 표현이 가능하다. 한글은 11,172자로, 유니코드 전체 분량의 17%를 차지한다. [그림 2-17]은 한글 유니코드를 표로 만든 것이다.

	AC0	AC1	AC2	AC3	AC4	AC5	AC6	AC7	AC8	AC9	ACA	ACB	ACC	ACD	ACE	ACF
0	가 AC00	감 AC10	갠 AC20	갰 AC30	걀 AC40	걐 AC50	걠 AC60	거 AC70	검 AC80	겐 AC90	겠 ACA0	결 ACB0	곀 ACC0	곐 ACD0	고 ACE0	곰 ACF0
1	각 AC01	갑 AC11	갡 AC21	갱 AC31	걁 AC41	걑 AC51	걡 AC61	걱 AC71	겁 AC81	겑 AC91	겡 ACA1	겱 ACB1	곁 ACC1	곑 ACD1	곡 ACE1	곱 ACF1
2	갂 AC02	값 AC12	갢 AC22	갲 AC32	걂 AC42	걒 AC52	걢 AC62	겪 AC72	겂 AC82	겒 AC92	겢 ACA2	겲 ACB2	곂 ACC2	곒 ACD2	곢 ACE2	곲 ACF2

그림 2-17 **한글 유니코드 일부**

SECTION

03 논리회로

프로그래밍을 수행하고 싶다면 기계어Machine Language만 알아도 충분하다. 하지만 기계어가 하드웨어에 의해 어떤 식으로 수행되는지 이해한다면 컴퓨터 시스템의 모든 부분이 머릿속에서 꿰어지는 느낌을 받을 수 있다. 이것이 바로 논리회로를 공부해야 하는 이유이다.

1 논리회로의 개념

논리회로Logic Circuit란 논리합(OR), 논리곱(AND), 부정(NOT), 부정논리곱(NAND), 부정논리합(NOR) 등의 논리연산을 수행하는 회로이다. 컴퓨터는 전자 소자들의 집합체로, 이 전자 소자들이 0과 1을 표현한다. 그런데 전자 소자들이 어떻게 0과 1을 표현해 저장하고, 이를 활용해 연산을 수행할 수 있을까? 그 과정을 다루는 부분이 바로 논리회로이다.

[그림 2-18]은 전기적 신호를 전압으로 나타낸 것이다. 전압이 5V이면 1, 0V이면 0이라고 설정하면 전기 신호로 0과 1의 표현이 가능해진다.

그림 2-18 **전기적 신호의 개념적 형태 : 전압**

논리회로의 동작이나 기능을 기술하는 방식은 다음과 같이 3가지가 있다. 표현 방식을 알면 동작 원리를 좀 더 쉽게 파악할 수 있다.

- **논리식(Boolean Expression) :** 논리연산자(AND, OR, NOT 등)로 구성된 식이다.
- **논리도(Logic Diagram) :** 논리식을 그림으로 표현해 시각적으로 구현한 방법이다.
- **진리표(Truth Table) :** 논리회로에 입력 가능한 모든 경우의 수에 대응하는 출력 값을 정의한 표이다. 게이트의 입력과 출력의 상관관계를 나타낸다. 진리표를 보면 각 게이트의 동작 원리를 알 수 있다.

다음으로는 논리연산자와 논리게이트에 대해 알아보자. 두 개념을 알면 논리회로의 기본적인 내용을 이해할 수 있다.

논리연산자

논리회로에서 '논리'란 참True 또는 거짓False을 다룬다는 의미이다. 컴퓨터는 2진수를 사용하므로 참/거짓이라는 표현도 가능하다는 뜻이다. 이러한 2진수 값과 논리연산을 다루는 분야를 불 대수Boolean Algebra 또는 논리연산이라고 한다. 논리연산을 적용하려면 논리연산자가 필요한데, 논리연산자Logical Operator란 참 또는 거짓, 1 또는 0을 피연산자로 사용하는 연산자이다.

논리연산자의 종류로는 AND 연산자, OR 연산자, NOT 연산자, XOR 연산자, NAND 연산자, NOR 연산자가 있다.

- **AND 연산자 :** 두 조건이 모두 참일 때만 결과가 참이 되는 논리연산자이다.
- **OR 연산자 :** 두 조건이 모두 거짓일 때만 결과가 거짓이 되는 논리연산자이다.
- **NOT 연산자 :** 참과 거짓이 반대되는 논리연산자이다.
- **XOR 연산자 :** 두 조건이 서로 다를 때만 결과가 참이 되는 논리연산자이다.
- **NAND 연산자 :** AND 연산자와 NOT 연산자를 결합한 것으로, AND 연산자의 연산 결과를 부정하는 논리연산자이다.
- **NOR 연산자 :** OR 연산자와 NOT 연산자를 결합한 것으로, 양쪽의 변수가 거짓일 때만 진리표의 참값이 되는 논리연산자이다.

논리게이트

논리게이트Logical Gate는 컴퓨터를 구성하는 가장 작은 단위의 논리회로이다. 전기 신호에 따라 가장 기본적인 동작을 수행하는 소자이며, 짧게 줄여 게이트라고 부른다. 게이트는 하나 이상의 입력을 받고 하나 이상의 출력 신호를 생성한다. 이러한 게이트가 모여서 회로Circuit가 되고, 이러한 회로들이 커져서 컴퓨터가 된다.

게이트는 불 대수 분야에서 사용하는 다양한 연산들을 하드웨어에서 실행하는 소자이기도 하다. 이때 AND, OR, NOT, XOR, NAND, NOR 등의 다양한 게이트들이 사용된다. 각 게이트의 회로도에서 사용하는 논리도(심벌)와 불 대수에서 사용하는 논리식(기호), 진리표는 [표 2-3]에 정리하였다.

대부분의 게이트는 보통 2개 또는 1개의 입력을 처리하며, 효율적인 회로 설계를 위해 3개 이상의 입력을 처리하기도 한다. 또한 게이트들을 병합해서 사용하기도 한다. 예를 들어, '3-입력 AND 게이트'는 모든 입력이 1인 경우에만 1을 출력한다. 이러한 복수 입력 게이트를 잘 활용하면 회로를 더욱 간단하게 설계할 수 있다.

표 2-3 논리연산자의 논리도, 논리식, 진리표

<table>
<tr><th>종류</th><th>논리도(심벌)</th><th>논리식(기호)</th><th>진리표</th></tr>
<tr><td>AND</td><td>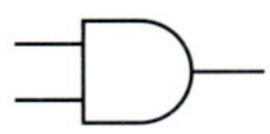</td><td>$A \cdot B$</td><td><table><tr><th colspan="2">입력</th><th>출력</th></tr><tr><th>A</th><th>B</th><th>A AND B</th></tr><tr><td>0</td><td>0</td><td>0</td></tr><tr><td>0</td><td>1</td><td>0</td></tr><tr><td>1</td><td>0</td><td>0</td></tr><tr><td>1</td><td>1</td><td>1</td></tr></table></td></tr>
<tr><td>OR</td><td>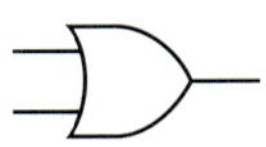</td><td>$A + B$</td><td><table><tr><th colspan="2">입력</th><th>출력</th></tr><tr><th>A</th><th>B</th><th>A OR B</th></tr><tr><td>0</td><td>0</td><td>0</td></tr><tr><td>0</td><td>1</td><td>1</td></tr><tr><td>1</td><td>0</td><td>1</td></tr><tr><td>1</td><td>1</td><td>1</td></tr></table></td></tr>
<tr><td>NOT</td><td>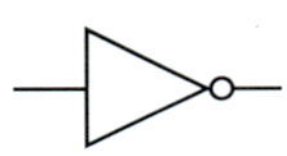</td><td>$\overline{A}$</td><td><table><tr><th>입력</th><th>출력</th></tr><tr><th>A</th><th>NOT A</th></tr><tr><td>0</td><td>1</td></tr><tr><td>1</td><td>0</td></tr></table></td></tr>
<tr><td>XOR</td><td>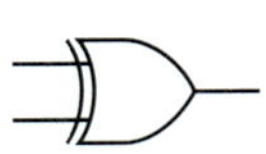</td><td>$A \oplus B$</td><td><table><tr><th colspan="2">입력</th><th>출력</th></tr><tr><th>A</th><th>B</th><th>A XOR B</th></tr><tr><td>0</td><td>0</td><td>0</td></tr><tr><td>0</td><td>1</td><td>1</td></tr><tr><td>1</td><td>0</td><td>1</td></tr><tr><td>1</td><td>1</td><td>0</td></tr></table></td></tr>
<tr><td>NAND</td><td>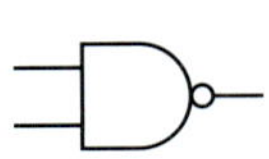</td><td>$\overline{A \cdot B}$</td><td><table><tr><th colspan="2">입력</th><th>출력</th></tr><tr><th>A</th><th>B</th><th>A NAND B</th></tr><tr><td>0</td><td>0</td><td>1</td></tr><tr><td>0</td><td>1</td><td>1</td></tr><tr><td>1</td><td>0</td><td>1</td></tr><tr><td>1</td><td>1</td><td>0</td></tr></table></td></tr>
<tr><td>NOR</td><td>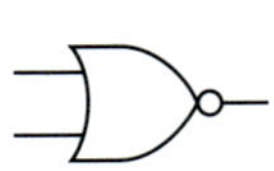</td><td>$\overline{A + B}$</td><td><table><tr><th colspan="2">입력</th><th>출력</th></tr><tr><th>A</th><th>B</th><th>A NOR B</th></tr><tr><td>0</td><td>0</td><td>1</td></tr><tr><td>0</td><td>1</td><td>0</td></tr><tr><td>1</td><td>0</td><td>0</td></tr><tr><td>1</td><td>1</td><td>0</td></tr></table></td></tr>
</table>

게이트는 [그림 2-19]와 같이 반도체 칩으로 구성되어 실제 회로 구성에 사용된다. [그림 2-19] (b)는 NAND 게이트 4개를 포함하고 있는 (a)의 논리회로가 담긴 IC 칩인데, (c)의 브레드보드 Breadboard에 연결하여 회로를 구성한다.

TIP 최근에 나오는 컴퓨터는 이러한 칩을 그대로 사용하지 않고, 초고밀도집적회로(VLSI)와 같이 많은 양을 밀도 높게 담아낸 칩을 사용한다.

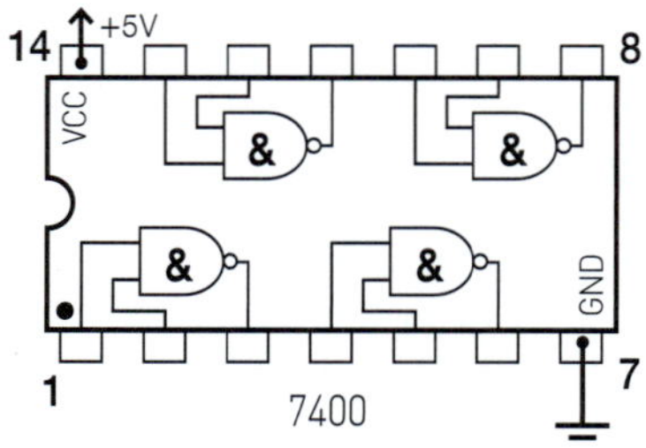

(a) 논리회로

(b) IC칩

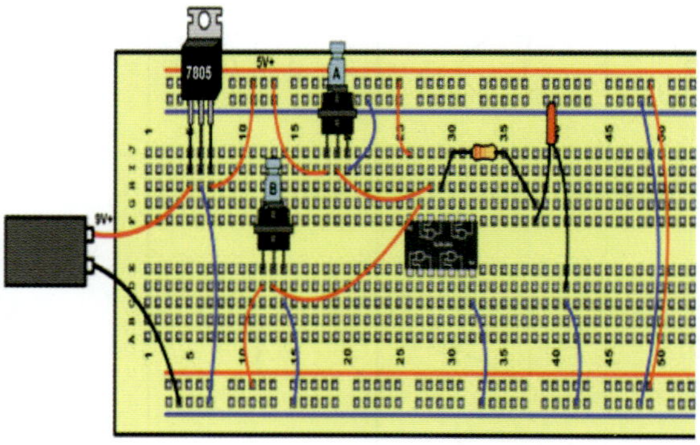

(c) 브레드보드

그림 2-19 **논리회로 실습 구현**

TIP 이런 실습은 '전자공학 실험'이나 '논리회로 실험' 등의 교과목에서 주로 수행한다.

2 논리회로의 표현 방식

보통 논리회로는 [그림 2-20]의 회로처럼 입력과 출력의 개수, 이름만 표시되어 있다. 그래서 내부에서 어떤 동작이 일어나는지는 알 수 없다. 하지만 회로가 복잡해지면 좀 더 체계적으로 내부 회로의 동작 방식을 표현할 필요가 있다. 그 방법에 대해 한번 살펴보도록 하자.

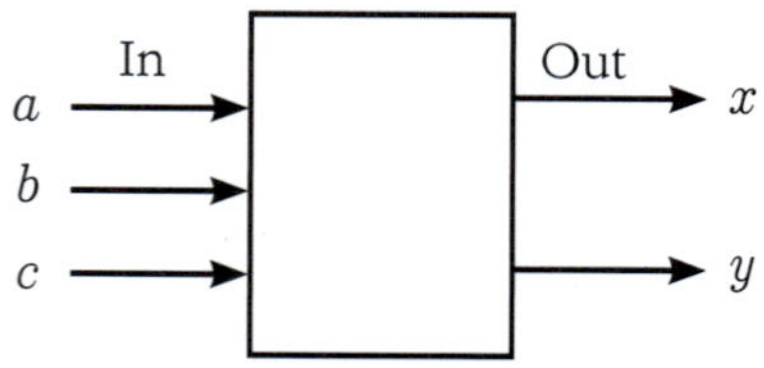

그림 2-20 **입출력 관련 내용만 표시된 회로**

회로가 수행하는 기능을 설명할 때 가장 많이 사용하는 방법은 바로 진리표 Truth Table이다. [그림 2-20]의 회로가 [그림 2-21]과 같은 기능을 수행한다고 가정해 보자. [그림 2-21]은 입력이 3개

(a,b,c), 출력이 2개(x,y)인 회로이다. 이때 출력 x와 y는 독립적으로 동작한다고 생각하면 된다. 독립적이라는 말은 출력 x와 출력 y를 별개로 생각한다는 의미이다.

- **출력 x** : 빨간색 지시선 2개와 같이 입력 (a,b,c)가 $(0,0,1)$ 또는 $(0,1,1)$인 경우 x가 1을 출력하는 회로이다. 그 외 입력에 대해선 0이 출력된다.
- **출력 y** : 초록색 지시선과 같이 입력이 $(0,1,1)$ 또는 $(1,0,0)$인 경우 y는 1을 출력한다. 그 외의 경우는 0이 출력된다.

a	b	c	x	y
0	0	0	0	0
0	0	1	1	0
0	1	0	0	0
0	1	1	1	1
1	0	0	0	1
1	0	1	0	0
1	1	0	0	0
1	1	1	0	0

그림 2-21 **입력 3개, 출력 2개인 회로의 진리표**

TIP 입력 a, b, c를 스위치로, 출력 x, y를 전등이라고 생각하면 이해하기 쉽다.

x를 출력하려면 $a'b'c$ 또는 $a'bc$인 경우에만 가능한데, 그 식은 아래와 같다. 이러한 표현 방법을 논리식Logic Expression, Boolean Expression이라고 한다.

$$x = a'b'c + a'bc$$

그림 2-22 **출력 x의 논리식**

TIP 논리식에서 a'라는 점(Apostrophe) 표시는 NOT을 의미한다. 즉, $a'b'c$는 (a,b,c) 각각의 값이 (0,0,1)인 경우이다. 이때 a, b, c 각각은 AND 조건이다.

TIP + 기호는 OR를 의미한다. $a'b'c$이거나 $a'bc$인 경우이다.

이제 논리식을 좀 더 간단하게 정리해 보자. 불 대수에도 교환법칙, 결합법칙과 비슷한 법칙들이 존재하는데, 이를 통해 출력 x의 논리식은 $x = a'c$로 간단해진다. 쉽게 풀어 설명하면, 전등(출력) x는 스위치 a가 off이고, 스위치 c가 on일 때만 켜진다는 말이다.

$$
\begin{aligned}
x &= a'b'c + a'bc \\
&= a'(b'c + bc) \\
&= a'c(b' + b) \\
&= a'c(1) \\
&= a'c
\end{aligned}
$$

그림 2-23 **출력 x의 논리식 정리**

이제 출력 y의 논리식을 살펴볼 차례인데, 사실 출력 y는 [그림 2-24]의 식에서 그 이상 정리할 수 있는 방법이 따로 없다.

$$y = a'bc + ab'c'$$

그림 2-24 **출력 y의 논리식**

논리식은 [그림 2-25]와 같이 논리도Logic Diagram 또는 회로도Circuit Diagram로 표현할 수도 있다. 회로도를 그릴 때는 [표 2-3]의 논리도를 사용한다.

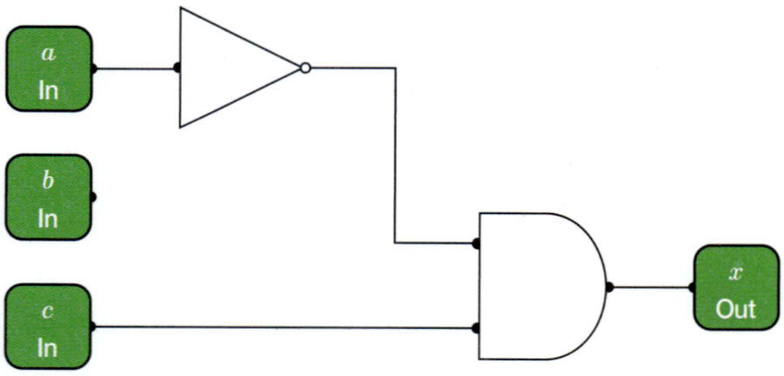

(a) $x = a'c$ 회로도

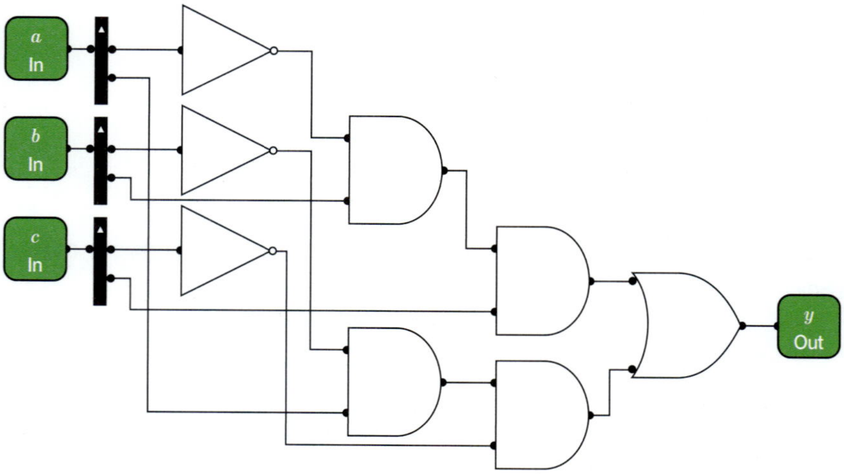

(b) $y = a'bc + ab'c'$ 회로도

그림 2-25 **논리식을 정리한 회로도**

그림과 같이 게이트를 이용해 회로를 만드는 방법은 크게 조합 논리회로와 순서 논리회로로 나뉘는데, 이 두 논리회로에 대해서도 하나씩 살펴보자.

3 조합 논리회로

조합 논리회로Combinational Logic Circuit는 입력 값만으로 출력 값이 결정되는 회로이다. 컴퓨터에서 가장 기본이 되는 연산은 두 수의 덧셈 연산이다. 그래서 지금부터는 가산기 회로를 만드는 과정을 통해 조합회로의 개념을 알아보려고 한다. 우선, 가산기를 만드는 과정을 간단히 정리하면 다음과 같다.

- 1비트 반가산기 구성
- 2개의 반가산기를 이용한 1비트 전가산기 구성
- 여러 개의 전가산기를 이용한 멀티비트 전가산기 구성

TIP **반가산기(Half Adder) :** 컴퓨터 내에서 2진수(비트)를 덧셈할 때 사용하는 논리회로 중 하나이다. 자리올림을 처리하지 않기 때문에 완전한 가산기 역할을 수행하지 못하는 반(Half)쪽짜리 가산기이다.

1비트 반가산기

[그림 2-26] (a)는 1비트 반가산기라고 하는 가장 단순한 형태의 가산기이다. 즉 1비트 사이의 가산기라는 뜻이다. 1개의 XOR 게이트와 1개의 AND 게이트를 이용해 만들어졌다. [그림 2-26] (b)의 진리표를 보면, 덧셈Sum은 XOR 게이트를, 자리올림Carry은 AND 게이트를 사용하면 된다는 것을 알 수 있다. 그런데 2비트끼리 덧셈을 할 때는 하위 비트의 덧셈 결과로 생긴 자리올림까지 고려해야 하므로 반가산기로는 나타낼 수 없다.

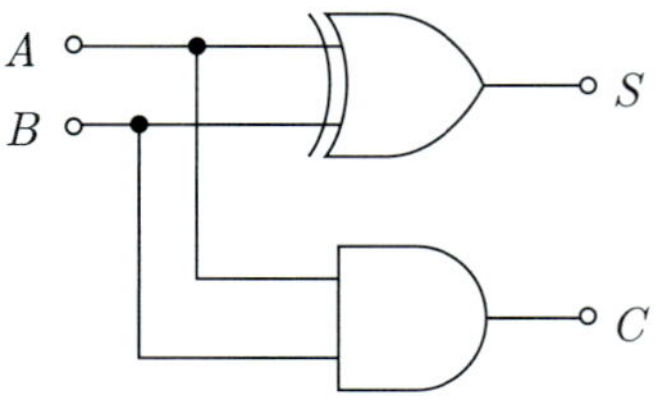

(a) 논리회로

입력		출력	
A	B	Sum(S)	Carry(C)
0	0	0	0
0	1	1	0
1	0	1	0
1	1	0	1

(b) 진리표

$$S = A \oplus B$$
$$C = A \cdot B$$

(c) 논리식

그림 2-26 **1비트 반가산기**

1비트 전가산기

하위 비트에서 생긴 자리올림Carry을 고려한 전가산기Full Adder는 반가산기 2개를 이용하면 만들 수 있다. [그림 2-27] (a)가 이를 적용한 1비트 전가산기이다. 하지만 [그림 2-27] (b)의 진

리표를 통해 전가산기 회로를 구성하는 방법을 아는 것은 지금 단계에서 쉽지 않다. 복잡한 불식 Boolean Expression의 전개 과정이 필요하기 때문이다. 지금은 이런 식으로 구성이 된다는 것만 알아두자.

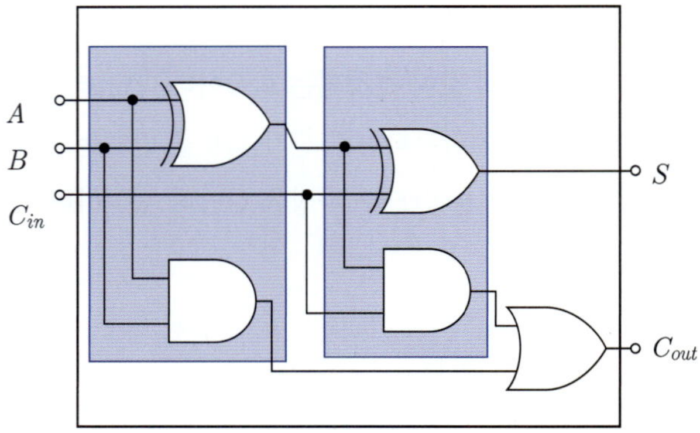

(a) 논리회로

입력			출력	
A	B	C_{in}	Sum(S)	C_{out}
0	0	0	0	0
1	0	0	1	0
0	1	0	1	0
1	1	0	0	1
0	0	1	1	0
1	0	1	0	1
0	1	1	0	1
1	1	1	1	1

(b) 진리표

$$S = A \oplus B \oplus C_{in}$$
$$C_{out} = AB + C_{in}(A \oplus B)$$

(c) 논리식

그림 2-27 **1비트 전가산기**

TIP **[그림 2-27] (a) 보충 설명 :** 회로도에서 C_{in}은 향후 전가산기를 여러 개 묶어 멀티비트 전가산기로 만들 경우, 하위 비트에서 생긴 자리올림을 받아들이는 용도로 사용된다. C_{out}은 상위 비트로 올라가는 자리올림이다. 또한 회로도 내부의 작은 박스 부분은 각각의 반가산기인데, 이렇게 반가산기 2개를 이용하면 전가산기 1개를 만들 수 있다.

TIP **[그림 2-27] (c) 보충 설명 :** 현 단계에서는 진리표를 보고 논리식을 만드는 것이 쉽지 않다. 카노 맵(K-map, Karnaugh map)이라는 그림을 그린 후 약간의 직관적인 결합 과정을 거쳐야 하기 때문이다. 자세한 내용은 본 교재의 범위를 벗어나므로 설명은 생략한다.

멀티비트 전가산기

[그림 2-28]은 1비트 전가산기 4개를 연속으로 배치해 4비트 숫자 2개, 즉 $A_3A_2A_1A_0$와 $B_3B_2B_1B_0$를 더할 수 있는 4비트 리플캐리 가산기 4-bit Ripple Carry Adder이다.

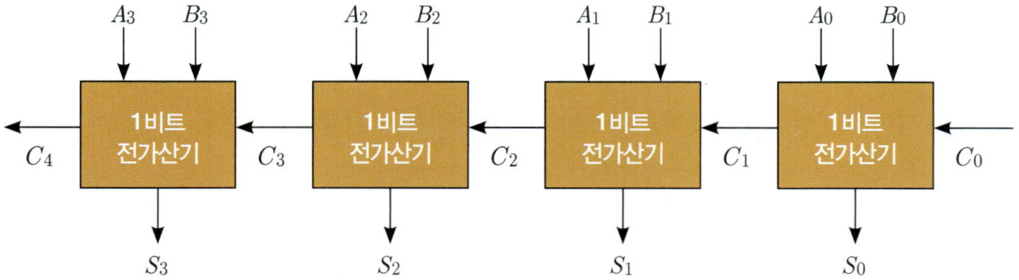

그림 2-28 **4비트 리플캐리 가산기**

> **TIP** **리플캐리 가산기(Ripple Carry Adder) :** 1비트 전가산기 여러 개를 결합해 만든 멀티비트 전가산기를 리플캐리 가산기라고 한다. [그림 2-28]과 같이 오른쪽부터 자리올림(Carry)이 파도치듯 왼쪽으로 올라간다는 뜻이다. 덧셈 과정에서 비트들이 순차적으로 연산되기 때문에 속도가 느리다.

논리회로의 기본을 설명하기 위해 가장 간단한 조합회로인 1비트 가산기를 예로 들었지만, 실제 컴퓨터는 이렇게 간단하게 만들어져 있지 않다. 물론 컴퓨터 내부 회로에도 연산회로, 메모리회로, 제어회로는 필요하다. 게이트를 이용한 회로 구성의 기본 원리도 비슷하다. 하지만 기본 게이트들을 일일이 조합하기보다는 복잡한 회로를 미리 디자인하고 최적화한 후 다수의 게이트가 내장된 집적회로를 사용한다.

[그림 2-29]는 멀티비트 전가산기인 4비트 전가산기 회로에 덧셈 및 뺄셈을 연산한 후 Negative(N), Zero(Z), Overflow(V), Carry(C)를 파악하기 위해 회로를 추가한 것이다.

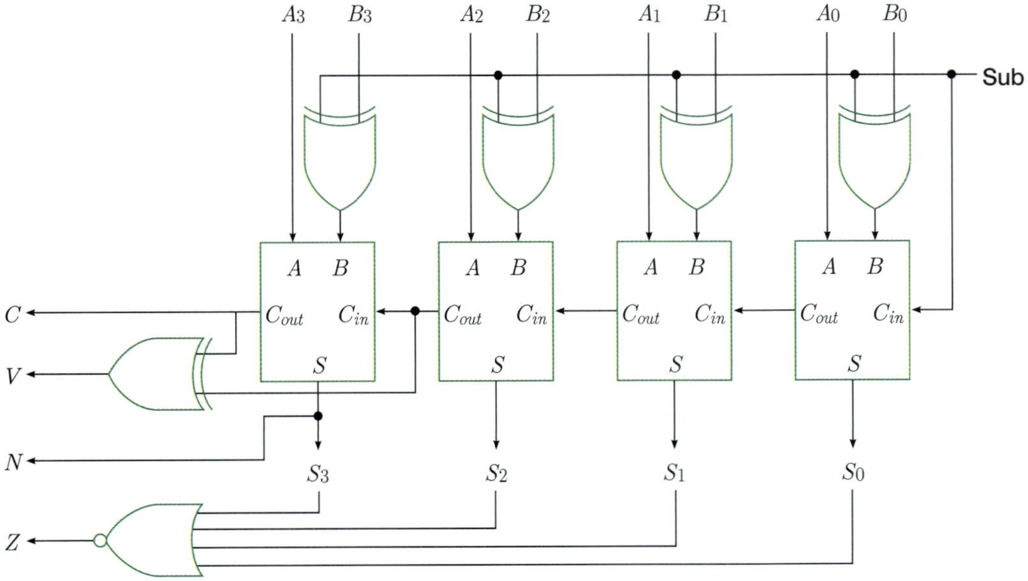

그림 2-29 **4비트 전가산기의 논리회로**

다른 부분은 쉽게 이해할 수 있으니 넘어가고, 여기서는 Overflow(V)를 파악하는 XOR 게이트에 대해 자세히 살펴보자. 오버플로우가 일어나는 경우는 '같은 부호의 숫자들을 더하는 경우'이다. 다른 부호 사이의 덧셈은 절댓값이 작아지므로 오버플로우가 발생할 수 없다. 그러므로 오버플로우가 일어나는 경우는 '양수+양수'와 '음수+음수', 2가지뿐이다. 다음의 그림을 살펴보자.

[그림 2-30]은 양수 사이의 덧셈이다. 가장 상위 비트에서는 자리올림이 발생하지 않고, 그 바로 하위 비트에서 자리올림이 발생했다.

$$\begin{array}{ll} & \times\,\circ \\ & 0111_2 = +7_{10} \\ + & 0001_2 = +1_{10} \\ \hline & 1000_2 = -8_{10} \end{array}$$

그림 2-30 **양수 사이의 덧셈**

[그림 2-31]은 음수 사이의 덧셈이다. 여기에서는 가장 상위 비트에서 자리올림이 발생했고, 그 바로 하위 비트에서는 자리올림이 발생하지 않았다. 발생한 자리올림은 따로 적지 않았다.

$$\begin{array}{ll} & \circ\,\times \\ & 1011_2 = -5_{10} \\ + & 1001_2 = -7_{10} \\ \hline & 0100_2 = +4_{10} \end{array}$$

그림 2-31 **음수 사이의 덧셈**

따라서 [그림 2-29] 4비트 전가산기에서 가장 왼쪽의 1비트 전가산기 2개의 출력 C_{out}을 XOR 게이트로 살펴보면 오버플로우 여부를 확인할 수 있다. 실제 하드웨어에서도 이는 쉽게 감지된다.

4 순서 논리회로

순서 논리회로Sequential Logic Circuit란 입력 값과 회로 내부의 상태가 출력 값을 결정하는 회로이다. 조합 논리회로와 순서 논리회로의 차이점은 회로 내부의 상태 값을 저장하는지의 여부이다. 순서 논리회로는 상태를 저장하기 때문에 정보를 저장할 부품(메모리)이 따로 필요하다. 그래서 컴퓨터의 회로 중 메모리와 레지스터 등의 기억장치가 들어 있는 부품은 모두 순서 논리회로로 구성되어 있다.

앞서 살펴봤던 조합 논리회로만으로는 컴퓨터가 완성되지 않는다. 조합 논리회로의 모든 출력 결과는 입력 값에만 의존하기 때문이다. 동일한 입력에 대해서는 언제나 동일한 출력 결과를 가진다는 말이다. 이런 회로만으로는 메모리 기능을 가진 회로를 만들 수 없다. 그래서 순서 논리회로가 필요하다. 하지만 순서 논리회로를 자세히 알려면 깊이 있는 설명이 필요하므로, 본 교재에서는 1비트 저장 소자인 플립플롭Flip-flop 원리에 대해서만 집중적으로 설명하도록 하겠다.

플립플롭

앞서 말했듯 순서 논리회로는 '입력 값'과 '회로의 상태', 이 2가지가 출력 값을 결정한다. 회로 상태를 저장할 때는 플립플롭Flip-flop이라는 회로를 사용하는데, 플립플롭은 컴퓨터에서 1비트의 정보를 저장하는 회로이다. 입력 신호가 변하기 전까지는 현재 상태를 그대로 유지한다. 이는 플립플롭이 메모리 기능을 수행할 수 있다는 말과 같다.

또한, 2가지 상태(0과 1)를 저장할 수 있어 현재 상태를 바꾸거나(0에서 1 또는 1에서 0) 그 상태를 계속 유지할 수도 있다. 그래서 램RAM이나 레지스터Register 등을 구현할 때 사용된다. 플립플롭의 종류로는 SR 플립플롭, JK 플립플롭, D 플립플롭, T 플립플롭이 있다.

그렇다면 플립플롭이 어떻게 1비트의 정보를 저장할 수 있는지 원리를 한번 알아보자. 먼저, 회로의 안정 상태 여부는 '회로가 안정Stable적이다' 또는 '회로가 불안정Unstable하다'라는 말로 파악할 수 있다.

[그림 2-32] (a)회로의 최종 출력 값 f는 시간이 지남에 따라 계속 변할 것이다. 특정 위치의 값이 0 또는 1이라고 가정했을 때, 시간이 지나면서 이 값은 계속 바뀌므로 불안정한 상황인 것이다. 반면, [그림 2-32] (b)회로는 일정한 값이 유지되는 안정 상태의 회로이다. 안정적이라는 의미는 특정 값이 계속 유지된다는 의미이고, 메모리의 기능을 수행할 수 있다는 뜻이기도 하다. 그러므로 [그림 2-32] (b)회로는 f의 값이 계속 유지될 것이다.

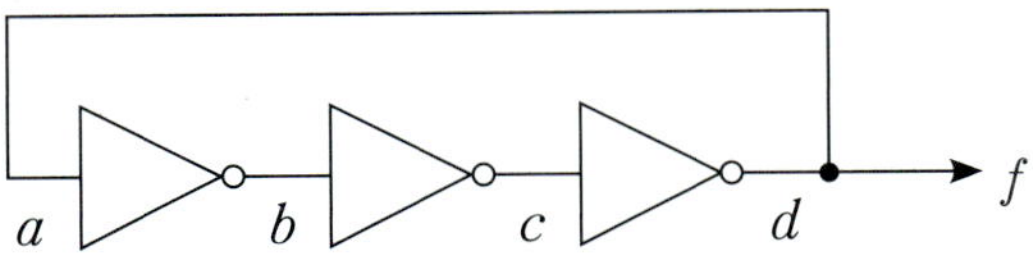

(a) 불안정한 회로

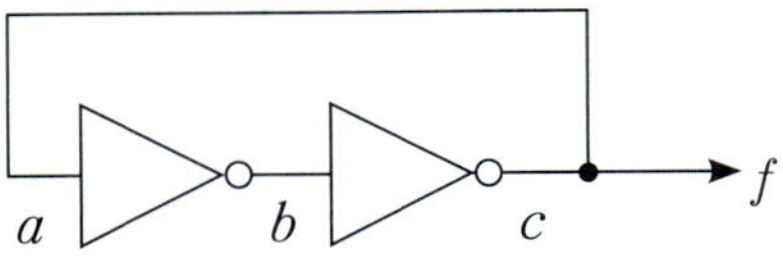

(b) 안정적인 회로

그림 2-32 **불안정한 회로와 안정적인 회로**

이처럼 값을 저장하기 위해서는 [그림 2-32] (b)와 같은 피드백Feedback 구조, 즉 출력 값이 다시 입력되는 구조가 필요하다. 이를 통해 1비트의 정보 저장이 가능하기 때문이다. 그렇다면 이 회로를 이용해 메모리를 만들 수 있을까? 메모리는 값을 저장할 수도 있어야 하고, 저장된 값을 변경할 수도 있어야 하는데 아쉽게도 [그림 2-32] (b)회로는 아직 내부 값을 변경할 수 없다.

SR 래치

플립플롭과 관련해 한 가지 개념을 더 알아보고 가자. 래치Latch라는 회로이다. 영어로 '래치'란 빗장이라는 뜻으로, '무언가를 꽉 고정시켜 둔다'는 의미를 가진다. [그림 2-33]은 NOR 게이트를 이용해 만든 래치인데, 플립플롭 값을 S^{Set} 또는 $R^{Re\text{-}Set}$한다는 의미에서 SR 래치라고 한다. 출력은 Q와 $\overline{Q}$(Q Bar)가 있는데 $\overline{Q}$는 Q의 반대 값Inverse이다.

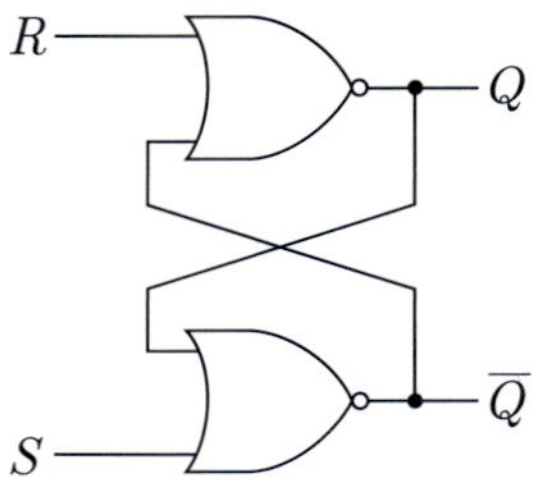

그림 2-33 SR 래치

[그림 2-33]의 회로가 어떻게 작동하는지도 한번 살펴보자. [표 2-4]는 SR 래치의 동작 방식을 단계별로 설명한 것이다. 회로에 피드백이 있기 때문에 값이 변하는 상황을 잘 살펴봐야 한다. 일단 현재 SR=00, Q=0이라고 가정해 보자. 여기서 Q가 0이라는 의미는 현재 이 플립플롭이 0이라는 값을 기억하고 있다는 뜻이다. 이후 [표 2-4]와 같이 S, R의 입력 값을 바꾸면 출력 값도 단계적으로 변하는 과정을 거쳐 안정 상태에 도달하게 된다. 즉, SR에 입력을 주면 몇 번의 동작을 거친 후 안정 상태를 찾는 것이다. 여기서 메모리가 만들어지는 셈이다.

표 2-4 SR 래치의 동작 방식

시간	S	R	Q	$\overline{Q}$	안정성
0	0	0	0	1	Stable
1	1	0	0	0	Unstable
2	1	0	1	0	Stable
3	1	0	1	0	Stable
4	0	0	1	0	Stable
5	0	1	0	0	Unstable
6	0	1	0	1	Stable
7	0	1	0	1	Stable
8	0	1	0	1	Stable

TIP 5행의 'Unstable' 결과는 Q와 $\overline{Q}$가 동일한 값을 가졌기 때문이다. 아직 자리를 잡지 못한 상황을 의미한다. 3행의 SR=10은 회로의 상태를 준비(Set)한다는 의미이며, 8행의 SR=01은 회로의 상태를 리셋(Re-set)한다는 의미이다.

하나 더 알기 **SR 래치 회로를 시뮬레이터로 구현하기**

시뮬레이터를 이용하여 [표 2-4]의 SR 래치 회로를 [그림 2-34]와 같이 구성해 보았다. [그림 2-34]의 신호는 SR=10을 입력하여 회로에 1을 기억시킨 것이다. 유사하게 SR=01을 입력해 회로 출력 값(Q)을 0으로 만들 수도 있다. 그렇다면 현재 SR 래치 값을 읽기 위해선 어떻게 해야 할까? S=0, R=0을 입력하면 된다. 또한, 클록 신호를 입력으로 받을 수 있게 회로를 수정하면 실제 컴퓨터에서 사용 가능한 SR 플립플롭이 된다.

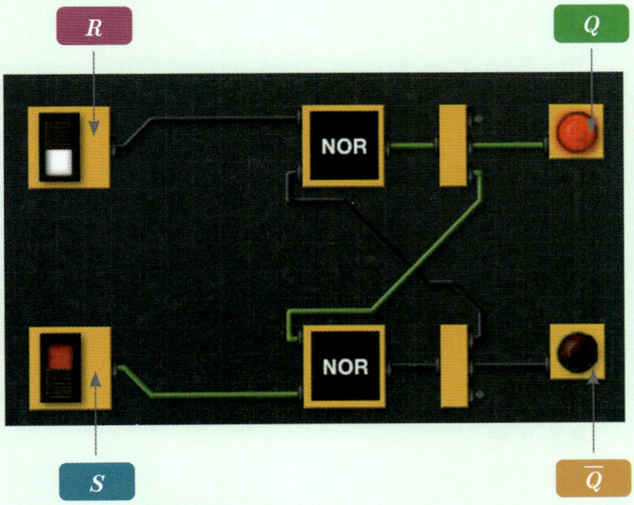

그림 2-34 SR 래치를 통한 1비트 저장법

요약

01 진법의 개념

진법이란 사용할 수 있는 숫자의 개수와 각 숫자의 위치 값을 정의한 수의 체계이다.

02 10진법과 2진법

- 10진법 : 0에서 9까지 10개의 숫자를 한 묶음으로 하여 1자리씩 위로 올리는 방법이다. 주로 사람이 사용한다.
- 2진법 : 0과 1, 단 2개의 숫자만 사용해 수를 표현하는 방법이다. 주로 컴퓨터가 사용한다.

03 '10진수 → 2진수' 진법 변환

- 정수의 경우 : 10진수를 계속 2로 나누면서 몫은 아래에, 나머지는 오른쪽에 기입한 후, 더 이상 나누어지지 않을 때부터 나머지를 거꾸로 나열하면 된다.
- 소수의 경우 : 10진수의 소수 부분에 2를 계속 곱하면서 정수로 자리올림이 발생하는지를 기록하고, 이를 2진수 변환에 사용하면 된다.

04 '2진수 → 10진수' 진법 변환

- 정수의 경우 : 2진수의 각 자릿수를 지수 승에 맞게 곱한 후 모두 더하면 된다.
- 소수의 경우 : 정수의 경우와 변환 방식은 같지만 소수점 아래로 내려갈수록 지수 승이 커지고 마이너스를 붙여야 한다.

05 정수의 표현

- 정수 : 셀 수 있는 수를 의미한다. 음의 정수, 0, 양의 정수로 구성된다.
- 부호 없는 정수 : 말 그대로 부호를 생략한다는 의미로, 모든 숫자는 0 또는 양의 정수로 표현된다.
- 부호 있는 정수 : 부호를 포함한 정수라는 의미로, 표현 방법에는 부호화 절댓값 표현과 보수 표현이 있다.

06 실수의 표현

- 실수 : 유리수와 무리수를 총칭하여 확장한 수로, 수직선 위에 나타낼 수 있는 모든 수를 말한다.
- 고정소수점 표현 : 소수점의 위치를 고정시켜 표현한다는 의미로, 숫자 표현이 간단해 연산 속도가 빠르다는 장점이 있다.

- 부동소수점 표현 : 소수점의 위치를 고정시키지 않고 가수와 지수를 사용해 실수를 표현한다는 의미이다. 가수는 유효숫자를 나타내며 지수는 소수점의 위치를 나타낸다.

07 문자의 표현

- 아스키코드 : 컴퓨터로 문자를 처리하기 위해 숫자와 문자를 대응시킨 코드이다. 미국 표준 협회에서 만들었다. 7비트로 구성되어 있으며, 표현할 수 있는 문자 수는 총 128개이다.
- 유니코드 : 아스키코드로는 여러 나라의 언어를 모두 표현할 수 없어 만들어진 코드 체계이다. 언어 종류와 상관없이 모든 문자를 16비트로 표현한다. 총 65,536개의 문자를 표현할 수 있다.

08 논리회로의 개념

- 논리회로 : 논리합(OR), 논리곱(AND), 부정(NOT), 부정논리곱(NAND), 부정논리합(NOR) 등의 논리연산을 수행하는 회로이다.
- 논리연산자 : 참 또는 거짓, 1 또는 0을 피연산자로 사용하는 연산자이다.
- 논리게이트 : 컴퓨터를 구성하는 가장 작은 단위의 논리회로이다. 전기 신호에 따라 가장 기본적인 동작을 수행하는 소자이며, 줄여서 게이트라고 부른다.

09 논리회로의 표현 방법

논리회로의 표현 방법을 논리식이라고 부르는데, 논리식은 논리도(회로도)로 표현할 수 있다.

10 조합 논리회로

- 조합 논리회로 : 입력 값만으로 출력 값이 결정되는 회로이다.
- 가산기를 만드는 과정 : 1비트 반가산기 구성, 2개의 반가산기를 이용한 1비트 전가산기 구성, 여러 개의 전가산기를 이용한 멀티비트 전가산기 구성이 있다.

11 순서 논리회로

- 순서 논리회로 : 입력 값과 회로 내부의 상태가 출력 값을 결정하는 회로이다.
- 플립플롭 : 컴퓨터에서 1비트의 정보를 저장하는 회로이다. 입력 신호가 변하기 전까지는 현재의 상태를 그대로 유지한다. 그래서 메모리 기능을 수행할 수 있다.

연습 문제

단답형 문제

01 (   )이란 사용할 수 있는 숫자 개수와 각 숫자의 위치 값을 정의한 수 체계이다.

02 (   )은 0에서 9까지 10개의 숫자를 한 묶음으로 하여 1자리씩 올리는 방법으로, 사람의 손가락 개수에서 유래하였다.

03 컴퓨터는 0과 1, 2개의 숫자만 사용해 수를 표현하는 방법인 (   )을 사용한다.

04 (   )는 2진수를 표현하는 가장 기본 단위로, 컴퓨터에서 데이터를 표현하는 최소 단위이다.

05 (   )는 문자를 표현하는 단위이다. 8비트를 하나로 모은 것이다.

06 (   )는 컴퓨터가 한번에 처리할 수 있는 데이터의 단위이다. 4바이트가 한 단위이다.

07 (   )이란 주어진 수를 다른 진법으로 변환한다는 뜻이다.

08 (   )는 셀 수 있는 수를 의미하며 음수, 0, 양수로 구성되어 있다.

09 (   )는 말 그대로 부호를 생략한다는 의미로, 모든 숫자는 0 또는 양수로 표현된다.

10 (   )는 절댓값이 같고 부호가 다른 두 수를 뜻한다.

11 (   )는 유리수와 무리수를 총칭하여 확장한 수로, 수직선 위에 나타낼 수 있는 모든 수를 의미한다.

12 (   )은 소수점의 위치를 고정시켜 표현한다는 의미로, 숫자 표현이 간단해 연산 속도가 빠르다는 장점이 있다.

13 (　　　　　　　)은 소수점의 위치를 고정시키지 않으며 가수와 지수를 사용하여 실수를 표현한다는 의미이다.

14 (　　　　　　　)는 컴퓨터로 문자를 처리하기 위해 숫자와 문자를 대응시킨 코드이다.

15 (　　　　　　　)는 다양한 나라의 언어를 표현하고자 만든 코드 체계로, 언어와 상관없이 모든 문자를 16비트로 표현하며 65,536개의 문자를 표현할 수 있다.

16 (　　　　　　　)란 논리합(OR), 논리곱(AND), 부정(NOT), 부정논리곱(NAND), 부정논리합(NOR) 등의 논리연산을 수행하는 회로이다.

17 (　　　　　　　)이란 AND, OR, NOT 등의 논리연산자로 구성된 식이다.

18 (　　　　　　　)란 논리식을 그림으로 표현한 방법으로, 회로도라고도 부른다.

19 (　　　　　　　)란 논리회로에 입력 가능한 모든 경우의 수에 대응하는 출력 값을 정의한 표로, 게이트의 입력과 출력의 상관관계를 나타낸다.

20 (　　　　　　　)란 참 또는 거짓, 1 또는 0을 피연산자로 사용하는 연산자를 의미한다.

21 (　　　　　　　) 연산자는 두 조건이 모두 참일 때만 결과가 참이 되는 논리연산자이고,
(　　　　　　　) 연산자는 두 조건이 거짓일 때만 결과가 거짓이 되는 논리연산자이다.
(　　　　　　　) 연산자는 참과 거짓이 반대되는 논리연산자이다.

22 (　　　　　　　)는 컴퓨터를 구성하는 가장 작은 단위의 논리회로로, 전기 신호에 따라 가장 기본적인 동작을 수행하는 소자이다.

23 (　　　　　　　)는 입력 값만으로 출력 값이 결정되는 회로이다.

연습 문제

24 (   )란 입력 값과 회로 내부의 상태가 출력 값을 결정하는 회로이다.

25 (   )은 컴퓨터에서 1비트의 정보를 저장하는 회로이다.

26 (   )는 플립플롭의 값을 S(Set) 또는 R(Re-Set)한다는 의미에서 붙여진 이름이다.

객관식 문제

27 다음의 진법에 대한 설명 중 잘못된 것은?

① 10진법에서 사용할 수 있는 숫자는 0부터 9까지 총 10개이다.

② 컴퓨터는 10진법을 사용한다.

③ 2진법은 사람이 직접 사용하기에 불편한 점이 많다.

④ 역사적으로 2, 4, 5, 8, 10, 12, 16, 60진법 등의 다양한 진법들이 사용되어 왔다.

⑤ 진법이란 사용할 수 있는 숫자의 개수와 각 숫자의 위치 값을 정의한 수 체계이다.

28 10진수 578_{10}에 대한 설명 중 틀린 것은?

① 숫자 5는 100의 자리가 5개, 즉 500이라는 값을 의미한다.

② 숫자 5는 이 숫자를 100으로 나누었을 때의 몫이다.

③ 숫자 78은 100으로 나누었을 때의 나머지이다.

④ 숫자 8은 10으로 나누었을 때의 나머지이다.

⑤ 숫자 7은 100으로 나누었을 때의 나머지이다.

29 2진수를 표현하는 가장 기본 단위이자, 컴퓨터에서 데이터를 표현하는 최소 단위를 무엇이라고 하는가?

① 바이트 ② 킬로바이트 ③ 비트

④ 데이터 ⑤ 워드

30 2진수 1011_2은 10진수로 변환했을 때 어떤 값을 가지는가?

① 11_{10} ② 12_{10} ③ 13_{10} ④ 20_{10} ⑤ 21_{10}

31 2진수 11101101_2은 10진수로 변환했을 때 어떤 값을 가지는가?

① 237_{10} ② 238_{10} ③ 239_{10} ④ 236_{10} ⑤ 235_{10}

32 10진수 19_{10}는 2진수로 변환했을 때 어떤 값을 가지는가?

① 11101_2 ② 10011_2 ③ 11000_2 ④ 10111_2 ⑤ 11111_2

33 10진수 237_{10}은 2진수로 변환했을 때 어떤 값을 가지는가?

① 11101101_2 ② 10001101_2 ③ 11000011_2

④ 10111000_2 ⑤ 11111111_2

34 10진수 37.6875_{10}는 2진수로 변환했을 때 어떤 값을 가지는가?

① 100101.1011_2 ② 101111.1011_2 ③ 111101.1111_2

④ 100001.1001_2 ⑤ 101100.0111_2

35 다음 중 정수가 아닌 것은?

① −5 ② 0 ③ 32 ④ 1.2 ⑤ 7

36 8비트로 부호 없는 정수를 표현하면 어느 범위까지 표현할 수 있는가?

① 0~1 ② 0~7 ③ 0~15 ④ 0~127 ⑤ 0~255

37 부호 없는 정수에서 00101010_2과 00110011_2을 더한 결과 값은 10진수로 얼마인가?

① 89_{10} ② 90_{10} ③ 91_{10} ④ 92_{10} ⑤ 93_{10}

38 부호 있는 정수의 표현 방법 중 보수 표현 외에 다른 방법은 무엇인가?

① 부동소수점 표현 ② 고정소수점 표현 ③ 오버플로우 표현

④ 코드 표현 ⑤ 부호화 절댓값 표현

39 2진수 1010_2에 대한 2의 보수는 얼마인가?

① 1111_2 ② 0011_2 ③ 0110_2 ④ 1001_2 ⑤ 0001_2

연습문제

40 다음 중 고정소수점 표현에 대한 설명이 아닌 것은?

① 컴퓨터에서는 잘 사용하지 않는다.

② 숫자 표현이 간단하다.

③ 연산 속도가 빠르다.

④ 소수점의 위치를 고정시키지 않으며 가수와 지수를 사용하여 실수를 표현한다.

⑤ 소수점의 위치를 고정시켜 표현한다.

41 다음 중 유니코드에 대한 설명이 아닌 것은?

① 다양한 나라의 언어를 표현하고자 만든 코드 체계이다.

② 언어 종류와 상관없이 모든 문자를 16비트로 표현한다.

③ 미국 표준 협회에서 만들었다.

④ 65,536개의 문자를 표현할 수 있다.

⑤ 한글은 11,172자로, 유니코드 전체 분량의 17%를 차지한다.

42 논리회로의 동작이나 기능을 기술하는 방식 중 논리식을 그림으로 표현해 시각적으로 나타낸 방법은 무엇인가?

① 논리도 ② 진리표 ③ 논리곱 ④ 논리합 ⑤ 논리게이트

43 다음 중 논리연산자가 아닌 것은?

① AND ② NOT ③ FALSE ④ NAND ⑤ NOR

44 다음 중 게이트에 대한 설명이 아닌 것은?

① 컴퓨터를 구성하는 가장 작은 단위의 논리회로이다.

② 참(True) 또는 거짓(False)을 다룬다.

③ 전기 신호에 따라 가장 기본적인 동작을 수행하는 소자이다.

④ 불 대수 분야에서 사용하는 다양한 연산들을 실제 하드웨어에서 실행하는 소자이다.

⑤ AND, OR, NOT, XOR, NAND, NOR 등의 다양한 게이트가 있다.

45 다음 중 XOR 연산자의 논리도(심벌)로 알맞은 것은?

① 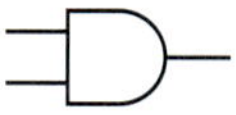
② 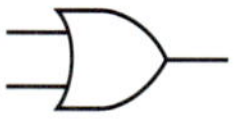
③ 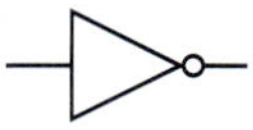
④ 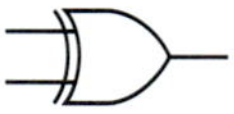
⑤ 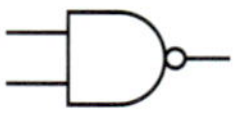

46 다음 중 OR 연산자의 논리식(기호)으로 알맞은 것은?

① $A \cdot B$　② $A+B$　③ $A \oplus B$　④ $\overline{A \cdot B}$　⑤ $\overline{A+B}$

47 조합 논리회로의 가산기를 만드는 과정에 포함되지 않는 것을 모두 고르시오.

① 1비트 반가산기　② 1비트 전가산기　③ 멀티비트 전가산기
④ 사칙연산기　⑤ 1비트 감산기

48 다음의 내용을 읽고 무엇에 대한 설명인지 고르시오.

> 컴퓨터 내에서 2진수(비트)를 덧셈하기 위해 사용하는 논리회로 중 하나이다. 자리올림(carry)을 처리하지 않기 때문에 완전한 가산기 역할을 할 수 없는 반쪽짜리 가산기이다.

① 가산기　② 반가산기　③ 전가산기
④ 감산기　⑤ 반감산기

49 다음 중 1비트 반가산기의 회로도로 알맞은 것은?

① 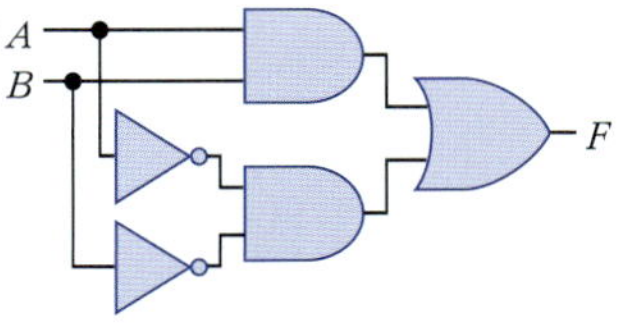

② 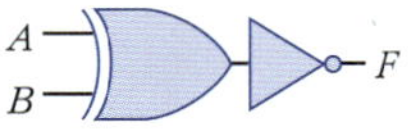

③ 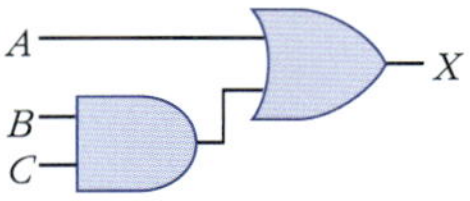

④ 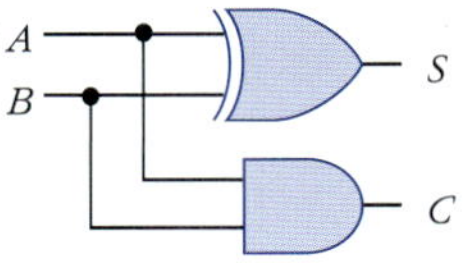

⑤ 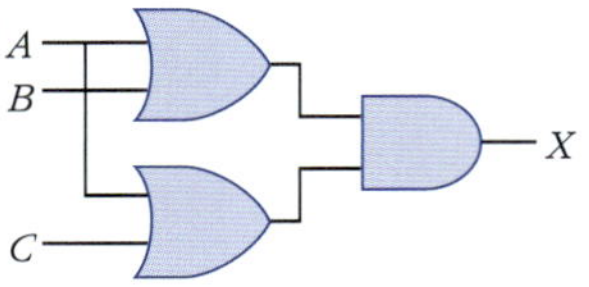

연습 문제

주관식 문제

50 진법을 배워야 하는 이유에 대해 서술하시오.

51 2진수 11001111_2을 10진수로 변환하시오.

52 10진수 0.125_{10}를 2진수로 변환하시오.

53 "Computer"를 아스키코드로 나타내시오.
(※ 2진수로 표현, [표 2-2] 아스키코드 표 참고)

54 -57을 2의 보수 표기법으로 나타내시오.

55 2진수 10101010_2의 2의 보수를 구하시오.

56 불 대수를 이용하여 다음 논리식을 간소화하시오.

$$x = a + ab' + ab$$

CHAPTER 03

컴퓨터 구조

학습목표

- 컴퓨터 시스템의 구성을 이해하기 위해 하드웨어 구성과 시스템 버스에 대해 알아본다.
- 폰 노이만 구조를 살펴보며 현대 컴퓨터의 기본 구조를 이해한다.
- 중앙처리장치의 구성과 동작을 이해하고 관련 용어에 대해 알아본다.
- 기억장치인 주기억장치, 캐시메모리, 보조기억장치에 대해 알아본다.
- 입력장치의 개념과 종류에 대해 알아보고, 입출력장치의 제어 방식을 이해한다.
- 병렬 컴퓨터와 병렬 처리에 대해 알아본다.

PREVIEW

섹션 1에서는 컴퓨터 시스템의 구성에 대해 알아본다. 하드웨어를 구성하는 장치들과 이 장치들 간 데이터 전달을 위해 사용되는 경로인 시스템 버스에 대해 살펴본다. 또한 폰 노이만 구조에 대해 학습한다.

섹션 2~4에서는 하드웨어를 구성하는 중앙처리장치, 주기억장치, 입출력장치에 대해 알아본다. 섹션 2에서는 중앙처리장치의 구성, 동작, 관련 용어를 중심으로 설명할 예정이다. 섹션 3에서는 기억장치에 해당하는 주기억장치, 캐시메모리, 보조기억장치를 살펴본다. 섹션 4에서는 입출력장치와 미래의 입출력장치, 제어 방식까지 알아본다.

섹션 5에서는 병렬 컴퓨터와 병렬 처리, 병렬 컴퓨팅 환경에 대해 알아본다.

이번 챕터를 통해 컴퓨터 시스템이 어떻게 구성되어 있는지, 이를 어떻게 제어하는지에 대한 전반적인 내용을 파악할 수 있을 것이다.

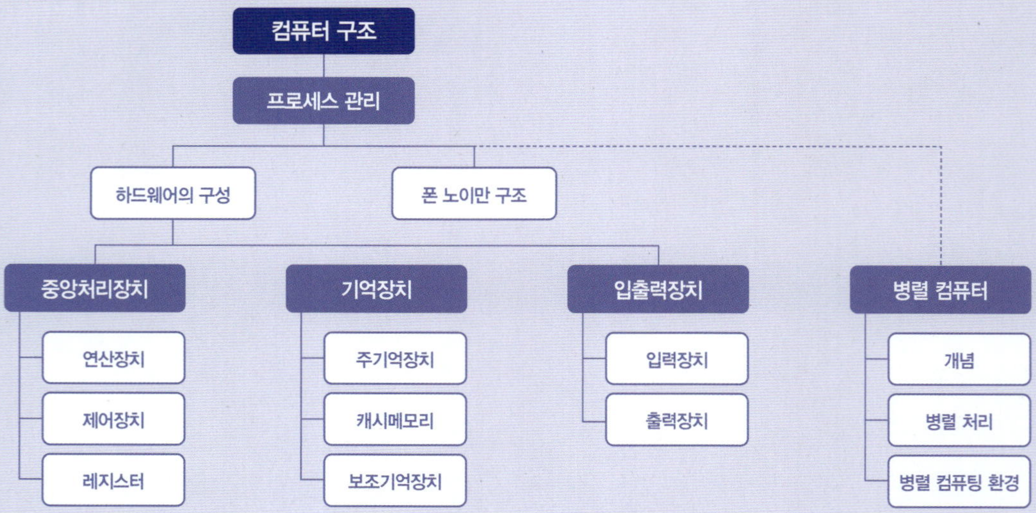

SECTION 01

컴퓨터 시스템의 구성

컴퓨터 시스템은 하드웨어와 소프트웨어로 구성되어 있다. 하드웨어Hardware는 컴퓨터 시스템을 구성하는 기계 장치로, 소프트웨어가 명령을 내리면 해당하는 작업을 수행한다. 소프트웨어Software는 하드웨어에 동작을 지시 및 제어하는 프로그램과 프로그램에 필요한 데이터이다. 이번 챕터의 제목이기도 한 '컴퓨터 구조Computer Structure'란 하드웨어를 구성하는 각 장치의 특성과 동작 원리를 다루는 학문이다. 하드웨어와 관련한 여러 장치와 개념에 대해 지금부터 찬찬히 살펴보자.

1 하드웨어의 구성

하드웨어는 중앙처리장치CPU, Central Processing Unit, 기억장치Memory Unit, 입출력장치Input/Output Device, I/O Device로 구성되어 있으며 각 장치는 시스템 버스System Bus로 연결되어 있다. 컴퓨터는 보통 데이터를 입력Input받아 저장Memory한 상태에서 이를 처리Processing한 후 출력Output하는 일을 한다.

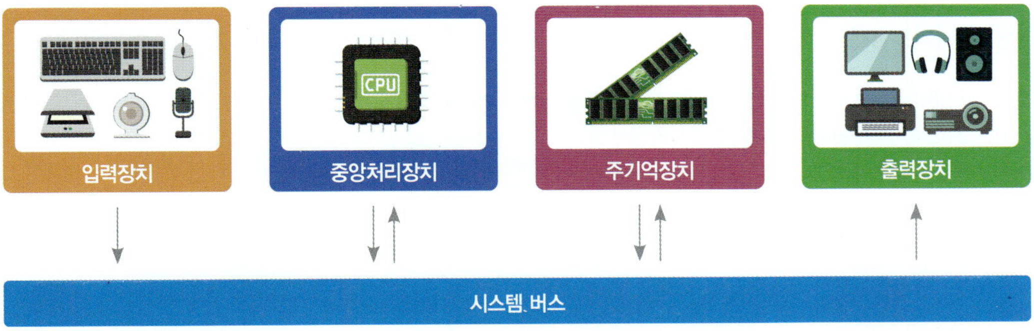

그림 3-1 하드웨어의 구성

중앙처리장치

컴퓨터의 머리에 해당한다. 인간의 두뇌 역할을 하며, CPUCentral Processing Unit라고도 부른다. 프로그램의 명령어와 데이터를 읽어 와서 명령어를 실행하고 입력된 데이터를 처리하는 일을 한다. 데이터의 계산 및 비교를 담당하는 산술논리연산장치ALU, Arithmetic Logic Unit(이하 연산장치), 명령어를 해석하고 시스템 실행을 담당하는 제어장치Control Unit, 중앙처리장치에서 명령어를 실행하는 동안 필요한 정보를 저장하는 레지스터Register로 구성되어 있다. 주기억장치를 비롯한 다른 장치들과는 버스로 연결된다.

기억장치

컴퓨터에 필요한 정보를 저장하는 장치로, 주기억장치Main Memory와 보조기억장치Secondary Memory로 구분된다. 주기억장치는 메인메모리라고도 하며, 실행 중인 프로그램과 프로그램 실행에 필요한 데이터를 일시적으로 저장하는 일을 한다. 즉, 입력장치로부터 읽어 온 데이터와 프로그램 코드가 저장되는 영역이다. 반도체 기술을 기반으로 하며, 입출력장치보다 속도가 빠르다. 보조기억장치는 주기억장치보다 속도는 느리지만 많은 자료를 영구적으로 보관할 수 있다.

입출력장치

입력장치는 컴퓨터에 데이터를 전달하는 장치로, 중앙처리장치나 주기억장치에 데이터를 입력하는 일을 한다. 출력장치는 작업 결과를 인간이 인지할 수 있도록 나타내는 장치이다.

시스템 버스

시스템 버스란 컴퓨터에 있는 중앙처리장치, 주기억장치, 입출력장치 간 데이터를 주고받기 위해 사용하는 경로이다. 간단히 '버스'라고도 부른다. 버스는 데이터가 이동하는 길인 만큼 선의 폭이 넓을수록 한번에 전송할 수 있는 데이터 양도 많아진다. 그래서 데이터 전송 속도와 버스의 대역폭은 밀접한 연관이 있으며, 버스의 크기나 데이터의 전송 속도가 시스템의 성능을 좌우한다.

TIP 16비트 버스는 16비트를, 32비트 버스는 32비트를 한번에 보낼 수 있다. 2차선 도로와 4차선 도로의 차이와 같다고 보면 된다. 32비트 컴퓨터는 32비트를 동시에 연산 및 전송할 수 있다.

시스템 버스는 전송되는 데이터의 종류에 따라 데이터 버스Data Bus, 주소 버스Address Bus, 제어 버스Control Bus로 나뉜다.

■ 데이터 버스

중앙처리장치와 다른 장치(주기억장치, 입출력장치 등) 사이 또는 중앙처리장치 내부의 모듈들 사이에서 데이터가 이동하는 경로이다.

■ 주소 버스

중앙처리장치가 사용하고자 하는 데이터의 주소가 이동하는 경로이다. 주소 버스의 비트 수, 즉 버스의 대역폭Bus Bandwidth이 주기억장치의 용량을 결정한다. 만약 어떤 데이터를 주기억장치에서 중앙처리장치로 읽어 오려면 데이터가 저장된 주소 값을 메모리에 전달해야 한다. 이 주소 값은 주소 버스를 통해 전달되고, 주기억장치는 해당 주소에 저장된 데이터를 데이터 버스에 싣는다. 이때, 주소 버스가 32비트이면 4,294,967,296(=2^{32})개를 지정할 수 있으며 주기억장치의 용량은 4GB이다.

TIP 32비트 운영체제는 2^{32}바이트 메모리, 즉 4GB까지만 사용할 수 있다. 메모리를 더 장착한다 하더라도 용량을 늘릴 순 없다.

■ 제어 버스

중앙처리장치가 기억장치나 입출력장치에 제어 신호를 전달하는 통로이다. 중앙처리장치에서 발생하는 제어 명령이나 상태 신호(입출력 동기화 신호, 중앙처리장치 상태 신호, 인터럽트 관련 신호, 클록 관련 신호 등)가 이 버스를 통해 이동한다.

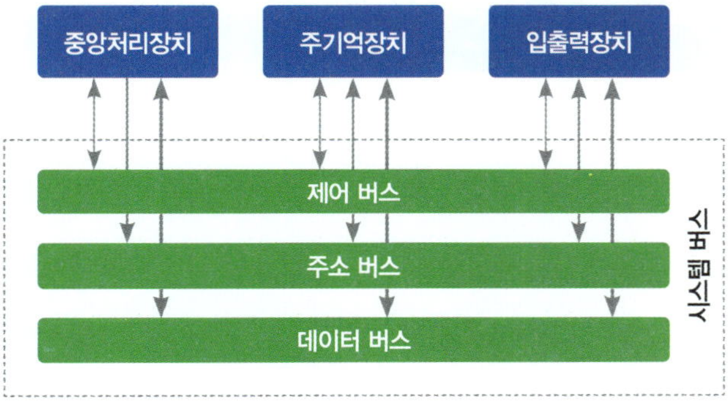

그림 3-2 시스템 버스의 구성

하나 더 알기 메인보드와 포트

1. 메인보드

메인보드(Main Board)는 중앙처리장치와 주기억장치 등 다양한 컴퓨터 부품을 연결시켜 주는 판이다. 각 부품을 한곳에 고정하고 고정된 부품 사이에 버스를 연결해 컴퓨터가 동작할 수 있도록 한다. 메인보드를 자세히 보면 가는 선들이 복잡하게 연결되어 있는데, 이 선들이 바로 버스이다.

(a) 메인보드 구성 형태

(b) 메인보드 단면 확대(버스)

그림 3-3 메인보드

2. 포트

메인보드에는 각종 부품을 꽂을 수 있는 단자가 있는데, 이를 포트라고 한다. 포트(Port)란 컴퓨터와 외부의 다른 장비를 연결하는 통로이다. 직렬 포트(Serial Port)와 병렬 포트(Parallel Port), 두 가지가 있다. 직렬 포트는 한번에 하나의 신호를 전달할 수 있으며 일반적으로 저속 장치와 연결된다. 병렬 포트는 여러 비트의 신호를 동시에 전달할 수 있고 직렬 포트보다 고속 인터페이스를 제공한다.

TIP USB(Universal Serial Bus)는 컴퓨터와 주변 기기를 연결하는 데 쓰이는 입출력 표준으로, 범용직렬버스라고도 부른다. 직렬, 병렬 포트의 많은 부분을 대체하고 있다.

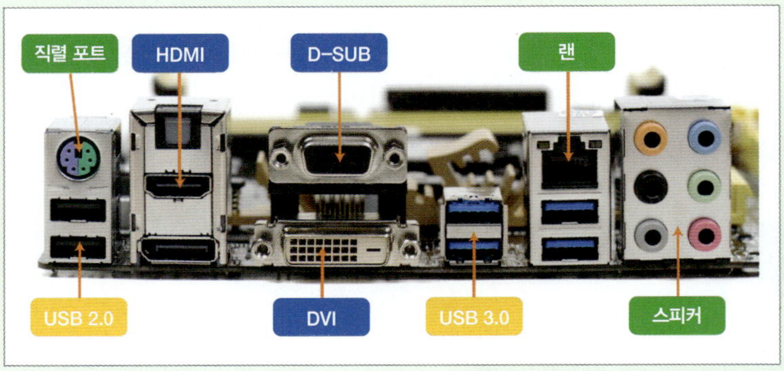

그림 3-4 **컴퓨터의 후면 포트**

2 폰 노이만 구조

초창기에 개발된 컴퓨터에는 소프트웨어가 존재하지 않았다. 그래서 [그림 3-5]처럼 인간이 외부에서 배선들을 직접 연결해 프로그램을 세팅(프로그래밍)했다. 다시 말해, 초창기에는 하드웨어의 외부 스위치를 껐다 켜거나 여러 선의 연결 구조를 변경하는 것이 일종의 프로그래밍이었다. 이를 하드와이어드 프로그래밍Hard-wired Programming이라고 한다.

그림 3-5 **에니악에서 구현하는 하드와이어드 프로그래밍**

하지만 이런 방식의 프로그래밍은 복잡한 문제에 적용하기가 어려웠다. 그래서 고안된 구조가 폰 노이만John Von Neumann의 '내장형 프로그램 개념Stored-Program Concept'이다. 이때 소프트웨어의 개념이 처음 등장했다고 볼 수 있다. 프로그래밍의 의미가 하드웨어의 전선 연결에서 데이터처럼 컴퓨터 내부에 저장돼 구현되는 방식으로 넘어온 것이다.

TIP 폰 노이만의 내장형 프로그램 개념으로 설계된 컴퓨터를 '폰 노이만 구조(Von Neumann Architecture)'라고 부른다.

이전까지 프로그램이란 단순히 진공관 회로의 스위치를 구성하는 것이었다. 폰 노이만은 한발 더 나아가, '프로그램이 컴퓨터 내부에 저장되는 구조'를 설계했다. 프로그램이 외부 하드웨어 배선 조작으로 구현되는 것이 아니라, 데이터 입력 방식처럼 주기억장치에 입력하면 동작 수행이 가능하게 한 것이다. 실질적인 범용컴퓨터General Purpose Computer의 등장을 의미하는 사건이었다. 하드웨어는 동일한 모양의 컴퓨터만 만들면 되고, 그 외 기능들은 소프트웨어적으로 변경해 적용하면 되었다.

내장형 프로그램 개념을 기반으로 한 '폰 노이만 구조Von Neumann Architecture'는 중앙처리장치, 주기억장치, 입력장치, 출력장치가 버스로 연결되어 있는 형태이다. 하드웨어는 그대로 둔 채 주기억장치에서 작업용 프로그램만 교체해 실행하는 방식이다. 프로그램은 주기억장치에 데이터처럼 저장(내장)된다. 만약 주기억장치에 로딩된 프로그램의 기계어 명령어를 실행하려면, 하나의 명령어마다 주기억장치에서 중앙처리장치로 로드하면 된다. 명령어는 중앙처리장치에서 수행되기 때문이다. 결론적으로 폰 노이만 구조는 모든 프로그램이 주기억장치에 올라와야 실행이 가능한 구조였다.

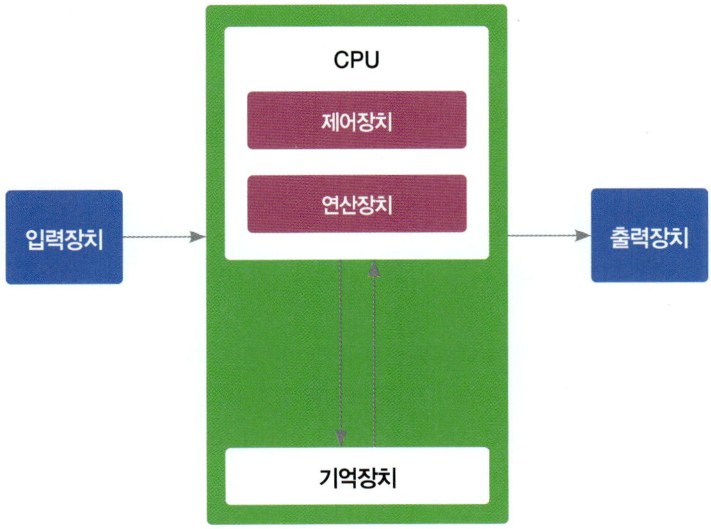

그림 3-6 **폰 노이만 구조**

그렇다면 폰 노이만 구조에서 프로그램 작성과 프로그램 로딩 과정은 어떻게 이루어지는지 간단히 살펴보자.

① C, 자바Java, 파이썬Python 등의 고급 프로그래밍 언어로 프로그램 소스코드를 작성한다.

② 컴파일러와 어셈블러 등을 이용해 고급 프로그래밍 언어로 작성된 소스 프로그램을 기계어 프로그램으로 번역한다.

③ 사용자의 프로그램 실행 명령을 통해 보조기억장치에 저장된 기계어 프로그램을 주기억장치로 로드한다.

④ 주기억장치로 로딩된 프로그램의 명령어 하나하나가 폰 노이만 구조에 따라 수행된다.

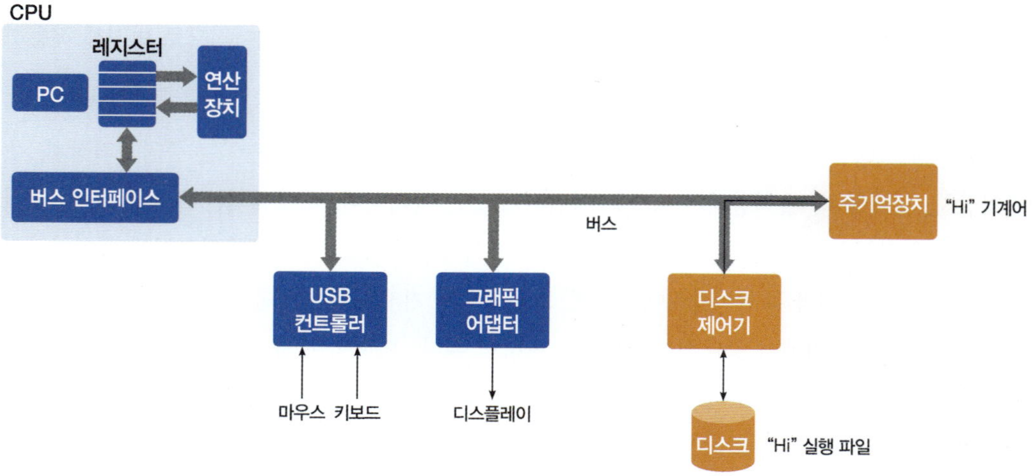

그림 3-7 **프로그램 로딩 과정**

하나 더 알기 명령어 수행 사이클

명령어의 실행 과정은 '명령어 수행 사이클(Instruction Execution Cycle)'이라고 불리는데, 다음의 3단계로 구성되어 있다.

❶ **명령어 인출(Instruction Fetch)** : 수행할 명령어를 주기억장치에서 가져와 중앙처리장치 내부의 명령어 레지스터(IR, Instruction Register)에 저장한다. 실행할 명령어(인출할 명령어)는 프로그램 카운터(PC, Program Counter) 레지스터에 있다.

❷ **명령어 해독(Instruction Decode)** : 인출된 명령어의 종류를 해독한다. 명령어 레지스터의 특정 부분(Instruction Specifier)을 살펴보면 어떤 명령어인지, 어떤 피연산자를 사용하는지 등을 알 수 있다.

❸ **명령어 실행(Instruction Execute)** : 중앙처리장치 내부의 제어장치가 명령어 해독 결과에 적합한 제어 신호를 찾아 제어 버스로 전송하면 명령어가 실행된다.

SECTION 02

중앙처리장치

1 중앙처리장치의 구성

중앙처리장치CPU는 컴퓨터의 두뇌에 해당하는 부분으로, 기계어로 된 명령어를 해독한 후 해당 명령어를 수행하기 위한 세부 작업을 실행하는 장치이다. 3개의 세부 모듈인 연산장치, 제어장치, 레지스터로 구성되어 있으며, 이들은 각각 내부 버스Internal Bus로 연결되어 있다.

TIP 중앙처리장치 내부에 있는 버스를 '내부 버스'라고 부른다. 이에 대응하는 '외부 버스(External Bus)'는 중앙처리장치, 주기억장치, 입출력장치 등을 연결하는 버스이다. 외부로 나와 있는 다른 모듈을 서로 연결시켜 준다.

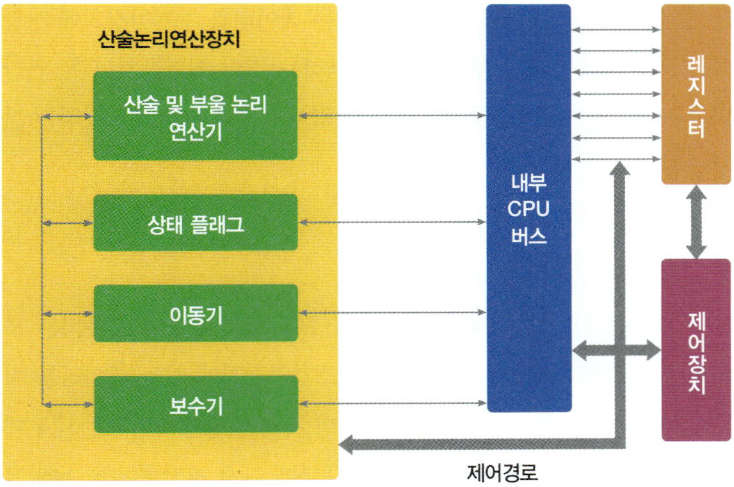

그림 3-8 중앙처리장치의 구성

연산장치

연산장치는 중앙처리장치 내부에서 실제 연산을 담당한다. 산술연산과 논리연산을 수행한다.

- **산술연산 :** 덧셈, 뺄셈, 곱셈, 나눗셈 등 일상생활에서 자주 사용하는 사칙연산이다. 산술연산을 수행하기 위해 가산기를 만들어 다양한 사칙연산을 수행한다.
- **논리연산 :** 논리곱(AND), 논리합(OR), 부정(NOT) 등을 수행하는 연산이다. 피연산자로 2진수인 0과 1을 사용한다. 논리회로를 이용하므로 산술연산보다 구현하기 쉽다.

하나 더 알기 **산술연산과 논리연산의 연산 속도**

동일한 기능을 수행한다면 어떤 연산의 수행 속도가 더 빠를까? 예를 들어, $8_{10}+48_{10}$과 같은 연산은 8+48과 같이 산술연산(덧셈연산)을 해도 되지만, 아래와 같이 OR 논리연산을 사용해도 동일한 결과가 나온다.

```
    0000 1000₂
OR  0011 0000₂
--------------------------
    0011 1000₂
```

컴퓨터에서는 산술연산인 + 연산보다 논리연산인 OR 연산의 수행 속도가 더 빠르다. 위와 같이, 자리올림이 발생하지 않는 '특별한 경우'에는 OR 연산이 빠르게 결과를 낸다.

제어장치

제어장치는 명령어가 순서대로 실행되도록 제어하는 장치이다. 수행할 명령어를 해독한 후 명령어 수행에 필요한 제어 신호를 생성한다. 중앙처리장치 내부에 있는 데이터를 주기억장치에 저장하려면 메모리에 'Write' 제어 명령을 보내야 하는데 이 일을 수행하는 것이 제어장치이다. 연산장치, 중앙처리장치 내부의 다른 모듈, 외부 장치(메모리, 입출력장치 등)의 제어를 담당하는 컨트롤 타워이기도 하다.

레지스터

레지스터는 중앙처리장치와 속도가 비슷한 고속의 기억장치이다. 프로그램 실행에 사용되는 모든 데이터는 주기억장치에 저장된다. 그래서 하드디스크 등의 보조기억장치에 있는 데이터를 처리하려면 일단 데이터를 주기억장치로 로딩해야 한다. 그런데 실행 자체는 중앙처리장치 내부에서 이루어지므로, 주기억장치에 있는 데이터 또한 중앙처리장치 내부에 다시 저장해야 하는데 그 장소를 레지스터라고 부른다. 즉, 레지스터는 중앙처리장치 내부의 저장장치이다. 중앙처리장치 내부 상태를 저장하는 목적으로 사용되기도 한다.

2 중앙처리장치의 동작

중앙처리장치는 3단계인 인출 단계, 해독 단계, 실행 단계로 구성된 일련의 동작을 반복하면서 명령어를 실행한다. 한 명령어의 실행이 끝나면 다시 다음 명령어에 대한 인출 단계를 시작한다.

❶ **인출 단계(Fetch) :** 주기억장치에 저장된 명령어 하나를 읽어 온다.

❷ **해독 단계(Decode) :** 읽어 온 명령어를 제어 정보로 해독한다.

❸ **실행 단계(Execute) :** 해독된 명령어를 실행한다.

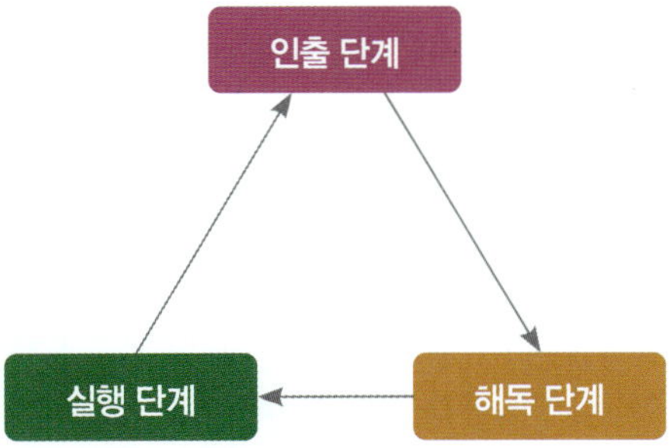

그림 3-9 **중앙처리장치의 명령어 처리 방식**

3 중앙처리장치 관련 용어

중앙처리장치를 제대로 이해하려면 관련 용어의 개념을 알아 두는 것이 좋다. 그중 클록 펄스와 인터럽트에 대해 알아보자.

클록 펄스

클록Clock은 컴퓨터에서 일정한 박자를 만들어 내는 장치인데, 클록이 일정한 간격으로 만드는 틱Tick을 펄스Pulse라고 한다. 클록 펄스Clock Pulse란 컴퓨터 내에서 동작하는 각 구성 요소의 모든 동작을 동기화하기 위해 사용하는 전자적 펄스이다.

그림 3-10 **클록 펄스의 주기**

서로 다른 모듈들이 버스를 통해 데이터를 송수신하려면 모듈 간 동기화가 이뤄져야 하는데, 이를 위해서는 클록 신호가 꼭 필요하다. 클록이 컴퓨터 내부의 시계 역할을 한다고 보면 된다. 중앙처리장치를 포함한 컴퓨터 내 모든 부품은 클록에 맞춰 동작한다. 이는 서로 다른 컴퓨터끼리 통신을 해야 할 때도 중요한데, 통신 속도 설정을 고려해야 하기 때문이다.

그렇다면 클록 신호는 어디서 만들어질까? 바로, 메인보드의 클록 제너레이터Clock Generator에서 만들어진다. 클록 속도가 1.6Mhz라면 클록 제너레이터는 1초당 1,600,000번의 클록을 발생시킨다고 보면 된다. 앞서 말했듯, 중앙처리장치를 포함한 모든 부품은 클록이 발생할 때마다 그 클록에 맞춰서 일을 수행한다. 클록 속도가 높으면 단위 시간당 처리하는 명령어의 개수가 많아지므로 컴퓨터의 수행 속도도 빨라질 수 있다. 이를 위해 클록을 인위적으로 빠르게 만드는 오버클로킹Over-clocking을 하기도 하는데, 시스템이 안정적으로 작동하는 속도를 넘어 정상적인 가동을 불가능하게 하는 문제가 발생할 수도 있다.

TIP 최근까지는 클록의 숫자가 클수록, 즉 클록이 빠를수록 시스템 전체의 성능도 뛰어나다고 보았다. 그런데 멀티코어 CPU의 등장으로 클록의 속도보다 컴퓨터의 병렬화가 중요한 이슈로 떠오르고 있다.

인터럽트

인터럽트Interrupt란 중앙처리장치가 특정한 기능을 수행하던 중 급하게 다른 일을 처리하고자 할 때 사용하는 기능이다. 일반적으로 컴퓨터는 단일 중앙처리장치이므로 한번에 하나의 일만 처리할 수 있다. 그래서 어떠한 일을 수행하다가 우선순위가 급한 다른 일을 처리해야 하는 상황이 생기면 이를 대처해야 하는데, 그 방안이 인터럽트이다.

TIP 겉으로 보기에 컴퓨터는 동시에 여러 가지 일을 처리하는 것처럼 보이지만, 사실은 시간을 잘게 쪼개서 매우 빠른 속도로 일을 나눠 수행하고 있다. 이를 시분할(Time-sharing) 방식이라고 한다.

인터럽트의 처리 과정을 간략하게 설명하면 다음과 같다. 작업을 수행하던 중 인터럽트가 발생하면, 컴퓨터는 수행하던 일을 중지하고 현재 상태(CPU 내부의 레지스터 값 등)를 보관한다. 그리고 발생한 인터럽트를 처리하기 위해 인터럽트 서비스 루틴ISR, Interrupt Service Routine을 수행한다. 인터럽트가 처리되면 저장했던 이전 작업의 상태를 복구시켜 수행을 재개한다.

예를 들어, 키보드의 키를 누르면 눌린 키의 코드 값이 키보드 버퍼에 입력되어 중앙처리장치에 인터럽트가 걸린다. 그러면 중앙처리장치는 현재 수행하고 있던 작업의 정보를 저장한 후, 인터럽트 서비스 루틴을 수행한다. 이 경우 인터럽트 서비스 루틴은 키보드 버퍼에 입력된 키의 코드 값을 가져가는 일이다. 인터럽트 처리가 끝나면 이전 작업을 계속 진행한다.

인터럽트에는 다양한 종류가 있는데, 일반적으로 사용되는 것은 입출력 인터럽트I/O Interrupt와 소프트웨어 인터럽트Software Interrupt이다.

- **입출력 인터럽트** : 입출력 종료 등의 이유로 중앙처리장치 수행을 요청하는 인터럽트이다.
- **소프트웨어 인터럽트** : 중앙처리장치가 명령을 수행하는 중간에 소프트웨어가 발생시키는 인터럽트이다. 주로 기계어 레벨에서 제공되지 않는 명령이 운영체제의 시스템 콜System Call 형태로 제공된다.

하나 더 알기 **그래픽처리장치(GPU)**

그래픽처리장치(GPU, Graphics Processing Unit)는 과거에 '그래픽 가속기' 등으로 불리던 장치로, 3차원 그래픽 처리를 담당한다. 그래픽처리장치(GPU)는 중앙처리장치(CPU)와 비교했을 때 벡터 연산 등 3차원 그래픽에 필요한 연산 능력이 우수하다. 그래서 비트코인 등 암호화폐 채굴에 많이 사용되고 있다.

3차원 그래픽 이외의 연산 분야에 사용하기 시작하면서부터는 범용그래픽처리장치(GPGPU, General-Purpose GPU)라고 불리고 있다. 최근에는 인공지능 전용 프로세서 개발 작업에 활용 중이다.

그림 3-11 GPU

SECTION
03 기억장치

기억장치는 속도, 용량 등의 성능에 따라 레지스터, 캐시메모리, 주기억장치, 보조기억장치로 분류된다. 기억장치를 계층으로 나눈 이유는 전체 비용을 고려했을 때 용량과 접근 속도를 최적화하기 위해서다. 이번 섹션에서는 주기억장치, 캐시메모리, 보조기억장치에 대해 알아보도록 하자. 레지스터는 앞에서 다뤘으므로 설명을 생략한다.

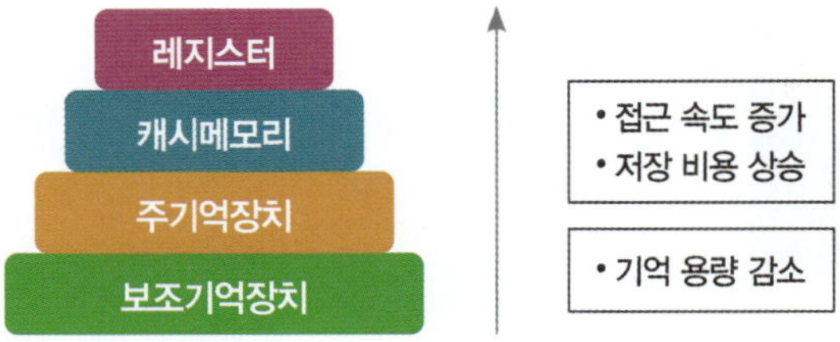

그림 3-12 기억장치의 계층 구조

1 주기억장치(메인메모리)

컴퓨터는 외부에서 입력받은 데이터를 가공하고 계산해 다시 외부로 출력한다. 이때, 외부에서 들여온 데이터를 보관하는 공간이 바로, 주기억장치Main Memory이다. 보통 '메인메모리'라고도 하는데, 앞으로 이어질 설명에서는 주기억장치를 메인메모리라고 부르려고 한다.

메인메모리는 다시 말해, 작업에 필요한 프로그램과 데이터를 저장하는 장소이다. 중앙처리장치(이하 CPU)에 데이터를 넘겨주고 처리된 데이터는 다시 저장한다. 메인메모리에 저장되는 데이터에는 CPU를 통해 수행될 프로그램과 그 프로그램이 사용할 데이터도 포함된다.

그림 3-13 메인보드에 장착된 메인메모리(RAM)

메인메모리는 0이나 1을 저장할 수 있는 비트 단위의 메모리가 모여 만들어진 바이트로 구성되어 있다. 메모리의 주소는 00000000번지부터 시작한다. 256개의 메모리 셀이 담긴 메인메모리의 주소 지정 방식이 바이트 단위로 이루어진다면, 그 개념도는 [그림 3-14]와 같다. 이러한 접근 방식을 랜덤 접근Random Access이라고 한다.

주소	내용
00000000	11010100
00000001	01010100
.	.
.	.
.	.
11111111	00101010

그림 3-14 **메인메모리의 개념도**

또한 메인메모리는 보조기억장치보다 속도가 빠르고 상대적으로 비싸다. 기능에 따라 램RAM과 롬ROM으로 나뉜다.

램

램RAM, Random Access Memory은 전원이 끊기면 저장된 내용이 지워지는 휘발성 메모리Volatile Memory이다. 주로 개인용 컴퓨터의 메인메모리로 사용되며, GB 용량을 쓴다. 램을 설명하는 단어인 '랜덤 접근'은 주소를 지정하면 메인메모리의 어느 곳이든 상관없이 동일한 접근 속도로 데이터를 사용할 수 있다는 의미이다.

램은 크게 디램DRAM, Dynamic RAM과 에스램SRAM, Static RAM으로 나뉜다. 디램은 동적 램이라고도 부르며, 일정 시간이 지나면 저장된 데이터가 사라진다. 그래서 주기적으로 다시 재생시켜 주어야 한다. 에스램은 전원이 연결되어 있는 동안에는 데이터를 계속 보관할 수 있어 따로 재생할 필요가 없다. 속도는 빠르지만 가격이 비싸다. 일반적으로 메인메모리에는 디램을, 고속메모리에는 에스램을 사용한다.

그림 3-15 **다양한 램 형태**

롬

롬ROM, Read Only Memory은 전원이 제거되어도 저장된 내용은 지워지지 않는 비휘발성 메모리Non-volatile Memory이다. 롬도 랜덤 접근의 특징을 가지고 있다. 또한, 롬 내의 데이터는 읽을 수만 있고 일반적인 방법으로는 변경할 수 없다. 전원이 끊겨도 데이터가 남아 있는 특징을 활용해, 컴퓨터를 부팅할 때 수행되어야 하는 부트스트랩 로더Bootstrap Loader를 저장한다.

TIP **부트스트랩 로더(Bootstrap Loader)** : 컴퓨터 전원을 켰을 때 하드디스크 내 운영체제의 시작 부분을 램으로 로드하는 특정 프로그램이다.

롬은 정보의 기록 횟수와 저장방식에 따라 데이터를 지우거나 쓸 수 없는 마스크롬Mask ROM, 데이터를 한번만 저장할 수 있는 피롬PROM, Programmable ROM, 여러 번 쓰고 지울 수 있는 이피롬EPROM, Erasable PROM, 여러 번 쓸 수 있으며 쓰기 전에 저장된 정보는 따로 지울 필요가 없는 이이피롬EEPROM, Electrically Erasable PROM으로 나뉜다.

그림 3-16 다양한 롬 형태

2 캐시메모리

캐시메모리Cache Memory는 CPU와 이보다 상대적으로 느린 메인메모리 사이에 위치한 장치로, 데이터 접근 효율성을 향상시킨다. CPU가 메인메모리의 특정 주소에 접근할 때 그 주변까지 캐시메모리로 읽어 내, 향후 비슷한 곳으로 찾아가야 할 때 접근 속도를 높이는 것이 목적이다.

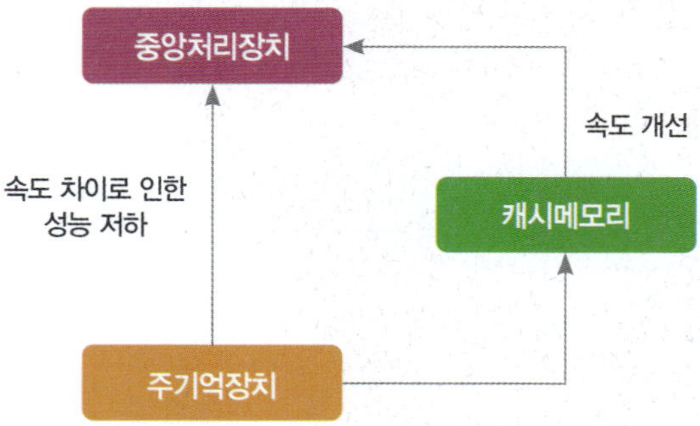

그림 3-17 캐시메모리의 위치

캐시메모리는 이처럼 지역성의 원칙Principle of Locality을 활용한 메모리인데, 컴퓨터 프로그램은 일반적으로 시간적 지역성과 공간적 지역성의 특성을 가진다.

- **시간적 지역성(Temporal Locality) :** 한 번 사용한 정보는 곧 다시 쓰일 가능성이 높다는 의미이다. 메인메모리에서 CPU로 가져온 데이터는 나중에 다시 사용될 가능성이 높다. 여기서 데이터는 프로그램의 명령어일 수도 있고 프로그램이 사용하는 데이터일 수도 있다.
- **공간적 지역성(Spatial Locality) :** 한 번 사용된 적 있는 정보 영역의 주변부가 다시 사용될 가능성이 높다는 의미이다. 메인메모리의 특정 영역이 사용된 적 있다면 다음은 그 주위 영역이 사용될 확률이 높다.

이러한 가정을 기반으로 메인메모리에서 CPU로 로딩되어 사용된 데이터(또는 사용된 데이터 주변에 있는 데이터)를 캐시메모리에 보관하면 속도는 훨씬 빨라진다. 이후에 같은 데이터를 사용할 땐 메인메모리로 접근하지 않고 캐시메모리 내 데이터를 사용해 메인메모리로 접근하는 횟수를 줄인다.

캐시메모리의 동작 과정은 다음과 같다.

① CPU가 메인메모리에 있는 데이터를 읽어야 할 때는 먼저 캐시메모리를 조사한다.

② 캐시메모리에 데이터가 있으면 바로 CPU로 전달된다.

③ 만일 데이터가 없다면 메인메모리에서 보통 블록 단위로 가져온다.

④ CPU에는 워드 단위로 전송한다.

그림 3-18 **캐시메모리의 개념도**

메인메모리에 있는 데이터를 쓸 때도 같은 과정을 거친다. 캐시메모리에 데이터가 있다면 먼저 쓰고, 이후에도 필요하다면 메인메모리에서 가져다 쓴다.

TIP 실제로 캐시메모리에 있는 데이터를 읽거나 쓰는 동작은 캐시메모리와 메인메모리의 동질성(Integrity)을 유지해야 하므로 좀 더 복잡한 과정을 거친다. 캐시메모리 내부의 데이터와 메인메모리 내부의 연관 데이터가 동일한 값을 가진다는 것을 보장해야 하기 때문이다.

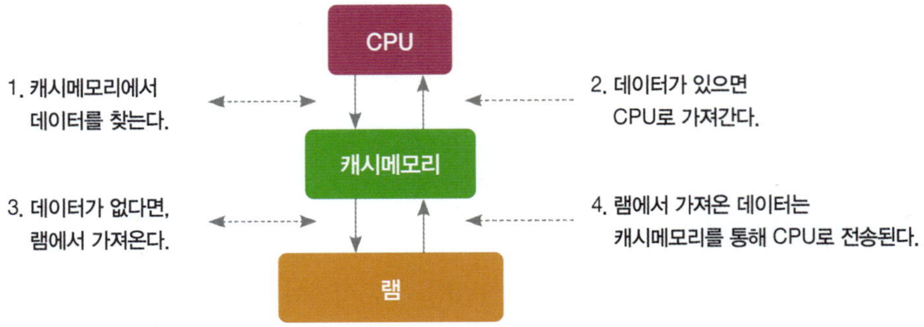

그림 3-19 **캐시메모리의 동작 방식**

CPU에서 원하는 정보가 캐시메모리에 존재하는 상황은 캐시 적중Cache Hit이라고 하고, 존재하지 않는 상황은 캐시 미스Cache Miss라고 한다. 이때 원하는 정보가 캐시메모리에 존재할 확률을 캐시 적중률Cache Hit Ratio이라고 한다.

- 캐시 적중률(H) = 캐시 적중 횟수 ÷ 전체 기억장치 참조 횟수

캐시 적중률을 고려한 평균 메인메모리 접근 시간은 다음과 같이 계산할 수 있다.

- 평균 메인메모리 접근 시간
  = (H × 캐시 접근 시간) + ((1 - H) × (메인메모리 접근 시간 + 캐시 접근 시간))

캐시메모리를 사용하는 이유는 메인메모리에 있는 데이터를 좀 더 빠르게 사용하기 위해서다. 원하는 데이터가 캐시메모리에 있지 않으면 메인메모리로 다시 가서 찾아와야 하므로 속도는 더 느려질 것이다. 따라서 캐시 적중률이 높아야 캐시메모리를 사용하는 데 의미가 있다.

3 보조기억장치

보조기억장치Secondary Memory는 CPU가 처리할 데이터나 프로그램을 저장하기 위한 기억장치이다. 접근 속도가 느리지만 저렴하고 정보를 많이 저장할 수 있어 필요한 장치 중 하나이다. 주기억장치는 가격이 비싸고 저장 용량도 제한되어 있기 때문이다. 보조기억장치에는 자기테이프, 자기디스크, 광디스크, 플래시메모리 등이 있다.

자기테이프

자기테이프Magnetic Tape는 많은 양의 정보를 기록하기 위해 개발된 테이프 형식의 외부 기억장치

이다. 플라스틱 테이프 표면에 자성체(자석에 붙는 물질)를 바른 형태이다. 이런 테이프형 기억장치는 순차접근Sequential Access 방식이라, 대용량의 데이터를 순차적으로 처리해야 하는 작업에만 적합하다. 그래서 그때그때 원하는 정보에 바로 접근해야 하는 업무엔 맞지 않아서 백업용으로 많이 사용되었다. 최근에는 많이 쓰지 않는다.

그림 3-20 **자기테이프**

자기디스크

자기디스크Magnetic Disk는 자성체를 코팅한 원형의 플라스틱이나 금속판 여러 장을 하나의 축에 고정시켜 그 판의 양면에 정보를 저장하는 기억장치이다. 자기디스크의 종류로는 하드디스크HDD, Hard Disk Drive와 플로피디스크Floppy Disk가 있다.

(a) 하드디스크

(b) 플로피디스크

그림 3-21 **자기디스크 종류**

최근에는 메모리 가격이 많이 내려가면서 USB 메모리나 SSD 같은 반도체를 이용한 저장장치도 많이 보급되고 있다. 하지만 대용량 데이터를 저장해야 할 때는 여전히 하드디스크를 많이 사용한다. 플로피디스크는 예전엔 많이 사용되었으나 최근에는 거의 사용하지 않는다.

하드디스크를 기준으로 좀 더 설명하자면, 자기디스크는 비휘발성Non-volatile 자성체로 표면을 코팅한 원형의 회전판으로 구성되어 있다. 자성을 띤 물질의 배열 모양에 따라 정보가 기록되는 방식이다. 정보는 트랙Track이라 불리는 디스크 표면의 동심원에 나눠진다. 트랙은 파이 조각 모양의 섹터Sector로 구성되어 있는데, 이 섹터가 정보 기록 단위이다. 하드디스크는 [그림 3-22]처럼 여러 개의 디스크 판으로 구성되어 있으며, 디스크 헤드가 움직이면서 각 트랙을 이동한다.

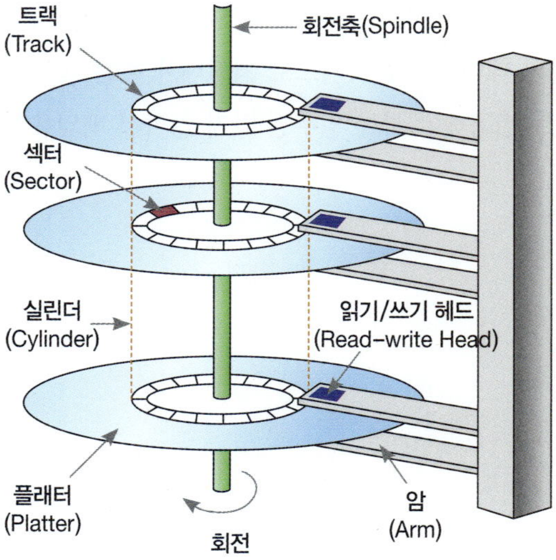

그림 3-22 **자기디스크의 구조**

하나 더 알기 **자기디스크를 사용하기 위한 접근 시간**

자기디스크 같은 기억장치는 디스크 헤드를 원하는 트랙으로 직접 이동시킨다. 이를 직접 접근(Direct Access) 방식이라고 한다. 직접 접근 방식의 기억장치가 데이터를 저장하거나 재생하기 위해서는 다음 3단계를 거쳐야 한다.

① 디스크 헤드를 적당한 트랙으로 옮긴다(Seek Time).
② 디스크를 회전시켜 섹터를 찾는다(Rotation Latency).
③ 디스크 헤드를 통해 데이터를 전송한다(Transfer Time).

이 과정에서 디스크를 사용하는 데 필요한 접근 시간(수행 시간)은 다음과 같다.

- 디스크 접근 시간 = ①번 과정 + ②번 과정 + ③번 과정을 수행하는 데 드는 시간

광디스크

광디스크 Optical Disk 는 레이저를 이용한 저장장치로, 정보를 빠르게 읽어 내며 대량의 정보를 영구적으로 보존할 수 있다. CD, DVD, 블루레이 디스크 등이 있다.

- **CD(Compact Disk) :** 지름 12cm의 원반에 작은 요철을 만들어 데이터를 기록한다. 레이저 광선을 통해 요철에 담긴 데이터를 판독한다. 트랙과 섹터로 구성되어 있으며, 수평으로 움직이는 헤드가 트랙 사이를 움직이며 데이터를 읽는다.

- **DVD(Digital Versatile Disk) :** HD 화질로 녹화된 영상매체의 용량이 너무 커서 이를 담기 위해 개발된 디스크이다. 디스크 크기는 CD와 같지만 저장 용량은 많이 늘어났다. 또한, CD는 디스크 한 면에 1층으로만 데이터를 담을 수 있는데 DVD는 2층으로 담을 수 있다.
- **블루레이 디스크(Blu-ray Disc) :** 영상매체의 화질이 급격히 향상되면서 DVD에 담기 어려울 정도로 용량이 커지자 개발된 디스크이다. 1층에 25GB의 용량을 담을 수 있으며, 듀얼 레이어 규격은 총 50GB까지 저장할 수 있다.

(a) CD (b) DVD (c) 블루레이 디스크

그림 3-23 **광디스크 종류**

플래시메모리

플래시메모리 Flash Memory 는 비휘발성 반도체 기반의 메모리이다. 속도가 빠르고 크기가 작으며, 전력소비가 적고 충격에 강하다. 플래시메모리는 USB 메모리, 메모리 카드, 디지털카메라, 디지털 캠코더 등에 폭넓게 사용된다. 휴대용 정보 기기가 대중화되면서 수요가 더 많아지고 있다.

특히 최근에는 플래시메모리를 이용한 SSD Solid State Drive 사용량이 늘고 있다. SSD는 플래시메모리의 기본 장점에 더해 소음도 작다. 그래서 휴대용 컴퓨터에 많이 사용된다. 하지만 재생 속도와 비교했을 때 기록 속도가 상대적으로 느린 편이고, 기록과 삭제 횟수가 정해져 있어 기대 사용수명이 제한적이다.

(a) 메모리 카드 (b) USB (c) SSD

그림 3-24 **플래시메모리의 종류**

SECTION
04 입출력장치

입출력장치 I/O Device 란 입력장치와 출력장치를 합쳐서 부르는 말이다. 대표적인 입출력장치인 키보드나 모니터는 여전히 컴퓨터 동작에 중요한 자리를 차지하고 있는데, 사용자의 편의를 돕는 새로운 장비도 꾸준히 등장하고 있다.

1 입력장치

입력장치 Input Device 는 외부 데이터를 CPU나 메인메모리로 입력할 때 사용하는 장치이다. 대표적으로 키보드, 마우스, 스캐너, 조이스틱 등이 있다.

- **키보드(Keyboard) :** 타자기의 자판과 비슷한 모양새를 띤 입력장치이다. 문자와 숫자를 입력해 명령을 내린다.
- **마우스(Mouse) :** 키보드와 함께 대표적인 입력장치 중 하나로, 컴퓨터 화면상에서 포인터를 움직이거나 클릭하여 명령을 내린다.
- **스캐너(Scanner) :** 활자나 그림과 같은 종이 정보를 그래픽 형태로 읽어 들여 컴퓨터에 전달하는 입력장치이다.
- **조이스틱(Joystick) :** 주로 게임을 할 때 사용하는 조종 레버형 입력장치이다. 막대와 버튼을 이용해 화면 속 캐릭터를 조작한다.

(a) 키보드

(b) 마우스

(c) 스캐너

(d) 조이스틱

그림 3-25 **입력장치 종류**

2 출력장치

출력장치Output Device는 CPU나 메인메모리의 정보처리 결과를 인간이 인지할 수 있는 형태로 내보내는 장치이다. 대표적으로 모니터, 프린터, 스피커 등이 있다.

- **모니터(Monitor) :** 컴퓨터에서 처리한 정보를 화면으로 출력하는 장치이다. 모니터는 색을 내는 방식에 따라 PDP, LCD, OLED 형태로 나뉘는데, 컴퓨터용 모니터는 대부분 LCD이다.
- **프린터(Printer) :** 컴퓨터에서 처리한 정보를 인쇄물로 출력하는 장치이다. 레이저 프린터와 잉크젯 프린터를 주로 사용한다.
- **스피커(Speaker) :** 컴퓨터 내부에서 처리한 전기적인 신호 변화를 인간이 들을 수 있도록 소리나 음악으로 출력하는 장치이다.

(a) 모니터

(b) 프린터

(c) 스피커

그림 3-26 **출력장치 종류**

3 미래의 입출력장치

우리가 오랫동안 사용해 온 입출력장치는 앞에서 소개한 키보드, 마우스, 모니터, 프린터 등이다. 하지만 컴퓨터 기술이 계속 발전하면서 인간과 컴퓨터 사이의 인터랙션HCI, Human Computer Interaction이 중요해지고 있으며, 이에 맞는 새로운 입출력장치들도 하나둘씩 등장하고 있다.

동작인식 기기

동작인식 기기Motion Recognition Device는 신체 등을 움직여 컴퓨팅 기기에 입력하는 입력장치이다. [그림 3-27] (a)의 키넥트Kinect는 마이크로소프트Microsoft의 동작인식 카메라를 사용해 별도의 제어기 없이도 몸동작으로 게임을 즐길 수 있는 장치이다. 키넥트는 적외선 카메라와 RGB 카메라를 통해 촬영된 영상에서 사용자를 찾아내고, 사용자의 제스처를 인식해 정보로 입력한다. 키넥트가 개발되면서 좀 더 직관적인 컴퓨터 사용이 가능해졌다. [그림 3-27] (b)의 립모션Leap Motion은 두 손과 손가락의 움직임으로 컴퓨터 제어를 가능하게 하는 장치이다.

(a) 키넥트를 이용한 제스처 인식 (b) 립모션을 이용한 손동작 인식

그림 3-27 **동작인식 기기**

3D 프린터

기존의 일반 프린터는 활자나 그림을 주로 인쇄했다면, 3D 프린터3D Printer는 입력된 도면을 바탕으로 3차원 입체 물품을 제작하는 출력장치이다. 3D 프린터는 원래 기업에서 어떤 물건을 제품화하기 전에 시제품을 만들어 보려는 목적으로 개발되었다. 하지만 최근에는 그 영역이 기계부품이나 건축물 제작 등으로 확대되었으며, 인공 근육이나 인공 뼈까지 제작하는 수준에 이르렀다. 3D 프린터는 신성장동력으로 더욱 주목받을 기술 중 하나이다.

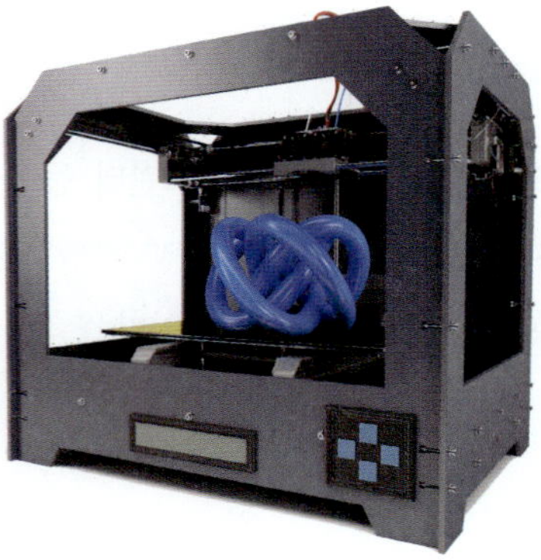

그림 3-28 **3D 프린터**

4 입출력장치의 제어 방식

입출력장치를 제어하는 방식은 크게 CPU를 통한 입출력 제어와 DMA 방식을 이용한 입출력 제어로 구분된다.

CPU를 통한 입출력 제어

입력과 출력의 전체 과정을 CPU가 수행하는 방식이다. CPU가 어떤 방식으로 입출력 전 과정을 통제하느냐에 따라 프로그램에 따른 방법과 인터럽트에 따른 방법으로 나뉜다.

■ 프로그램에 따른 방법

현재 실행되고 있는 프로그램이 입출력의 전 과정을 직접 수행하는 방식이다. 입출력장치의 준비 상태를 확인하거나 데이터 입출력을 수행하는 모든 과정을 CPU가 담당한다. 이 방식은 CPU를 사용하는 해당 프로그램이 입출력 작업에 전적으로 투입된다. 그래서 입출력이 이루어지는 동안 CPU는 다른 작업을 수행하지 못한다. 이는 CPU의 효율을 떨어뜨리는 원인이 되기도 한다.

■ 인터럽트에 따른 방법

앞서 말한 방법의 비효율성을 인터럽트 기능으로 극복한 방법이다. 프로그램 중 입출력 명령이 발생하면 CPU는 입출력 동작의 시작을 명령하고 작업을 전환한다. 그러다 입출력이 완료됨을 알리는 인터럽트가 발생하면, CPU는 관련 인터럽트 서비스 루틴을 수행해 입출력 과정을 종료한다. 입출력장치가 전 과정을 마무리할 때까지 기다리지 않고 다른 작업으로 전환해 효율을 높인다.

DMA 방식을 이용한 입출력 제어

CPU를 통한 방식은 입출력장치와 메모리 사이의 데이터 이동에 CPU가 개입한다. 그래서 모든 데이터는 CPU의 명령을 받아 이동해야 한다. 이와 다르게, CPU를 통한 프로그램의 실행 없이도 자료가 이동할 수 있게 하는 방식이 DMA Direct Memory Access 방식이다. DMA는 입출력장치와 메인메모리 사이의 데이터 통신으로 입출력 제어를 수행한다. 이를 통해 CPU의 효율성을 더욱 높일 수 있다. 입출력장치 제어기는 CPU로부터 입출력의 모든 사항을 위임받아 수행하며, 다른 입출력장치보다 속도가 빠르고 대량의 데이터를 입출력할 때 사용한다.

SECTION

05 병렬 컴퓨터

1 병렬 컴퓨터의 개념

컴퓨터 부품의 초집적화가 진행될수록 발열 문제가 심각해지자 CPU의 소형화 작업도 진행이 어려워졌다. 그렇다고 슈퍼컴퓨터를 별도로 제작하기에는 가격 부담이 너무 컸다. 이러한 문제를 해결하기 위해 등장한 것이 바로 병렬 컴퓨터이다. 병렬 컴퓨터Parallel Computer란 다수의 CPU를 병렬 처리해 초고속으로 작업을 수행하는 컴퓨터이다.

2 병렬 처리

병렬 처리Parallel Processing는 동시에 동작하는 CPU를 여러 대 갖추고 있는 컴퓨터에서만 실행할 수 있는 처리 방식이다. 프로그램 실행 속도를 높이기 위한 명령어 스트림Instruction Stream과 데이터 스트림Data Stream을 처리하는 방식에 따라 SIMD, MIMD, SISD로 나뉜다.

SIMD

SIMDSingle Instruction Multiple Data는 모든 CPU가 같은 프로그램(명령어)을 수행하지만 병렬적으로는 다른 데이터를 처리하는 구조로, 가장 일반적인 병렬 연산 기법이다. 배열이나 행렬 같은 벡터 데이터 연산에서 유용하게 쓰인다. 예를 들어, 1차원 배열 요소 2개를 각각 더해야 하는 프로그램이라면 각 배열의 요소들이 동시에 다른 프로세서를 통해 더해지는 식이다.

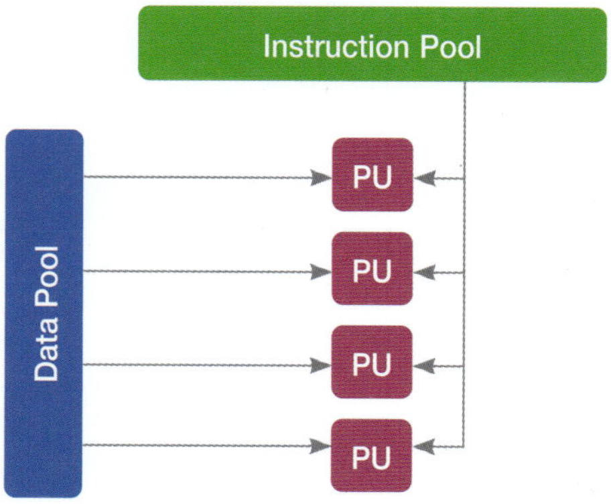

그림 3-29 SIMD 구조

MIMD

MIMD Multiple Instruction Multiple Data는 각각의 CPU가 서로 다른 프로그램을 수행하면서 서로 다른 데이터를 처리하는 구조이다. 모든 프로그램이 협력해 하나의 목적을 이룬다.

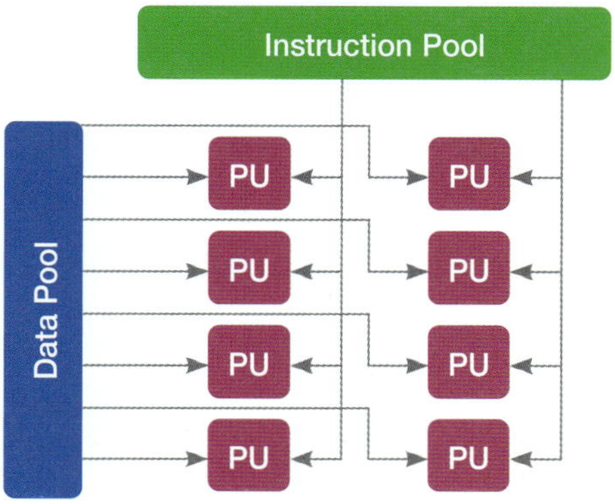

그림 3-30 MIMD 구조

SISD

SISD Single Instruction Single Data는 하나의 프로그램을 수행할 때 하나의 데이터를 이용해 처리하는 구조이다. 일반 개인용 컴퓨터의 CPU 대부분이 SISD 구조이다.

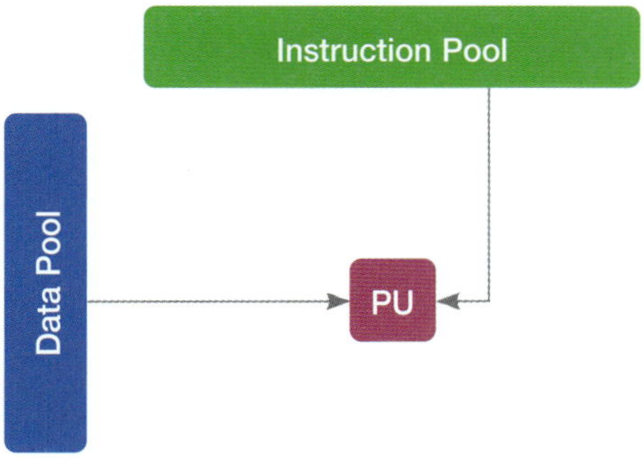

그림 3-31 SISD 구조

3 병렬 컴퓨팅 환경

병렬 컴퓨팅 환경은 규모에 따라 소규모 멀티코어 환경과 대규모 병렬 컴퓨팅 환경으로 나뉜다.

소규모 멀티코어 환경 : 멀티코어 CPU

멀티코어 CPU란 2개 이상의 코어(기억 소자)를 탑재한 CPU를 의미한다. 멀티코어 CPU를 사용하게 된 데는 초고밀도집적회로와 연관이 있다. 무어의 법칙 Moore's Law에 따라 1977년부터

18~24개월마다 반도체 트랜지스터의 집적도는 2배씩 증가했다. 하지만 최근 들어 CPU의 냉각 문제가 발생하면서 회로의 집적도를 높이기가 어려워졌다. 그래서 여러 개의 코어를 집적한 멀티코어 CPU를 사용하게 되었다. 코어가 4개일 때는 쿼드코어라고 부른다.

TIP **코어(Core) :** CPU에 내장된 처리 회로의 핵심 부분이다. 다중 코어 CPU는 내장된 코어 개수에 따라 실제 CPU를 장착한 것과 유사한 성능을 보인다.

멀티코어 프로세서 상황에서 멀티코어 성능을 최대한 이용하려면 이에 맞는 병렬 프로그래밍 개념을 사용해야 한다. 단일 CPU 또는 단일 코어Single Core 상황의 프로그래밍 환경과는 달리, 멀티 CPU 또는 멀티 코어 상황을 고려한 프로그래밍을 해야 최신 하드웨어 자원을 충분히 활용할 수 있다는 말이다. 그래서 최근에 나온 개인용 컴퓨터는 멀티코어 CPU를 사용하고 있으며, 운영체제가 이를 지원한다. 또한 GPGPU, CUDA, OpenMP 등의 소프트웨어 개발 환경이 지원되면서 전보다 훨씬 쉽게 병렬 프로그래밍이 가능해졌다.

TIP **GPGPU(General Purpose Graphic Processing Unit) :** 고성능 그래픽 카드를 이용한 병렬 컴퓨팅 환경이다. 그래픽 연산과 같은 병렬 연산에 효과적이다. 과학 계산 등의 분야에 많이 활용하고 있다.

TIP **CUDA(Compute Unified Device Architecture) :** NVIDIA사에서 제공하는 GPGPU를 이용한 병렬 컴퓨팅 아키텍처이다.

그림 3-32 **멀티코어 CPU**

대규모 병렬 컴퓨팅 환경 : 클러스터와 그리드

대규모 병렬 컴퓨팅 환경은 다수의 CPU나 컴퓨터 등을 연결하여 구현하는 시스템으로, 클러스터나 그리드 컴퓨팅 등이 있다.

■ 클러스터

클러스터Cluster는 컴퓨터를 수십 대에서 수만 대까지 연결해 하나의 컴퓨터로 사용하는 환경을 말하며, 근거리 네트워크LAN를 통해 연결된 컴퓨터들이 하나의 대형 멀티프로세서로 동작하는 시스템이다. 아마존, 구글, 페이스북, 네이버 등의 IT 기업에서 주로 사용한다. 클러스터는 클라우드 서비스 등을 제공할 때 필요한 가장 기본적인 하드웨어 구조이다.

그림 3-33 클러스터

TIP 인공지능 알파고(AlphaGo)에 사용된 컴퓨팅 환경이 클러스터 시스템이다. CPU가 1,920개, GPU가 280개 사용되었다.

■ 그리드 컴퓨팅

그리드 컴퓨팅 Grid Computing 은 이종 Heterogeneous 의 리소스들로 구성되어 있으며, 광역 네트워크 기반의 동적인 구조이다. 네트워크에 연결된 여러 대의 컴퓨터에 데이터를 전송하여 연산하게 한 후, 서버에서 취합해 전체 연산을 수행한다.

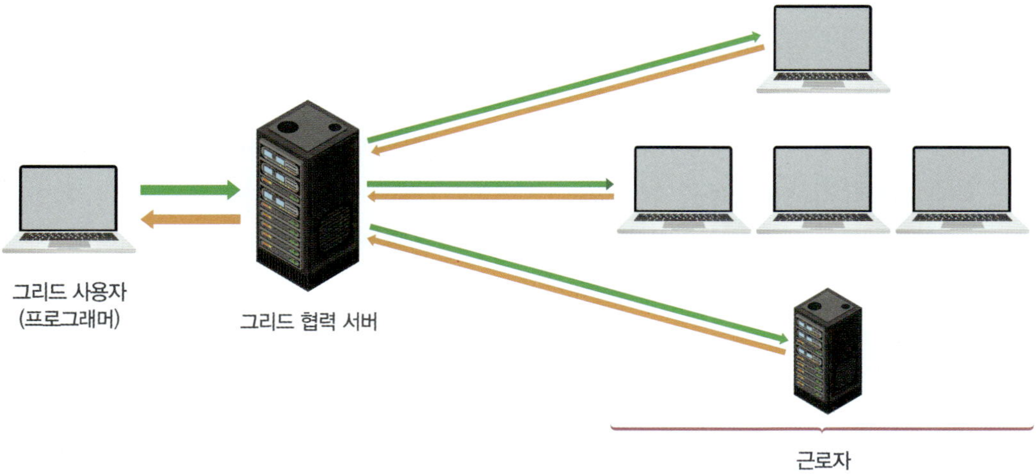

그림 3-34 그리드 컴퓨팅의 구조

TIP 클러스터와 그리드 컴퓨팅은 서로를 완벽히 보완하는 관계이다. 많은 그리드들은 그들이 관리하는 리소스들 사이에서 클러스터를 결합한다.

요약

01 컴퓨터 시스템의 구성

- 하드웨어의 구성 : 중앙처리장치, 기억장치, 입출력장치로 구성되어 있으며, 각 장치는 시스템 버스로 연결된다.
- 시스템 버스 : 컴퓨터에 있는 중앙처리장치, 주기억장치, 입출력장치 간 데이터를 서로 주고받기 위해 사용하는 경로이다. 간단히 줄여 버스라고도 부른다.
- 폰 노이만 구조 : 중앙처리장치, 주기억장치, 입력장치, 출력장치가 버스로 연결되어 있는 형태이다. 하드웨어는 그대로 둔 채 주기억장치로 작업용 프로그램만 교체해 실행하는 방식이다.

02 중앙처리장치(CPU)

- 중앙처리장치의 개념 : 컴퓨터의 두뇌에 해당한다. 기계어로 된 명령어를 해독한 후 해당 명령어를 수행하기 위한 세부 작업을 실행하는 장치이다.
- 중앙처리장치의 구성 : 내부에 3개의 세부 모듈인 연산장치, 제어장치, 레지스터가 있으며, 이들은 내부 버스로 연결되어 있다.
- 중앙처리장치의 동작 : 중앙처리장치는 인출 단계, 해독 단계, 실행 단계로 구성된 일련의 동작을 반복하며 명령어를 실행한다.

03 기억장치

- 주기억장치 : 다른 말로는 메인메모리라고 한다. 작업에 필요한 프로그램과 데이터를 저장하는 장소이다. CPU에 데이터를 넘겨주고 처리된 데이터를 다시 저장한다.
- 캐시메모리 : 속도가 빠른 CPU와 상대적으로 느린 메인메모리 사이에 위치한 메모리이다. 데이터 접근 효율성을 높이기 위해 사용한다.
- 보조기억장치 : CPU가 처리할 데이터나 프로그램을 저장하기 위한 기억장치이다. 자기테이프, 자기디스크, 광디스크, 플래시메모리 등이 있다.

04 입출력장치

- 입력장치 : 외부의 데이터를 CPU나 메인메모리로 입력할 때 사용하는 장치이다. 대표적으로 키보드, 마우스, 스캐너, 조이스틱 등이 있다.
- 출력장치 : CPU나 메인메모리의 정보처리 결과를 인간이 인지할 수 있는 형태로 바꿔 외부로 내보내는 장치이다. 대표적으로 모니터, 프린터, 스피커 등이 있다.

- 미래의 입출력장치 : 동작인식 기기와 3D 프린터 등이 있다. 동작인식 기기는 신체 등을 움직여 컴퓨팅 기기에 정보를 입력하는 입력장치이다. 3D 프린터는 입력한 도면을 바탕으로 3차원 입체 물품을 제작하는 출력장치이다.
- CPU에 따른 입출력 제어 방식 : 입력과 출력의 전 과정을 CPU가 수행하는 방식이다. CPU가 입출력의 전 과정을 어떻게 통제하느냐에 따라 프로그램에 따른 방법과 인터럽트에 따른 방법으로 나뉜다.

05 병렬 컴퓨터

- 병렬 컴퓨터 : 다수의 CPU로 정보를 병렬 처리해 초고속으로 작업을 수행하는 컴퓨터이다.
- 병렬 처리 : 동시에 동작하는 복수의 CPU를 갖추고 있는 컴퓨터에서만 실행 가능한 처리 방식이다.
- 병렬 컴퓨팅 환경 : 규모에 따라 소규모 멀티코어 환경과 대규모 병렬 컴퓨팅 환경으로 나뉜다.

연습문제

단답형 문제

01 (   )는 컴퓨터 시스템을 구성하는 기계 장치로, 소프트웨어가 명령을 내리면 작업을 수행한다.

02 (   )는 하드웨어에 동작을 지시하고 제어하는 역할을 하는 프로그램과 프로그램에 필요한 데이터이다.

03 (   )는 하드웨어를 구성하는 각 장치의 특성과 동작 원리를 다루는 학문이다.

04 (   )란 컴퓨터에 있는 중앙처리장치, 주기억장치, 입출력장치 간 데이터를 서로 주고받기 위해 사용하는 경로이다.

05 (   )는 중앙처리장치와 메인메모리 등 다양한 컴퓨터 부품을 연결해 주는 판이다.

06 (   )란 컴퓨터와 외부의 다른 장비를 연결하는 통로이다.

07 초창기에는 하드웨어적으로 외부 스위치를 점멸하거나 선들의 연결을 변경하는 것이 일종의 프로그래밍이었는데, 이를 (   )이라고 한다.

08 (   )는 중앙처리장치, 주기억장치, 입력장치, 출력장치가 버스로 연결되어 있는 형태이다. 하드웨어는 그대로 둔 채 주기억장치로 작업용 프로그램만 교체하여 실행하는 방식이다.

09 (   )는 컴퓨터의 두뇌에 해당한다. 기계어로 된 명령어를 해독한 후 해당 명령어를 수행하기 위한 세부 작업을 실행하는 장치이다.

10 (   )는 중앙처리장치 내부에서 실제 연산을 담당하는 부분이다.

11 (　　　　　　)는 명령어를 순서대로 실행할 수 있도록 제어하는 장치이다. 수행할 명령어를 해독한 후 수행에 필요한 제어 신호를 생성한다.

12 (　　　　　　)는 중앙처리장치와 속도가 비슷한 고속의 기억장치이다.

13 (　　　　　　)는 컴퓨터 내에서 동작하는 각 구성 요소의 모든 동작을 동기화하기 위해 사용하는 전자적 펄스를 말한다. 일정한 주기를 띤다.

14 (　　　　　　)는 중앙처리장치가 특정한 기능을 수행하는 도중 급하게 다른 일을 처리해야 할 때 사용할 수 있는 기능이다.

15 (　　　　　　)는 컴퓨터 그래픽을 처리하는 장치이다.

16 (　　　　　　)는 작업에 필요한 프로그램과 데이터를 저장하는 장소이다. CPU에 데이터를 넘겨주고, 처리된 데이터를 다시 저장한다.

17 (　　　　　　)은 공급되던 전원이 사라지면 저장된 내용이 지워지는 휘발성 메모리이다. 반면, (　　　　　　)은 전원이 사라져도 저장된 내용이 지워지지 않는 비휘발성 메모리이다.

18 (　　　　　　)는 데이터 접근 효율성을 높이기 위해 사용하는 메모리이다. 속도가 빠른 CPU와 상대적으로 느린 메인메모리 사이에 위치한다.

19 (　　　　　　)는 CPU가 처리할 데이터나 프로그램을 저장하기 위한 기억장치이다.

20 (　　　　　　)는 외부의 데이터를 CPU나 메인메모리에 입력할 때 사용하는 장치이다.

21 (　　　　　　)는 CPU나 메인메모리의 정보처리 결과를 인간이 인지할 수 있는 형태로 바꿔 외부로 내보내는 장치이다.

연습문제

22 (   )는 신체 등을 움직여 정보를 컴퓨팅 기기에 입력하는 장치이다.

23 (   )는 입력한 도면을 바탕으로 3차원의 입체 물품을 제작하는 장치이다.

24 입출력장치를 제어하는 방식은 (   )에 의한 입출력 제어와 (   ) 방식을 이용한 입출력 제어로 구분된다.

25 (   )란 다수의 CPU를 사용하여 정보를 병렬 처리하여 초고속으로 작업을 수행하는 컴퓨터를 뜻한다.

26 (   )란 동시에 동작하는 복수의 CPU를 갖추고 있는 컴퓨터에서만 실행되는 처리 방식이다.

27 (   )는 2개 이상의 코어(기억 소자)를 탑재한 CPU를 의미한다.

28 (   )는 컴퓨터를 수십 대에서 수만 대까지 연결해 하나의 컴퓨터로 사용하는 환경을 뜻한다.

29 (   )은 이종의 리소스들로 구성되어 있으며, 광역 네트워크 기반의 동적인 구조이다.

객관식 문제

30 다음 중 하드웨어의 구성에 포함되지 않는 것은?

① 중앙처리장치　② 입력장치　③ 기억장치
④ 시건장치　⑤ 출력장치

31 다음 중 중앙처리장치의 구성으로 알맞은 것은?

① 연산장치, 제어장치, 입력장치

② 연산장치, 제어장치, 레지스터

③ 연산장치, 출력장치, 클러스터

④ 주기억장치, 시스템 버스, 출력장치

⑤ 주기억장치, 보조기억장치, 출력장치

32 주기억장치를 다른 말로 무엇이라고 부르는가?

① 메인메모리 ② 세컨더리메모리 ③ 센트럴메모리

④ 인풋메모리 ⑤ 시스템메모리

33 다음 중 시스템 버스에 대한 설명이 아닌 것은?

① 중앙처리장치, 주기억장치, 입출력장치 간의 데이터를 주고받기 위해 사용하는 경로이다.

② 간단히 줄여 버스라고도 부른다.

③ 데이터 전송 속도와 버스의 대역폭은 밀접한 관련이 있다.

④ 버스의 크기나 데이터의 전송 속도가 시스템의 성능을 좌우한다.

⑤ 데이터의 종류에 따라 데이터 버스, 주소 버스, 기억 버스로 나뉜다.

34 다음 중 데이터 버스에 대한 설명으로 알맞은 것은?

① 중앙처리장치가 사용하고자 하는 데이터 주소가 이동하는 경로이다.

② 중앙처리장치가 기억장치나 입출력장치에 제어 신호를 전달하는 통로이다.

③ 중앙처리장치와 메인메모리 등 다양한 컴퓨터 부품을 연결해 주는 판이다.

④ 중앙처리장치와 다른 장치, 또는 중앙처리장치 내부의 모듈 간 데이터가 이동하는 경로이다.

⑤ 컴퓨터와 외부의 다른 장비를 연결하는 통로이다.

35 중앙처리장치, 주기억장치, 입출력장치가 버스로 연결되어 있으며, 하드웨어는 그대로 둔 채 주기억장치로 작업용 프로그램만 교체해 실행하는 방식을 무엇이라고 하는가?

① 클러스터 구조 ② 메모리 구조 ③ 폰 노이만 구조

④ 버스 구조 ⑤ 명령어 구조

연습문제

36 다음 중 중앙처리장치의 약자로 알맞은 단어는 무엇인가?

① CPU ② OR ③ NOT

④ ISR ⑤ KPR

37 중앙처리장치의 세부 모듈인 연산장치, 제어장치, 레지스터는 무엇으로 연결되어 있는가?

① 데이터 ② 외부 버스 ③ 내부 버스

④ 포트 ⑤ 메인보드

38 다음 설명을 읽고 어떤 장치의 역할인지 맞히시오.

> 중앙처리장치 내부에 있는 데이터를 주기억장치에 저장하려면 메모리에 'Write' 제어 명령을 보내야 한다. 이러한 일을 수행하는 것이 **이 장치**의 역할이다.

① 산술연산장치 ② 제어장치 ③ 기억장치

④ 입력장치 ⑤ 출력장치

39 주기억장치에서 가져온 데이터는 중앙처리장치 내부의 어떤 장소에 저장되는가?

① 메인메모리 ② 캐시메모리 ③ USB

④ 자기디스크 ⑤ 레지스터

40 다음 중 클록 펄스와 관련된 설명이 아닌 것은?

① 컴퓨터 내에 동작하는 구성 요소의 동작들을 동기화하기 위해 사용하는 전자적 펄스이다.

② 일반적으로 일정한 주기를 가지고 있다.

③ 클록 속도가 1.6Mhz라면 클록 제너레이터는 1초당 1,600,000번의 클록을 발생시킨다.

④ 클록 속도가 높으면 컴퓨터 수행 속도도 빨라진다.

⑤ 중앙처리장치가 특정한 기능을 수행하던 중 급하게 다른 일을 처리해야 할 때 사용할 수 있는 기능이다.

41 작업 도중 인터럽트가 걸리면 중앙처리장치는 현재 수행하던 작업에 대한 정보를 저장한 후 이 작업을 수행한다. '이 작업'은 무엇인가?

① CPU ② RAM ③ ISR
④ ROM ⑤ DMA

42 기억장치를 성능에 따라 분류할 때 해당되지 <u>않는</u> 것은?

① 레지스터 ② 캐시메모리 ③ 가상메모리
④ 보조기억장치 ⑤ 주기억장치

43 다음 중 주기억장치에 대한 설명이 <u>아닌</u> 것은?

① 보조기억장치보다 속도가 빠르고 상대적으로 비싸다.
② 기능에 따라 램(RAM)과 롬(ROM)으로 나뉜다.
③ CPU에서 수행될 프로그램과 그 프로그램이 사용할 데이터가 저장되는 곳이다.
④ 데이터의 내용물을 기반으로 접근한다.
⑤ 메인메모리라고도 부른다.

44 다음 중 램(RAM)에 대한 설명이 <u>아닌</u> 것은?

① 메인메모리의 한 종류이다.
② 기능에 따라 램(RAM)과 롬(ROM)으로 나뉜다.
③ 램은 크게 디램(DRAM)과 에스램(SRAM)으로 나뉜다.
④ 휘발성 메모리이다.
⑤ 랜덤 접근을 뜻하는 'Random Access'의 약자이다.

45 다음 중 롬(ROM)의 종류가 <u>아닌</u> 것은?

① 마스크롬(Mask ROM) ② 피롬(PROM) ③ 지롬(ZROM)
④ 이피롬(EPROM) ⑤ 이이피롬(EEPROM)

연습 문제

46 다음 중 캐시메모리의 동작 순서로 알맞은 것은?

> ㉠ CPU에는 워드 단위로 전송한다.
> ㉡ CPU가 메인메모리에 있는 데이터를 읽을 때는 먼저 캐시메모리를 조사한다.
> ㉢ 만일 데이터가 없다면 메인메모리에서 보통 블록 단위로 가져온다.
> ㉣ 캐시메모리에 데이터가 있으면 바로 CPU에 전달된다.

① ㉠-㉡-㉢-㉣　② ㉠-㉣-㉢-㉡　③ ㉡-㉢-㉣-㉠
④ ㉡-㉣-㉢-㉠　⑤ ㉡-㉣-㉠-㉢

47 캐시메모리를 사용하는 주된 이유로 알맞은 것은?

① 전원이 제거되어도 저장한 내용이 지워지지 않는다.
② 랜덤 접근 방식을 사용한다.
③ 큰 용량의 정보를 저장할 수 있다.
④ 접근 속도는 느리지만 가격이 저렴하다.
⑤ 메인메모리의 데이터를 보다 빠르게 사용할 수 있다.

48 다음 중 보조기억장치가 아닌 것은?

① 롬(ROM)　② 자기테이프　③ 자기디스크
④ 광디스크　⑤ 플래시메모리

49 다음 중 자기디스크에 대한 설명이 아닌 것은?

① 자성체를 코팅한 원형의 플라스틱이나 금속판 여러 장을 동일한 축에 고정시켜, 그 판의 양면에 정보를 저장하는 기억장치이다.
② 종류로는 하드디스크와 플로피디스크가 있다.
③ 대용량 데이터를 저장할 때는 하드디스크를 많이 사용한다.
④ 표면이 비휘발성 자성체로 코팅된 원형의 회전판으로 구성되어 있다. 디스크 표면의 자성을 띤 물질의 배열 모양에 따라 정보가 기록된다.
⑤ 다량의 정보를 기록하기 위한 테이프 형식의 외부기억장치이다.

50 다음 중 플래시메모리가 아닌 것을 모두 고르시오.

① 블루레이 디스크　② USB　③ SSD

④ 메모리 카드　⑤ HDD

51 다음 중 입력장치가 아닌 것은?

① 키보드　② 마우스　③ 스캐너

④ 조이스틱　⑤ 프린터

52 신체 등을 움직여 정보를 컴퓨팅 기기에 입력하는 입력장치는 무엇인가?

① 스마트 기기　② 동작인식 기기　③ 모니터

④ 스피커　⑤ HCI

53 다음 중 3D 프린터에 대한 설명이 아닌 것은?

① 입력한 도면을 바탕으로 3차원 입체 물품을 제작하는 출력장치이다.

② 최근에는 기계부품이나 건축물 등의 제작에 활용되고 있다.

③ 신성장동력으로 더욱 주목받을 기술이다.

④ 장비를 이용해 손동작을 인식할 수 있다.

⑤ 기업에서 어떤 물건을 제품화하기 전 시제품을 만들어 보려는 목적으로 개발되었다.

54 입출력장치를 제어하는 방식으로는 CPU에 따른 입출력 제어와 '이 방식'을 통한 제어가 있다. 어떤 방식인가?

① CMA　② CPU　③ DMA

④ IRS　⑤ PDA

55 초집적화가 진행될수록 발열 문제가 발생해 CPU의 소형화가 어려워지자 이러한 문제를 해결하기 위해 개발한 컴퓨터는 무엇인가?

① 개인용 컴퓨터　② 병렬 컴퓨터　③ 슈퍼컴퓨터

④ 노트북컴퓨터　⑤ 직렬 컴퓨터

연습문제

주관식 문제

56 하드웨어와 소프트웨어에 대해 설명하시오.

57 시스템 버스는 전송되는 데이터 종류에 따라 3가지로 분류된다. 각각의 버스에 대해 간략히 설명하시오.

58 중앙처리장치 내부에 자리한 3개의 세부 모듈에 대해 간략히 설명하시오.

59 주기억장치의 접근 방식인 랜덤 접근 방식에 대해 설명하시오.

60 캐시메모리가 어떻게 동작하는지 서술하시오.

61 대표적인 입력장치와 출력장치를 3개씩 적고 간단히 설명하시오.

62 병렬 컴퓨터가 등장하게 된 배경을 설명하시오.

63 병렬 처리의 구조 3가지에 대한 각각의 특징을 설명하시오.

CHAPTER 04

소프트웨어와 운영체제

학습목표

- 시스템 소프트웨어와 응용 소프트웨어에 대해 알아본다.
- 운영체제의 개념, 기능, 종류, 구성에 대해 이해한다.
- 운영체제가 프로세스를 관리하는 방법을 학습한다.
- 운영체제로 메모리를 관리하는 방법을 이해한다.

PREVIEW

섹션 1에서는 소프트웨어에 대해 알아본다. 소프트웨어 종류인 시스템 소프트웨어와 응용 소프트웨어, 그리고 소프트웨어 공학에 대해 살펴볼 예정이다.

섹션 2에서는 운영체제의 개념, 기능, 종류, 구성, 관리에 대해 학습한다.

섹션 3에서는 운영체제가 프로세스를 어떻게 관리하는지 이해하기 위해 프로세스 개념, 프로세스 제어 블록, 프로세스 스케줄링에 대해 살펴본다.

섹션 4에서는 운영체제가 메모리를 관리하는 방식에 대해 알아본다. 메모리 관리 기법인 단일 프로그래밍 방식과 멀티프로그래밍 방식에 대해 학습하고, 가상메모리 관리 기법도 살펴본다.

이번 챕터에서는 소프트웨어와 운영체제 전반에 대해 이해하고 운영체제가 컴퓨터를 관리하는 방법에 대해 파악할 수 있을 것이다.

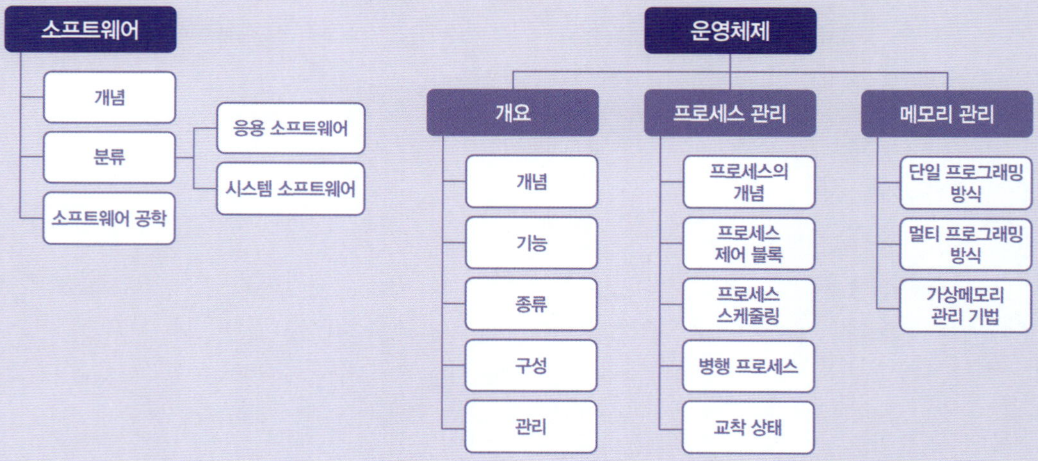

SECTION 01

소프트웨어의 이해

1 소프트웨어의 개념

소프트웨어Software는 하드웨어와 함께 컴퓨터 시스템을 구성하는 주요 요소 중 하나이다. 컴퓨터 내 일 처리 순서와 방법을 지시하는 명령어의 집합인 프로그램과 프로그램 수행에 필요한 절차, 규칙, 관련 문서 등을 총칭하는 용어이다. 보통은 프로그램과 같은 의미로 쓰이며, 컴퓨터를 동작시킨다. 소프트웨어는 크게 시스템 소프트웨어와 응용 소프트웨어로 나뉘며, 그 외 펌웨어와 미들웨어가 있다.

TIP **펌웨어(Firmware)** : 하드웨어를 제어하는 역할을 하는 작은 규모의 소프트웨어이다. 하드웨어의 롬(ROM)에 저장되어 있다. 하드웨어 기능 일부를 소프트웨어로 대체하여 하드웨어의 복잡도를 낮추고 기능의 유연성은 높인다.

TIP **미들웨어(Middleware)** : 시스템 소프트웨어와 응용 소프트웨어 사이 또는 다른 종류의 응용 프로그램 사이에서 중개 역할을 하는 프로그램이다.

하나 더 알기 **구매 방법으로 분류한 소프트웨어**

소프트웨어는 구매 방법에 따라 다음과 같이 나뉜다.

- **상용 소프트웨어**(Commercial Software) : 소프트웨어 개발자가 특정한 목적을 가지고 개발해 상품으로 출시한 소프트웨어이다.
- **주문형 소프트웨어**(Custom Software) : 특정 개인이나 집단이 사용할 목적으로 만든 소프트웨어이다. 전문 프로그래머나 개발 회사가 자체적으로 개발한다.
- **셰어웨어**(Shareware) : 시험 사용 기간을 제공하는 소프트웨어이다. 정품 구매를 유도하는 일종의 샘플 프로그램이다. 시험 사용 기간이 끝나면 정식 소프트웨어를 구매해 사용해야 한다.
- **프리웨어**(Freeware) : 라이선스 요금 없이 무료로 배포되는 소프트웨어이다. 영리 목적으로 배포할 수 없다. 누구나 사용할 수 있지만, 내용은 수정하면 안 된다.
- **오픈소스 소프트웨어**(Open Source Software) : 소스코드까지 제공되며 사용자들이 자유롭게 수정하거나 변경할 수 있는 소프트웨어이다.

2 시스템 소프트웨어

시스템 소프트웨어System Software는 컴퓨터를 관리하기 위한 소프트웨어이다. 컴퓨터 사용에 꼭 필요한 프로그램들을 의미한다. 일반적으로 운영체제와 시스템을 관리하는 유틸리티 Utility를 합친 형태이다. 하드웨어와 응용 소프트웨어를 연결하는 역할을 맡고 있다.

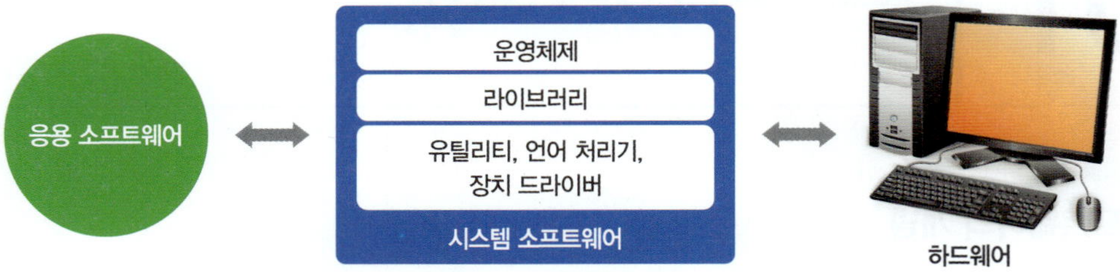

그림 4-1 **시스템 소프트웨어의 역할**

시스템 소프트웨어의 종류는 다음과 같다.

- **운영체제(OS, Operating System) :** 하드웨어와 소프트웨어 자원을 효과적으로 관리하고 운영하기 위한 소프트웨어이다. 하드웨어와 사용자 사이를 연결하는 인터페이스 역할을 한다.
- **언어 처리기(Language Processor) :** 컴파일러 Compiler, 어셈블러 Assembler, 링커 Linker, 로더 Loader 등 컴퓨터 프로그래밍에 사용되는 소프트웨어이다.
- **라이브러리(Library) :** 프로그램의 일부를 이후에도 활용할 수 있도록 조직적으로 구성해 놓은 소프트웨어이다. 컴퓨터 프로그래밍과 소프트웨어를 효과적으로 활용하기 위해 개발되었다.
- **장치 드라이버(Device Driver) :** 컴퓨터에 부착된 장치를 제어하기 위한 소프트웨어이다. 운영체제 명령을 각각의 장치가 이해할 수 있게 변경해 실행시켜 준다.
- **유틸리티(Utility) :** 사용자가 컴퓨터를 좀 더 효과적으로 사용하기 위해 활용하는 소프트웨어이다.

3 응용 소프트웨어

응용 소프트웨어 Application Software는 특정 분야에서 사용하기 위해 제작한 소프트웨어이다. 용도에 따라 종류가 매우 다양하며, 몇몇 응용 소프트웨어는 컴퓨터 기종이 다르면 사용할 수 없다. 일반적으로 많이 쓰이는 응용 소프트웨어를 종류별로 구분하면 다음과 같다.

- **사무용 소프트웨어 :** 엑셀, 워드, 파워포인트, 한글, 키노트 등
- **그래픽 소프트웨어 :** 포토샵, 일러스트레이터, 인디자인 등
- **설계 및 생산 자동화 소프트웨어 :** 오토캐드 등
- **멀티미디어용 소프트웨어 :** 곰플레이어, KM플레이어 등
- **게임 소프트웨어 :** 리그오브레전드, 스타크래프트, 디아블로 등

4 소프트웨어 공학

폰 노이만의 내장형 프로그래밍 방식이 도입되면서 소프트웨어는 컴퓨터 시스템의 주요 요소가 되었다. 소프트웨어 공학Software Engineering은 소프트웨어 개발 계획부터 운용, 유지 보수, 폐기까지의 전 과정에 필요한 이론과 기술을 다루는 학문이다. 기계공학, 건축공학 등의 공학적인 접근법을 활용해 소프트웨어 작성과 관련된 일을 좀 더 체계화하려는 데 목적이 있다. 프로그램 코딩Coding 단계는 소프트웨어 제작 과정 중 10~20% 정도를 차지하지만, 더 나은 소프트웨어를 만들기 위해선 이 외의 작업도 함께 수행해야 한다.

기계어 프로그래밍 방식에서 출발한 프로그래밍은 고급 프로그래밍 언어가 생기면서 작업이 한결 쉬워졌다. 그러자 많은 수의 소프트웨어가 제작되기 시작했고, 컴퓨터 시스템 제작비용 중 소프트웨어가 차지하는 비율도 점점 커졌다. 소프트웨어의 크기가 작았을 때는 제작, 수정에 드는 부담이 적었지만, 크기가 계속 커지자 이를 효과적으로 관리하기 위한 소프트웨어 개발 방법론도 필요해졌다. 소프트웨어와 관련된 작업은 점점 복잡해지는데, 이를 대처할 수 있는 개발 및 관리 기술이 따로 없었기 때문이다. 이런 상황을 두고, '소프트웨어의 위기'라고 부르기도 했다. 그래서 소프트웨어를 주먹구구식으로 제작하지 말고 전통적인 공학 분야에서 사용하는 식의 기본적인 설계 절차를 만들자는 의견에 따라, 구조적 프로그래밍Structured Programming과 같은 공학적 접근 방법이 도입되었다. 이것이 바로 '소프트웨어 공학'이다.

소프트웨어 공학은 고객의 요구를 분석하고 설계하는 데 많은 시간과 인력을 투자하고 있다. 프로그램을 잘 만든다는 것은 고객의 요구를 잘 파악하고 유지, 보수까지 신경 써 설계한다는 말과 같기 때문이다. 또한 프로그램은 사용자의 용도에 따라 만들어지는 만큼 수정해야 할 일이 자주 생기는데, 설계 단계에서 제대로 만들지 않으면 빠르게 변화하는 하드웨어나 다른 소프트웨어와 경쟁할 수 없다.

이제 소프트웨어 개발 주기와 소프트웨어 개발 방법론에 대해 간단히 살펴보자.

소프트웨어 개발 주기

소프트웨어 개발 주기Software Development Life Cycle란 소프트웨어를 개발하는 시점부터 사용이 완전히 끝나 폐기될 때까지의 전 과정을 단계별로 나눈 것이다. 일반적으로 요구 분석, 설계, 구현, 테스트, 유지 보수의 5단계를 거친다. 개발 방법에 따라 순서는 약간씩 차이가 있다.

그림 4-2 소프트웨어 개발 주기

소프트웨어 개발 방법론

소프트웨어 개발 주기의 대표적인 방법론 모델도 한번 살펴보자. 가장 전통적인 방법으로 알려진 폭포수 모델, 개발 범위를 조금씩 넓혀가는 점진적 모델, 사용자의 의견을 중요하게 여기는 프로토타입 모델 등이 있다.

■ 폭포수 모델

폭포수 모델Waterfall Model은 소프트웨어 개발의 전형적인 모델이다. 폭포수가 위에서 아래로 떨어지는 것처럼 개발 단계가 순차적으로 진행된다고 해서 붙여진 이름이다. 이 방법은 요구사항이 모두 명확하게 맞춰졌을 때 가장 적합하다. 요구 분석이나 설계가 잘못되면 추후에 엄청난 비용과 시간이 소요되기 때문이다.

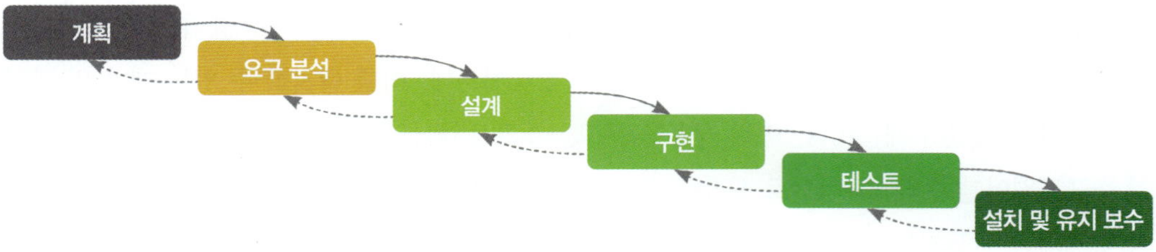

그림 4-3 **폭포수 모델 단계**

■ 점진적 모델

점진적 모델Incremental Model은 크고 복잡한 소프트웨어를 개발할 때 한꺼번에 모든 걸 개발하지 않고, 간단한 시스템을 먼저 개발한 후 목표에 맞게 나머지 부분을 개발해 나가는 방법이다.

■ 프로토타입 모델

프로토타입 모델Prototype Model은 사용자의 요구를 정확하게 파악하기 위해 프로토타입(견본)을 만들어 최종 결과물을 예측하는 모델이다. 요구 분석 단계에서 많이 사용한다. 제품 수정이 쉽고, 최종 결과물이 나오기 전에 의뢰자가 최종 결과물의 일부 또는 모형을 볼 수 있다는 장점이 있다.

하나 더 알기 애자일 개발방법론

애자일 개발방법론(Agile Software Development)은 아무 계획 없이 진행되는 개발 방법과 지나치게 계획이 많은 개발 방법 사이에서 타협점을 찾기 위해 만들어졌다. 개발 과정에서 지나치게 문서화를 많이 한다거나, 형식적인 절차에 비용이 너무 많이 들어간다는 부작용이 나타났기 때문이다. 애자일 개발방법론은 고객과의 협력을 중시하며, 프로세스나 도구에 한정되지 않고 자유롭게 아이디어를 나눌 수 있는 환경을 추구한다. 일정한 주기로 프로토타입을 만들어 내기 때문에 고객의 요구사항을 반영하기 쉽고, 변화에도 빠르게 대응할 수 있다.

SECTION
02 운영체제의 개요

1 운영체제의 개념

운영체제OS, Operating System는 하드웨어 장치를 관리하고 사용자가 컴퓨터를 편하게 사용할 수 있는 환경을 제공하며, 응용 소프트웨어의 효율적인 실행을 지원하는 시스템 소프트웨어이다. 컴퓨터와 사용자 사이에서 중재자 역할을 한다고 보면 된다. 컴퓨터를 사용할 때 꼭 필요한 가장 기본적인 소프트웨어이기도 하다. 하드웨어와 가장 가까운 위치에 있으며, 컴퓨터의 기본 운영 및 관리를 담당한다. 컴퓨터나 노트북 전원을 켜면 자동으로 실행되는 프로그램이 바로 이 운영체제이다.

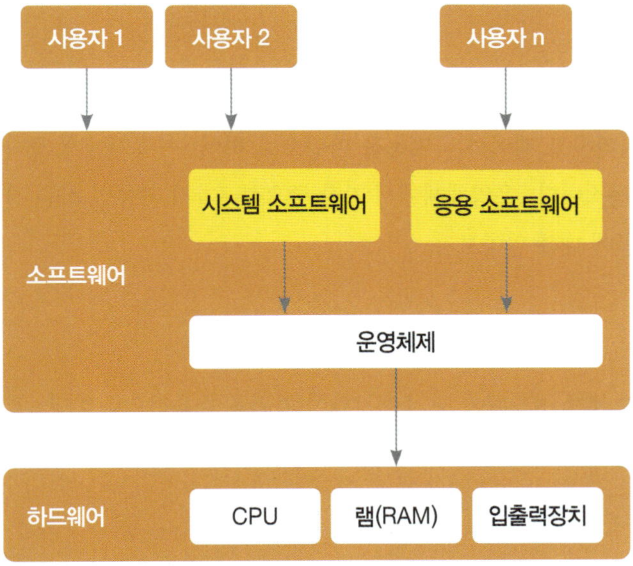

그림 4-4 운영체제의 위치

하나 더 알기 **컴퓨터를 켜면 내부에서는 어떤 일이 일어날까?**

전원을 눌러 컴퓨터가 실행되면 롬(ROM)에 저장된 프로그램인 부트스트랩 로더(Bootstrap Loader)가 하드디스크에 있는 운영체제 실행을 돕는다. 컴퓨터의 부팅 과정을 살펴보며 이 과정을 이해해 보자. 낯선 단어가 많아 어렵겠지만 전체적인 흐름만 알아보기로 한다.

TIP **부트스트랩 로더(Bootstrap Loader) :** 컴퓨터를 부팅할 때 외부 기억장치로부터 운영체제를 읽어 와 메인메모리에 설치하는 프로그램이다.

- **컴퓨터 부팅 과정**

  ① 컴퓨터 전원을 켜면 외부의 전압이 내부에서 사용할 수 있는 전압으로 변환된다. 이 전기는 CPU로 전달된다. CPU 레지스터인 프로그램 카운터(PC, Program Counter) 레지스터는 메인보드 내 롬 바이오스(ROM BIOS)의 부트 프로그램 주소 값으로 초기화된다.

  ② 부트 프로그램은 CPU의 이상 유무를 테스트한 후, 테스트 결과가 롬 바이오스에 저장된 값과 일치하면 포스트(POST, Power On Self-Test) 작업을 수행한다.

  ③ 부트 프로그램은 운영체제를 로드하기 위해 하드디스크의 첫 번째 섹터를 메인메모리로 읽어 들인다. 하드디스크의 첫 번째 섹터에는 마스터 부트 레코드(MBR, Master Boot Record)가 있는데, 이 정보를 바탕으로 운영체제의 위치를 찾아 메인메모리에 적재한다. 이때부터 운영체제에서 규정한 부팅 과정이 시작된다.

  ④ 운영체제는 '이니트(Init)'와 같은 첫 번째 프로세스를 실행하고, 사용자로부터 요청이 발생하기를 기다린다.

TIP **포스트(POST)** : 시스템 버스, 실시간 시계(RTC, Real-Time Clock), 비디오 구성 요소들(비디오 메모리 등), 램(RAM), 키보드, 연결된 드라이브(하드디스크 등)에 신호를 보내 컴퓨터가 정상적으로 동작하는지 점검하는 과정이다.

2 운영체제의 기능

운영체제는 하드웨어를 효율적으로 관리하고 제어하는 기능을 바탕으로 하여, 사용자에게 보다 편리한 컴퓨팅 환경을 제공하는 것이 목적이다. 운영체제에서 가장 중요한 3가지 기능인 자원 관리, 자원 보호, 사용자 인터페이스 제공에 대해 알아보자.

자원 관리

운영체제는 사용자 또는 프로세스Process에게 하드웨어 및 소프트웨어 자원을 효율적으로 할당 · 관리 · 보호하는 기능을 제공한다. 제한된 컴퓨터 자원을 효과적으로 사용하기 위해 다양한 자원을 관리하고 할당된 알고리즘을 운영하는 것이다.

TIP 프로세스(Process)는 컴퓨터 내에서 실행되고 있는 프로그램이고, 프로세서(Processor)는 CPU 등 실제 연산을 수행하는 하드웨어이다. 두 용어의 차이를 잘 기억하자.

최근에는 컴퓨터의 멀티태스킹 환경이 보편화되면서 운영체제의 CPU 스케줄링 및 메모리 관리 기능도 점점 복잡해지고 있다. 그렇다면 운영체제는 이런 상황을 어떻게 관리할까?

개인용 컴퓨터에서 응용 프로그램인 카카오톡을 실행한다고 가정해 보자. 컴퓨터에서 응용 프로그램은 보조기억장치에 저장되어 있다. 그래서 카카오톡을 실행하려면 먼저, 메인메모리의 빈 곳에 프로그램을 저장해야 한다. 그래야 CPU가 메인메모리에 저장된 프로그램을 처리할 수 있기 때문이다. 만약 메인메모리에 이미 엑셀과 인터넷 익스플로러가 저장되어 있다면 실행 준비가 끝난 프로그램은 카카오톡까지, 총 3개이다. 하지만 CPU는 하나의 프로그램만 실행할 수 있으므로 셋 중 하나만 선택해야 한다. 이때 어떤 프로그램을 실행할지 결정하는 것이 바로 운영체제의 역할이다.

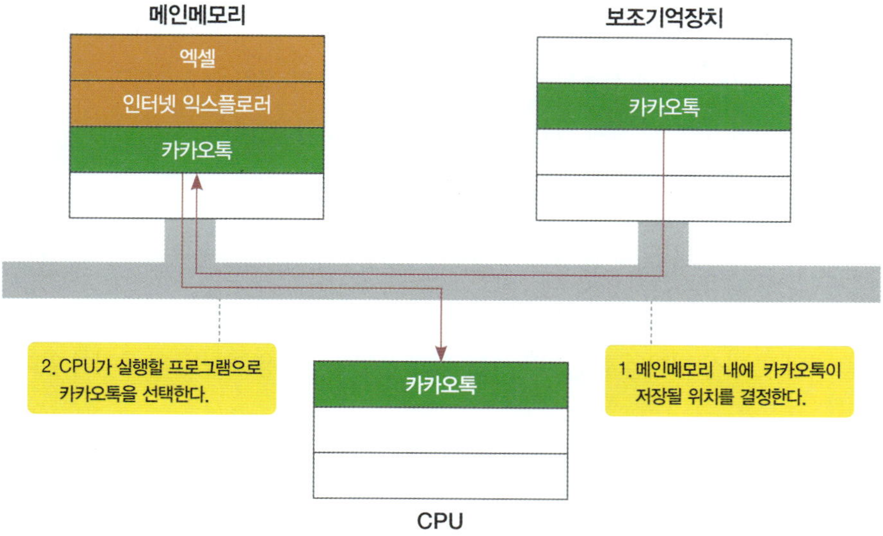

그림 4-5 운영체제의 자원 관리

자원 보호

컴퓨터의 내부 자원은 악의적인 사용자나 미숙한 사용자로부터 보호를 받아야 할 때도 있다. 운영체제는 사용자가 사용하는 프로그램에 오류가 발생하거나 자원이 잘못 사용되는 것을 감시해 컴퓨터 자원을 지키는 역할도 수행한다.

사용자 인터페이스 제공

사용자 인터페이스User Interface란 사용자와 컴퓨터 간에 상호작용이 이루어지는 환경이다. 최근에는 사용자가 컴퓨터를 더 쉽게, 효율적으로 사용할 수 있도록 멀티터치 환경이나 3D 인터페이스 환경 등을 제공하고 있다. 사용자 편의 중심의 인터페이스는 앞으로도 꾸준히 개발될 예정이다.

TIP 운영체제의 기능에는 성능 향상 기능도 있다. 실제로도 운영체제의 성능은 매우 중요한 이슈였지만, 최근 컴퓨팅 환경이 좋아지면서 인터페이스가 더 중요한 이슈로 떠올랐다.

3 운영체제의 종류

운영체제는 컴퓨터 운영체제와 모바일 운영체제로 분류된다. 각각에 해당하는 운영체제의 종류에 대해 알아보자.

컴퓨터 운영체제

컴퓨터 운영체제는 유닉스, 리눅스, 윈도우, 맥 OS 등이 있다.

■ 유닉스

유닉스UNIX는 1969년, 벨Bell 연구소의 프로그래머였던 켄 톰슨Ken Thompson이 개발하였다. 현재는 기업, 대학, 연구기관 등에서 널리 사용되고 있다. 슈퍼컴퓨터부터 개인용 컴퓨터까지 다양한 종류의 컴퓨터에서 작동되며, 인터넷 서버 컴퓨터의 핵심으로 자리 잡고 있다.

■ 리눅스

리눅스LINUX는 1991년, 핀란드 헬싱키 대학의 학생이던 리누스 토발즈Linus Torvalds가 만들었으며, 유닉스 호환 운영체제이다. 소스코드를 공개하여 사용자가 자유롭게 이용할 수 있게 했다. 다중 사용자 지원, 다중 작업 및 가상 터미널 환경 지원, 네트워크 운영체제 활용 가능 등의 특징이 있다.

■ 윈도우

윈도우Windows는 애플사의 그래픽 사용자 인터페이스GUI, Graphical User Interface 운영체제인 맥 OS에 맞서 마이크로소프트사가 개발한 운영체제이다. 개인용 컴퓨터에서 가장 많은 사용자층을 확보하고 있다. 도스 운영체제DOS에서 꾸준히 업그레이드되어 시스템이 상당히 안정화되었다. 2015년 7월에 출시한 윈도우10은 컴퓨터뿐만 아니라 휴대폰과 사물인터넷 기기 등에도 탑재가 가능하다.

■ 맥 OS

맥 OSMac OS는 애플사의 개인용 컴퓨터인 매킨토시에 사용할 목적으로 개발된 그래픽 사용자 인터페이스 운영체제이다. 매킨토시 컴퓨터와 호환되는 하드웨어에서만 작동한다는 단점이 있다. 하지만 강력한 기능의 소프트웨어, 사용자 친화적인 디자인, 쉬운 사용법, 스마트 기기와의 연계를 통한 일관된 통합 환경 구축 등의 장점으로 사용자층을 꾸준히 확보하고 있다.

모바일 운영체제

모바일 운영체제에는 구글사의 안드로이드와 애플사의 iOS가 있다.

■ 안드로이드

안드로이드Android는 미들웨어, 사용자 인터페이스, 표준 응용 프로그램을 포함한 소프트웨어 스택Stack이자 모바일 운영체제이다. 리눅스 커널 위에서 동작하며, 다양한 안드로이드 시스템 구성 요소에서 사용되는 C/C++ 라이브러리들을 포함하고 있다. 자바Java 가상머신이 아닌 '달빅Dalvik 가상머신'을 사용하며, 구글 플레이 스토어 앱에서 관련 소프트웨어를 다운받을 수 있다.

■ iOS

iOS는 애플사의 아이폰과 아이패드에 내장된 모바일 운영체제로, 맥 OS X 10.5를 기반으로 한다. 4개의 추상화 계층인 코어 OS 계층Core OS Layer, 코어 서비스 계층Core Services Layer, 미디어 계층Media Layer, 코코아 터치 계층Cocoa Touch Layer으로 구성되어 있다. 개발 도구 언어는 Objective-C이며, 애플 앱스토어에서 관련 소프트웨어를 다운받을 수 있다.

(a) 리눅스 (b) 윈도우 (c) 맥 OS (d) 안드로이드 (e) iOS

그림 4-6 운영체제 종류

4 운영체제의 구성

초기의 컴퓨터는 하드웨어만 있었기 때문에 운영체제가 존재하지 않았다. 그래서 컴퓨터 사용자나 프로그래머들이 일일이 모든 일을 처리해야 해 불편함이 컸다. 시간이 지나면서 관련 환경이 조금씩 발전하자, 비슷한 작업끼리 묶어서 처리할 수 있는 일괄처리 시스템Batch Process System이 개발되었고, 꾸준히 발전을 거듭해 오늘날의 운영체제가 되었다.

TIP 1980년대, 개인용 컴퓨터가 일반인에게 보급되기 전에는 단말기를 통해 프로그램 실행 및 인쇄 등의 작업을 요청했다. 오퍼레이터(Operator)는 요청사항을 묶어서 한번에 일을 처리해 줬는데, 이러한 처리 과정을 일괄처리(Batch Process)라고 불렀다.

운영체제는 크게, 핵심적인 커널과 외부로 보이는 사용자 인터페이스로 구성되어 있다.

커널

커널Kernel은 운영체제의 가장 핵심적인 부분이다. 일반 사용자가 관여하지 못하는 시스템 레벨 수준의 제어 작업을 수행한다. 메모리를 어떻게 관리할 것인지(메모리 관리), 어느 프로세스를 실행할 것인지(프로세스 관리), 입출력장치를 통해 어떻게 정보를 주고받을 것인지(입출력장치 관리) 등의 일을 처리한다. 커널 내에는 드라이버와 시스템 호출 기능이 있다.

사용자 인터페이스

사용자 인터페이스User Interface는 컴퓨터 사용자가 직접 프로그램을 제어하고 사용할 수 있는 환경을 뜻한다. 운영체제가 커널에 명령을 전달하고, 실행 결과를 사용자와 응용 프로그램에 돌려주는 방식이다. 그래픽 기반의 그래픽 사용자 인터페이스나 문자 기반의 명령어 인터페이스CLI, Command Line Interface 방식으로 나뉜다. 유닉스에서는 사용자 인터페이스를 셸Shell이라 부른다.

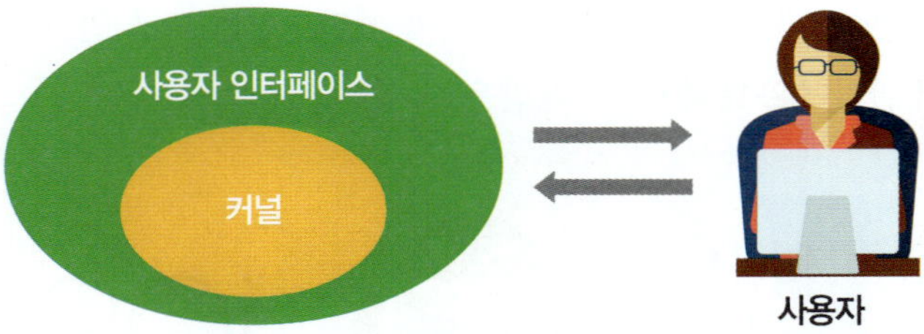

그림 4-7 운영체제의 커널과 사용자 인터페이스

5 운영체제의 관리

초창기 컴퓨터는 한번에 하나의 프로그램만 실행되는 단일 프로그래밍Uni-programming 시스템이었다. 그래서 프로세스 관리나 메모리 관리가 상대적으로 덜 중요했다. 하지만 오늘날은 다중 프로그래밍Multi-programming 시스템이 주로 사용되면서, 운영체제의 프로세스 및 메모리 관리 기능이 중요해졌다. 자원 관리자의 역할이 커진 것이다.

다중 프로그래밍이란 여러 개의 프로그램을 메모리 내에 가지고 있는 기법이다. 운영체제는 이런 상황에서 여러 개의 프로세스가 서로 충돌하지 않도록 메모리상의 프로세스들을 잘 관리해야 한다. 또한, 메모리 내 프로세스의 위치를 추적하기 위해 메모리 관리도 수행해야 한다.

TIP 운영체제는 입출력장치나 파일 등도 관리하지만, 이 책에서는 프로세스 관리와 메모리 관리만 다룰 예정이다.

SECTION 03 운영체제의 프로세스 관리

1 프로세스의 개념

프로그램 대부분은 보조기억장치에 저장되어 있다가, 실행 명령을 받으면 메인메모리로 이동해 CPU에 의해 실행된다. 프로세스Process란 실행 명령을 받아 메인메모리로 올라간 프로그램을 뜻한다. 즉, 컴퓨터상에서 실행 중인 프로그램이다. 프로세스는 운영체제에서 운영되는 시스템 작업의 기본 단위이다.

[그림 4-8]은 윈도우 운영체제에서 실행되고 있는 프로세스 목록 일부이다. 운영체제는 이렇게 많은 프로세스를 관리하기 위해 상당히 복잡한 관리 작업을 수행한다.

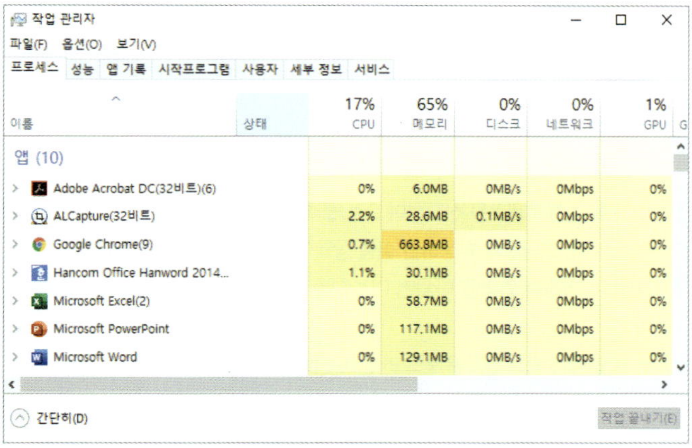

그림 4-8 윈도우 운영체제에서의 실행 프로세스 예

다중 프로그래밍 환경에서는 프로세스 여러 개가 동시에 실행 중일 수 있다. 프로세스는 생성된 후 준비 상태로 대기하다가 운영체제가 신호를 보내면 실행되고, 실행을 마치면 종료된다. 이 과정을 [그림 4-9]의 프로세스 상태도로 좀 더 자세히 설명하면 다음과 같다.

- **준비(Ready)** : 생성된 프로세스가 프로세서인 CPU 사용 시간을 할당받기 위해 기다리고 있는 상태이다. 우선순위가 높은 프로세스를 CPU에 할당하면 실행 상태로 넘어간다.
- **실행(Running)** : CPU에 의해 프로세스가 실행되고 있는 상태이다. 명령어는 하나씩 실행된다. 이 단계에서는 다음 단계로 넘어가는 루트가 3가지이다.

- 종료(Terminated) : 프로세스의 모든 작업이 끝나면 종료된다.
- 중단/방해(Time out/Interrupt) : 프로세스의 CPU 할당 시간이 완료되거나 방해가 발생하면 준비 상태로 넘어간다.
- 입출력 또는 이벤트 기다림(I/O or Event Wait) : 실행 중인 프로세스가 입출력 명령을 마치면 CPU 사용을 반납하고 입출력 종료 신호가 올 때까지 대기 상태로 넘어간다.

- **대기(Blocked) :** 입출력 등과 같이 임의의 자원을 요청한 후 할당받을 때까지 기다리는 상태이다. 대기 중인 프로세스가 필요한 자원을 할당받으면 다시 준비 상태로 넘어간다.

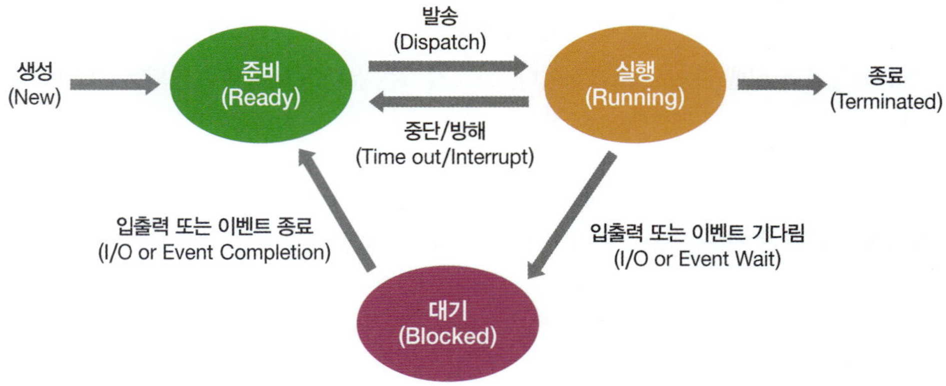

그림 4-9 **프로세스 상태도 : 다수의 프로세스 관리하기**

TIP **프로세스 상태도 세부 설명**

- **발송 :** 준비 상태에 있는 프로세스 중 우선순위가 높은 프로세스를 선택하여 CPU를 할당한다.
- **중단/방해 :** 프로세스의 CPU 할당 시간이 끝났거나 인터럽트가 발생하면 실행 상태의 프로세스는 준비 상태로 넘어간다.
- **입출력 또는 이벤트 기다림 :** 실행 중인 프로세스가 입출력 명령을 마치면 CPU 사용을 반납하고 입출력 완료 신호가 올 때까지 대기 상태로 넘어간다.
- **입출력 또는 이벤트 종료 :** 대기 중인 프로세스가 입출력 종료 신호를 받으면 준비 상태로 이동한다.

TIP 프로그램을 실행한다고 해서 바로 실행(running)되는 것은 아니다. CPU를 사용할 권한을 할당받기 위해 기다리는 상태가 '준비' 상태이다.

2 프로세스 제어 블록

프로세스 제어 블록PCB, Process Control Block(이하 PCB)이란 운영체제가 관리하는 자료구조이다. 프로세스 관리에 필요한 거의 모든 정보가 저장되어 있는 장소이다. 기본적으로 프로세스 ID, 각 프로세스에서 사용하는 레지스터 메모리 값의 백업 값 등이 저장되어 있다. 모든 프로세스는 별도의 PCB를 가지며, 프로세스가 생성될 때 만들어졌다가 프로세스가 실행을 마치면 삭제된다. PCB의 구성은 [그림 4-10]과 같다.

포인터 (Pointer)	프로세스 상태 (Process State)
프로세스 넘버(Process Number)	
프로그램 카운터(Program Counter)	
레지스터(Registers)	
기억장치 관리 정보(Memory Limits)	
오픈 파일 리스트(List of Open Files)	
기타	

그림 4-10 **프로세스 제어 블록(PCB)의 구성**

다중 프로그래밍 환경에서는 여러 개의 프로세스가 시간별로 CPU를 나눠 사용한다. 또한 CPU 내부 메모리인 레지스터에도 각자의 값을 저장해 사용한다. 이런 상황에서 프로세스가 실행 상태를 벗어나면(준비 상태나 대기 상태로 넘어갈 때) 어떻게 될까? 실행 상태인 프로세스가 사용하는 레지스터 값 등은 해당 프로세스의 PCB에 저장되고, 새롭게 실행 상태로 넘어온 프로세스의 레지스터 값 등은 CPU에 적재된다. 이와 같은 과정을 문맥 전환Context Switching이라고 한다.

[그림 4-11]은 문맥 전환의 개념을 설명하기 위한 도식이다. 운영체제 내 PCB에는 각 프로세스 관련 정보가 저장되어 있다. 문맥 전환이 이루어질 때마다 PCB 내 레지스터 값들과 CPU 내 실제 레지스터 값들이 서로 교환된다.

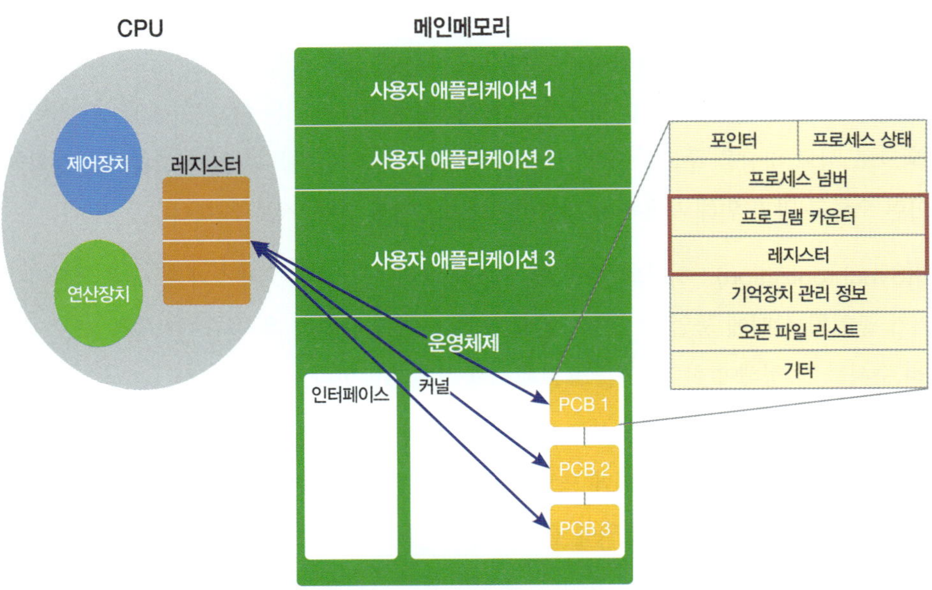

그림 4-11 **PCB의 문맥 전환의 개념**

3 프로세스 스케줄링

프로세스 스케줄링Process Scheduling이란 다중 프로그래밍 환경에서 현재 실행 중인 프로세스 다음에 어떤 프로세스를 실행하면 좋을지 결정하는 과정이다. 준비 상태에 있는 여러 프로세스 중 CPU가 실제로 수행할 프로세스를 정하는 것이다. 프로세스 스케줄링 기법으로는 다음의 3가지 기법이 있다.

- **선도착 선처리 기법(FCFS, First-Come First-Served)** : 가장 간단한 스케줄링 방법이다. 먼저 생성된, 즉 먼저 준비 상태로 들어온 프로세스를 먼저 실행시킨다.
- **최단작업 우선 기법(SJF, Shortest Job First)** : 준비 상태에 있는 프로세스 중 CPU 사용 시간이 가장 짧은 것부터 실행시키는 방법이다. 이 방법을 적용하려면, 프로세스의 총 실행 시간을 미리 알아야 한다.
- **순환 순서 기법(Round Robin, 라운드 로빈)** : 한 프로세스가 CPU를 계속 차지하고 있는 것이 아니라, 여러 프로세스가 돌아가면서 조금씩 차지하는 방법이다. 준비 상태에 있는 모든 프로세스에게 CPU 실행 시간을 골고루 나누어 준다. 사용자와의 인터랙션이 빈번한 개인용 컴퓨터에 적합하다.

TIP 선도착 선처리 기법과 최단작업 우선 기법은 예전에 많이 사용하던 기법이다. 다수의 작업을 배치 모드(Batch Mode)로 모아 수행할 때 적용했다. 하지만 요즘은 개인용 컴퓨터와 사용자 간의 인터랙션이 빈번하게 이루어져 적용하기 어렵다.

4 병행 프로세스

프로세스는 다른 프로세스와 협력 작업을 수행하기도 하는데, 2개 이상의 프로세스가 동시에 실행되는 것을 병행 프로세스Concurrent Processes라고 한다. 병행 프로세스는 다른 프로세스와 협력하면서 실행되므로 서로 영향을 주고받는다. 그래서 수행 과정상 예측할 수 없는 상황이 발생하기도 한다. 이런 오류를 막기 위해 사용하는 개념이 동기화, 임계 영역, 상호 배제이다.

- **동기화(Synchronization)** : 하나의 자원(데이터)에 2개 이상의 프로세스가 동시에 접근하면 데이터가 불일치 상태에 놓일 수 있다. 이때, 데이터의 일관성을 유지하려면 병행 프로세스의 처리 순서를 잘 정해야 한다. 이를 프로세스 동기화라고 한다.
- **임계 영역(Critical Section)** : 병행 프로세스의 코드 영역 중 자원(데이터)을 읽고 수정하는 등의 작업이 이루어지는 부분을 임계 영역이라 한다. 하나의 프로세스가 임계 영역 내에 존재하면 다른 프로세스들은 임계 영역에 진입하지 못하도록 제어해야 한다.
- **상호 배제(Mutual Exclusion)** : 하나의 프로세스가 공유 자원을 사용하는 동안 다른 프로세스가 자원을 사용하지 못하게 막는 것이다.

TIP 병행 프로세스는 병렬 프로세스(Parallel Processes)와는 다른 개념이다. 병렬 프로세스는 '하나의 작업'을 여러 프로세스가 나눠서 수행하는 것이다. 반면, 병행 프로세스는 같은 작업을 수행하고 있지 않더라도 서로 영향을 끼칠 수 있는 2개 이상의 프로세스가 작업을 동시에 수행하는 것이다.

하나 더 알기 임계 영역

고급 프로그래밍 언어로 작성된 프로그램은 기계어로 번역되어 실행된다. 만약, 프로세스 1과 프로세스 2로 이루어진 병행 프로세스가 동일한 변수(공유 변수)인 number를 사용한다고 가정해 보자. 프로그래밍 언어 측면에서, 이 2개의 프로세스는 병행 수행되더라도 별 문제가 없어 보인다. 어떤 프로세스가 먼저 실행되더라도 변수 값은 최종적으로 2가 증가할 것으로 예상되기 때문이다.

```
...
number=number + 1
...
```

[프로세스 1]

```
...
number=number + 1
...
```

[프로세스 2]

그런데 어셈블리어 또는 기계어 측면에서 보면 상황은 달라진다. 컴퓨터에서 메인메모리의 특정 위치 값을 변경하려면 메인메모리에 저장되어 있는 변수 값을 CPU로 로드(LDA)한 후에, CPU 내부에서 1을 증가시키고(ADDA), 그 결과 값을 다시 메인메모리에 저장하는(STA) 과정을 거쳐야 하기 때문이다. 즉, 고급 프로그래밍 언어에서는 하나의 명령어처럼 보여도 기계어 수준에서는 여러 개의 명령어로 분할될 수 있다.

```
...
(P1-1) LDA number, d
(P1-2) ADDA 1, i
(P1-3) STA number, d
...
```

[프로세스 1]

```
...
(P2-1) LDA number, d
(P2-2) ADDA 1, i
(P2-3) STA number, d
...
```

[프로세스 2]

또한 어셈블리어 프로그램 2개가 모두 수행을 마치면 number 변수는 2가 증가되어야 하는데, 실제로는 1밖에 증가되지 않는 상황이 발생할 수 있다. 예를 들어, 명령어가 다음의 순서(2개의 프로세스 명령어가 엇갈려서 하나씩 수행됨)처럼 수행되면, number 변수가 최종적으로는 1만 증가하는 것이다.

```
• 수행 순서 예 : P1-1 / P1-2 / P2-1 / P2-2 / P2-3 / P1-3
```

이러한 문제가 생기는 이유는 공유 변수인 number 변수를 특정 프로세스가 사용하고 있을 때 다른 프로세스가 끼어들어 사용하기 때문이다. 그래서 number = number + 1과 같이 공유 변수를 사용하는 코드 영역은 프로세스 1과 프로세스 2에 의한 상호 배제(Mutual Exclusion) 방식으로 수행되어야 한다. 그리고 이러한 상호 배제 조건하에 수행되어야 하는 프로그램 영역을 임계 영역(Critical Section)이라고 한다. 임계영역이 상호 배제로 수행되게 하는 방법 중에는 세마포(Semaphore)라는 방법이 있는데, 세마포는 병행 프로그래밍을 위해 운영체제에서 제공하는 공유 변수이다.

5 교착 상태

교착 상태Deadlock란 2개 이상의 프로세스가 절대 일어나지 않을 이벤트를 기다리고 있는 상태를 뜻한다. 한 예로, 특정 프로세스가 공유 자원을 독점해 사용하고 있을 때 다른 프로세스가 그 자원을 요구하면 교착 상태가 발생한다.

하나 더 알기 **철학자들의 만찬 문제와 교착 상태**

[그림 4-12] (a)는 유명한 철학자들의 만찬 문제(Dining Philosophers Problem)이다. 5명의 철학자가 식사를 하기 위해 원탁 테이블에 앉아 있는데, 옆에 놓인 젓가락을 좌우 각 1개씩 모두 2개를 가져야만 식사를 할 수 있다. 그런데 모든 철학자가 동시에 왼쪽에 있는 젓가락을 잡는다면 이들은 모두 식사를 시작할 수 없다. 철학자들의 오른쪽에 위치한 젓가락은 이미 누군가가 가지고(점유하고, 사용하고) 있기 때문이다. 이러한 상황을 교착상태라고 한다.

교착 상태는 운전 중에 교차로에서 실제로 겪을 수도 있다. 바로 [그림 4-12] (b)처럼 교차로의 모든 차량이 앞으로 나아가질 못하는 상황이 그 예이다. 네 방면의 차량이 교차로에서 서로 뒤엉켜 어느 쪽으로도 움직이지 못하고 멈춰 있는 것이다.

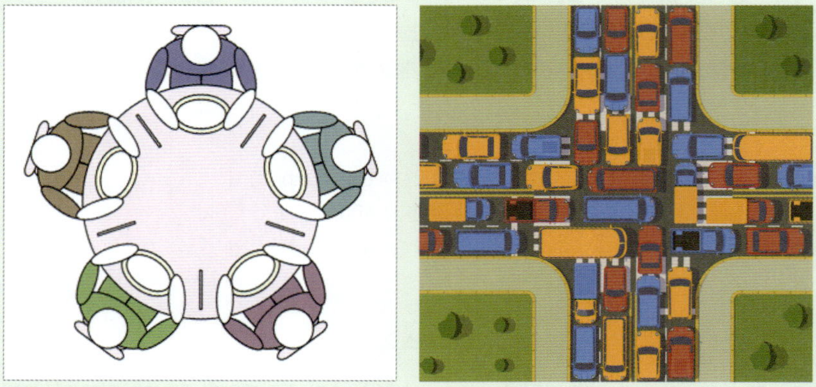

(a) 철학자들의 만찬 문제 (b) 교차로에서의 교착 상태

그림 4-12 철학자들의 만찬 문제와 교착 상태

[그림 4-13]은 교착 상태가 어떻게 나타나는지 보여주는 자원 할당 그래프Resource Allocation Graph이다. 노란색 원은 자원Resource이고, 초록색 사각형은 프로세스Process이다. 원에서 사각형으로 향하는 화살표는 자원이 그 프로세스에 이미 할당Allocated되었다는 뜻이며, 사각형에서 원으로 향하는 화살표는 프로세스가 해당 자원을 요청Request하고 있다는 뜻이다. 프로세스 P1, P2는 자원 R1, R2를 모두 할당받아야만 작업을 완료할 수 있지만, 두 프로세스 모두 자원을 하나만 할당받고 나머지 하나를 기다리는 상태이다. 즉, 영원히 작업을 완료할 수 없는 교착 상태에 빠진 것이다.

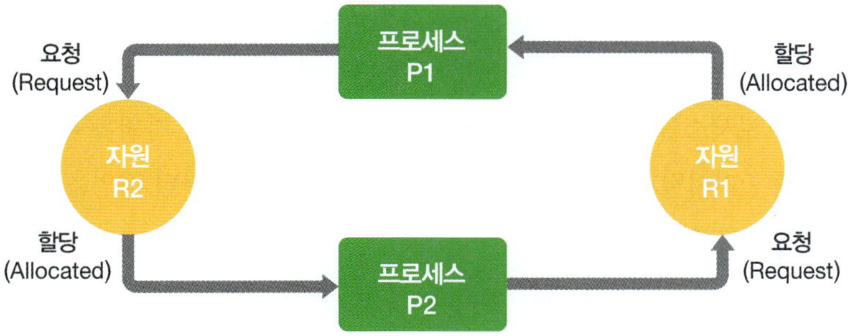

그림 4-13 **자원 할당 그래프 : 교착 상태**

이러한 교착 상태는 다음의 4가지 조건이 맞아떨어질 때 발생한다.

- **상호 배제(Mutual Exclusion) :** 오직 하나의 프로세스만 자원을 사용할 수 있다는 조건이다. 모든 프로세스는 원하는 자원에 대한 배타적인 통제권을 요구한다. 해당 자원은 다른 프로세스에 동시에 사용될 수 없다는 뜻이다.
- **보유와 대기(Hold and Wait) :** 자원을 할당받은 상태에서 다른 자원을 기다리는 것이다. 자원을 이미 가지고 있음에도 다른 프로세스가 보유한 자원을 추가로 요구하는 상황이다.
- **비선점(No Preemption) :** 한 프로세스가 작업을 끝내기 전까진 다른 프로세스가 해당 자원을 뺏을 수 없다는 것이다. 어떤 프로세스에 할당된 자원을 다른 프로세스가 강제로 선점할 수 없다는 조건이다.
- **순환 대기(Circular Wait) :** 각 프로세스가 자원을 가지고 있는 상태에서 다른 프로세스의 자원을 요청하는 것이다. 자원 할당 그래프 같은 사이클을 형성한다.

이 4가지 조건 중 한 가지라도 피할 수 있다면 교착 상태는 절대 일어나지 않는다. 예를 들어 2개 이상의 프로세스에 롬ROM 자원을 동시에 할당할 수 있다면, 한 프로세스가 자원을 사용하고 있어도 다른 프로세스에 사용권이 생긴다. 상호 배제라는 조건을 지키지 않아도 되므로 교착 상태가 발생하지 않는 것이다.

교착 상태는 발생했을 때 서로의 작업에 안 좋은 영향을 끼치므로, 이를 해소해 줄 방안도 필요하다. 운영체제의 정책적인 방안은 4가지로 요약할 수 있다.

- **방지(Prevention) :** 교착 상태가 발생할 수 있는 조건 4가지 중 하나 이상을 제거해, 애초에 교착 상태가 발생하지 않도록 하는 것이다. 가장 확실한 해결책이지만 엄격한 자원 할당 정책을 적용해야 하므로, 자원 사용 측면에선 비효율적이다.
- **회피(Avoidance) :** 교착 상태가 발생할 가능성이 있는지 없는지 검사하고 발생할 가능성이 없을 경우에만 자원을 할당하여 발생을 회피하는 방법이다. 은행원 알고리즘Banker's Algorithm을 이용해 교착 상태가 발생하지 않는 안전 상태Safe State를 유지한다.

- **탐지와 회복(Detection and Recovery) :** 교착 상태가 발생했을 때 이를 감지하고 상황을 해결하는 방법이다. 하지만 교착 상태는 감지하기 힘들다는 게 단점이다. 또한, 교착 상태를 해제하려면 지금 실행 중인 프로세스들 중 특정 프로세스를 중지시키거나 특정 자원을 빼앗아야 하는데 어떤 프로세스를 중지시킬지, 다시 프로세스를 실행시킬 땐 처음부터 작업을 시작해야 하는지 등을 결정하는 일이 쉽지 않다.
- **무시(Ignore) :** 교착 상태의 발생 여부를 무시하는 것이다. 교착 상태를 해제하려면 비용이 많이 들기 때문이다. 교착 상태가 발생할 확률이 낮은 상황에서 사용할 수 있는 정책이다.

SECTION 04 운영체제의 메모리 관리

1 메인메모리 관리 I : 단일 프로그래밍

단일 프로그래밍 기법은 운영체제 외 하나의 사용자 프로그램만 저장하는 방식이다. 이 구조에서는 한번에 오직 하나의 프로그램만 주기억장치에 저장해 실행할 수 있다. [그림 4-14]와 같이, 사용자 프로그램을 메모리 주소의 시작 부분에 두면 운영체제는 사용자 프로그램이 운영체제로 침범하지 않도록 막기만 하면 된다. 이외의 별다른 메모리 관리 기법은 필요하지 않다. 운영체제의 역할이 단순해서 구현하기 쉽다는 장점이 있지만, CPU를 효율적으로 사용할 수 없다는 단점도 있다.

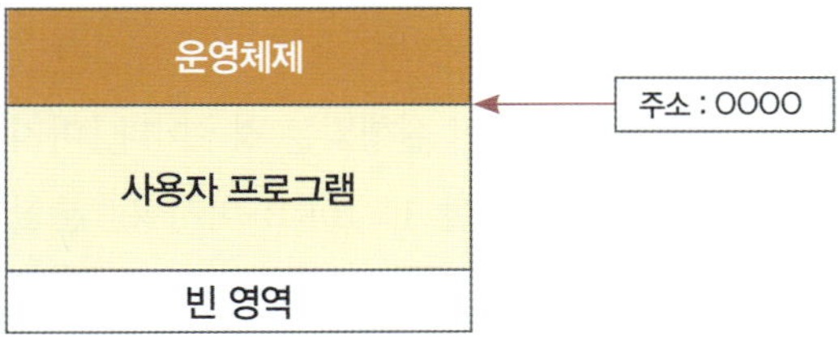

그림 4-14 단일 프로그래밍 관리 구조

2 메인메모리 관리 II : 다중 프로그래밍

컴퓨팅 기술이 발전하면서 한번에 여러 개의 프로그램을 실행할 수 있게 되었는데, 이런 구조를 다중 프로그래밍이라고 한다. 다중 프로그래밍 기법은 메인메모리에 여러 개의 작업을 쌓아 둔 후, CPU가 작업을 오가며 동시에 실행하는 기법이다. 운영체제는 프로그램들이 서로 충돌하거나 상대방의 영역을 침범하지 않도록 관리한다.

다중 프로그래밍 환경의 메인메모리 관리 기법으로는 고정 분할 메모리 관리와 가변 분할 메모리 관리가 있다.

고정 분할 메모리 관리

고정 분할Fixed Partition 메모리 관리 기법은 가장 간단한 메모리 할당 방법으로, 메인메모리를 고정된 크기로 미리 나눠 두었다가 실행 중인 프로세스에 할당한다. [그림 4-15]와 같이, 분할된 메모리 구조를 유지하다가 프로그램이 실행되면 적당한 위치를 할당하는 식이다. 나눠진 공간은 하나의 작업이 쌓일 수 있는 일정한 크기의 기억 공간이므로, 다른 프로세스가 침범하지 않도록 보호되어야 한다. 이를 위해 상한 주소와 하한 주소 값이 저장된 레지스터를 사용한다.

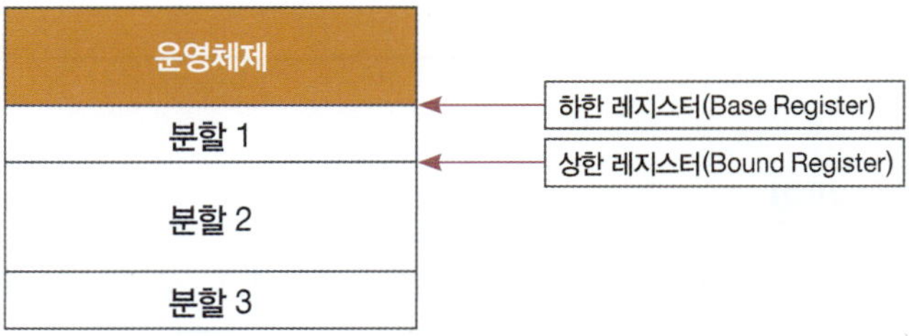

그림 4-15 고정 분할 메모리 관리 구조

고정 분할 메모리 관리 기법은 작업량과 분할 공간의 크기가 일치하지 않아 빈 공간이 발생할 수 있는데, 이를 단편화Fragmentation 현상이라고 한다. 단편화 현상은 내부 단편화Internal Fragmentation와 외부 단편화External Fragmentation, 2가지 현상으로 나타난다. 내부 단편화는 작업물이 분할 공간에 들어가 있지만 공간의 크기가 커서 빈 공간이 발생하는 것이고, 외부 단편화는 분할 공간의 크기가 작업량보다 작아서 빈 공간이 된 것이다.

[그림 4-16]은 작업 1, 작업 2, 작업 3, 작업 4의 순서로 프로세스들이 실행되는 경우이다. 마지막 작업 4가 실행되려는 순간에 사용되지 않는 영역은 3개의 영역(분할 1: 10KB 미사용, 분할 2: 내부 단편화된 15KB, 분할 4: 내부 단편화된 10KB)이 있다. 만약 이 3개의 영역을 합칠 수 있다면 작업 4를 실행할 수 있지만, 이는 불가능하기 때문에 작업 4를 로딩하지 못하는 상황이 발생한다. 이를 외부 단편화라고 부른다.

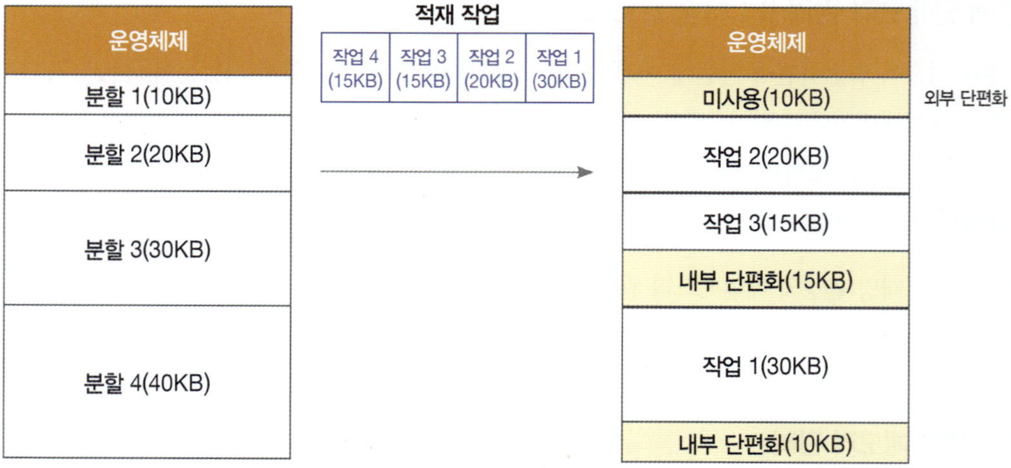

그림 4-16 고정 분할 메모리 관리의 단편화 현상

가변 분할 메모리 관리

가변 분할Variable Partition 메모리 관리 기법은 고정 분할 메모리 관리 기법의 단점을 보완하기 위해 등장한 기법이다. 고정된 분할 공간의 경계를 없애고 작업량이 맞는 공간을 할당한다. 작업이 완료되면 빈 공간은 다시 모아 관리한다. 사용자 프로그램이 실행되면 그때그때 알맞은 크기로 공간을 분할해 할당한다고 보면 된다.

[그림 4-17]은 가변 분할 메모리 관리 기법으로 4개의 프로세스를 어떻게 관리하는지 보여주는 그림이다. 프로세스 작업이 진행되는 중 메인메모리가 어떻게 운영되는지를 설명하면 다음과 같다.

- (a) : 운영체제만 메모리에 로딩되어 있고 메인메모리는 1개의 파티션으로 존재한다.
- (b) : 프로세스 1~4가 진행되면서 순서에 맞게 공간을 할당하고 빈 공간은 그대로 남아 있다.
- (c) : 프로세스 3이 종료되면서 15KB 크기의 빈 공간이 추가로 발생했다.
- (d) : 가변 분할은 빈 공간을 1개로 만들기 위해 프로세스들을 재배치Re-location할 수 있는데, 이를 압축Compaction이라고 한다. 아래 그림도 압축이 진행되자 40KB의 큰 공간이 생겼다. 이 공간은 다음에 실행될 프로세스가 사용할 것이다.

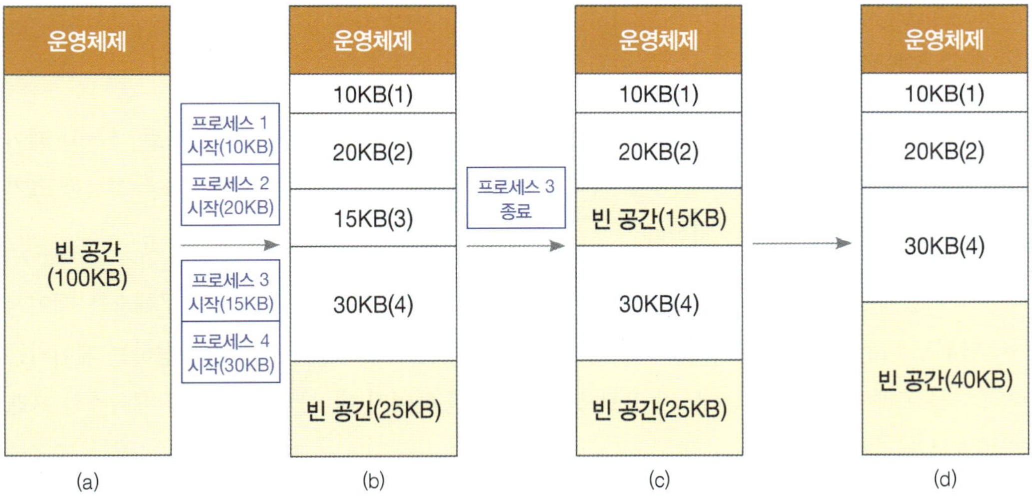

그림 4-17 **가변 분할 메모리 관리 구조**

고정 분할 또는 가변 분할 메모리 기법에서 빈 공간에 새로운 프로그램을 할당할 때는 다음의 3가지 방식을 쓴다.

- **최초 적합**(First Fit) : 프로그램 크기보다 큰 분할 공간 중 처음 만나는 공간을 할당한다.
- **최적 적합**(Best Fit) : 프로그램 크기보다 큰 분할 공간 중 가장 작은 공간을 할당한다.
- **최악 적합**(Worst Fit) : 프로그램 크기보다 큰 분할 공간 중 가장 큰 공간을 할당한다.

3 가상메모리 관리

프로그램을 실행하기 위해서는 보조기억장치에서 주기억장치로 위치를 옮겨야 한다. 그런데 실행할 프로그램 크기가 메인메모리보다 크거나 개수가 많다면 메인메모리 내 공간이 부족해 프로그램이 제대로 실행되지 못한다. 이런 문제를 해결하려고 개발한 방법이 가상메모리Virtual Memory 관리이다. 지금 당장 실행해야 하는 부분만 메인메모리에 저장하고 나머지 프로그램은 보조기억장치에 둔 채 동작하는 방법이다. 이 방법은 운영체제에서 지원한다. 최근 메모리 관리의 가장 큰 특징은 프로세스가 올라갈 메모리 크기와 위치를 신경 쓰지 않고 프로그래밍되도록 지원하는 것인데, 이를 가능하게 하는 것이 가상메모리이다. 실제 메모리와 상관없이 메모리 공간을 제공한다고 보면 된다.

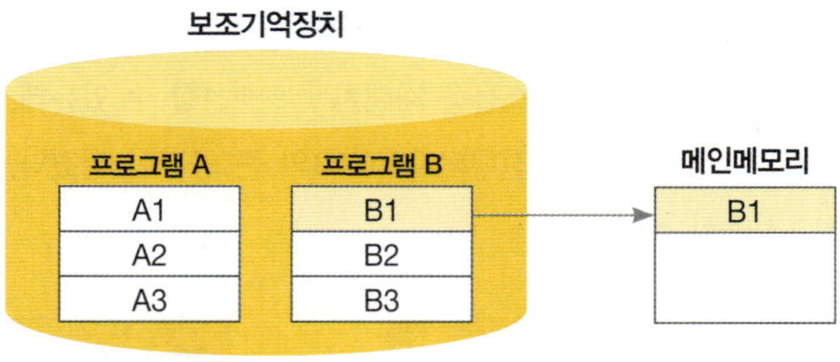

그림 4-18 가상메모리 관리 구조

가상메모리 구현 방법 중에는 페이징Paging 기법이 있는데, 프로그램을 일정 크기로 나누어 페이지를 만들고 페이지 단위별로 메인메모리에 올려 동작하는 방식이다. 가상메모리를 일정한 크기의 페이지로 나누어 관리하는 것이다.

페이징 기법에서 메인메모리는 프레임Frame이라는 고정된 크기의 블록으로, 프로세스는 페이지Page 단위로 나뉜다. 보통 페이지와 프레임은 크기가 같다. 하나의 프로세스를 구성하는 페이지는 서로 다른 프레임에 할당되는데, 각 프로세스에 할당된 페이지 테이블Page Table이 페이지와 프레임 번호를 연결해 준다.

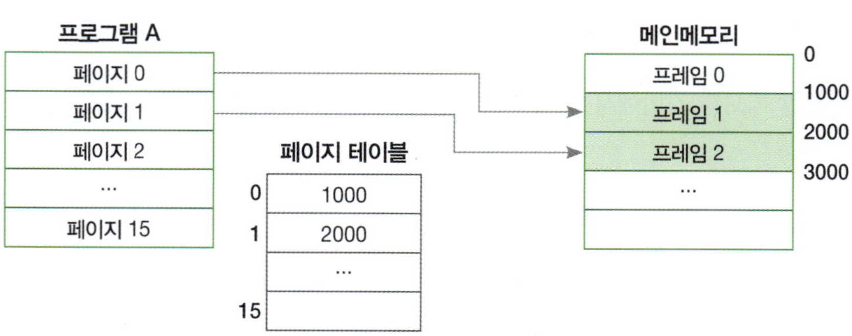

그림 4-19 페이징 기법 구조

하나 더 알기 요구 페이징 기법

요구 페이징(Demand Paging)기법은 기본 페이징 기법을 확장한 개념이다. 프로그램을 실행할 때 프로그램 전체가 메인메모리 내에 존재하지 않아도 된다는 데서 착안했다. CPU가 프로세스의 페이지 중 하나를 가지고 작업을 수행하다가 다른 페이지가 필요하면, 먼저 그 페이지가 메모리 내에 적재되어 있는지를 확인한다. 메모리 내에 이미 있다면 그 페이지를 사용하고, 없다면 보조기억장치에서 해당 페이지를 읽어 들인다. 이 기법은 가상메모리 개념을 탄생시키는 데 큰 역할을 했다. 보조기억장치를 통해 실제 하드웨어가 지원하는 메인메모리 용량보다 더 큰 용량을 사용할 수 있게 되었기 때문이다.

하나 더 알기 세그먼테이션 기법

세그먼테이션(Segmentation) 기법은 가상메모리를 프로그램이나 데이터 용도에 맞춰 분할하는 기법이다. 페이징 기법이 페이지를 일정한 크기로 분할한다면, 세그먼테이션 기법은 논리적인 단위로 잘라서 적재한다. 여기서 논리적인 단위란 코드(Code), 데이터(Data), 스택(Stack) 등을 말한다.

요약

01 소프트웨어의 이해

- 소프트웨어 : 컴퓨터를 동작시키고 일 처리 순서와 방법을 지시하는 명령어의 집합인 프로그램과 프로그램 수행에 필요한 절차, 규칙, 관련 문서 등을 총칭하는 용어이다.
- 시스템 소프트웨어 : 컴퓨터를 관리하기 위한 소프트웨어로, 컴퓨터를 사용할 때 꼭 필요한 프로그램들을 의미한다.
- 응용 소프트웨어 : 특정 응용 분야에서 사용하기 위해 제작된 소프트웨어이다.
- 소프트웨어 공학 : 소프트웨어의 개발 계획부터 운용, 유지 보수, 폐기까지의 전 과정에 필요한 이론과 기술을 다루는 학문이다.

02 운영체제의 개념과 기능

하드웨어 장치들을 관리하고 사용자가 컴퓨터를 편하게 사용할 수 있는 환경을 제공하며, 다양한 응용 소프트웨어의 효율적인 실행을 지원하는 시스템 소프트웨어이다. 운영체제의 기능으로는 자원 관리, 자원 보호, 사용자 인터페이스 제공 등이 있다.

03 운영체제의 종류

- 컴퓨터 운영체제 : 유닉스, 리눅스, 윈도우, 맥 OS 등
- 모바일 운영체제 : 구글사의 안드로이드, 애플사의 iOS 등

04 운영체제의 구성

- 커널 : 운영체제의 가장 핵심적인 부분이다. 일반 사용자가 관여하지 못하는 시스템 레벨 수준의 제어 작업을 담당한다.
- 사용자 인터페이스 : 사용자가 직접 프로그램을 제어하고 사용할 수 있는 환경을 뜻한다.

05 운영체제의 프로세스 관리

- 프로세스 : 컴퓨터에서 실행 중인 프로그램을 의미한다.
- 프로세스 제어 블록 : 운영체제가 관리하는 자료구조이다. 프로세스 관리에 필요한 거의 모든 정보를 저장하는 장소이다.
- 프로세스 스케줄링 : 다중 프로그래밍 환경에서 현재 작업 다음에 어떤 프로세스를 실행할지 결정하는 것이다.
- 병행 프로세스 : 2개 이상의 프로세스가 동시에 실행되는 것을 뜻한다.
- 교착 상태 : 2개 이상의 프로세스가 절대 일어날 수 없는 이벤트를 기다리고 있는 상태이다.

06 프로세스의 메인메모리 관리

- 단일 프로그래밍 관리 : 운영체제를 제외하고, 하나의 사용자 프로그램만 저장하여 관리하는 방식이다.
- 다중 프로그래밍 관리 : 메인메모리에 여러 개의 작업을 쌓아 둔 후, CPU가 작업을 오가며 동시에 실행하는 방식이다. 고정 분할 메모리 관리와 가변 분할 메모리 관리가 있다.
  - 고정 분할 : 가장 간단한 메모리 할당 방법이다. 메인메모리를 미리 정해진 크기로 분할하여, 실행 중인 프로세스에 할당하는 기법이다.
  - 가변 분할 : 분할 공간의 경계를 없애고 각 작업에 알맞은 기억 공간을 할당하는 기법이다. 작업이 완료되면 빈 공간은 다시 관리된다. 사용자 프로그램이 실행되면 그때그때 필요한 만큼 분할되는 것이다.

07 프로세스의 가상메모리 관리

- 가상메모리 관리 : 지금 당장 실행에 필요한 부분만 메인메모리에 저장하고 나머지 프로세스는 보조기억장치에 둔 채 동작하는 방법이다.
- 페이징 기법 : 프로그램을 일정 크기로 나누어 페이지를 만들고 페이지 단위별로 메인메모리에 올려 동작하는 방법이다. 가상메모리를 일정한 크기의 페이지로 나누어 관리한다고 보면 된다.

연습 문제

단답형 문제

01 (   )는 컴퓨터 시스템을 구성하는 주요 요소 중 하나로, 컴퓨터를 동작시키고 일처리 순서와 방법을 지시하는 명령어의 집합인 프로그램과 프로그램의 수행에 필요한 절차, 규칙, 관련 문서 등을 총칭하는 용어이다.

02 (   )는 컴퓨터를 관리하기 위한 소프트웨어로, 컴퓨터 사용에 필수인 프로그램들을 의미한다.

03 (   )는 특정 응용 분야에서 사용하기 위해 제작된 소프트웨어이다.

04 (   )은 소프트웨어의 개발 계획부터 운용, 유지 보수, 폐기까지의 전 과정에 필요한 이론과 기술을 다루는 학문이다.

05 (   )란 소프트웨어를 개발하는 시점부터 사용이 완전히 끝나 폐기될 때까지의 전 과정을 단계별로 나눈 것이다.

06 (   )이란 소프트웨어 개발의 기본 모델로, 폭포수가 위에서 아래로 떨어지듯이 각 단계가 순차적으로 진행된다고 해서 붙여진 이름이다.

07 (   )는 하드웨어 장치들을 관리하고 사용자가 컴퓨터를 편하게 사용할 수 있는 환경을 제공하며, 응용 소프트웨어의 효율적인 실행을 지원하는 시스템 소프트웨어이다.

08 (   )는 1991년 핀란드 헬싱키 대학의 학생이던 리누스 토발즈가 만든 유닉스 호환 운영체제이다.

09 (   )는 마이크로소프트사가 애플사의 그래픽 사용자 인터페이스 운영체제에 맞서기 위해 개발한 운영체제이다.

10 (   )는 애플사의 개인용 컴퓨터인 매킨토시용으로 개발된 GUI 운영체제이다.

11 (   )는 모바일 기기를 위한 운영체제로 개발되었으며 미들웨어, 사용자 인터페이스, 표준 응용 프로그램을 포함하고 있는 소프트웨어 스택이다.

12 (   )는 애플사의 아이폰과 아이패드에 내장된 모바일 운영체제이다.

13 (   )이란 운영체제의 가장 핵심적인 부분으로, 일반 사용자가 관여하지 못하는 시스템 레벨 수준의 제어 작업을 수행한다.

14 (   )는 컴퓨터 사용자가 직접 프로그램을 제어하고 사용할 수 있는 환경을 의미한다.

15 (   )이란 여러 개의 프로그램을 메모리 내에 함께 가지고 있는 기법이다.

16 (   )란 실행 명령을 받아 메인메모리로 올라간 프로그램이다. 컴퓨터상에서 실행 중인 프로그램이라고 보면 된다.

17 (   )이란 운영체제가 관리하는 자료구조로, 프로세스 관리에 필요한 거의 모든 정보를 저장하는 장소이다.

18 프로세스가 실행 상태를 벗어나면 사용했던 레지스터 값 등은 해당 프로세스의 PCB에 저장되고, 새로 실행 상태가 된 프로세스의 레지스터 값 등이 CPU에 적재된다. 이와 같은 과정을 (   )이라고 한다.

19 (   )이란 다중 프로그래밍 환경에서 다음에 어떤 프로세스를 실행할지 결정하는 것이다.

연습문제

20 프로세스는 다른 프로세스와 협력 작업을 수행하기도 하는데, 이렇게 두 개 이상의 연관된 프로세스가 동시에 실행되는 것을 ( )라고 한다.

21 ( )란 2개 이상의 프로세스가 절대 일어나지 않을 이벤트를 기다리고 있는 상태를 말한다.

22 ( ) 기법은 메인메모리 관리 기법 중 하나로, 운영체제를 제외한 하나의 프로그램만 저장하는 방식이다.

23 ( ) 메모리 관리는 다중 프로그래밍 상황에서 쓸 수 있는 가장 간단한 메모리 할당 방법이다. 메인메모리를 정해진 크기로 분할해 실행 중인 프로세스에 할당하는 기법이다.

24 단편화 현상은 두 가지로 구분된다. 분할 공간에 작업물을 넣어 둔 후에도 공간이 남아 사용하지 못하는 ( )와, 저장할 작업량보다 분할 공간의 크기가 작아서 공간이 남는 ( )이다.

25 ( ) 메모리 관리는 고정된 분할 공간의 경계를 없애고 각 작업에 알맞은 만큼만 공간을 할당한다. 작업이 완료되면 빈 공간은 다시 관리된다.

26 실행에 필요한 부분만 메인메모리에 저장하고 나머지는 보조기억장치에 둔 채 동작하는 방법을 ( )라고 한다.

27 ( ) 기법은 프로그램을 일정한 크기로 나눠 페이지를 만들고 단위별로 메인메모리에 올려 동작하는 것이다.

28 페이징 기법에서 메인메모리는 ( )이라는 고정된 크기의 블록으로, 프로세스는 ( ) 단위로 나눠진다.

객관식 문제

29 컴퓨터를 동작시키고 일 처리 순서와 방법을 지시하는 명령어의 집합인 프로그램과 프로그램의 수행에 필요한 절차, 규칙, 관련 문서 등을 총칭하는 용어는 무엇인가?

① 하드웨어 ② 소프트웨어 ③ 운영체제
④ 입출력장치 ⑤ 중앙처리장치

30 다음 중 소프트웨어가 아닌 것은?

① 시스템 소프트웨어 ② 응용 소프트웨어 ③ 펌웨어
④ 미들웨어 ⑤ 모니터

31 다음 중 시스템 소프트웨어의 종류가 아닌 것은?

① 운영체제 ② 언어 처리기 ③ 라이브러리
④ 유틸리티 ⑤ 엑셀

32 다음 중 응용 소프트웨어가 아닌 것은?

① 파워포인트 ② 포토샵 ③ 스타크래프트
④ 논리회로 ⑤ 오토캐드

33 다음 중 소프트웨어 공학에 대한 설명이 아닌 것은?

① 소프트웨어의 개발 계획부터 운용, 유지 보수, 폐기까지의 전 과정에 필요한 이론과 기술을 다룬다.
② 기계공학, 건축공학 등의 공학적인 접근법을 통해 소프트웨어 작성 관련 일을 좀 더 체계화하려는 시도이다.
③ 운영체제와 시스템을 관리하는 유틸리티를 합친 것이다.
④ 소프트웨어 개발에 구조적 프로그래밍 같은 방법을 도입한 것이다.
⑤ 고객의 요구 분석과 설계에 더 많은 시간과 인력을 투자할 수 있게 되었다.

34 다음 중 소프트웨어의 개발 주기로 알맞은 것은?

① 요구 분석 → 설계 → 구현 → 테스트 → 유지 보수

② 요구 분석 → 설계 → 테스트 → 구현 → 유지 보수

③ 요구 분석 → 구현 → 유지 보수 → 설계 → 테스트

④ 요구 분석 → 구현 → 설계 → 유지 보수 → 테스트

⑤ 요구 분석 → 구현 → 설계 → 테스트 → 유지 보수

35 다음 중 운영체제에 대한 설명이 아닌 것은?

① 하드웨어 장치들을 관리하고 사용자가 컴퓨터를 편하게 사용할 수 있는 환경을 제공한다.

② 응용 소프트웨어의 효율적인 실행을 지원하는 시스템 소프트웨어이다.

③ 컴퓨터와 사용자 간 중재자 역할을 하는 프로그램이다.

④ 중앙처리장치와 다른 장치 또는 중앙처리장치 내부 모듈들의 데이터가 서로 이동하는 경로를 말한다.

⑤ 컴퓨터의 기본적인 운영 및 관리를 담당한다.

36 운영체제의 3가지 기능으로 알맞은 것은?

① 자원 관리, 자원 보호, 사용자 인터페이스 제공

② 파일 관리, 제어 보호, 백업 관리 기능 제공

③ 제어 관리, 파일 보호, 파일 삭제 기능 제공

④ 자원 관리, 환경 보호, 사용자 인터페이스 제공

⑤ 공유 관리, 정보 보호, 정보 암호화 기능 제공

37 다음 중 컴퓨터 운영체제가 아닌 것은?

① 유닉스

② 윈도우

③ 맥 OS

④ 안드로이드

⑤ 리눅스

38 다음의 설명을 읽고 무엇을 의미하는 것인지 고르시오.

> 애플사의 개인용 컴퓨터인 매킨토시용으로 개발된 그래픽 사용자 인터페이스 운영체제이다. 매킨토시 컴퓨터와 호환되는 하드웨어에서만 작동한다. 강력한 기능의 소프트웨어, 사용자 친화적인 디자인, 쉬운 사용법, 스마트 기기와의 연계를 통한 일관된 통합 환경 구축 등으로 꾸준히 사용자층을 확보하고 있다.

① 맥 OS ② iOS ③ 안드로이드
④ 윈도우 ⑤ 리눅스

39 운영체제의 가장 핵심적인 부분으로, 일반 사용자가 관여하지 못하는 시스템 레벨 수준의 제어 작업을 수행하는 것은?

① 사용자 인터페이스
② 커널
③ 일괄처리 시스템
④ 오퍼레이터
⑤ 주기억장치

40 컴퓨터에서 실행 중인 프로그램을 의미하는 용어는 무엇인가?

① 프로세서 ② 프로세스 ③ 타임아웃
④ 셸 ⑤ 사용자 인터페이스

41 다음 중 프로세스 상태도에 대한 설명으로 <u>틀린</u> 것은?

① 발송 : 준비 상태에 있는 프로세스 중 우선순위가 높은 프로세스를 CPU에 할당한다.
② 준비 : 생성된 프로세스가 프로세서인 CPU를 할당받기 위해 기다리고 있는 상태를 말한다.
③ 실행 : CPU에서 프로세스가 실행되고 있는 상태이다. CPU를 통해 명령어가 하나씩 실행된다.
④ 대기 : 입출력 등과 같이 임의의 자원을 요청한 후 할당받을 때까지 기다리고 있는 상태이다.
⑤ 중단/방해 : 프로세스의 CPU 할당 시간이 완료되거나 방해가 발생하면 대기 상태로 넘어간다.

연습 문제

42 다음 중 프로세스 제어 블록(PCB)에 대한 설명이 아닌 것은?

① 운영체제가 관리하는 자료구조이다.

② 복잡하게 변하는 프로세스의 상태는 운영체제의 명령에 따라 이곳에 저장된다.

③ 운영체제가 선택하면 프로세스가 실행되고, 실행을 마치면 종료된다.

④ 기본적으로 프로세스의 ID, 각 프로세스에서 사용하는 레지스터 메모리 값의 백업 값 등이 저장된다.

⑤ 프로세스 관리에 필요한 거의 모든 정보를 저장하는 장소이다.

43 다음 중 교착 상태가 발생하는 조건이 아닌 것은?

① 상호 배제　② 보유와 대기　③ 비선점

④ 순환 대기　⑤ 자원 확보

44 다음의 설명을 읽고 무엇을 의미하는 것인지 고르시오.

> 다중 프로그래밍 환경에서는 여러 개의 프로세스가 CPU를 시간별로 나누어 사용한다. CPU 내부 메모리인 레지스터에도 각자의 값을 저장하여 사용한다. 이런 상황에서 프로세스가 실행 상태를 벗어나면 현재 실행 중인 프로세스가 사용하는 레지스터 값 등은 해당 프로세스의 PCB에 저장되고, 새로 실행 상태가 된 프로세스의 레지스터 값 등은 CPU에 적재된다.

① 문맥 전환　② 프로세스 스케줄링　③ 병행 프로세스

④ 레지스터　⑤ 포인터

45 다음 중 교착 상태를 벗어나기 위한 운영체제의 정책적인 방안이 아닌 것은?

① 방지　② 저장　③ 무시　④ 회복　⑤ 탐지

46 다음 중 고정 분할 메모리 관리 기법에 대한 설명이 아닌 것은?

① 다중 프로그래밍 상황에서 사용하는 가장 간단한 메모리 할당 방법이다.

② 운영체제를 제외한 하나의 사용자 프로그램만 저장하는 방식이다.

③ 메인메모리를 미리 정해진 크기로 분할해 실행 중인 프로세스에 할당하는 기법이다.

④ 분할된 메모리 구조를 유지하다가 프로그램이 실행되면 적당한 위치를 할당한다.

⑤ 작업량과 분할 공간의 크기가 일치하지 않아 빈 공간이 생길 수 있다.

47 다음 중 가변 분할 메모리 관리 기법의 동작 순서를 알맞게 연결한 것은?

> ㉠ 초기에는 운영체제만 메모리에 로딩되어 있고 메인메모리는 1개의 파티션으로 존재한다.
> ㉡ 프로세스들이 진행되면서 순서에 맞게 공간을 차지하고 빈 공간은 그대로 남아 있는다.
> ㉢ 프로세스 하나가 종료되면 다시 빈 공간이 발생한다.
> ㉣ 빈 공간에 대한 압축이 진행되면 1개의 큰 공간이 된다. 다음 프로세스가 수행될 때 사용된다.

① ㉠-㉡-㉢-㉣ ② ㉠-㉣-㉢-㉡ ③ ㉡-㉢-㉣-㉠
④ ㉡-㉣-㉢-㉠ ⑤ ㉡-㉣-㉠-㉢

48 프로그램을 일정한 크기로 나누어 페이지를 만들고 단위별로 메인메모리에 올려 동작하는 것을 무엇이라고 하는가?

① 프레이밍 ② 분할 ③ 페이징
④ 압축 ⑤ 재배치

주관식 문제

49 시스템 소프트웨어를 종류별로 분류하고 간단히 설명하시오.

50 폭포수 모델에 대해 설명하시오.

51 운영체제에 대해 설명하시오.

52 컴퓨터 운영체제에는 어떤 것들이 있는지 종류별로 분류하고 간단히 설명하시오.

53 다음과 같이 메인메모리가 분할되어 있고 적재 작업을 진행한다고 가정해 보자. 고정 분할 메모리 기법으로 처리할 경우 어떻게 로딩되며 단편화는 어디에서 발생하는지 설명하시오.

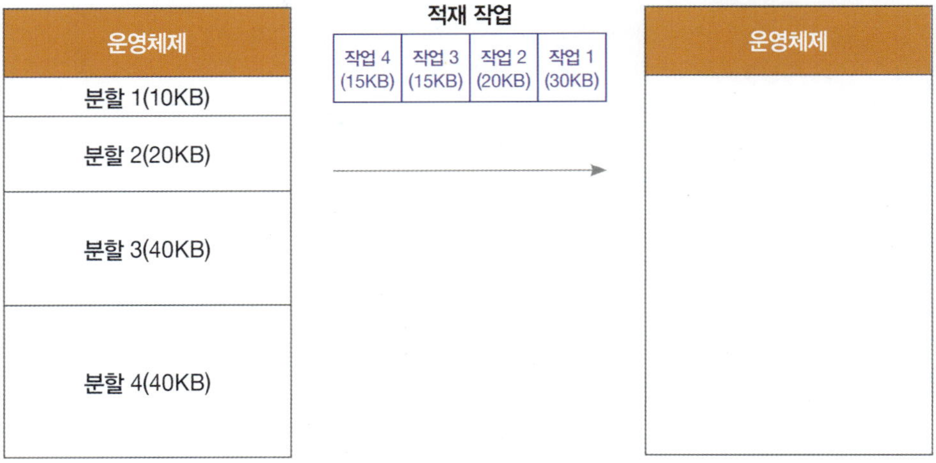

54 다음과 같이 메인메모리가 분할되어 있고 적재 작업을 진행한다고 가정해 보자. 가변 분할 메모리 관리 기법으로 처리할 경우 어떻게 로딩되며 빈 공간은 어떻게 처리되는지 설명하시오.

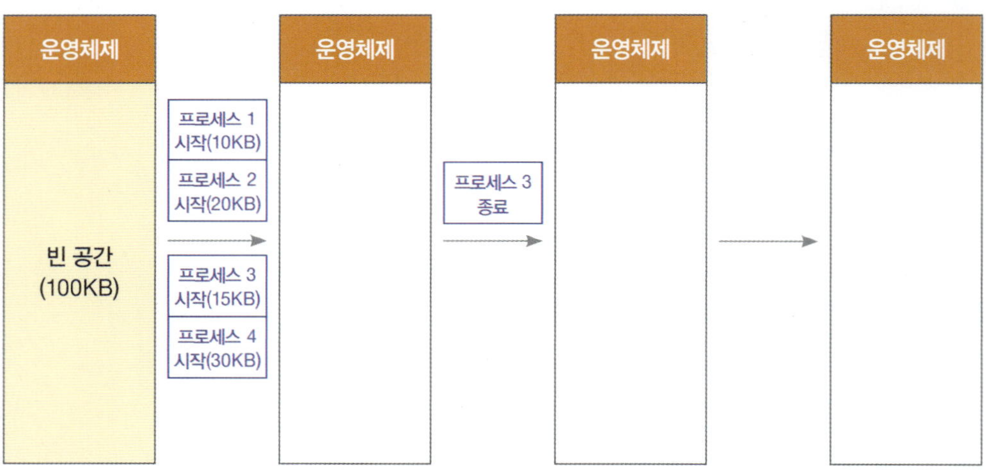

CHAPTER 05

프로그래밍 언어

학습목표

- 프로그래밍 언어의 개념과 발전 과정에 대해 알아보고, 각 언어의 특징에 대해 학습한다.
- 프로그래밍 언어가 어떻게 구현되는지 이해한다.
- 절차 지향 언어, 논리형 언어, 객체 지향 언어, 함수형 언어에 대해 알아본다.
- 파이썬(Python)을 이용하여 프로그래밍 문법을 학습한다.

PREVIEW

섹션 1에서는 프로그래밍 언어의 개념과 저급 언어, 고급 언어에 대해 알아본다. 또한, 프로그래밍 언어의 발전 과정과 각 언어가 가진 특징에 대해 학습한다.

섹션 2에서는 프로그래밍 언어를 구현하는 방법에 대해 배운다. 소스코드 작성 방식과 프로그래밍 언어의 번역 및 전체 실행 과정을 살펴본다.

섹션 3에서는 프로그래밍 언어를 절차 지향 언어, 논리형 언어, 객체 지향 언어, 함수형 언어로 분류하여 알아본다.

섹션 4에서는 파이썬(Python)을 실습해 보면서 프로그래밍 문법에 대해 알아본다. 이를 통해 변수, 자료형, 연산자, 조건문, 반복문과 같은 기초 문법을 이해할 수 있을 것이다.

이번 챕터에서는 프로그래밍 언어와 파이썬을 이용한 기초 프로그래밍 문법에 대한 전반적인 내용을 파악할 수 있을 것이다.

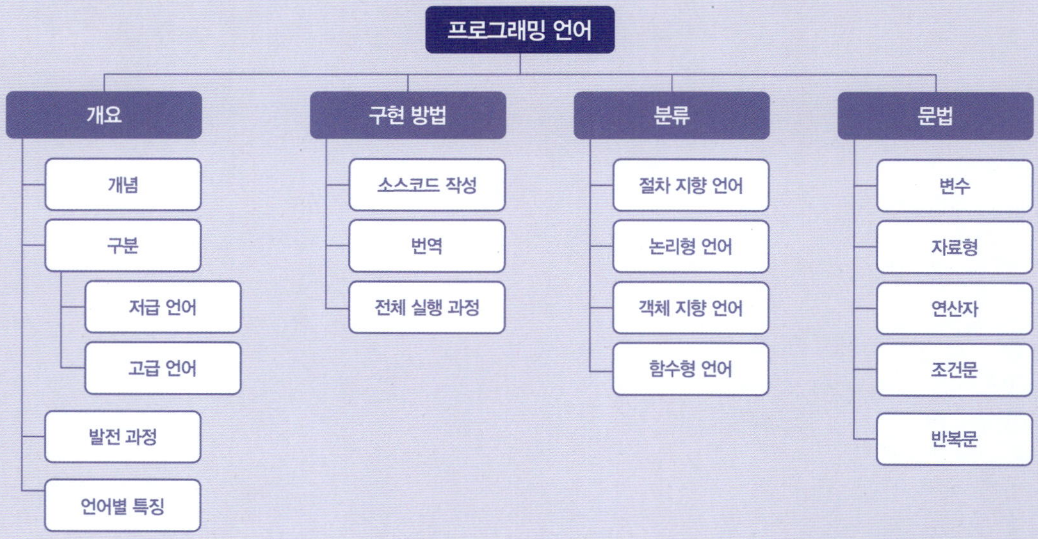

SECTION 01

프로그래밍 언어의 개요

1 프로그래밍 언어의 개념

컴퓨터를 이용해 문제를 해결할 때는 컴퓨터에 명령을 내려야 한다. 이 명령어들의 집합이 프로그램Program이며, 이러한 프로그램을 작성하는 과정을 프로그래밍Programming이라고 한다. 컴퓨터가 이해할 수 있는 언어로 실행 프로그램을 만드는 것이다. 여기서 컴퓨터가 이해할 수 있는 언어란 프로그래밍 언어Programming Language를 의미하며, 프로그래밍을 할 때 사용한다.

그림 5-1 프로그래밍 : 프로그래밍 언어로 프로그램을 작성하는 것

2 저급 언어와 고급 언어

프로그래밍 언어는 저급 언어와 고급 언어로 나뉜다.

저급 언어

저급 언어Low Level Language는 하드웨어 지향의 컴퓨터 내부 표현에 가까운 언어로, 기계어와 어셈블리어로 구분된다. 기계어Machine Language는 2진수 형태의 0과 1로 작성하며 컴퓨터가 직접 이해할 수 있는 언어이다. 어셈블리어Assembly Language는 기계어 명령을 간단한 기호로 표현한 언어이다. 기계어보다 사용하긴 편하지만, 기계어인 0과 1의 집합을 문자나 기호로 바꾼 것이어서 언어 형태에 익숙한 사람이 아니면 사용하기 어렵다.

[그림 5-2]는 모니터 화면에 'Hi' 메시지를 출력하는 프로그램을 기계어와 어셈블리어로 각각 구현해 본 것이다. 두 언어 모두 컴퓨터에 더 적합한 언어라서 사람이 이해하긴 어렵다.

```
0101 0001 0000 0000 0000 0111
0101 0001 0000 0000 0000 1000
0000 0000
0100 1000
0110 1001
```

(a) 기계어

```
CHARO 0x0007, d
CHARO 0x0008, d
STOP
.ASCII "Hi"
.END
```

(b) 어셈블리어

그림 5-2 **저급 언어로 구현한 프로그램**

고급 언어

고급 언어High Level Language는 저급 언어의 단점을 해결하기 위해 개발된 언어이다. 사람이 이해하기 쉬운 일상 언어와 기호를 사용해 프로그램을 작성한다. 저급 언어보다 자연어에 가까운 구문 규칙을 갖고 있어 이식성이 높다. 대표적인 고급 언어로는 C, 자바, 파이썬, 포트란, 코볼, 파스칼, C++ 등이 있다.

[그림 5-3]은 모니터 화면에 'Hi' 메시지를 출력하는 프로그램을 고급 언어 중 C와 파이썬으로 각각 구현해 본 것이다. 코드가 직관적이기 때문에 저급 언어보다 이해하기 쉽다.

```
#include <stdio.h>

int main( ) {
      printf("Hi");
      return 0;
}
```

(a) C 언어

```
print("Hi")
```

(b) 파이썬

그림 5-3 **고급 언어로 구현한 프로그램**

3 프로그래밍 언어의 발전

프로그래밍 언어는 현재 수백 가지 이상의 언어가 개발되어 널리 사용되고 있다. 전자식 컴퓨터 시대부터 오늘날에 이르기까지 프로그래밍 언어가 어떻게 발전해 왔는지 그 역사를 한번 살펴보자.

1세대 언어(1940년대)

1940년대에 전자식 컴퓨터가 개발되자, 소프트웨어 개념이 생겨남과 동시에 기계어를 이용한 프로그래밍이 시작되었다. 하지만 0과 1을 이용한 기계어 프로그래밍은 시간이 많이 소요되고 불편하며 오류도 잦았다. 그래서 이런 단점을 해결하기 위해 만든 언어가 어셈블리어이다. 기계어 명령어를 연상기호Mnemonic로 바꾼 것이다. 어셈블리어로 작성된 프로그램을 기계어로 번역하는 프로그램은 어셈블러Assembler라고 부른다. 어셈블리어는 기계어보다 작성하기 쉽지만, 아쉽게도 하드웨어 위주의 언어라 광범위한 적용에는 한계가 있었다.

2세대 언어(1950~60년대)

하드웨어가 점점 발전하자 복잡한 프로그램을 작성하기에는 어셈블리어도 불편한 점이 있었다. 그래서 1950년대부터는 여러 고급 언어가 동시다발적으로 개발되기 시작했다. 포트란은 과학 분야의 복잡한 계산을 수행하기 위해 개발된 언어로, 처음 대중화된 고급 언어이기도 하다. 이후에는 대표적인 사무 처리용 언어인 코볼이 개발되었다. 코볼은 영어와 매우 유사한 형태여서, 작성하기도 편하고 이해하기도 쉬웠다. 또한, 이런 고급 언어를 기계어로 번역해 주는 컴파일러Compiler도 이때 개발되었다.

3세대 언어(1970년대)

고급 언어가 개발되면서 다양한 종류의 소프트웨어도 제작되기 시작했다. 그런데 하드웨어 때와 마찬가지로, 소프트웨어도 구조가 점점 복잡해지자 사람들에겐 좀 더 체계적이고 새로운 개념의 언어가 필요해졌다. 그래서 구조적 프로그래밍Structured Programming 기법을 따르는 파스칼PASCAL이 개발되었으며, 뒤이어 C 언어가 개발되었다. 이러한 고급 언어를 바탕으로 유닉스와 MS-DOS 운영체제의 개발이 진행됐다.

4세대 언어(1980년대)

하드웨어의 가격이 내려가자 개인용 컴퓨터가 대중화되기 시작했다. 그에 따라 더 크고 복잡한 프로그램을 개발하기 위해 객체 지향 프로그래밍Object Oriented Programming 기법이 등장했다. 또한 다양한 프로그래밍 개발 툴이 지원돼, C++, 오브젝티브-CObjective-C, 펄Perl 등이 개발되었다.

5세대 언어(1990년대)

객체 지향 언어가 본격적으로 발전하기 시작한 시대이다. 그래픽 사용자 인터페이스 환경 프로그래밍을 위한 여러 클래스의 라이브러리가 등장하면서 객체 지향 언어의 장점이 크게 주목받았다.

이러한 추세에 따라 자바, 파이썬, 비주얼 베이직Visual Basic 등의 객체 지향 언어가 개발됐다. 인터넷이 등장한 뒤로는 웹 프로그래밍이 보편화되면서 HTML, 자바스크립트JavaScript 등의 언어가 개발되었다.

6세대 언어(2000년대)

2000년대에 들어서자 사용자는 더욱 간편하고 쉬운 방법으로 프로그래밍 작업을 하길 원했다. 그래서 파워빌더PowerBuilder, 델파이Delphi 등의 언어가 개발되었는데, 이러한 언어는 기존의 고급 언어보다 사용하기가 한층 더 쉬웠다. 이외에도 새로운 개념을 갖춘 언어와 개발 환경이 많이 만들어졌는데, 대표적으로 C#, Go, 액션스크립트ActionScript, 코틀린Kotlin 등이 있다.

4 프로그래밍 언어별 특징

앞서 살펴본 프로그래밍 언어 발전사에 등장한 주요 프로그래밍 언어의 특징을 알아보자.

포트란

포트란FORTRAN, Formula Translation은 과학 계산용 언어이다. 현재도 우주항공, 기상 예측 등 복잡한 계산을 다루는 여러 분야에서 사용되고 있다. C 언어 등이 등장하면서 다양한 언어가 퍼졌지만 포트란은 여전히 기능 확장을 통해 많이 활용되고 있다.

코볼

코볼COBOL, Common Business Oriented Language은 회계 업무나 사무 자동화를 위해 개발된 프로그래밍 언어이다. 영어 구문에 가까운 표기법을 가진다. 코볼로 개발된 시스템은 여전히 많은 기업에서 사용 중이다.

C

C는 켄 톰슨Ken Thompson이 유닉스 시스템에 사용하기 위해 만든 B 언어를 발전시켜서 만든 언어로, 1972년 데니스 리치Dennis Ritchie가 개발했다. 저급 언어와 고급 언어의 장점을 모두 가지고 있어 사용률이 높다. C는 시스템 간 호환성이 좋고, 풍부한 연산자를 지원한다. 또한, C++나 C#보다 가볍고 빠르다. C를 바탕으로 유닉스, 리눅스 같은 운영체제가 개발·발전될 수 있었으므로, 컴퓨터 프로그래밍 환경의 성장을 이끈 매우 중요한 언어이다.

C++

C++는 C 언어의 유연성에 객체 지향Object Oriented 요소를 추가한 언어이다. 객체 지향이란 어떤 객체와 그 객체를 사용하는 명령어들을 체계적으로 묶어 프로그래밍하는 방법이다. 규모가 큰 응용 프로그램을 제작할 때 많이 사용된다. 하지만 C++는 웹 환경에서 동작하기엔 제한적인 요소가 많아, 같은 객체 지향 언어인 자바보다 사용률이 낮다.

C#

C#은 웹 환경에서 C++가 가지는 제한적 요소를 해결하기 위해 마이크로소프트사가 개발한 언어이다. C++에 기반을 둔 객체 지향 언어이다. 비주얼 프로그래밍 언어의 특징인 사용자 편의성, C++의 객체 지향성, 분산 환경 처리 적합성 등을 모두 가지고 있다. 또한 닷넷.NET 환경의 컴포넌트 기반 소프트웨어 개발 환경을 제공한다.

자바

자바Java는 1990년대 초에 썬 마이크로시스템즈Sun Microsystems사에서 만든 객체 지향 언어이다. C++가 가진 기능 대부분은 유지하면서 복잡성 등의 단점을 개선하였다. 자바는 컴파일러를 통해 어셈블리어나 기계어로 변환되는 것이 아니라, 자바 바이트코드Java Bytecode로 변환된다. 자바 바이트코드는 자바 가상 머신Java Virtual Machine 내 인터프리터Interpreter 방식으로 실행되는 명령어이다. 자바는 자바 가상 머신을 이용하기 때문에 컴퓨터나 운영체제 종류에 구애받지 않는 이식성Portability이 장점이다. 하지만 수행 속도가 느리다는 단점이 있다.

파이썬

파이썬Python은 1991년에 발표된 인터프리터 방식의 프로그래밍 언어이다. 루비Ruby, 펄Perl과 함께 대표적인 객체 지향 스크립트 언어 중 하나이다. 파이썬은 문법 구조가 간단해서 교육용 프로그래밍 언어로 인기가 많다. 또한 시스템 언어와 스크립트 언어 중간에 위치한 성격이라, 다른 언어와 잘 융합된다. 그래서 C와 C++를 사용해 새로운 모듈을 만들기가 쉽다. 무엇보다 데이터 과학에 관한 다양한 라이브러리를 제공하고 있어 사용률이 점점 높아지고 있다.

파이썬이 가진 특징에 대해 간단히 살펴보자.

- **무료 제공 :** 오픈소스이며, 무료로 사용할 수 있다.
- **배우기 쉬운 언어 :** 직관적인 코드를 사용하고 문법이 단순해 배우기 쉽다.
- **인터프리터 언어 :** 소스코드를 한 행씩 읽어 번역과 실행을 동시에 진행한다.

- **객체 지향 언어 :** 자바와 같이 객체 지향적으로 코드를 작성할 수 있다.
- **동적 타이핑 언어 :** 프로그램을 실행할 때 변수나 함수들의 자료형이 결정된다.
- **다양한 라이브러리 제공 :** 파이썬에서 제공하는 라이브러리뿐 아니라 외부에서 제공하는 다양한 서드 파티 Third Party 라이브러리까지 사용할 수 있다.

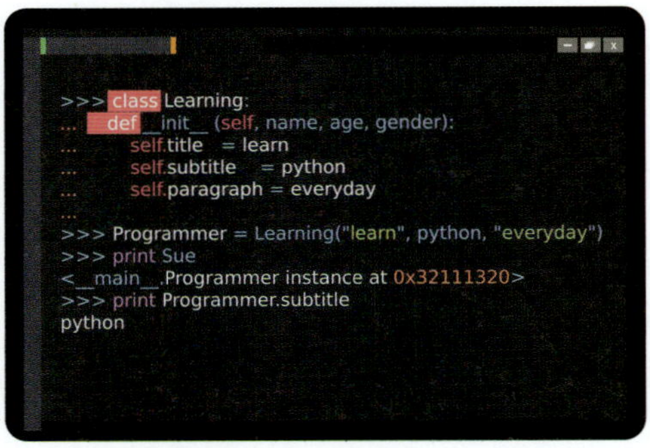

그림 5-4 **파이썬 코드**

SECTION
02 프로그래밍 언어의 구현 방법

1 소스코드 작성

프로그래밍 언어를 이용해 프로그램을 구현하려면 고급 언어를 선택하고 소스코드Source Code를 작성해, 소스파일Source File을 만들어야 한다. 소스파일은 메모장이나 일반 워드 프로그램 등 어떤 텍스트 편집기를 사용하든 텍스트 파일로 저장하기만 하면 된다. 통합개발환경IDE, Integrated Development Environment을 이용하면 좀 더 편하게 작성할 수 있다.

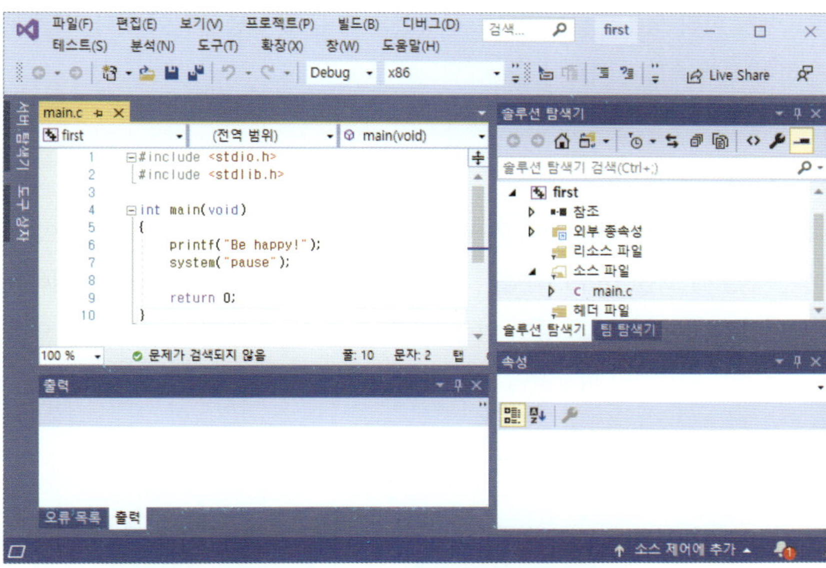

그림 5-5 통합개발환경 Visual Studio 2019를 이용한 소스코드 작성(C 언어)

2 프로그래밍 언어의 번역

사용자가 소스코드로 작성한 명령을 컴퓨터가 이해하려면 소스코드를 다시 기계어로 바꿔야 한다. 기계어는 0과 1로 모든 정보를 표현하는 2진수를 사용하기 때문이다. 이처럼 고급 프로그래밍 언어의 소스코드를 기계어로 번역하는 것을 프로그래밍 언어의 번역Translation이라고 한다. 프로그래밍 언어 번역 기법은 컴파일러 방식과 인터프리터 방식으로 나뉜다.

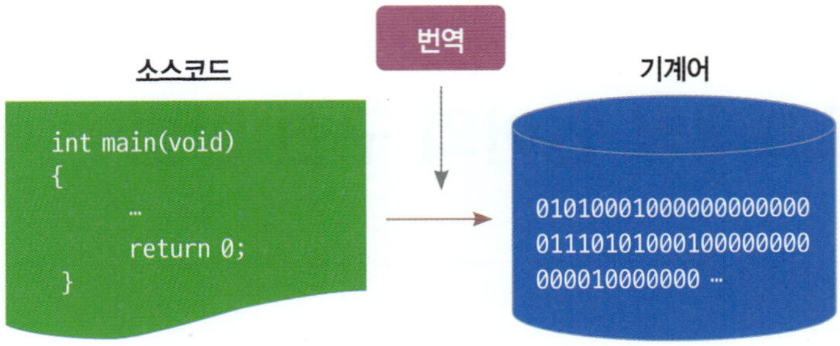

그림 5-6 **프로그래밍 언어의 번역(소스코드→기계어)**

컴파일러

컴파일러Compiler는 프로그램 전체 소스코드를 기계어로 한번에 번역해 실행 파일을 만든 뒤 프로그램을 실행하는 방식이다. 소스 전체를 개체 파일로 번역하는 과정은 컴파일Compile이라고 부른다. 대표적으로 C, 자바(컴파일러와 인터프리터 방식 모두 사용) 등이 컴파일러 방식을 사용한다. 이 방식은 소스코드에서 미리 오류를 찾아내므로 실행했을 때 문제가 생길 일이 없다. 그래서 최적화된 작업이 가능하며 실행 속도가 빠르다.

인터프리터

인터프리터Interpreter는 소스코드를 한 행씩 읽어 가며 번역과 실행을 동시에 수행하는 방식이다. 프로그램이 실행Run-time 중일 때 고급 언어로 작성된 소스코드 명령어Statement를 하나씩 번역하는 것이다. 대표적으로 파이썬과 자바스크립트 등이 인터프리터 방식을 사용한다. 컴파일러를 이용한 방식보다 속도가 느리지만, 즉각적인 피드백이 가능하다.

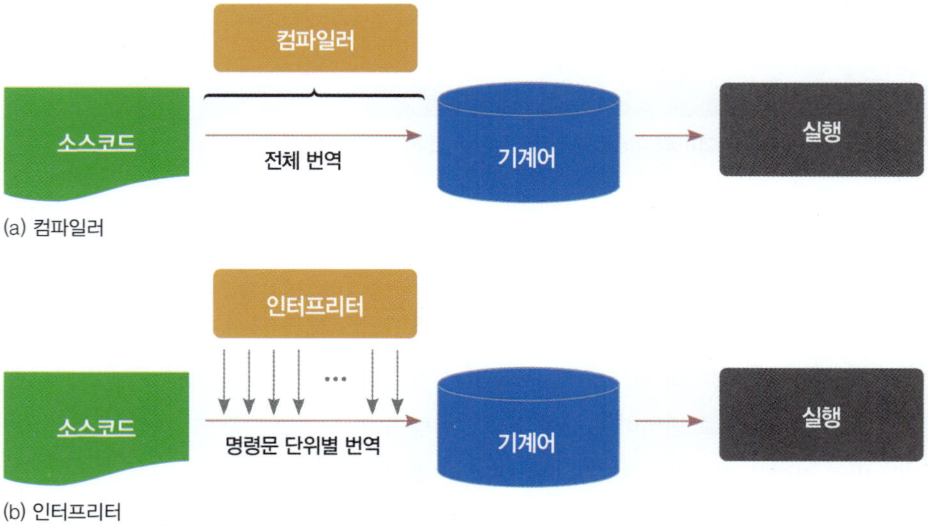

그림 5-7 **컴파일러와 인터프리터 진행 과정**

3 프로그래밍 언어의 전체 실행 과정

소스코드 작성부터 프로그램 실행까지의 전 과정은 [그림 5-8]과 같다. 가장 먼저, 사용자는 프로그래밍 언어로 소스코드를 작성해 소스파일을 만든다. 이 소스파일은 번역(컴파일 또는 인터프리터)을 거쳐 개체 파일Object File이 된다. 개체 파일은 기계어로 되어 있지만 바로 실행할 수 없는데, 프로그램을 실행하는 운영체제가 인식할 수 있는 형태로 다시 바꿔야 하기 때문이다. 그래서 링커Linker 프로그램을 사용해 개체 파일을 실행 파일Execute File로 바꾸는 링킹Linking 과정을 거친다. 이렇게 작성된 프로그램은 컴퓨터 메인메모리에 로드Load된다. 이 과정은 로더Loader라 부른다. 모든 과정이 마무리되면 프로그램이 실행된다.

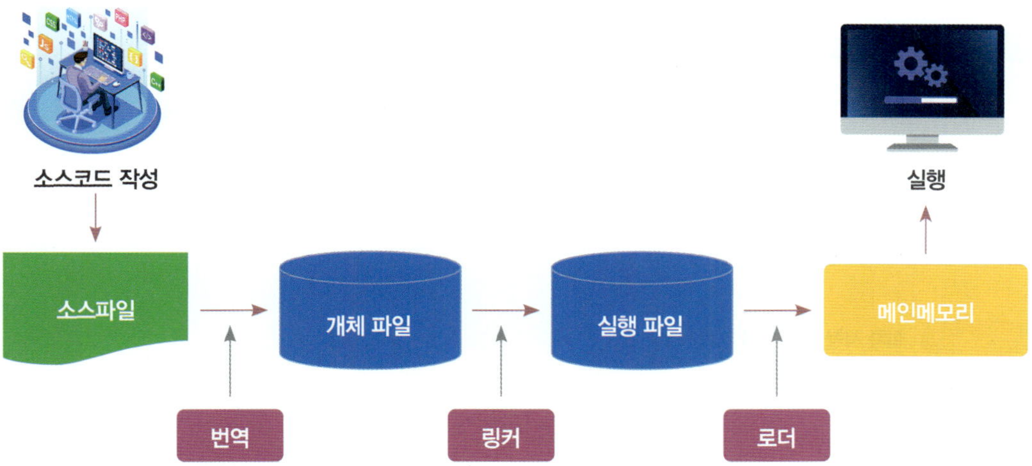

그림 5-8 프로그래밍 언어의 전체 실행 과정

SECTION 03

프로그래밍 언어의 분류

프로그래밍 언어는 사용 목적이나 형식에 따라 절차 지향 언어, 논리형 언어, 객체 지향 언어, 함수형 언어 등으로 분류된다.

1 절차 지향 언어

절차 지향 언어Procedure-oriented Language는 프로그램을 작성할 때 실행 순서를 중심으로 설계하는 프로그램 작성 언어이다. 절차 지향 언어를 이용한 프로그램은 문제를 풀기 위한 명령어를 순차(절차)적으로 표현한다. 대표적으로 C, 포트란, 베이직, 코볼 등이 있는데 초창기에 등장한 고급 언어들은 대부분 절차 지향 언어이다.

코드 5-1 절차 지향 언어의 예 : C

```
#include <stdio.h>

int main(void)
{
    int a = 6;
    int b = 15;
    printf("a + b = %d\n", a + b);

    return 0;
}
```

출력 결과

```
a + b =21
```

2 논리형 언어

논리형 언어Logical Language는 논리학의 관계식 형태로 프로그램을 기술한 언어이다. 프롤로그PROLOG가 대표적이며, 인공지능이나 계산 언어학 분야에서 많이 활용되고 있다. 논리식을 바탕으로 객체 간의 관계에 대한 문제를 해결할 때 주로 사용한다. 여기서 관계란 프로그램의 로직이 표현되는 방법인데, 이러한 관계에 바탕을 둔 쿼리Query를 수행해 계산을 수행한다.

코드 5-2 논리형 언어의 예 : 프롤로그

```
father(X,Y) :- parent(X,Y), male(X).
mother(X,Y) :- parent(X,Y), female(X).
sibling(X,Y) :- parent(Z,X), parent(Z,Y).

parent(trude, sally).
parent(tom, sally).
parent(tom, erica).
parent(mike, tom).
male(tom).
female(trude).
male(mike).
```

출력 결과

```
>> sibling(sally, erica).
yes.
```

3 객체 지향 언어

객체 지향 언어Object-oriented Language는 프로그램을 명령어의 목록으로만 보는 시각에서 벗어나, 독립된 단위인 객체object들의 집합으로 파악하는 언어이다. 데이터와 기능을 하나로 묶어 사용한다. 대표적으로 자바, 파이썬, C++, C# 등이 있다(C++는 절차 지향적인 특성도 있으면서 객체 지향적인 특성도 가지고 있음).

코드 5-3 객체 지향 언어의 예 : 파이썬

```
class car:
    def __init__(self):
        self.speed = 0

    def print_speed(self):
        print("Speed is ", self.speed)

    def speed_up(self):
        self.speed += 1

myCar = car()
myCar.print_speed()
myCar.speed_up()
myCar.print_speed()
```

출력 결과

```
Speed is 0
Speed is 1
```

객체 지향 언어는 절차 지향 언어가 현실세계와 사용자의 요구에 유연하게 대처하지 못해 이를 보완하고자 개발되었다. 실제로 절차 지향 언어는 데이터와 기능을 별도로 관리해, 기능을 호출한 뒤 데이터에 접근해 일을 처리한다. 반면, 객체 지향 언어는 기능과 데이터를 하나로 묶어 캡슐화한 후, 메시지를 전달해 일을 처리하므로 훨씬 효율적이다.

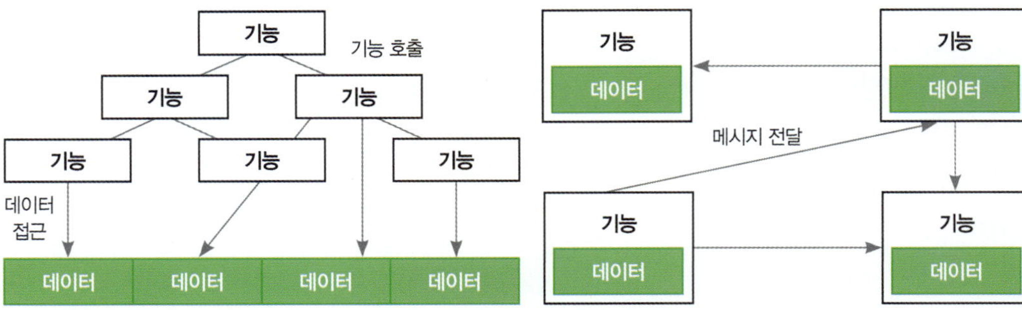

(a) 절차 지향 언어 (b) 객체 지향 언어

그림 5-9 **절차 지향 언어와 객체 지향 언어의 차이점**

4 함수형 언어

함수형 언어Functional Language는 데이터에 대한 함수 적용을 바탕으로 처리 과정을 기술하는 언어이다. 모든 연산이 함수의 평가에 따라 표현된다. 일반적으로 변수, 할당문, 대입 연산자 등은 쓰지 않는다. 대표적인 언어로는 리스프LISP, 스킴Scheme 등이 있다. 함수형 언어는 주로 대학 등에서 이론적으로 연구되었는데 최근에는 현장에서도 많이 쓰이고 있다. 또한, 함수형 언어는 아니지만 함수형 언어와 유사한 기능을 지원하는 언어들도 계속 생겨나고 있다.

코드 5-4 **함수형 언어의 예 : 파이썬**

```
def sum_lst(lst):
    if not lst:
        return 0
    else:
        return lst[0] + sum_lst(lst[1:])
```

TIP 파이썬은 완벽한 함수형 언어는 아니다. 하지만 함수형 언어 프로그래밍의 원리를 보여주기 위해 [코드 5-4]를 예로 들었다. 위 코드는 재귀 함수 형식으로 구현되었으며 실행되는 동안에는 부작용이 나타나지 않는다. 이렇게 함수의 부작용이 발생하지 않는 원칙을 지켜 프로그래밍하는 방식이 함수형 언어이다.

SECTION

04 프로그래밍 문법

이 책에서 프로그래밍 문법을 배우기 위해 사용할 언어는 파이썬Python이다. 파이썬은 배우기 쉽고 문법이 단순하며 결과도 바로 확인할 수 있어 초보자가 사용하기 적합하다. 파이썬을 설치하는 방법은 부록을 참고하면 된다.

1 변수

변수Variable는 어떠한 값을 저장하는 메모리 공간이다. 정수형Integer, 실수형Float, 문자열형Char 등 다양한 형식이 있으며, 이를 이용해 프로그래밍을 진행한다. 프로그래밍을 시작할 때는 기본적으로 변수의 자료형을 먼저 선언해야 한다. 변수 선언이란 일종의 그릇을 준비하는 것인데, 요리를 시작할 때 그릇부터 준비하는 것과 같은 이치이다. 그런데 파이썬은 C, 자바 등과 달리 변수를 따로 선언하지 않아도 된다. 이를 동적 타이핑Dynamic Typing이라고 한다. 파이썬과 같은 동적 타이핑 언어는 코드를 작성할 때 시간이 단축돼 생산성이 높지만, 추후 유지보수를 해야 할 땐 정적 타이핑 언어보다 가독성이 떨어진다는 단점이 있다.

코드 5-5 **다양한 변수 선언(정수, 실수, 문자열)**

```
a = 33
b = 10.2
professor = 'keechul'
print(a)
print(b)
print(professor)
```

출력 결과

```
33
10.2
keechul
```

[코드 5-5]는 변수 a에 정수 33, 변수 b에 실수 10.2, 변수 professor에 문자열 'keechul'을 각각 선언하고 이를 출력하는 코드를 나타낸 것이다. a는 정수형 변수, b는 실수형 변수, professor

는 문자열형 변수이다. 기호 '='는 대입 연산자로, 오른쪽 값을 왼쪽의 변수에 대입한다는 뜻이다. 예를 들어 변수 a는 값 33을 보관한다. [코드 5-5]를 그림으로 표현하면 [그림 5-10]과 같다.

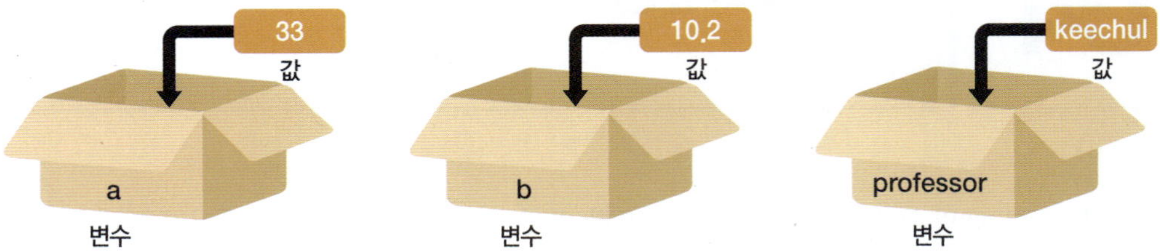

그림 5-10 **변수와 값**

또한, 앞서 변수를 선언할 때 변수 이름을 사용했는데, 변수 이름을 지을 때는 다음의 규칙을 적용해야 한다.

- 알파벳, 숫자, 밑줄(_)로 선언할 수 있다.
  ex `data = 0, _a12 = 2, _gg = 'afdf'`
- 변수명은 의미 있는 단어로 표기하는 것이 좋다.
  ex `professor_name = 'keechul'`
- 변수명은 대 · 소문자를 구분해야 한다.
  ex ABC와 abc는 같은 단어가 아님
- 특별한 의미가 있는 예약어는 사용할 수 없다.
  ex for, if, else 등의 데이터

하나 더 알기 입력문(input)과 출력문(print)

앞서 [코드 5-5]에서는 변수를 선언한 후 데이터를 넣고 출력할 때 'print( )'라는 코드를 사용했다. print( )는 출력문을 나타내는 함수로, 변수가 가지는 데이터뿐 아니라 연산 결과도 출력할 수 있다.

코드 5-6 **print( )**

```
print("Hello World!")
print(1)
print(3+7)
print("sum is:", 3+7)
```

출력 결과

```
Hello World!
1
10
sum is: 10
```

[코드 5-6]에서 01행은 문자열(String)인 "Hello World!"를, 02행은 정수 1을, 03행은 계산식인 3+7을 데이터로 넣어 결과를 얻었다. 04행은 문자열 "sum is:"와 3+7을 넣어 sum is: 10이라는 결과를 출력했다. 이처럼 데이터가 여러 개일 땐 콤마(,)로 구분하며 데이터들을 종합해 하나의 값이 출력된다.

입력문은 입력된 값을 좌측 변수에 넣어 주는 것으로, input( ) 코드를 사용한다. [코드 5-7]은 문자열 a를 매개변수로 사용해 a 값을 1로 입력하고 출력받은 결과를 보여준다.

코드 5-7 **input( )**

```
a = input('Please, input a number: ')
print('You entered:', a)
```

출력 결과

```
Please, input a number: 1
You entered: 1
```

2 자료형

자료형Data Type은 프로그램에서 사용되는 자료의 구조를 정의한 것이다. 고급 프로그래밍 언어들이 제공하는 자료형은 종류가 다양한데, 언어마다 조금씩 다르다. 실제로 파이썬 같은 객체 지향 언어는 프로그래머가 직접 클래스Class를 만들어 변수를 사용하므로, 사용 가능한 자료형은 무한대Infinite라고 할 수 있다. [표 5-1]은 파이썬에서 제공하는 기본 자료형을 정리한 것이다.

표 5-1 자료형 기호

자료형	설명	예
int	정수형(Integer)	5, 10, 100, …
float	실수형(Float)	3.14, 1.68, …
bool	불린형(Boolean)	True, False
str	문자열형(String)	'Hello World'

파이썬은 앞에서 말했듯, 변수를 사용할 때 자료형을 지정하는 선언Declaration 과정이 따로 없다. 그래서 프로그램 실행 중 할당되는 값에 맞춰 자료형을 판단한다. 변수에 1을 넣으면 정수형으로 인식하고, 1.0을 넣으면 실수형으로 인식하는 식이다.

코드 5-8 **자료형**

```
a = 1
b = 1.0
sum = a + b
```

```
print(type(a))
print(type(b))
print(type(sum))
```

출력 결과

```
<class 'int'>
<class 'float'>
<class 'float'>
```

[코드 5-8]처럼 파이썬은 자료형이 다를 때 자동 자료형 변환이 작동된다. 프로그래머가 직접 자료형 변환을 수행해도 된다.

TIP int( ) 함수, float( ) 함수, str( ) 함수를 사용하면 명시적 자료형 변환이 가능하다. int( ) 함수는 매개변수를 정수형으로, float( ) 함수는 매개변수를 실수형으로, str( ) 함수는 매개변수를 문자열형으로 변환해 반환하는 함수이다.

3 연산자

파이썬은 산술연산자, 비교연산자, 논리연산자를 제공한다. 산술연산자에는 덧셈(+), 뺄셈(−), 곱셈(*), 나눗셈(/)과 같은 사칙연산자와 지수 승(**), 몫(//), 나머지(%) 연산이 있다.

코드 5-9 **산술연산자**

```
print(3+5, 9-2, 3*8, 6/4)
print(3**4)                # 지수 승 연산
print(14//4)               # 몫 연산
print(8%3)                 # 나머지 연산
```

출력 결과

```
8 7 24 1.5
81
3
2
```

비교연산자와 논리연산자를 정리하면 [표 5-2]와 같다.

표 5-2 **논리연산자와 비교연산자 기호**

	기호	설명
논리연산자	and	둘 다 참일 때 참
	or	하나만 참이어도 참
	not	논리 상태 반전

	기호	설명	기호	설명
비교연산자	==	같다	<	왼쪽이 오른쪽보다 작다
	!=	같지 않다	>=	왼쪽이 오른쪽보다 크거나 같다
	>	왼쪽이 오른쪽보다 크다	<=	왼쪽이 오른쪽보다 작거나 같다

코드 5-10 **비교연산자와 논리연산자**

```
print(1==1 and 2!=3)     # 1은 1과 같고, 2는 3과 같지 않다.
print(2>1 or 3<2)        # 2는 1보다 크다. 3은 2보다 작다. 둘 중 하나는 맞다.
print(not 10 >= 5)       # 10은 5보다 크거나 같지 않다.
```

출력 결과

```
True
True
False
```

4 조건문

조건문Conditional Statement은 조건에 따라 특정 동작을 하게 만드는 프로그래밍 명령어이다. 조건문을 구성하기 위해서는 조건을 나타내는 기준과 실행할 명령이 필요하다. 또한, 반드시 참True과 거짓False으로 구분되어야 한다. 조건을 나타내는 기준이 명확히 구분되지 않으면 명령을 수행하기 어렵기 때문이다.

if문

if문은 가장 단순한 형태의 명령어이다. 참일 때는 명령을 실행하고, 거짓일 때는 아무것도 실행하지 않는다. if문의 형식과 순서도는 [그림 5-11]과 같다.

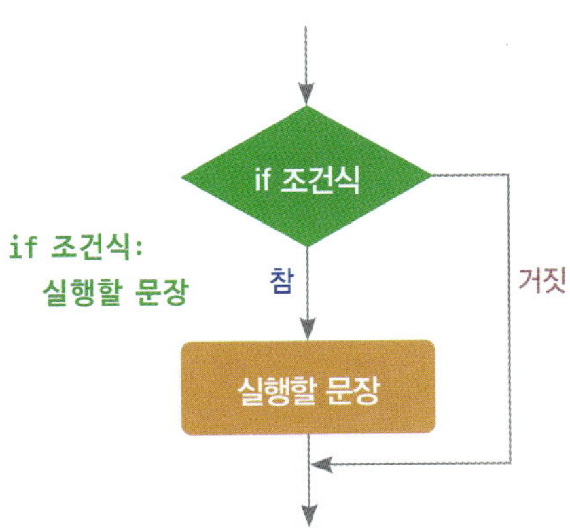

그림 5-11 **if문의 형식과 순서도**

[코드 5-11]은 if문의 간단한 예시이다. 이 코드는 변수 a와 b의 값을 비교하는데, a와 b가 같다는 것은 참이므로 10 is same to 10 결과 값을 출력한다. 만약 if문이 거짓이면 아무것도 출력되지 않는다. 이 코드를 쓸 때 기억해야 할 점은 if문 끝에 콜론(:)을 꼭 붙여야 한다는 것과, if문 다음에 등장하는 실행할 문장은 반드시 들여쓰기해야 한다는 것이다.

코드 5-11 **if문**

```
01  a = 10
02  b = 10
03  if a == b:
04      print(a, 'is same to', b)
```

출력 결과

```
10 is same to 10
```

하나 더 알기 **들여쓰기**

파이썬이 C나 자바와 다른 점 중 하나가 바로 들여쓰기(Indent) 기능이다. 파이썬에서 사용하는 들여쓰기는 문법적인 요소이다. 코드들의 계층적인 정보를 담고 있으므로 반드시 지켜져야 한다. 들여쓰기를 해야 하는 곳은 꼭 들여쓰기를 적용하고, 하지 말아야 하는 곳에서는 하면 안 된다. [코드 5-11]의 04행을 들여쓰기하지 않고 넣으면, 에러 메시지인 'SyntaxError'만 뜨고 결과는 출력되지 않는다.

if-else문

if-else문은 참일 때 실행할 문장과 거짓일 때 실행할 문장을 다르게 적용해야 할 때 사용하는 명령어이다. if-else문의 형식과 순서도는 [그림 5-12]와 같다.

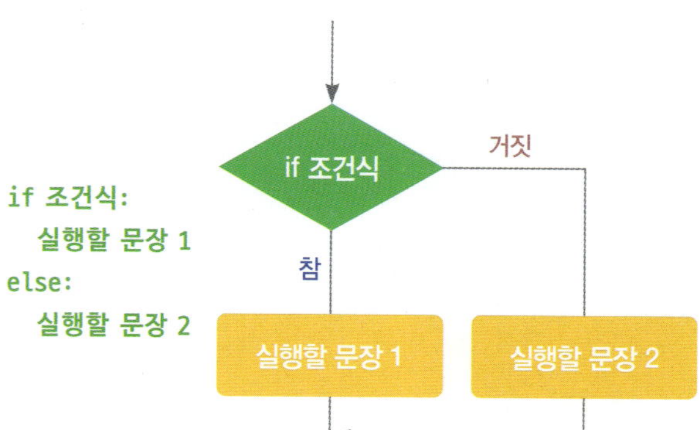

그림 5-12 **if-else문의 형식과 순서도**

[코드 5-12]는 if-else문의 간단한 예시이다. 이 코드는 변수 a와 b 값을 비교한다. a가 b보다 크면 a를 출력하고, a가 b보다 작거나 같으면 b를 출력한다. 여기에서는 a가 b보다 크기 때문에 변수 a 값인 20이 출력되었다.

코드 5-12 if-else문

```
a = 20
b = 10
if a > b:
    print("max is", a)
else:
    print("max is", b)
```

출력 결과

```
max is 20
```

if-elif-else문

중첩 if문은 조건이 여러 개일 때 사용하는 명령어이다. if문 안에 if문이 또 있다고 생각하면 된다. 중첩 if문의 형식과 순서도는 [그림 5-13]과 같다.

```
if 조건식 1:
    true문 1
elif 조건식 2:
    true문 2
elif 조건식 3:
    true문 3
...
else:
    false문
```

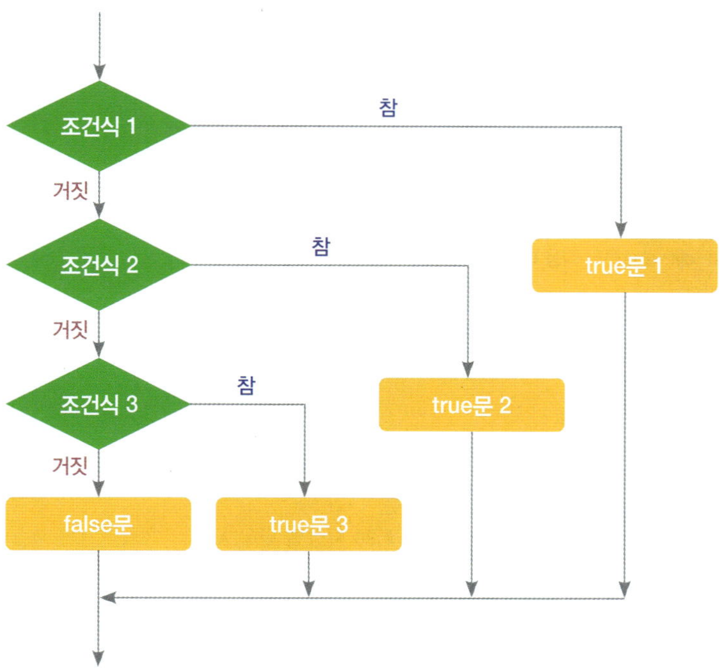

그림 5-13 중첩 if문의 형식과 순서도

중첩 if문은 조건문 안에 if문이 많으면 정확히 뭘 구하려고 하는 건지 구분하기가 어렵다. 그래서 중첩 if문을 간단히 표현하는 방식인 if-elif-else문을 많이 사용한다. if-elif-else문을 어떤 식으로 사용하는지 다음의 예를 들어 알아보자. 학생들의 시험 점수에 맞게 학점을 나눠 줘야 하는 상황이다. 90점 이상은 A, 80점 이상은 B, 70점 이상은 C, 60점 이상은 D, 그 이하는 F를 줄 것이다. 이때 if-elif-else문을 활용한 학점 계산 순서도는 [그림 5-14]와 같다.

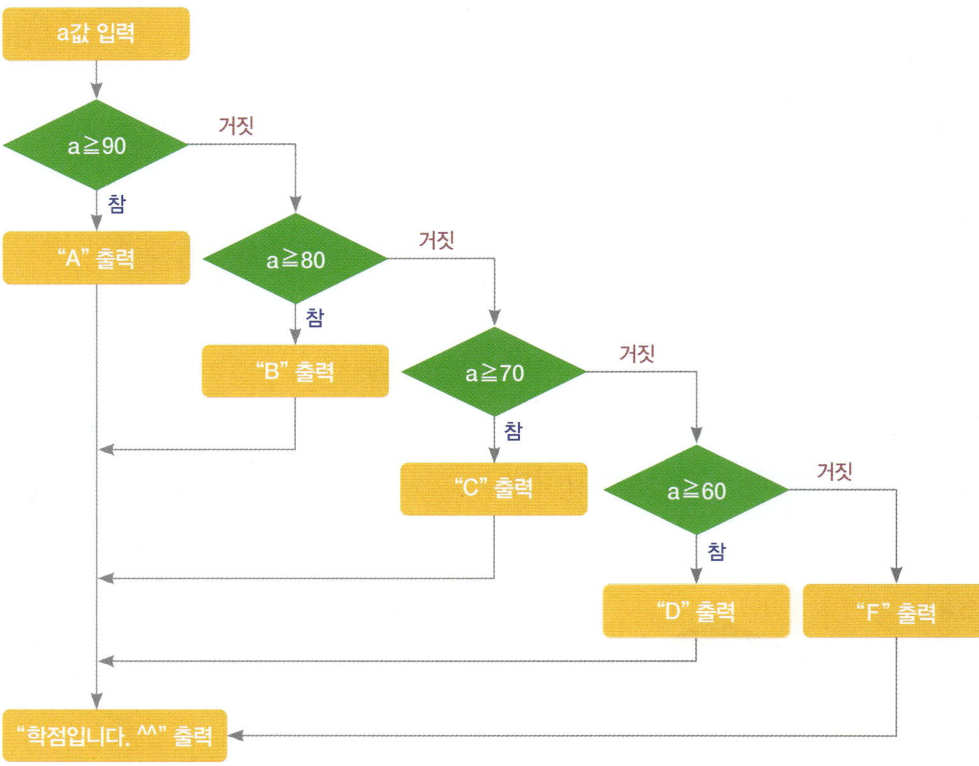

그림 5-14 if-elif-else문의 적용 예 : 학점 계산 순서도

[그림 5-14]를 파이썬 코드로 나타내면 [코드 5-13]과 같이 나온다.

코드 5-13 if-elif-else문

```
score = int(input("Enter your score: "))

if score >= 90:                  # 90 이상일 경우 A
    grade = 'A'
elif score >= 80:                # 80 이상일 경우 B
    grade = 'B'
elif score >= 70:                # 70 이상일 경우 C
    grade = 'C'
elif score >= 60:                # 60 이상일 경우 D
```

```
    grade = 'D'
else: grade = 'F'                    # 모든 조건에 만족하지 못할 경우 F

print(grade)
```

출력 결과

```
Enter your score: 98                 ← 사용자 점수 입력
A                                    ← 학점 출력
```

5 반복문

반복문Repetitive Statement은 소스코드 내에서 특정 부분의 코드가 반복적으로 수행되게 하는 명령어이다. 컴퓨터 프로그램은 대부분 자동화된 계산에 사용되는데, 여기서 자동화란 비슷한 일을 반복적으로 처리한다는 뜻이다. 그래서 반복문이 자주 사용된다. 파이썬에서 제공하는 반복문으로는 for문과 while문이 있다.

for문

for문은 기본적인 반복문으로, 범위를 지정하여 동작을 반복 수행한다. [코드 5-14]는 for문을 이용해 2부터 5까지 출력하는 반복문 예시이다. 여기서는 range라는 함수를 사용했다. range함수는 다음과 같은 기본 문법 구조를 가지며 증가 값은 생략할 수 있다.

- for 변수 in range(시작 값, 끝 값+1, 증가 값)

코드 5-14 **for문**

```
for looper in range(2, 6):
    print(looper)
```

출력 결과

```
2
3
4
5
```

TIP for문은 다양한 식에 활용이 가능하지만 이 책에서는 해당 식만 소개하기로 한다.

while문

while문은 for문과 용도가 비슷하긴 하지만, 사용 방법은 약간 다르다. for문은 반복할 횟수를 range( ) 함수에서 결정한 후 그 횟수만큼 동작을 반복하는 반면, while문은 조건식이 참일 때만 동작을 반복한다.

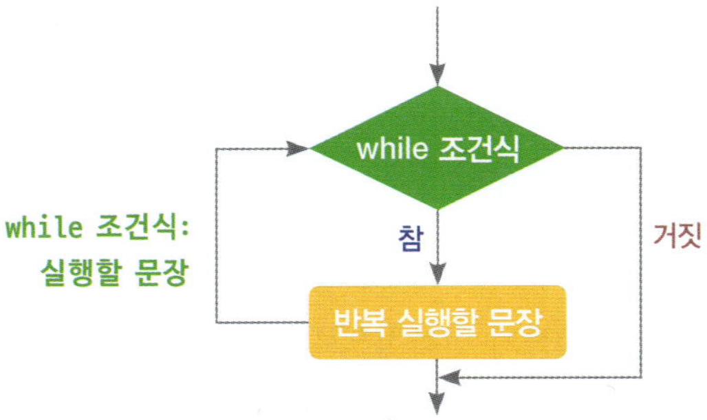

그림 5-15 while문의 형식과 순서도

[코드 5-15]는 while문을 이용해 1부터 10까지 출력하는 코드 예시이다. 이 식은 '변수 i를 1부터 10까지 1씩 증가시키면서 결과 값을 출력하라'라고 해석할 수 있다.

코드 5-15 while문 I

```
i = 1

while i <= 10:
    print(i)
    i = i + 1
```

출력 결과

```
1
2
3
…
10
```

while문을 이용해 1부터 10까지의 합을 결과 값으로 출력하고 싶다면 [코드 5-16]과 같이 코딩하면 된다.

코드 5-16 while문 II

```
sum = 0
i = 1

```

```
while i <= 10:
    sum = sum + i
    i = i + 1

print("sum from 1 to 10 is", sum)
```

출력 결과

```
sum from 1 to 10 is 55
```

반복문의 제어

반복문을 제어하는 명령어로는 break문과 continue문이 있다. break문은 작업 중간에 반복 동작을 종료하고 싶을 때, continue문은 실행 중인 반복문을 건너뛰고 싶을 때 사용한다.

■ break문

반복문에는 논리적으로 반복 동작을 종료할 수 있는 방법이 있다. 바로 break문이다. [코드 5-17]의 조건문은 i == 3일 때 break문을 실행해 동작을 종료한다는 뜻이다.

코드 5-17 break문

```
for i in range(10):
    if i == 3:
        break                       # i가 3이 되면 반복 동작 종료
    print(i)
print("End of Program")             # 반복 동작 종료 후 'End of Program' 출력
```

출력 결과

```
0
1
2
End of Program
```

■ continue문

continue문은 특정 조건이 되면 명령을 건너뛰고 다음 반복문을 수행하게 하는 구문이다. 예를 들어, [코드 5-18]은 i == 5일 때 코드를 종료하라는 것이 아니라 i = 6인 상태로 print(i)문을 다시 이어서 수행하라는 뜻이다. 이로 인해 5를 제외한 나머지 값이 화면에 출력되는 것을 확인할 수 있다.

코드 5-18 **continue문**

```
for i in range(10):
    if i == 5:
        continue              # i가 6인 상태에서 다시 계산 수행
    print(i)
print("End of Program")       # 반복 동작 종료 후 'End of Program' 출력
```

출력 결과

```
0
1
2
3
4
6
7
8
9
End of Program
```

요약

01 프로그래밍 언어의 개념

- 프로그램 : 컴퓨터로 문제를 해결하기 위해 작성하는 명령어들의 집합이다.
- 프로그래밍 : 프로그램을 작성하는 과정이다. 컴퓨터가 이해할 수 있는 언어로 프로그램을 만드는 것을 의미한다.
- 프로그래밍 언어 : 프로그래밍을 할 때 사용하는 언어이다.

02 저급 언어와 고급 언어

- 저급 언어 : 하드웨어 지향의 컴퓨터 내부 표현에 가까운 언어로, 기계어와 어셈블리어로 나뉜다.
- 고급 언어 : 사람이 이해하기 쉬운 일상 언어와 기호를 사용해 프로그램을 작성한다. 저급 언어보다 자연어에 가까운 구문 규칙을 갖추고 있어 이식성이 높다.

03 프로그래밍 언어의 발전

어셈블리어 등장(1세대 언어) → 최초의 고급 언어 포트란 개발(2세대 언어) → 구조적 프로그래밍 기법의 파스칼과 C 언어 개발(3세대 언어) → 객체 지향 프로그래밍 기법 등장(4세대 언어) → 객체 지향 언어 본격적으로 발전/웹 프로그래밍 보편화(5세대 언어) → 보다 간편하고 쉬운 프로그래밍 언어 개발(6세대 언어)

04 프로그래밍 언어별 특징

- 포트란 : 과학 계산용 언어이다. 우주항공, 기상 예측 등 복잡한 계산을 많이 하는 분야에서 사용된다.
- 코볼 : 회계 업무나 사무 자동화를 위해 개발된 언어이며, 영어 구문에 가까운 표기법을 가진다.
- C : 시스템 간 호환성이 좋고 풍부한 연산자를 지원한다. C++나 C#에 비해 가볍고 빠르다. C를 바탕으로 한 운영체제를 개발할 수 있다.
- C++ : C 언어가 가진 유연성에 객체 지향 요소를 더한 언어이다. 규모가 큰 응용 프로그램 제작에 많이 사용된다.
- C# : C++에 기반을 두고 있으며, 비주얼 베이직 등의 언어가 가진 프로그래밍 편의성을 결합한 객체 지향 언어이다.
- 자바 : C++가 가진 기능 대부분을 지원하되, 복잡성 등의 단점을 개선한 객체 지향 언어 기반 프로그래밍 언어이다.

- 파이썬 : 인터프리터 방식의 프로그래밍 언어이다. 문법 구조가 간단해서 교육용 프로그래밍 언어로 인기가 많다. 다른 언어와 잘 융합된다는 특징이 있으며, 데이터 과학과 관련된 다양한 라이브러리를 제공한다.

05 프로그래밍 언어 구현 방법

- 프로그래밍 언어를 이용해 프로그램을 구현하려면 고급 언어를 선택한 뒤 소스코드를 작성해 소스파일을 만들어야 한다.
- 프로그래밍 언어 번역 기법은 컴파일러 방식과 인터프리터 방식으로 나뉜다.
- 프로그래밍 언어의 전체 실행 과정
  : 소스코드 작성 → 소스파일 생성 → 소스파일 번역 → 개체 파일 생성 → 링커를 이용한 링킹 과정 실행 → 실행 파일 생성 → 메인메모리에 로더 과정으로 실행 파일 로드 → 프로그램 실행

06 프로그래밍 언어의 분류

- 절차 지향 언어 : 프로그램을 작성할 때 실행 순서 위주로 설계하도록 한 프로그램 작성 언어이다.
- 논리형 언어 : 논리학의 관계식과 같은 형태로, 프로그램을 기술한 언어이다.
- 객체 지향 언어 : 프로그램을 명령어의 목록으로만 보는 시각에서 벗어나, 독립된 단위인 '객체'들의 집합으로 파악하고자 한 언어이다. 데이터와 기능을 하나로 묶어 쓴다.
- 함수형 언어 : 데이터의 함수 적용을 바탕으로 처리 방식을 기술한 언어이다.

07 프로그래밍 문법

- 변수 : 어떠한 값을 저장하는 메모리 공간이다.
- 자료형 : 프로그램에 사용되는 자료의 구조를 정의한 것이다. 정수형, 실수형, 불린형, 문자열형 등이 있다.
- 연산자 : 산술연산자, 비교연산자, 논리연산자가 있다.
- 조건문 : 조건에 따라 특정 동작을 하게 만드는 프로그래밍 명령어이다. if문, if-else문, if-elif-else문 등이 있다.
- 반복문 : 소스코드 내에서 특정 부분의 코드가 반복적으로 수행되게 하는 명령어이다. for문과 while문 등이 있다.

연습 문제

단답형 문제

01 (　　　　　　　　)이란 컴퓨터로 문제를 해결하기 위해 작성하는 명령어들의 집합이다.

02 (　　　　　　　　)은 프로그램을 작성하는 과정이다. 컴퓨터가 이해할 수 있는 언어로 프로그램을 만드는 것을 의미한다.

03 (　　　　　　　　)란 프로그래밍을 할 때 사용하는 언어를 뜻한다.

04 (　　　　　　　　)는 하드웨어 지향의 컴퓨터 내부 표현에 가까운 언어이다.

05 (　　　　　　　　)는 2진수 형태의 0과 1로 작성하며 컴퓨터가 이해할 수 있는 언어이다.
(　　　　　　　　)는 앞선 언어의 명령을 간단한 기호로 표현한 언어이다.

06 (　　　　　　　　)는 사람이 이해하기 쉬운 일상 언어와 기호를 사용해 프로그램을 작성한다.

07 (　　　　　　　　)은 과학 계산용 언어이다. 우주항공, 기상 예측 등 복잡한 계산을 하는 분야에서 주로 사용한다.

08 (　　　　　　　　)은 회계 업무나 사무 자동화를 위해 개발된 프로그래밍 언어이다. 영어 구문에 가까운 표기법을 가진다.

09 (　　　　　　　　)는 운영체제를 개발할 수 있어, 컴퓨터 프로그래밍 환경이 성장하는 데 중요한 역할을 했다.

10 (　　　　　　　　)는 C 언어의 유연성을 그대로 유지하면서 객체 지향 요소를 추가한 언어이다. 규모가 큰 응용 프로그램 제작에 많이 사용된다.

11 (　　　　　　　　)은 C++에 기반을 둔 언어이다. 비주얼 베이직 등의 프로그래밍 언어가 가진 편의성을 결합한 객체 지향 언어이다.

연습 문제

12 (   )는 C++가 가진 기능 대부분을 지원하면서, 복잡성 등의 단점을 개선한 객체 지향 언어 기반 프로그래밍 언어이다.

13 (   )은 인터프리터 방식의 프로그래밍 언어로, 문법 구조가 간단해 교육용 프로그래밍 언어로 인기가 높다.

14 프로그래밍 언어를 이용해 프로그램을 구현하려면, 고급 언어를 선택해 (   )를 작성하고 (   )을 만들어야 한다.

15 (   )는 프로그램 전체 소스코드를 컴퓨터가 실행할 수 있는 기계어로 한번에 번역한 뒤 실행 파일을 만들어 작업을 수행하는 방식이다.

16 (   )는 소스코드를 한 행씩 읽어 번역과 실행을 동시에 하는 방식이다.

17 사용자가 프로그래밍 언어로 소스코드를 작성해 만든 소스파일을 번역하면 (   )이 된다.

18 프로그래밍 언어를 실행하려면 개체 파일을 (   )로 만드는 링킹 과정을 거쳐야 한다.

19 (   )란 프로그램을 컴퓨터 메인메모리에 로드해 프로그램이 실행되게 하는 과정이다.

20 (   )는 프로그램을 작성할 때 실행 순서 위주로 설계하도록 한 프로그램 작성 언어이다.

21 (   )는 논리학의 관계식 형태로 프로그램을 기술한 언어이다. 프롤로그가 대표적이며, 인공지능이나 계산 언어학 분야에서 많이 쓰인다.

22 (   )는 프로그램을 명령어의 목록으로만 보는 시각에서 벗어나 독립된 단위인 '객체'들의 집합으로 파악하고자 한 언어이다.

23 (   )는 데이터의 함수 적용을 바탕으로 처리 방식을 기술한 언어이다.

24 (   )는 어떠한 값을 저장하는 메모리 공간이다.

25 파이썬에서 입력문은 (   ) 함수를 사용하고, 출력문은 (   ) 함수를 사용한다.

26 (   )은 프로그램에 사용되는 자료의 구조를 정의한 것이다.

27 파이썬에서는 연산자로 (   ), (   ), (   )를 제공한다.

28 (   )은 조건에 따라 특정 동작을 하게 만드는 프로그래밍 명령어이다.

29 (   )은 소스코드 내 특정 부분의 코드가 반복적으로 수행되게 하는 명령어이다.

30 파이썬은 반복문을 제어하는 문법을 제공하는데, (   )문을 사용해 반복 동작을 종료하거나 (   )문을 사용해 실행 중인 반복 동작을 건너뛸 수 있다.

객관식 문제

31 어셈블리어로 작성된 프로그램을 기계어로 번역하는 프로그램은 무엇인가?

① 어셈블러　② 컴파일러　③ 로더
④ 링크　⑤ 에디터

32 프로그래밍 언어에 대한 설명 중 틀린 것은?

① 컴퓨터를 이용해 문제를 해결하려면 컴퓨터에게 명령을 내려야 한다.
② 프로그램이란 컴퓨터로 문제를 해결하기 위해 작성하는 명령어들의 집합이다.
③ 프로그래밍은 사람이 이해할 수 있는 언어로 프로그램을 만드는 것을 의미한다.
④ 컴퓨터가 이해할 수 있는 언어가 프로그래밍 언어이다.
⑤ 프로그래밍 언어는 프로그래밍을 할 때 사용하는 언어이다.

33 다음의 설명을 읽고 무엇을 의미하는 것인지 고르시오.

> 기계어 명령을 간단한 기호로 표현한 언어이다. 기계어보다 간편하지만, 기계어인 0과 1의 집합을 문자나 기호로 바꾼 언어라서 해당 언어에 익숙한 사람이 아니면 사용하기 어렵다.

① 어셈블리어 ② 파스칼 ③ 포트란
④ 자바 ⑤ C

34 고급 언어에 대한 설명이 아닌 것은?

① 저급 언어의 단점을 해결하기 위해 개발된 언어이다.
② 사람보다 컴퓨터에 더 적합한 언어라서 사람은 이해하기 쉽지 않다.
③ 대표적으로 C, 자바, 파이썬, 포트란 등이 있다.
④ 저급 언어보다 자연어에 가까운 구문 규칙을 갖추고 있어 이식성이 높다.
⑤ 저급 언어보다 고급 언어를 사용한 프로그램의 코드가 더 직관적이다.

35 다음 중 프로그래밍 2세대 언어에 대한 설명이 아닌 것은?

① 1950년대부터 많은 수의 고급 언어가 동시다발적으로 개발되기 시작했다.
② 과학 분야의 복잡한 계산을 수행하기 위해 포트란이 개발되었다.
③ 대표적인 사무 처리용 언어인 코볼이 개발되었다.
④ 그래픽 사용자 인터페이스 환경의 프로그래밍을 위한 여러 클래스의 라이브러리가 등장하면서 객체 지향 언어의 장점이 크게 주목받았다.
⑤ 고급 언어를 기계어로 번역해 주는 컴파일러가 등장했다.

36 다음 중 프로그래밍 5세대 언어가 아닌 것은?

① 자바 ② 파이썬 ③ C

④ 자바스크립트 ⑤ 비주얼 베이직

37 다음 중 프로그래밍 언어별 특징으로 틀린 것은?

① 포트란 : 과학 계산용 언어이다.

② 코볼 : 회계 업무나 사무 자동화를 위해 개발된 프로그래밍 언어이다.

③ C++ : C의 유연성을 그대로 유지하면서 객체 지향 요소를 추가한 언어이다.

④ C# : C++에 기반을 두고 프로그래밍의 편의성을 결합한 객체 지향 언어이다.

⑤ 자바 : 유닉스와 리눅스 등의 운영체제 개발에 사용된 언어이다.

38 다음 중 파이썬의 특징이 아닌 것은?

① 무료 제공 ② 컴파일러 언어 ③ 객체 지향 언어

④ 동적 타이핑 언어 ⑤ 배우기 쉬운 언어

39 고급 언어로 작성한 소스코드를 기계어로 번역하는 이유는 무엇인가?

① 프로그램을 작성하기 위해

② 소스파일을 만들기 위해

③ 컴퓨터에게 소스코드를 이해시키기 위해

④ 사람이 기계어를 이해하기 위해

⑤ 기계어가 더 보기 좋아서

40 다음 중 인터프리터에 대한 설명이 아닌 것은?

① 최적화된 작업이 가능하여 실행 속도가 빠르다.

② 소스코드 전체를 번역하지 않아도 되기 때문에 즉각적인 피드백이 가능하다.

③ 대표적으로 파이썬과 자바스크립트 등이 이 방식을 사용한다.

④ 소스코드의 명령어를 프로그램 실행 중에 하나씩 번역하는 방식이다.

⑤ 소스코드를 한 행씩 읽어 가며 번역과 실행을 동시에 수행한다.

연습 문제

41 다음은 프로그래밍 언어의 실행 과정 중 일부를 그림으로 나타낸 것이다. (a), (b), (c)에 들어갈 내용으로 알맞게 짝지어진 것은?

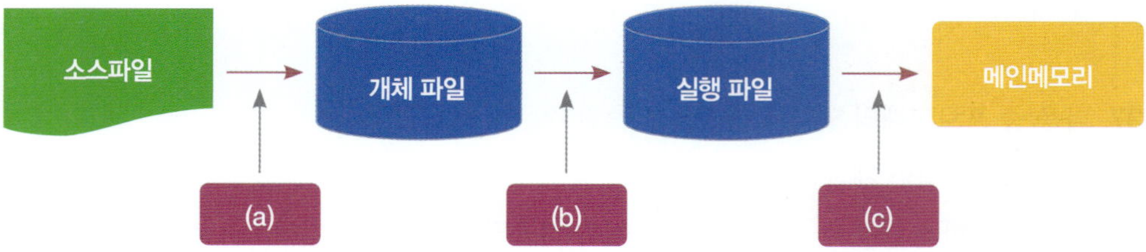

① (a) 로더, (b) 링커, (c) 번역
② (a) 번역, (b) 링커, (c) 로더
③ (a) 로더, (b) 번역, (c) 링커
④ (a) 번역, (b) 로더, (c) 링커
⑤ (a) 링커, (b) 번역, (c) 로더

42 다음 중 절차 지향 언어가 <u>아닌</u> 것은?

① C　② 베이직　③ 프롤로그
④ 포트란　⑤ 코볼

43 다음 중 객체 지향 언어가 <u>아닌</u> 것은?

① C#　② C++　③ 스킴
④ 자바　⑤ 파이썬

44 다음 중 함수형 언어에 대한 설명이 <u>아닌</u> 것은?

① 모든 연산이 함수 평가에 따라 표현되는 언어이다.
② 논리식을 바탕으로 하며, 객체 간 관계에서 발생한 문제를 해결하기 위해 사용된다.
③ 대표적으로 리스프, 스킴 등이 있다.
④ 유사한 함수형 언어 기능을 지원하는 언어들이 늘고 있다.
⑤ 데이터에 대한 함수 적용을 바탕으로 처리 방식을 기술한 언어이다.

45 파이썬은 C, 자바 등과 달리 변수를 따로 선언하지 않아도 되는데 이는 어떤 특징 때문인가?

① 로더 ② 쿼리 ③ 동적 타이핑
④ 정적 타이핑 ⑤ 객체 지향

46 다음 중 변수 이름으로 지정할 수 <u>없는</u> 것은?

① information
② student_age
③ else
④ python
⑤ _b5332

47 다음 코드의 출력 값으로 올바른 것은?

```
print("곱하기:", 5*3)
```

① "곱하기:", 5*3 ② "곱하기:" 3*5 ③ "곱하기:" 15
④ 곱하기: 5*3 ⑤ 곱하기: 15

48 다음 코드의 출력 값으로 올바른 것은?

```
university = 'HANBIT'
print(university)
```

① hanbit ② university ③ HANBIT
④ 'HANBIT' ⑤ 'university'

49 다음 중 정수형의 예로 알맞은 것은?

① 4.253 ② 'Hello' ③ 5.1
④ True ⑤ 500

연습문제

50 다음 코드의 출력 값으로 올바른 것은?

```
print(type('abc'))
```

① <class 'int'> ② <class 'float'> ③ <class 'str'>
④ <class 'bool'> ⑤ <class 'char'>

51 다음 코드의 출력 값으로 올바른 것은?

```
print(2**4, 15//4, 10%4)
```

① 16 3 2 ② 8 11 2 ③ 16 19 14
④ 8 11 6 ⑤ 16 3 8

52 다음 중 비교연산자가 아닌 것은?

① != ② >= ③ >
④ <= ⑤ =

53 다음 코드의 출력 값으로 올바른 것은?

```
print(6>=6 and 7!=3, 2>5 or 10!=10)
```

① True False ② True True ③ False False
④ False True ⑤ True Not

54 다음 중 조건문이 아닌 것은?

① if문
② if-else문
③ 중첩 if문
④ if-elif-else문
⑤ for문

55 다음 코드의 출력 값으로 올바른 것은?

```
a = 10
b = 7
if a == b:
    print(a, 'is same to', b)
```

① 10 is same to 7
② 10 == 7
③ 7 is same to 10
④ '10 is same to 7'
⑤ 출력 값 없음

56 다음 코드의 출력 값으로 올바른 것은?

```
a = 50
b = 100
if a >= b:
    print("큰 값:", a)
else:
    print("큰 값:", b)
```

① 큰 값: 50
② 큰 값: a
③ 출력 값 없음
④ 큰 값: b
⑤ 큰 값: 100

57 다음 코드의 출력 값으로 올바른 것은?

```
for looper in range(0, 5):
    print(looper)
```

①	②	③	④	⑤
0	1	0	0	1
1	2	1	2	2
2	3	2	4	3
3	4	3	6	4
4	5	4	8	5
5			10	6

연습문제

58 다음 코드의 출력 값으로 올바른 것은?

```
sum = 0
i = 1

while i <= 15:
    sum = sum + i
    i = i + 1

print(sum)
```

① 15 ② 55 ③ 120
④ 150 ⑤ 151

59 다음 중 반복문에 대한 설명으로 틀린 것은?

① 소스코드 내에서 특정 부분의 코드가 반복적으로 수행될 수 있도록 하는 명령어이다.
② for문은 기본적인 반복문으로, 범위를 지정해 반복 동작을 수행한다.
③ continue문을 추가하면 특정 조건에서 모든 명령을 건너뛰고 동작을 종료한다.
④ while문은 조건식이 참일 때 동작을 반복한다.
⑤ break문이 반복문 중간에 들어가 있으면 프로그램을 종료할 수 있다.

주관식 문제

60 저급 언어와 고급 언어에 대해 설명하시오.

61 파이썬의 특징을 설명하시오.

62 컴파일러와 인터프리터에 대해 설명하시오.

63 절차 지향 언어와 객체 지향 언어에 대해 설명하고, 두 언어의 차이점을 기술하시오.

64 프로그래밍 언어의 전체 실행 과정을 도식을 이용해 설명하시오.

65 다음 2가지 코드의 출력 값을 적으시오.

```
print(10+52, 129-43, 9*8, 24/4)
print(2**5, 24//4, 9%3)
```

66 다음 코드를 실행했을 때, 20을 입력하면 "죄송합니다. 입장이 불가능합니다."라는 출력 값이 나올 수 있도록 빈칸을 코딩하시오.

```
print("나이를 입력하시오.")
myage = int(input())
[                    ]
    print("환영합니다!")
else:
    print("죄송합니다. 입장이 불가능합니다.")
```

67 for문과 range함수를 이용해 1, 3, 5, 7, 9를 출력하는 코드를 작성하시오.

연습문제

68 if-elif-else문을 이용해, 점수를 입력하면 그에 맞는 학점이 계산되는 프로그램을 코드로 작성하시오.

(※ 95점 이상 A+, 90점 이상 A, 85점 이상 B+, 80점 이상 B, 75점 이상 C+, 70점 이상 C, 65점 이상 D+, 60점 이상 D, 60점 미만 F)

69 while문을 이용해 1부터 20까지 출력하는 코드를 작성하시오.

CHAPTER 06

자료구조

학습목표

- 자료구조의 개념과 분류를 알아보고, 알고리즘과의 관계를 파악한다.
- 배열과 연결 리스트를 이해하고, 데이터를 추가 및 삭제하는 방법을 알아본다.
- 스택과 큐를 이해하고, 데이터를 추가 및 삭제하는 방법을 알아본다.
- 비선형 자료구조인 트리와 그래프에 대해 알아본다.

PREVIEW

섹션 1에서는 먼저 자료구조의 개념과 분류에 대해 알아보고, 그다음으로 자료구조와 알고리즘의 관계를 살펴본다.

섹션 2~5에서는 선형 자료구조에 대해 알아본다. 우선, 섹션 2에서는 배열의 개념과 구조를 알아보고 배열에서 데이터를 추가, 삭제하는 방법에 대해 살펴본다. 섹션 3에서는 연결 리스트의 개념, 구조, 분류에 대해 알아보고 연결 리스트에서 데이터를 추가, 삭제하는 방법에 대해 살펴본다. 섹션 4에서는 스택의 개념과 구조를 알아보고 스택에서 데이터를 추가, 삭제하는 방법, 파이썬에서의 스택 표현 방법을 알아본다. 섹션 5에서도 큐의 개념, 구조, 큐에서 데이터를 추가하고 삭제하는 방법, 파이썬에서의 큐 표현 방법을 알아본다.

마지막으로 섹션 6에서는 비선형 자료구조인 트리와 그래프에 대해 살펴본다.

이번 챕터를 통해 자료구조에 대한 전반적인 내용을 파악할 수 있을 것이다.

SECTION
01 자료구조의 개요

1 자료구조의 개념

과거에 우리는 책이나 TV 같은 매체에서만 한정적으로 자료를 접할 수 있었다. 그런데 빅데이터 시대가 도래하자, 자료량이 폭발적으로 늘어나기 시작했다. 이제 우리는 그 엄청난 양의 자료 속에 살고 있다. 이 상황에서 중요한 것은, 자료를 얼마나 많이 가지고 있느냐가 아니다. 같은 자료를 얼마나 효율적으로 잘 사용하느냐이다.

마트의 수산물 코너 진열대를 한번 떠올려 보자. 만약 [그림 6-1] (a)와 같이 수산물이 얼음 위에 아무렇게나 진열되어 있다면 우리는 원하는 수산물을 제대로 찾기 어려울 것이다. 하지만 [그림 6-1] (b)처럼 수산물이 종류별로 분류되어 있다면, 사고 싶은 수산물을 쉽고 빠르게 찾을 수 있을 것이다. 자료도 마찬가지이다. 잘 정리되어 있을수록 효과적으로 사용할 수 있다. 이처럼 자료를 효율적으로 표현하고 저장하고 처리하는 것이 바로, '자료구조'이다.

(a) 자료구조를 적용하기 전 (b) 자료구조를 적용한 후

그림 6-1 **수산물 코너의 진열대에 자료구조 개념을 적용한 예**

컴퓨터에서 자료Data란 프로그램으로 처리하고자 하는 데이터를 뜻한다. 대부분의 프로그램은 자료(이하 데이터)를 처리하여 유용한 정보Information로 출력한다. 그래서 [그림 6-1]처럼 프로그램에서 다루는 데이터가 어떤 구조로 표현되느냐에 따라 프로그램 성능이 좋아질 수도 있고 나빠질 수도 있다. 자료구조가 필요한 이유이다.

자료구조Data Structure란 데이터의 구조적 특성이 잘 살도록 체계적으로 데이터를 저장하고 사용하는 방법을 의미한다. 프로그램이 쉽게 이용할 수 있도록 구성된 데이터 간의 논리적인 관계라고 볼 수 있다. 프로그램이 다루는 데이터 대부분은 어떠한 구조적인 관계를 맺고 있다. 데이터마다 특정한 방법으로 저장되거나 사용된다는 말이다. 그러므로, 자료구조는 데이터 자체가 가지고 있는 구조적 특징을 잘 살릴 수 있는 방법을 찾기 위한 이론이기도 하다.

2 자료구조의 분류

자료구조는 단순 구조, 선형 구조, 비선형 구조로 분류된다.

단순 구조

단순 구조Simple Structure는 기본 자료형에 따라 다시 분류된다. 정수, 실수, 문자, 문자열 등의 자료형이 있으며, 데이터들 사이의 관계가 아닌 개별 데이터 1개의 형태를 의미한다.

TIP 자료형은 챕터 5에서 이미 다뤘으므로 설명 없이 넘어가기로 한다.

선형 구조

선형 구조Linear Structure는 어떤 순서에 따라 데이터들이 한 줄로 늘어선 자료구조이다. 일상생활에서도 일렬로 나열된 숫자, 카드 등의 예를 찾아볼 수 있다. 구조가 복잡하지 않아 컴퓨터 프로그래밍 작업에도 많이 사용된다. 대표적인 선형 구조로는 배열, 연결 리스트, 스택, 큐 등이 있다.

비선형 구조

비선형 구조Nonlinear Structure는 비순차적인 성질을 지닌 데이터들을 표현한 구조이다. 대표적인 비선형 구조로 트리와 그래프가 있다.

그림 6-2 자료구조의 분류

3 자료구조와 알고리즘의 관계

알고리즘은 챕터 7에서 제대로 배우겠지만, 개념을 먼저 알아 두면 앞으로 나올 내용을 이해하는 데 도움이 되므로 자료구조와 함께 간단히 살펴보자.

알고리즘Algorithm이란 적합한 순서대로 수행하기만 하면 제한된 시간 내에 주어진 문제를 해결할 수 있는 명령어들의 집합이다. 어떤 문제를 해결하기 위한 일련의 절차라고 볼 수 있다. 주어진 문제를 해결하는 방법을 추상화하여, 단계적 절차를 논리적으로 기술해 놓은 명세서인 셈이다. 프로그램Program의 개념과는 조금 차이가 있는데, 엄밀히 말하면 프로그램은 '컴퓨터에서 실제로 수행되도록 구현된 알고리즘'이다.

그럼 자료구조와 알고리즘의 관계는 왜 중요하다는 걸까? 프로그램을 작성하려면 자료구조가 필요하기 때문이다. 앞서 살펴본 것처럼, 자료구조란 프로그래밍에 필요한 데이터를 저장하고 사용하는 방법이다. 그리고 알고리즘은 어떤 문제가 발생했을 때 그 문제를 해결하는 방법의 집합이다. 그래서 알고리즘과 자료구조는 서로가 서로에게 영향을 미치는 아주 중요한 개념들이다. 이 두 분야를 잘 익혀 두면 프로그래밍 작업을 아주 효과적으로 수행할 수 있다.

한 예로, 라면을 끓여야 하는 상황에 필요한 알고리즘과 자료구조는 뭘까? [그림 6-3]과 같이 라면 재료인 면 1개, 스프 1개, 물 4컵, 달걀 1개, 약간의 파 등을 데이터라고 한다면, 이 재료를 이용한 레시피가 바로 알고리즘이다. 알고리즘에 적힌 명령들을 순서대로 실행하면 제한된 시간 안에 라면이 완성되므로, 준비된 데이터는 알고리즘을 수행하는 데 적합한 자료라고 할 수 있다.

(a) 데이터 : 라면 재료 (b) 알고리즘 : 라면 레시피

그림 6-3 **데이터와 알고리즘의 관계 : 라면 끓이기 준비**

그러면 이제, 라면을 좀 더 효율적이고 편리한 방법으로 끓여 보자. 라면 재료를 어떤 구조로 배치하면 좋을까? [그림 6-4]와 같이 재료들을 레시피에 적힌 순서대로 배치해 두면 위에서부터 단계별로 적용하는 구조라 상당히 효율적일 것이다. '정해진 시간에 맞게 가장 상단의 재료부터 넣는 구조'로 라면 레시피인 알고리즘을 훨씬 간단하게 수행하는 것이다. 즉, 알고리즘에 알맞은 순서대로 데이터들이 정리된 자료구조가 알고리즘을 단순하고 효율적으로 작용하게 만든다. 이처럼, 어떤 시스템을 만드는 데 필요한 데이터를 효율적으로 배치하는 것을 '자료구조', 시스템을 구현하고 실행 순서 및 방법을 체계적으로 표현하는 것을 '알고리즘'이라고 이해하면 된다.

그림 6-4 자료구조를 통해 효율적으로 라면을 끓이는 방법

TIP 데이터를 위에서부터 차례로 꺼내 쓰는 자료구조를 스택(Stack)이라고 한다. 뒤에서 좀 더 자세히 설명할 예정이다.

SECTION
02 배열

1 배열의 개념

배열Array은 자료형이 같은 데이터를 순서대로 나열한 뒤 메모리에 연속으로 저장해 만든 자료 그룹이다. 첫 번째 데이터를 기준으로 상대적인 위치를 파악해 나머지 데이터들을 파악한다. 파이썬에서는 리스트List라고 부르기도 한다. 정해진 개수의 셀Cell들이 모여 있는데, 용어 그대로 데이터들을 배열한 구조라는 뜻이다.

[그림 6-5]는 트럼프 카드의 클로버 부분을 배열로 나열한 것이다. 만약 트럼프 카드의 K, Q, J, 10, 9, 8, 7, 6, 5, 4, 3, 2, A를 각각의 변수로 선언하면, 13개의 변수는 따로따로 만들어져 개별적으로 사용해야 한다. 하지만 하나로 묶어 배열로 만들면, 한 번만 선언해도 전체에 대한 변수를 만들 수 있다.

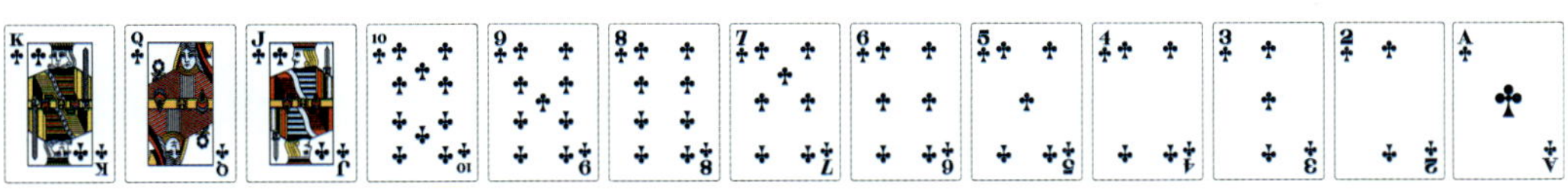

그림 6-5 배열의 실생활 예 : 트럼프 카드

2 배열의 구조

배열은 변수 한 개의 이름으로 메모리 방을 여러 개 사용하는 구조이다. 각 방을 동일한 이름으로 쓰되 번호를 붙여 구분한다. [그림 6-6]의 예시를 보자. 4개의 메모리는 모두 colors라는 이름을 사용하는데, 각 위치에 따라 차례대로 colors[0], colors[1], colors[2], colors[3]으로 구분된다.

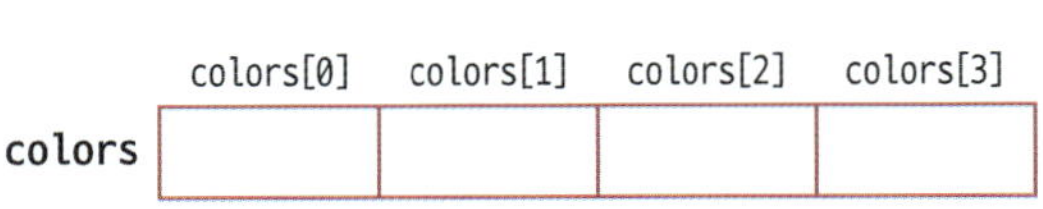

그림 6-6 colors의 배열

[그림 6-6]과 같이 배열 요소를 구별할 때는 번호를 사용하는데, 이를 인덱스Index라고 부른다. 파이썬을 포함해, 프로그래밍 언어에서 인덱스는 항상 0부터 시작한다. 특정 배열 요소를 사용할

경우 '배열 이름[배열 요소의 인덱스]'로 지정하고 각각의 변수처럼 사용하면 된다. 모든 자료형은 배열로 구성할 수 있고, 구성에 따라 1차원, 2차원, 3차원 등 다차원 배열도 가능하다.

[그림 6-7]은 파이썬에서 'colors'라는 변수를 하나 생성해 자료형으로 배열(리스트)을 할당한 경우이다. 배열(리스트)을 할당하기 위해 대괄호를 사용했으며, 리스트 안에 있는 값을 각각 ['red', 'blue', 'green', 'black'] 형태로 나눴다. 이 그림에서 colors라는 변수는 4개의 값을 가지며, 각각의 값은 문자열형의 "red", "blue", "green", "black"이다. 배열은 특정 위치에 있는 데이터로 빠르게 접근할 수 있는데, 예를 들어 2번째 colors인 'blue'는 colors[1]이므로 인덱스만 알면 바로 찾을 수 있다.

```
colors = ['red', 'blue', 'green', 'black']
```

(a) colors 배열에 데이터를 배치하는 파이썬 코드

	colors[0]	colors[1]	colors[2]	colors[3]
colors	red	blue	green	black

(b) colors 배열의 데이터 배치

그림 6-7 **파이썬으로 colors 배열 만들기**

하나 더 알기 **2차원 배열**

2차원 배열은 인덱스를 2개 사용하는 배열이다. 첫 번째 인덱스는 행을, 두 번째 인덱스는 열을 나타낸다. 예를 들어 3행 2열의 요소를 갖는 배열이라고 하면 [그림 6-8]과 같은 형태가 된다.

	1열	2열
1행	colors[0][0]	colors[0][1]
2행	colors[1][0]	colors[1][1]
3행	colors[2][0]	colors[2][1]

그림 6-8 **2차원 배열**

3 배열에서의 데이터 추가 및 삭제

이처럼 배열의 항목 접근은 쉽게 이루어지는 반면, 데이터의 추가나 삭제는 생각보다 복잡하다. 정해진 배열의 중간에 다른 데이터를 추가하고 싶다면 추가하려는 자리 다음의 데이터를 모두 한 칸씩 뒤로 옮겨야 한다. [그림 6-9]처럼 데이터 'white'를 2번째 colors(colors[1])인 'blue' 뒤에 삽입하고 싶다면, 먼저 'green'과 'black'을 한 칸씩 뒤로 옮긴 뒤 colors[2] 자리에 'white'를 삽입해야 한다.

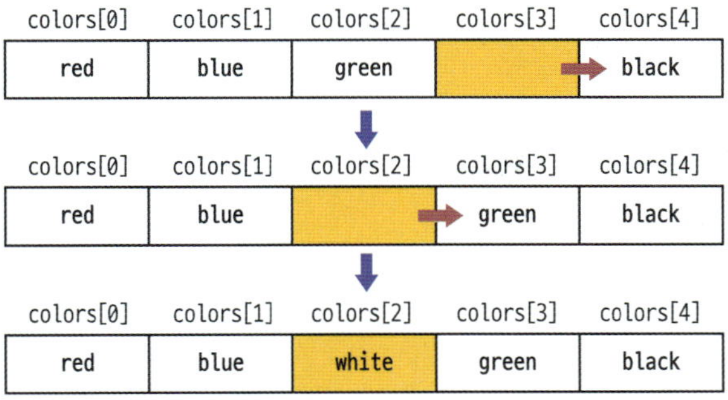

그림 6-9 **배열에 데이터 'white' 삽입하기**

그리고 이 상태에서 'blue'를 삭제하고 싶다면, 'blue'를 삭제한 뒤 'white', 'green', 'black'을 앞으로 한 칸씩 옮겨야 한다.

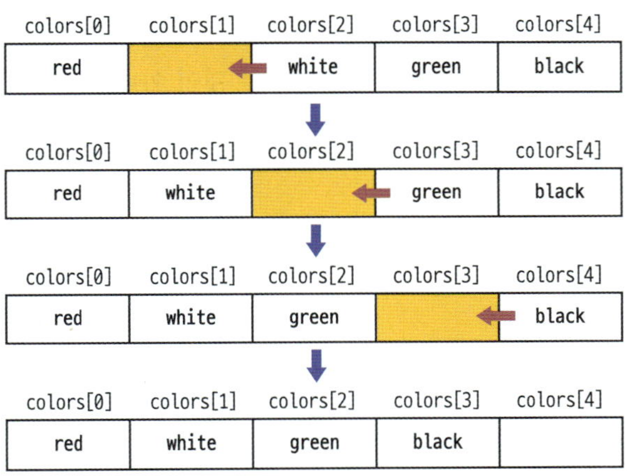

그림 6-10 **배열에서 데이터 'blue' 삭제하기**

이처럼 배열을 추가하거나 삭제할 때는 데이터를 옮기는 시간이 필요하다. 따라서 추가와 삭제를 자주 해야 한다면 배열보다 연결 리스트를 사용하는 것이 좋다.

SECTION 03

연결 리스트

1 연결 리스트의 개념

배열은 논리적인 순서와 물리적인 순서가 같아서 데이터 위치를 찾기는 쉽지만, 추가나 삭제를 한 후에는 연속적인 물리적 위치를 유지하기 위해 데이터 자리를 추가로 옮겨야 한다. 그래서 작업 시간이 많이 필요하고, 메모리 사용이 비효율적이다. 이러한 문제를 개선한 데이터 표현 방법이 연결 리스트이다.

연결 리스트Linked List는 연속된 물리적 주소에 따라 데이터 순서를 표현하는 것이 아니라, 각 데이터에 저장된 다음 데이터의 주소(링크)에 따라 순서가 연결되는 방식이다. 그래서 배열과 달리 데이터의 논리적인 순서와 물리적인 순서가 일치하지 않아도 된다.

2 연결 리스트의 구조

연결 리스트의 데이터는 다음에 이어질 데이터에 대한 주소를 포함해 〈원소, 주소〉 단위로 구성되어 있으며, 이를 합쳐서 노드Node라고 한다. [그림 6-11]과 같이 원소 값을 저장하는 데이터 필드Data Field와 다음 노드 주소를 저장하는 링크 필드Link Field로 되어 있다.

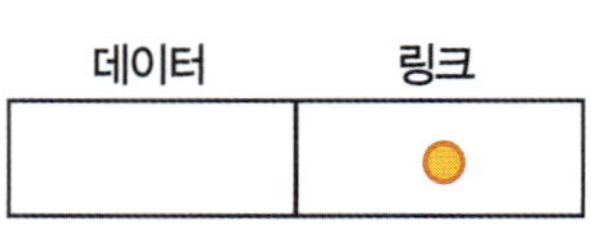

그림 6-11 노드의 구조 © 이지영, 『C로 배우는 쉬운 자료구조(4판)』, 한빛아카데미, 2021

각각의 노드는 [그림 6-12]처럼 링크로 연결되어 있다. 제일 왼쪽의 헤드 포인터Head Pointer가 첫 번째 노드를 가리키고, 첫 번째 노드의 링크 필드가 두 번째 노드를, 두 번째 노드의 링크 필드가 세 번째 노드를 가리키는 식이다. 세 번째 노드의 링크 필드에는 NULL(널)이 저장되어 있는데, 이는 더 이상 연결시킬 노드가 없다는 뜻이다.

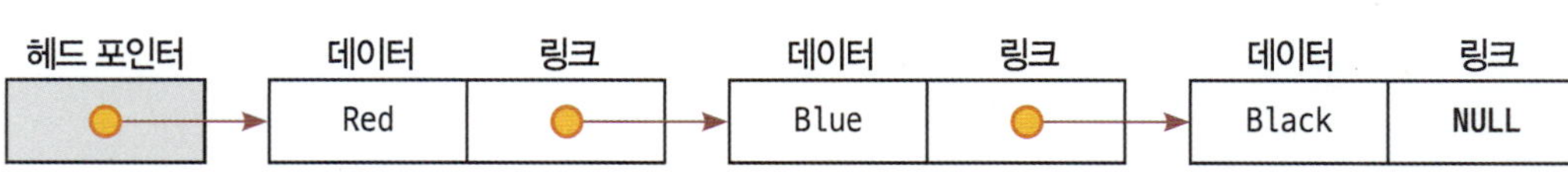

그림 6-12 연결 리스트의 예 © 이지영, 『C로 배우는 쉬운 자료구조(4판)』, 한빛아카데미, 2021

3 연결 리스트의 분류

연결 리스트는 단순 연결 리스트, 원형 연결 리스트, 이중 연결 리스트로 분류된다.

단순 연결 리스트

단순 연결 리스트Singly Linked List는 노드의 링크 필드가 하나이며, 링크 필드는 다음 노드와 연결되는 가장 기본 구조이다.

원형 연결 리스트

원형 연결 리스트Circular Liked List는 단순 연결 리스트의 마지막 노드가 리스트의 첫 번째 노드를 가리키게 하여 리스트 구조를 원형으로 만든 구조이다.

이중 연결 리스트

이중 연결 리스트Doubly Linked List는 단순 연결 리스트와 원형 연결 리스트의 단점을 보완한 구조이다. 단순 연결 리스트는 선행 노드로 접근하는 것이 어렵고, 원형 연결 리스트는 바로 이전 노드로 접근하려면 전체 리스트를 한 바퀴 돌아야 가능하다는 단점이 있다. 그래서 양쪽으로 모두 순회할 수 있도록 노드를 연결한 것이 이중 연결 리스트이다.

4 연결 리스트에서의 데이터 추가 및 삭제

단순 연결 리스트의 장점은 새로운 항목을 추가하거나 삭제할 때 링크 필드에 연결된 화살표만 수정하면 된다는 것이다. 각각의 원소가 물리적으로는 연속 배치되어 있지 않더라도, 링크로 연결되어 있어 새로운 데이터를 추가하거나 기존의 데이터를 삭제할 때 편리하다. 이번에는 단순 연결 리스트의 데이터를 추가 및 삭제하는 방법에 대해 알아보자.

먼저 연결 리스트에 데이터를 추가하는 방법부터 알아보자. [그림 6-13]에서 최초의 연결 리스트 구조는 노드 A, 노드 B, 노드 C 각각의 데이터 'Red', 'Blue', 'Black'이다. 여기서 노드 B와 노드 C 사이에 노드 N을 추가하려고 한다. 일단은 노드 N의 데이터 필드에 'White'를 저장한다. 그 뒤, 노드 B의 링크 필드가 가리키고 있는 노드 C를 노드 N의 링크 필드가 가리키게 하면 노드 N이 노드 C를 가리키게 된다. 마지막으로 노드 B의 링크 필드 영역이 노드 N을 가리키면 데이터 추가 동작이 완료된다.

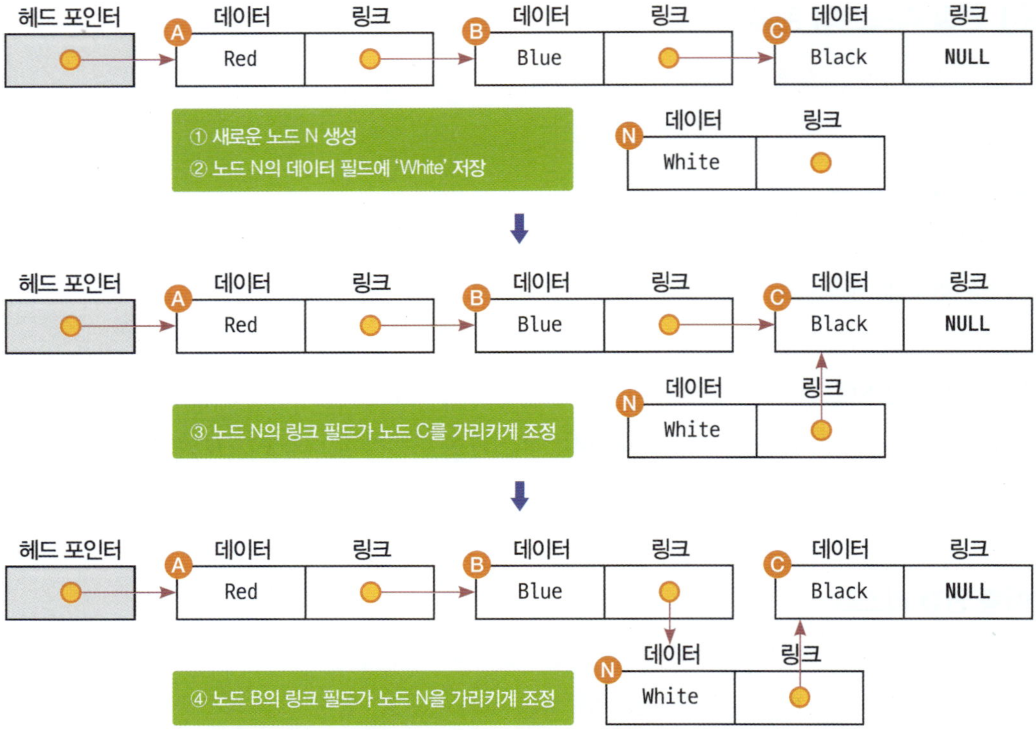

그림 6-13 연결 리스트에서의 데이터 추가 ⓒ 이지영, 『C로 배우는 쉬운 자료구조(4판)』, 한빛아카데미, 2021

이번에는 연결 리스트에서 데이터를 삭제하는 방법에 대해 알아보자. [그림 6-14]의 최초 연결 리스트 구조에 있는 노드 B를 삭제하려고 한다. 추가 방법보다 훨씬 간단한데, 바로 노드 A의 링크 필드가 노드 C를 가리키게 하면 된다. 그러면 노드 A의 다음이 노드 C가 되므로 노드 B는 연결 리스트에서 제거된다. 이때 노드 B는 연결 리스트에서 제외되었을 뿐 메인메모리에서 삭제된 상태는 아니므로 그냥 두어도 문제는 없다. 하지만 사용하지 않는 노드는 메인메모리에서 지우는 것이 좋다.

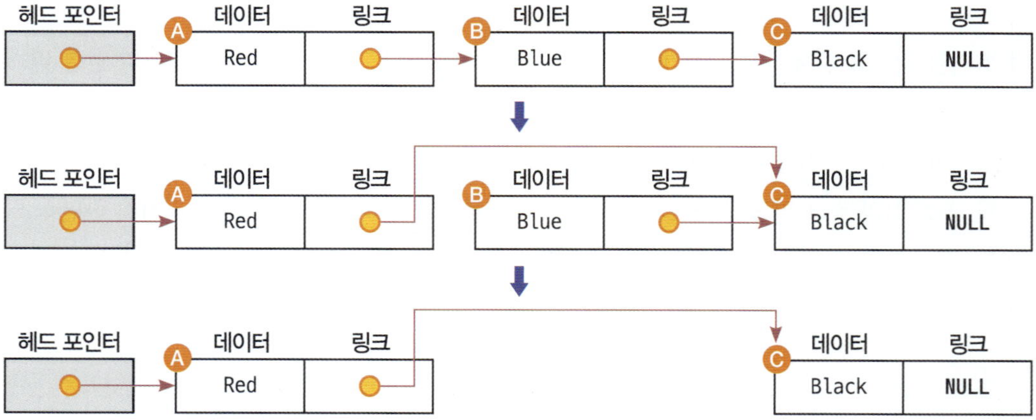

그림 6-14 연결 리스트에서의 데이터 삭제 ⓒ 이지영, 『C로 배우는 쉬운 자료구조(4판)』, 한빛아카데미, 2021

하나 더 알기 **배열과 연결 리스트 비교**

연결 리스트는 배열과 비교했을 때, 데이터 검색 기능이 약하다. 배열은 인덱스를 알면 위치와 상관없이 데이터를 쉽게 찾을 수 있지만, 연결 리스트는 첫 노드부터 순서를 거쳐 찾아가야 하기 때문이다. 또한 자료를 위한 메모리 공간 외에도 링크 필드의 포인터를 위한 메모리 공간이 추가로 필요하다.

하지만 연결 리스트는 효율적인 메모리 사용이 가능하다는 장점이 있다. 배열은 정적인 메모리를 사용하기 때문에 작업 전 최대 자료 개수를 미리 알고 있어야 한다. 그래서 작업을 실행할 때 불필요하게 많은 메모리를 할당받아 공간을 낭비시키는 경우도 있다. 반면, 연결 리스트는 프로그램 실행 중에도 노드 단위로 메모리를 할당받을 수 있어 공간을 보다 효율적으로 사용할 수 있다. 무엇보다도, 연결 리스트는 배열보다 데이터를 추가하고 삭제하는 방법이 편하고 쉽다.

SECTION 04

스택

1 스택의 개념

스택Stack은 데이터를 차곡차곡 쌓아 올린 형태로 구성된 자료구조이다. [그림 6-15]와 같이, 책이나 이삿짐 박스를 쌓아 올린 모습을 떠올리면 된다. 이 구조에서는 제일 위에 놓인, 즉 가장 최근에 올려 둔 물건부터 차례로 쓰이게 되는데, 스택도 마찬가지이다.

그림 6-15 스택의 실생활 예 : 쌓인 책과 이삿짐 박스

2 스택의 구조

스택 자료구조는 톱Top으로 정해진 맨 위에서만 데이터의 추가, 삭제 작업이 가능하다. 구조의 중간에서는 데이터를 추가하거나 삭제하지 못한다. 스택에서 톱은 삽입과 삭제가 일어나는 위치로, 스택의 가장 위에 있는 데이터라고 보면 된다. 같은 크기의 데이터를 정해진 방향으로만 쌓을 수 있고, 톱을 통해서만 접근할 수 있다. 톱을 통해 들어온 데이터는 일정한 방향, 즉 아래에서 위로 차곡차곡 쌓이게 된다. 새로운 데이터는 톱 위치에 쌓이는데, 마지막에 삽입된 데이터가 스택에서 가장 위에 있는 데이터가 된다. 이 방식은 데이터를 삭제할 때도 마찬가지로 적용된다. 정리하면, 스택은 가장 마지막에 삽입Last In된 데이터가 가장 먼저 삭제First Out된다는 LIFOLast In First Out 구조로 운영된다.

[그림 6-16]과 같이 스택은 사각형의 저장 공간으로 구성되어 있으며, 배열과 비슷하지만 저장 순서는 계속 바뀌는 형태이다.

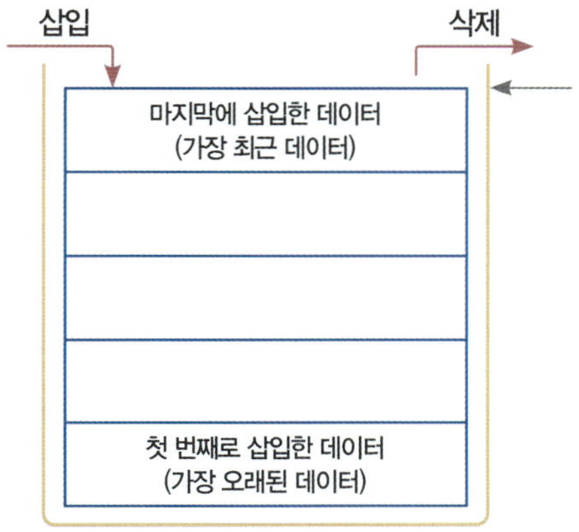

그림 6-16 스택의 구조

3 스택에서의 데이터 추가 및 삭제

스택에서 데이터를 추가(저장)하는 작업은 푸시[Push]라고 하며, 데이터를 삭제(추출)하는 작업은 팝[Pop]이라고 한다. 푸시와 팝이 일어나는 장소는 스택의 톱 위치이며, [그림 6-17]과 같은 방식으로 진행된다.

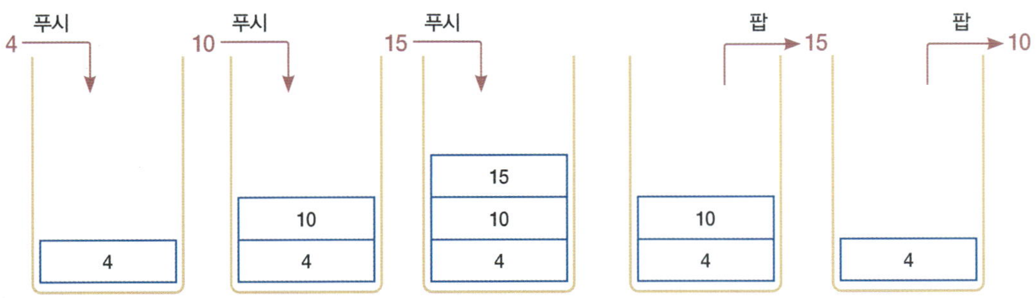

그림 6-17 스택에서의 데이터 추가(푸시) 및 삭제(팝)

4 파이썬에서의 스택 표현

파이썬에서는 리스트를 사용해 스택을 구현할 수 있다. 스택과 관련된 함수[Method]로는 append( )와 pop( )이 있다. append( )는 리스트 끝에 새 항목을 추가하는 함수이고, pop( )은 리스트 끝 항목을 삭제하는 함수이다. 여기서 리스트의 끝은 스택의 톱 위치와 같다고 생각하면 된다. [코드 6-1]은 파이썬에서 스택 관련 코드가 구현된 모습이다.

코드 6-1 **파이썬에서의 스택 구현**

```
>>> a = [1, 3, 5, 7, 9]
>>> a.append(15)
>>> a
[1, 3, 5, 7, 9, 15]
>>> a.append(20)
>>> a
[1, 3, 5, 7, 9, 15, 20]
>>> a.pop()
20
>>> a.pop()
15
```

간단히 살펴보면, 먼저 변수 a에는 [1, 3, 5, 7, 9] 리스트가 할당되어 있다. 변수 a에 15와 20을 각각 추가하기 위해 append( ) 함수를 사용했고, 그 결과 변수 a 리스트에는 15와 20이 추가되었다. 여기서 pop( ) 함수를 사용하면 가장 마지막에 저장된 값은 추출되어 리스트에서 삭제된다. 이 코드에서는 pop( ) 함수를 처음 실행했을 때, 가장 마지막에 저장된 20이 화면으로 추출되어 변수 a 값은 [1, 3, 5, 7, 9, 15]가 되었다. 다시 한번 더 pop( ) 함수를 실행하면 마지막에 저장된 15가 추출되면서 변수 a 값은 [1, 3, 5, 7, 9]가 된다.

SECTION
05 큐

1 큐의 개념

이번에는 스택의 반대 개념인 큐에 대해 알아보자. [그림 6-18]과 같이 ATM 이용 대기자가 줄을 서 있는 상황이라고 해보자. ATM은 가장 먼저 온 사람이 처음으로 이용할 수 있고, 가장 나중에 온 사람은 마지막 자리에서 기다려야 하는 시스템이다. 이처럼, 큐Queue도 데이터가 한 방향에서만 삽입되고 반대 방향으로만 삭제되는 자료구조이다.

그림 6-18 **큐의 실생활 예 : ATM 대기자**

2 큐의 구조

큐 구조는 데이터 삽입, 삭제가 일어나는 위치와 방법이 정해져 있다는 점에서 스택과 같지만, 리스트의 한쪽 끝은 삽입 작업만 이루어지고 반대쪽 끝에선 삭제 작업만 이루어진다는 점이 차이점이다. 큐는 한쪽 끝을 프런트Front로 정해 삭제 연산만 수행하고, 다른 쪽 끝을 리어Rear로 정해 삽입 연산만 수행한다. 다시 말해, 먼저 삽입First in된 데이터가 먼저 삭제First out되는 FIFOFist In First Out 구조로 운영된다.

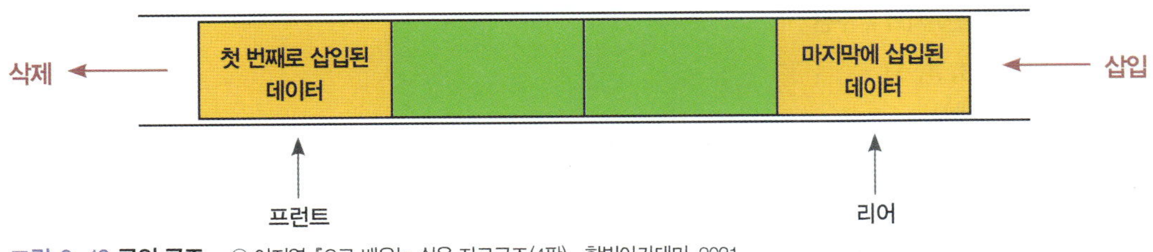

그림 6-19 **큐의 구조** © 이지영, 『C로 배우는 쉬운 자료구조(4판)』, 한빛아카데미, 2021

3 큐에서의 데이터 추가 및 삭제

큐에서 데이터를 추가하고 삭제하는 방법은 [그림 6-20]과 같다. 맨 처음 데이터 A를 삽입하면 A는 프런트와 리어의 역할을 담당하게 된다. 이후 데이터 B와 C가 삽입되면 가장 마지막에 삽입된 데이터가 차례로 리어 역할을 수행한다. 여기서 삭제 작업을 진행하면 데이터 A는 추출되고, 데이터 B가 프런트 역할을 수행하게 된다.

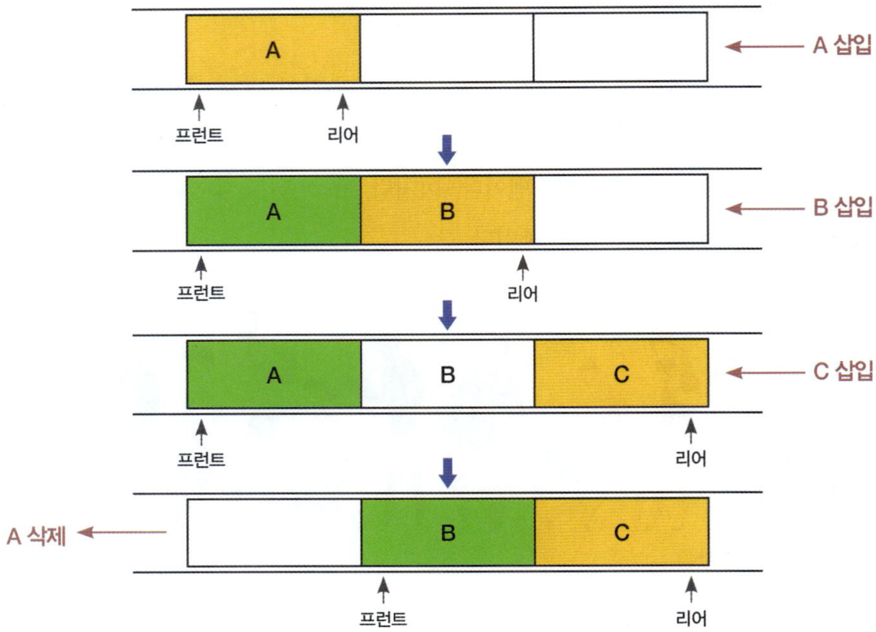

그림 6-20 **큐에서의 데이터 추가 및 삭제** ⓒ 이지영, 『C로 배우는 쉬운 자료구조(4판)』, 한빛아카데미, 2021

4 파이썬에서의 큐 표현

파이썬에서 큐를 구현하는 방법은 매우 간단한데, 기본 구조는 스택 구현 방법과 같다. pop( ) 함수를 사용할 때 인덱스가 0번째인 값을 추출한다는 의미로 pop(0)을 사용하면 된다. pop( ) 함수는 리스트의 마지막 값을 삭제하는 함수이므로, pop(0)은 맨 처음 값을 삭제한다는 의미와 같다.

코드 6-2 **파이썬에서의 큐 구현**

```
>>> a = [1, 2, 3, 4, 5]
>>> a.append(10)              # a = [1, 2, 3, 4, 5, 10]
>>> a.append(20)              # a = [1, 2, 3, 4, 5, 10, 20]
>>> a.pop(0)
1
>>> a.pop(0)
2
```

SECTION

06 비선형 자료구조

비선형 자료구조Non-linear Data Structure는 데이터 간의 상관관계를 연결 상태로 표현해야 할 때 사용하는 구조이다. 앞서 배운 배열, 연결 리스트, 스택, 큐는 선형 자료구조Linear Data Structure이고, 이번 섹션에서 배울 트리와 그래프가 비선형 자료구조이다.

1 트리

트리Tree는 나무를 뒤집어 놓은 모습의 자료구조이다. 데이터들이 리스트, 스택, 큐처럼 1 : 1 관계의 선형 구조가 아니라, 1 : n 관계인 비선형 구조로 놓여 있다. 계층 관계로 만들어진 계층형 자료구조Hierarchical Data Structure이기도 하다.

[그림 6-21]은 조선 초기 왕가의 가족 관계를 트리로 나타낸 가계도이다. 이 구조에서 트리의 원은 노드Node라 하고, 노드와 노드를 연결한 선은 간선Edge이라고 한다. 트리는 노드와 간선의 집합으로 이루어져 있다. 또한 트리는 계층 관계를 가지는데, 가장 위에 있는 노드부터 레벨 정보가 시작된다는 의미이다. 그래서 트리의 노드를 이용해 부모 – 자식 간 관계를 표현할 수 있다. 트리 맨 위에 위치한 노드는 루트 노드Root Node라 부르며, 가장 아래에 위치한 노드들은 단말 노드Terminal Node라 부른다.

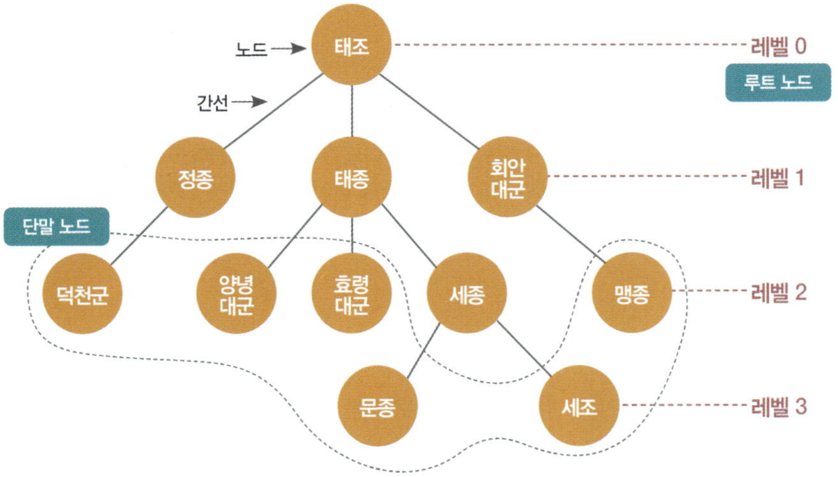

그림 6-21 트리의 실생활 예 : 가계도

트리의 구조를 제한해 정의하면 연산은 더욱 단순하고 명확해진다. 이진 트리Binary Tree는 노드의 자식 노드를 2개 이하로 정해 놓은 것인데, [그림 6-22]와 같이 왼쪽과 오른쪽, 최대 2개의 자식 노드만 가질 수 있다.

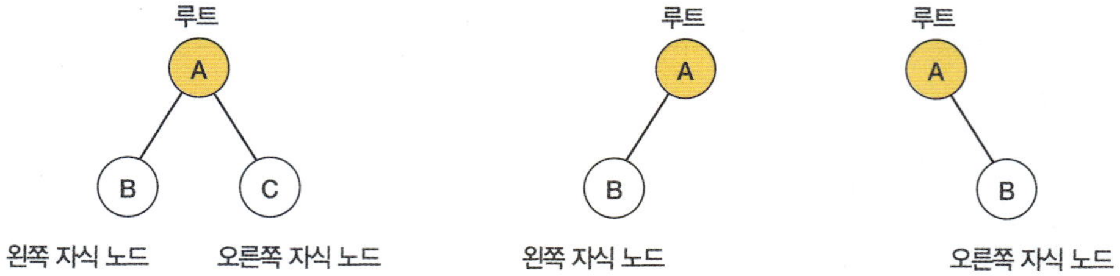

그림 6-22 **이진 트리의 기본 구조**

[그림 6-23]은 루트 노드 A의 왼쪽 자식 노드 B를 루트 노드로 하는 서브 트리와 오른쪽 자식 노드 C를 루트 노드로 하는 서브 트리로 구성된 이진 트리이다.

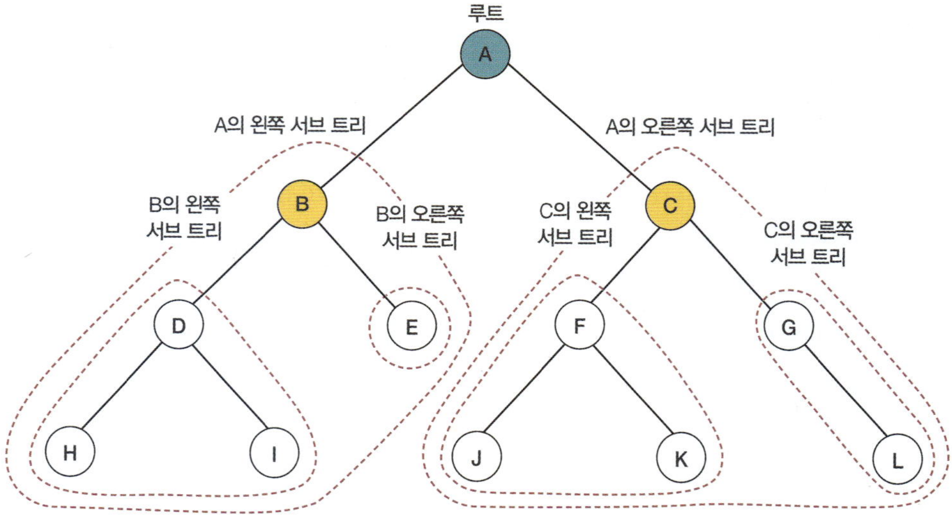

그림 6-23 **서브 트리가 합쳐진 이진 트리**

TIP 연결 리스트 구조는 자식이 하나만 있는 구조이고, 트리 구조는 자식이 2개 이상 존재하는 구조이다. 이진 트리는 자식 노드가 최대 2개인 트리지만, 이외에도 다양한 종류의 트리가 있다. 주어진 문제에 적합한 자료구조를 선택할 수만 있다면, 많은 문제들이 알고리즘을 통해 아주 쉽게 해결될 것이다.

2 그래프

그래프Graph는 연결된 데이터들의 n : n(다 : 다) 관계를 표현하는 자료구조이다. 지하철 노선도, 버스 노선도, 인맥 지도, 분자 구조 등을 나타낼 때 사용된다.

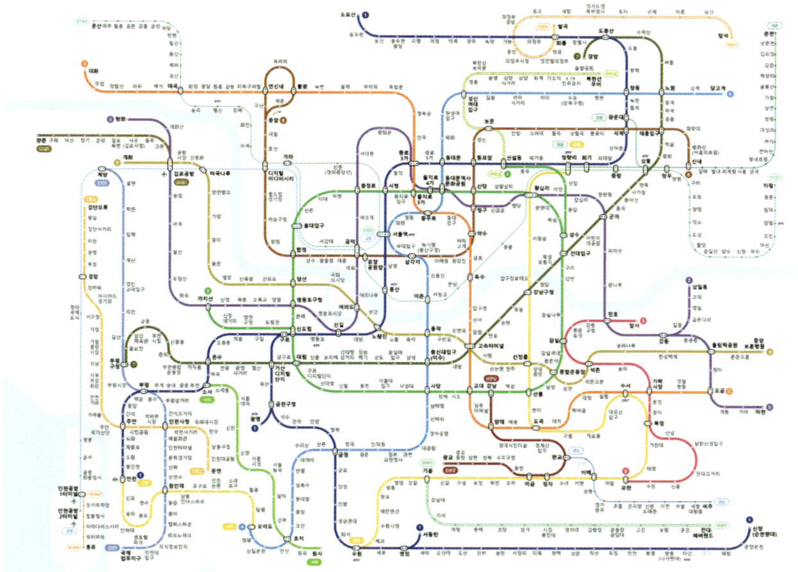

그림 6-24 **그래프의 실생활 예 : 지하철 노선도**

그래프는 연결할 객체를 나타내는 정점Vertex과 객체를 연결하는 간선Edge의 집합이다. 그래프와 트리의 차이점은, 그래프에는 사이클Cycle이 존재할 수 있다는 것이다. 그래프(G)는 G=(V, E)로 정의되는데, V는 그래프에 있는 정점의 집합을, E는 정점을 연결하는 간선의 집합을 뜻한다.

그래프는 방향성에 따라 무방향 그래프와 방향 그래프로 나뉜다. 무방향 그래프Undirected Graph는 두 정점을 연결하는 간선의 방향이 정해져 있지 않은 그래프이고, 방향 그래프Directed Graph는 간선에 방향이 정해져 있는 그래프이다.

(a) 무방향 그래프 구조

(b) 방향 그래프 구조

그림 6-25 **무방향 그래프와 방향 그래프 구조** ⓒ 이지영, 『C로 배우는 쉬운 자료구조(4판)』, 한빛아카데미, 2021

TIP 이외에도 연결 정도에 따라 완전 그래프, 부분 그래프, 가중 그래프 등이 있다.

[그림 6-26]처럼 생긴 방향 그래프는 실생활에 적용 중인 구조이기도 하다. 숫자로 표시된 노드는 도시 이름이고 간선의 숫자는 도시 간 거리라고 가정해 보자. 이때 1번 도시에서 6번 도시로 가는 최단 거리를 구하는 문제는 내비게이션이 현재 구현하고 있는 알고리즘이다.

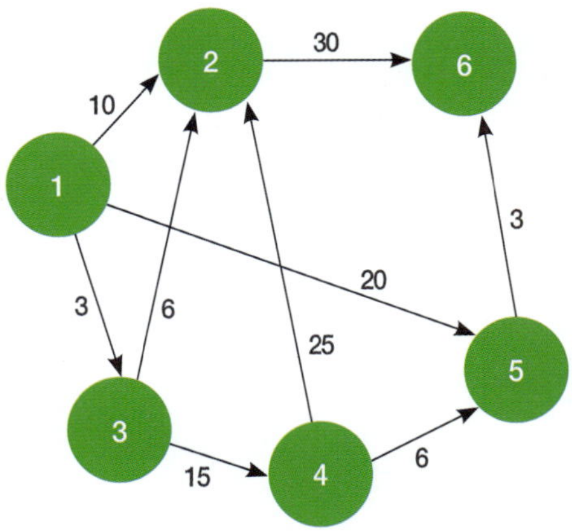

그림 6-26 **방향 그래프의 실생활 예 : 내비게이션 알고리즘**

또한 [그림 6-27] (a)의 방향 그래프를 실제 프로그래밍 언어에서 [그림 6-27] (b)처럼 2차원 배열로 표현할 수도 있다. 예를 들어, 2행 3열의 값이 1이라는 의미는 노드 2에서 노드 3으로 향하는 간선이 존재한다는 의미로 해석할 수 있다.

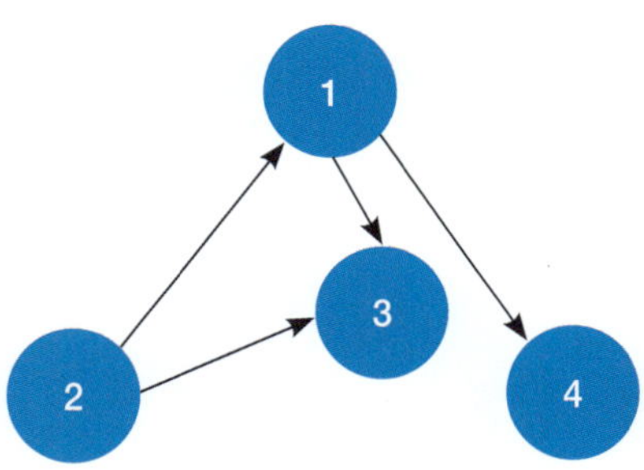

(a) 그래프

	1	2	3	4
1	0	0	1	1
2	1	0	1	0
3	0	0	0	0
4	0	0	0	0

(b) 2차원 배열

그림 6-27 **그래프를 2차원 배열로 구현**

요약

01 자료구조의 개요

- 자료구조의 개념 : 데이터의 구조적인 특성을 잘 살릴 수 있도록 체계적으로 데이터를 저장하고 사용하는 방법을 의미한다.
- 자료구조의 분류 : 단순 구조, 선형 구조, 비선형 구조가 있다.
- 자료구조와 알고리즘의 관계 : 어떤 시스템을 만드는 데 필요한 데이터를 배치하는 것이 자료구조이고, 시스템을 구현하고 실행하는 순서 및 방법을 체계적으로 표현한 것이 알고리즘이다.

02 배열

- 배열의 개념 : 자료형이 같은 데이터를 순서대로 나열한 뒤 메모리에 연속으로 저장해 만든 자료 그룹이다. 첫 번째 데이터를 기준으로 상대적인 위치를 파악해 나머지 데이터를 파악한다.
- 배열의 표현 : 인덱스를 사용해 표현하며, 항상 0부터 시작한다. 형식은 '배열 이름[배열 요소의 인덱스]'이며, 변수처럼 사용한다.

03 연결 리스트

- 연결 리스트의 개념 : 각 데이터에 저장된 다음 데이터의 주소(링크)에 따라 순서가 연결되는 구현 방식이다.
- 연결 리스트의 구조 : 연결 리스트의 데이터는 〈원소, 주소〉 단위로 구성되며, 이를 노드라고 한다. 원소 값을 저장하는 데이터 필드와 다음 노드 주소를 저장하는 링크 필드로 구성되어 있다.
- 연결 리스트의 분류 : 단순 연결 리스트, 원형 연결 리스트, 이중 연결 리스트가 있다.

04 스택

- 스택의 개념 : 차곡차곡 쌓아 올린 형태로 데이터를 구성하는 자료구조이다.
- 스택의 구조 : 가장 마지막에 삽입된 데이터가 가장 먼저 삭제된다는 LIFO 구조로 운영된다.
- 푸시 : 스택에서 데이터를 추가하는 것을 말한다.
- 팝 : 스택에서 데이터를 삭제하는 것을 말한다.

05 큐

- 큐의 개념 : 데이터가 한쪽 방향으로만 삽입되고 반대 방향으로만 삭제되는 자료구조이다.
- 큐의 구조 : 먼저 삽입된 데이터가 먼저 삭제되는 FIFO 구조로 운영된다.

06 트리

- 트리의 개념 : 나무를 뒤집어 놓은 모습의 자료구조이다. 계층 구조를 표현하기에 적합하다. 1 : n 관계인 비선형 구조이다.
- 이진 트리 : 모든 노드의 자식 노드 개수를 2개 이하로 정한 트리이다.

07 그래프

- 그래프의 개념 : 연결된 데이터 사이의 n : n(다 : 다) 관계를 표현하는 자료구조이다.
- 그래프의 구조 : 연결할 객체를 나타내는 정점과 객체를 연결하는 간선의 집합으로 구성되어 있다.
- 그래프의 분류 : 방향성에 따라 무방향 그래프와 방향 그래프로 나뉜다.

연습문제

단답형 문제

01 컴퓨터에서 (　　　　　　)란 프로그램으로 처리하고자 하는 데이터를 의미하는데, 프로그램 대부분은 이 (　　　　　　)를 처리하여 유용한 정보로 출력한다.

02 (　　　　　　)란 데이터의 구조적 특성이 잘 살아나도록 체계적으로 데이터를 저장하고 사용하는 방법을 의미한다.

03 자료구조 중 (　　　　　　)는 기본 자료형에 따라 분류된다.

04 자료구조 중 (　　　　　　)는 순서에 따라 여러 개의 데이터가 한 줄로 늘어선 구조이다.

05 자료구조 중 (　　　　　　)는 비순차적인 성질을 지닌 데이터들을 표현한 구조이다.

06 (　　　　　　)이란 알맞은 순서대로 수행되기만 하면 제한 시간 내에 주어진 문제를 해결할 수 있는 명령어들의 집합이다.

07 (　　　　　　)은 자료형이 같은 데이터를 순서대로 나열한 뒤, 메모리에 연속으로 저장해 만든 자료 그룹이다. 파이썬에서는 리스트라고도 부른다.

08 배열 요소를 간단히 구별하기 위해 사용하는 번호는 (　　　　　　)라고 한다.

09 (　　　　　　)는 연속된 물리적 주소에 따라 데이터 순서를 표현하는 것이 아니라, 각 데이터에 저장된 다음 노드의 링크에 따라 순서가 연결되는 방식이다.

10 연결 리스트의 데이터는 다음 데이터의 주소를 저장하고 있는 형태로, 〈원소, 주소〉 단위로 구성되어 있다. 이를 (　　　　　　)라고 부른다.

11 연결 리스트는 원소의 값을 저장하는 (　　　　　　)와 다음 노드의 주소를 저장하는 (　　　　　　)로 구성되어 있다.

연습문제

12 (　　　　　　)은 차곡차곡 쌓아 올린 형태로 데이터를 구성하는 자료구조이다. 가장 마지막에 삽입된 데이터가 가장 먼저 삭제된다는 (　　　　　　) 구조로 운영된다.

13 스택에서 데이터를 추가하는 것은 (　　　　　　)라고 하고, 데이터를 삭제하는 것은 (　　　　　　)이라고 한다.

14 파이썬에서 스택과 관련된 함수인 (　　　　　　) 함수는 리스트의 끝에 새 항목을 추가할 수 있고, (　　　　　　) 함수는 리스트의 마지막 항목을 삭제할 수 있다.

15 (　　　　　　)는 데이터가 한쪽 방향으로만 삽입되고 반대 방향으로만 삭제되는 자료구조이다. 먼저 삽입된 데이터가 먼저 삭제되는 (　　　　　　) 구조로 운영된다.

16 (　　　　　　)는 나무를 뒤집어 놓은 모습의 자료구조이다. 계층 구조를 표현할 때 유용하며, 자료들이 1 : n 관계인 비선형 구조이다.

17 (　　　　　　)는 모든 노드의 자식 노드 개수를 2개 이하로 정한 트리이다.

18 (　　　　　　)는 연결된 데이터 간 n : n 관계를 표현한 자료구조이다.

객관식 문제

19 다음 중 자료구조의 정의로 알맞은 것은?

① 프로그램으로 처리하고자 하는 데이터를 말한다.

② 자료를 처리하여 유용한 정보로 출력하는 것을 뜻한다.

③ 주어진 문제의 해결 방법을 추상화하여 일련의 논리적인 절차로 기술해 놓은 명세서와 같다.

④ 데이터의 구조적 특성이 잘 살도록 체계적으로 데이터를 저장하고 사용하는 방법이다.

⑤ 배열 요소를 간단히 구별하기 위해 사용하는 번호이다.

20 다음 중 자료구조에 대한 설명이 아닌 것은?

① 프로그램에서 쉽게 이용할 수 있도록 구성된 데이터 간의 논리적인 관계이다.

② 데이터 자체가 가지고 있는 구조적 특징을 잘 살리는 방법에 대한 이론이다.

③ 자료를 효율적으로 표현하고 저장하고 처리하는 것이다.

④ 시스템을 구현하고 실행하는 순서 및 방법을 체계적으로 표현한 것이다.

⑤ 어떤 시스템을 만드는 데 필요한 데이터를 배치하는 것이다.

21 자료구조 중 비순차적인 성질을 지닌 데이터들을 표현하는 구조는 무엇인가?

① 단순 구조 ② 선형 구조 ③ 원형 구조

④ 컴퓨터 구조 ⑤ 비선형 구조

22 다음 중 알고리즘에 대한 설명으로 올바른 것은?

① 적합한 순서대로 수행되면 제한 시간 내에 문제를 해결할 수 있는 명령어들의 집합이다.

② 프로그래밍할 때 필요한 여러 데이터를 저장하거나 사용하는 방법에 대해 정의한 이론이다.

③ 단순 구조, 선형 구조, 비선형 구조 등이 있다.

④ 요리 과정에 비유하면 요리 재료에 해당한다.

⑤ 자료구조와는 관계가 없다.

23 다음 중 배열에 대한 설명이 아닌 것은?

① 자료형이 같은 데이터를 순서대로 나열한 뒤 메모리에 연속으로 저장해 만든 자료 그룹이다.

② 정해진 개수의 셀들이 모여 있고, 용어 그대로 데이터들을 배열한 구조이다.

③ 파이썬에서는 리스트라고 부르기도 한다.

④ 시스템을 구현하고 실행하는 순서 및 방법을 체계적으로 표현한 것이다.

⑤ 첫 번째 데이터로부터 떨어진 위치를 통해 나머지 데이터를 파악한다.

24 다음 중 성격이 다른 자료구조는 무엇인가?

① 배열 ② 그래프 ③ 큐

④ 스택 ⑤ 연결 리스트

25 다음의 배열처럼 데이터를 배치하기 위한 파이썬 코드로 알맞은 것은?

animal[0]	animal[1]	animal[2]	animal[3]
dog	cat	lion	tiger

① colors = [dog, cat, lion, tiger]

② colors = ['dog', 'cat', 'lion', 'tiger']

③ data = [dog, cat, lion, tiger]

④ animal = [dog, cat, lion, tiger]

⑤ animal = ['dog', 'cat', 'lion', 'tiger']

26 다음 중 연결 리스트에 대한 설명이 아닌 것은?

① 각 데이터에 저장된 다음 데이터의 주소(링크)로 순서가 연결되는 구현 방식이다.

② 변수 이름 한 개로 여러 개의 메모리 방을 사용하는 구조이다.

③ 데이터의 논리적인 순서와 물리적인 순서가 일치하지 않아도 된다.

④ 배열의 연산 시간과 저장 공간이 가진 문제를 개선한 데이터 표현 방법이다.

⑤ 원소 값을 저장하는 데이터 필드와 다음 노드 주소를 저장하는 링크 필드로 이루어져 있다.

27 연결 리스트의 데이터는 〈원소, 주소〉 단위로 구성되어 있는데, 이를 무엇이라고 부르는가?

① 헤드 포인터 ② 데이터 필드 ③ 노드

④ 배열 ⑤ NULL

28 다음 중 단순 연결 리스트에 대한 설명이 아닌 것은?

① 양쪽으로 순회할 수 있도록 노드를 연결한 리스트이다.

② 새로운 항목을 추가하거나 삭제할 때 링크 필드에 연결된 화살표만 수정하면 된다.

③ 각각의 원소가 물리적으로는 연속 배치되어 있지 않아도 링크로 연결할 수 있다.

④ 링크 필드는 다음 노드와 연결되어 있다.

⑤ 노드의 링크 필드가 하나이다.

29 다음 중 스택에 대한 설명이 아닌 것은?

① 톱으로 정해진 위치를 통해 데이터에 접근할 수 있다.

② 스택 중간에서 데이터를 추가하거나 삭제할 수 없다.

③ 각 원소가 물리적으로 연속 배치되어 있지 않아도 링크로 연결이 가능하다.

④ 삽입된 데이터가 차곡차곡 쌓아 올려져 있는 형태로 구성되어 있다.

⑤ 데이터의 삽입과 삭제가 한쪽에서만 일어나는 구조이다.

30 스택에서 데이터를 추가하는 것을 무엇이라고 하는가?

① 데이터 ② 링크 ③ 노드

④ 팝 ⑤ 푸시

31 스택에서 데이터를 삭제하는 것을 무엇이라고 하는가?

① 데이터 ② 푸시 ③ 노드

④ 팝 ⑤ 링크

32 다음 코드의 출력 값으로 알맞은 것은?

```
>>> a = [0, 1, 2, 3]
>>> a.append(15)
>>> a
```

① [0, 1, 2, 3] ② [1, 2, 3, 15] ③ [15]

④ [0, 1, 2] ⑤ [0, 1, 2, 3, 15]

33 다음 코드의 출력 값으로 알맞은 것은?

```
>>> a = [5, 4, 3, 2]
>>> a.pop()
```

① 5 ② 2 ③ 5, 4, 3

④ 3, 2 ⑤ 4, 3, 2

연습문제

34 다음 중 큐에 대한 설명이 아닌 것은?

① 데이터 삽입, 삭제의 위치와 방법이 제한되어 있다.

② 데이터가 한쪽 방향으로만 삽입되고 반대 방향으로만 삭제되는 자료구조이다.

③ FIFO 구조로 운영된다.

④ 데이터 간의 상관관계를 연결 상태로 표현해야 할 때 사용한다.

⑤ 한쪽 끝을 프런트로 정해 삭제 연산만 수행하고, 다른 쪽 끝을 리어로 정해 삽입 연산만 수행한다.

35 다음 중 LIFO 구조로 운영되는 자료구조는?

① 그래프 ② 연결 리스트 ③ 큐

④ 스택 ⑤ 배열

36 다음 중 FIFO 구조로 운영되는 자료구조는?

① 그래프 ② 연결 리스트 ③ 큐

④ 스택 ⑤ 배열

37 다음 코드의 출력 값으로 알맞은 것은?

```
>>> a = [5, 6, 7]
>>> a.append(3)
>>> a.pop(0)
```

① 6 ② 3 ③ 0

④ 5 ⑤ 7

38 트리 자료구조의 (a) 관계 형태와 (b) 구조가 바르게 짝지어진 것은?

① (a) 1 : n, (b) 비선형 ② (a) 1 : n, (b) 선형 ③ (a) 1 : 1, (b) 비선형

④ (a) 1 : 1, (b) 선형 ⑤ (a) n : n, (b) 선형

39 다음과 같은 큐 자료구조에서 데이터를 한 번 삭제한 후 데이터 E를 삽입할 경우, (a) 프런트와 (b) 리어를 담당할 데이터로 알맞게 짝지어진 것은?

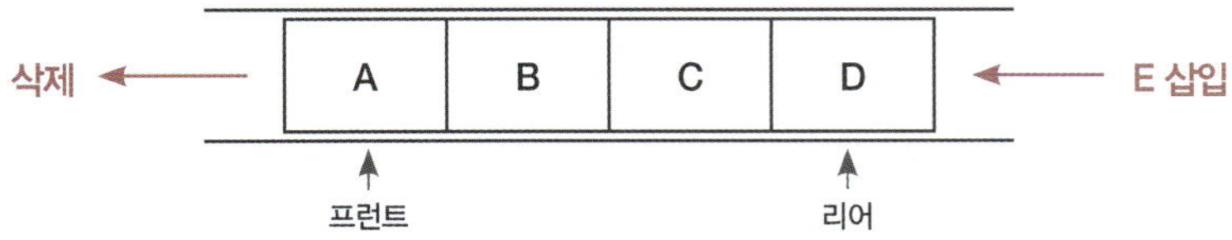

① (a) A, (b) E ② (a) A, (b) D ③ (a) B, (b) D

④ (a) B, (b) E ⑤ (a) C, (b) E

40 트리를 구성하는 모든 노드의 자식 노드 개수가 2개 이하인 구조는?

① 이중 트리 ② 다중 트리 ③ 이진 트리

④ 다진 트리 ⑤ 단말 트리

41 트리 자료구조 요소를 가리키는 용어로 <u>틀린</u> 것은?

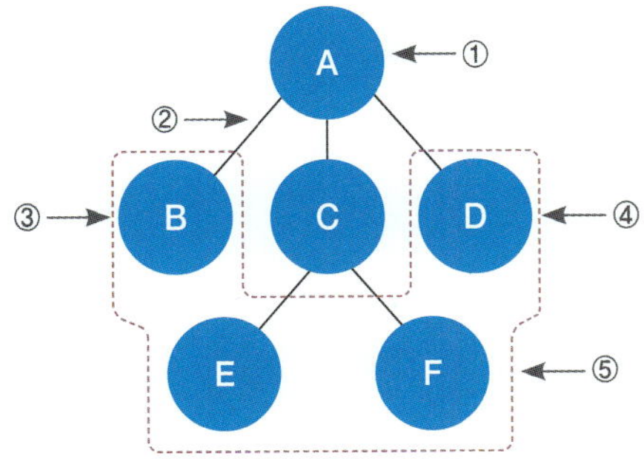

① 루트 노드

② 간선

③ 노드

④ 레벨 0

⑤ 단말 노드

42 다음 중 그래프에 대한 설명이 <u>아닌</u> 것은?

① 정점과 간선의 집합이다.

② 트리와 달리 사이클이 존재한다.

③ 방향성에 따라 무차별 그래프와 불완전 그래프로 분류할 수 있다.

④ 지하철 노선도, 버스 노선도, 인맥 지도, 분자 구조 등에 활용되고 있다.

⑤ 연결된 데이터 간 n : n(다 : 다) 관계를 표현하는 자료구조이다.

연습 문제

주관식 문제

43 자료구조 3가지와 각 구조에 포함된 종류를 적으시오.

44 파이썬으로 다음과 같이 코드를 작성할 때, language 배열은 어떻게 배치되는지 그림으로 그려 보시오.

```
language = ['C', 'Java', 'Python', 'JavaScript']
```

45 연결 리스트 구조인 노드 A, 노드 B 사이에 새로운 노드 N을 추가하려고 한다. 이 과정을 그림으로 설명해 보시오.

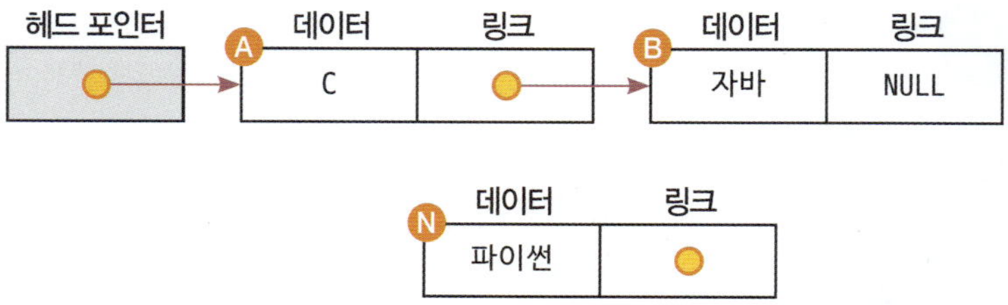

46 다음 그림과 같은 스택 자료구조에 데이터 B와 데이터 C를 순서대로 푸시한 후 팝을 한 번 진행하는 과정에 대해 그림으로 표현해 보시오.

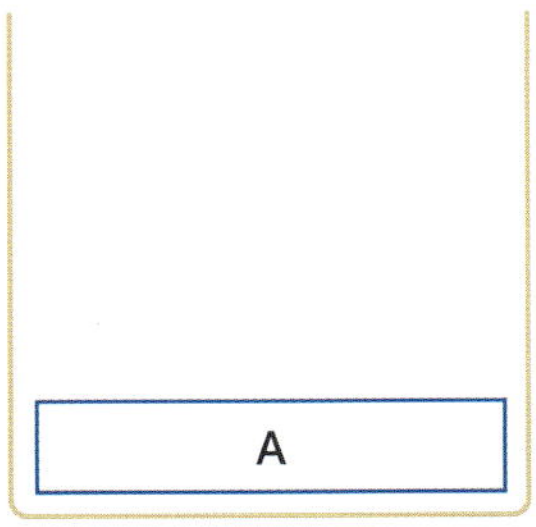

47 스택 자료구조에서 리스트 a에 1, 2, 3, 4를 설정하고 5와 6을 푸시한 후, 팝을 한 번 진행하려고 한다. 이 과정을 파이썬으로 코딩해 보시오.

48 다음의 파이썬 코드를 큐 자료구조라고 가정해 데이터 하나를 삭제하려고 한다. 최종 결과로 1이 출력되려면 빈칸에 어떤 코드가 들어가야 하는지 적으시오.

```
>>> a = [1, 10, 50, 70, 90]
>>> a.append(100)
>>> a.append(200)
[                                        ]
1
```

연습문제

49 트리 자료구조로 그린 가계도가 다음과 같을 때, 노드, 간선, 루트 노드, 단말 노드, 레벨의 위치를 각각 표시하시오.

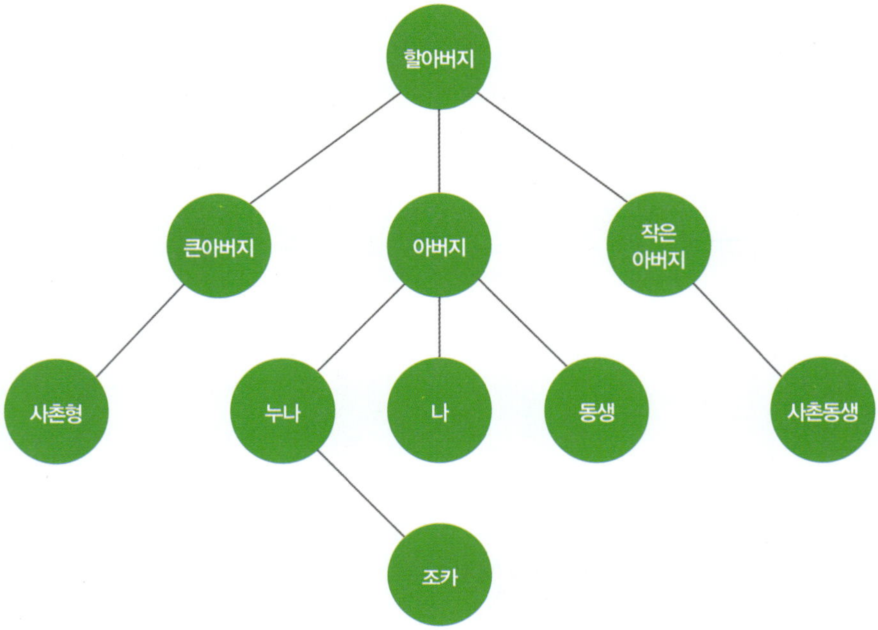

CHAPTER 07

알고리즘

학습목표

- 알고리즘의 개념, 표현 방법, 설계에 대해 알아본다.
- 알고리즘의 복잡도를 이용해, 알고리즘의 효율성을 분석하는 방법에 대해 이해한다.
- 정렬 알고리즘을 이해하기 위해 선택 정렬, 버블 정렬, 삽입 정렬에 대해 알아본다.
- 검색 알고리즘을 이해하기 위해 순차 검색, 이진 검색, 해싱에 대해 알아본다.

PREVIEW

섹션 1에서는 알고리즘의 개념에 대해 먼저 알아본다. 이후 알고리즘을 표현하는 방법인 자연어, 순서도, 의사코드, 프로그래밍 언어에 대해 살펴보고, 알고리즘 설계 방법에 대해 학습한다.

섹션 2에서는 알고리즘의 복잡도에 대해 이해하고, 알고리즘의 효율성을 측정하는 데 가장 좋은 방법인 시간 복잡도와 빅오 표기법에 대해 알아본다.

섹션 3에서는 주어진 데이터를 정해진 순서대로 나열하는 알고리즘인 정렬 알고리즘에 대해 알아본다. 또한, 대표적인 정렬 알고리즘 종류인 선택 정렬, 버블 정렬, 삽입 정렬에 대해 살펴본다.

섹션 4에서는 데이터 추가, 기존 데이터 삭제, 해당 데이터의 존재 여부 파악 등의 작업에 꼭 필요한 검색 알고리즘에 대해 알아본다. 또한, 대표적인 검색 알고리즘 종류인 순차 검색, 이진 검색, 해싱에 대해 살펴본다.

이번 챕터를 통해 알고리즘에 대한 전반적인 내용을 파악할 수 있을 것이다.

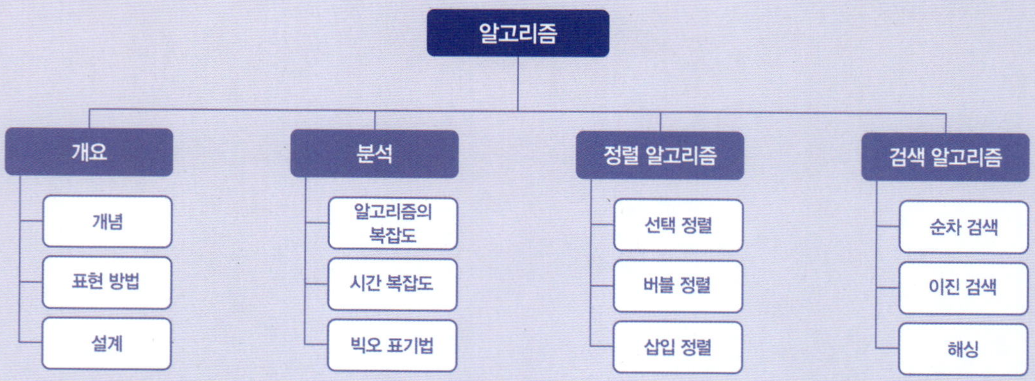

SECTION 01 알고리즘의 개요

1 알고리즘의 개념

알고리즘Algorithm이란 문제를 해결하기 위한 일련의 절차이다. 다시 말해, 어떤 작업을 수행하기 위한 명령어를 입력받아 결과를 출력해 내는 과정을 기술한 것이다.

앞서 챕터 6에서 활용한 '라면 끓이기' 과정을 다시 보면서 알고리즘의 개념에 대해 좀 더 쉽게 이해해 보자. 라면을 완성하려면, 우선 냄비에 물을 넣고 끓여야 한다. 물이 끓으면 면과 스프를 넣고 4분간 더 끓인다. 이때, 3분이 지난 시점에 달걀과 파를 넣고 4분이 되면 불을 끈다. 마지막으로 완성된 라면을 그릇에 담아 먹으면 된다. 이렇게 방법과 절차를 기록한 레시피 역할을 하는 것이 바로 알고리즘이다.

그림 7-1 **알고리즘의 예시 : 라면 끓이기**

2 알고리즘의 표현 방법

알고리즘은 자연어, 순서도, 의사코드, 프로그래밍 언어를 사용해 표현할 수 있다.

자연어

자연어Natural Language는 사람이 사용하는 자연 언어를 뜻한다. 자연어로 표현된 알고리즘은 사람에게 친숙한 언어로 구성되어 있어 쉽게 작성할 수 있다는 장점이 있지만, 명확하지 않은 표현 때문에 오해가 발생할 수 있다는 단점도 있다. 자연어 알고리즘은 [그림 7-2]처럼 표현되며, 주어진 문장대로 작업이 수행된다.

시작
a에 4를 대입한다.
b에 2를 대입한다.
a와 b를 더한 값을 c에 넣는다.
c 값을 출력한다.
끝

그림 7-2 **자연어로 표현한 알고리즘의 예**

순서도

순서도Flow Chart란 기호와 선을 이용해 문제 해결에 필요한 처리 과정을 표현한 방법이다. 전체적인 구조 흐름을 파악하는 데 적합하지만, 복잡한 알고리즘을 표현할 때는 그림도 복잡해져 효과가 떨어진다. [그림 7-3]은 [그림 7-2]의 자연어를 순서도로 표현한 것이다.

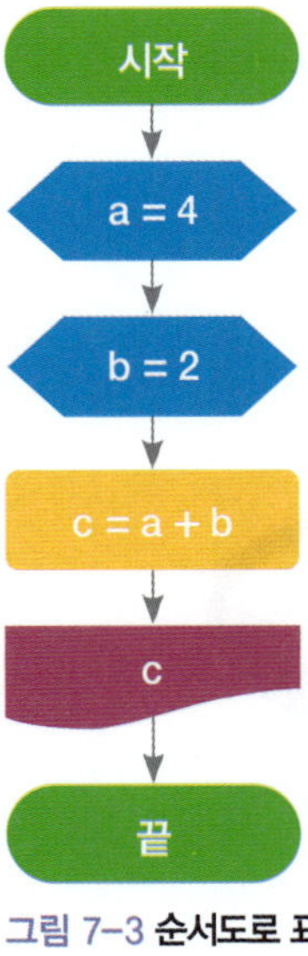

그림 7-3 **순서도로 표현한 알고리즘의 예**

의사코드

의사코드Pseudo Code는 프로그래밍 언어로 작성된 코드와 비슷한 형태로 알고리즘을 표현하는 방법이다. 구조는 프로그래밍 언어와 비슷하지만, 특정 프로그래밍 언어의 문법을 따르진 않는다. 그래서 가짜 코드라는 의미로 의사코드라고 부른다. [그림 7-4]는 [그림 7-3]의 순서도를 의사코드로 표현한 것이다.

```
START
   a = 4
   b = 2
   c = a + b
   PRINT c
END
```

그림 7-4 **의사코드로 표현한 알고리즘의 예**

프로그래밍 언어

프로그래밍 언어Programming Language는 프로그래밍을 할 때 사용하는 언어로, 컴퓨터가 이해할 수 있는 언어이다. 챕터 5에서 자세히 다룬 바 있다. [그림 7-5]는 파이썬을 이용해 [그림 7-4]의 의사코드를 프로그래밍 언어로 구현한 것이다.

```
>>> a = 4
>>> b = 2
>>> c = a + b
>>> c
6
```

그림 7-5 **프로그래밍 언어로 표현한 알고리즘의 예**

3 알고리즘의 설계

알고리즘의 설계란 가장 효율적인 문제 해결 방법을 찾아내는 과정이다. 알고리즘을 설계할 때는 문제의 현재 상태와 목표가 뭔지부터 명확히 해야 한다. 두 상태를 잘 인지하고 있어야 문제를 해결하기 위해 어떠한 작업을 수행해야 하는지 파악할 수 있기 때문이다. 알고리즘 명령이 실행되는 순서를 결정하는 제어 구조로는 순차 구조, 선택 구조, 반복 구조가 있다.

- **순차 구조 :** 명령을 순서대로 하나씩 수행하는 구조이다. 어떠한 일을 처리하는 데 필요한 과정을 시간 순서에 따라 구성한다.

• **선택 구조 :** 조건의 결과에 따라 명령을 선택해서 실행하는 구조이다.

• **반복 구조 :** 같은 동작을 여러 번 반복해 수행해야 할 때 실행하는 구조이다.

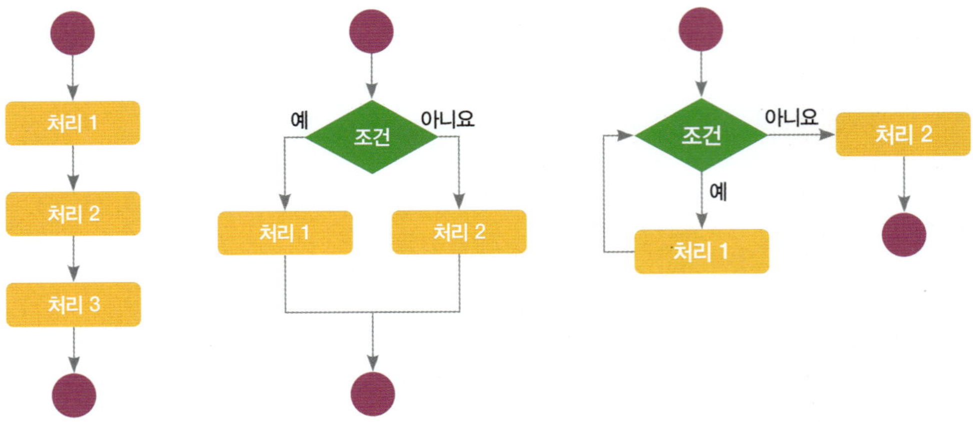

(a) 순차 구조 (b) 선택 구조 (c) 반복 구조

그림 7-6 **알고리즘의 제어 구조**

하나 더 알기 **알고리즘의 조건**

알고리즘은 다음과 같은 조건을 고려해 설계해야 한다.

- **입력 :** 알고리즘에 입력되는 자료가 0개 이상 존재해야 한다.
- **출력 :** 알고리즘이 실행되면 결과 값이 1개 이상 나와야 한다.
- **유한성 :** 알고리즘은 반드시 종료되어야 한다.
- **명확성 :** 알고리즘의 명령은 모호하지 않고 명확해야 한다.
- **실행 가능성 :** 알고리즘의 모든 명령은 실행 가능해야 한다.

SECTION 02

알고리즘의 분석

1 알고리즘의 복잡도

알고리즘은 어떤 구조가 보다 효율적인지 분석해 설계해야 한다. 알고리즘이 복잡한 구조이거나 처리해야 하는 데이터가 많을 경우 알고리즘의 효율성이 프로그램 성능에 많은 영향을 끼치기 때문이다. 분석을 통해 알고리즘의 복잡도를 알 수 있는데, 알고리즘의 복잡도란 해당 알고리즘이 특정 기준에 따라 얼마나 빠르고 느리게 실행되는지를 나타낸 것이다.

알고리즘의 효율성을 판단하는 기준은 여러 가지가 있는데, 그중에서도 'CPU의 실행 시간'은 가장 중요한 평가 기준이다. 그리고 이 기준으로 알고리즘 효율성을 측정하는 가장 좋은 방법은 시간 복잡도를 분석하는 것이다.

TIP 알고리즘의 복잡도는 분석을 마친 후 최상의 경우(Best Case), 최악의 경우(Worst Case), 평균적인 경우(Average Case)로 나뉜다.

2 시간 복잡도

시간 복잡도Time Complexity는 알고리즘이 실행되고 종료될 때까지 어느 정도의 시간이 필요한지를 측정하는 방법이다. 컴퓨터의 실행 시간을 직접 측정하기는 어려우므로, 알고리즘 실행문이 실행된 횟수를 파악해 측정한다.

TIP **단위 연산(Basic Operation) :** 알고리즘에서 가장 중요한 연산이다.

[그림 7-7]은 1부터 10까지의 수를 더하는 각기 다른 알고리즘을 표현한 것이다. 두 알고리즘을 통해 시간 복잡도를 파악해 보자. 일단 (a)는 앞의 두 수를 더한 값을 다음 수와 차례대로 더하는 방식이다. (b)는 맨 앞의 수와 맨 뒤의 수를 한 쌍으로 묶어 더하고, 그 값들을 더한 횟수로 곱하는 방식이다.

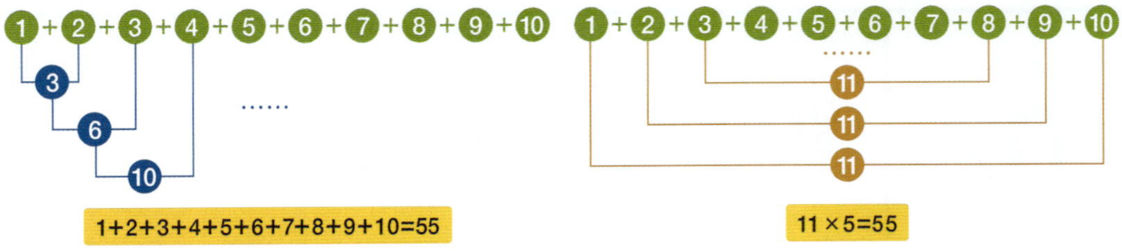

(a) 방법 1 : 1+2+3+4+5+6+7+8+9+10=55 (b) 방법 2 : 11×5=55

그림 7-7 **1부터 10까지의 수를 더하는 알고리즘 : 시간 복잡도**

비교해 보면, '방법 2'는 '방법 1'보다 더 적은 연산 횟수로 문제를 해결했다. 이 말은 '방법 2'의 시간 복잡도가 '방법 1'보다 낮다는 뜻이다. 연산할 자료가 많으면 연산 시간도 늘어난다. 1부터 1,000까지의 합을 구해야 한다면 알고리즘 형태에 따른 시간 복잡도는 그 차이가 더 커질 것이다. 즉, 시간 복잡도 간의 차이는 처리할 데이터의 양이 많을수록 더 확실하게 구분된다.

3 빅오 표기법

빅오 표기법Big O Notation은 알고리즘의 시간 복잡도를 표현하는 방법이다. 수학에서는 함수의 성질을 나타낼 때 사용하며, 컴퓨터에서는 입력된 값의 크기에 따라 알고리즘 처리 횟수가 얼마나 증가하는지 나타낼 때 사용한다. 입력된 데이터의 개수에 따른 알고리즘의 효율성을 분석할 때, 빅오 표기법을 이용하면 알고리즘의 복잡도를 근삿값으로 나타낼 수 있다.

다음 두 경우를 비교해 보면 $O(n)$ 알고리즘의 시간 복잡도가 $O(n^2)$ 알고리즘보다 낮다는 것을 알 수 있다.

- **$O(n)$** : 알고리즘의 수행 횟수가 n만큼 커진다.
- **$O(n^2)$** : 알고리즘의 수행 횟수가 n^2만큼 커진다.

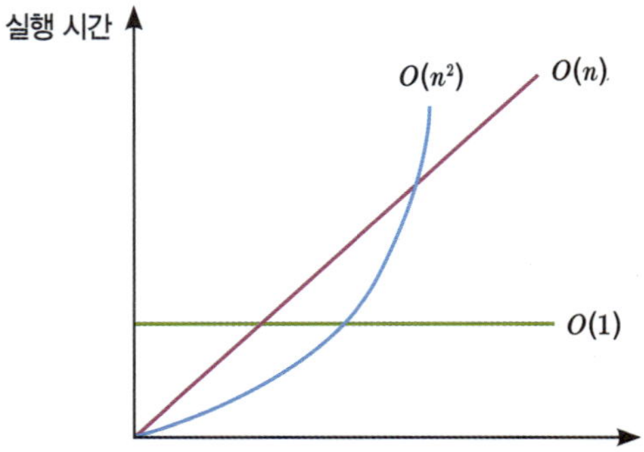

그림 7-8 **빅오 표기법 그래프**

하나 더 알기 빅오 표기법 깊게 알기

빅오 표기법에 대해 좀 더 자세히 알아보자.

예를 들어 어떤 알고리즘의 수행 시간이 입력된 데이터의 개수 x에 따라 $f(x)=4x^3+2x$ 함수로 표현된다면, 이 알고리즘의 빅오 표기법은 $O(x^3)$이다. 입력된 데이터 개수 x의 x^3에 비례하는 수행 시간을 가진다는 의미이다. 이때 함수식에 적힌 상수 4는 별로 중요하지 않다. 예를 들어 $f(x)=4x^3+2x$와 $g(x)=400x^3+2x$에서 앞의 상수 4와 400이라는 숫자는 입력 데이터의 개수가 많아지면 효율성 분석에서 큰 비중을 차지하지 않기 때문이다. 복잡도는 입력된 데이터 개수 x 자체의 값에 제일 많은 영향을 받는다. 동일한 이유로 $2x$도 별로 중요하지 않아서 빅오 표기법에서는 가장 차수가 높은 항(Term)만을 표시한다.

대표적인 빅오 표기법 종류에 대해 한번 알아보자.

- $O(1)$: 입력 데이터의 개수와 무관하게 일정한 시간이 걸리는 경우에 사용한다. 리스트에서 특정 위치의 항목에 접근할 때는 리스트의 개수에 상관없이 접근 시간이 동일하다.
- $O(log(n))$: 데이터의 양을 매번 절반으로 분할해서 처리하는 알고리즘은 통상적으로 이 그룹에 해당한다. 뒤에서 배울 이진 검색 기법 등이 여기에 해당한다.
- $O(n)$: 알고리즘의 작업량이 입력된 데이터 개수의 상수 배이다. 배열의 모든 값을 출력하는 알고리즘은 이 그룹에 해당한다.
- $O(n * log(n))$: 대부분의 정렬 알고리즘은 여기에 해당한다.
- $O(n^2)$: 선택 정렬과 같은 단순한 정렬 알고리즘이 대부분 여기에 해당한다.

[표 7-1]은 위에서 소개한 빅오 표기법의 시간 복잡도를 표로 표현해 본 것이다.

표 7-1 입력된 데이터 개수에 따른 시간 복잡도 증가율 비교

n	$log(n)$	$n * log(n)$	n^2
1	0	1	1
2	1	2	4
4	2	8	16
8	3	24	64
16	4	64	256
32	5	160	1024
64	6	384	4096
128	7	896	16384

SECTION

03 정렬 알고리즘

알고리즘 분야에서 중요하게 다루는 문제 중 하나는 정렬 문제이다. 정렬Sort이란 데이터를 일정한 규칙에 따라 재배열하는 것이다. 즉, 무작위로 배열된 자료를 작은 것에서 큰 것 순서대로 나열한 오름차순Ascending이나 큰 것에서 작은 것 순서대로 나열한 내림차순Descending으로 재배열하는 것이다. 오늘 할 일을 순서대로 정리하는 것, 가게에서 음식을 정리할 때 유통기한이 빠른 순으로 냉장고에 진열하는 것, 도서관에서 책을 도서 번호순으로 정리하는 것, 이름순으로 전화번호를 기록하는 것 등이 일상생활에서 사용되는 정렬 알고리즘의 예이다.

정렬 알고리즘Sort Algorithm은 주어진 데이터를 정해진 순서대로 나열한다. 기준에 따라 데이터를 정렬해 두면 이후에도 효과적으로 데이터를 사용할 수 있어 어떻게 적용하는지가 매우 중요하다. 대표적인 정렬 알고리즘 종류로는 선택 정렬, 버블 정렬, 삽입 정렬이 있다.

TIP **키(Key) :** 데이터를 정렬하는 데 기준이 되는 특정 값을 뜻한다. 컴퓨터 아이콘을 정렬할 때 '크기'를 기준으로 정렬하면 크기가 키가 된다.

1 선택 정렬

선택 정렬Selection Sort은 아무렇게나 놓인 데이터 중 가장 작은 데이터의 위치를 가장 앞에 있는 데이터 위치와 바꾸는 알고리즘이다(오름차순 정렬의 경우). 데이터들 중 기준 위치에 맞는 데이터를 하나 선택해 자리를 교환하는 방식으로 정렬된다. 좀 더 구체적으로 설명하면 다음과 같다.

① 정렬되지 않은 데이터 중 최솟값을 찾는다.

② 이 최솟값과 첫 번째 자리에 있는 데이터의 위치를 서로 바꾼다.

③ 위 작업을 계속 반복한다.

[그림 7-9]와 같이 정렬되지 않은 데이터들의 집합에 선택 정렬을 적용한다고 해보자.

6	5	3	11	8	7	2	4

그림 7-9 정렬되지 않은 데이터들의 집합

① 가장 작은 데이터 2를 맨 앞에 있는 데이터 6과 교환하면 첫 번째 정렬이 완료된다.

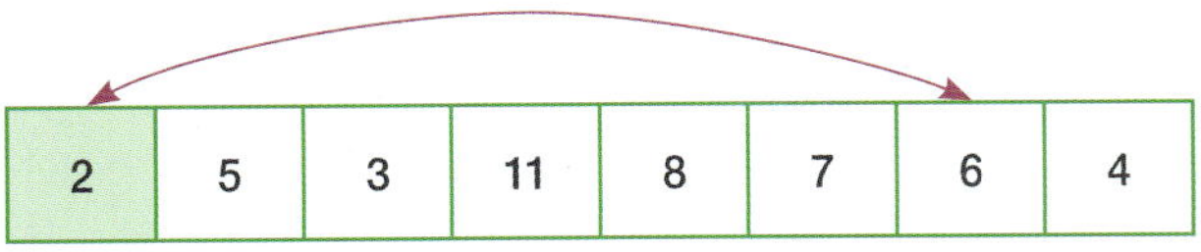

그림 7-10 **선택 정렬 과정 1**

② 정렬된 첫 번째 데이터를 제외한 나머지 데이터 중 가장 작은 데이터인 3과 정렬되지 않는 부분의 맨 앞에 있는 데이터 5의 위치를 바꾼다.

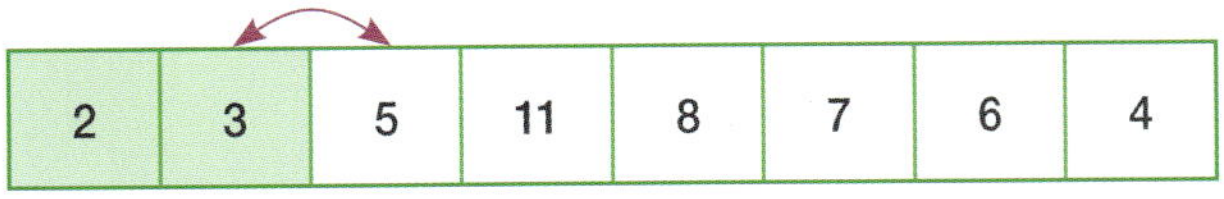

그림 7-11 **선택 정렬 과정 2**

③ 정렬된 첫 번째, 두 번째 데이터를 제외한 나머지 데이터 중 가장 작은 데이터인 4와 정렬되지 않은 데이터 중 맨 앞에 있는 데이터 5의 위치를 서로 바꾼다. 이런 방식으로 정렬되지 않은 부분의 선택 정렬을 계속 수행한다.

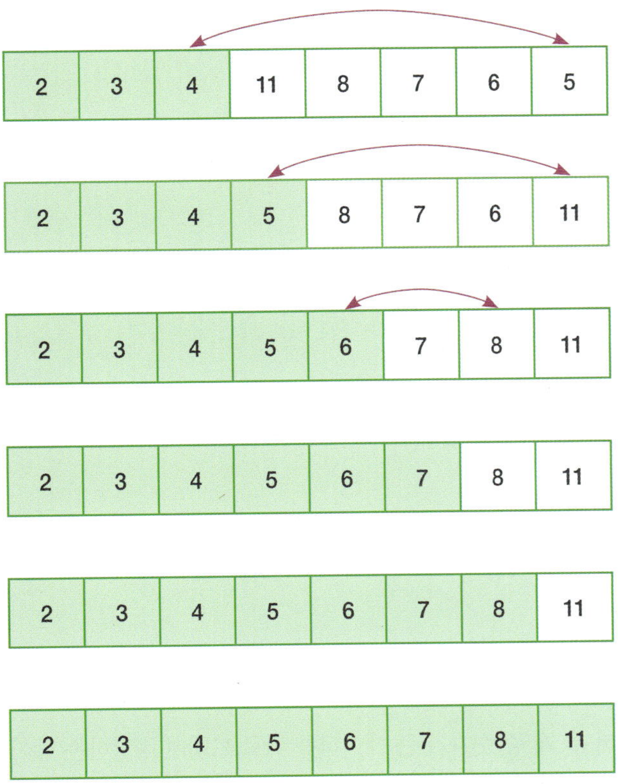

그림 7-12 **선택 정렬 과정 3**

④ 정렬 과정이 끝나면 오름차순으로 정렬된 최종 결과를 확인할 수 있다.

2	3	4	5	6	7	8	11

그림 7-13 **선택 정렬 과정 4**

하나 더 알기 **파이썬으로 구현하는 선택 정렬**

파이썬으로 n개의 항목을 가진 리스트를 선택 정렬해 보자. 데이터 10개가 들어간 임의의 리스트 a를 만들고, 이를 선택 정렬하여 b 값으로 출력하는 것이다. 출력 값은 리스트 a가 어떤 값을 가지느냐에 따라 달라진다.

코드 7-1 **파이썬으로 구현하는 선택 정렬**

```
import random

def my_selection_sorting(data):
    for index in range(len(data) - 1):
        lowest = index
        for index2 in range(index + 1, len(data)):
            if data[lowest] > data[index2]:
                lowest = index2
        data[index], data[lowest] = data[lowest], data[index]
    return data


a = random.sample(range(100), 10)
print('a: ', a)

b = my_selection_sorting(a)
print('a: ', a)
print('b: ', b)
                                        # 출력 결과는 a 값에 따라 매번 달라진다.
```

출력 결과

```
a: [88, 66, 91, 54, 22, 9, 32, 15, 17, 85]
a: [9, 15, 17, 22, 32, 54, 66, 85, 88, 91]
b: [9, 15, 17, 22, 32, 54, 66, 85, 88, 91]
```

2 버블 정렬

버블 정렬Bubble Sort은 나란히 놓인 데이터 두 개 중 숫자가 큰 데이터를 뒤로 보내며 정렬하는 방식이다. 왼쪽에 놓인 데이터에서부터 시작하며, 크기순으로 자리를 서로 바꾼다.

[그림 7-14]와 같이 정렬되지 않은 데이터 집합에 버블 정렬을 적용해 보자.

그림 7-14 **정렬되지 않은 데이터 집합**

① 가장 왼쪽에 있는 데이터 10과 7 중에서 더 큰 데이터를 뒤로 보낸다. 10과 7의 위치를 바꾼다고 생각하면 된다.

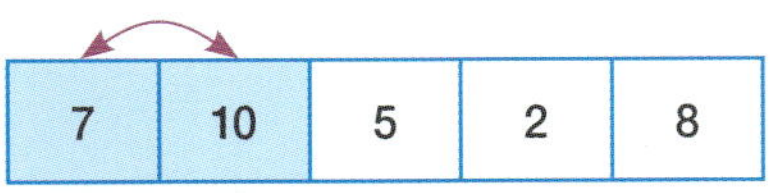

그림 7-15 **버블 정렬 과정 1**

② 이번에는 왼쪽에서 두 번째와 세 번째 자리에 있는 데이터인 10과 5를 비교한다. 10이 더 크므로 둘의 위치를 바꾼다.

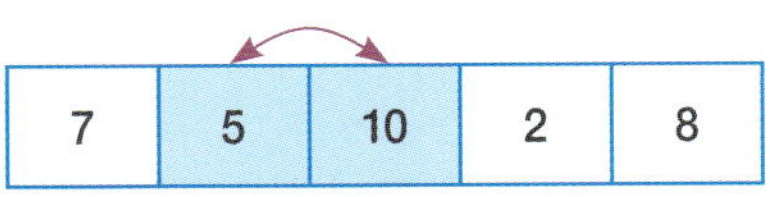

그림 7-16 **버블 정렬 과정 2**

③ 다음으로는 왼쪽에서 세 번째와 네 번째 자리에 있는 데이터인 10과 2를 비교한다. 10이 더 크므로 둘의 위치를 바꾼다.

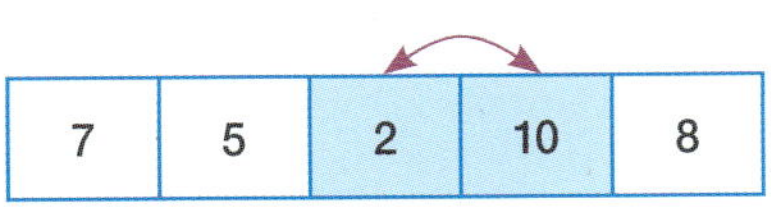

그림 7-17 **버블 정렬 과정 3**

④ 마지막으로 왼쪽에서 네 번째와 다섯 번째 자리에 있는 데이터인 10과 8을 비교한다. 10이 더 크므로 둘의 위치를 바꾼다. 가장 큰 데이터인 10이 맨 뒤에 위치하게 된다.

그림 7-18 **버블 정렬 과정 4**

⑤ [그림 7-18]과 같이 가장 큰 수를 가진 데이터가 맨 뒤에 위치하게 되면, 다시 앞으로 돌아가 위의 동작을 반복한다. 이 과정은 오름차순으로 데이터가 정렬될 때까지 계속된다. 정렬된 결과는 [그림 7-19]에서 확인할 수 있다.

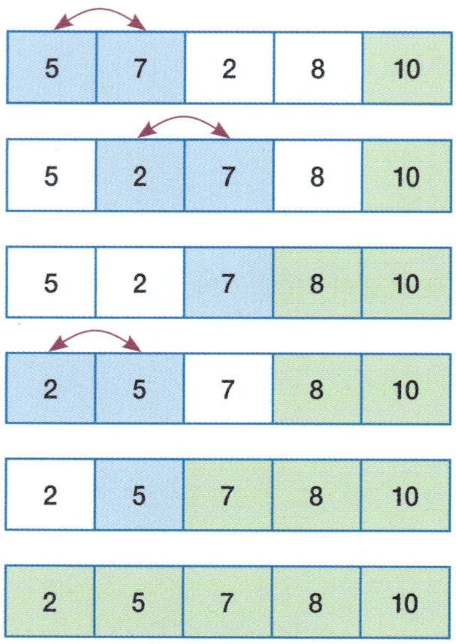

그림 7-19 **버블 정렬 과정 5**

3 삽입 정렬

삽입 정렬Insertion Sort은 아직 정렬되지 않은 데이터를 이미 정렬된 부분 중 한 곳에 삽입해 정렬하는 방식이다. 해당 데이터가 들어갈 적절한 위치를 찾아 주는 것이다. [그림 7-20]과 같이 정렬되지 않은 데이터 집합에 삽입 정렬을 적용해 보자.

그림 7-20 **정렬되지 않은 데이터 집합**

① 두 번째 자리에 있는 데이터 12를 꺼내 첫 번째 자리에 있는 데이터 16과 비교한다. 12가 더 작으므로 16을 두 번째 자리로 보내고 12를 첫 번째 자리에 저장한다.

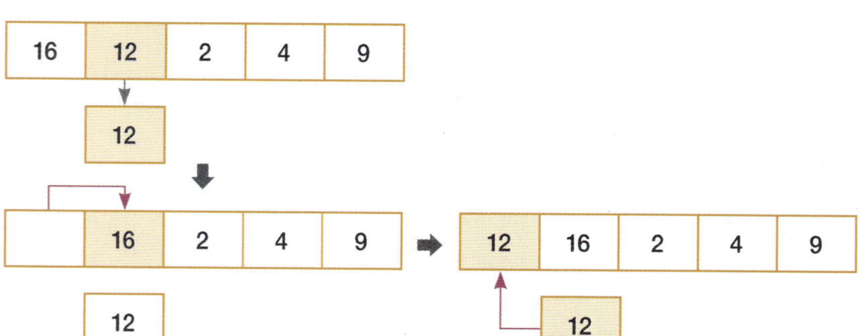

그림 7-21 **삽입 정렬 과정 1**

② 세 번째 자리에 있는 데이터 2를 꺼내 첫 번째와 두 번째 자리에 있는 데이터 12, 16과 비교한다. 2가 더 작으므로 12와 16을 한 칸씩 뒤로 보내고 2를 첫 번째 자리에 저장한다.

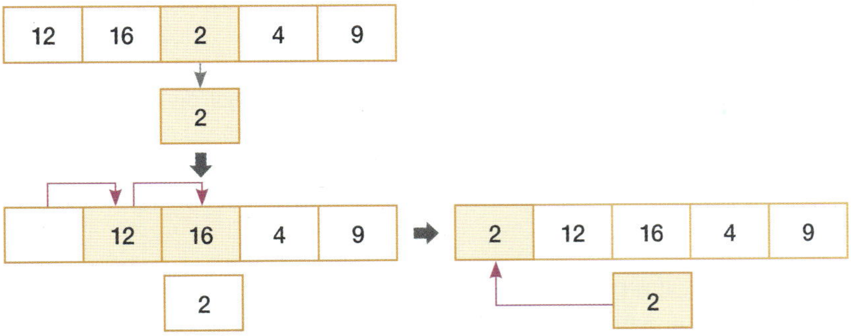

그림 7-22 삽입 정렬 과정 2

③ 네 번째 자리에 있는 데이터 4를 꺼내 첫 번째, 두 번째, 세 번째 자리에 있는 데이터 2, 12, 16과 비교한다. 4는 2보다 크고 12, 16보다 작으므로 12와 16만 한 칸씩 뒤로 보낸다. 4는 두 번째 자리에 저장한다.

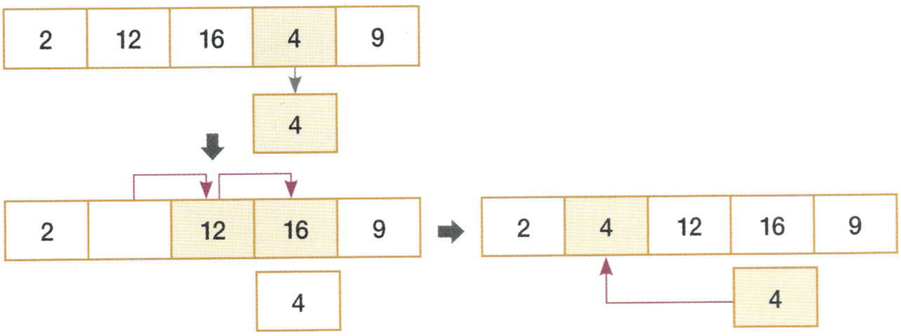

그림 7-23 삽입 정렬 과정 3

④ 마지막 자리에 있는 데이터 9를 꺼내 앞쪽에 위치한 데이터 2, 4, 12, 16과 비교한다. 9는 2, 4보다 크고 12, 16보다 작으므로 12와 16만 한 칸씩 뒤로 보낸다. 9는 세 번째 자리에 저장한다.

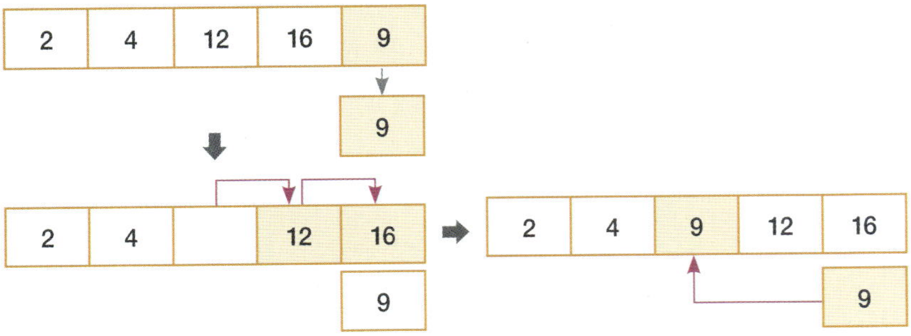

그림 7-24 삽입 정렬 과정 4

⑤ 오름차순으로 정렬이 완료된다.

2	4	9	12	16

그림 7-25 **삽입 정렬 과정 5**

TIP 앞에서 설명한 선택 정렬, 버블 정렬, 삽입 정렬은 정렬 알고리즘 종류 중 가장 기본적인 것들이다. 이외에 병합 정렬, 퀵 정렬, 힙 정렬과 같은 고급 정렬 알고리즘이 있다.

하나 더 알기 병합 정렬

고급 정렬 알고리즘 중 하나인 병합 정렬에 대해 좀 더 자세히 알아보자. 병합 정렬(Merge Sort)은 정렬된 여러 개의 자료 집합을 병합하여 하나의 정렬된 집합으로 만드는 정렬 방법이다. 전체 원소를 부분집합으로 분할(Divide)하고 각 부분집합에 대해 정렬 작업을 정복(Conquer), 즉 완성한 후에 정렬된 부분집합들을 다시 결합(Combine)하는 분할 정복(Divide and Conquer) 기법을 사용한다.

병합 정렬은 다음과 같은 작업을 반복 수행한다.

- **분할** : 자료들을 두 개의 부분집합으로 분할한다.
- **정복** : 부분집합에 있는 원소를 정렬한다.
- **결합** : 정렬된 부분집합들을 하나의 집합으로 정렬하여 결합한다.

정렬되어 있지 않은 {40, 12, 33, 6, 18, 10, 35, 29} 자료를 병합 정렬 방법으로 정렬하는 과정을 그림과 함께 살펴보자.

❶ **분할 단계** : 전체 자료의 집합이 최소 원소의 부분집합이 될 때까지 분할 작업을 반복한다. 이 리스트는 한 개의 원소를 가진 부분집합 여덟 개가 만들어졌다.

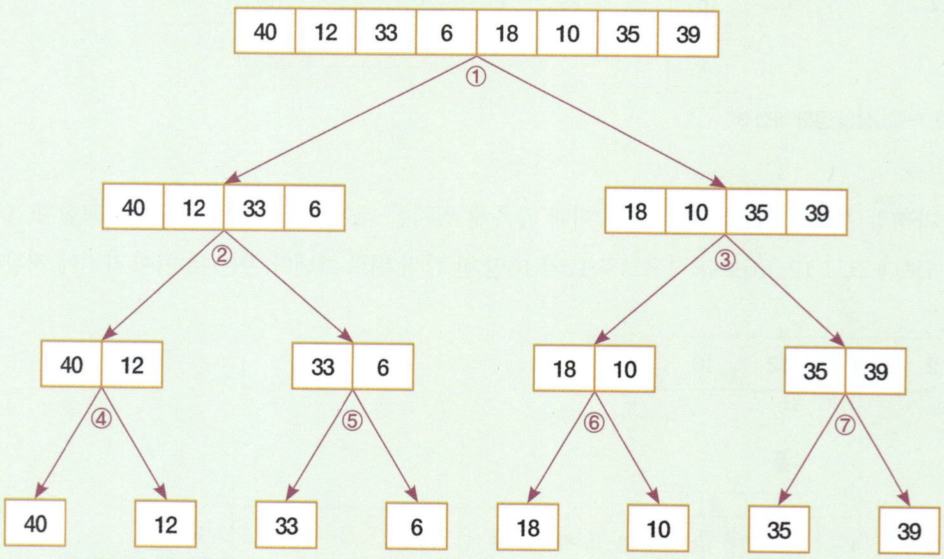

그림 7-26 **분할 과정**

❷ **정복 및 결합 단계 :** 부분집합 두 개를 정렬하여 하나로 결합한다. 부분집합들이 다시 하나의 집합으로 묶일 때까지 이 과정을 반복한다.

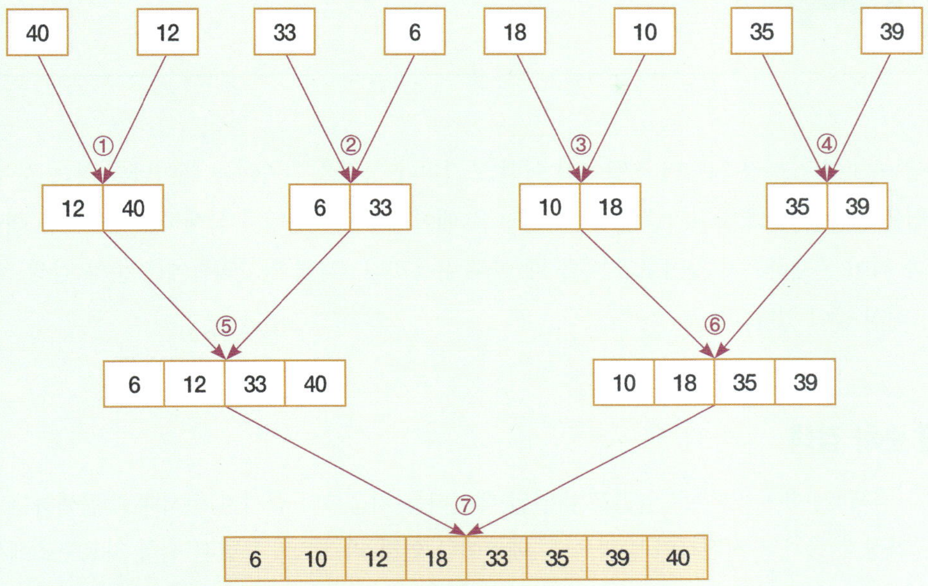

그림 7-27 **정복과 결합 과정**

TIP 병합 정렬 알고리즘의 시간 복잡도 분석을 위해 비교 횟수를 세어 보자. 분할 단계와 정복 및 결합 단계로 나누어 분석한다.

- **분할 단계 :** 입력된 데이터의 개수가 n개라고 했을 때, 1/2배씩 데이터의 개수가 줄어들기 때문에 대략 $log(n)$ 단계로 이루어진다. 그렇지만 분할 단계에서는 우리가 지금 집중하고 있는 단위 연산(Basic Operation)인 비교 연산은 수행되지 않기 때문에, 실제 연산을 수행한다기보다는 함수 호출 작업만 이루어진다고 볼 수 있다.
- **정복 및 결합 단계 :** 실제 데이터에 대한 비교 연산이 이루어 진다. $log(n)$ 단계의 병합 단계가 실행되며, 각 병합 단계에서 비교되는 데이터 개수의 총합이 n개이므로 대략 n번의 비교 연산을 처리한다고 보면 된다. 따라서 총 연산 숫자는 $n*log(n)$이 되고 평균적인 시간 복잡도는 $O(n * log(n))$이 된다.

SECTION

04 검색 알고리즘

검색Search이란 특정 데이터 집합에서 어떤 조건이나 성질을 만족하는 데이터를 찾는 것이다. 이 개념을 활용한 검색 알고리즘Search Algorithm은 데이터를 추가하거나 삭제하고 싶을 때, 해당 데이터가 이미 존재하는지 찾아보고 싶을 때 아주 유용하다. 검색 알고리즘에는 순차 검색, 이진 검색, 해싱 등이 있다.

1 순차 검색

순차 검색Sequential Search은 일렬로 나열된 데이터를 처음부터 끝까지 순서대로 검색하는 방법이다. 가장 간단하고 직접적인 방법으로, 배열이나 연결 리스트로 구현된 선형 자료구조에서 자주 쓰인다. 순서대로 데이터를 비교하며 원하는 항목을 찾기 때문에 검색해야 하는 자료의 양에 따라 효율이 달라진다. 또한, 검색해야 할 데이터가 정렬된 상태인지 아닌지에 따라 검색 실패를 판단하는 시점도 달라진다. 하지만 알고리즘이 단순해 구현이 쉽다. 정렬되어 있지 않은 자료를 순차 검색할 때와 정렬된 자료를 순차 검색할 때를 한번 비교해 보자.

정렬되어 있지 않은 데이터의 순차 검색

정렬되어 있지 않은 데이터를 순차 검색할 때는 [그림 7-28]과 같이 첫 번째 데이터부터 마지막 데이터까지 순서대로 비교하며 찾아야 한다. 찾는 데이터와 일치하는 데이터를 찾으면 그 데이터가 몇 번째 자리에 있는지 확인하면 된다. 만약 마지막 데이터까지 비교해도 검색 값과 일치하는 데이터가 없으면 검색에 실패한 것이다.

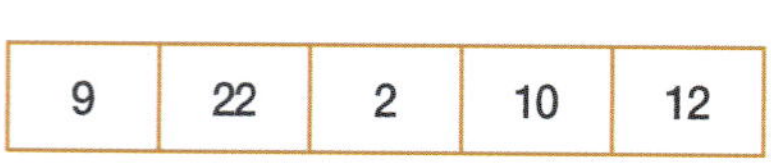

(a) 정렬되어 있지 않은 데이터의 예

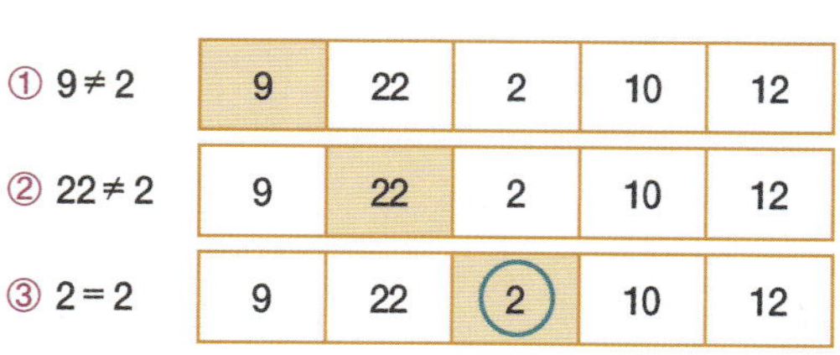

(b) 검색 성공의 예 : 2 검색

① 9≠7	**9**	22	2	10	12
② 22≠7	9	**22**	2	10	12
③ 2≠7	9	22	**2**	10	12
④ 10≠7	9	22	2	**10**	12
⑤ 12≠7	9	22	2	10	**12**

(c) 검색 실패의 예 : 7 검색

그림 7-28 **정렬되어 있지 않은 데이터의 순차 검색 과정**

정렬된 데이터의 순차 검색

정렬되어 있지 않은 데이터를 순차 검색할 때는 마지막 데이터까지 모두 비교해 봐야 검색 실패 여부를 알 수 있다. 반면, 정렬된 자료를 순차 검색할 때는 검색 대상의 데이터 값이 검색 값보다 크면 찾는 데이터가 없다는 뜻이므로, 검색 실패 여부를 바로 파악할 수 있다.

1	3	7	9	15

(a) 정렬된 데이터의 예

① 1<7	**1**	3	7	9	15
② 3<7	1	**3**	7	9	15
③ 7=7	1	3	**(7)**	9	15

(b) 검색 성공의 예 : 7 검색

① 1<6	**1**	3	7	9	15
② 3<6	1	**3**	7	9	15
③ 7>6	1	3	**7**	9	15

(c) 검색 실패의 예 : 6 검색

그림 7-29 **정렬된 데이터의 순차 검색 과정**

2 이진 검색

이진 검색Binary Search은 데이터 '가운데'에 위치한 항목을 검색 값과 비교하여, 검색 값이 더 크면 오른쪽 부분을 검색하고 검색 값이 더 작으면 왼쪽 부분을 검색하는 방법이다(오름차순 정렬의 경우). 정렬된 데이터에서만 사용할 수 있으며, 아주 효율적이다. 원하는 값을 찾을 때까지 검색 범위를 계속 줄여 가며 빠르게 반복 수행한다. 검색 대상인 데이터 개수를 평균 1/2씩 줄이기 때문에 데이터양이 많을 때 활용하면 매우 빠른 속도로 결과를 얻을 수 있다.

TIP 이진 검색의 수행 속도는 대규모 데이터 작업에 적합하다. 코드가 복잡하기 때문에 데이터 개수가 적다면 순차 검색을 활용하는 것이 더 나을 수 있다.

[그림 7-30]과 같이 정렬된 데이터 집합에서 이진 검색 방법을 활용해 데이터 15를 어떻게 찾는지 과정을 함께 살펴보자.

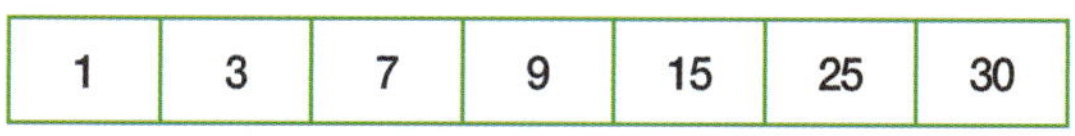

그림 7-30 **정렬된 데이터 집합**

① 검색 영역의 중간 위치를 찾은 후, 해당 위치에 있는 데이터와 찾고자 하는 데이터 값을 비교한다. [그림 7-31]은 기준 값이 네 번째 자리에 있는 데이터이다. 이 위치에 저장된 데이터 9와 찾고자 하는 데이터 15가 같은지 서로 비교한다.

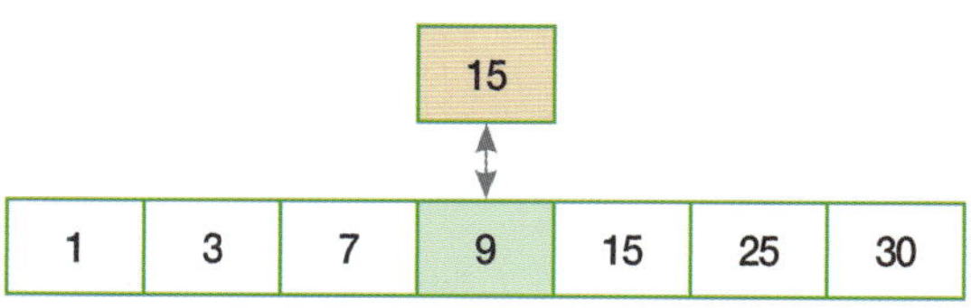

그림 7-31 **이진 검색 과정 1**

② 데이터 15는 데이터 9보다 크므로, 찾는 데이터가 중간 위치에서 오른쪽 영역에 있음을 알 수 있다. 이에 따라 검색 범위를 새로 설정한다. 두 번째 검색 범위로 자리를 옮겨 중간 위치를 계산하면 여섯 번째 자리에 있는 데이터가 기준이 된다. 이 위치에 저장된 데이터 25가 데이터 15와 같은지 비교한다.

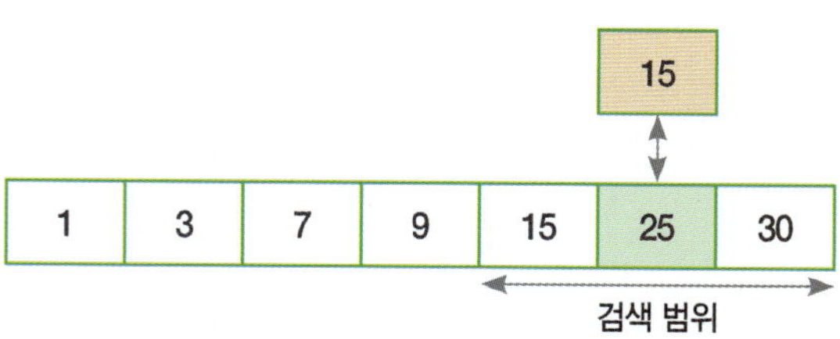

그림 7-32 **이진 검색 과정 2**

③ 데이터 15는 데이터 25보다 작으므로 찾는 데이터는 기준에서 왼쪽 영역에 있음을 알 수 있다. 따라서 검색 범위를 다시 새로 설정해 중간 위치를 계산한다. 새로운 기준은 다섯 번째 자리의

데이터가 된다. 이 위치에 저장된 값을 비교하니 데이터 15와 같으므로 검색에 성공했다. 성공 여부를 보고한 후 종료한다.

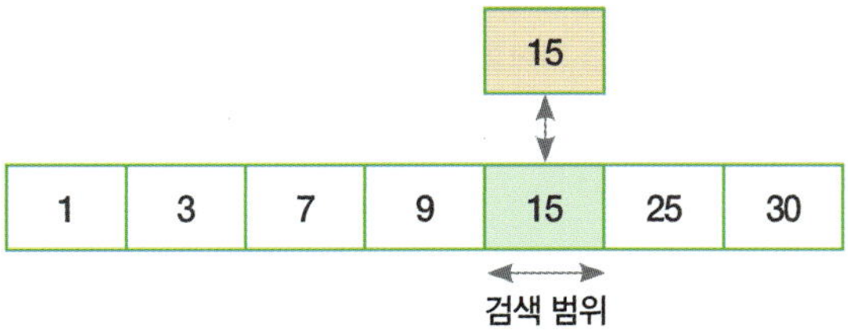

그림 7-33 **이진 검색 과정 3**

3 해싱

해싱Hashing은 앞서 본 비교 검색 방법들과 다른 방식으로 작업을 진행한다. 산술적인 연산을 이용해 키가 있는 위치를 계산하고, 그 위치를 바로 찾아간다. 키 값을 데이터 위치로 변환하는 함수를 해시 함수Hash Function라고 하며, 해시 함수에 따라 계산된 주소 위치에 항목을 저장한 표를 해시 테이블Hash Table이라고 한다.

해싱은 검색, 삽입, 삭제 등의 연산을 효율적으로 수행한다. 처리해야 할 데이터의 수가 n개일 때, 최악의 경우 연결 리스트는 $O(n)$만큼의 처리 시간이, 리스트에서의 이진 검색은 $O(log_{(n)})$의 시간이 소요되지만, 해싱은 $O(1)$만큼의 시간 안에 결과 값을 찾을 수 있다.

해싱의 원리는 배열(리스트)의 검색 원리와 동일하다. 배열(리스트)은 인덱스를 이용해 $O(1)$의 시간 안에 원하는 항목에 접근할 수 있다. 인덱스의 번호만 알면 어떤 항목이든 동일한 시간 안에 접근할 수 있다는 뜻이다. 컴퓨터의 메인메모리를 램이라고 부르는 이유도 주소를 통해 모든 위치를 동일한 시간 안에 접속할 수 있기 때문이다.

해시 함수는 문자열을 '위치를 파악할 수 있는 숫자 값'으로 바꾸는 역할을 한다. 검색해야 할 키 값을 입력받아 해시 주소Hash Address를 만드는데, 이 해시 주소가 해시 테이블의 인덱스로 사용된다.

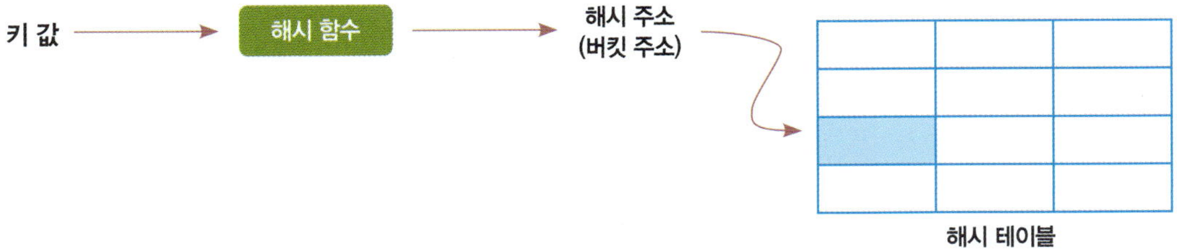

그림 7-34 **해싱의 검색 수행 과정**

TIP 해싱은 기본 검색 알고리즘보다 심화된 알고리즘이므로 가볍게 알고 넘어가도록 하자.

하나 더 알기 파이썬으로 구현하는 해싱

파이썬에서는 딕셔너리를 이용해 해싱을 구현할 수 있다. 딕셔너리(Dictionary)는 key와 value로 구성된 자료형인데, 일반적으로 사용하는 사전(Dictionary)의 설명 방식과 동일한 자료구조이다. 파이썬의 딕셔너리는 중괄호로 묶으며, dict={key:value, key2:value2, …}의 방법으로 초기화할 수 있다. 1개의 key에 1개의 value를 적용해야 하며, value는 중복이 가능하지만 key는 중복일 경우 하나의 값만 출력된다. key 값으로 '변하지 않는 값(Immutable Data)'을 사용해야 한다.

코드 7-2 파이썬으로 구현하는 해싱

```
game_keys = {'A': 'attack', 'M': 'move', 'P': 'patrol'}     # 딕셔너리 객체 생성

print(game_keys)

print(game_keys['A'])                                       # key 값으로 value 사용
print(game_keys['M'])
```

출력 결과

```
{'A': 'attack', 'M': 'move', 'P': 'patrol'}
attack
move
```

요약

01 알고리즘의 개념

어떤 문제를 해결하기 위한 일련의 절차이다. 작업을 수행하기 위해 데이터를 입력받아 원하는 출력 결과를 만들어 내는 과정을 기술한 것이다.

02 알고리즘의 표현 방법

- 자연어 : 사람이 사용하는 자연 언어이다.
- 순서도 : 기호와 선을 이용해 문제 해결 처리 과정을 표현하는 방법이다.
- 의사코드 : 프로그래밍 언어로 작성된 코드는 아니지만 그와 비슷한 형태로 알고리즘을 표현한 것이다.
- 프로그래밍 언어 : 프로그래밍을 하기 위해 사용하는 언어로, 컴퓨터가 이해할 수 있는 언어이다.

03 알고리즘의 설계

- 순차 구조 : 컴퓨터에 명령을 내릴 때 순서대로 하나씩 수행할 수 있도록 만든 구조이다.
- 선택 구조 : 조건의 결과에 따라 명령을 선택해 실행하는 구조이다.
- 반복 구조 : 같은 동작을 여러 번 반복 수행해야 할 때 실행하는 구조이다.

04 알고리즘의 분석

- 알고리즘의 복잡도 : 특정 기준에 따라 알고리즘이 얼마나 빠르고 느리게 실행되는지를 나타내는 것이다.
- 시간 복잡도 : 알고리즘이 실행된 후 종료될 때까지 어느 정도의 시간이 필요한지 측정하는 방법이다.
- 빅오 표기법 : 알고리즘의 시간 복잡도를 표현하는 방법이다. 입력된 값의 크기에 따라 알고리즘 처리 횟수가 얼마나 증가하는지 나타낼 때 사용한다.

05 정렬 알고리즘

- 정렬 : 데이터를 일정한 규칙에 따라 재배열하는 것이다.
- 정렬 알고리즘 : 주어진 데이터를 정해진 순서대로 나열하는 알고리즘이다.
- 선택 정렬 : 정렬되어 있지 않은 데이터 중 가장 작은 수를 가진 데이터와 맨 앞에 있는 데이터의 위치를 바꾸는 방식이다.
- 버블 정렬 : 나란히 놓인 데이터들의 값을 비교해 제일 큰 값을 가진 데이터를 맨 뒤로 보내 정렬하는 방식이다.

- 삽입 정렬 : 정렬되어 있지 않은 데이터를 이미 정렬된 부분의 한 곳에 삽입해 적절한 위치를 찾는 방식이다.

06 검색 알고리즘

- 검색 : 특정 데이터 집합에서 어떤 조건이나 성질에 알맞은 데이터를 찾는 것이다.
- 검색 알고리즘 : 데이터 추가, 기존 데이터 삭제, 해당 데이터가 존재하는지의 여부 등을 수행하는 작업에서 꼭 필요한 알고리즘이다.
- 순차 검색 : 일렬로 놓인 데이터를 처음부터 끝까지 순서대로 검색하는 방법이다.
- 이진 검색 : 데이터들 중 가운데에 있는 항목을 검색 값과 비교해, 검색 값이 기준보다 크면 오른쪽 부분을 검색하고 작으면 왼쪽 부분을 검색하는 방법이다.
- 해싱 : 산술적인 연산을 이용해 키가 있는 위치를 계산한 뒤 그 위치로 바로 찾아가는 계산 검색 방식이다.

연습문제

단답형 문제

01 ( )이란 어떤 문제를 해결하기 위한 일련의 절차이다.

02 ( )는 사람이 사용하는 자연 언어이다.

03 ( )란 기호와 선을 이용해 문제 해결 처리 과정을 표현하는 방법으로, 전체적인 구조 흐름을 파악하는 데 좋다.

04 ( )는 프로그래밍 언어로 작성된 코드는 아니지만 그와 비슷한 형태로 알고리즘을 표현한 것이다.

05 ( )는 프로그래밍을 하기 위해 사용하는 언어로, 컴퓨터가 이해할 수 있는 언어이다.

06 ( )란 문제를 해결하는 데 가장 효율적인 방법을 찾아내는 과정을 의미한다.

07 ( )는 컴퓨터에게 명령을 내릴 때 순서대로 하나씩 수행하도록 만든 구조이다. 일 처리 과정을 시간 순서대로 나타낸 것이다.

08 ( )는 조건의 결과에 따라 명령을 선택해 실행하는 구조이다.

09 ( )는 같은 동작을 여러 번 반복해 수행해야 할 때 실행하는 구조이다.

10 ( )란 해당 알고리즘이 특정 기준에 따라 얼마나 빠르고 느리게 실행되는지를 나타내는 것이다.

11 ( )는 알고리즘이 실행된 후 종료될 때까지 어느 정도의 시간이 필요한지 측정하는 방법이다.

연습 문제

12 (   )은 알고리즘의 시간 복잡도를 표현하는 방법이다. 수학에서는 함수의 성질을 나타낼 때 사용하며, 컴퓨터에서는 입력된 값의 크기에 따라 알고리즘 처리 횟수가 얼마나 증가하는지를 나타낸다.

13 (   )이란 데이터를 일정한 규칙에 따라 재배열하는 것이다. 무작위로 배열된 자료를 작은 것에서 큰 것 순서대로 나열한 오름차순이나 큰 것에서 작은 것 순서대로 나열한 내림차순으로 재배열한다.

14 (   )은 주어진 데이터를 정해진 순서대로 나열하는 알고리즘이다.

15 (   )은 정렬되지 않은 데이터 중 가장 작은 수를 가진 데이터를 선택해 맨 앞에 있는 데이터와 위치를 바꾸는 방식이다.

16 (   )은 나란히 놓인 데이터들을 계속 비교해 가면서 가장 큰 수의 데이터를 맨 뒤로 보내는 방식이다.

17 (   )은 아직 정렬되지 않은 데이터를 이미 정렬된 부분의 적절한 위치에 삽입해 가면서 자리를 찾는 방식이다.

18 (   )이란 특정 데이터 집합에서 어떤 조건이나 성질에 맞는 데이터를 찾는 것이다.

19 (   )은 데이터를 추가하거나 삭제하기 위해, 또는 해당 데이터가 이미 있는지 찾아보기 위한 작업에 꼭 필요한 알고리즘이다.

20 (   )은 일렬로 나열된 데이터를 처음부터 끝까지 순서대로 검색하는 방법이다.

21 (   )은 데이터 가운데에 있는 항목을 검색 값과 비교해, 검색 값이 기준보다 크면 오른쪽 부분을 검색하고 작으면 왼쪽 부분을 검색하는 방법이다.

22 (   )은 산술적인 연산을 통해 키가 있는 위치를 계산한 후 바로 찾아가는 계산 검색 방식이다.

객관식 문제

23 어떤 작업을 수행하기 위해 데이터를 입력받아 원하는 출력 값을 만들어 내는 과정에 대해 기술한 것을 무엇이라고 하는가?

① 자료구조

② 리스트

③ 알고리즘

④ 프로그래밍 언어

⑤ 배열

24 다음 중 자연어에 대한 설명이 아닌 것은?

① 사람에게 친숙한 언어를 사용하므로 쉽게 작성할 수 있다.

② 어떤 문제를 해결하기 위해 구성된 일련의 절차이다.

③ 명확하지 않은 표현을 사용해 오해가 발생할 수 있다.

④ 컴퓨터가 사용하는 프로그래밍 언어와는 차이가 있다.

⑤ 사람이 사용하는 자연 언어이다.

25 다음 중 순서도에 대한 설명이 아닌 것은?

① 기호와 선을 이용해 작성한다.

② 문제 해결에 필요한 처리 과정을 표현하는 방법이다.

③ 전체적인 구조 흐름을 파악하는 데 좋다.

④ 복잡한 알고리즘을 표현할 때는 그림이 복잡해져 효과가 떨어진다.

⑤ 알고리즘이 특정 기준에 따라 얼마나 빠르고 느리게 실행되는지를 나타낸 것이다.

26 다음 순서도의 c 값으로 10을 출력하려고 한다. 빈칸에 들어갈 코드로 알맞은 것은?

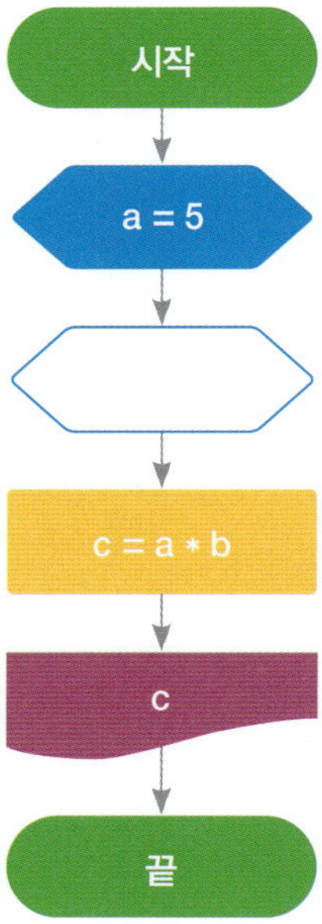

① 2

② a = 2

③ b = 2

④ c = 2

⑤ b

27 프로그래밍 언어와 구조는 비슷하지만, 특정 프로그래밍 언어의 문법을 따르지 않아 가짜 코드라는 의미를 가진 알고리즘 표현 방법은 무엇인가?

① 프로그래밍 코드　② 소스코드　③ 자연 코드

④ 제어 코드　⑤ 의사코드

28 다음 중 알고리즘의 설계에 대한 설명이 아닌 것은?

① 알고리즘이 특정 기준에 따라 얼마나 빠르고 느리게 실행되는지를 나타낸 것이다.

② 문제를 해결하려면 어떤 작업을 수행해야 하는지부터 파악해야 한다.

③ 알고리즘 명령의 실행 순서를 결정하는 제어 구조로는 순차 구조, 선택 구조, 반복 구조가 있다.

④ 문제의 현재 상태와 목표를 명확히 해야 한다.

⑤ 문제를 해결하는 데 가장 효율적인 방법을 찾아내는 과정을 의미한다.

29 다음 순서도는 어떤 알고리즘의 제어 구조를 나타낸 것인가?

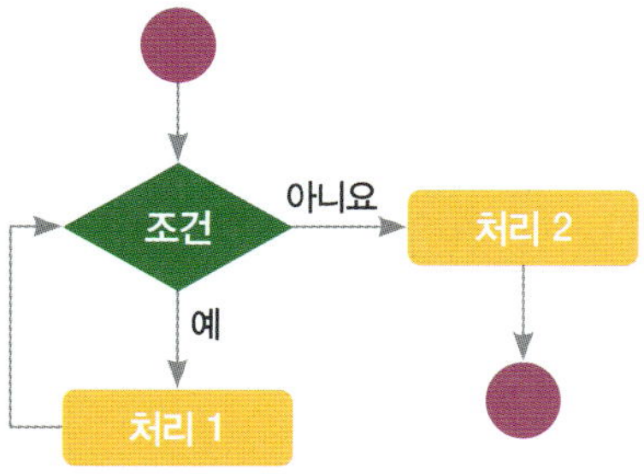

① 순차 구조
② 선택 구조
③ 반복 구조
④ 복제 구조
⑤ 단일 구조

30 알고리즘이 실행된 후 종료될 때까지 필요한 시간을 측정하는 방법은 무엇인가?

① 공간 복잡도 ② 시간 복잡도 ③ 실행 복잡도
④ 측정 복잡도 ⑤ 알고리즘 복잡도

31 다음 중 빅오 표기법에 대한 설명이 아닌 것은?

① 알고리즘의 공간 복잡도를 표현하는 방법이다.
② 컴퓨터에서는 입력된 값의 크기에 따라 알고리즘 처리 횟수가 얼마나 증가하는지를 나타낸다.
③ 입력 데이터의 개수에 따른 알고리즘의 효율성을 분석하는 방법이다.
④ 알고리즘의 복잡도를 근삿값으로 나타낼 수 있다.
⑤ 수학에서는 함수의 성질을 나타낼 때 사용한다.

32 일상생활에서 정렬을 사용한 예로 틀린 것은?

① 이름순으로 기록된 전화번호부
② 도서 번호순으로 정리된 책
③ 해야 할 일을 순서대로 정리하는 것
④ 나중에 할 일을 먼저 하는 것
⑤ 유통기한이 빠른 순서대로 진열된 음식

연습문제

33 다음 중 정렬에 대한 설명이 아닌 것은?

① 알고리즘 분야에서 중요하게 다루는 문제 중 하나이다.

② 무작위로 배열된 자료를 오름차순이나 내림차순으로 재배열하는 것이다.

③ 정렬 알고리즘은 데이터들을 정해진 순서대로 정렬하는 알고리즘을 뜻한다.

④ 알고리즘에서 수를 저장하는 방법이다.

⑤ 데이터를 일정한 규칙에 따라 재배열하는 것이다.

34 정렬되지 않은 데이터 중 가장 작은 데이터를 선택해 맨 앞에 있는 데이터와 위치를 바꾸는 정렬 방식을 무엇이라고 하는가?

① 선택 정렬 ② 트리 정렬 ③ 삽입 정렬
④ 기수 정렬 ⑤ 히프 정렬

35 왼쪽에서부터 시작해 나란히 놓인 데이터 두 개를 비교해 가며 순서를 맞추는 정렬 방식을 무엇이라고 하는가?

① 병합 정렬 ② 퀵 정렬 ③ 삽입 정렬
④ 트리 정렬 ⑤ 버블 정렬

36 아직 정렬되지 않은 임의의 데이터를 이미 정렬된 부분의 적절한 위치에 삽입하면서 배열을 맞추는 정렬 방식을 무엇이라고 하는가?

① 선택 정렬 ② 삽입 정렬 ③ 기수 정렬
④ 히프 정렬 ⑤ 병합 정렬

37 데이터를 추가하거나 삭제하기 위해, 또는 해당 데이터가 이미 있는지 찾아보기 위한 작업에 꼭 필요한 알고리즘은 무엇인가?

① 검색 알고리즘 ② 선택 알고리즘 ③ 정렬 알고리즘
④ 트리 알고리즘 ⑤ 프림 알고리즘

38 다음 중 순차 검색에 대한 설명이 아닌 것은?

① 검색해야 할 데이터의 정렬 상태와 상관없이 검색 실패를 판단하는 시점은 같다.
② 배열이나 연결 리스트로 구현된 선형 자료구조에서 순서대로 비교하며 원하는 항목을 찾는다.
③ 검색해야 하는 자료의 양에 따라 효율도가 달라진다.
④ 가장 간단하고 직접적인 방법이다.
⑤ 일렬로 나열된 데이터를 처음부터 끝까지 순서대로 검색하는 방법이다.

39 다음 중 이진 검색에 대한 설명이 아닌 것은?

① 데이터 가운데에 있는 항목을 검색 값과 비교해, 검색 값이 기준보다 크면 오른쪽 부분을 검색하고 작으면 왼쪽 부분을 검색하는 방법이다.
② 값을 찾을 때까지 반복 수행하며, 검색 범위를 계속 반으로 줄이며 빠르게 작업한다.
③ 정렬된 자료를 검색할 때만 사용할 수 있다.
④ 대규모의 데이터를 작업할 때 속도가 더 빠르다.
⑤ 검색해야 할 데이터가 정렬된 상태인지 아닌지에 따라 검색 실패의 판단 시점이 달라진다.

주관식 문제

40 일상생활에서 알고리즘을 적용할 수 있는 사례를 찾고, 그 문제를 해결하기 위해 어떤 방법과 절차를 거치면 되는지 설명하시오.

41 알고리즘의 효율성을 측정하는 방법인 시간 복잡도에 대해 설명하시오.

연습
문제

42 순차 검색과 이진 검색에 대해 각각 설명하시오.

43 X에 10, Y에 5, X와 Y를 곱한 값에 Z를 넣은 후, 결과 값으로 Z를 출력하는 알고리즘을 자연어, 순서도, 의사코드, 프로그래밍 언어로 각각 작성하시오.

(a) **자연어**

(b) **순서도**

(c) **의사코드**

(d) **프로그래밍 언어**

44 다음과 같이 정렬되지 않은 데이터 집합이 있다. 선택 정렬을 이용해 데이터가 나열되는 과정을 그림으로 표현해 보시오.

10	9	7	35	12	11	1	8

45 다음과 같이 정렬되지 않은 데이터 집합이 있다. 버블 정렬을 이용해 데이터가 나열되는 과정을 그림으로 표현해 보시오.

20	17	15	5	7

연습문제

46 다음과 같이 정렬되지 않은 데이터 집합이 있다. 삽입 정렬을 이용해 데이터가 나열되는 과정을 그림으로 표현해 보시오.

26	12	1	6	11

CHAPTER 08

데이터베이스와 빅데이터

학습목표

- 데이터베이스의 개념과 특징에 대해 알아본다.
- 데이터베이스 관리 시스템에 대해 이해한다.
- 데이터 모델의 개념과 종류에 대해 알아본다.
- 관계형 데이터베이스의 기본 용어, 제약, 연산에 대해 알아보고 SQL에 대해 이해한다.
- 빅데이터의 개념, 처리 과정, 활용에 대해 알아본다.

PREVIEW

섹션 1에서는 데이터와 정보의 차이점을 먼저 이해한 후 데이터베이스의 개념에 대해 알아본다. 이어서 파일 처리 시스템의 문제점과 이를 해결하기 위해 등장한 데이터베이스의 특징에 대해 살펴보고, 데이터베이스 관리 시스템을 학습한다.

섹션 2에서는 데이터 모델의 개념과 데이터 모델의 종류인 계층형 데이터 모델, 네트워크형 데이터 모델, 관계형 데이터 모델, 객체 지향형 데이터 모델, 객체 관계형 데이터 모델에 대해 살펴본다.

섹션 3에서는 관계형 데이터베이스의 기본 용어와 제약 사항에 대해 알아보고, 관계형 데이터 연산을 이해한다. SQL에 대해서도 간단히 살펴본다.

섹션 4에서는 빅데이터의 등장 배경부터 개념, 처리 과정, 활용에 이르기까지 빅데이터의 전반적인 내용에 대해 알아본다.

이번 챕터를 통해 데이터베이스와 빅데이터에 대한 전반적인 내용을 파악할 수 있을 것이다.

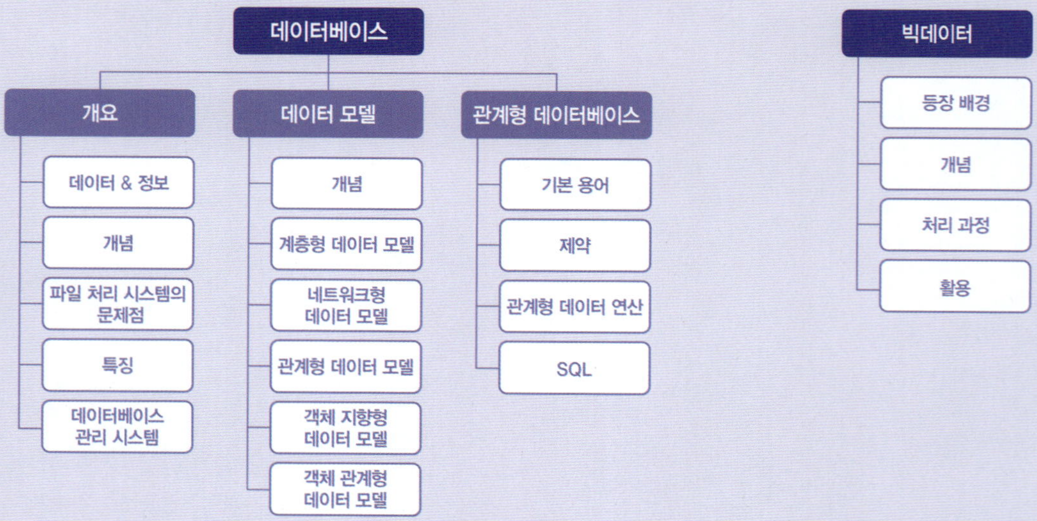

SECTION 01

데이터베이스의 개요

1 데이터와 정보

데이터베이스를 학습하기 전에, 먼저 정보와 데이터를 명확히 구별해 보자. 데이터Data는 현실 세계에서 측정해 수집한 사실이나 값으로, 자료라고도 부른다. 정보Information는 의사결정 시 데이터를 유용하게 활용하도록 체계적으로 조직해 처리한 결과물이다. 비유하자면, 석유 매장지에서 추출한 원유가 데이터, 정유공장에서 가공한 휘발유가 정보이다.

그림 8-1 데이터와 정보 : 원유와 휘발유

정보 처리Information Processing는 데이터에서 정보를 추출하는 과정이나 방법을 뜻한다. 데이터를 상황에 맞게 분석하거나 해석해 데이터 간의 의미 관계를 파악한다. 가치 있는 정보를 얻으려면 일단 의미 있는 데이터를 많이 수집해야 한다. 또한 수집하는 데서 그치지 않고, 효율적으로 저장해 두었다가 필요할 때 언제든 사용할 수 있어야 한다.

이처럼 수집한 데이터를 저장하고 있다가 필요할 때 유용한 정보로 만들어 주는 수단을 정보 시스템이라고 부른다. 데이터베이스는 이 시스템 안에 데이터를 저장하고 있다가 필요할 때 데이터를 제공하는 핵심 역할을 수행한다. 유용하고 활용도가 높은 정보를 정확히 추출할 수 있도록 데이터를 대신 관리해 주는 것이다.

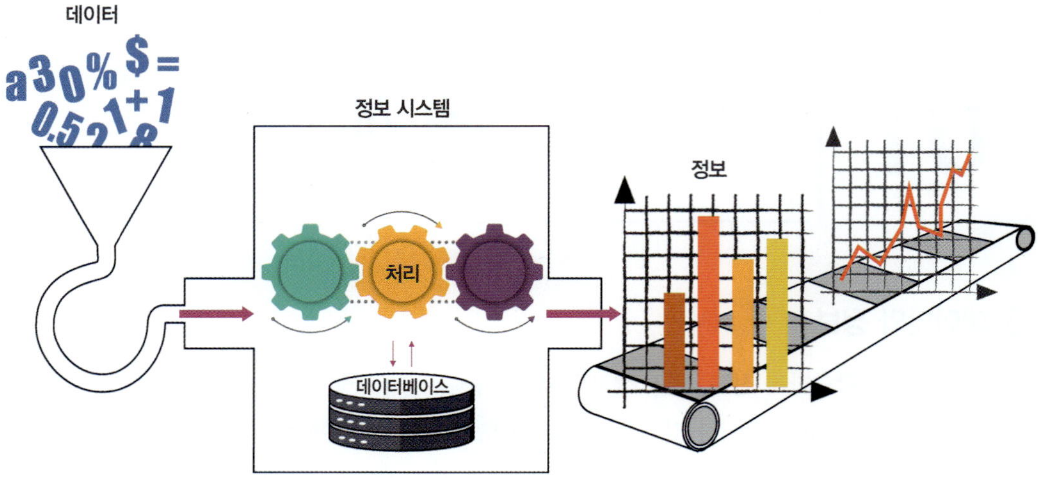

그림 8-2 **정보 시스템의 역할과 구성**

2 데이터베이스의 개념

데이터베이스DB, DataBase는 쉽게 말해 관련 데이터들을 모아 두는 창고이다. 특정 조직의 여러 사용자가 정확한 의미를 공유할 수 있도록 자료를 통합해 저장해 둔 운영 데이터의 집합이라고 할 수 있다. 데이터베이스를 구성하는 데이터들이 가지는 의미를 하나씩 살펴보자.

- **공유 데이터 :** 데이터베이스는 특정 조직의 여러 사용자가 함께 소유하고 이용하는 공용 데이터이다. 그러므로 각기 다른 사용 목적을 고려해 데이터베이스를 구성해야 한다.
- **통합 데이터 :** 데이터베이스는 똑같은 데이터가 여러 개 존재하는 중복성을 허용하지 않는다. 데이터가 중복되면 관리하기 어렵기 때문이다.
- **저장 데이터 :** 데이터베이스의 데이터는 주로 컴퓨터가 처리하므로 컴퓨터가 접근할 수 있는 매체에 저장해야 한다.
- **운영 데이터 :** 데이터베이스는 조직을 운영하고 주요 기능을 수행하는 데 꼭 필요하므로 꾸준히 유지되어야 한다.

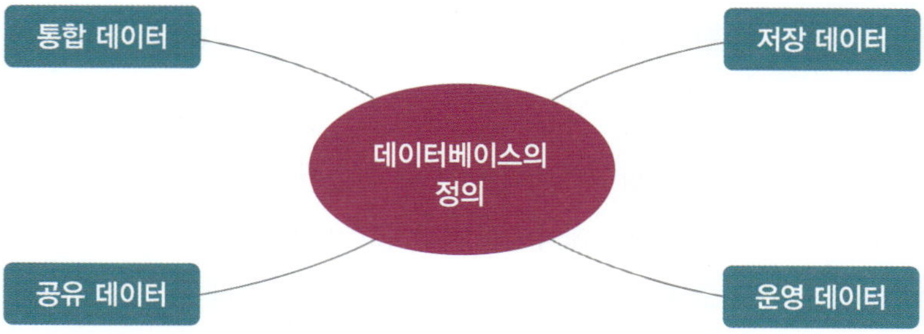

그림 8-3 **데이터베이스의 개념** © 김연희, 『데이터베이스 개론』, 한빛아카데미, 2013

3 파일 처리 시스템의 문제점

과거에는 데이터를 관리하기 위해 파일 처리 시스템File Process System이라는 소프트웨어를 사용했다. 파일 처리 시스템은 업무별로 프로그램이나 파일을 작성하고 처리하는 시스템이다. 구매 비용이 따로 들진 않지만, 응용 프로그램별로 필요한 데이터를 별도의 파일에 관리해야 한다는 특성 때문에 다음과 같은 문제가 있었다.

- 같은 내용의 데이터가 여러 파일에 중복으로 저장된다.
- 데이터 파일은 응용 프로그램에 종속된다.
- 데이터 파일에 대한 동시 공유, 보안, 회복 기능이 부족하다.
- 응용 프로그램 개발이 쉽지 않다.

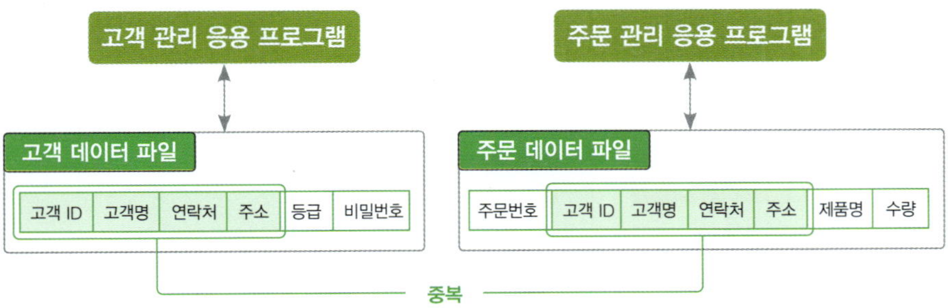

그림 8-4 **파일 처리 시스템의 구조** © 김연희, 『데이터베이스 개론』, 한빛아카데미, 2013

4 데이터베이스의 특징

데이터베이스는 파일 처리 시스템이 가진 문제점을 해결하기 위해 만들어진 결과물이다. 한 조직 내에서 사용하는 응용 프로그램의 데이터들이 잘 공유되도록 통합하여 관리한다. 기업의 경영정보시스템, 비행기의 예약시스템 외에도 데이터웨어하우스, 데이터마이닝 같은 새로운 응용 분야에서 많이 사용되고 있다.

데이터베이스가 가진 특징은 다음과 같다.

- **실시간 접근 가능 :** 사용자나 응용 프로그램의 질문을 실시간으로 처리해 응답할 수 있다.
- **지속적인 변화 :** 끊임없이 새로운 데이터를 삽입하고 기존 데이터를 수정하거나 삭제해 최신 상태를 유지한다.
- **동시 공유 가능 :** 여러 사용자와 응용 프로그램이 동시에 데이터를 검색하고 수정할 수 있다. 사용자가 각기 다른 데이터를 한번에 사용하는 것 외에, 같은 데이터를 여러 명이 동시에 사용하는 것도 지원한다.

- **내용 참조 가능 :** 데이터를 검색할 때 저장 위치나 주소를 몰라도 원하는 값을 제시하기만 하면 관련 데이터를 찾아 준다.

5 데이터베이스 관리 시스템

파일 처리 시스템이 가진 문제를 해결하는 일차적인 방법은 데이터를 모두 통합해 저장하는 것이다. 하지만 실제 환경에서는 통합 저장된 데이터를 관리하는 것 외에도 응용 프로그램의 요구 사항을 처리하면서 동시 공유, 보안, 회복 등의 기능도 함께 제공해야 했다. 이 문제를 해결하기 위해 제시된 것이 바로, 데이터베이스 관리 시스템이다.

데이터베이스 관리 시스템DBMS, DataBase Management System은 데이터베이스에 대한 전반적인 관리를 담당하는 소프트웨어이다. 데이터베이스에 데이터를 통합해 저장하고 이를 관리한다. 또한, 응용 프로그램을 대신해 데이터베이스에 존재하는 데이터의 검색 · 삽입 · 삭제 · 수정 기능을 수행한다. 모든 응용 프로그램은 데이터베이스를 공유할 수 있다.

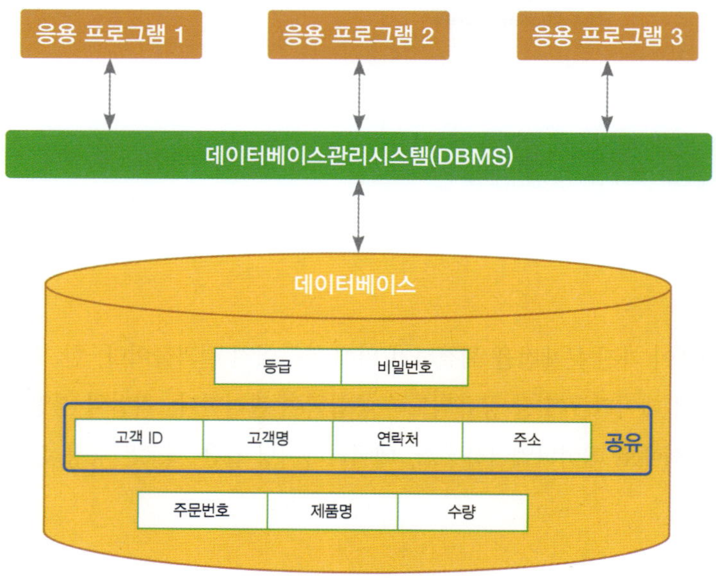

그림 8-5 **데이터베이스 관리 시스템의 구조** © 김연희, 『데이터베이스 개론』, 한빛아카데미, 2013

데이터베이스 관리 시스템이 가진 특징은 다음과 같다.

- **자료 접근성 및 시스템 응답성 향상 :** 프로그램을 개발하지 않은 이용자들도 데이터 조작을 쉽게 할 수 있도록 도와주는 질의어인 SQL 등을 제공해 불특정한 조건 검색에 유용하다.
- **중앙집중적 자료 통제 :** 모든 데이터가 한곳에 저장되어 있어 통제하기 편하다. 데이터베이스 관리자는 전체 데이터에 대한 사용 관리를 효과적으로 수행할 수 있다.

- **데이터 중복성 최소화 :** 자료의 통합 저장은 중복 저장을 방지한다. 이는 저장 공간의 낭비와 불일치 자료의 발생을 원천적으로 차단하는 효과를 가져온다. 데이터베이스에서도 데이터 중복이 아예 일어나지 않는 건 아니다. 용도에 맞게 데이터 종류나 형식을 수정해 중복으로 사용하기도 한다. 하지만 중복 관리 사실을 인지하고 문제점을 최소화할 수 있도록 관리한다.
- **데이터 독립성 유지 :** 통합된 자료의 독립성을 보장한다. 자료의 독립성이란 다른 자료에 영향을 주지 않으면서 특정 자료의 구조를 변경할 수 있다는 의미이다. 그래서 외부 환경에 따른 자료 수정 또한 쉽게 수행할 수 있다.
- **데이터 보안성 보장 :** 자료가 한곳에 저장되어 있어 보안을 유지하기 좋다. 외부 사용자 또는 접근 권한이 없는 내부 사용자의 불법적 행위를 쉽게 막을 수 있다.
- **데이터 일관성 유지 :** 데이터의 표현 형태 및 개별 시스템에서 사용하는 자료 값의 불일치 결과를 제거할 수 있다.
- **데이터 무결성 유지 :** 데이터 항목별로 단일 자료 값에 대한 영역을 설정한다. 제약조건을 만족하는 값만 입력되도록 세분화된 데이터 유형 정의도 가능하다. 또한 데이터베이스 관리 시스템 내에서 다른 데이터를 참조할 경우 해당 데이터가 반드시 존재해야 한다는 참조 무결성이 함께 보장된다.

하나 더 알기 **데이터베이스 언어**

데이터베이스 언어란 데이터베이스 관리 시스템을 구축하고 관리하는 데 사용하는 언어로, 역할에 따라 다음과 같이 분류된다.

- **데이터 정의어(DDL, Data Definition Language) :** 데이터 저장 구조, 데이터 접근 방법, 데이터 형식 등 데이터베이스를 구축하거나 수정할 때 사용하는 언어이다.
- **데이터 조작어(DML, Data Manipulation Language) :** 데이터베이스에 저장된 데이터를 검색·수정·삽입·삭제할 때 사용하는 언어이다. 사용자와 데이터베이스 관리 시스템 간의 인터페이스를 제공한다.
- **데이터 제어어(DCL, Data Control Language) :** 데이터를 보호하고 관리할 때 사용하는 언어이다. 데이터베이스의 무결성 유지, 보안 및 접근 제어, 시스템 장애 복구, 병행 수행 제어 기능 등을 담당한다.

© 이동명 외 2인, 『컴퓨터 사이언스』, 한빛아카데미, 2015

SECTION
02
데이터 모델

1 데이터 모델의 개념

데이터 모델Data Model이란 데이터를 데이터베이스에 저장하는 구조를 뜻한다. 일반적으로 자료 구조Data Structure, 연산Operation, 제약조건Constraint으로 구성되어 있다. 종류로는 계층형 데이터 모델, 네트워크형 데이터 모델, 관계형 데이터 모델, 객체 지향형 데이터 모델, 객체 관계형 데이터 모델이 있다.

2 계층형 데이터 모델

계층형 데이터 모델Hierarchical Data Model은 1960~70년대에 많이 사용했던 모델이다. 레코드Record와 링크Link로 구성된 트리 구조이다. 이 구조는 '부모-자식' 형태의 정보를 링크로 연결해 표현한다. [그림 8-6]은 기업 조직도로, 부서-팀-사원으로 구성된 계층형 데이터 모델의 예이다.

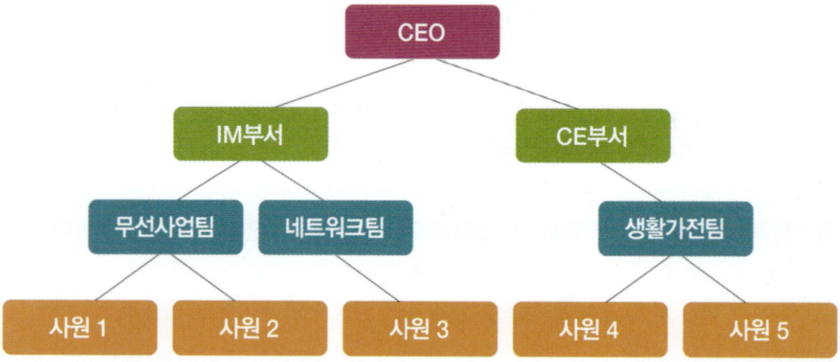

그림 8-6 계층형 데이터 모델의 예 : 기업 조직도

3 네트워크형 데이터 모델

네트워크형 데이터 모델Network Data Model은 데이터베이스를 그래프 형태로 구성한 모델이다. 1960~70년대에 주로 사용됐다. 레코드는 노드로 나타내고, 레코드와 레코드는 링크로 연결한다. 계층형 데이터 모델과 달리, 각 레코드는 부모-자식 형태의 정보를 여러 개 가질 수 있다. 레코드 한 개에 링크를 여러 개 연결할 수 있으므로 노드와 노드의 관계는 n : n(다 : 다)이다. [그림 8-7]은 대학교의 수강 신청 과정을 나타낸 것이며, 네트워크형 데이터 모델의 예이다.

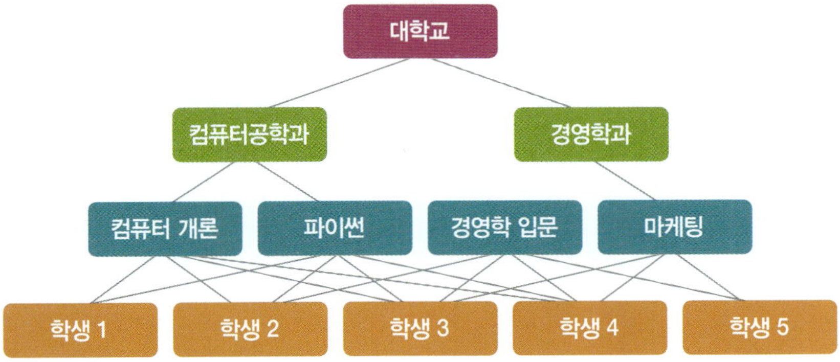

그림 8-7 **네트워크형 데이터 모델의 예 : 대학교의 수강 신청**

4 관계형 데이터 모델

관계형 데이터 모델Relational Data Model은 행과 열로 구성된 2차원 테이블 형태로, 레코드 간의 관계를 실제 자료로 표현한다. 관계형 데이터 모델은 1980년대 초반에 등장했는데, 다른 데이터 모델보다 개념이 단순해 오늘날에도 많이 쓰이고 있다. 각 레코드는 표 형식인 테이블에 담기며, 레코드들 간 공통된 속성으로 연결된다. 레코드 간 관계에 관한 항목은 파일에 따라 따로따로 표현되므로 논리적인 표현도 가능하다. 그래서 데이터 내용을 수정할 때 구조적 변경이 쉽고, 데이터를 추출할 때도 암시된 관계를 이용하면 결과를 빠르게 얻을 수 있다.

ID	비밀번호	이름	연락처	주소	적립금
apple	1234	정소화	02-111-1111	서울시 마포구	1,000
banana	9874	김선우	02-222-2222	경기도 부천시	500

그림 8-8 **관계형 데이터 모델의 예 : 고객 테이블**

5 객체 지향형 데이터 모델

객체 지향형 데이터 모델Object-oriented Data Model은 복잡한 데이터를 관리하기 위해 만들어진 모델로, 새로운 유형의 데이터 저장·분석·처리 작업을 지원한다. 1980년대 후반에 등장했으며, 객체 지향 프로그래밍 개념을 바탕으로 데이터와 프로그램을 독립적인 형태로 구성한다. 복잡한 유형의 데이터를 처리하기 좋고 객체를 이해하기도 쉽지만, 처리 속도와 포인터 사용 등의 문제로 대중화하기엔 한계가 있다.

6 객체 관계형 데이터 모델

객체 관계형 데이터 모델Object-relational Data Model은 관계형 데이터 모델에 객체 지향 개념을 도입한 데이터 모델로, 1990년대 후반에 등장했다. 객체 지향형 데이터 모델과 관계형 데이터 모델의 장점을 모아 놓은 형태이다. 멀티미디어 데이터를 처리해야 할 일이 많아지면서 활용도가 높아지고 있지만, 기술적인 문제가 해결되지 않아 아직까진 관계형 데이터 모델을 사용하는 경우가 많다.

SECTION 03

관계형 데이터베이스

1 관계형 데이터베이스의 기본 용어

관계형 데이터베이스Relational DataBase는 관계형 데이터 모델을 기반으로 하는 데이터의 집합이다. 일정한 형태의 테이블로 구성되며, 실생활에서 많이 활용된다. 관계형 데이터베이스는 행과 열로 구성된 2차원 테이블로 이루어져 있다. 하나의 테이블은 하나의 개체를 저장하며, 각 테이블은 고유한 이름을 가진다. 일반적으로 한 개체에 관한 데이터들은 릴레이션Relation에 담긴다. [그림 8-9]는 대학생 인적사항 데이터베이스 중 학번 개체를 기준으로 표현한 릴레이션의 예이다.

열(속성)

학번	성명	학과명	학년	연락처	이메일
INT	CHAR(30)	CHAR(10)	INT	CHAR(30)	CHAR(30)
1900001	이현석	컴퓨터공학과	3	010-1234-1234	lee@naver.com
1900002	강은희	인공지능학과	4	010-4030-3943	kang@hanmail.net
2000021	한예원	경영정보학과	2	010-3453-2534	lin@nate.com
2100335	이종원	마케팅학과	1	010-3040-3049	won@gmail.com

행(튜플)

그림 8-9 관계형 데이터베이스의 예 : 학생 릴레이션

튜플

테이블의 각 행은 튜플Tuple 또는 레코드Record라고 불린다. 예를 들어 [1900002, 강은희, 인공지능학과, 4, 010-4030-3943, kang@hanmail.net]은 '강은희' 학생에 대한 정보를 나타내는 튜플이다.

속성

테이블의 각 열은 속성Attribute이라고 불린다. [그림 8-9]에서는 학생의 인적사항 정보를 나타내기 위해 '학번', '성명', '학과명', '학년', '연락처', '이메일'이라는 여섯 개의 속성을 사용했다. 그중 '학번'은 학생의 학번 정보를 제공한다.

도메인

속성 하나에 포함된 모든 값의 집합을 도메인Domain이라고 한다. [그림 8-9]에서 '학년' 속성은 1, 2, 3, 4 네 가지인데, 이 값들을 모아 놓은 것이 도메인이다.

널 값

한 릴레이션의 특정 튜플이 가지는 속성 값을 모르거나 적합한 값이 없으면 널Null이라는 특별한 값이 적용된다. 예를 들어, 학번 릴레이션에 학생 정보를 입력할 때 일부 학생은 휴대폰이 없을 수도 있다. 그러면 이 학생들의 '연락처' 데이터는 널 값으로 입력된다.

차수

한 릴레이션이 가지는 속성의 전체 개수를 차수Degree라고 한다. 학번 릴레이션은 '학번', '성명', '학과명', '학년', '연락처', '이메일'까지 총 여섯 개의 속성을 가지므로 차수는 6이다.

카디널리티

한 릴레이션이 가지는 튜플의 전체 개수를 카디널리티Cardinality라고 한다. [그림 8-9]는 카디널리티가 4이다.

키

각각의 튜플을 유일한 값으로 구별하고 싶을 땐 모든 속성을 파악하는 것보다 일부 속성만 가지고 구분하는 것이 훨씬 효율적이다. 이때 튜플들이 서로 다른 값으로 구별되게 하는 역할은 키Key가 담당한다. 키는 각각의 튜플이 겹치지 않고 모두 다른 값을 가지게끔 하는 속성의 모임이다. 튜플들을 구분하는 필드의 집합이기도 하다. 관계형 데이터베이스에서 중요한 제약조건을 정의한다.

하나의 개체 내에 똑같은 객체Instance가 여러 개 존재하면 검색이 어렵고 데이터 중복 문제가 발생한다. 그래서 각 객체가 서로 구별될 수 있는 유일한 값의 속성이 필요하다. 속성은 하나일 수도 있고, 여러 개일 수도 있다.

키는 슈퍼키, 후보키, 기본키, 대체키, 외래키로 분류된다.

- **슈퍼키(Super Key)** : 유일성을 충족하는 속성 또는 속성들의 집합이다. 유일성은 키가 갖춰야 하는 기본 특성이다. 릴레이션에서 키로 지정된 속성 값은 튜플마다 모두 달라야 한다는 의미이다. 즉 키 값이 같은 튜플은 존재할 수 없다.

- **후보키(Candidate Key) :** 유일성과 최소성을 만족하는 속성들의 집합이다. 최소성은 꼭 필요한 속성들로만 키를 구성한다는 뜻이다. 그러므로 하나의 속성으로 구성된 키는 당연히 최소성도 만족한다.
- **기본키(Primary Key) :** 데이터베이스 설계자나 관리자는 후보키 중 기본으로 사용할 키를 꼭 선택해야 한다. 이때 선택된 키가 기본키이다.
- **대체키(Alternate Key) :** 기본키로 선택되지 못한 후보키들이다.
- **외래키(Foreign Key) :** 한 릴레이션에 소속된 속성 또는 속성 집합이 다른 릴레이션의 기본키가 되는 키다.

2 관계형 데이터베이스의 제약

관계형 데이터베이스에서 정의하고 있는 기본 제약조건은 키와 관련한 무결성 제약조건이다. 무결성 제약조건Integrity Constraint은 데이터베이스 상태가 만족해야 하는 조건으로, 사용자가 데이터베이스를 갱신할 때 데이터베이스의 일관성이 손상되지 않도록 보장해 주는 수단이다. 데이터베이스에 저장된 데이터를 의미하는 데이터베이스 상태 또는 데이터베이스 객체가 항상 지켜야 하는 중요한 규칙이다. 삽입 · 삭제 · 수정 연산으로 데이터베이스 상태가 변하더라도 무결성 제약조건은 반드시 지켜져야 한다.

무결성 제약조건에는 개체 무결성 제약조건과 참조 무결성 제약조건이 있는데, 데이터베이스 상태를 일관성 있게 유지하려면 두 가지 조건을 모두 만족해야 한다.

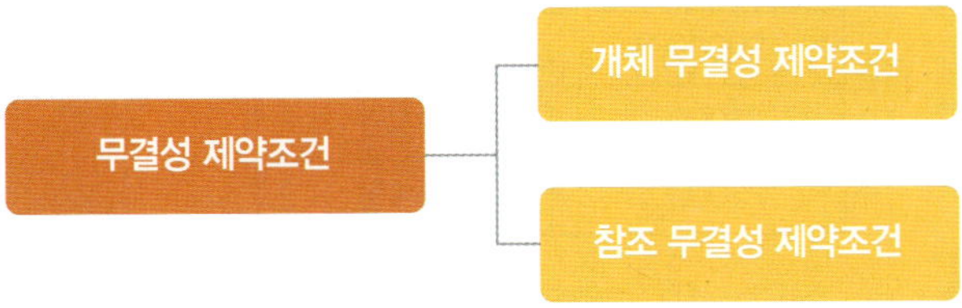

그림 8-10 **관계형 데이터베이스의 무결성 제약조건**

개체 무결성 제약조건

개체 무결성 제약조건Entity Integrity Constraint이란 기본키를 구성하는 모든 속성은 널 값을 가지면 안 된다는 규칙이다. 관계 데이터베이스에서는 릴레이션에 포함된 튜플들을 각각의 유일한 값으로 구별하고 그러한 튜플에 쉽게 접근할 수 있도록 기본키를 정의한다. 그런데 기본키를 구성하는 속성 전체나 일부가 널 값이 되면 튜플의 유일성을 판단할 수 없어진다. 기본키의 본래 목적이 사라지는 것이다. 그러므로 개체 무결성 제약조건은 반드시 지켜져야 한다.

참조 무결성 제약조건

참조 무결성 제약조건Referential Integrity Constraint이란 외래키는 참조할 수 있는 값만 가져야 한다는 규칙이다. 외래키는 다른 릴레이션의 기본키가 되기도 하는 속성으로, 릴레이션 간의 관계를 나타낸다. 그런데 외래키가 자신이 참조하는 릴레이션의 기본키와 상관없는 값을 가지면 두 릴레이션을 연관시킬 수 없어진다. 그래서 외래키는 자신이 관여하는 릴레이션에 기본키로 존재하는 값, 즉 참조 가능한 값만 가져야 한다.

3 관계형 데이터 연산

관계 대수Relational Algebra는 원하는 결과를 얻기 위해 릴레이션을 처리하는 과정을 기술하는 언어이다. 연산자들의 집합이라고도 한다. 관계형 대수에는 일반 집합 연산자Set Operation와 순수 관계 연산자Relational Operation가 있다. 일반 집합 연산자에는 합집합(∪), 교집합(∩), 차집합(−), 카티션 곱(×)이 있고, 순수 관계 연산자에는 선택(σ), 추출(π), 조인(⋈), 나누기(÷)가 있다.

합집합

합집합Union 연산은 두 릴레이션에 있는 모든 튜플을 모으는 연산이다. 양쪽에 다 속해 있는 튜플은 하나로 합친다. 두 릴레이션을 R과 S라 했을 때, 기호로는 R∪S로 표현한다. [그림 8-11]은 릴레이션 R과 S의 합집합 연산 과정을 보여 주는 것이다.

R

학번	이름
2000001	김태진
2100001	박현진
2200001	이재욱

S

학번	이름
2000001	김태진
2100002	이지연
2200002	김예원

R∪S

학번	이름
2000001	김태진
2100001	박현진
2200001	이재욱
2100002	이지연
2200002	김예원

그림 8-11 **합집합 연산의 예**

교집합

교집합Intersection 연산은 두 릴레이션이 모두 가지고 있는 튜플을 찾는 연산이다. 기호로는 R∩S로 표현한다. [그림 8-12]는 릴레이션 R과 S의 교집합 연산 과정을 보여 주는 것이다.

R

학번	이름
2000001	김태진
2100001	박현진
2200001	이재욱

S

학번	이름
2000001	김태진
2100002	이지연
2200002	김예원

R∩S

학번	이름
2000001	김태진

그림 8-12 **교집합 연산의 예**

차집합

차집합Difference 연산은 한 릴레이션에는 속하지만 다른 릴레이션에는 속하지 않는 튜플을 구하는 연산이다. 기호로는 R-S, 또는 S-R로 표현한다. [그림 8-13]은 릴레이션 R과 S의 차집합 연산 과정을 보여 주는 것이다.

R

학번	이름
2000001	김태진
2100001	박현진
2200001	이재욱

S

학번	이름
2000001	김태진
2100002	이지연
2200002	김예원

R-S

학번	이름
2100001	박현진
2200001	이재욱

S-R

학번	이름
2100002	이지연
2200002	김예원

그림 8-13 **차집합 연산의 예**

카티션 곱

카티션 곱Cartesian Product 연산은 두 릴레이션에 속한 튜플들의 모든 조합을 취합해 보는 연산이다. 기호로는 R×S로 표현한다. [그림 8-14]는 릴레이션 R과 S의 카티션 곱 연산 과정을 보여 주는 것이다.

R

학번	이름
2000001	김태진
2100001	박현진
2200001	이재욱

S

학번	나이
2000001	25
2100002	21
2200002	22

R×S

R.학번	R.이름	S.학번	S.나이
2000001	김태진	2000001	25
2000001	김태진	2100002	21
2000001	김태진	2200002	22
2100001	박현진	2000001	25
2100001	박현진	2100002	21
2100001	박현진	2200002	22
2200001	이재욱	2000001	25
2200001	이재욱	2100002	21
2200001	이재욱	2200002	22

그림 8-14 **카티션 곱 연산의 예**

선택

선택Select 연산은 릴레이션 내에서 조건에 만족하는 튜플을 구하는 연산이다. 시그마 기호(σ)를 사용하며, 다음과 같이 수학적 수식을 가진다.

- $\sigma_{선택조건}$(릴레이션)

[그림 8-15]는 고객 릴레이션에서 등급이 'gold'인 튜플을 선택 연산하는 과정을 보여 주는 것이다.

$\sigma_{등급 = 'gold'}$(고객)

ID	고객 이름	나이	등급	직업	적립금
hanbit	김성삼	20	gold	교사	1500
icecream	조우리	25	vip	학생	3000
java	유경희	28	gold	간호사	5000
korea	김미정	22	silver	교사	0

ID	고객 이름	나이	등급	직업	적립금
hanbit	김성삼	20	gold	교사	1500
java	유경희	28	gold	간호사	5000

그림 8-15 **선택 연산의 예**

추출

추출Project 연산은 릴레이션에서 원하는 속성만 선택해 뽑아내는 연산이다. 파이 기호(π)를 사용하며, 다음과 같은 수학적 수식을 가진다.

- $\pi_{속성리스트}$(릴레이션)

고객 릴레이션에서 ID, 나이, 직업만 추출하고 싶다면 연산 과정은 [그림 8-16]과 같다.

$\pi_{ID,\ 나이,\ 직업}$(고객)

ID	고객 이름	나이	등급	직업	적립금
hanbit	김성삼	20	gold	교사	1500
icecream	조우리	25	vip	학생	3000
java	유경희	28	gold	간호사	5000
korea	김미정	22	silver	교사	0

ID	나이	직업
hanbit	20	교사
icecream	25	학생
java	28	간호사
korea	22	교사

그림 8-16 **추출 연산의 예**

조인

조인[Join] 연산은 두 릴레이션이 가진 속성 중 공통으로 가진 특정 조건을 뽑아 그 속성에 맞게 튜플들을 재구성하는 연산이다. 하나의 릴레이션만으로는 원하는 데이터를 얻을 수 없어 관련성이 있는 다른 릴레이션의 데이터를 사용해야 할 때 활용한다. 다음의 기호(⋈)를 사용하며, 수학적 수식은 아래와 같다.

- 릴레이션 1 $\bowtie_{\text{조건식}}$ 릴레이션 2

한 예로 직원 릴레이션과 부서 릴레이션의 조인 연산 과정은 [그림 8-17]과 같다.

직원 $\bowtie_{\text{부서번호=부서번호}}$ 부서

직원

사원번호	이름	부서번호	직위	성별
101	김예원	A01	사원	여
102	이재욱	A02	대리	남
103	정지수	A02	사원	여
104	김지은	A03	과장	여
105	조우리	A01	팀장	여

⋈

부서

부서번호	부서명	사무실
A01	경영지원부	101
A02	기술개발부	201
A03	품질관리부	301
A04	기술영업부	401

사원번호	이름	부서번호	직위	성별	부서명	사무실
101	김예원	A01	사원	여	경영지원부	101
102	이재욱	A02	대리	남	기술개발부	201
103	정지수	A02	사원	여	기술개발부	201
104	김지은	A03	과장	여	품질관리부	301
105	조우리	A01	팀장	여	경영지원부	101

그림 8-17 **조인 연산의 예**

[그림 8-17]의 조인 연산 결과를 이용해 '경영지원부'에서 근무하는 사원의 이름을 검색하고 싶다면, 아래와 같이 연산하면 된다. 결과는 [그림 8-18]과 같다.

- $\pi_{\text{이름}}(\sigma_{\text{부서명='경영지원부'}}(\text{직원} \bowtie_{\text{부서번호=부서번호}} \text{부서}))$

이름
김예원
조우리

그림 8-18 **조인 연산 활용의 예**

나누기

나누기 Division 연산은 한 릴레이션에 담긴 모든 튜플과 관련이 있는 다른 릴레이션의 속성으로 결과를 얻는 연산이다. 기호로는 A÷B로 표현한다. 이 연산을 적용하려면 릴레이션 A가 릴레이션 B의 속성을 포함하고 있어야 한다. [그림 8-19]는 고객 릴레이션과 우수등급 릴레이션의 나누기 연산 과정을 보여 주는 것이다.

고객 ÷ 우수등급

고객

ID	고객 이름	나이	등급	직업	적립금
hanbit	김성삼	20	gold	교사	1500
icecream	조우리	25	vip	학생	3000
java	유경희	28	gold	간호사	5000
korea	김미정	22	silver	교사	0

우수등급

등급
gold

↓

ID	고객 이름	나이	직업	적립금
hanbit	김성삼	20	교사	1500
java	유경희	28	간호사	5000

그림 8-19 **나누기 연산의 예**

4 SQL

SQL Structured Query Language 은 관계형 데이터베이스를 조작하고 관리할 때 사용하는 데이터베이스 질의용 언어이다. 사용자가 처리하고 싶어 하는 데이터가 무엇인지만 제시하고, 어떻게 처리해야 하는지는 언급할 필요가 없는 비절차적 데이터 언어의 특징을 가진다.

사용자는 SQL을 통해 특정 데이터 집합에서 필요한 데이터를 검색 · 입력 · 수정 · 삭제함으로써 데이터베이스와 대화할 수 있다. 즉 SQL은 사용자와 데이터베이스의 대화를 돕는 매개체이다. 그래서 SQL 문장을 배우는 것은 관계형 데이터베이스를 배우는 기본 단계라 할 수 있다.

SQL 문장과 관련한 용어로는 데이터를 조회하는 셀렉트SELECT문, 테이블 속 데이터를 변경하는 업데이트UPDATE, 딜리트DELETE, 인서트INSERT문, 테이블을 생성 · 수정 · 변경 · 삭제하는 구문, 데이터 권한을 제어하는 구문 등이 있다.

SQL은 또한 기능에 따라 데이터 정의어, 데이터 조작어 , 데이터 제어어로 나뉜다.

- **데이터 정의어(DDL, Data Definition Language) :** 테이블 생성, 변경, 제거 기능을 제공한다. 데이터베이스의 구조나 형식, 처리 방식 등을 정의하는 언어이다.
- **데이터 조작어(DML, Data Manipulation Language) :** 테이블에 새 데이터를 삽입하거나 이미 저장된 데이터를 수정 · 삭제 · 검색하는 기능을 제공한다. 응용 프로그램이 데이터베이스에 명령해 사용자가 원하는 데이터를 제공한다.
- **데이터 제어어(DCL, Data Control Language) :** 보안을 위해 데이터 접근 및 사용 권한을 사용자별로 부여하거나 취소하는 기능을 제공한다. 데이터베이스 관리자가 주로 사용한다.

하나 더 알기 **SQLite**

SQL 언어 중 MySQL은 C, C++, PHP, 파이썬 등과 연동해 소프트웨어 개발에 사용할 수 있는 시스템이다. JDBC(Java DataBase Connectivity) 드라이버나 ODBC(Open DataBase Connectivity) 드라이버가 공개되어 있어, 자바 애플리케이션이나 윈도우 애플리케이션에서 접근할 수 있다. 하지만 이 시스템은 별도의 DBMS(DataBase Management System) 서버를 운영해야 하므로 개인적으로 사용하기 쉽지 않다.

SQLite는 이를 보완한 임베디드 관계형 데이터베이스이다. 임베디드 데이터베이스는 독립된 프로세스로 실행되지 않고 자신이 서비스하는 애플리케이션에 내장되어 작업을 수행한다. 기존의 오라클(Oracle)이나 MySQL과 같은 데이터베이스 관리 시스템은 모바일 기기의 낮은 CPU 성능과 제한된 자원 때문에 제대로 활용되지 못했다. 하지만 SQLite는 대표적인 오픈소스 데이터베이스 시스템이라 모바일 기기에 활용하기 적합하다. 또한 용량이 작고 안정적이며 크로스 플랫폼을 지원한다는 장점이 있다.

SECTION

04

빅데이터

1 빅데이터의 등장 배경

4차 산업혁명 시대가 다가오자 기본 인터넷 서비스 환경은 검색과 포털 위주에서 개인화 서비스와 소셜 네트워크 서비스를 제공하는 환경으로 바뀌었다. 이와 함께 ICT 기술도 발전하면서 데이터의 양 또한 기하급수적으로 증가하고 있다. 최근의 디지털 환경에서는 데이터가 짧은 시간 내에 많이 만들어질 뿐 아니라, 숫자나 문자, 영상까지 포함하는 형태로 나타나고 있다.

ICT 기술 시장조사 기관인 IDC International Data Corporation가 조사한 디지털 유니버스 Digital Universe 보고서에 따르면, 전 세계 디지털 데이터양은 2년마다 제타바이트 ZB, Zeta Byte(2^{70}) 단위로 두 배씩 증가하고 있다고 한다. 그리고 기존의 데이터 저장 · 관리 · 분석 기법으로는 늘어나는 데이터양을 처리하는 데 한계가 생기자, ICT 기술의 패러다임이 바뀌며 빅데이터라는 용어가 등장했다. 이후 데이터에 대한 관심은 더욱 높아지고 있으며, 데이터도 규모, 유형, 특성에 따라 [그림 8-20]과 같이 변화하고 있다.

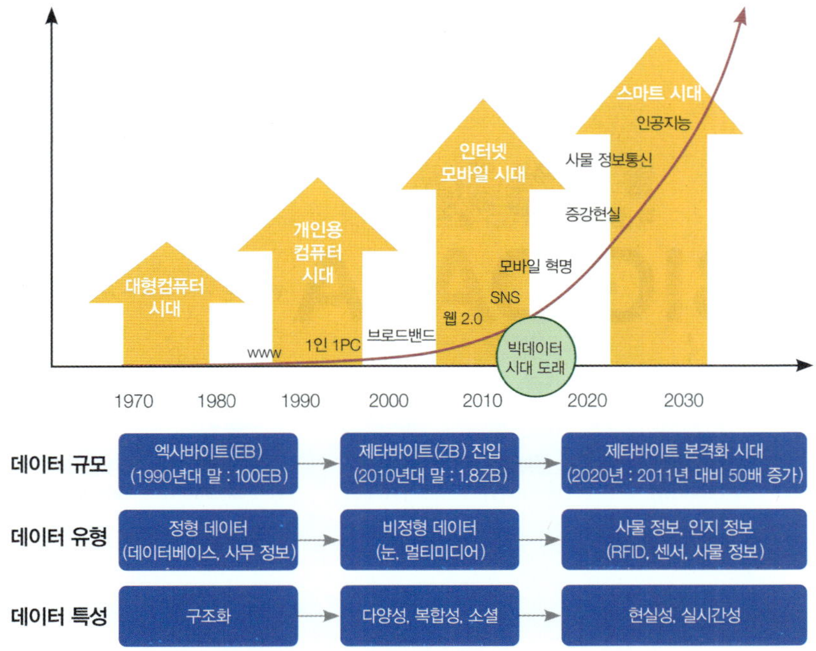

그림 8-20 ICT 기술 발전에 따른 데이터 변화 방향

2 빅데이터의 개념

빅데이터 Big Data 란 기존의 데이터베이스 관리 시스템으로는 처리하기 어려운 많은 양의 정형 데이터와 비정형 데이터들을 의미한다. [표 8-1]을 통해 기존 데이터베이스 환경과 빅데이터 환경의 차이점을 좀 더 자세히 알아보자.

표 8-1 기존 데이터베이스 환경과 빅데이터 환경의 차이점

구분	기존 데이터베이스 환경	빅데이터 환경
데이터	•정형화된 수치 중심	•비정형의 다양한 데이터 •문자 데이터(검색어) •영상 데이터(CCTV, 동영상) •SNS 데이터, 위치 데이터, 그 외 웹상의 다양한 데이터
하드웨어	•고가의 저장장치 •데이터베이스 •데이터웨어하우스(Data-warehouse)	•클라우드 컴퓨팅 등 효율적인 장비 활용
소프트웨어	•관계형 데이터베이스(RDBMS) •통계패키지(SAS, SPSS) •데이터마이닝(Data Mining)	•오픈소스 형태의 무료 소프트웨어 •오픈소스 통계 솔루션(R) •텍스트마이닝(Text Mining)

미국의 IT 분야 리서치 기업인 가트너그룹 The Gartner Group 의 애널리스트 더그 레이니 Doug Laney 는 빅데이터가 큰 용량, 빠른 속도, 높은 다양성의 특성을 가진 정보 자산이므로 이를 활용해 의사결정 및 통찰, 프로세스 최적화를 향상시키려면 새로운 형태의 처리 방식이 필요하다고 언급했다. 빅데이터의 속성으로는 3V, 즉 규모 Volume, 속도 Velocity, 다양성 Variety 을 들었는데 IBM사는 여기에 정확성 Veracity 을 더했고, 최근에는 가치 Value, 시각화 Visualization, 바이럴리티 Virality 를 포함한 7V로 정의하기도 했다.

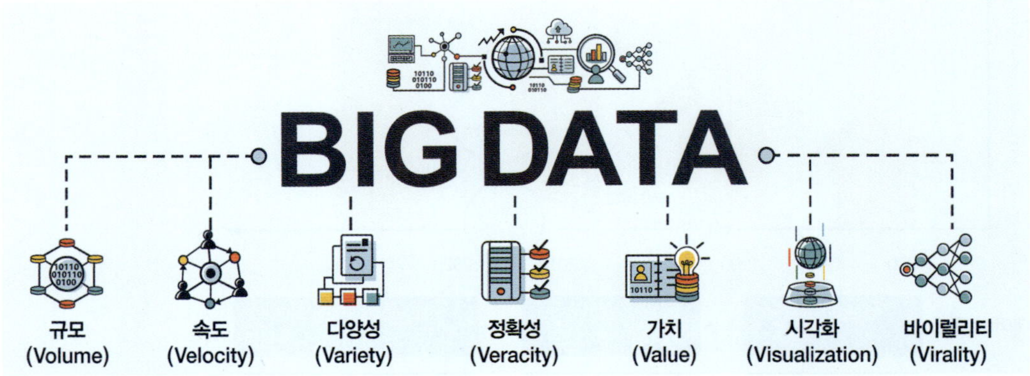

그림 8-21 빅데이터의 속성

하나 더 알기 **빅데이터 기술**

빅데이터는 대용량이면서도 전파 속도가 빨라서 중요한 패턴을 찾기가 어렵다. 또한, 대규모로 발생하는 정보 중에는 불필요한 정보도 많다. 빅데이터 기술(Big Data Technology)은 이러한 많은 양의 데이터 중 가치 있는 정보를 선별해 결과를 분석하는 기술이다. 빅데이터 기술이 관심의 대상이 되는 이유는 비정형 데이터를 분석하고 활용해 사용자의 경험이나 본인도 모르는 습관 등의 다양한 정보를 추출할 수 있기 때문이다. 이렇게 추출된 정보는 고객별 맞춤 관리에 활용할 수 있다. 또한 빅데이터 기술로 분석한 결과는 미래 예측이나 예산 절감을 가능하게 한다.

2012년, 구글은 빅데이터를 처리하는 대표적인 프레임워크(Framework) 기술인 하둡(Hadoop)을 오픈소스 형태로 공개했다. 하둡은 적은 비용으로 빅데이터를 처리하며 높은 사용 편의성을 제공한다. 한편 아마존, 야후, 페이스북, 트위터 등의 대형 글로벌 인터넷 서비스 업체들도 자사의 기술과 플랫폼을 공개하며 빅데이터 처리 기술의 발전에 함께하고 있다.

3 빅데이터 처리 과정

빅데이터는 데이터 생성과 수집, 저장, 처리, 분석, 표현의 과정에 따라 처리한다.

❶ **빅데이터 소스 생성과 수집 기술 :** 데이터는 소스 위치에 따라 내부 데이터와 외부 데이터로 나뉜다. 데이터 수집 또한, 소스의 위치에 따라 내부 데이터 수집과 외부 데이터 수집으로 구분된다.

TIP **내부 데이터 수집 :** 자체적으로 보유한 내부 파일 처리 시스템이나 데이터베이스 관리 시스템, 센서 등에 접근해 정형 데이터를 수집한다.

TIP **외부 데이터 수집 :** 인터넷으로 연결된 외부 환경에서 비정형 데이터를 수집한다.

❷ **빅데이터 저장 기술 :** 데이터 저장 관리는 데이터를 나중에도 사용할 수 있도록 안전하고 효율적으로 저장하는 것이다. 빅데이터 같은 경우는 '대용량, 비정형, 실시간성'이라는 속성을 아우르는 저장 방식이 필요하다. 특히 대량의 데이터를 파일 형태로 저장하는 기술과 비정형 데이터를 정형화된 형태로 저장하는 기술이 중요하다.

❸ **빅데이터 처리 기술 :** 빅데이터 처리 기술로는 정형·비정형 데이터 분석에 가장 많이 활용되는 솔루션인 하둡, 기본적인 통계 기법부터 모델링과 최신 데이터마이닝 기법까지 구현하고 개선할 수 있는 R, 전통적인 관계 DBMS와 다른 식으로 설계된 비관계형 인터베이스 NoSQL Not-only SQL 등이 있다.

❹ **빅데이터 분석 기술 :** 빅데이터 분석에 사용하는 기술은 대부분 통계학과 전산학, 특히 기계학습과 데이터마이닝 분야에서 이미 사용하고 있는 것들이다. 기존의 분석 기술 알고리즘을 대규모 데이터 처리 방식에 맞게 개선한 뒤 적용하고 있다. 대표적인 빅데이터 분석 기

술로는 텍스트마이닝Text Mining, 웹마이닝Web Mining, 오피니언마이닝Opinion Mining, 소셜 네트워크 분석Social Network Analysis, 기계학습Machine Learning 등이 있다.

❺ **빅데이터 표현 기술 :** 어렵고 복잡한 정보를 쉽게 이해할 수 있도록 간단한 도표나 3D 이미지 등으로 데이터 분석 결과를 표현하는 기술이다.

그림 8-22 **빅데이터 처리 과정**

하나 더 알기 **데이터마이닝**

데이터마이닝(Data Mining)은 대규모 데이터에서 가치 있는 정보를 추출하는 빅데이터 분석 기술이다. 데이터 간 의미 있는 관계, 패턴, 규칙을 발견하기 위해 자동화 혹은 반자동화 도구를 활용해 탐색하고 분석한다. 텍스트마이닝, 웹마이닝, 오피니언마이닝 등의 형태로 구현되고 있다.

- **텍스트마이닝(Text Mining) :** 대규모의 문서(Text)에서 의미 있는 정보를 추출하는 것이다. 분석 대상이 비구조적인 문서 정보라는 점에서 데이터마이닝과 차이가 있다.
- **웹마이닝(Web Mining) :** 인터넷을 이용하는 과정에서 웹에 생성되는 웹 로그(Web Log) 정보나 검색어로부터 유용한 정보를 추출하는 것이다. 자동 정보 수집 프로그램인 웹 크롤러(Web Crawler)는 스파이더(Spider), 웜(Worm), 로봇(Robot), 봇(Bot) 등으로 불리며, 웹 페이지를 자동으로 내려받는 기능을 수행한다. 그 뒤, 하이퍼링크로 연결된 웹 페이지를 일일이 찾아가 각종 자료를 수집한다.
- **오피니언마이닝(Opinion Mining) :** 어떤 사안에 대한 사람들의 의견, 평가, 태도, 감정 등을 분석하는 것이다. 특정 주제에 대한 주관적인 의견들을 모아 문장을 분석한 후 서비스에 활용한다.

4 빅데이터의 활용

빅데이터 기술이 발전하면서 사용 비용도 점점 저렴해지자 이제 빅데이터는 새로운 일자리 창출과 경제 성장의 동력으로 자리매김하고 있다. 글로벌 컨설팅 기업인 맥킨지Mackenzie는 비즈니스 지형을 변화시킬 10대 기술 트렌드 중 하나로 빅데이터를 선정했다. 빅데이터 기술을 잘 활용한다면 앞으로 중요한 가치 창출 효과가 생겨날 것이라 전망한 것이다. 빅데이터 기술은 아마존, 구글, 페이스북 등 IT 선도 기업이 소셜 데이터 분석에 적극 활용하고 있다. 또한 이슈 탐지 및 예측 분석을 통해 획기적인 비즈니스 사업을 창출하는 데도 큰 몫을 하고 있다.

구글 트렌드

구글 트렌드Google Trends는 구글사의 검색어 및 시청 동영상 기반 빅데이터 분석 서비스이다. 최신 트렌드와 데이터, 시각화 정보를 확인할 수 있다. 빅데이터에 기반한 분석법은 과거엔 불가능했던 일을 가능하게 만들고 있다. 한 예로, 구글은 독감과 관련한 검색어 빈도를 분석해 독감 환자 수와 유행 지역을 예측하는 독감 동향 서비스를 개발했는데, 이는 미국 질병통제본부CDC, Centers for Disease Control and Prevention보다 예측력이 뛰어난 것으로 밝혀졌다.

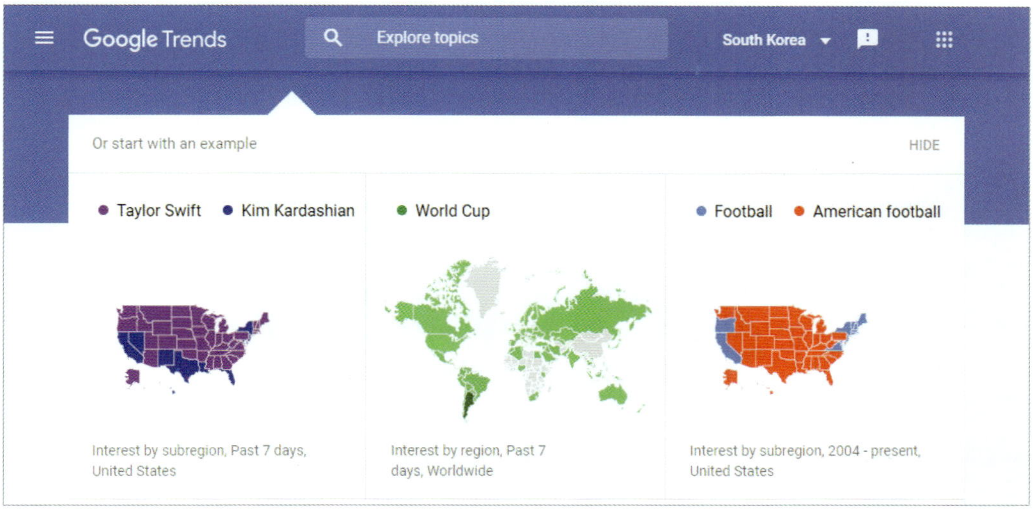

그림 8-23 **구글 트렌드**

구글 번역

구글 번역Google Translate은 구글사가 무료로 제공하는 다언어 기계 번역 서비스이다. 텍스트 기반의 정보를 번역하며, 빅데이터에는 데이터의 규모가 중요하다는 것을 확인시켜 준 대표적인 사례이다. 구글 번역은 수천만 권의 도서 정보, 유엔UN과 유럽의회EP, European Parliament, 웹 사이트의 빅데이터를 활용해 64개 언어 간 자동번역 서비스를 제공한다.

그림 8-24 **구글 번역**

슈퍼컴퓨터 왓슨

IBM 연구소에서 개발한 슈퍼컴퓨터 왓슨Watson은 자연어 형식으로 된 질문의 답을 찾아내는 인공지능 컴퓨터 시스템이다. 인간이 사용하는 언어에 대한 이해를 기반으로 방대한 정보를 빠르게 검색하는 기술의 힘을 입증했다. 왓슨은 2011년 2월, 미국에서 가장 인기 있는 텔레비전 퀴즈쇼 〈제퍼디!Jeopardy!〉에 출연해 인간 챔피언들을 상대로 승리를 거뒀다. 현재는 의료보험 데이터 분석, 종양 진단과 처리, 금융 등의 분야에 적용할 수 있는 방법을 꾸준히 연구 중이다.

그림 8-25 **퀴즈쇼에서 승리를 거둔 슈퍼컴퓨터 왓슨**

추천 시스템

아마존Amazon, 넷플릭스Netflix, 유튜브YouTube 등은 사용자가 관심을 가지거나 구매한 물건의 데이터를 빅데이터로 분석해 추가로 구매할 것이라 예상되는 항목을 추천하는 시스템을 개발했다.

그림 8-26 **유튜브 추천 시스템 '맞춤 동영상'**

요약

01 데이터와 정보

- 데이터 : 현실 세계에서 측정하여 수집한 사실이나 값으로, 자료라고도 한다.
- 정보 : 데이터를 의사결정에 유용하게 활용할 수 있도록 체계적으로 조직한 결과물이다.

02 데이터베이스

- 데이터베이스의 개념 : 특정 조직의 여러 사용자가 데이터를 공유해 사용할 수 있도록 통합 저장한 운영 데이터의 집합이다.
- 데이터베이스의 특징 : 실시간 접근 가능, 지속적인 변화, 동시 공유 가능, 내용 참조 가능 등이 있다.

03 데이터베이스 관리 시스템

데이터베이스의 전반적인 관리를 담당하는 소프트웨어이다. 데이터를 데이터베이스에 통합해 저장하고 이에 관한 관리를 담당한다.

04 데이터 모델의 개념

데이터를 데이터베이스에 저장하는 구조이다. 일반적으로 자료구조, 연산, 제약조건으로 구성되어 있다.

05 데이터 모델의 종류

- 계층형 데이터 모델 : 데이터를 레코드와 링크로 구성된 트리 구조로 조직한다. 이 모델은 반복적인 '부모 - 자식'형 관계 정보를 링크로 연결해 표현한다.
- 네트워크형 데이터 모델 : 데이터베이스를 그래프 형태로 구성한 모델이다. 계층형 데이터 모델과는 달리, 각 레코드가 여러 개의 '부모 - 자식'형 정보를 가질 수 있다.
- 관계형 데이터 모델 : 행과 열로 구성된 2차원 테이블 형태 모델이다. 레코드 간의 관계를 실제 자료로 표현한다.
- 객체 지향형 데이터 모델 : 복잡한 데이터를 관리하기 위해 제안된 모델이다. 새로운 유형의 데이터 저장 · 분석 · 처리 작업을 지원한다.
- 객체 관계형 데이터 모델 : 객체 지향형 데이터 모델과 관계형 데이터 모델의 장점만 모아 만든 모델이다.

요약

06 관계형 데이터베이스

- 관계형 데이터베이스 : 관계형 데이터 모델을 기반으로 하며, 정형화된 테이블로 구성된 데이터 항목의 집합이다. 가장 많이 사용되고 있는 데이터베이스이다.
- 무결성 제약조건 : 데이터베이스 상태가 만족해야 하는 조건으로, 사용자가 데이터베이스를 갱신할 때 데이터베이스의 일관성이 손상되지 않도록 보장해 주는 수단이다.

07 관계형 데이터 연산

- 합집합 연산 : 두 릴레이션의 튜플을 모두 모으는 연산이다.
- 교집합 연산 : 두 릴레이션에 공통으로 속하는 튜플을 뽑는 연산이다.
- 차집합 연산 : 한 릴레이션에는 속하지만 다른 릴레이션에는 속하지 않는 튜플을 구하는 연산이다.
- 카티션 곱 연산 : 두 릴레이션의 튜플을 조합해 나올 수 있는 모든 결과를 취합하는 연산이다.
- 선택 연산 : 하나의 릴레이션에서 주어진 조건에 만족하는 튜플을 구하는 연산이다.
- 추출 연산 : 하나의 릴레이션에서 원하는 속성만 선택해 뽑아내는 연산이다.
- 조인 연산 : 두 릴레이션에서 특정 조건을 만족하는 튜플들만 따로 결합해 하나의 튜플로 만드는 연산이다.
- 나누기 연산 : 한 릴레이션의 모든 튜플 중 다른 릴레이션의 속성에 적합한 튜플을 추출해 내는 연산이다.

08 SQL

관계형 데이터베이스를 조작하고 관리할 때 사용하는 데이터베이스 질의용 언어이다. 기능에 따라 데이터 정의어, 데이터 조작어, 데이터 제어어로 나뉜다.

09 빅데이터

- 빅데이터의 개념 : 기존 데이터베이스 관리 시스템으로는 처리하기 어려운 많은 양의 정형 데이터와 비정형 데이터들을 의미한다.
- 빅데이터의 처리 과정 : 소스 생성과 수집 → 저장 → 처리 → 분석 → 표현
- 빅데이터의 활용 : 구글 트렌드, 구글 번역, 슈퍼컴퓨터 왓슨, 추천 시스템 등이 있다.

연습 문제

단답형 문제

01 (　　　　　　)는 현실 세계에서 측정해 수집한 사실이나 값이고, (　　　　　　)는 데이터를 의사결정에 유용하게 활용할 수 있도록 체계적으로 조직한 결과물이다.

02 데이터에서 정보를 추출하는 과정이나 방법을 (　　　　　　)라고 한다.

03 (　　　　　　)는 특정 조직의 여러 사용자가 공유해 사용할 수 있도록 데이터를 통합해 저장한 운영 데이터의 집합이다.

04 (　　　　　　)은 업무별로 프로그램이나 파일을 작성하고 처리하는 시스템이다. 응용 프로그램별로 필요한 데이터를 별도의 파일에 저장해 관리한다.

05 (　　　　　　)은 데이터베이스의 전반적인 관리를 담당하는 소프트웨어로, 데이터를 데이터베이스에 통합해 저장하고 이를 관리한다.

06 (　　　　　　)이란 데이터를 데이터베이스에 저장하는 구조를 뜻한다.

07 (　　　　　　)은 데이터를 레코드와 링크로 구성한 트리 구조로 조직한다. 이 구조는 반복적인 '부모-자식'형 관계 정보를 링크로 연결한다.

08 (　　　　　　)은 데이터베이스를 그래프 형태로 구성한 모델이다.

09 (　　　　　　)은 행과 열로 구성된 2차원 테이블 형태 모델로, 레코드 간의 관계를 실제 자료로 표현한다.

10 (　　　　　　)은 복잡한 데이터를 관리하기 위해 제안된 것으로, 새로운 유형의 데이터 저장·분석·처리 기능을 지원한다.

연습문제

11 (   )은 객체 지향형 데이터 모델과 관계형 데이터 모델의 장점을 모아 만든 모델이다.

12 (   )는 관계형 데이터 모델을 기반으로 하며, 일련의 정형화된 테이블로 구성된 데이터 항목의 집합이다. 가장 많이 사용되는 데이터베이스이다.

13 테이블의 각 행은 (   ), 각 열은 (   )이라고 한다.

14 속성 하나가 가질 수 있는 모든 값의 집합을 (   )이라고 한다.

15 릴레이션에 있는 특정 튜플의 속성 값을 모르거나 적합한 값이 없는 경우 (   )을 사용한다.

16 하나의 릴레이션에서 속성의 전체 개수를 릴레이션의 (   )라고 한다.

17 하나의 릴레이션에서 튜플의 전체 개수를 릴레이션의 (   )라고 한다.

18 (   )는 각 튜플을 유일한 값으로 존재하게 만드는 속성 모임으로, 테이블 내의 튜플들을 서로 구별할 수 있게 하는 필드의 집합이다.

19 (   )은 데이터베이스 상태가 만족해야 하는 조건으로, 사용자가 데이터베이스를 갱신할 때 데이터베이스의 일관성이 손상되지 않도록 보장하는 수단이다.

20 (   )은 기본키를 구성하는 모든 속성은 널 값을 가지면 안 된다는 규칙이다.

21 (   )은 외래키는 참조할 수 없는 값을 가질 수 없다는 규칙이다.

22 (   )는 결과를 얻기 위한 릴레이션 처리 과정을 순서대로 기술하는 언어로, 연산자들의 집합이라고도 한다.

23 (   )은 관계형 데이터베이스를 조작하고 관리할 때 사용하는 데이터베이스 질의용 언어이다.

24 (   )란 기존 데이터베이스 관리 시스템으로 처리하기 어려운 많은 양의 정형 데이터와 비정형 데이터들을 의미한다.

객관식 문제

25 다음 설명의 (a)와 (b)에 들어갈 용어로 알맞게 짝지어진 것은?

> (a)는 현실 세계에서 측정해 수집한 사실이나 값이다. (b)는 데이터를 의사결정에 유용하게 활용할 수 있도록 체계적으로 조직한 결과물이다.

① (a) 데이터, (b) 정보 ② (a) 정보, (b) 처리 ③ (a) 자료, (b) 구조
④ (a) 공유, (b) 데이터 ⑤ (a) 저장, (b) 공유

26 다음 중 데이터베이스에 대한 설명이 아닌 것은?

① 사용자가 유용한 정보를 정확히 추출할 수 있도록 데이터를 대신 관리해 준다.
② 관련 데이터를 모아 두는 창고 역할을 한다.
③ 데이터를 상황에 맞게 분석하거나 해석해 데이터 간 의미 관계를 파악한다.
④ 특정 조직의 여러 사용자가 공유해 사용할 수 있도록 데이터를 통합해 저장한 운영 데이터의 집합이다.
⑤ 정보 시스템 안에 데이터를 저장하고 있다가 사용자가 원할 때 데이터를 제공한다.

27 다음 중 파일 처리 시스템의 문제점이 아닌 것은?

① 데이터를 통합하여 관리한다.
② 같은 내용의 데이터가 여러 파일에 중복으로 저장된다.
③ 데이터 파일의 동시 공유, 보안, 회복 기능이 약하다.
④ 응용 프로그램 개발이 쉽지 않다.
⑤ 데이터 파일은 응용 프로그램에 종속된다.

연습문제

28 다음 중 데이터베이스의 특징이 <u>아닌</u> 것은?

① 실시간 접근 가능 ② 지속적인 변화 ③ 별도의 구입 비용 없음
④ 내용 참조 가능 ⑤ 동시 공유 가능

29 데이터를 데이터베이스에 통합, 저장하고 관리하는 시스템은 무엇인가?

① 파일 처리 시스템
② 응용 시스템
③ 운영 시스템
④ 데이터베이스 관리 시스템
⑤ 정보 처리 시스템

30 다음 중 데이터베이스의 특징이 <u>아닌</u> 것은?

① 사용자나 응용 프로그램이 요구한 질의를 실시간으로 처리한다.
② 데이터를 새로 삽입하고 기존 데이터를 갱신하여 최신 상태를 유지한다.
③ 여러 사용자와 응용 프로그램이 동시에 접근해 사용할 수 있다.
④ 데이터의 저장 위치를 몰라도 사용자가 원하는 값의 관련 데이터를 찾아 준다.
⑤ 응용 프로그램별로 필요한 데이터를 별도의 파일에 관리한다.

31 다음 중 데이터베이스 관리 시스템의 특징이 <u>아닌</u> 것은?

① 데이터 비용 절감
② 데이터 중복성 최소화
③ 중앙집중적 자료 통제
④ 데이터 보안성 보장
⑤ 데이터 독립성 유지

32 데이터를 데이터베이스에 저장하는 구조이며 자료구조, 연산, 제약조건으로 구성된 것은?

① 데이터 모델 ② 데이터 시스템 ③ 빅데이터
④ 데이터 보안 ⑤ 데이터 과학

33 다음 도식은 어떤 데이터 모델의 예인가?

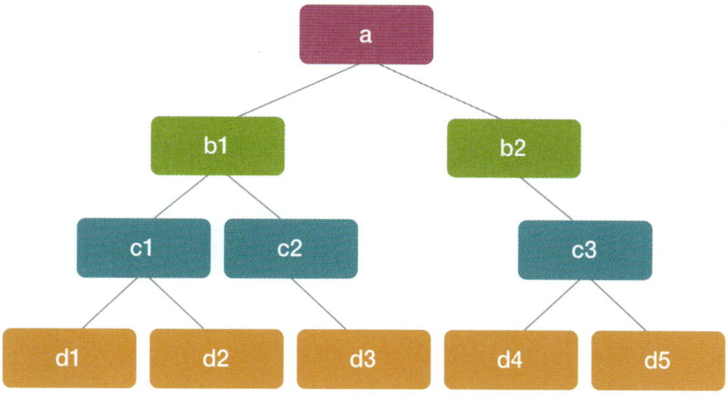

① 계층형 데이터 모델
② 네트워크형 데이터 모델
③ 관계형 데이터 모델
④ 객체 지향형 데이터 모델
⑤ 객체 관계형 데이터 모델

34 다음 중 네트워크형 데이터 모델에 대한 설명이 아닌 것은?

① 데이터베이스를 그래프 형태로 구성한 모델이다.
② 레코드를 노드로 나타낸다.
③ 레코드와 레코드 간 관계를 간선으로 연결한다.
④ 각 레코드가 여러 개의 '부모-자식'형 레코드를 가질 수 있다.
⑤ 1980년대 후반에 등장했다.

35 다른 데이터 모델보다 개념이 단순해 오늘날에도 많이 사용되고 있는 데이터 모델은 무엇인가?

① 계층형 데이터 모델 ② 네트워크형 데이터 모델 ③ 관계형 데이터 모델
④ 객체 지향형 데이터 모델 ⑤ 객체 관계형 데이터 모델

36 데이터를 행과 열로 구성된 2차원 테이블로 표현한 데이터베이스는 무엇인가?

① 계층형 데이터베이스
② 네트워크형 데이터베이스
③ 객체 관계형 데이터베이스
④ 객체 지향형 데이터베이스
⑤ 관계형 데이터베이스

37 관계형 데이터베이스에서 하나의 개체에 관한 테이블 형태의 데이터를 무엇이라고 하는가?

① 속성 ② 카디널리티 ③ 차수
④ 릴레이션 ⑤ 튜플

38 관계형 데이터베이스에서 테이블의 (a) 행과 (b) 열을 각각 무엇이라고 부르는가?

① (a) 튜플, (b) 속성
② (a) 널 값, (b) 차수
③ (a) 슈퍼키, (b) 카디널리티
④ (a) 도메인, (b) 릴레이션
⑤ (a) 기본키, (b) 후보키

39 속성 하나가 가질 수 있는 모든 값의 집합을 무엇이라고 하는가?

① 카디널리티 ② 널 값 ③ 차수
④ 도메인 ⑤ 키

40 릴레이션에 있는 특정 튜플의 속성 값을 모르거나 적합한 값이 없을 때 적용하는 값을 무엇이라고 하는가?

① 대체 값 ② 기본 값 ③ 레코드 값
④ 널 값 ⑤ 속성 값

41 다음 중 키에 대한 설명이 아닌 것은?

① 한 릴레이션이 가지는 튜플의 전체 개수이다.
② 각 튜플을 유일한 값으로 구별할 수 있게 해주는 속성들의 모임이다.
③ 테이블 내 튜플들을 서로 구별할 수 있게 해주는 필드의 집합이다.
④ 관계형 데이터베이스에서 중요한 제약조건을 정의한다.
⑤ 슈퍼키, 후보키, 기본키, 대체키, 외래키로 분류된다.

42 데이터베이스 상태가 만족해야 하는 조건으로, 사용자가 데이터베이스를 갱신할 때 데이터베이스의 일관성이 손상되지 않도록 보장해 주는 수단은 무엇인가?

① 속성 제약조건 ② 레코드 제약조건 ③ 무결성 제약조건
④ 데이터 제약조건 ⑤ 시스템 제약조건

43 관계형 대수 중 일반 집합 연산자에 해당하지 <u>않는</u> 것은?

① 합집합 ② 나누기 ③ 카티션 곱
④ 차집합 ⑤ 교집합

44 관계형 대수 중 순수 관계 연산자에 해당하지 <u>않는</u> 것은?

① 선택 ② 추출 ③ 조인
④ 나누기 ⑤ 카티션 곱

45 다음과 같이 수학적으로 표현할 수 있는 연산은?

> $\pi_{\text{속성리스트}}$(릴레이션)

① 선택 ② 추출 ③ 조인
④ 나누기 ⑤ 카티션 곱

46 관계형 데이터베이스를 조작하고 관리할 때 사용하는 데이터베이스 질의용 언어는 무엇인가?

① 하둡 ② C ③ 파이썬
④ SQL ⑤ PHP

47 다음 중 빅데이터의 속성이 <u>아닌</u> 것은?

① 속도 ② 다양성 ③ 정확성
④ 저장 ⑤ 규모

연습문제

48 다음 중 빅데이터가 등장한 배경이 아닌 것은?

① 데이터가 대규모로 생성되기 시작했다.

② 데이터의 생성 주기가 짧아졌다.

③ 영상 데이터를 포함해, 다양한 형태의 데이터가 사용되고 있다.

④ 인터넷 서비스 환경이 검색과 포털 위주에서 개인화 서비스와 소셜 네트워크 서비스 위주로 바뀌었다.

⑤ 기존의 데이터 저장 · 관리 · 분석 기법으로도 충분히 데이터를 처리할 수 있다.

49 빅데이터 환경에서 생성된 데이터가 아닌 것은?

① SNS 데이터 ② 비정형 데이터 ③ 위치 데이터

④ 정형화 데이터 ⑤ 영상 데이터

50 다음 중 빅데이터 처리 과정으로 올바르게 연결된 것은?

① 소스 생성과 수집 → 저장 → 처리 → 분석 → 표현

② 소스 생성과 수집 → 처리 → 저장 → 분석 → 표현

③ 소스 생성과 수집 → 저장 → 처리 → 표현 → 분석

④ 소스 생성과 수집 → 저장 → 표현 → 처리 → 분석

⑤ 소스 생성과 수집 → 저장 → 분석 → 표현 → 처리

51 다음 중 데이터마이닝에 대한 설명이 아닌 것은?

① 대규모 데이터에서 가치 있는 정보를 추출하는 것이다.

② 데이터를 안전하고 효율적인 방법으로 저장하는 것이다.

③ 데이터 간 의미 있는 관계, 패턴, 규칙을 발견하기 위해 사용한다.

④ 빅데이터의 자동화 혹은 반자동화 도구를 활용해 정보를 탐색하고 분석한다.

⑤ 텍스트마이닝, 웹마이닝, 오피니언마이닝 등의 형태로 구현되고 있다.

52 빅데이터가 활용된 사례로 적절하지 않은 것은?

① 구글 트렌드 ② 구글 번역 ③ 슈퍼컴퓨터 왓슨

④ 드론 ⑤ 유튜브 추천 시스템

주관식 문제

53 데이터와 정보의 개념과 차이점에 대해 각각 설명하시오.

54 정보 처리 개념과 연계하여 데이터베이스가 무엇인지 설명하시오.

55 파일 시스템의 문제점을 설명하시오.

56 데이터베이스의 특징을 설명하시오.

57 데이터베이스 관리 시스템의 특징을 나열하시오.

58 개체 무결성 제약조건과 참조 무결성 제약조건에 대해 설명하시오.

59 빅데이터의 등장 배경과 개념에 대해 설명하시오.

60 빅데이터의 속성을 나타내는 3V 요소를 나열하시오.

61 다음의 두 릴레이션을 가지고 관계형 데이터 연산을 수행하시오.

R

학번	이름
1900001	심규진
2001234	이슬아
2109876	최재호

S

학번	이름
1800001	임지섭
1900002	강영아
2001234	이슬아

(a) **합집합 연산**

(b) **교집합 연산**

62 다음의 직원 릴레이션을 가지고 추출 연산을 수행하시오. '이름'과 '직급' 속성만 추출하는 수식을 적고 결과 값을 도출하시오.

이름	나이	업무등급	직급	주소
김상민	30	B	대리	서울
권태훈	35	S	과장	서울
김진희	30	A	사원	경기
류지아	39	C	차장	인천

CHAPTER 09

데이터 통신과 네트워크

학습목표

- 데이터 통신의 개념과 발전 과정에 대해 알아본다.
- 네트워크, 프로토콜, OSI 계층 모델의 개념에 대해 이해한다.
- 데이터 전송의 유형, 방식, 장치에 대해 알아본다.
- 네트워크의 교환 방식에 대해 알아본다.
- LAN, MAN, WAN에 대해 이해한다.

PREVIEW

섹션 1에서는 데이터 통신의 개념과 발전 과정에 대해 알아본다.

섹션 2에서는 네트워크의 개념과 프로토콜, OSI 계층 모델에 대해 알아본다. 또한 데이터 전송 유형과 데이터 전송 방식 및 장치에 대해 살펴본다.

섹션 3에서는 네트워크의 교환 방식인 회선 교환 네트워크, 메시지 교환 네트워크, 패킷 교환 네트워크에 대해 알아본다.

섹션 4에서는 네트워크를 LAN, MAN, WAN으로 세분화해 좀 더 자세히 살펴본다.

이번 챕터를 통해 데이터 통신을 이해하고, 네트워크에 대한 기본적인 내용과 네트워크 교환 방식 및 분류에 대해 파악할 수 있을 것이다.

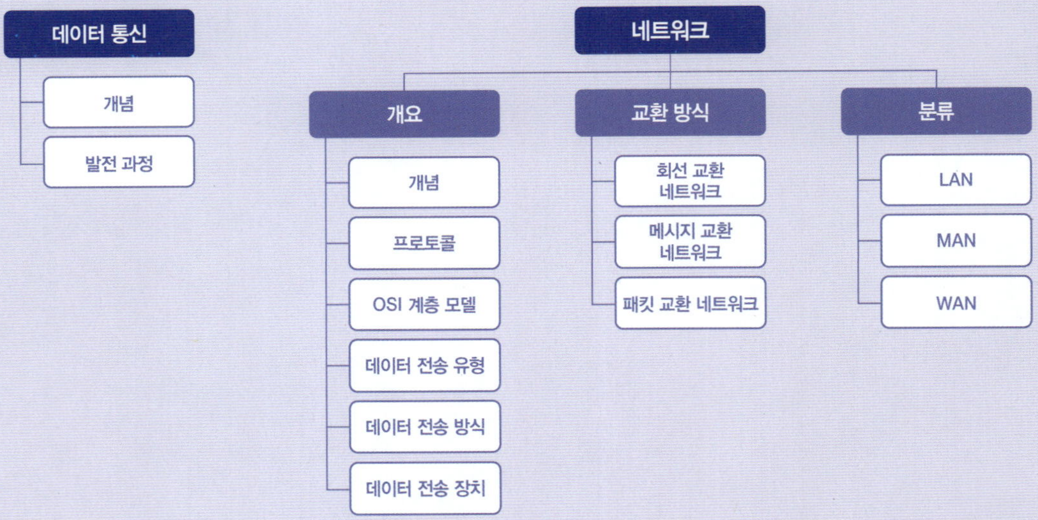

SECTION 01

데이터 통신의 개요

1 데이터 통신의 개념

데이터 통신Data Communication은 멀리 떨어져 있는 송신자 컴퓨터와 수신자 컴퓨터 또는 입출력 장치를 통신 회선으로 연결해 데이터를 처리하고 전송하는 것을 뜻한다. 데이터 통신 기술Data Communication Technology은 데이터 통신이 원활히 이루어지도록 데이터를 전송하고 처리하는 기술이다. 데이터 통신 기술을 이용하면 통신 회선(유선 또는 무선)으로 연결된 컴퓨터와 컴퓨터 간 데이터 교환이 가능한데, 컴퓨터끼리는 다양한 컴퓨터 네트워크Computer Network로 연결되어 있다.

데이터 통신은 기술이 발전함에 따라 다음과 같은 특징을 가진다.

- **고속화** : 고속 전달 네트워크 기술, 고성능 네트워킹, 네트워크 서비스 기술을 통해 전달 속도가 기가Gbps급에서 테라Tbps급으로 점점 더 빨라지고 있다.
- **대용량화** : 광전송 기술, 파장 분할 다중화WDM, Wavelength Division Multiplexing, 광전송 시스템 기술, 광회선 분배 시스템 기술, 광가입자 전송 기술 등의 확보로 전광전송망All Optical Network 구현이 가능해져 대용량화가 이루어지고 있다.
- **모바일화** : 반도체 기술이 발달하면서 컴퓨팅 기기 소형화와 디스플레이 기술을 바탕으로 한 대형화가 동시에 진행되고 있다. 최근에는 스마트폰의 무선 전파 기술도 빠른 속도로 발전하고 있다.

2 데이터 통신의 발전 과정

지리적으로 멀리 떨어진 사람과 의사소통하고 싶은 인간의 욕구는 고대 시대 때부터 시작되었다. 멀리 떨어져 있는 상대에게 신호를 전달하기 위해 사용한 최초의 매개체는 봉화대였다. 봉화대는 불빛이나 연기를 이용해 약속된 신호를 전달했다. 전화가 발명되기 전까지 매우 중요한 통신 수단이었다.

현재 우리가 사용하는 통신의 시초는 전기를 이용한 전신Telegraph 기술이다. 19세기에 화가인 새뮤얼 모스Samuel Finley Breese Morse가 발명한 모스 부호와 전신기는 오늘날 데이터 통신을 구현하는 데 없어서는 안 될 '정보부호화'의 시작이라고 할 수 있다. 이후 1876년에 과학자 알렉산더 그레이엄 벨Alexander Graham Bell이 전화기를 발명했다. 인간의 음성을 전기 신호로 변환해 먼 거리까지 전달하기 위함이었다. 미국의 발명가 토머스 에디슨Thomas Alva Edison은 알렉산더 그레이엄 벨의 전화기를 탄소 송화기로 개량하였고, 이 발명품이 대중화되기 시작하면서 오늘날의 전화기로까지 발전했다.

1888년에는 독일의 물리학자 하인리히 헤르츠Heinrich Hertz가 전자파를 발견했는데, 무선통신의 기초가 되는 혁명적인 사건이었다. 이를 기념하기 위해 주파수의 단위는 헤르츠Hz를 사용하고 있다. 1901년에는 발명가이자 사업가인 굴리엘모 마르코니Guglielmo Marconi가 전자파를 이용해 모스 부호를 무선으로 전송하는 데 성공했다.

(a) 모스 부호와 전신기 (b) 알렉산더 그레이엄 벨이 만든 최초의 전화기

그림 9-1 전신 기술을 이용한 통신

최초의 컴퓨터 네트워크는 1958년 미국에서 개발된 반자동 방공망SAGE, Semi-Automatic Ground Environment 시스템이었다. 1969년에는 미국 국방성이 최초의 패킷 교환망인 아르파넷ARPAnet을 발표했다. 이후 아르파를 기반으로 컴퓨터 자원을 공유하기 위해 아르파 컴퓨터 네트워크가 개발되었다. 아르파넷ARPAnet은 웹Web이라고 부르는 월드와이드웹WWW, World Wide Web의 시초이며, 이후 TCP/IP 프로토콜 기반의 인터넷 시대가 열렸다. 초창기의 인터넷은 텍스트 기반의 이메일 전송, 뉴스 그룹, FTP 등의 기능을 수행하는 것이 대부분이었다. 그런데 컴퓨터와 네트워크 속도가 점점 빨라지면서 데이터 전송률(대역폭)이 증가했고 이제는 다양한 종류의 멀티미디어 데이터 전송도 가능해졌다. 이외에도 다양한 서비스들이 끊임없이 등장했으며, 오늘날도 여전히 새로운 서비스 개발이 진행되고 있다.

TIP 최근에는 유선이 아닌 무선으로 데이터 통신을 수행하는 시대가 되었다. 위성 마이크로파(Satellite Microwave), 지상 마이크로파(Terrestrial Microwave), 이동통신(Cellular Communication) 등 여러 가지 전송 매체를 통해 구현되고 있다.

SECTION

02 네트워크의 개요

1 네트워크의 개념

네트워크Network란 전송 매체를 통해 데이터를 교환하는 시스템의 모음으로, 다수의 시스템을 전송 매체로 연결해 구성한 시스템들의 집합체이다. 네트워크를 이용하면 언제 어디서든 원하는 정보를 주고받을 수 있어, 직접 정보를 전달하는 것보다 시간과 비용이 절약된다.

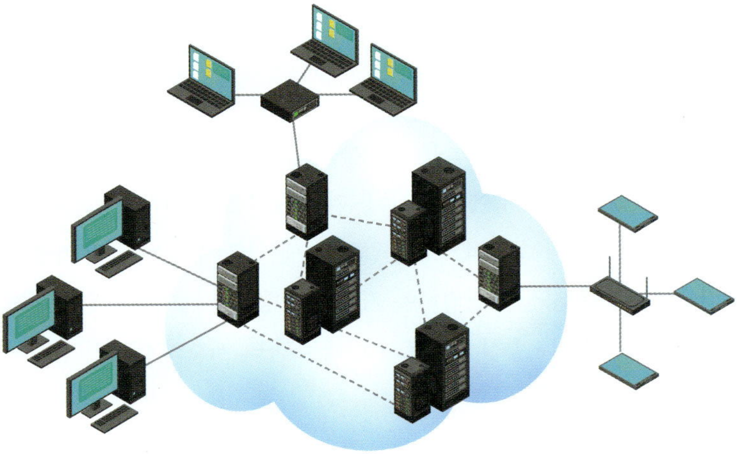

그림 9-2 **네트워크 환경**

2 프로토콜

프로토콜Protocol이란 컴퓨터 네트워크에서 데이터를 주고받을 때 수행되는 절차이다. 상호 연동되는 시스템이 전송 매체를 통해 데이터를 교환할 때 따르는 표준화된 규칙이라고 할 수 있다. 네트워크에서 데이터를 전송하려면 두 가지 요소를 충족해야 하는데, 하나는 하드웨어적 연결이고 다른 하나는 데이터를 전송하는 규칙인 프로토콜이다. 특히 프로토콜은 주종 관계가 아닌 동등한 위치에 있는 시스템 간 규칙이라는 점이 중요하다.

프로토콜의 종류로는 파일을 전송하기 위한 규약인 파일 전송 프로토콜 FTPFile Transfer Protocol, 웹 페이지 사용 규약인 HTTPHyper Text Transfer Protocol, 인터넷 표준 프로토콜 TCP/IPTransmission Control Protocol/Internet Protocol 등이 있다.

3 OSI 7계층 모델

컴퓨터 네트워크는 외형상 호스트 시스템과 전송 매체로 구분된다. 또한 이런 물리적인 형태와는 별개로, 내부 기능을 기반으로 한 다양한 구조로도 세분화할 수 있다. 그중에서도 특히, 호스트가 제공하는 복잡한 네트워크 기능을 서로 연관 있는 그룹끼리 묶은 계층 모델이 있다. 국제 표준화 단체인 ISO International Standardization Organization는 OSI Open System Interconnection 7계층 모델을 제안하여 네트워크에 연결된 시스템이 갖춰야 할 기능을 상세히 정의했다.

하나 더 알기 **OSI 7계층 모델의 등장 배경**

1970년대 후반, 많은 컴퓨터 제조 회사가 특징적인 네트워크 아키텍처를 발표했다. 자사 제품의 개발이나 판매에 유리한 쪽으로 통신 소프트웨어나 프로토콜을 표준화한 것이었다. 초기 네트워크 아키텍처는 여러 국가, 연구소, 대학에서 앞다투어 연구해 내놓았지만, 호환성을 고려하지 않은 탓에 폐쇄성이 강해 문제가 많았다. 사용자가 B사의 컴퓨터를 쓰는데 A사의 시스템을 구매하면 컴퓨터에서 접속이 불가능했기 때문이다. 이와 같은 문제에 대응하기 위해 ISO는 1978년, OSI라는 네트워크 아키텍처의 표준화 작업에 착수했다.

OSI 7계층 모델에 따르면, 네트워크에 연결된 호스트들은 7개 계층으로 모듈화된 통신 기능을 갖춰야 한다. 일반 사용자는 OSI 7계층 모델의 맨 위에 있는 응용 계층을 통해 데이터의 송신과 수신을 요청한다. 그러면 데이터는 하위 계층에 순차적으로 전달되어 맨 아래에 있는 물리 계층을 통해 상대 호스트에게 전송된다. 각 계층은 자신이 담당하는 기능을 수행하여 데이터가 안전하게 전달되게 한다. 데이터를 수신한 호스트에서는 송신 호스트와 반대로 물리 계층의 데이터가 순차적인 전달 과정을 거쳐 응용 계층까지 올라간다.

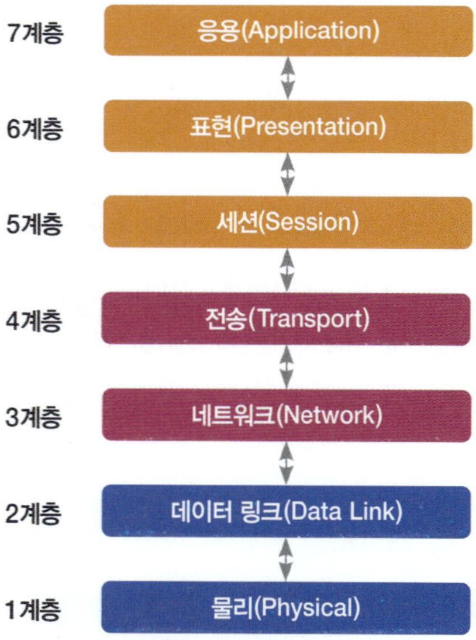

그림 9-3 OSI 7계층 모델 구조

물리 계층

물리 계층Physical Layer은 OSI의 1계층이며, 호스트를 전송 매체와 연결하기 위한 인터페이스 규칙과 전송 매체의 특성을 다룬다.

데이터 링크 계층

데이터 링크 계층Data Link Layer은 OSI의 2계층이다. 컴퓨터 단말기 등의 시스템 또는 교환기 같은 중계시스템 간 데이터 전송을 원활하게 해, 오류 검출과 회복 기능을 제공한다. 투명하고 정확한 순서에 따라 인접한 노드 간 데이터 전송을 오류 없이 실현한다.

네트워크 계층

네트워크 계층Network Layer은 OSI의 3계층에 해당한다. 사용자 프로그램, 단말 조작원 등 응용 프로세스 간 데이터를 전송할 때 정보의 경로 선택과 중계 기능을 수행한다. 송신 호스트가 전송한 데이터가 수신 호스트에 안전하게 도착하려면 여러 중계 시스템을 거쳐야 하는데, 이 과정에서 데이터가 올바른 경로를 선택할 수 있도록 돕는다. 또한 데이터가 전송될 때는 각종 네트워크를 이용해야 하기 때문에 네트워크 내부나 다른 네트워크 사이를 중계한다.

전송 계층

전송 계층Transport Layer은 OSI의 4계층이며, 정보를 상대방에게 보내는 운반, 운송 기능을 관리한다. 송신 프로세스와 수신 프로세스 간의 연결 기능을 제공하며 프로세스 간 안전한 데이터 전송을 지원한다.

세션 계층

세션 계층Session Layer은 OSI의 5계층에 해당하며, 전송 계층에서 제공하는 연결 개념과 유사하지만 더 상위의 논리적 연결인 세션 연결을 지원한다. 응용 환경에서 사용자 간의 대화 개념을 기반으로 하기 때문에 전송 계층의 연결과 차이가 있다. 세션 계층은 전송 계층에서 제공하는 통신로를 사용해 프로세스 간 대화를 성립시키고, 대량의 데이터를 보내는 과정에서 필요한 동기점을 정하기도 한다.

표현 계층

표현 계층Presentation Layer은 OSI의 6계층이며, 응용 계층이 취급하는 정보를 데이터 표현 형식에 맞춰 전송하는 역할을 담당한다. 통신 장치의 데이터 표현 방식 및 다른 부호 체계 간의 변화를 규정한다고 보면 된다. 프로세스 고유의 표현 형식으로 이루어진 데이터를 표준 데이터 표현 형식으로 변환하는 것이 주된 역할이다. 암호화와 데이터 압축 과정도 함께 실행한다.

응용 계층

응용 계층Application Layer은 OSI의 최상위인 7계층이며, 정보를 처리하는 응용 프로그램 또는 프로세스의 인터페이스와 통신하기 위한 기본적인 응용 기능을 제공한다. 이메일, 파일 전송, 분산 데이터베이스 관리, 원격 로그인과 같은 실제 응용 기능을 지원하며 사용자에게 OSI 통신 환경을 제공한다.

4 데이터 전송의 유형

데이터 전송Data Transmission은 유형별로 전송 방향에 따른 분류와 회선 접속 방식에 따른 분류로 나뉜다.

전송 방향에 따른 분류

데이터 전송은 통신 장치 간의 신호 흐름에 따라 단방향 전송, 반이중 전송, 전이중 전송으로 나뉜다.

- **단방향 전송(Simplex Transmission) :** 일대일 통신 환경에서 데이터를 한 방향으로만 전송하는 방식이다. 송신 측에서 수신된 데이터의 오류 발생 여부를 파악할 수 없다는 것이 단점이다.
- **반이중 전송(Half Duplex Transmission) :** 데이터가 양방향으로 전송되긴 하지만 한번에 한쪽으로만 전송하는 방식이다. 양측에서 동시에 데이터를 전송하면 충돌이 발생하므로 데이터를 보내기 전 전송 가능 여부를 확인해야 한다.
- **전이중 전송(Full Duplex Transmission) :** 양쪽에서 데이터를 전송하는 방식이다. 하나의 전송 매체를 송신과 수신, 두 개의 채널로 분할해 사용한다.

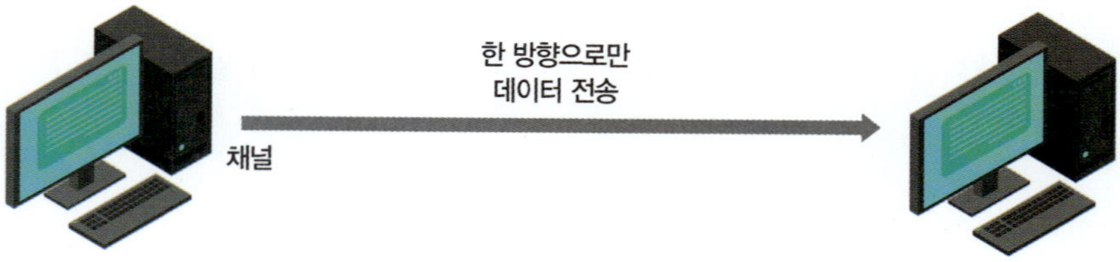

(a) 단방향 전송

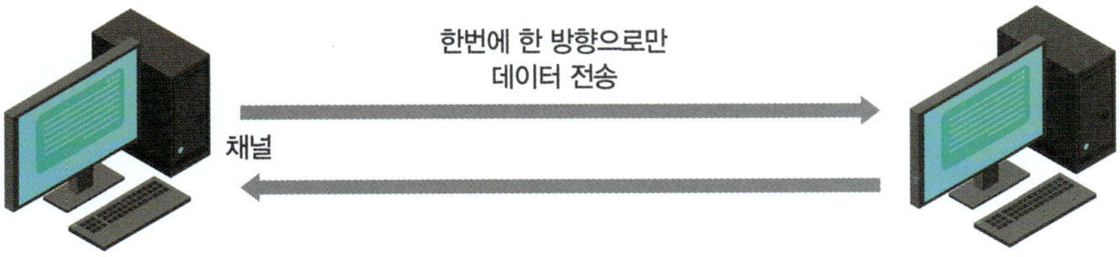

(b) 반이중 전송

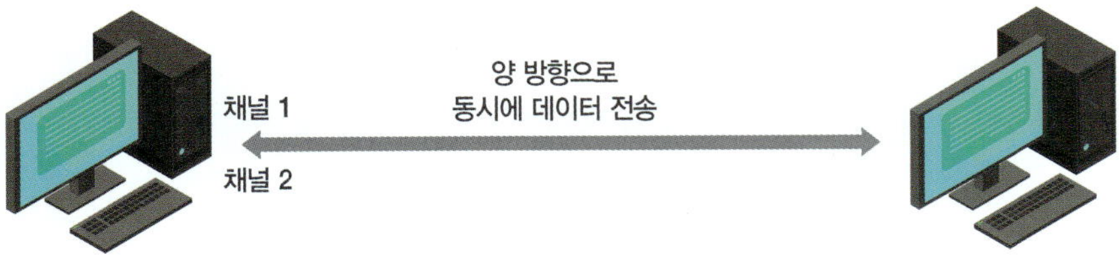

(c) 전이중 전송

그림 9-4 **전송 방향에 따른 데이터 전송 분류**

회선 접속 방식에 따른 분류

데이터 전송은 통신 회선 접속 방식에 따라 점대점 전송과 다지점 전송으로 나뉜다.

- **점대점 전송(Point-to-point Transmission)** : 컴퓨터에서 일대일 방식으로 직접 연결하는 전송 방식이다. 데이터를 송수신할 때는 전용 회선을 사용한다.
- **다지점 전송(Multipoint Transmission)** : 두 개 이상의 통신 장치가 하나의 회선을 공유하는 전송 방식이다. 회선을 여러 장치가 동시에 사용한다는 면에서 공간적으로 공유되고, 사용자들이 회선을 나누어 사용한다는 면에서 시간적으로 공유된다. 이때 복잡한 회선 공유는 폴링Polling 방식으로 해결한다. 폴링은 정해진 순서에 따라 각 터미널에 송신할 데이터가 있는지 조사하는 방식으로, 송신할 데이터가 있는 터미널이 신호를 보내면 회선을 점유하게 해준다.

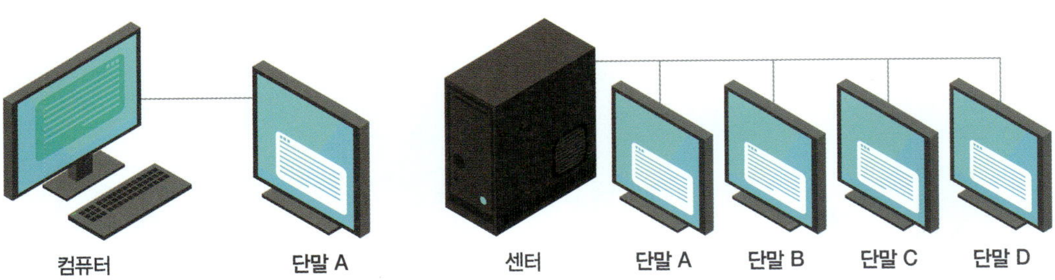

(a) 점대점 전송
(b) 다지점 전송

그림 9-5 **회선 접속 방식에 따른 데이터 전송 분류**

5 데이터 전송 방식

데이터 전송 방식은 직렬 전송 방식과 병렬 전송 방식이 있다.

직렬 전송

직렬 전송Serial Transmission은 하나의 통신 회선으로 2진수 데이터 비트를 1 비트씩 차례로 전송하는 방식이다. 모든 비트가 같은 전송선을 사용하기 때문에 비트별로 전송선이 다른 병렬 전송 방식보다 오류가 적다. 원거리 통신에 적합하지만, 전송 매체에 따라 속도가 제한된다.

통신 시스템에서는 직렬 전송 방식으로 수신된 신호들의 비트 값을 일정한 길이의 비트 블록으로 묶어 정보로 복원한다. 이때 복원 과정이 올바르게 수행되려면 송신자와 수신자 사이에 데이터를 주고받을 시점을 정해야 하는데, 이 약속을 동기화라고 한다. 동기화란 송신자와 수신자 간 정보를 주고받을 비트 타이밍을 맞추는 절차이다. 동기화 방법에는 비동기식 전송과 동기식 전송이 있다.

- **비동기식 전송 :** 비동기식 전송에서는 문자 단위의 비트 블록을 기본 단위로 한다. 동기화를 위해 시작 비트와 정지 비트를 비트 블록 앞뒤에 덧붙여 전송한다. 송신자는 유휴 상태 비트를 전송하다가 시작 비트Start Bit 0을 보낸 후 데이터 전송을 시작한다. 또한 전송 완료 시점에서는 종료 비트Stop Bit를 전송한다. 두 개의 비트가 추가로 전송된다는 점에서 효율이 떨어진다는 단점이 있다. 느린 속도로 운영되는 소형 컴퓨터와 주변기기 전송에 주로 활용된다.
- **동기식 전송 :** 동기식 전송은 송신자와 수신자가 사용하는 신호의 타이밍이 일치하도록 조정하여 전송 효율이 떨어지는 것을 방지하고, 길이가 긴 비트열을 전송할 수 있도록 한 방식이다. 데이터 블록을 기본 단위로 전송한다. 비동기식 전송처럼 시작 비트나 정지 비트를 사용하진 않고, 시작을 알리는 데이터 블록을 먼저 전송한다.

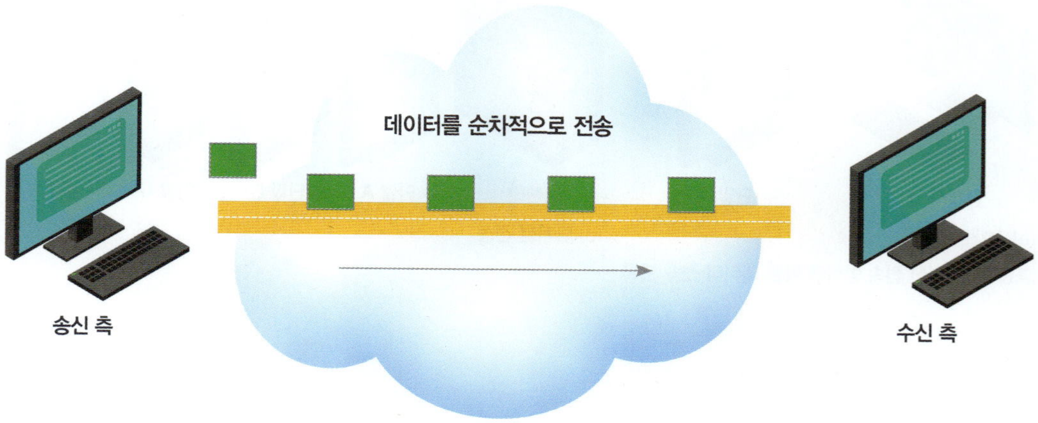

그림 9-6 직렬 전송 방식

병렬 전송

병렬 전송Parallel Transmission은 각각의 데이터 비트에 연결된 통신 회선을 활용해 비트 블록을 한번에 전송하는 방식이다. 여기서 비트 블록은 하나의 문자를 표시하는 데 필요한 비트 수를 뜻한다. 시간 안에 다량의 데이터를 전송할 수 있지만, 거리가 멀면 전송선별로 비트가 도착하는 시간이 달라져 원래의 비트 블록으로 복원하기가 어렵고 비용도 많이 든다. 그래서 컴퓨터의 CPU와 주변장치 간 전송 등 비교적 거리가 짧은 데이터 통신에 활용된다.

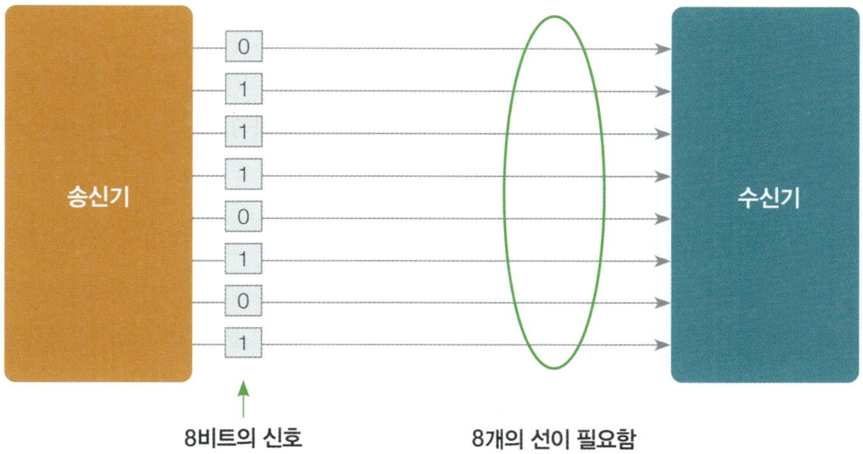

그림 9-7 **병렬 전송 방식**

6 데이터 전송 장치

데이터를 전송하려면 여러 장치가 필요한데, 통신 시스템 장치는 역할에 따라 데이터 처리 장치와 데이터 전송 장치로 나뉜다. 데이터 처리 장치Data Processing Equipment는 컴퓨터와 주변기기를 생각하면 된다. 데이터 전송 장치Data Transmission Unit에는 모뎀, 통신 회선, 네트워크 카드, 허브, 라우터 등이 있다. 이번에는 데이터 전송 장치들에 대해 알아보자.

모뎀

모뎀Modem은 컴퓨터나 단말기 등의 데이터 통신 기기를 통신 회선에 접속시켜 주는 장치로, 변조기Modulator와 복조기Demodulator를 결합한 변복조 장치이다. 컴퓨터의 디지털 신호를 아날로그 신호로 변환하며, 데이터를 수신할 때는 아날로그 신호를 디지털 신호로 복구시킨다. 모뎀은 대표적인 신호 변환 장치Signal Conversion Unit인데, 컴퓨터 신호 방식과 통신 회선 신호 방식을 상호 변환하는 장치라는 뜻이다. 최근에는 초고속 통신 네트워크가 보급되면서 사용 빈도가 많이 줄었지만, 전화망에서는 아직 사용 가치가 크다.

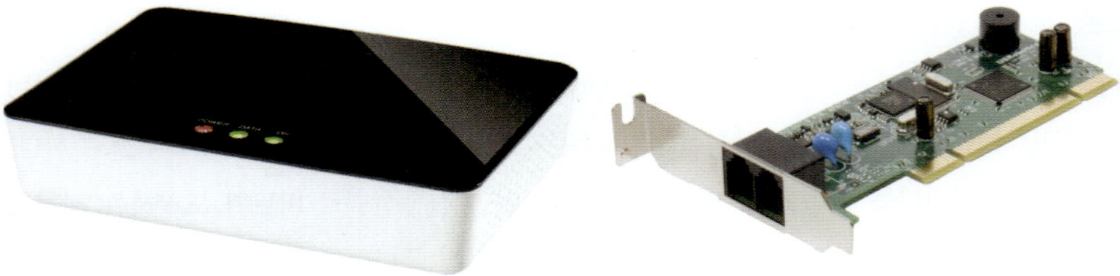

그림 9-8 **모뎀**

통신 회선

통신 회선Communication Line은 송신자와 수신자를 연결하는 물리적인 통로이다. 유선통신과 무선통신으로 구분하는데, 유선통신에는 꼬임 쌍선, 동축 케이블, 광섬유 등이 있고, 무선통신에는 지상 마이크로파, 위성 마이크로파 등이 있다.

- **꼬임 쌍선**(Twisted Pair Cable) : 두 개의 구리선이 균일하게 감겨 있는 형태의 통신 회선이다. 여러 쌍이 다발로 묶여 하나의 케이블을 형성하고, 하나의 쌍이 하나의 통신 링크를 담당한다. 한 쌍끼리 선이 감겨 있는 형태라 다른 쌍으로부터 간섭을 최소화할 수 있다. 동축 케이블이나 광섬유보다 가격이 싸고 설치가 간단하지만 잡음에 취약하다.
- **동축 케이블**(Coaxial Cable) : 아날로그 신호와 디지털 신호를 동시에 전송할 수 있는 통신 회선이다. 구리선을 감싼 피복이 있어 외부 간섭을 덜 받고 전력 손실이 적다. 고속 통신 회선으로 많이 이용된다. 또한 호수나 바다 아래에 매설할 수 있으며 꼬임 쌍선보다 주파수 범위가 넓다.
- **광섬유**(Optical Fiber) : 빛을 전송하는 광섬유는 머리카락보다 가늘고 유연하다. 구리선보다 많은 정보를 운반할 수 있으며, 전자기의 간섭을 받지 않아 신호를 재전송할 필요가 없다.

(a) 꼬임 쌍선 (b) 동축 케이블 (c) 광섬유

그림 9-9 **유선통신 종류**

TIP **위성 마이크로파(Satellite Microwave)** : 지상에서 약 35,860km 떨어진 상공에 위성을 띄워 지상의 여러 송수신 국을 연결한다. 주로 GPS나 대용량 데이터 전송에 이용한다.

TIP **지상 마이크로파(Terrestrial Microwave)** : 약 50km 간격으로 설치된 중계탑을 통해 데이터를 전송한다. 전송 속도가 매우 빠르며, 주로 전화 회사나 데이터 통신업자가 이용한다.

네트워크 카드

네트워크 카드Network Card는 빠른 속도로 외부 네트워크와 접속하고 데이터를 주고받기 위해 컴퓨터 내에 설치하는 확장 카드이다. 컨트롤 칩, 통신전용 칩, 버퍼 등으로 이루어져 있다. 네트워크 카드는 LAN 카드, 이더넷Ethernet 카드, 이더넷 어댑터, NICNetwork Interface Card 등으로 다양하게 불린다. LAN에 연결된 컴퓨터는 보통 이더넷이나 토큰링Token Ring 같은 근거리 통신망 전송 기술에 특화된 네트워크 카드를 장착하고 있다.

TIP 이더넷은 대표적인 버스 구조 방식의 근거리 통신망(LAN)이다.

그림 9-10 **네트워크 카드**

허브

허브Hub는 유선으로 연결된 여러 대의 컴퓨터에서 데이터를 공유할 때 사용하는 장치이다. 여러 곳에서 전송된 데이터를 모아 다시 여러 곳으로 전송하는 중앙 연결점이라고 할 수 있다. 네트워크 분야에서는 LAN을 구성할 때 가까운 거리에 있는 장치들을 케이블로 연결해 주는 역할을 한다. 일반적으로 컴퓨터나 프린터 네트워크 연결, 근거리 네트워크 연결, 네트워크 장치 연결, 네트워크 상태 점검, 신호 증폭 기능 등의 작업을 수행한다.

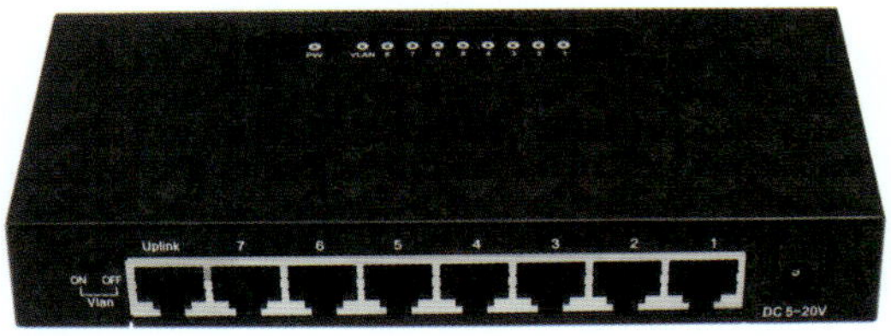

그림 9-11 **허브**

라우터

라우터 Router 는 LAN과 LAN 또는 LAN과 광대역통신망인 WAN을 연결하는 네트워크 장치로, 임의의 외부 네트워크와 내부 네트워크를 연결한다. 전용선으로 인터넷을 쓰고 싶을 때 사용한다. 최적의 경로를 설정하는 라우팅 기능은 네트워크 계층에서 담당한다. 네트워크 계층은 경로 선택 기능을 제공하므로 임의의 네트워크에서 들어온 데이터도 어느 네트워크로 전달할지 판단한다. 이때 라우터는 자신과 연결된 네트워크와 호스트의 정보를 유지, 관리하여 특정 경로의 이용 가능 여부와 다수의 경로 중 빠른 데이터 전송이 가능한 경로가 어딘지를 판단해 준다. 물리 계층, 데이터 링크 계층, 네트워크 계층의 기능을 지원하기도 한다.

그림 9-12 **라우터**

SECTION
03 네트워크의 교환 방식

네트워크 양쪽에 연결된 호스트들이 전송하는 데이터는 경로 중간에 위치한 교환 시스템을 거쳐 상대방에게 전달된다. 이때 교환 시스템은 데이터가 최종 목적지까지 잘 가도록 올바른 경로를 중개하는 교환Switching 기능을 제공한다. 교환 방식에는 회선 교환 네트워크, 메시지 교환 네트워크, 패킷 교환 네트워크가 있다.

1 회선 교환 네트워크

회선 교환 네트워크Circuit Switching Network는 통신을 원하는 호스트가 데이터를 전송하기 전에 연결 경로를 미리 설정하는 방식이다. 물리적으로 노드와 노드 간 전용 통신로를 설정해 데이터를 교환한다고 보면 된다. 그래서 모든 데이터가 같은 경로로 전달된다. 이때 설정된 경로의 집합을 회선이라고 한다.

회선 교환 네트워크는 초반에 회선을 설정해야 해서 시간이 오래 걸리지만, 한번 개설된 회선은 전용선처럼 사용할 수 있어 데이터 전송량이 많을 때 유용하다. 하지만 통신이 없는 동안에도 회선이 점유되어 있어 비효율적이므로, 음성 등과 같은 실시간 데이터나 긴 메시지 전송에 활용하는 것이 좋다.

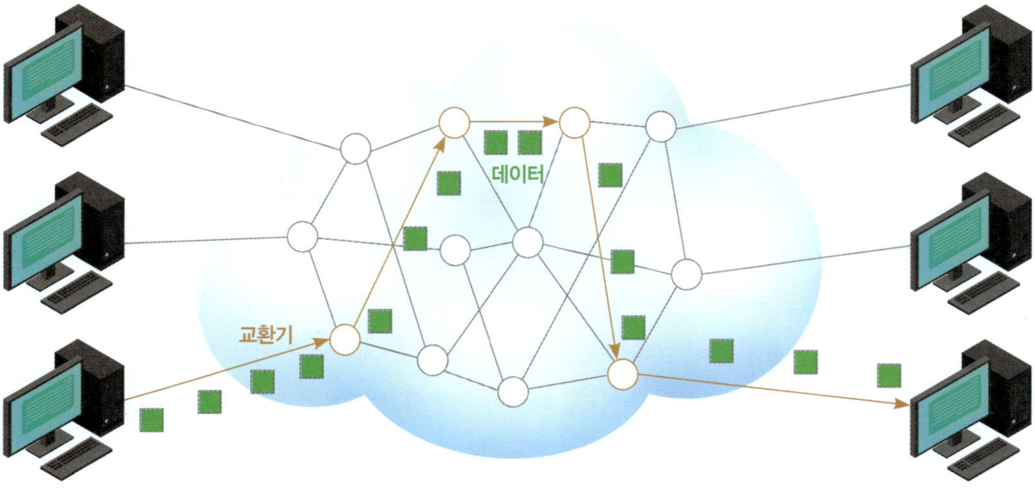

그림 9-13 회선 교환 네트워크

2 메시지 교환 네트워크

1960~70년대 초기에 많이 쓰였던 메시지 교환 네트워크Message Switching Network는 경로를 미리 설정하지 않고 메시지의 헤더에 목적지 주소를 표시해 전송하는 방식이다. 회선 교환 네트워크의 제약조건을 해결하기 위해 고안되었다. 이전 교환 시스템에서 보낸 메시지를 버퍼에 잠시 저장해 두었다가, 메시지가 모두 도착하면 다음 교환 시스템으로 전달하는 방식을 사용하기 때문에 교환기 단위로 전송이 이루어진다. 송신자 측 노드와 수신자 측 노드 사이에 있는 통신 회선을 사용할 수 있을 때까지 기다렸다가 전송하는 축적 교환 방식을 사용한다. 이 방식은 매우 큰 용량의 저장 매체가 필요하며 작업을 처리할 때 지연 문제가 발생해 지금은 사용하지 않는다.

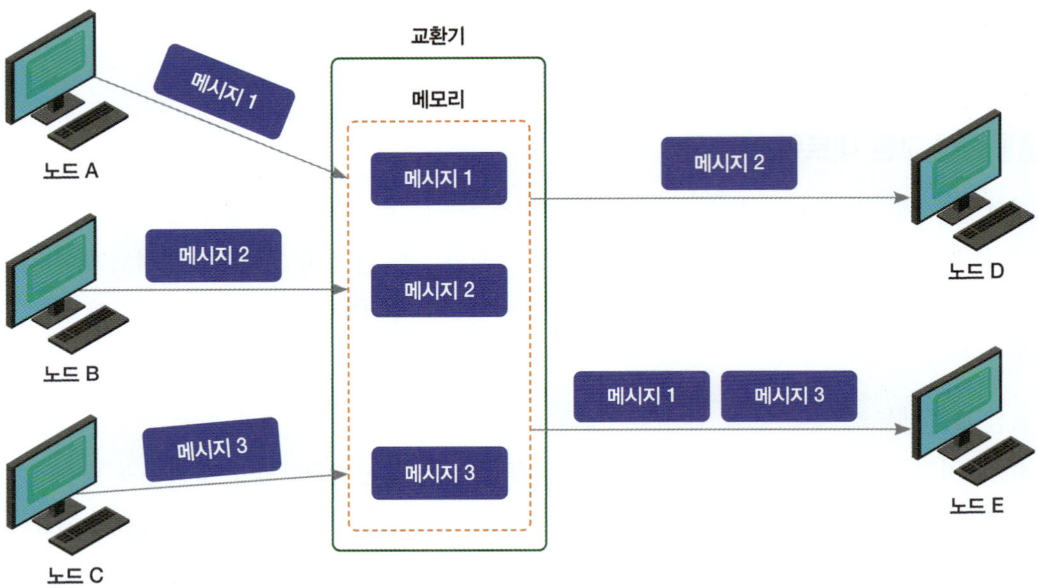

그림 9-14 메시지 교환 네트워크

3 패킷 교환 네트워크

패킷 교환 네트워크Packet Switching Network는 회선 교환 네트워크와 메시지 교환 네트워크의 장점은 결합하고 단점은 최소화한 방식이다. 컴퓨터 네트워크 환경에서 주로 이용한다. 송신자 주소와 수신자 주소를 포함한 형식의 데이터 블록을 기본 단위로 하는데, 이를 패킷Packet이라고 한다. 메시지 교환 네트워크와 방식은 매우 흡사하지만, 메시지 전체가 아니라 패킷 단위로 전송한다. 패킷화된 데이터 여러 개를 같이 보내 채널의 효율을 높이고 패킷의 길이를 제한해 전송 지연 시간을 줄인다. 경로를 설정하는 방법에 따라, 패킷이 전송되기 전에 송신자와 수신자 사이에 하나의 논리적 경로를 설정하고 그 경로로 패킷을 전송하는 가상 회선 방식과 패킷마다 개별적으로 송신 경로가 정해지는 데이터그램 방식으로 구분된다.

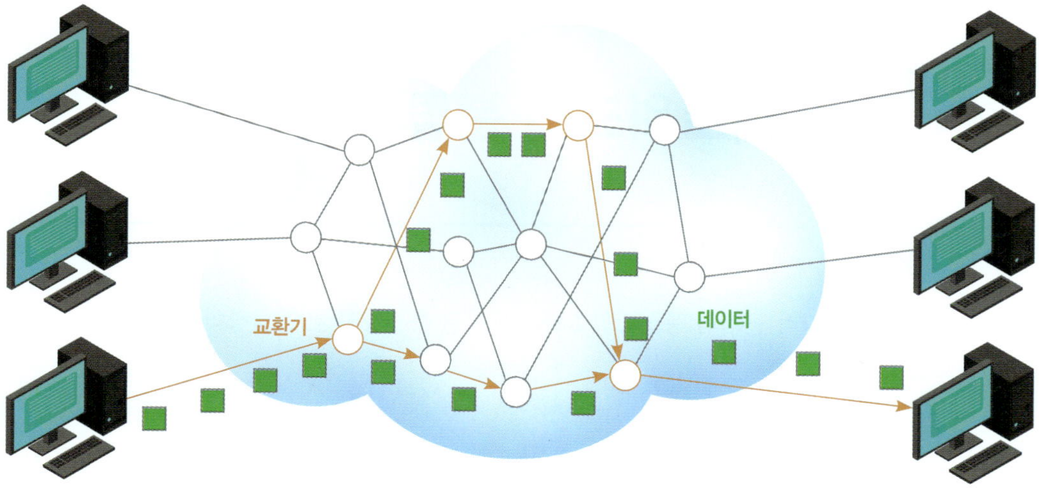

그림 9-15 **패킷 교환 네트워크**

하나 더 알기 **가상 회선 방식과 데이터그램 방식**

가상 회선(Virtual Circuit) 방식은 연결형 서비스를 지원하기 위한 기능으로, 전송되는 모든 패킷의 경로가 같다. 호스트 사이에 설정된 가상의 단일 파이프를 통해 송신 호스트가 입력단에 패킷을 송신하고 수신 호스트가 출력단에서 패킷을 수신한다. 모든 패킷이 하나의 경로로 전송되므로 패킷이 도착하는 순서는 보낸 순서와 같다.

데이터그램(Datagram) 방식은 패킷 교환 방식에 비연결형 서비스를 이용해 패킷을 독립적으로 전송하는 기능이다. 패킷을 송신하기 전에 연결을 설정하는 과정이 없으므로 미리 경로를 부여하지 않는다. 전송할 정보의 양이 적거나 상대적으로 신뢰성이 덜 중요한 환경에서 사용된다.

© 박기현, 『쉽게 배우는 데이터 통신과 컴퓨터 네트워크』, 한빛아카데미, 2016

SECTION
04 네트워크의 분류

네트워크는 규모에 따라 근거리 통신망인 LAN, 도시권 통신망인 MAN, 광역 통신망인 WAN으로 구분된다.

1 LAN

근거리 통신망인 LAN Local Area Network은 집, 사무실, 학교 등 지리적으로 한정된 범위(약 10km 이내의 거리) 안에 분산된 컴퓨터 및 각종 컴퓨팅 기기를 통신 회선으로 연결한 네트워크이다. LAN은 수백 Kbps Kilo Bits Per Second로 접속된 임의의 단말기 또는 LAN에 접속된 임의의 단말기 간 정보 교환을 가능하게 한다. 분산된 컴퓨터, 단말기, 대용량 메모리 등을 포함한 주변장치, 모니터, 프린터, 네트워크의 접속을 위한 게이트웨이 등을 초고속 통신로(1~150Mbps)로 결합한 통신 수단이라고 보면 된다.

통신 회선을 이용해 공간을 어떻게 구성하느냐에 따라 버스형, 스타형, 링형, 메시형, 트리형으로 구분된다.

버스형

버스형 Bus Type은 버스라고 불리는 하나의 통신 회선에 여러 대의 장치들이 연결된 형태이다. 한 장치가 데이터를 송신하면 버스를 통해 연결된 모든 장치에 전송된다. 수신자는 전송된 데이터에 쓰인 수신자 측 주소를 확인해 자신에게 보내진 데이터가 맞는지 확인하고 이를 받아들인다. 버스형은 장치가 하나 고장 나도 다른 통신망에 영향을 미치지 않는다.

그림 9-16 버스형 구조

스타형

스타형Star Type은 중앙에 있는 중계 호스트(허브) 주위로 여러 장치를 연결한 형태이다. 중앙의 허브에 다른 장치를 점대점 방식으로 연결한다. 중앙집중적 구조이므로 유지보수가 쉽고 전송 제어가 간단하다. 장치 간 직접 통신은 불가능하며, 모든 통신은 중앙의 허브를 통해 이루어진다. 중앙의 허브가 장치 간 통신을 중재하는 역할을 한다고 보면 된다. 다른 장치의 오류가 통신망 전체에 영향을 미치진 않지만, 허브에 장애가 발생하면 전체 네트워크의 동작이 멈춘다는 단점이 있다.

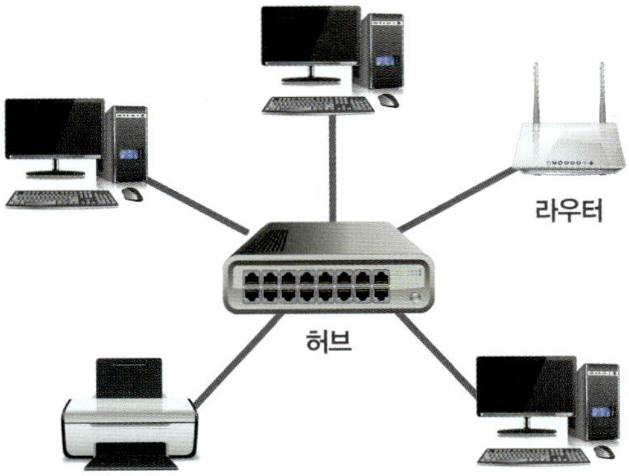

그림 9-17 **스타형 구조**

링형

링형Ring Type은 모든 기기를 원형으로 연결한 형태로, 가까운 위치에 있는 노드 두 개를 점대점 방식으로 연결해 순환하는 구성이다. 송신자가 보낸 패킷은 원을 따라 한 방향으로 흐르며, 목적지가 아닌 호스트를 거칠 때마다 다시 재생된다. 이 과정을 통해 전송 오류를 줄일 수 있다. 링형은 장애가 발생하면 다른 링을 통해 통신을 재개할 수 있으며, 버스형보다 유지보수가 쉽다.

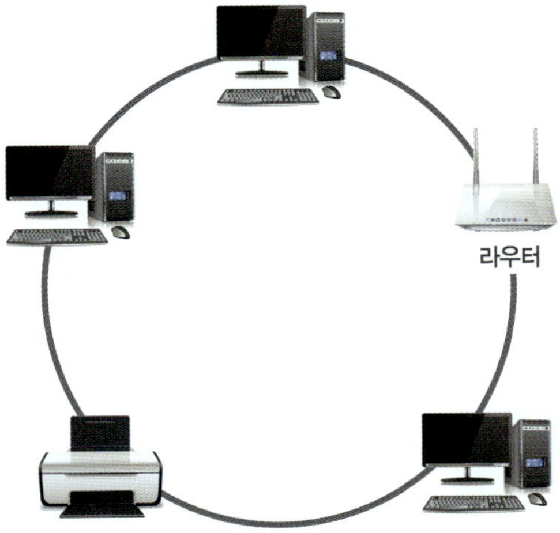

그림 9-18 **링형 구조**

메시형

메시형Mesh Type은 서로 다른 컴퓨터가 그물처럼 연결된 형태로, 통신의 신뢰도가 중요한 구성이다. 점대점 방식으로 연결되어 있다. 중계점 역할을 하는 컴퓨터가 없어 직접 데이터를 통신하다 보니 네트워크의 효율이 높다. 또한 일부 회선에 장애가 발생하면 다른 경로를 통해 전송할 수 있다. 하지만 네트워크 구조가 복잡해 제어가 어렵다.

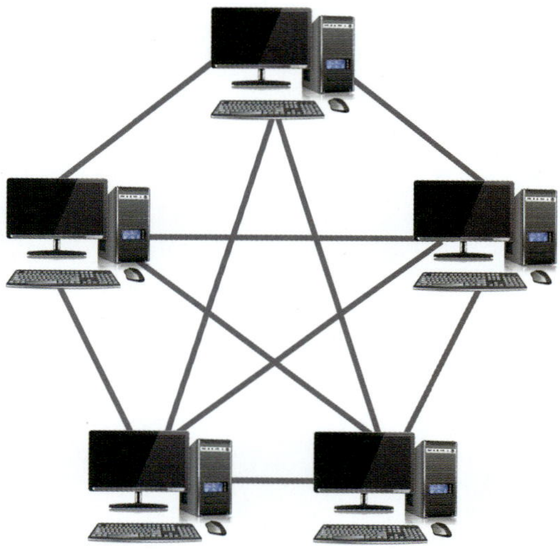

그림 9-19 메시형 구조

트리형

트리형Tree Type은 원점에서 한 개 이상의 가지가 뻗어 나와 복잡한 계층 형태로 퍼지는 구조로, 버스형을 확장한 형태이다. 정보는 양방향으로 모든 노드에 전송된다. 스타형보다 통신 회선 개수를 줄일 수 있으며, 통신 선로가 다른 회선망보다 짧아 경제적이다.

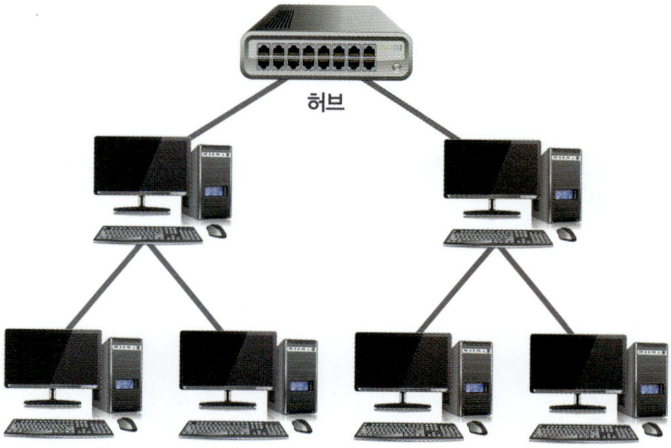

그림 9-20 트리형 구조

2 MAN

도시권 통신망인 MAN Metropolitan Area Network 은 LAN보다 넓은 범위에 있는 컴퓨터들을 통신 회선으로 연결한 네트워크이다. 사용하는 하드웨어와 소프트웨어 종류는 LAN과 비슷하지만 연결 규모는 더 크다. MAN은 근처에 모여 있는 건물이나 한 도시 내 네트워크 연결을 가능하게 한다. 보통은 여러 개의 LAN을 라우터로 연결해 구성한다.

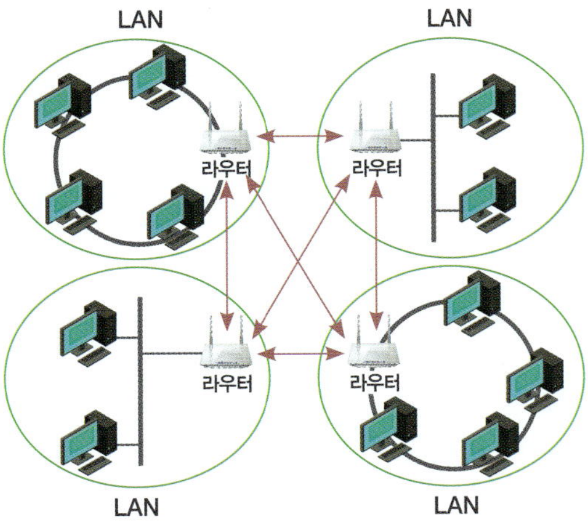

그림 9-21 **도시권 통신망 MAN**

3 WAN

광역 통신망인 WAN Wide Area Network 은 국가 이상의 넓은 지역을 지원하는 구조로, 두 개 이상의 LAN이 큰 규모로 연결된 네트워크이다. LAN과 MAN은 공유 버스를 이용해 여러 곳에 데이터를 전달할 수 있지만 WAN은 점대점 방식으로 연결되어 있어 교환 기능이 꼭 필요하다. 또한 호스트 간 거리가 멀어 연결해야 하는 기기가 많으면 라우터도 많이 필요하므로 설치 비용이 많이 든다. 그래서 설계할 때는 총 연결 거리를 줄이면서 전체 호스트를 효율적으로 연결하는 것이 중요하다.

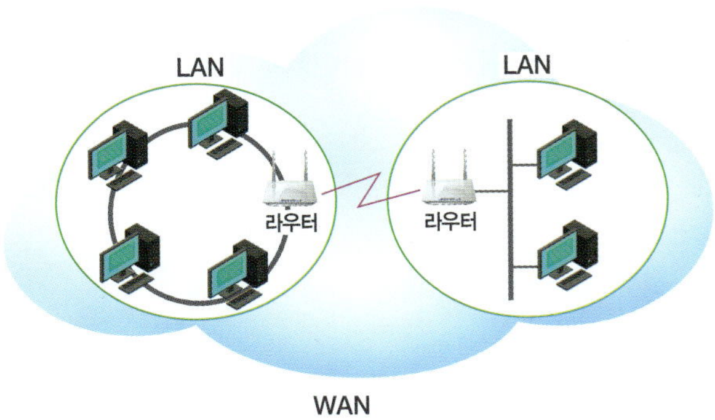

그림 9-22 **광역 통신망 WAN** © 김종훈, 『소프트웨어 세상을 여는 컴퓨터 과학』, 한빛아카데미, 2018

요약

01 데이터 통신

- 데이터 통신 : 멀리 떨어져 있는 송신자 컴퓨터와 수신자 컴퓨터 또는 입출력 장치를 통신 회선으로 연결해 데이터를 처리하고 전송하는 것이다.
- 데이터 통신 기술 : 데이터를 전송하고 처리하는 기술이다.
- 데이터 통신의 특징 : 고속화, 대용량화, 모바일화 등이 있다.

02 네트워크

전송 매체를 매개로 데이터를 교환하는 시스템의 모음이다. 다수의 시스템을 전송 매체로 연결해 구성한 시스템들의 집합체이기도 하다.

03 프로토콜

컴퓨터 네트워크에서 데이터를 주고받을 때 수행되는 절차를 뜻한다. 상호 연동되는 시스템이 전송 매체를 통해 데이터를 교환할 때 따르는 표준화된 규칙이다.

04 OSI 7계층 모델

호스트가 제공하는 복잡한 네트워크 기능을 연관된 그룹끼리 묶어 계층 모델로 표현한 것이다. 국제 표준화 단체인 ISO가 제안했으며, 네트워크에 연결된 시스템이 갖춰야 할 기능을 상세히 정의했다. 물리, 데이터 링크, 네트워크, 전송, 세션, 표현, 응용 계층으로 구성되어 있다.

05 데이터베이스 전송의 유형

- 전송 방향에 따른 분류 : 단방향 전송, 반이중 전송, 전이중 전송이 있다.
- 회선 접속 방식에 따른 분류 : 점대점 전송, 다지점 전송이 있다.

06 데이터 전송 방식

- 직렬 전송 : 하나의 통신 회선을 이용해 2진수 데이터 비트를 1비트씩 차례로 전송하는 방식이다.
- 병렬 전송 : 각각의 데이터 비트에 대응하는 통신 회선이 있어 비트 블록을 한번에 전송하는 방식이다.

07 데이터 전송 장치

- 모뎀 : 컴퓨터나 단말기 등의 데이터 통신 기기를 통신 회선에 접속시키기 위해 사용하는 장치이다.
- 통신 회선 : 송신자와 수신자를 연결하는 물리적인 통로이다. 유선통신과 무선통신으로 구분된다. 유선통신에는 꼬임 쌍선, 동축 케이블, 광섬유 등이 있고, 무선통신에는 지상 마이크로파, 위성 마이크로파 등이 있다.
- 네트워크 카드 : 외부 네트워크와 접속해 빠른 속도로 데이터를 주고받을 수 있도록 컴퓨터 내에 설치하는 확장 카드이다.
- 허브 : 유선으로 연결된 여러 대의 컴퓨터를 공유할 때 사용하는 장치이다. 서로 다른 곳에서 전송된 데이터를 모아 다시 여러 곳으로 전송하는 중앙 연결점이다.
- 라우터 : LAN과 LAN 또는 LAN과 WAN을 연결하기 위해 사용하는 네트워크 장치이다. 임의의 외부 네트워크와 내부 네트워크를 서로 연결한다.

08 네트워크 교환 방식

- 회선 교환 네트워크 : 데이터를 전송하기 전에 호스트가 연결 경로를 미리 설정하는 방식이다.
- 메시지 교환 네트워크 : 데이터를 전송하기 전에 경로를 미리 설정하지 않고, 전송하려는 메시지의 헤더에 목적지 주소를 표시하는 방식이다.
- 패킷 교환 네트워크 : 회선 교환 네트워크와 메시지 교환 네트워크의 장점을 결합하고 단점을 최소화한 방식이다. 컴퓨터 네트워크 환경에서 주로 이용한다.

09 네트워크의 분류

- LAN : Local Area Network의 약자로, 근거리 통신망이라고 부른다. 일반적으로 집, 사무실, 학교 등 지리적으로 한정된 범위 안에 있는 컴퓨터 및 각종 컴퓨팅 기기를 통신 회선으로 연결한 네트워크이다.
- MAN : Metropolitan Area Network의 약자로, 도시권 통신망이라고 부른다. LAN보다 넓은 범위 안에 있는 컴퓨터들을 통신 회선으로 연결한 네트워크이다.
- WAN : Wide Area Network의 약자로, 광역 통신망이라고 부른다. 국가 이상의 넓은 지역을 지원하는 네트워크로, 두 개 이상의 LAN이 넓은 지역에 걸쳐 연결되어 있다.

연습 문제

단답형 문제

01 (   )은 멀리 떨어져 있는 송신자 컴퓨터와 수신자 컴퓨터 또는 입출력장치를 통신 회선으로 연결해 데이터를 처리하고 전송하는 것을 뜻한다.

02 (   )은 데이터를 전송하고 처리하는 기술을 뜻한다.

03 아르파넷은 웹이라고 부르는 (   )의 시초이다.

04 (   )란 전송 매체를 매개로 데이터를 교환하는 시스템의 모음이며, 다수의 시스템을 전송 매체로 연결해 구성한 시스템들의 집합체이다.

05 (   )이란 컴퓨터 네트워크에서 데이터를 주고받을 때 수행되는 절차이다.

06 (   )에 따르면, 네트워크에 연결된 호스트들은 7개 계층으로 모듈화된 통신 기능을 갖추어야 한다.

07 (   )은 OSI의 1계층에 위치하며, 호스트를 전송 매체와 연결하기 위한 인터페이스 규칙과 전송 매체의 특성을 다룬다.

08 (   )은 OSI의 2계층에 위치하며, 컴퓨터 단말기 등의 시스템 또는 교환기 같은 중계시스템 간 데이터 전송을 원활하게 해, 오류 검출과 회복 기능을 제공한다.

09 (   )은 OSI의 3계층에 위치하며, 사용자 프로그램, 단말 조작원 등 응용 프로세스 간에 데이터를 전송할 때 정보의 경로 선택과 중계 기능을 수행한다.

10 (   )은 OSI의 4계층에 위치하며, 정보를 수신자에게 보내는 운반, 운송 기능을 관리한다.

11 (　　　　　　　)은 OSI의 5계층에 위치하며, 4계층에서 제공하는 기능과 유사하지만 더 상위의 논리적 연결을 제공한다.

12 (　　　　　　　)은 OSI의 6계층에 위치하며, 정보를 데이터 표현 형식에 따라 전송한다.

13 (　　　　　　　)은 OSI의 최상위 계층에 위치하며, 정보를 처리하는 응용 프로그램 또는 프로세스의 인터페이스와 통신을 가능하게 하는 기본적인 응용 기능을 제공한다.

14 (　　　　　　　)은 일대일 통신 환경에서 데이터를 한쪽 방향으로만 전송하는 형태이다.

15 (　　　　　　　)은 데이터가 양방향으로 전송되긴 하지만, 한번에 한쪽으로만 전송할 수 있는 형태이다.

16 (　　　　　　　)은 양쪽에서 데이터를 전송하는 형태로, 하나의 전송 매체를 송신과 수신, 두 개의 채널로 분할해 사용한다.

17 (　　　　　　　)은 컴퓨터에서 일대일 방식으로 각 터미널에 직접 연결하는 전송 방식이다.

18 (　　　　　　　)은 여러 통신 장치가 하나의 회선을 공유하는 전송 방식이다.

19 (　　　　　　　)은 하나의 통신 회선을 이용해 2진수 데이터 비트를 1비트씩 차례로 전송하는 방식이다.

20 (　　　　　　　)은 각각의 데이터 비트에 대응하는 통신 회선이 있어, 비트 블록을 한번에 전송하는 방식이다.

21 (　　　　　　　)은 데이터 통신을 하기 위해 컴퓨터나 단말기 등의 데이터 통신 기기를 통신 회선과 접속시켜야 할 때 사용하는 장치이다.

연습문제

22 (   )은 송신자와 수신자를 연결하는 물리적인 통로이다.

23 (   )는 외부 네트워크와 접속해 빠른 속도로 데이터를 주고받을 수 있도록 컴퓨터 내에 설치하는 확장 카드이다.

24 (   )는 유선으로 연결된 여러 대의 컴퓨터를 공유할 때 사용하는 장치이다.

25 (   )는 LAN과 LAN 또는 LAN과 WAN을 연결하는 네트워크 장치로, 임의의 외부 네트워크와 내부 네트워크를 서로 연결한다.

26 (   )는 통신을 원하는 호스트가 데이터를 전송하기 전에 연결 경로를 미리 설정하는 방식이다.

27 (   )는 전송하려는 메시지의 헤더에 목적지 주소를 표시하는 방식이다.

28 (   )는 회선 교환 네트워크와 메시지 교환 네트워크의 장점을 결합하고 단점을 최소화한 방식이다. 컴퓨터 네트워크 환경에서 주로 이용한다.

29 근거리 통신망인 (   )은 집, 사무실, 학교 등 지리적으로 한정된 범위 내에 있는 컴퓨터 및 각종 컴퓨팅 기기를 통신 회선으로 연결한 네트워크이다.

30 도시권 통신망인 (   )은 LAN보다 넓은 범위에 있는 컴퓨터들을 통신 회선으로 연결한 네트워크이다.

31 광역 통신망인 (   )은 국가 이상의 넓은 지역을 지원하는 네트워크이다.

객관식 문제

32 멀리 떨어져 있는 송신자 컴퓨터와 수신자 컴퓨터 또는 입출력장치를 통신 회선으로 연결해 데이터를 처리하고 전송하는 것을 무엇이라고 하는가?

① 데이터 통신 ② 데이터 시스템 ③ 데이터 전송
④ 데이터 보안 ⑤ 데이터 과학

33 다음 중 데이터 통신 기술에 대한 설명이 아닌 것은?

① 데이터를 전송하고 처리하는 기술이다.
② 통신 회선을 통해 컴퓨터와 컴퓨터 간 데이터를 교환한다.
③ 컴퓨터끼리는 다양한 네트워크로 연결되어 있다.
④ 외형상 호스트 시스템과 전송 매체로 구분된다.
⑤ 고속화, 대용량화, 모바일화 등의 특징이 있다.

34 다음 중 프로토콜에 대한 설명이 아닌 것은?

① 주종 관계에 있는 시스템 간 규칙이라는 점이 중요하다.
② 컴퓨터 네트워크에서 데이터를 주고받을 때 수행되는 절차이다.
③ 네트워크에서 데이터를 전송하기 위해 필요한 두 가지 요소 중 하나이다.
④ 프로토콜의 종류로는 FTP, HTTP, TCP/IP 등이 있다.
⑤ 상호 연동되는 시스템이 전송 매체를 통해 데이터를 교환할 때 따르는 표준화된 규칙이다.

35 다음 중 OSI 모델에 대한 설명이 아닌 것은?

① 네트워크에 연결된 호스트들은 7개 계층으로 모듈화된 통신 기능을 갖춰야 한다.
② 2계층은 데이터 링크 계층이다.
③ 국제 표준화 단체인 ISO에서 제안한 모델이다.
④ 6계층은 응용 계층이다.
⑤ 네트워크에 연결된 시스템이 갖춰야 할 기능을 상세히 정의하고 있다.

연습문제

36 OSI 계층 중 3계층을 다른 말로 무엇이라고 부르는가?

① 응용 계층 ② 물리 계층 ③ 네트워크 계층
④ 세션 계층 ⑤ 전송 계층

37 다음 설명을 읽고 OSI 계층 중 어떤 계층에 대한 설명인지 고르시오.

> OSI의 4계층에 위치하며, 정보를 수신자에게 보내는 운반, 운송 기능을 관리한다. 송신 프로세스와 수신 프로세스 간의 연결 기능을 제공해, 프로세스 간 안전한 데이터 전송을 지원한다.

① 표현 계층 ② 물리 계층 ③ 세션 계층
④ 응용 계층 ⑤ 전송 계층

38 OSI 계층을 1계층부터 7계층까지 올바르게 연결한 것을 고르시오.

① 데이터 링크 → 네트워크 → 세션 → 전송 → 표현 → 응용 → 물리
② 물리 → 데이터 링크 → 네트워크 → 전송 → 세션 → 표현 → 응용
③ 응용 → 물리 → 네트워크 → 전송 → 세션 → 표현 → 데이터 링크
④ 네트워크 → 데이터 링크 → 물리 → 세션 → 전송 → 표현 → 응용
⑤ 데이터 링크 → 물리 → 전송 → 네트워크 → 표현 → 응용 → 세션

39 다음 중 데이터 전송 유형에 대한 설명이 아닌 것은?

① 전송 방향에 따른 분류와 회선 접속 방식에 따른 분류가 있다.
② 전송 방향에 따라 단방향 전송, 반이중 전송, 전이중 전송으로 나뉜다.
③ 단방향 전송은 일대일 통신 환경에서 데이터를 한쪽으로만 전송하는 형태이다.
④ 반이중 전송은 양쪽에서 데이터를 전송하는 형태이다.
⑤ 전이중 전송은 하나의 전송 매체를 두 개의 채널로 분할해 사용한다.

40 데이터 전송 방식 중 2진수 데이터 비트를 하나의 통신 회선을 이용해 1비트씩 차례로 전송하는 방식을 무엇이라고 하는가?

① 이진 전송 ② 직렬 전송 ③ 병렬 전송
④ 조건 전송 ⑤ 시스템 전송

41 다음 중 점대점 전송에 대한 설명으로 올바른 것은?

① 두 개 이상의 통신 장치가 하나의 회선을 공유하는 전송 방식이다.

② 회선을 여러 장치가 동시에 사용하면 공간적으로 공유되고, 사용자가 시간에 따라 회선을 나누어 사용하면 시간적으로 공유된다.

③ 복잡한 회선 공유는 폴링 방식으로 해결한다.

④ 양쪽에서 동시에 데이터를 전송하면 충돌이 발생하므로, 데이터를 보내기 전 매체의 사용 가능 여부를 확인해야 한다.

⑤ 컴퓨터에서 각 터미널로 연결할 때 일대일 방식으로 직접 연결하는 전송 방식이며 전용 회선을 사용한다.

42 다음 중 병렬 전송에 대한 설명으로 올바른 것은?

① 동기화에 따라 비동기 전송 방식과 동기 전송 방식으로 나뉜다.

② 수신자 쪽에서는 들어온 비트를 정해진 크기의 블록 단위로 묶어 원래의 정보로 복원한다.

③ 모든 비트가 같은 전송선을 사용하기 때문에 오류 발생 가능성이 적다.

④ 원거리 통신에 적합하지만 전송 매체가 뭔지에 따라 전송 속도가 제한된다.

⑤ 각각의 데이터 비트에 대응하는 통신 회선이 있어, 비트 블록을 한번에 전송한다.

43 모뎀, 통신 회선, 네트워크 카드, 허브, 라우터를 통틀어 무엇이라고 부르는가?

① 네트워크 연결 장치 ② 신호 변환 장치 ③ 네트워크 교환 장치

④ 데이터 처리 장치 ⑤ 데이터 전송 장치

44 다음 중 모뎀에 대한 설명이 <u>아닌</u> 것은?

① 데이터 통신 기기를 통신 회선과 접속하기 위해 사용하는 장치이다.

② 변조기와 복조기를 결합한 변복조 장치이다.

③ 대표적인 신호 변환 장치이다.

④ 컴퓨터의 디지털 신호를 아날로그 신호로 변환하는 장치이다.

⑤ 컴퓨터 네트워크에서 사용량이 늘고 있다.

연습문제

45 다음 중 통신 회선 종류가 아닌 것은?

① 꼬임 쌍선　② 동축 케이블　③ 광섬유
④ 모뎀　⑤ 지상 마이크로파

46 외부 네트워크와 접속해 빠른 속도로 데이터를 주고받을 수 있도록 컴퓨터 내에 설치하는 확장 카드는 무엇인가?

① 꼬임 쌍선　② 모뎀　③ 네트워크 카드
④ 허브　⑤ 라우터

47 유선으로 연결된 여러 대의 컴퓨터를 공유할 때 사용하는 장치는 무엇인가?

① 허브　② 동축 테이블　③ 광섬유
④ 라우터　⑤ 위성 마이크로파

48 다음 중 라우터에 대한 설명이 아닌 것은?

① LAN과 LAN 또는 LAN과 WAN을 연결하는 네트워크 장치이다.
② 임의의 외부 네트워크와 내부 네트워크를 서로 연결한다.
③ 물리 계층, 데이터 링크 계층, 네트워크 계층의 기능을 지원한다.
④ 네트워크와 호스트들의 정보를 유지 및 관리하여 특정 경로의 이용 가능 여부와 어느 경로가 데이터 전송을 빠르게 지원하는지 등을 판단한다.
⑤ 컨트롤 칩, 통신전용 칩, 버퍼 등으로 이루어져 있다.

49 네트워크의 교환 방식 중 데이터를 전송하기 전에 통신을 원하는 호스트가 연결 경로를 미리 설정하는 방식은 무엇인가?

① 패킷 교환 네트워크
② 메시지 교환 네트워크
③ 회선 교환 네트워크
④ 데이터 교환 네트워크
⑤ 파일 교환 네트워크

50 다음 중 패킷 교환 네트워크에 대한 설명이 아닌 것은?

① 회선 교환 네트워크와 메시지 교환 네트워크의 장점을 결합하고 단점을 최소화하였다.

② 정보를 전달할 때 지연 문제가 발생해 지금은 사용하지 않는다.

③ 가상 회선 방식과 데이터그램 방식이 있다.

④ 메시지 전체가 아니라 패킷 단위로 분할해 전송한다.

⑤ 컴퓨터 네트워크 환경에서 주로 이용한다.

51 다음 중 LAN에 대한 설명이 아닌 것은?

① 총 연결 거리를 줄이면서 전체 호스트가 효율적으로 연결되도록 설계해야 한다.

② 수백 Kbps로 접속된 임의의 단말기 또는 LAN에 접속된 임의의 단말기 간 정보 교환을 가능하게 한다.

③ 버스형, 스타형, 링형, 메시형, 트리형 방식이 있다.

④ 집, 사무실, 학교 등 지리적으로 한정된 범위 내에 있는 컴퓨터 및 각종 컴퓨팅 기기를 통신 회선으로 연결한 네트워크이다.

⑤ 주변장치, 모니터, 프린터, 네트워크와의 접속을 위한 게이트웨이 등을 초고속 통신로(1~150Mbps)로 결합한 통신 수단이다.

52 네트워크 구성 형태 중 하나의 중개 호스트(허브) 주위로 여러 장치를 일대일로 연결한 방식은 무엇인가?

① 버스형　② 스타형　③ 링형

④ 메시형　⑤ 트리형

53 네트워크 구성 형태 중 컴퓨터들이 그물처럼 서로 연결된 점대점 구조이며 통신의 신뢰도가 중요한 방식은 무엇인가?

① 버스형　② 스타형　③ 링형

④ 메시형　⑤ 트리형

연습 문제

주관식 문제

54 데이터 통신의 3가지 특징에 대해 설명하시오.

55 네트워크의 정의에 대해 설명하시오.

56 OSI 7계층 모델의 각 계층별 명칭을 나열하시오.

57 단방향 전송, 반이중 전송, 전이중 전송에 대해 각각 설명하시오.

58 라우터에 대해 설명하시오.

59 패킷에 대해 설명하시오.

60 네트워크 구성 형태 중 링형에 대해 설명하고, 그림으로 표현하시오.

CHAPTER 10

인터넷과 모바일 컴퓨팅

학습목표

- 인터넷의 개념과 역사에 대해 알아본다.
- 월드와이드웹(WWW)과 TCP/IP에 대해 이해하고, 인터넷을 어떻게 활용하는지 알아본다.
- 모바일 컴퓨팅의 개념과 발전에 대해 알아본다.
- 모바일 운영체제와 무선 네트워크 기술에 대해 알아본다.
- 사물인터넷의 개념, 기술, 활용에 대해 알아본다.

PREVIEW

섹션 1에서는 인터넷의 개념과 역사에 대해 먼저 학습하고, WWW라고 부르는 월드와이드웹에 대해 알아본다. 이후 서로 다른 컴퓨터를 연결하고 데이터를 전송하기 위해 사용하는 통신 프로토콜의 집합인 TCP/IP에 대해 알아보며 인터넷이 어떻게 활용되고 있는지 살펴본다.

섹션 2에서는 모바일 컴퓨팅의 개념에 대해 다룬 후 발전 과정을 살펴본다. 또한 모바일 운영체제인 안드로이드와 iOS에 대해 알아보고, 모바일 컴퓨팅이 실현한 무선 네트워크 기술에 대해 학습한다.

섹션 3에서는 최근에 가장 발전하고 있는 기술인 사물인터넷의 개념, 기술, 활용 분야에 대해 살펴본다.

이번 챕터를 통해 인터넷과 모바일 컴퓨팅뿐만 아니라 사물인터넷에 대한 전반적인 내용을 함께 파악할 수 있을 것이다.

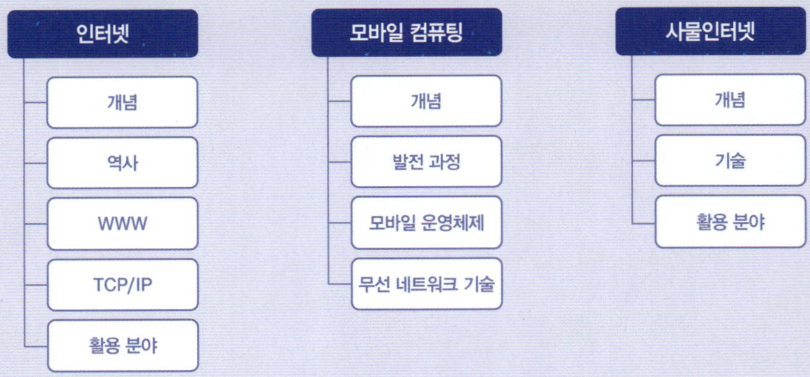

SECTION 01 인터넷

1 인터넷의 개념

인터넷Internet은 전 세계의 수많은 컴퓨터 사용자들이 접속되어 있는 거대한 컴퓨터 네트워크이다. 인터네트워크Internetwork의 약어로, 네트워크의 네트워크라는 의미이다. LAN과 같은 근거리 네트워크 형태로 시작해, 현재는 전 세계를 아우르는 거대한 네트워크 집합체로 발전했다. 특히 인터넷은 글로벌 네트워크이므로 광역 통신망인 WAN이라 정의할 수도 있다.

TIP 인터넷은 TCP/IP 프로토콜을 사용하는 글로벌 네트워크이다. TCP/IP에 대해서는 뒤에서 좀 더 자세히 다룰 예정이다.

2 인터넷의 역사

인터넷의 역사는 웹을 기준으로 웹 이전 시대, 웹 시대, 웹 이후 시대로 구분된다.

웹 이전 시대

인터넷은 1969년 미국 국방성의 컴퓨터 네트워크인 아르파넷ARPAnet에서 탄생했다. 아르파넷은 원래 1963년에 시작된 군사 프로젝트로, 특정 지역이 폭탄 폭격과 같은 긴급 상황에 처해도 네트워크가 정상적으로 작동할 구축 방법에 대해 연구하는 것이 주 목적이었다. 그러던 중 연구원들 간 정보 및 자원 공유가 원활히 이루어지도록 하기 위해 아르파넷이라는 컴퓨터 네트워크가 개발되었다. 이후 아르파넷은 텔넷TELNET, FTP, 이메일E-mail 등을 지원하는 중요한 컴퓨터 네트워크로 자리 잡았다. 1982년 미국 국방성은 아르파넷에 접속된 모든 호스트의 TCP/IP 사용을 의무화했다. 그 후 군사용은 밀넷MILNET, 민간용은 아르파넷으로 분리해 '인터넷'이라는 새로운 이름으로 사용되기 시작했다.

TIP **텔넷 :** 원격으로 호스트 컴퓨터에 접속하고 싶을 때 사용하는 인터넷 표준 프로토콜이다.

웹 시대

본격적인 웹 시대에 들어서면서 다양한 웹 브라우저와 인터넷 서점, 포털 사이트 등이 등장하기 시작했다. 시간순으로 살펴보면 1989년에는 세계 최초의 웹 브라우저Web Browser인 월드와이드웹

WWW, World Wide Web, 1993년에는 그래픽 기반 웹 브라우저인 모자이크Mosaic, 1994년에는 최초의 상용화 웹 브라우저인 넷스케이프 내비게이터Netscape Navigator, 1995년에는 마이크로소프트사의 웹 브라우저인 인터넷 익스플로러Internet Explorer가 개발되었다.

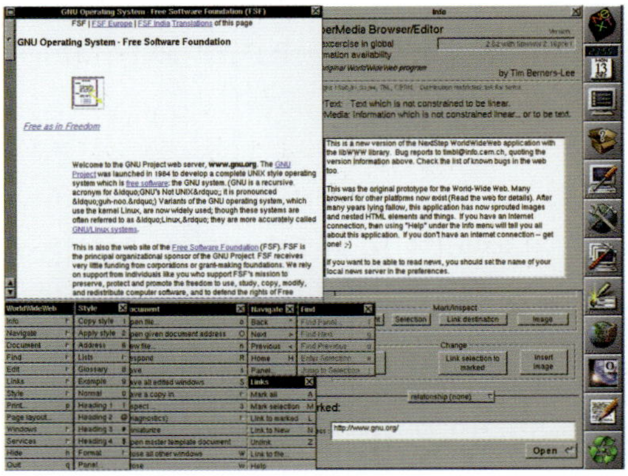

(a) 월드와이드웹

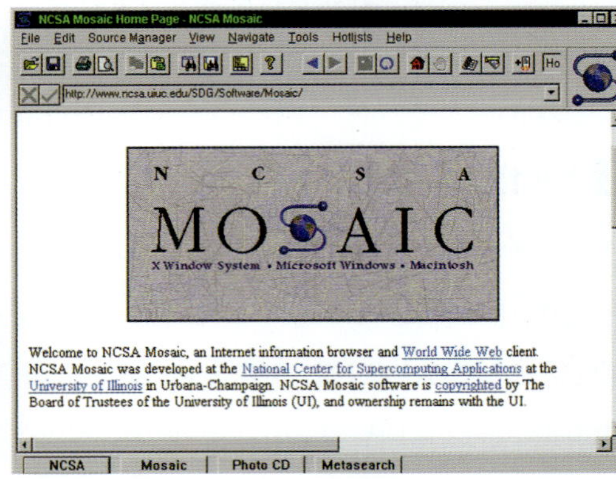

(b) 모자이크

(c) 넷스케이프

(d) 인터넷 익스플로러

그림 10-1 다양한 웹 브라우저

1994년에는 세계 최초의 인터넷 서점인 아마존Amazon이 만들어졌으며, 1998년에는 포털 사이트인 구글Google이 서비스를 시작했다.

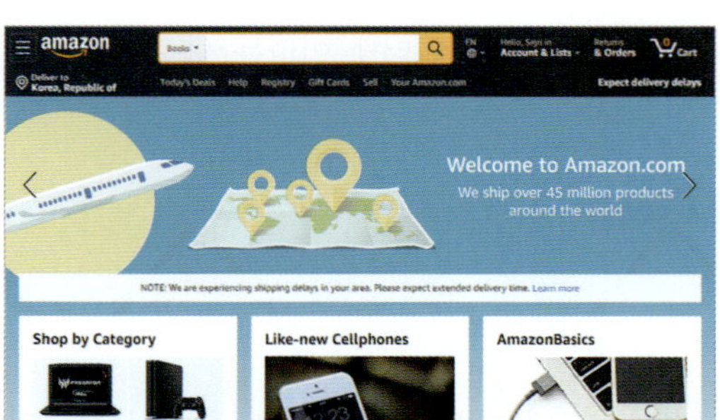

(a) 아마존

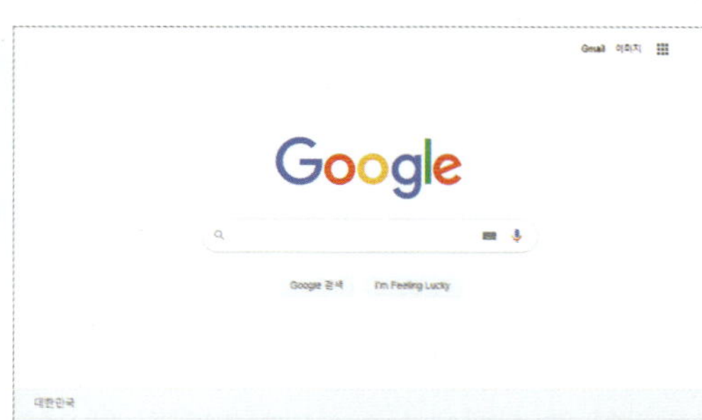

(b) 구글

그림 10-2 인터넷 서점 아마존과 포털 사이트 구글

웹 이후 시대

웹 이후 시대는 흔히 '모바일 및 소셜 인터넷' 시대라고 부른다. 2004년에 등장한 페이스북Facebook은 세계 최대 소셜 네트워크 서비스SNS, Social Network Service로, 2020년 현재 약 15억 명 이상의 사람들이 서비스를 이용하고 있다. 2006년에 등장한 트위터Twitter는 블로그의 인터페이스와 미니 홈페이지의 친구 맺기 기능, 메신저 기능 등을 합친 서비스를 제공 중이다. 2010년에 등장한 인스타그램Instagram은 온라인 사진 및 비디오 공유 기능 서비스를 내세워 많은 인기를 얻고 있다.

(a) 페이스북 (b) 트위터 (c) 인스타그램

그림 10-3 대표적인 소셜 네트워크 서비스

3 월드와이드웹

월드와이드웹WWW, World Wide Web(이하 웹)은 하이퍼텍스트 기능을 활용해 인터넷에 흩어져 있는 다양한 정보를 쉽게 찾아볼 수 있게 한 광역 정보 서비스로, WWW 또는 간단히 줄여 웹Web이라고 부른다. 1989년 스위스의 유럽입자물리연구소CERN의 과학자 팀 버너스 리Tim Berners Lee가 처음 제안했으며, 이후 인터넷을 이용하기가 한층 더 쉬워졌다. 1993년에 개발된 웹 브라우저인 모자이크를 통해 급속도로 확산되었다. 이후 넷스케이프 내비게이터, 인터넷 익스플로러 등의 상업용 웹 브라우저가 개발되는 데도 중요한 역할을 했다.

하이퍼텍스트

하이퍼텍스트Hypertext는 링크Link를 통해 개별 정보들을 유기적으로 연결하며 비연속적·비선형적 체계로 구성된 전자적 텍스트이다. 웹 서버Web Server에서 정보는 하이퍼텍스트 형식으로 작성돼 홈페이지 단위로 관리되며, 인터넷에 퍼져 있는 전 세계의 하이퍼텍스트는 링크로 연결되어 있다. 그 모습이 마치 거미가 집을 지은 것처럼 보인다고 해서 웹이라는 이름이 붙여졌다. 하이퍼텍스트는 [그림 10-4]와 같이 A 문서를 읽다가 B, D 문서를 읽을 수 있도록 연결된 비순차적 구조이다.

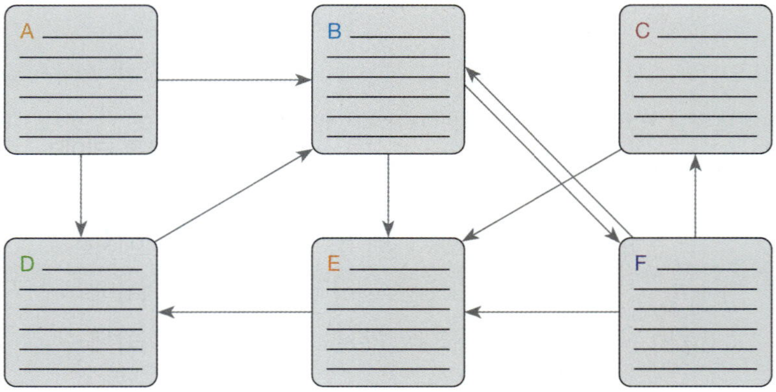

그림 10-4 하이퍼텍스트 구조

URL

URL Uniform Resource Locator은 웹에서 사용하는 표준 주소 표기 방식으로, 인터넷 주소 체계라고도 한다. 방대한 규모의 네트워크에 연결된 컴퓨터에서 특정 파일을 찾으려면 해당 정보의 위치와 종류를 정확히 파악해야 하는데, 이를 나타내는 일련의 규칙이 URL이다. 표기법은 다음과 같다.

- URL = 프로토콜명://사이트 주소/파일 디렉터리/파일명

인터넷에서 주로 사용하는 URL은 IP 주소와 도메인 네임이 있다.

■ IP 주소

IP 주소IP Address는 인터넷에 연결된 기기를 식별할 수 있는 유일한 값이다. 인터넷에 접속된 모든 컴퓨터는 숫자로 표현된 IP 주소를 가진다. 32비트의 2진수 체계지만, 사람이 사용할 때는 네 개의 10진수(0~255)로 표현된다. 온점(.)을 사용하며 표기법은 다음과 같다.

- 203.253.22.12

32비트를 사용하는 주소 방식은 IPv4 라고 하는데, 이론적으로 256^4개인 4,294,967,296개의 컴퓨터에서 사용할 수 있다. 하지만 인터넷에 연결된 정보 기기의 개수가 엄청나게 증가하면서 IP 주소가 부족해지자, 더 많은 비트 수를 가진 주소 체계가 필요해졌다. 그래서 128비트 주소를 사용하는 IPv6가 사용되기 시작했으며, 향후 모든 IP 주소는 IPv6로 대체될 것이라 보고 있다.

하나 더 알기 **IPv6**

IPv6는 32비트의 IPv4 주소 길이를 네 배로 확장해 표준화한 인터넷 주소 체계이다. 128비트 체계이며, 16비트씩 여덟 부분으로 나누어져 있다. 콜론(:)으로 구분하고 16진수로 표현한다. 1조 개 이상의 주소를 만들 수 있다. IPv6를 사용하면 모든 전자제품, 작게는 전자제품의 일부 회로까지 IP 주소를 가질 수 있다. 또한 서비스에 따라 대역폭을 다르게 확보할 수 있으며, 일정한 수준의 서비스 품질(QoS, Quality of Service)을 요구하는 실시간 서비스 제공도 가능하다.

■ 도메인 네임

도메인 네임Domain Name은 IP 주소와 같이 숫자로 이루어진 인터넷상의 컴퓨터 주소를 영문으로 알기 쉽게 표현한 것이다. IP 주소가 숫자로 되어 있어 기억하기 어렵다는 단점을 보완한다. DNSDomain Name System라는 시스템이 개발되면서 문자로 된 주소를 사용할 수 있게 되었다. 도메인 네임의 구성과 각각의 의미에 대해 한번 알아보도록 하자.

TIP **DNS :** 영문, 숫자, 하이픈으로 된 도메인 네임을 숫자로 된 IP 주소로 해석해 주는 TCP/IP 네트워크 서비스이다.

```
• http://     www.     bc.     ac.     kr
     ❶          ❷       ❸       ❹       ❺
```

❶ **프로토콜 이름 :** http는 'hypertext transfer protocol'의 약자로, HTML 문서나 XML 문서를 사용하고 있다는 의미이다. 최근에는 https 프로토콜이 더 많이 사용되고 있다.

❷ **컴퓨터 이름 :** www라는 컴퓨터에 접속한다는 것을 의미한다. 사실 네트워크에 연결된 컴퓨터의 이름은 모두 다르게 지정해야 한다. 같은 이름이 있으면 제대로 식별되지 않아 오류가 발생할 수 있기 때문이다. 하지만 대부분의 조직에서 웹 서버로 사용하는 컴퓨터 이름에 www를 사용하므로, 대다수 웹 사이트의 주소는 www로 시작한다.

❸ **도메인 이름 :** 해당 웹 사이트의 이름이다.

❹ **도메인 성격 :** 해당 웹 사이트의 성격을 나타내며, 표준화된 국제적 지침을 따라야 한다.

❺ **국가 명칭 :** 국제적인 약속에 따라 사용해야 하며, 대한민국은 kr을 사용한다.

웹 클라이언트/웹 서버

클라이언트/서버 구조는 오래전부터 사용자가 서버의 정보를 검색하기 위해 사용했던 모델이다. 클라이언트/서버란 두 프로그램이 상호 작용하는 방식을 나타내는 용어로, 서비스를 요청하는 쪽을 클라이언트Client, 클라이언트가 요청한 서비스를 처리하는 쪽을 서버Server라고 부른다.

웹 클라이언트/웹 서버Web Client/Web Server는 웹을 적용한 클라이언트/서버라는 의미이다. 웹 클라이언트가 웹 브라우저를 통해 데이터를 요청HTTP Request하면 인터넷에 연결되어 있는 웹 서버가 요청에 응답HTTP Response해 해당 정보를 웹 클라이언트에게 제공한다. 즉, 웹 클라이언트는 사용자가 이용하는 컴퓨터를 의미하고, 웹 서버는 웹 클라이언트의 요청에 맞는 정보를 제공하는 컴퓨터라고 보면 된다.

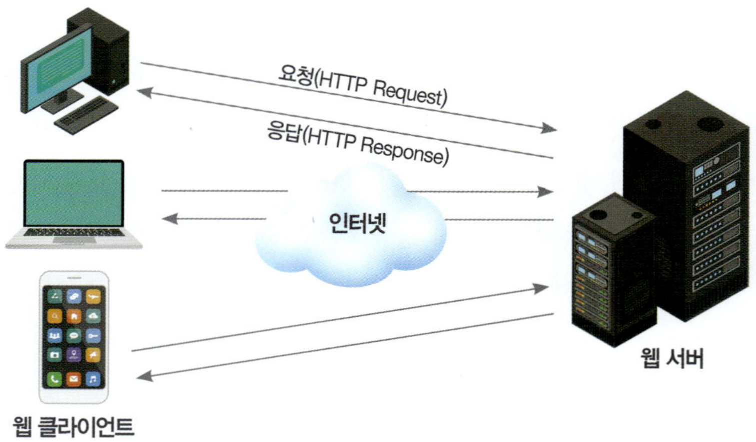

그림 10-5 웹 클라이언트와 웹 서버의 구조

하나 더 알기 **웹 브라우저**

웹 브라우저는 HTML 문서를 읽고 웹 페이지에 다양한 정보를 표시하는 소프트웨어이다. 웹 브라우저 종류로는 구글 크롬(Google Chrome), 마이크로소프트 인터넷 익스플로러(Microsoft Internet Explorer), 애플 사파리(Apple Safari), 오페라(Opera) 등이 있다.

4 TCP/IP

TCP/IPTransmission Control Protocol/Internet Protocol는 서로 다른 컴퓨터를 연결해 데이터를 전송하기 위해 사용하는 통신 프로토콜들의 집합이다. [그림 10-6]과 같이 호스트와 라우터, 라우터와 라우터, 호스트와 호스트가 통신하려면 정해진 절차를 따라야 하는데, 이를 통신 프로토콜Communication Protocol이라고 한다.

그림 10-6 통신 프로토콜 : 인터넷 연결

인터넷에서 사용하는 프로토콜은 TCP와 IP인데, 각종 프로토콜을 통틀어 TCP/IP라고 부른다. TCP/IP는 [그림 10-7]과 같이 운영체제의 일부로 구현되며, 응용 프로그램은 운영체제가 제공하는 TCP/IP 서비스를 통해 통신한다. [그림 10-7]에서 통신을 수행하는 주체이자 통신의 최종 목적지는 호스트 자체가 아닌 호스트에서 수행하는 응용 프로그램이라고 생각하면 된다.

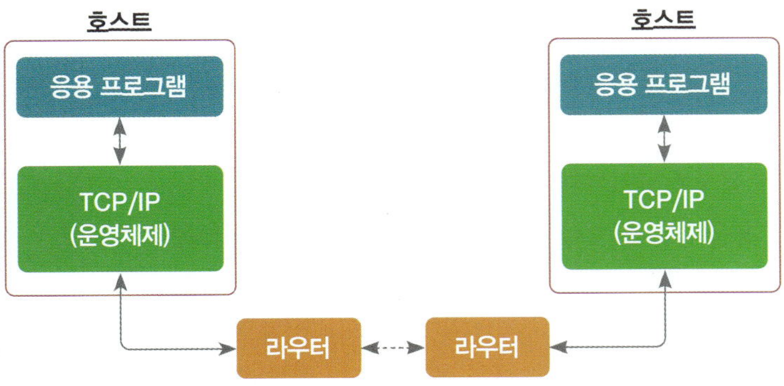

그림 10-7 **TCP/IP를 사용한 통신**

TCP/IP 계층

프로토콜은 기능별로 계층을 나눠 구현하는데, TCP/IP도 이 구조를 따른다. TCP/IP 계층은 아래에서부터 네트워크 계층, 인터넷 계층, 전송 계층, 응용 계층으로 구분된다.

❶ **네트워크 계층(Network Layer)** : 물리적 네트워크를 통한 실제 데이터 송수신을 담당한다. 구성 요소로는 물리적인 신호를 처리해 데이터를 송수신하는 네트워크 하드웨어와 운영체제가 제공하는 장치 드라이버가 있다.

❷ **인터넷 계층(Internet Layer)** : 네트워크 계층의 도움을 받아 데이터를 목적지 호스트까지 전달한다. IP 주소는 통신에 참여하는 호스트를 유일한 값으로 지정해 주지만, 실제로 통신을 하려면 전송 경로를 결정하고 그에 따라 데이터를 전달하는 절차를 거쳐야 한다. 이를 라우팅 Routing 이라 한다.

❸ **전송 계층(Transport Layer)** : 최종 통신 목적지를 지정하고 오류 없이 데이터를 전송하는 역할을 담당한다. 인터넷 계층은 IP 주소와 라우팅을 이용해 목적지 호스트에 데이터가 도달할 수 있게 하지만, 사실 통신의 최종 목적지는 호스트가 아닌 해당 호스트에서 실행하는 프로세스(응용 프로그램)이다. 그래서 전송 계층은 데이터를 제대로 전달하기 위해 프로세스를 지정하는 일종의 주소를 사용하는데, 이를 포트 번호 Port Number 라고 한다.

❹ **응용 계층(Application Layer)** : 전송 계층을 기반으로 한 다수의 프로토콜(텔넷, FTP, HTTP, SMTP 등)과 이 프로토콜을 사용하는 응용 프로그램을 모두 포함한다.

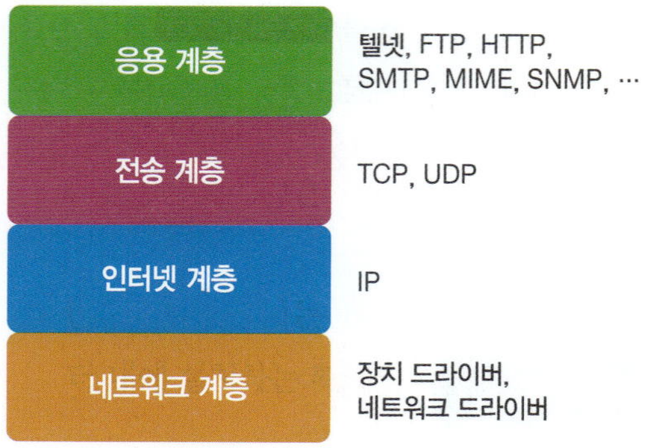

그림 10-8 TCP/IP 계층 구조

TCP/IP에서의 데이터 전송

송신자 측 호스트의 응용 프로그램이 보내는 데이터를 수신자 측 호스트의 응용 프로그램에 전송하려면 각 프로토콜에서 정의한 제어 정보(IP 주소, 포트 번호, 오류 체크 코드 등)가 필요하다. 제어 정보는 위치에 따라 앞쪽에 붙는 헤더Header와 뒤쪽에 붙는 트레일러Trailer로 나뉜다. 데이터는 이러한 제어 정보가 결합된 패킷Packet 형태로 전송된다. 패킷 형태의 데이터가 전달되는 과정은 [그림 10-9]와 같다.

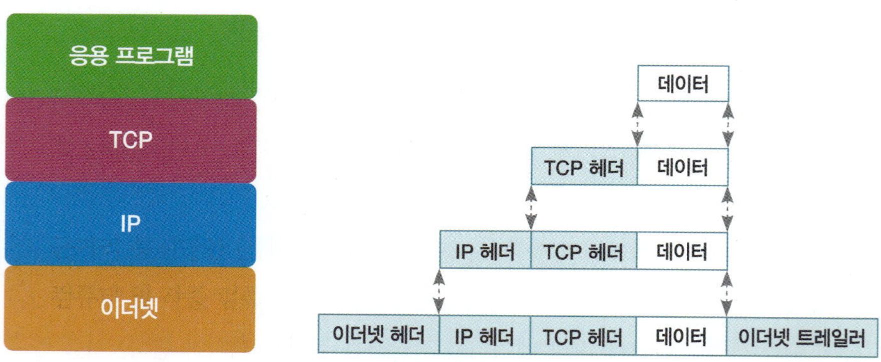

그림 10-9 패킷 전송 과정 © 김선우, 『TCP/IP 윈도우 소켓 프로그래밍』, 한빛아카데미, 2013

TCP/IP를 활용한 데이터 전송 원리는 [그림 10-10]과 같다. 응용 계층과 전송 계층은 물리적인 연결이 존재하지 않지만, 인터넷 계층과 네트워크 계층이 제공하는 기능을 통해 가상으로 연결되어 있다고 본다. 두 계층은 모두 위쪽에서만 동작한다. 인터넷 계층은 호스트와 라우터 모두에 존재하며, IP 주소의 라우팅 과정을 거쳐 패킷 전송 경로를 결정한다. 패킷을 전송할 때는 네트워크 계층이 제공하는 물리적인 주소를 사용하는데, 이 주소는 패킷이 라우터를 하나씩 통과할 때마다 다음 지점의 물리적 주소로 바뀐다.

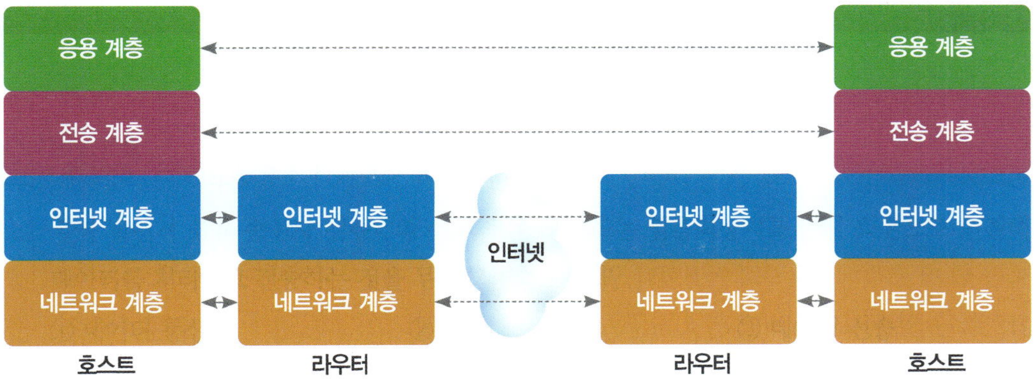

그림 10-10 **TCP/IP 기반 데이터 전송 과정** © 김선우, 『TCP/IP 윈도우 소켓 프로그래밍』, 한빛아카데미, 2013

5 인터넷의 활용

오늘날 인터넷은 포털 사이트, 전자메일, FTP, 텔넷, 전자상거래, 인터넷 뱅킹 등으로 다양하게 활용되고 있다.

포털 사이트

포털 사이트Portal Site는 사용자가 원하는 다양한 서비스를 모아 놓은 웹 사이트이다. 회원제를 기본으로 하며 이메일이나 홈페이지 계정을 제공한다. 사이트 내부는 검색엔진을 비롯한 다양한 정보를 일목요연하게 정리해, 사용자가 이용하기 편하도록 배치해 놓는다. 우리나라의 대표적인 포털 사이트로는 네이버, 다음, 네이트 등이 있다.

그림 10-11 **포털 사이트 예 : 네이버(Naver)**

전자메일

전자메일E-mail은 인터넷을 통해 편지를 교환하는 서비스로, 인터넷 보급 초기 때부터 사용되어 왔다. 다른 말로, 이메일이라고도 부른다. 서비스가 처음 생겼을 때는 연구기관이나 대학교를 중심으로 사용되었다가 요즘은 인터넷을 이용하는 대부분의 사람들이 사용하고 있다. 아웃룩 익스프레스Outlook Express 같은 메일 관리 프로그램을 주로 썼었는데 최근에는 포털 사이트에서 제공하는 웹 메일 서비스를 주로 이용한다. 이제는 스마트폰이 대중화되면서 이동 중에도 전자메일을 확인할 수 있는 시대가 되었다.

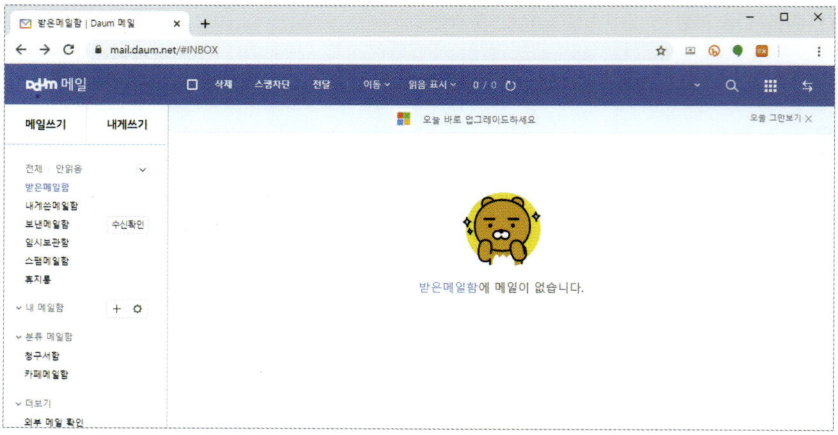

그림 10-12 **전자메일 서비스 예 : 다음(Daum) 메일**

FTP

FTP File Transfer Protocol는 인터넷을 통해 파일을 송수신하는 서비스이다. 큰 용량의 파일도 빠르게 주고받을 수 있다. 개인용 컴퓨터는 운영체제에서 이 기능을 기본으로 제공한다. 최근에는 윈도우나 웹에서도 파일 전송 서비스를 제공하는 제품들이 출시되고 있다.

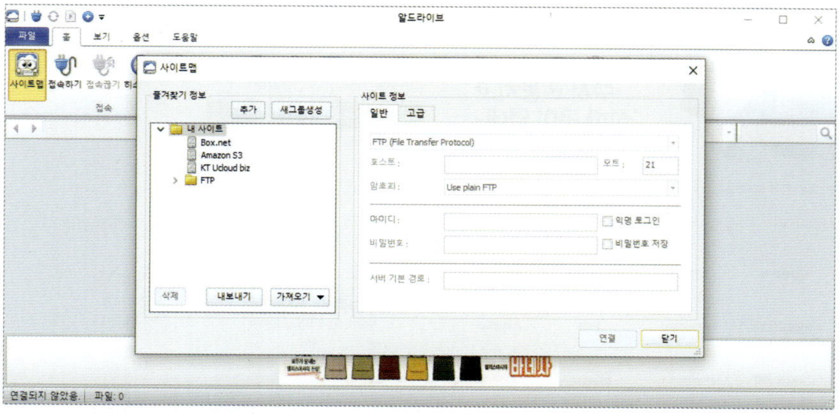

그림 10-13 **FTP 예 : 알드라이브(ALDrive)**

전자상거래

전자상거래e-commerce는 인터넷을 이용해 상품을 구매하고 판매하는 행위를 뜻한다. 인터넷에서 관련 시장의 규모가 상당히 커져, 오프라인 매장에서만 상품을 팔던 백화점이나 홈쇼핑 회사들도 인터넷 쇼핑몰을 개설해 운영하고 있다. 등장 초기에는 한 회사가 독자적으로 쇼핑몰을 개설하여 상품을 파는 형태였는데, 이후 수많은 상점이 하나의 쇼핑몰에 입점해 상품을 판매하는 오픈 마켓 형태로 발전했다. 최근에는 소셜 네트워크 서비스를 접목한 전자상거래의 일종인 소셜커머스Social Commerce가 인기를 끌고 있다.

그림 10-14 **전자상거래 사이트 예 : SSG닷컴**

인터넷 뱅킹

인터넷 뱅킹Internet Banking은 인터넷을 이용해 은행 업무를 처리하는 금융 시스템이다. 언제 어디서든 전자 기기만 있으면 개인 인증 확인 절차를 거쳐 송금, 입출금 내역 확인, 계좌 생성, 계좌 해지, 자동 이체 등의 다양한 은행 업무를 처리할 수 있다. 공인인증서는 은행에 가서 ID를 등록하고 보안 카드를 발급받으면 된다.

그림 10-15 **인터넷 뱅킹**

하나 더 알기 **HTML과 HTML5**

HTML(Hypertext Markup Language)은 웹을 이용해 문서를 작성할 때 사용하는 언어이다. HTML 언어로 작성된 문서는 'HTML 파일' 또는 '웹 문서(Web Document)'라고 부른다. 아스키코드로 구성된 텍스트 문서이며, 웹 브라우저를 통해 해석된 후 표현된다. 오늘날에는 단순한 텍스트 정보뿐만 아니라 이미지, 음성, 동영상 정보까지 포함하고 있어 하이퍼미디어(Hyper Media)라고도 한다.

HTML5는 국제 웹 표준화 기구 중 하나인 W3C(World Wide Web Consortium)에서 지원하는 웹 표준안으로, HTML의 최신 버전이다. 기존의 HTML 언어에 HTML 태그, CSS3, 자바스크립트 API가 추가로 포함되어 있다. HTML5가 생기면서 사용자는 플러그인(Plug-in) 없이도 실제 컴퓨터에서 수행되는 네이티브 앱(Native Application) 수준의 프로그램을 만들 수 있게 되었다. 플러그인은 액티브 X(Active X), 플래시(Flash), 실버라이트(Silverlight), 자바 FX(Java FX)처럼 웹 브라우저가 지원하지 못하는 형식의 파일을 구현해 주는 소프트웨어이다. HTML5는 이런 플러그인이 없어도 웹 브라우저에서 동일한 효과를 낸다.

SECTION

02 모바일 컴퓨팅

1 모바일 컴퓨팅의 개념

모바일 컴퓨팅Mobile Computing이란 모바일 기기를 이용해 어디서나 손쉽게 컴퓨터를 다룬다는 의미이다. 여기서 컴퓨터란 노트북 같은 휴대형 컴퓨터뿐 아니라 스마트폰, 태블릿 PC 등 각종 스마트기기를 포함한다. 2000년대에 들어서면서 개인용 컴퓨터를 사용하던 환경이 모바일을 사용하는 환경으로 급변하더니 이제는 모바일 컴퓨팅의 시대가 열렸다. 모바일 컴퓨팅 시대를 만든 모바일 기술은 스마트기기를 통해 사람을 연결하는 기술로 콘텐츠, 플랫폼, 기기, 네트워크 요소를 모두 아우른다.

- **콘텐츠(Contents)** : 사용자가 가장 가깝게 느끼는 요소로, 모바일 기기에서 사용자에게 전달되는 데이터 · 정보 · 지식 등을 뜻한다. 게임, 음악, 영화 등 다양한 형태의 콘텐츠가 서비스되고 있다.
- **플랫폼(Platform)** : 모바일 서비스 운영의 기반이 되어 주는 소프트웨어들이다. 모바일 운영체제, 앱 마켓 등이 있다.
- **기기(Device)** : 노트북, 스마트폰, 태블릿 PC, 각종 스마트기기 등의 하드웨어를 의미한다.
- **네트워크(Network)** : 모바일 기기를 통해 접속할 수 있는 통신망을 의미하며, 최근에는 5G 통신망이 개발돼 보급에 힘쓰고 있다.

그림 10-16 다양한 모바일 컴퓨팅 기기

2 모바일 컴퓨팅의 발전

모바일 컴퓨팅 시대로 접어들면서 개인용 컴퓨터의 특성이었던 '1가구 1컴퓨터' 시대는 막을 내리고, '1인 1컴퓨터' 또는 '1인 다(多)컴퓨터' 시대가 열렸다. 이에 따라 컴퓨터 시장의 규모는 더욱 극대화되고 있으며, 개인 맞춤형 소프트웨어 제작 및 서비스 제공도 가능해졌다. 국내 모바일 컴퓨팅 기술이 그동안 어떤 발전 단계를 지나 왔는지 간단히 살펴보자.

❶ **1단계(1980년대) :** 인터넷이 상용화되기 전의 단계로, 아직까진 기존의 전화선을 이용해 통신하던 시기였다.

❷ **2단계(1990년대) :** 유선 인터넷과 데스크톱이 중심이 된 단계이다. 인터넷 네트워크가 보급되면서 전송 속도는 조금 빨라졌지만 정해진 장소, 특정 시간대에만 인터넷을 사용할 수 있었던 시기였다.

❸ **3단계(2000년대) :** 무선 인터넷과 스마트기기가 중심이 되기 시작한 단계이다. 무선 인터넷이 보급되면서 시간이나 장소 제약이 많이 사라진 시기였다.

❹ **4단계(2010년대 이후) :** 무선통신, 모바일 기기, 센서 등이 발전한 단계로, 사물인터넷 기술이 대중화되고 있는 시기이다.

이러한 모바일 컴퓨팅을 가능하게 하는 필수 조건은 다음과 같다.

- **고속 네트워크 :** 고속의 네트워크 전송 기술이다.
- **모바일 하드웨어 :** 휴대성을 높이는 초소형 · 초경량의 하드웨어 제조 기술이다.
- **모바일 소프트웨어 :** 개인 맞춤형 소프트웨어 제작 및 유통 기술이다.

모바일 컴퓨팅은 노트북이 출현하면서부터 생겨난 개념이지만, 스마트폰과 태블릿 PC가 등장하면서 더욱 효과적으로 구현되고 있다. 그래서 여러 IT 기업이 경쟁적으로 새로운 모바일 기기를 개발하고 있는 상황이다.

3 모바일 운영체제

모바일 운영체제Mobile Operating System는 스마트폰과 태블릿 PC 같은 모바일 컴퓨팅 기기의 운영체제이다. 대표적으로 안드로이드Android와 iOS가 있다. 스마트폰 시장만 보면 안드로이드가 꾸준히 시장 점유율 1위를 유지하고 있는데, 태블릿 PC 시장에서는 반대로 iOS의 점유율이 높다.

모바일 운영체제는 iOS의 등장 이전과 이후로 나뉜다. iOS가 출시되기 전에도 윈도우, 블랙베리BlackBerry, 심비안Symbian이라는 모바일 운영체제가 있었지만, iOS와 안드로이드가 연이어 등장하면서 뛰어난 기능을 등에 업고 두 운영체제의 양강 체제가 시작되었다. iOS는 멀티터치를 기반으로 대중화되기 시작했으며, 안드로이드는 iOS보다 조금 늦게 개발되었지만 오픈소스를 무기로 모바일 운영체제 시장에 안전히 진입했다.

안드로이드

안드로이드는 구글사에서 제작한 모바일 운영체제이다. 가장 대표적인 오픈소스 플랫폼이며 리눅스 2.6 커널을 기반으로 한다. 구글은 새로운 운영체제 버전을 공개할 때 소스도 함께 공개하고 있는데, 이렇게 공개된 소스를 AOSP Android Open Source Project라고 한다. 안드로이드사를 인수해 개발한 운영체제라서 '구글 안드로이드'라고 부르기도 한다.

안드로이드는 운영체제와 더불어 라이브러리, 멀티미디어 사용자 인터페이스, 애플리케이션 등 다양한 서비스를 제공한다. 가장 큰 특징은 완전 개방형 플랫폼이라는 점인데, 기반 기술인 소스 코드를 모두 공개해 누구나 소프트웨어와 기기를 만들어 판매할 수 있도록 하였다. 이전까지는 스마트폰 제조업체와 서비스업체가 사용하는 운영체제가 서로 달라 응용 프로그램을 따로따로 만들어야 했는데, 안드로이드 덕분에 개발자들은 사용자에게 풍부한 모바일 서비스를 제공할 수 있게 되었다. 안드로이드는 현재 세계 최다 사용자 수를 보유하고 있다.

(a) 안드로이드 로고 (b) 안드로이드를 탑재한 삼성 갤럭시폰

그림 10-17 **안드로이드 사용 예**

iOS

iOS는 애플사가 개발한 모바일 운영체제로 아이폰, 아이팟터치, 아이패드 등에 탑재되어 있다. 기본적으로 맥 OS X을 터치 기반 모바일 기기에 최적화된 형태로 재구성해 적용한다. iOS에는 사파리Safari, 아이튠즈, 아이북 등의 기본 프로그램들이 내장되어 있으며 클라우드 기능도 사용할 수 있다. 편리한 사용자 인터페이스, 다양한 앱이 있는 앱 스토어App Store, 보안, 아이튠즈, 멀티태스킹 등이 특징이다. 안드로이드보다 먼저 상용화되었지만 특유의 폐쇄성 때문에 시장 점유율은 안드로이드보다 낮다.

(a) iOS 로고 (b) iOS를 탑재한 애플 아이폰

그림 10-18 iOS 사용 예

4 무선 네트워크 기술

최근에는 다양한 형태의 무선 네트워크 기술이 개발돼 모바일 컴퓨팅 기술의 발전을 한층 더 끌어올리고 있다. 무선 네트워크는 기술마다 속도, 전송 거리, 전력 소모 특성들이 다 다르지만 특정 애플리케이션별로 적합한 기술을 선택해 적용할 수 있다. 대표적인 무선 네트워크 기술로는 이동통신, 와이파이, 무선 PAN 기술 등이 있다.

이동통신

이동통신Mobile Communication이란 모바일 기기에서 데이터를 전송할 수 있도록 파장이 짧은 고주파를 이용하는 무선 네트워크 기술이다. 이동성을 위해 네트워크 서비스 제공 지역을 여러 개의 셀Cell로 나누고, 셀 사이를 이동할 때는 서비스가 끊기지 않도록 핸드오버Handover 기술을 사용한다.

TIP **핸드오버 :** 이동통신 가입자가 이동 중에도 자유롭게 서비스를 사용할 수 있도록 돕는 기술이다.

이동통신 기술은 1970년대 말에 시작된 1G 통신에서 2G, 3G를 거쳐 스마트폰에서 주로 사용하던 4G LTE, LTE-A를 지나 5G까지 발전했다. 세대별 이동통신 기술의 주요 특징은 다음과 같다.

- **1세대(1G) :** 1984년에 상용화된 아날로그 방식의 음성 서비스이다.
- **2세대(2G) :** 1992년과 1995년에 각각 상용화에 성공한 GSM과 CDMA 기술로 음성 및 문자 메시지(SMS/MMS), 무선 인터넷 등이 가능해졌다.
- **3세대(3G) :** 2000년부터 음성 데이터 전송, 영상 통화, 고속 무선 데이터 통신망 사용이 가능해졌다.
- **4세대(4G) :** 2012년부터 무선 광대역 통신이 가능해졌으며, LTE 기술 표준을 사용하기 시작했다.
- **5세대(5G) :** 4G보다 최대 전송 속도, 고속 이동성, 전송 지연 시간, 최대 연결 가능 기기 수 등이 발전한 무선 네트워크이다. 2019년부터 사용되기 시작했다. 5G가 가진 특징들은 4차

산업혁명 시대에 중요하게 자리 잡을 증강현실AR, 가상현실VR, 멀티미디어 온라인게임, 원격 제어 등을 구현하기 위한 필수 요건이다.

오늘날 주로 사용하는 무선 네트워크 기술은 4G LTE 이동통신이다. 가만히 있을 때는 1Gbps, 이동할 때는 100Mbps 이상의 속도를 제공한다. 2020년부터 더 넓은 범위로 상용화될 5G는 4G보다 1,000배 빠른 통신 기술로, 더 많은 사용자와 더 많은 정보 기기가 소통할 수 있는 환경을 제공할 것이다. 5G는 4차 산업혁명 시대의 근간이 될 인공지능, 사물인터넷, 빅데이터, 클라우드 기술 등을 통해 초연결, 초지능, 초융합 사회를 구현할 필수 인프라이다. 기하급수적으로 늘어나고 있는 센서 · 컴퓨터 · 액추에이터Actuator 등을 연결할 수 있는 네트워크이기도 하다.

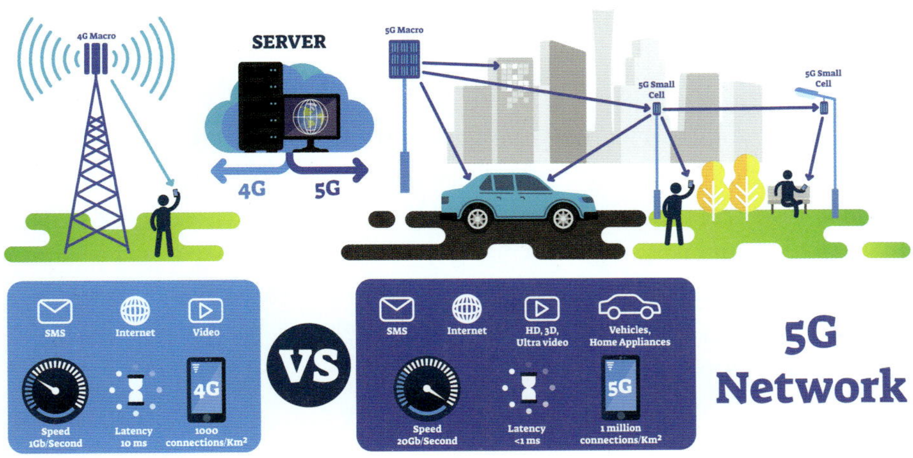

그림 10-19 4G와 5G 비교

와이파이

와이파이Wi-Fi는 전자 기기들을 무선 LANWireless LAN에 연결하는 기술이며, 유선 네트워크 같은 통신 서비스를 무료로 사용할 수 있게 해준다. 상용화된 후 생활 곳곳에서 광범위하게 사용되고 있는, 대중에게 익숙한 기술이다. 스마트폰, 노트북 같은 기기에 무선 LAN 어댑터를 장착해 사용한다. 이러한 기기는 무선 LAN의 무선 공유기AP를 통해 서로 연결된다.

와이파이는 많은 발전을 거쳐 점점 더 빠른 데이터 속도, 확장된 전송 범위, 높은 보안 수준을 제공해 왔다. 하드웨어와 통신 프로토콜은 미국의 전기전자학회 IEEEInstitute of Electrical and Electronics Engineers 표준 802.11에 정의되어 있으며, 와이파이 연합Wi-Fi Alliance 그룹이 인증 절차와 상호 운용성 테스트를 정의한다. 2.4GHz와 5GHz라는 두 가지 주파수 대역을 이용하며, 실내에서는 보통 10~30m의 전송 범위를 지원한다. 하지만 벽과 같은 장애물에 제약을 받기도 한다. 2.4GHz 대역은 베이비 모니터, 블루투스 지원 장치를 포함한 많은 기기들이 함께 사용하기 때문에 전송 범위의 제약이 더 클 수 있다.

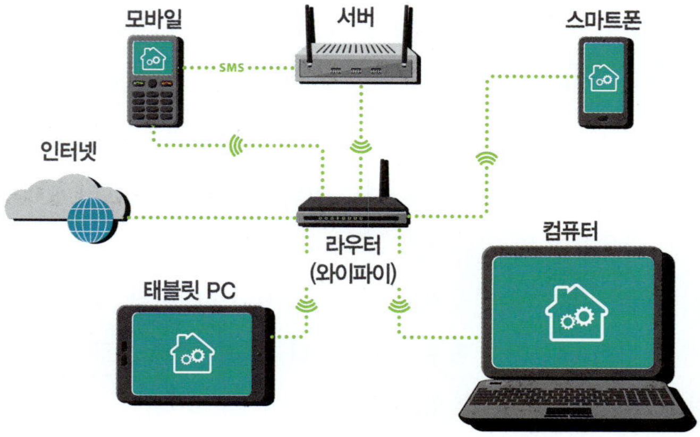

그림 10-20 와이파이 활용 범위

하나 더 알기 Wi-Fi 7

7세대 와이파이인 Wi-Fi 7은 5세대(5G) 이동통신에 버금가는 무선 LAN 기술이다. 5G 활성화에 발맞춰 개발될 예정인 초실감형 미디어 콘텐츠를 안정적으로 전송하는 등 4차 산업혁명을 앞당길 차세대 기술로 주목받고 있다. IEEE는 Wi-Fi 7에 대해 최대 속도 30Gbps, 운용 주파수 확대(2.4GHz·5GHz·6GHz)를 통한 최대 320MHz폭 활용, 복합 재전송기술(H-ARQ)을 활용한 데이터 전송 효율 향상, 무선 공유기(AP) 간 다중협력통신을 통한 체감성능 향상, 단말기와 무선 공유기 간 안테나 최대 16개 활용 등이 가능해질 거라고 제시했다. 이는 5G 기술 요구사항을 무선 LAN에 적용한 것과 다름없다. Wi-Fi 7은 5G 트래픽을 분산시키며 혁신 콘텐츠를 즐기는 필수기술이 될 전망이다.

무선 PAN

무선 PAN WPAN, Wireless Personal Area Network은 가까운 거리에 있는 모바일 기기 간 데이터를 송수신할 수 있는 기술로, 무선 개인 근거리 통신망 기술이라고도 한다. 대표적인 무선 PAN으로는 블루투스, NFC, 지그비, 와이기그 등이 있다.

■ 블루투스

블루투스 Bluetooth는 근거리에 있는 기기를 서로 연결해 정보를 교환하는 무선 PAN 기술이다. 유선 연결을 대체하기 위해 개발된 블루투스는 와이파이와 마찬가지로 2.4GHz 주파수 대역을 사용한다. 하지만 전력 소모를 줄이기 위해 훨씬 짧은 거리 내에서 더 느린 데이터 속도로 동작한다. 리모컨에서 사용하는 적외선 통신 IrDA, Infrared Data Association 방식보다는 최대 전송 거리가 길고, 장애물이 있어도 통신할 수 있으며 전력 소모가 낮다. 블루투스 표준 정의는 블루투스 SIG Bluetooth Special Interest Group라고 하는 다국적 연합체가 맡고 있으며 블루투스의 표준 개발과 품질 프로그램을 관리한다. 일부 블루투스는 보안이 취약해 꼭 필요한 경우에만 사용하도록 권장하고 있다.

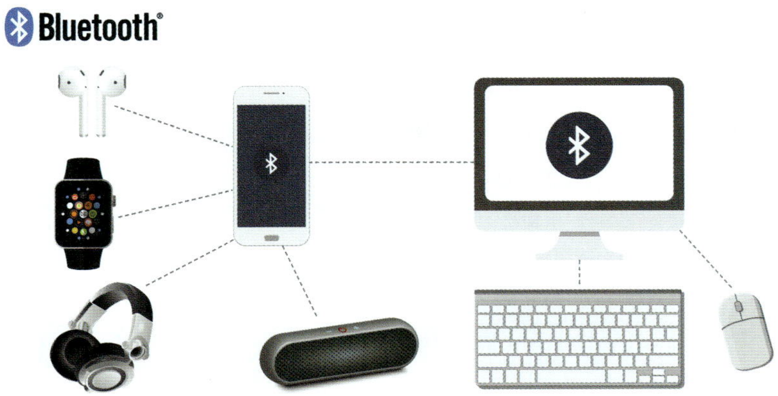

그림 10-21 블루투스 활용 범위

■ NFC

NFC Near Field Communication는 약 10cm 정도의 가까운 거리에서 최대 424Kbps 속도로 양방향 무선통신을 가능하게 하는 RFID Radio Frequency Identification 기술이다. 제품 추적, 출입 통제 시스템, 기타 비접촉식 애플리케이션에 널리 사용되고 있다. NFC를 탑재한 기기는 태그와 리더 역할을 모두 수행할 수 있어, 양방향 통신이 가능하다. 기존의 RFID보다 보안성이 뛰어나 비접촉식 결제와 출입 통제 업무에 적합하다. 현재는 거의 모든 스마트폰 모델에 내장되어 있어 비접촉식 결제와 정보 교환 업무를 수행하기가 한결 쉬워졌다. 모바일 결제를 하거나 상품 정보를 전송받을 때도 지하철역, 공항, 차량, 레스토랑과 같이 다양한 곳에서 진행이 가능하다.

그림 10-22 NFC 칩을 탑재한 스마트폰을 이용한 결제

하나 더 알기 RFID

RFID(Radio Frequency Identification)는 무선주파수를 이용해 반도체 칩이 내장된 태그, 라벨, 카드 등의 데이터를 비접촉식으로 읽어 내는 인식시스템이다. 무선인식이라고도 한다. RFID 태그는 재고 관리와 물류 분야에서 광범위하게 활용되고 있다. 제품 생산 라인이나 창고에서 물건의 위치와 이동 경로를 모니터링하거

나 도난을 방지하는 데 유용하게 쓰인다. 가게에서 물건을 구매하면 스캐너로 입력되는 태그도 이와 동일한 기술이다. 이 외에 출입 카드, 전자여권, 결제 시스템에서도 볼 수 있다.

RFID는 태그와 리더에 있는 루프 안테나 사이의 전자기 유도를 통해 작동한다. 태그는 리더를 통해 판독할 수 있는 데이터 스토어로, 능동 태그와 수동 태그로 나뉜다. 능동 태그는 내장된 배터리로 무선 신호를 발생시켜 더 넓은 전송 범위를 지원하지만, 그만큼 비용이 많이 들고 수명이 제한적이다. 수동 태그는 태그의 안테나를 통해 수집된 신호 에너지를 사용해 기기에 전력을 공급하는데, 동작 범위는 제한적이지만 가격이 훨씬 저렴하다.

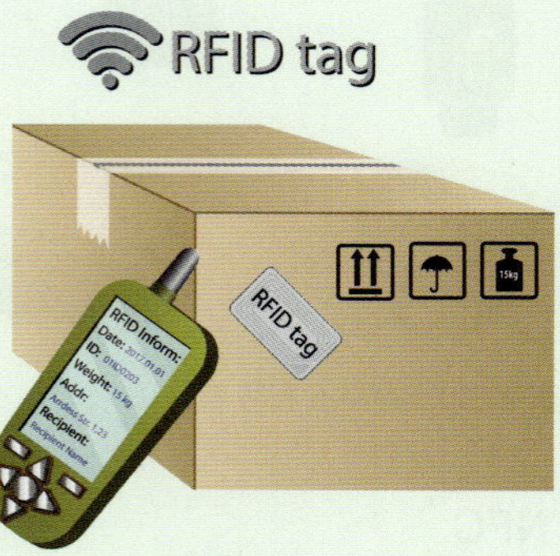

그림 10-23 RFID 태그

RFID는 민간 조직이나 국가 기관이 정의한 다양한 표준과 독자 시스템이 존재하며, 사용하는 무선주파수 대역도 일정하지 않다. 태그가 부착된 제품이나 착용한 사람을 추적할 수 있어 개인정보 침해, 보안 등의 문제가 발생할 수 있다.

■ 지그비

지그비ZigBee는 저속, 저비용, 저전력의 무선 네트워크 기술이다. 센서와 제어장치들이 매우 작은 배터리 하나로도 수년 동안 작동할 수 있어야 하는 환경에서 주로 사용한다. 지그비 규격은 산업 그룹인 지그비 연합ZigBee Alliance이 정의한 개방형 표준이다. 대역폭이 좁고 접속 범위가 짧다. 그래서 홈 자동화 같은 침입자 또는 연기 경보, 산업 제어, 조명 스위치, 온도 조절기 및 유사 센서·제어 등 간헐적으로 데이터를 전송하는 느린 속도의 애플리케이션에 적합하다.

■ 와이기그

DVD 플레이어나 TV 같은 오디오 및 비디오 기기 연결 케이블을 대체할 수 있는 기술들이 새롭게 떠오르고 있는데, 대표적으로 와이기그WiGig, Wireless Gigabit Alliance가 있다. 와이기그는 60GHz 와이파이라고도 하는데, 와이파이보다 훨씬 높은 주파수를 사용해 빠른 속도를 제공한다. 개인용 컴퓨터에 있는 사진 1,000장도 5초 만에 전송할 수 있다. 또한 캠코더에서 2분짜리 HD 비디오 녹화물을 업로드할 때 와이파이로 약 1분이 걸린다면, 와이기그로는 단 3초가 소요된다. 하지만 60GHz 신호는 벽이나 사람을 통과하지 못하기 때문에 지원 범위는 10m 정도이며, 가시거리 동작 내에서만 사용할 수 있다. 와이기그 표준은 와이파이 연합에서 관리하지만, 역으로 호환되지 않는다는 사실을 강조하기 위해 이름을 새로 붙였다. 와이파이를 대체하기보다는 보완하기 위한 용도이다.

SECTION 03

사물인터넷

1 사물인터넷의 개념

사물인터넷IoT, Internet of Things은 각종 물체에 센서와 통신 기능을 내장해 인터넷에 연결하는 기술이다. 인터넷에 연결된 사물들은 데이터를 서로 송수신하며 정보를 분석해 사용자에게 제공한다. 여기서 사물이란 가전제품, 모바일 장비, 웨어러블Wearable 기기, 자동차 등으로 해당 범위가 넓다. 사물인터넷은 인간의 개입 없이도 인간, 사물, 서비스로 분산된 환경 요소에 대해 상호 협력적으로 센싱, 네트워킹, 정보 처리 등의 지능적 관계를 형성하는 사물 공간 연결망이라고 정의할 수 있다. 이런 환경에서는 모든 사물이 해킹의 대상이 되므로, 사물인터넷의 발달과 보안의 발달은 함께 갈 수밖에 없는 구조이다.

가트너 그룹이 발표한 바에 의하면 2020년까지 전 세계에 약 500억 개의 휴대용 가전제품이 만들어질 것이라고 한다. 이는 사물인터넷이 가능한 스마트기기가 500억 개 만들어진다는 뜻과 같다. 유무선 인터넷보다 진화한 사물인터넷을 통해 언제, 어디서나 무엇이든 연결 가능한 초연결 세계를 구현할 수 있다는 말이기도 하다.

그림 10-24 사물인터넷의 개념

사물인터넷은 또한, 통신망으로 연결되어 있어 누구든지 인식 가능하며 자체 주소를 지정할 수 있는 물리적 사물로 구성된 광범위하고 자기 조직적인 네트워크이기도 하다. M2MMachine to Machine, IoT를 거쳐 이제는 IoEInternet of Everything로까지 확장되고 있는데, 디지털과 아날로그,

비트의 경제와 원자의 경제가 만나 온라인과 오프라인의 경계를 허무는 O2O Online to Offline 시대의 선두주자가 될 것이라 기대하고 있다. 이때 클라우드 컴퓨팅이나 빅데이터는 다양한 O2O 서비스를 가능케 하는 인프라가 될 것이다.

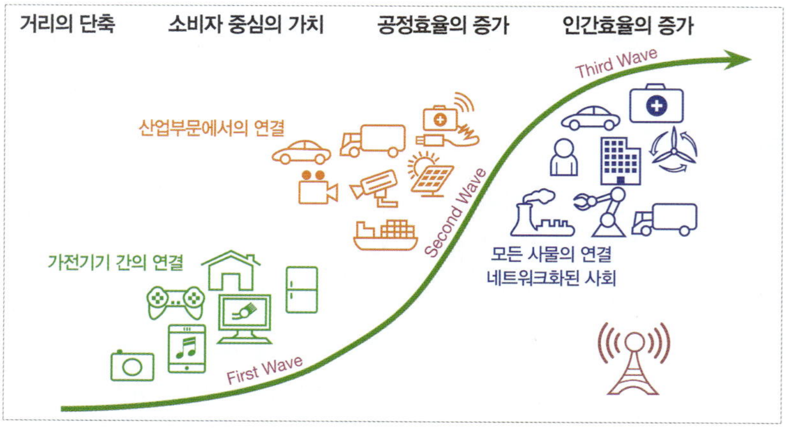

그림 10-25 **사물인터넷의 개념 확장** © Ericsson white paper, 2011

2 사물인터넷의 기술

사물인터넷의 핵심 기술은 관점에 따라 다르겠지만 일반적으로 센싱 기술, 유무선 네트워크 기술, 서비스 인터페이스 기술, 보안 기술로 구분된다.

센싱 기술

센싱 Sensing 기술은 사물이 가진 데이터를 인식하고 추출해 인터넷으로 전송하는 기술이다. 전통적인 센서는 물론이고 중력, 온도, 습도, 열, 가스, 조도, 초음파 등 다양한 현상을 감지해 사물과 주위 환경으로부터 정보를 얻는 물리적 센서도 포함된다. 최근 들어 MEMS Micro Electro Mechanical System, 반도체 SoC System on Chip, 임베디드 소프트웨어 기술이 발전하면서 전보다 더 지능화된 스마트 센서가 널리 활용되고 있다.

유무선 네트워크 기술

유무선 네트워크 기술은 사람과 사물, 서비스 등의 분산된 컴퓨팅 자원을 유무선 통신으로 연결해 고속 처리, 병렬 처리하는 기술이다. 이 기술을 이용하려면 다양한 센서와 액추에이터, 사용자, 모바일 기기 등이 실시간으로 정보를 교환할 수 있는 네트워크망이 필요하다. 연결된 네트워크 안에서는 클라우드의 데이터 저장과 처리 작업이 함께 이루어진다. 4세대(4G) 이동통신, 위성통신, 와이파이, 블루투스, NFC, 지그비 등이 이 기술을 활용한 예이다.

서비스 인터페이스 기술

서비스 인터페이스 기술은 각종 서비스 분야와 형태에 알맞게 정보를 가공 · 처리 · 융합하는 기술이다. 서비스 인터페이스에서는 센서 게이트웨이Sensor Gateway의 역할이 매우 중요한데, 미들웨어 시스템Middleware System을 통해 센서 관리, 실시간 데이터 처리, 응용 서비스 연계, 보안과 같은 중요한 일을 담당한다. 센서 게이트웨이는 MCUMicro Control Unit, 통신 모듈로 구성된 하드웨어, 하드웨어를 효율적으로 운영하기 위한 운영체제, 센서 및 자원을 관리하기 위한 미들웨어, 센서로부터 수집된 정보를 재해석하고 서버로 전송하기 위한 애플리케이션으로 구성되어 있다.

보안 기술

보안 기술은 대량의 데이터 등 사물인터넷 구성 요소에 대한 해킹이나 정보 유출을 방지하기 위한 기술로, 개인정보 보호를 위해 중요하게 다뤄져야 할 기술이다. 적용 분야별로 기능, 애플리케이션, 인터페이스 등이 제각각이기 때문에 보안 기술도 그에 맞게 개별 적용되어야 한다.

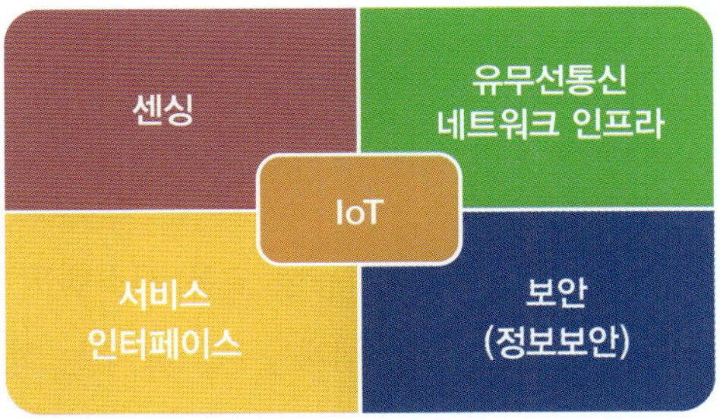

그림 10-26 사물인터넷의 핵심 기술

3 사물인터넷의 활용

사물인터넷이 함께 할 가까운 미래에는 기존엔 볼 수 없었던 혁신적인 사업 기회가 창출되고, 에너지 · 의료 · 제조업 등 여러 분야의 작업 환경이 새로워지며, 인간과 기계의 상호 작용에 근본적인 변화가 일어날 예정이다. 현재 사물인터넷이 활용되고 있는 분야로는 스마트홈, 스마트 교통, 스마트 헬스, 스마트 에너지, 스마트 공장 등이 있다.

스마트홈

스마트홈Smart Home은 가전제품을 포함한 집안의 모든 장치를 사물인터넷으로 연결해 제어하는 기술이다. 스마트기기 하나로 도어락, 전등, 냉장고, 에어컨, 온풍기, 보안 카메라 등을 제어할 수 있다. 또한 사물에 인공지능 기능을 탑재해 사용자의 성향에 따라 자동으로 프로그램을 추천해 주는 스마트TV, 음성 명령으로 각종 가전제품을 동작시키는 인공지능 스피커, 식품이 부족하면 자동으로 주문해 주는 냉장고, 집안의 에너지 이용 상황을 관리하는 HEMS Home Energy Management System 시스템 등을 구현할 수 있다. 스마트홈의 확장형인 스마트시티 Smart City 는 도시의 보안, 위기관리, 에너지 관리, 대중교통 운영 등에 활용할 수 있다.

그림 10-27 **스마트홈**

스마트 교통

스마트 교통 Smart Transport 은 사물인터넷이 교통 분야에 적용된 것이다. 지능형 교통 시스템 ITS, Intelligent Transportation System 이 발전하면서 안전하고 편리하게 운송 및 교통 체계를 관리해 주는 혁신적인 서비스가 제공될 예정이다. 특히 자율주행 자동차 Self-driving 는 단순한 이동 수단이 아니라 새로운 엔터테인먼트 공간이 될 것이며, 자동 주차 기능은 도심의 주차장 확보 문제를 어느 정도 해결해 줄 것이다.

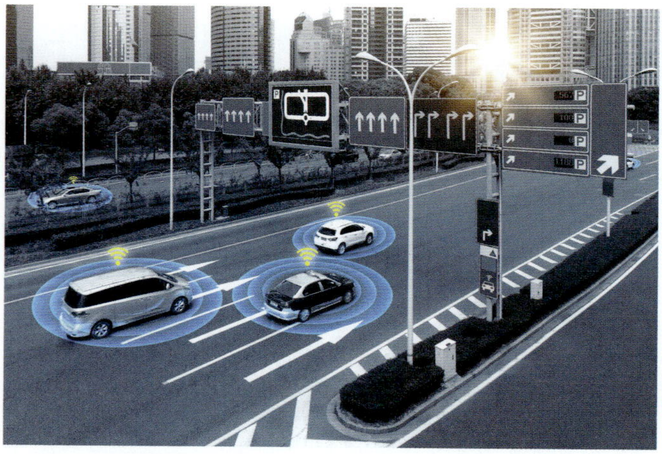

그림 10-28 **스마트 교통**

스마트 헬스

스마트 헬스Smart Health는 사물인터넷을 이용한 일종의 보건 의료 융합 서비스이다. 사물인터넷 기술이 탑재된 의료 기기를 활용해 의료 서비스 접근성이 향상된 공공 및 개인 의료 체계를 구축한다. 시간과 장소에 상관없이 건강관리를 할 수 있게 도와주는 서비스 제공도 가능하다.

스마트 에너지

스마트 에너지Smart Energy는 신재생 에너지원, 전력망, 전력 소비를 자동 측정하여 전력 회사와 소비자에게 정보를 제공하고 수요와 공급의 균형을 맞추는 지능형 통합 전력 관리 시스템이다. 스마트 그리드Smart Grid는 사용자들의 에너지 소비 성향을 실시간으로 측정해, 전력 회사를 비롯한 에너지 생산자가 적합한 에너지 생산 및 전송 전략을 수립할 수 있게 도와준다. 세부적으로는 원격 검침과 선로 및 배관 상황 인식을 통해 누수, 누전 방지 작업 등에 활용하거나 분산형 발전기의 예상 출력, 전력망 부하 등을 측정해 수요 및 대응 시스템에 적용하고 있다.

스마트 공장

스마트 공장Smart Factory은 제조업 생산 공정에서 정보를 유용한 형태로 가공해 취합하는 실시간 통합처리 시스템이다. 산업의 생산 분야에 사물인터넷 기술이 도입되면서 인더스트리 4.0Industry 4.0의 개념을 구현할 수 있게 되었다. 이를 통해 생산자들이 기계 장치를 자율적으로 통신하고 제어할 수 있는 지능형 네트워크가 만들어졌다. 공장의 생산 공정과 공급 체인 흐름을 시각적으로 확인하고 공장이나 기업 등의 물리적인 경계를 초월한 통합 관리가 시행되자 생산 효율성 또한 높아졌다.

그 외의 활용

사물인터넷은 농수산 분야, 금융 분야, 공공 분야에서도 활용되고 있다.

- **농수산 분야 :** 식물 공장이나 스마트푸드 시스템 등 고부가가치의 새로운 사업 영역을 창출하고 있다.
- **금융 분야 :** 은행, 보험, 부동산, 대출 등 다양한 금융 분야에 적용할 수 있는 지능형 통합시스템이 활용되고 있다.
- **공공 분야 :** 시민의 안전과 관련한 정보, 한 차원 높은 공공서비스를 제공하기 위해 실시간 정보체계를 활용 중이다.

요약

01 인터넷의 개념

인터넷은 전 세계 수많은 컴퓨터 사용자들이 접속되어 있는 거대한 컴퓨터 네트워크이다. 인터네트워크의 약어로, 네트워크의 네트워크라는 뜻이다.

02 인터넷의 역사

미국 국방성의 컴퓨터 네트워크인 아르파넷(ARPAnet) 개발 → 세계 최초의 웹 브라우저인 월드와이드웹(WWW) 개발 → 다양한 웹 브라우저 개발 → 아마존과 구글 서비스 시작 → 소셜 네트워크 서비스 등장

03 월드와이드웹

월드와이드웹은 하이퍼텍스트 기능을 통해 인터넷에 분산되어 있는 여러 정보를 쉽게 찾아볼 수 있게 한 광역 정보 서비스이다. WWW 또는 웹이라고 부른다.

04 TCP/IP

TCP/IP는 서로 다른 컴퓨터를 연결하고 데이터를 전송하기 위해 사용하는 통신 프로토콜들의 집합이다. 호스트와 라우터, 라우터와 라우터, 호스트와 호스트가 통신하려면 정해진 절차를 따라야 하는데 이 과정을 통신 프로토콜이라고 한다.

05 인터넷의 활용

- 포털 사이트 : 다양한 서비스를 모아 놓은 웹 사이트이다.
- 전자메일 : 인터넷을 통해 편지를 교환하는 서비스이다.
- FTP : 인터넷을 통해 파일을 송수신하는 서비스로, 큰 용량의 파일도 빠르게 주고받을 수 있다.
- 전자상거래 : 인터넷상에서 상품을 구매하고 판매하는 것이다.
- 인터넷 뱅킹 : 인터넷을 이용해 은행 업무를 처리하는 금융 시스템이다.

06 모바일 컴퓨팅

모바일 컴퓨팅이란 모바일 기기를 이용해 어디서나 손쉽게 컴퓨터를 다룬다는 의미이다. 모바일 컴퓨팅 시대로 접어들면서 개인용 컴퓨터의 특성이었던 '1가구 1컴퓨터' 시대는 저물고, '1인 1컴퓨터' 또는 '1인 다(多)컴퓨터' 시대가 찾아왔다. 현재도 컴퓨터 시장의 규모는 계속 커지고 있으며 개인 맞춤형 소프트웨어 제작 및 서비스 제공도 가능해졌다.

07 모바일 운영체제

모바일 운영체제는 스마트폰과 태블릿 PC 같은 모바일 컴퓨팅 기기의 운영체제이다. 대표적으로 안드로이드와 iOS가 있다.

08 무선 네트워크 기술

- 이동통신 : 모바일 기기에서 데이터를 전송할 수 있도록 파장이 짧은 고주파를 이용해 적용한 무선 네트워크 기술이다.
- 와이파이 : 전자 기기들을 무선 LAN에 연결할 수 있도록 한 기술로, 유선 네트워크 같은 통신 서비스를 무료로 사용할 수 있게 해준다.
- 무선 PAN : 가까운 거리에 있는 모바일 기기 간 데이터를 송수신하는 기술로, 무선 개인 근거리 통신망 기술이라고도 한다. 블루투스, NFC, 지그비, 와이기그 등이 있다.

09 사물인터넷의 개념

사물인터넷은 각종 물체에 센서와 통신 기능을 내장해 인터넷에 연결하는 기술이다. 인터넷으로 연결된 사물들은 서로 데이터를 송수신하며 정보를 분석해 사용자에게 제공한다.

10 사물인터넷의 기술

- 센싱 기술 : 사물로부터 데이터를 인식하고 추출해 인터넷으로 전송하는 기술이다.
- 유무선통신 기술 : 사람과 사물, 서비스 등의 분산된 컴퓨팅 자원을 연결해 고속 처리, 병렬 처리하는 통신 기술이자 네트워크 인프라 기술이다.
- 서비스 인터페이스 기술 : 각종 서비스 분야와 형태에 적합하게 정보를 가공 · 처리 · 융합하는 기술이다.
- 보안 기술 : 대량의 데이터 등 사물인터넷 구성 요소에 대한 해킹이나 정보 유출을 방지하기 위한 기술로, 개인정보 보호를 위해 중요하게 다뤄져야 할 기술이다.

11 사물인터넷의 활용

사물인터넷이 함께 할 가까운 미래에는 기존엔 볼 수 없었던 혁신적인 사업 기회가 창출되고, 에너지 · 의료 · 제조업 등 여러 분야의 작업 환경이 새로워질 것이며, 인간과 기계의 상호 작용에 근본적인 변화가 일어날 예정이다. 현재 활용 분야로는 스마트홈, 스마트 교통, 스마트 헬스, 스마트 에너지, 스마트 공장 등이 있다.

연습 문제

단답형 문제

01 (　　　　　　)은 전 세계의 컴퓨터 사용자들이 접속된 거대한 컴퓨터 네트워크이다.

02 1969년 미국 국방성에서 개발된 컴퓨터 네트워크인 (　　　　　　)은 본래 특정 지역에 폭탄 폭격과 같은 긴급 상황이 발생해도 네트워크 기능이 정상적으로 유지되는 구축 방법을 찾기 위한 프로젝트였다.

03 1994년 세계 최초의 인터넷 서점인 (　　　　　　)이 만들어졌으며, 1998년 포털 사이트인 (　　　　　　)이 서비스를 시작했다.

04 (　　　　　　)은 약 10억 명 이상의 이용자를 보유한 소셜 네트워크 서비스이다. 2006년에 등장한 (　　　　　　)는 블로그의 인터페이스와 미니 홈페이지의 친구 맺기 기능, 메신저 기능 등을 합친 서비스를 제공한다.

05 (　　　　　　)은 하이퍼텍스트 기능을 통해 인터넷에 흩어져 있는 다양한 정보를 쉽게 찾아볼 수 있도록 한 광역 정보 서비스이다. WWW 또는 웹이라고 부른다.

06 (　　　　　　)는 링크를 통해 개별 정보들을 유기적으로 연결하며 비연속적 · 비선형적 체계로 구성된 전자적 텍스트이다.

07 (　　　　　　)은 웹에서 사용하는 표준 주소 표기 방식으로, 인터넷 주소 체계라고도 한다.

08 (　　　　　　)는 인터넷에 연결된 기기를 식별할 수 있는 주소이다.

09 (　　　　　　)은 숫자로 이루어진 컴퓨터 주소를 알기 쉽게 표현한 것이다.

10 두 개의 프로그램이 상호 작용하는 방식을 나타낸 용어로, 서비스를 요청하는 쪽을 (　　　　　　), 서비스를 처리하는 쪽을 (　　　　　　)라고 부른다.

11 (　　　　　　　)는 서로 다른 컴퓨터를 연결하고 데이터를 전송하기 위해 사용하는 통신 프로토콜들의 집합이다.

12 (　　　　　　　)는 사용자가 원하는 다양한 서비스를 모아 놓은 웹 사이트이다.

13 (　　　　　　　)은 인터넷을 통해 편지를 교환하는 서비스이다.

14 (　　　　　　　)는 인터넷을 통해 파일을 송수신하는 서비스이다.

15 (　　　　　　　)는 인터넷으로 상품을 구매하고 판매하는 것이다.

16 (　　　　　　　)은 인터넷으로 은행 업무를 처리하는 금융 시스템이다.

17 (　　　　　　　)은 모바일 기기를 이용해 어디서나 손쉽게 컴퓨터를 다룬다는 의미이다.

18 (　　　　　　　)는 스마트폰과 태블릿 PC 같은 모바일 컴퓨팅 기기의 운영체제이다.

19 (　　　　　　　)는 구글사에서 제작한 모바일 운영체제이다.

20 (　　　　　　　)는 애플사에서 개발한 모바일 운영체제이다.

21 (　　　　　　　)은 모바일 기기에서 데이터를 전송할 수 있도록 파장이 짧은 고주파를 이용한 무선 네트워크 기술이다.

22 (　　　　　　　)는 전자 기기들을 무선 LAN에 연결할 수 있도록 한 기술이다.

23 (　　　　　　　)은 가까운 거리에 있는 모바일 기기 간 데이터를 송수신하는 기술이다.

24 (　　　　　　　)은 각종 물체에 센서와 통신 기능을 내장해 인터넷에 연결하는 기술이다.

25 IoT의 핵심 기술은 일반적으로 (　　　　　　), (　　　　　　), 서비스 인터페이스 기술, 보안 기술로 구분된다.

26 (　　　　　　)은 가전제품을 포함한 집안의 모든 장치를 사물인터넷으로 연결해 제어하는 기술이다.

27 (　　　　　　)은 사물인터넷이 교통 분야에 적용된 것을 말한다.

28 (　　　　　　)는 사물인터넷을 이용한 보건 의료 융합 서비스이다.

29 (　　　　　　)는 전력 회사와 소비자에게 신재생 에너지원, 전력망, 전력 소비를 자동 측정한 정보를 제공해 수요와 공급의 균형을 맞추는 지능형 통합 전력 관리 시스템이다.

30 (　　　　　　)은 제조업의 생산 공정에서 필요한 정보를 유용하게 가공해 취합할 수 있도록 돕는 실시간 통합처리 시스템이다.

객관식 문제

31 수많은 컴퓨터 사용자들이 접속되어 있는 거대한 컴퓨터 네트워크로, 네트워크의 네트워크를 의미하는 용어는 무엇인가?

① 와이파이　② 모자이크　③ 블루투스　④ 아르파넷　⑤ 인터넷

32 다음 중 아르파넷에 대한 설명이 <u>아닌</u> 것은?

① 전 세계를 아우르는 거대한 네트워크의 집합체이다.
② 미국 국방성의 컴퓨터 네트워크였다.
③ 텔넷, FTP, 이메일 등을 이용할 수 있는 컴퓨터 네트워크였다.
④ 1982년 군사용은 밀넷, 민간용은 아르파넷으로 네트워크 기능을 분리했다.
⑤ 1982년 미국 국방성은 아르파넷에 접속하는 모든 호스트의 TCP/IP 사용을 의무화했다.

33 다음 중 웹 브라우저가 아닌 것은?

① 월드와이드웹 ② 모자이크 ③ 넷스케이프 내비게이터
④ 인터넷 익스플로러 ⑤ 구글

34 1994년에 등장한 최초의 인터넷 서점은 어디인가?

① Yes24 ② 아마존 ③ 알라딘
④ 교보문고 ⑤ 인터파크

35 다음 중 월드와이드웹에 대한 설명이 아닌 것은?

① WWW 또는 웹이라고 부른다.
② 1989년에 개발된 세계 최초의 웹 브라우저이다.
③ 컴퓨터 네트워크에서 데이터를 주고받을 때 수행되는 절차이다.
④ 인터넷에 분산되어 있는 다양한 정보를 쉽게 찾아볼 수 있도록 한 광역 정보 서비스이다.
⑤ 하이퍼텍스트 기능을 통해 관리된다.

36 다음 중 URL에 대한 설명으로 알맞은 것은?

① 개별 정보들을 링크를 통해 유기적으로 연결하며 비연속적 · 비선형적 체계로 구성된 전자적 텍스트이다.
② 사진 및 비디오 공유 애플리케이션인 소셜 네트워크 서비스이다.
③ 웹에서 사용하는 표준 주소 표기 방식이다.
④ 그래픽 기반 웹 브라우저이다.
⑤ 모자이크를 통해 빠른 속도로 확산되었다.

37 인터넷에 연결된 기기를 식별하는 주소는 무엇인가?

① 도메인 주소 ② 인터넷 주소 ③ 물리적 주소
④ 네트워크 주소 ⑤ IP 주소

38 IP 주소 중 128비트 주소를 사용하는 방식은 무엇인가?

① IPv4 ② IPv5 ③ IPv6 ④ IPv7 ⑤ IPv8

연습문제

39 숫자로 이루어진 컴퓨터 주소를 영문으로 표현한 것은 무엇인가?

① 인터넷 네임 ② 비트 네임 ③ 네트워크 네임
④ 도메인 네임 ⑤ 주소 네임

40 다음 중 웹 클라이언트/웹 서버에 대한 설명이 아닌 것은?

① 두 프로그램이 상호 작용하는 방식을 나타내는 용어이다.
② 서비스를 요청하는 쪽을 클라이언트라고 한다.
③ 웹 클라이언트는 사용자가 이용하는 컴퓨터를 의미한다.
④ 웹 서버는 컴퓨터의 요청에 따라 해당 정보를 제공받는다.
⑤ 클라이언트가 요청하는 서비스를 처리하는 쪽을 서버라고 한다.

41 서로 다른 컴퓨터를 연결하고 데이터를 전송하기 위해 사용하는 통신 프로토콜들의 집합을 무엇이라고 하는가?

① 클라이언트/서버 ② HTML ③ HTTP
④ TCP/IP ⑤ WWW

42 다음 중 TCP/IP를 구성하는 계층이 아닌 것은?

① 네트워크 계층 ② 인터넷 계층 ③ 전송 계층
④ 응용 계층 ⑤ 표현 계층

43 다음 중 포털 사이트에 해당하지 않는 것은?

① 네이버 ② 아마존 ③ 야후 ④ 네이트 ⑤ 다음

44 다음 중 전자메일에 대한 설명이 아닌 것은?

① 연구기관이나 대학교에서 주로 사용한다.
② 다른 말로 이메일이라고 부른다.
③ 인터넷 보급 초기 때부터 사용되었다.
④ 최근에는 포털 사이트에서 제공하는 웹 메일 서비스를 주로 이용한다.
⑤ 인터넷을 통해 편지를 교환하는 서비스이다.

45 다음 중 전자상거래에 대한 설명이 아닌 것은?

① 파일을 송수신하는 서비스이다.

② 백화점이나 홈쇼핑 회사들도 인터넷 쇼핑몰을 개설해 운영하고 있다.

③ 서비스 초기의 전자상거래는 하나의 회사가 쇼핑몰을 개설해 상품을 파는 형태였다.

④ 최근에는 오픈 마켓 형태로 발전하였다.

⑤ 인터넷으로 상품을 구매하고 판매하는 것이다.

46 다음 중 모바일 기술에 내포된 개념이 아닌 것은?

① 콘텐츠 ② 네트워크 ③ 웹

④ 기기 ⑤ 플랫폼

47 다음 중 모바일 컴퓨팅에 대한 설명이 아닌 것은?

① 모바일 기기를 이용해 어디서나 손쉽게 컴퓨터를 다룬다는 의미이다.

② 모바일 컴퓨팅 시대로 접어들면서 1인 다(多)컴퓨터 시대가 되었다.

③ 모바일 컴퓨팅이 가능하려면 고속 네트워크, 모바일 하드웨어, 모바일 소프트웨어가 필수 조건이다.

④ 스마트폰과 태블릿 PC가 등장하면서 더욱 효과적으로 구현되었다.

⑤ 배터리 사용시간, 네트워크의 속도, 보안 문제 등이 모두 해결된 상태이다.

48 다음 중 모바일 운영체제에 대한 설명으로 틀린 것은?

① 대표적인 운영체제로 안드로이드와 iOS가 있다.

② 스마트폰 시장에서는 안드로이드가 꾸준히 점유율 1위를 차지하고 있다.

③ 모바일 운영체제는 iOS의 등장 전과 후로 나뉜다.

④ iOS와 안드로이드가 선발주자였기 때문에 모바일 운영체제의 양강 체제가 성립되었다.

⑤ 스마트폰과 태블릿 PC 같은 모바일 컴퓨팅 기기의 운영체제이다.

49 다음 중 무선 PAN에 해당하는 기술이 아닌 것은?

① 블루투스 ② 와이기그 ③ 지그비

④ 라우터 ⑤ NFC

연습문제

50 iOS와 비교했을 때 안드로이드의 가장 큰 특징은 무엇인가?

① 완전 개방형 플랫폼

② 편리한 사용자 인터페이스

③ 다양한 앱 보유

④ 멀티태스킹

⑤ 보안

51 다음 중 와이파이에 대한 설명이 아닌 것은?

① 전자 기기들을 무선 LAN에 연결할 수 있도록 한 기술이다.

② 일상생활에서 유선 네트워크 같은 통신 서비스를 무료로 쓸 수 있게 해준다.

③ 거의 모든 곳에 광범위하게 사용되고 있어 대중에게 익숙한 기술이다.

④ 네트워크 서비스 제공 지역을 여러 개의 셀로 나누고, 셀 사이를 옮겨갈 때 서비스가 끊어지지 않도록 하는 핸드오버 기술을 사용한다.

⑤ 무선 LAN의 무선 공유기(AP)를 통해 서로 연결되고 있다.

52 다음 중 RFID 기술을 사용한 무선 PAN 기술로 알맞은 것은?

① 지그비 ② 블루투스 ③ 와이기그

④ 라우터 ⑤ NFC

53 다음 중 블루투스에 대한 설명이 아닌 것은?

① 근거리에 있는 기기를 서로 연결해 정보를 교환하는 무선 PAN 기술이다.

② 보안 시스템이 잘 갖추어져 있다.

③ 유선 연결을 대체하기 위해 만들어졌다.

④ 2.4GHz 주파수 대역을 사용한다.

⑤ 블루투스 표준 정의는 블루투스 SIG에서 맡고 있다.

54 다음 중 사물인터넷의 핵심 기술이 아닌 것은?

① 제조 기술 ② 서비스 인터페이스 기술 ③ 유무선 네트워크 기술

④ 센싱 기술 ⑤ 보안 기술

55 다음 중 사물인터넷에 대한 설명으로 틀린 것은?

① 자체 주소를 지정할 수 있는 물리적 사물로 구성된 광범위한 네트워크이다.

② 인터넷으로 연결된 사물들이 데이터를 송수신하며 정보를 분석해 사용자에게 제공한다.

③ 인간의 개입 없이도 상호 협력적으로 센싱, 네트워킹, 정보 처리 등의 지능적 관계를 형성하는 사물 공간 연결망이라고 정의할 수 있다.

④ 근거리 네트워크 형태에서 전 세계를 아우르는 거대한 네트워크의 집합체로 발전했다.

⑤ 각종 물체에 센서와 통신 기능을 내장해 인터넷에 연결하는 기술이다.

56 다음 중 스마트홈에 대한 설명으로 알맞은 것은?

① 서비스 접근성이 향상된 공공 및 개인 의료 체계를 구축할 수 있다.

② 식물 공장이나 스마트푸드 시스템 등 고부가가치의 새로운 사업 영역을 창출하고 있다.

③ 다양한 금융 분야에 적용할 수 있는 지능형 통합시스템이다.

④ 가전제품을 포함한 집안의 모든 장치를 사물인터넷으로 연결해 제어하는 기술이다.

⑤ 한 차원 높은 공공서비스를 제공할 수 있도록 실시간 정보체계를 구축한 시스템이다.

57 다음 중 스마트 교통에 대한 설명이 아닌 것은?

① 사물인터넷이 교통 분야에 적용된 것을 뜻한다.

② 지능형 교통 시스템을 이용한다.

③ 사용자에게 안전하고 편리한 운송 서비스를 제공한다.

④ HEMS 시스템을 구현할 수 있다.

⑤ 교통 체계를 관리하는 혁신적인 서비스이다.

58 다음 중 사물인터넷을 이용한 보건 의료 융합 서비스를 의미하는 용어는?

① 스마트 자동차 ② 스마트홈 ③ 스마트 교통

④ 스마트 금융 ⑤ 스마트 헬스

59 인더스트리 4.0의 개념을 구현한 사물인터넷은 무엇인가?

① 스마트 공장 ② 스마트홈 ③ 스마트 에너지

④ 스마트 헬스 ⑤ 스마트 금융

연습 문제

주관식 문제

60 하이퍼텍스트에 대해 설명하시오.

61 IP 주소를 IPv4에서 IPv6으로 대체하는 이유가 무엇인지 설명하시오.

62 TCP/IP의 4계층을 적고, 계층별 역할이 무엇인지 설명하시오.

63 인터넷 뱅킹에 대해 설명하시오.

64 모바일 운영체제인 안드로이드와 iOS를 서로 비교하여 설명하시오.

65 사물인터넷의 개념에 대해 서술하시오.

66 사물인터넷의 핵심 기술 4가지를 나열하시오.

CHAPTER 11

정보 보안

학습목표

- 정보 보안의 개념, 필요·위협 요소에 대해 알아보고, 분야별 정보 보안 요소를 살펴본다.
- 악성코드의 개념과 종류에 대해 알아본다.
- 해킹의 개념과 종류에 대해 알아본다.
- 정보 보안 기술인 암호화 기술, 인증 기술, 네트워크 보안 기술에 대해 알아본다.
- 정보 보안의 패러다임이 어떻게 변화하고 있는지 알아본다.

PREVIEW

섹션 1에서는 정보 보안에 관한 기본적인 내용을 학습한다. 먼저 정보 보안의 개념을 파악하고, 정보 보안의 필요 요소와 위협 요소, 분야별 정보 보안 요소에 대해 알아본다.

섹션 2~3에서는 정보 보안의 위협 요소인 악성코드와 해킹의 개념을 정리한 후, 두 위협 요소의 종류에 대해 알아본다.

섹션 4에서는 정보 보안 기술인 암호화 기술, 인증 기술, 네트워크 보안 기술에 대해 알아본다.

섹션 5에서는 정보 보안의 패러다임이 어떻게 변화하고 있는지 스마트폰, 사물인터넷, 클라우드 서비스를 통해 살펴본다.

이번 챕터를 통해 정보 보안에 대한 전반적인 내용을 파악할 수 있을 것이다.

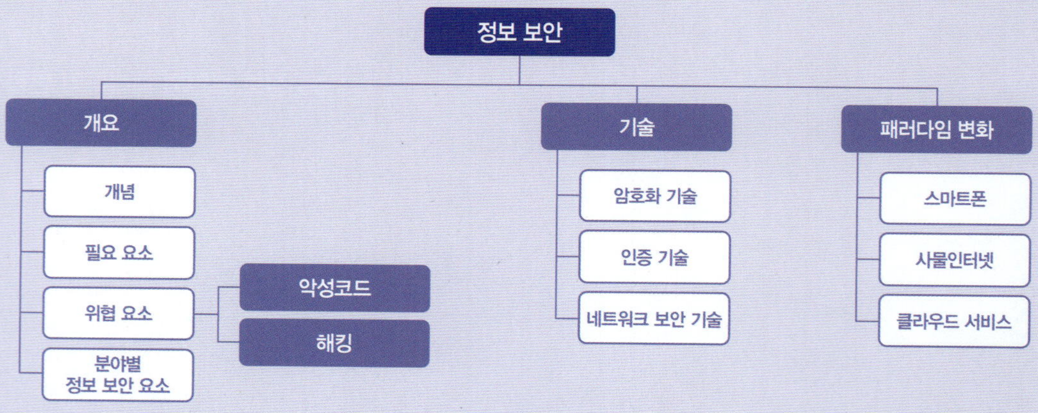

SECTION
01 정보 보안의 개요

1 정보 보안의 개념

ICT 기술의 발전은 사회에 많은 이점을 가져왔지만, 사이버 범죄 증가라는 부작용도 함께 가져왔다. 최근 뉴스에서는 대형 웹 사이트의 보안 시스템이 무너져 개인정보가 유출되었다는 소식을 종종 접할 수 있다. 다양한 컴퓨팅 기기가 개발되고 복잡한 인터넷 기반 서비스들이 등장하자 보안의 취약성이 수면 위로 드러난 것이다. 또한 정보를 탈취하고 도용하는 위협 행위도 발생하고 있어 정보 보안은 그 어느 때보다 중요한 사회적 문제가 되었다.

정보 보안Information Security이란 정보를 위협으로부터 보호하는 것으로, 정보를 수집 · 가공 · 저장한 후 송수신하는 과정에서 발생할 수 있는 정보의 훼손 · 변조 · 유출 등의 사고를 방지하려는 데 목적이 있다. 물리 보안, 컴퓨터 보안, 인터넷 보안, 네트워크 보안, 소프트웨어 보안 등의 하위 개념을 가지고 있으며, 이 개념들을 모두 정보 보안이라고 부른다. 정보 보안은 정보를 제공하는 공급자와 정보를 사용하는 사용자 측면의 의미가 조금 다르므로 잘 알아 두도록 하자.

- **공급자 측면 :** 하드웨어, 데이터베이스, 네트워크 등의 정보 자산을 내 · 외부의 위협 요인들로부터 안전하게 보호하고 운영하기 위한 일련의 행위를 의미한다.
- **사용자 측면 :** 개인정보 유출 · 도용 · 남용을 방지하기 위한 일련의 행위를 의미한다.

그림 11-1 정보 보안

2 정보 보안의 필요 요소

정보 사회에서 정보 보안에 대한 위협은 갈수록 늘어가고 있다. 4차 산업혁명 시대에 돌입한 뒤로는 컴퓨터 범죄의 수법이 지능적, 전문적으로 발전해 그 피해가 더 심각하다. 그래서 정보 보안의 필요성이 한층 더 강조되고 있다. 이러한 정보 보안을 제대로 이해하기 위해 정보 보안의 3대 필요 요소인 기밀성, 무결성, 가용성에 대해 먼저 알아보자.

기밀성

기밀성Confidentiality이란 허락된 사용자만 정보 자산에 접근할 수 있다는 것으로, 일반적인 보안의 의미와 가장 가깝다. 자물쇠를 연상하면 이해하기 쉬운데, 허락받지 않은 사람은 정보에 접근하지 못하도록 막는다는 것이다. 방화벽, 암호, 비밀번호가 기밀성의 대표적인 예이다. 사용자가 정보 공개를 원하지 않으면 이를 막는다는 데서 프라이버시 보호와도 밀접한 관계가 있다. 특정 웹사이트의 계정에 접근하려면 비밀번호를 통해 들어가야 하는 것이 기밀성을 위한 단계이다.

무결성

무결성Integrity이란 권한을 가진 사용자가 허가받은 방법으로만 정보를 변경할 수 있도록 하는 것으로, 권한이 없는 사용자는 정보를 함부로 수정할 수 없다는 의미이다. 데이터가 의도적·비의도적으로 위조되거나 변조되지 않도록 하는 데 목적이 있다. 수신자가 정보를 받거나 보관하고 있던 정보를 다시 꺼낼 때 중간에서 수정되지 않도록 보호하는 것이다. 무결성은 통신의 암호화 수준과도 관계가 있는데, 네트워크에 접속된 기기들의 물리적 환경에 대한 통제, 데이터 접근 제한, 엄격한 인증 절차의 유지 등이 포함된다.

가용성

가용성Availability은 허가를 받은 사용자가 필요할 때 정보 자산에 접근할 수 있게 하는 것이다. 최근에 발생한 분산 서비스 거부 공격인 디도스DDoS, Distributed Denial of Service는 가용성을 해치는 위협 행위이다.

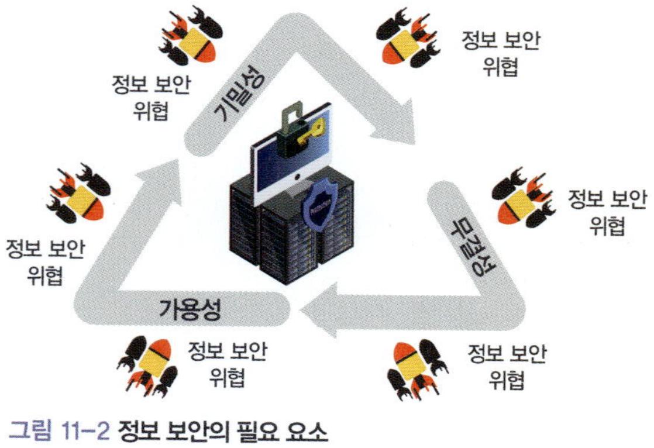

그림 11-2 정보 보안의 필요 요소

3 정보 보안의 위협 요소

정보 보안에 위협이 되는 요소는 다양한데, 발생 원인에 따라 우발적 위협, 악성코드, 해킹 등으로 분류된다.

우발적 위협

컴퓨터 시스템은 종종 예기치 않거나 우연히 일어난 일로 보안에 심각한 위협을 받는다. 우발적 위협이 발생하는 경우는 다음과 같다.

- **조작자의 실수 :** 조작자의 피로나 부주의 등으로 절차가 지켜지지 않으면 오류가 발생할 수 있다. 조작자의 실수에 의한 오류는 자주 발생하는 사고 유형 중 하나이다.
- **하드웨어 고장과 소프트웨어 오류 :** 하드웨어 고장이나 소프트웨어 오류는 언제든 발생할 수 있으므로 전문 관리자가 상주하거나 원격으로 통제 가능한 시스템을 갖춰야 한다.
- **자료의 오류 :** 컴퓨터에 입력한 자료의 오류를 발견하기 위해 다양한 타당성 검사를 수행한다. 하지만 대부분 오류의 원인은 사람의 부주의와 소홀함이므로, 아무리 검사를 해도 모든 입력 오류를 잡아낼 순 없다.
- **자연 재해 :** 컴퓨터 시스템의 각종 설비는 화재, 홍수, 폭풍, 지진 등의 자연적인 재해로 손상을 입을 수 있다.

TIP 우발적 위협은 이 챕터에서 다루고자 하는 정보 보안에 관한 위협, 기술과 성격이 조금 다르다. 가볍게 알고 넘어가도록 하자.

악성코드

악성코드Malicious Code는 악의적인 목적을 띤 실행 가능 코드로, 컴퓨터에 악영향을 끼칠 수 있는 모든 소프트웨어를 의미한다. 자기복제 능력과 감염 대상 유무에 따라 바이러스, 웜, 트로이목마 등으로 구분된다. 감염 주요 증상으로는 네트워크 트래픽Traffic 발생, 시스템 성능 저하, 파일 삭제, 전자메일 자동 발송, 개인정보 유출 등이 있다.

해킹

해킹Hacking은 다른 사람의 컴퓨터 또는 정보시스템에 침입해 정보를 빼내는 행위이다. 일부 컴퓨터 전문가나 사용자가 불법적으로 행하는 고의 범죄 행위를 일컫는다. 해킹의 종류에는 디도스, 스푸핑, 스니핑 등이 있다. 유형에 따라 절취형 해킹, 변조형 해킹, 인터넷 해킹으로 나뉜다.

- **절취형 해킹 :** 개인이나 일부 집단의 불법적 이익을 위해 데이터, 소프트웨어, 하드웨어 시스템 등을 훔치는 범죄 행위이다.
- **변조형 해킹 :** 데이터나 소프트웨어를 변조해 금품을 횡령하는 등의 범죄 행위이다.
- **인터넷 해킹 :** 허가 없이 타인 또는 타 기관의 컴퓨터에 접근해 시스템의 파일을 이용하거나 손상시키는 범죄 행위이다.

하나 더 알기 **개인정보 유출과 그 피해**

정보 보안이 불안정할수록 개인정보 유출 피해도 많아진다. 관련 범죄의 종류에도 여러 가지가 있는데, 한번 살펴보도록 하자.

- **계정 탈취 :** 많은 사용자가 여러 웹 사이트에서 동일한 ID와 패스워드를 사용한다. 해커는 이런 현상을 이용해 이용자들의 ID와 패스워드를 수집한 뒤 2차 범죄를 일으킨다.
- **명의 도용 :** 유출된 주민등록번호를 이용해 웹 사이트에 가입하거나 악성 글을 올린다. 무허가 상거래 등의 범죄를 일으키기도 한다.
- **보이스피싱(전화사기) :** 유출된 전화번호로 송금, 보험 등의 2차 범죄를 일으킨다.
- **스팸 메일 :** 유출된 이메일로 스팸 메일을 발송한다.
- **프라이버시 침해 :** 민감한 개인정보(이메일 내용, 개인적인 내용의 글 등)를 유출해 프라이버시를 침해한다.

오늘날은 각종 매체를 통해 정보 보안의 필요성과 중요성이 꾸준히 강조되고 있다. 서비스를 제공하는 회사는 물론, 대중들 또한 정보 보안을 위해 여러 방법들을 활용한다. 정보 보안의 미흡으로 발생하는 피해는 1차에서 그치지 않고 2차, 3차의 추가 피해를 발생시킨다. 그러므로 온라인상의 정보 보안은 현실 세계에서의 보안만큼이나 중요하다는 점을 잊으면 안 된다.

4 분야별 정보 보안 요소

정보 보안 요소를 웹 보안, 스마트폰 보안, 산업 보안, 금융 보안, 군사 보안으로 나누어 자세히 살펴보자.

웹 보안

전 세계적으로 웹 기반 해킹 사례가 늘고 있다. 대부분의 웹 프로그램들이 코딩 단계에서부터 보안에 신경 써야 하지만 그러지 않은 채로 개발되거나 운영되는 경우가 많기 때문이다. 이러한 상황에서 클라우드 컴퓨팅 기술이 활성화되자 웹 보안은 더욱 중요한 화두로 떠오르고 있다. 인터넷상에 정보를 저장해 사용하는 클라우드 컴퓨팅의 특성상 범죄가 일어나면 피해 규모와 확산 속도가 무척 클 것이기 때문이다. 하지만 다양한 방식의 웹 공격은 앞으로도 많이 발생할 것으로 보인다. 또한 해커들은 웹으로 확산된다는 특성을 활용해 악성코드를 유포하므로 모든 해킹 공격의 근원이 될 수도 있다.

스마트폰 보안

스마트폰의 보급이 늘어나면서 관련 악성코드 피해도 급증하고 있다. 악성코드도 하나의 프로그램이므로 스마트폰의 시스템 레벨에 접근해야 조작이 가능하기 때문이다. 그래서 대부분의 악성코드는 스마트폰 시스템 자체에 피해를 주기보다 스마트폰에 저장된 개인정보(사용자의 계정, 위치 정보, 사용하는 프로그램, 전화번호, 주소록 등) 유출을 목표로 한다. 이러한 악성코드는 주소록에 저장된 친구들의 번호로 악성코드 설치를 유도하는 메시지와 URL을 함께 보내거나, 잘못된 정보를 유포한다. 또는 계좌로 돈을 보내도록 요구하기도 한다. 운영체제의 백그라운드에 계속 상주하면서 배터리를 빨리 소모시키기도 한다.

산업 보안

산업계의 기술 및 인력 불법 유출은 해당 산업의 기반을 뒤흔들 수 있는 심각한 사안이지만, 국내의 산업 보안 수준은 몇몇 대기업을 제외하곤 미비한 곳이 많다. 하지만 일상생활에서 접할 수 있는 바이러스, 보이스피싱 등 개인과 관련된 정보 유출부터 공공기관, 산업계에 대한 해외 디도스 공격까지, 많은 부분이 산업 보안의 대상이다. 그러므로 외부의 적으로부터 산업계의 기술 · 인력 정보, 자산 · 시설 관리 등 모든 정보를 관리하고 방어할 수 있는 역량과 시스템을 갖추는 것이 무엇보다 중요하다.

금융 보안

인터넷 뱅킹뿐만 아니라 스마트폰 뱅킹 사용자도 점점 늘어나면서 금융 보안에 대한 수요 또한 늘어나고 있다. 하지만 지금까지의 금융회사 경영진들은 금융 보안을 단순히 기술적인 측면과 비용 절감 측면에서만 바라보았다. 그래서 문제가 발생하면 제품 또는 시스템을 새로 도입해 해결하려는 경향이 강했다. 그러나 이제는 인력관리라는 인적 보안과 제도 및 절차 개선이라는 관리 보안 등 다양한 시각으로 상황을 해결하려는 노력이 필요하며, 기업 리스크 관리 측면에서 접근하려는 노력도 필요하다.

군사 보안

국가의 안보와 보안은 더 이상 물리적인 군사력만으로 해결되지 않는다. 다른 나라의 간첩 행위, 교란, 기습 공격으로부터 부대와 국가를 보호하려면 이제는 정보 보안이 매우 중요하다. 오늘날 사이버 공격은 개인 차원을 넘어 국가 지원을 기반으로 한 광범위하고 은밀한 수법으로 이어지고 있다. 특히 미국, 이스라엘, 이란, 중국, 북한, 한국 등에서 사이버 전쟁이 빈번히 발생해 상황이 매우 심각하다. 그래서 정부는 이를 보완하기 위해 국정원 산하에 '국가사이버안전센터'를 만들어 보안 전략에 힘을 쏟고 있다.

SECTION 02

악성코드

1 악성코드의 개념

악성코드Malicious Code는 제작자가 사용자에게 피해를 주기 위해 의도적으로 만든 프로그램으로, 컴퓨터에 악영향을 끼칠 수 있는 모든 소프트웨어를 뜻한다. 악성 소프트웨어Malicious Software의 약자인 멀웨어Malware라고 부르기도 한다. 예전에는 단순히 컴퓨터 바이러스를 가리키는 말이었으나, 1990년대 말부터 감염 방법과 증상이 다양해지면서 상세히 분류되기 시작했다. 악성코드는 주로 특정 사이트 접속, 불법 소프트웨어 다운로드, 악성 이메일 등의 방법으로 감염된다. [표 11-1]은 악성코드에 감염되었을 때의 증상을 정리한 것이다.

표 11-1 악성코드 감염 증상

내용	증상
시스템 관련	시스템 설정 정보 변경, 파일 시스템 파괴, 시모스(CMOS) 집적회로 변경 및 정보 파괴, 특정 프로그램 자동 실행, 시스템 종료 등
네트워크 관련	메일 발송, 네트워크 속도 저하 등
하드디스크 관련	하드디스크 포맷, 하드디스크의 특정 부분 파괴 등
파일 관련	악성코드(백도어 및 웜)을 위한 백업 파일 생성, 파일 삭제 등
특이 증상	특정 음 발생, 이상 화면 출력, 메시지 상자 출력 등

ⓒ 양대일, 『정보 보안 개론(3판)』, 한빛아카데미, 2018

2 악성코드의 분류

악성코드를 동작 방식에 따라 분류하면 크게 바이러스, 웜, 트로이목마 등으로 나눌 수 있다.

그림 11-3 악성코드 종류

바이러스

바이러스Virus는 악성코드의 가장 기본 형태이다. 프로그램이나 실행 가능한 부분을 몰래 변형해 자신 또는 자신의 변형을 복사한 뒤 컴퓨터에 감염시키는 프로그램이다. 컴퓨터에 침투해 자료를 망가뜨리거나 프로그램을 파괴해 동작을 방해한다. 바이러스는 한 컴퓨터에서 다른 컴퓨터로 퍼질 수 있는데, 인터넷이나 네트워크 또는 CD, DVD, USB 같은 이동식 매체를 통해 전파된다. 네트워크 파일 시스템이나 컴퓨터를 통해 접근하는 파일 시스템 내부의 파일을 감염시켜 다른 컴퓨터로 옮겨 가는 것이다.

웜

웜Worm은 인터넷이나 네트워크를 통해 컴퓨터에서 컴퓨터로 전파되는 프로그램으로, 독립적인 자기복제 형식으로 번식한다. 바이러스는 다른 실행 프로그램에 기생하는 반면, 웜은 독자적으로 움직인다는 것이 차이점이다. 또한 바이러스는 부트 영역이나 정상 파일에 침입하거나 메모리에 상주해 활동하지만 웜은 스스로를 증식시키는 데 목적이 있다. 그래서 웜은 파일 자체에 해당 기능이 있거나 운영체제를 감염시킨다.

또한 웜은 네트워크상에서 컴퓨터의 파일 전송 기능을 활용해 침투하며, 자신의 복사본을 전송할 수도 있고 어떠한 중재 작업 없이 악성코드를 실행할 수도 있다. 바이러스는 보통 네트워크에 영향을 끼치지 않지만 웜은 네트워크를 통해 감염시키기 때문에 인터넷 속도를 느려지게 하며 사용자의 정보를 빼내기도 한다. 제목이 없거나 특정 제목으로 전송된 이메일을 열었을 때 프로그램이 실행 돼 해당 컴퓨터를 감염시키기도 한다.

웜은 전파 형태에 따라 매스메일러형, 시스템 공격형, 네트워크 공격형으로 분류된다.

- **매스메일러(Mass Mailer)형 웜 :** 자기 자신을 포함하는 대량 메일을 발송해 확산되는 웜이다.
- **시스템 공격형 웜 :** 운영체제 고유의 취약점을 이용해 내부 정보 파괴, 컴퓨터 사용 불능, 외부 공격자의 시스템 내부 접속 등을 일으키는 악성코드를 설치하는 웜이다.
- **네트워크 공격형 웜 :** 특정 네트워크나 시스템에 대해 서비스 거부DoS, Denial of Service 공격을 수행하는 웜이다.

트로이목마

트로이목마Trojan Horse는 겉으로는 정상 프로그램처럼 보이지만 실제로는 악성코드를 포함하고 있는 프로그램이다. 이메일이나 소프트웨어에 숨어 있다가 특정 컴퓨터가 감염되면 이를 발견한 해커가 감염된 컴퓨터의 정보를 빼낸다. 트로이목마는 바이러스와 달리 복제 능력이 없어 다른 파일을 감염시키진 못한다. 그래서 감염된 해당 파일만 삭제하면 치료가 된다. 하지만 해커가 악의적인 목적으로 컴퓨터의 자료를 이용할 수 있으니 주의해야 한다.

하나 더 알기 **목적에 따른 악성코드 분류**

지금까지는 동작 방식에 따른 악성코드 유형을 살펴봤다면, 이번에는 목적에 따라 분류된 악성코드를 한번 알아보자. 스파이웨어, 애드웨어, 랜섬웨어, 스케어웨어 등이 있다.

- **스파이웨어(Spyware)** : 개인이나 기업의 정보를 몰래 수집해 동의 없이 다른 곳으로 보내는 것이 목적이다. 특정 웹 사이트에서 툴바 형태로 설치되거나 프로그램 등을 다운받을 때 자동으로 설치되는 프로그램이다.
- **애드웨어(Adware)** : 광고가 포함된 소프트웨어로, 프로그램 자체에 광고를 포함시키거나 같이 묶어서 배포한다. 사용자가 원하지 않는 악의적인 광고를 노출시킨다.
- **랜섬웨어(Ransomware)** : 사용자의 파일을 암호화하여 사용할 수 없게 한 뒤 자료를 인질로 돈을 요구하는 프로그램이다.
- **스케어웨어(Scareware)** : 악성코드에 감염되지 않았는데도 악성코드를 탐지했다고 겁을 주면서 자사의 안티바이러스 제품 구매를 유도하는 프로그램이다.

TIP 이외에 다운로더, 드로퍼, 런처, 백도어, 익스플로잇, 봇 등이 있다.

SECTION

03 해킹

1 해킹의 개념

해킹 Hacking 이란 컴퓨터의 하드웨어, 소프트웨어, 네트워크 등 각종 정보 체계가 설계자나 관리자가 의도하지 않은 동작을 일으키게 하거나, 주어진 권한 이상으로 정보를 열람·복제·변경할 수 있게끔 하는 행위 등을 포함하는 용어이다. 간단히 말해, 다른 사람의 컴퓨터 또는 시스템에 무단으로 침입해 정보를 빼내는 행위이다. 처음에는 컴퓨터 전문가들이 가볍게 조작해 보는 정도에서 그쳤지만, 이후 다른 사람의 정보를 빼내 이익을 취하거나 파일을 없애고 전산망을 마비시키는 등의 악의적인 행위로 변질됐다.

하나 더 알기 **해커**

해커(Hacker)는 원래 컴퓨터 또는 프로그래밍에 뛰어난 기술자로, 컴퓨터 시스템 내부 구조에 푹 빠져 그 구조를 좀 더 심도 있게 파악하고자 노력하는 사람이라는 의미로만 사용됐었다. 하지만 현재는 해킹을 시도하는 목적에 따라 화이트햇 해커(White-hat Hacker)와 블랙햇 해커(Black-hat Hacker)로 의미를 구분하고 있다. 화이트햇 해커는 공익이나 학업을 위해 합법적으로 해킹을 시도하거나 취약점을 점검해 대응 방법을 찾는 해커를 뜻한다. 반면 블랙햇 해커는 악의적인 침입, 컴퓨터 바이러스 유포, 컴퓨터 소프트웨어 변조 등의 불법적인 활동으로 사용자에게 해를 끼치는 해커를 의미한다.

그림 11-4 화이트햇 해커와 블랙햇 해커

2 해킹의 종류

해킹의 종류에는 디도스, 스푸핑, 스니핑 등이 있다.

디도스

분산 서비스 거부 공격이라고 불리는 디도스DDoS, Distributed Denial of Service는 공격 대상이 처리할 수 있는 능력 이상의 정보를 제공하거나 사용자 또는 네트워크의 용량을 초과시켜 정상적으로 작동하지 못하게 하는 공격이다. 디스크, 데이터, 시스템을 파괴하거나 CPU, 메인메모리, 하드디스크의 과한 사용을 유발해 시스템을 파괴한다. 또한 한 곳으로 데이터를 집중적으로 보내 네트워크의 대역폭을 고갈시킨 뒤 시스템을 사용할 수 없게 만드는 능동적 공격을 펼치기도 한다.

디도스는 죽음의 핑Ping of Death 공격을 주로 사용하는데, 여기서 핑은 다른 호스트에 데이터를 전달해도 되는지 파악하는 프로그램이다. 디도스는 핑을 이용해 ICMPInternet Control Message Protocol 패킷 크기를 정상보다 크게 만들어 공격 대상 컴퓨터로 보낸다. 이때 패킷은 공격 네트워크에 도달하는 동안 작게 쪼개지는데, 공격 대상 서버는 잘게 조각난 패킷을 모두 처리하느라 과부하에 걸리고 만다. 패킷 전송 경로를 지정하는 라우팅은 패킷들이 같은 네트워크를 지나지 않게 조정하는데, 바로 이 특성을 활용한 것이다. 또한 네트워크마다 전송 가능한 패킷의 최대 길이가 달라서 전송 길이가 짧은 네트워크를 지날 때 데이터는 더 작게 분할되는데, 한 번 분할된 패킷은 다시 커지지 않는다. 그렇게 잘게 쪼개진 패킷의 막대한 양이 공격 대상 컴퓨터를 마비시킨다.

TIP **죽음의 핑 :** 인터넷 프로토콜 허용 범위(65,536바이트) 이상의 큰 패킷을 고의로 전송하는 공격 방식이다.

전통적인 디도스 공격은 OSI 계층 중 네트워크를 담당하는 3, 4계층을 공략하는 경우가 많았는데, 최근에는 응용 계층을 주요 공격 대상으로 삼는 경우가 많아졌다. OSI 7계층 디도스 공격은 HTTP, SMTP, FTP, VoIP 등의 프로토콜을 사용해 정상 트래픽으로 특정 애플리케이션의 취약점을 공격한 뒤 서버 자원을 고갈시킨다. 디도스 공격은 툴에 따라 명칭과 구조가 조금씩 다르지만 기본적으로는 [그림 11-5]와 같이 이루어진다.

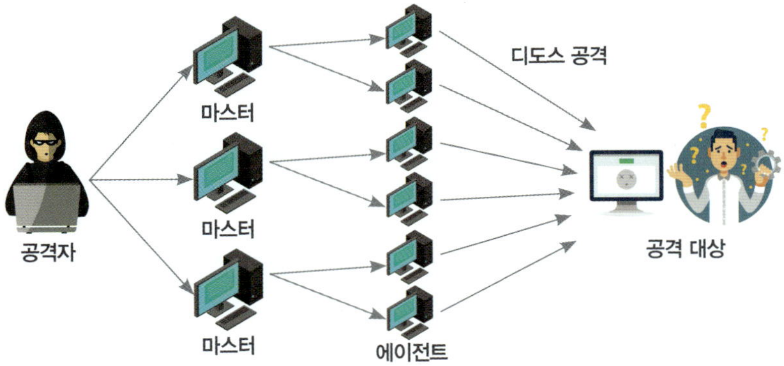

그림 11-5 디도스 공격 과정

TIP **마스터 :** 공격자에게 명령을 받은 시스템이다. 여러 대의 에이전트를 관리한다.

TIP **에이전트 :** 공격 대상에 직접적으로 공격을 가하는 시스템이다.

하나 더 알기 **최근의 디도스 공격 형태**

최근에 발생하는 디도스 공격은 악성코드와 결합한 형태가 많다. 어떤 방식으로 공격이 이루어지는지 살펴보자.

① PC에서 전파가 가능한 형태의 악성코드를 작성한다.

② 사전에 공격 대상의 스케줄을 파악한 뒤 미리 작성한 악성코드에 코딩한다.

③ 인터넷을 통해 악성코드를 전파시킨다. 전파 과정에서는 별다른 공격이 이루어지지 않도록 잠복한다. 디도스 공격에 사용되는 악성코드는 봇(Bot)이라고 부른다. 이렇게 악성코드에 감염된 PC를 좀비 PC라고 하며, 좀비 PC끼리 형성된 네트워크는 '봇넷(Botnet)'이라고 부른다.

④ 공격자가 명령을 내리거나 봇넷을 형성한 좀비 PC들이 정해진 스케줄에 따라 일제히 공격 명령을 수행하면 대규모의 디도스 공격이 이루어진다.

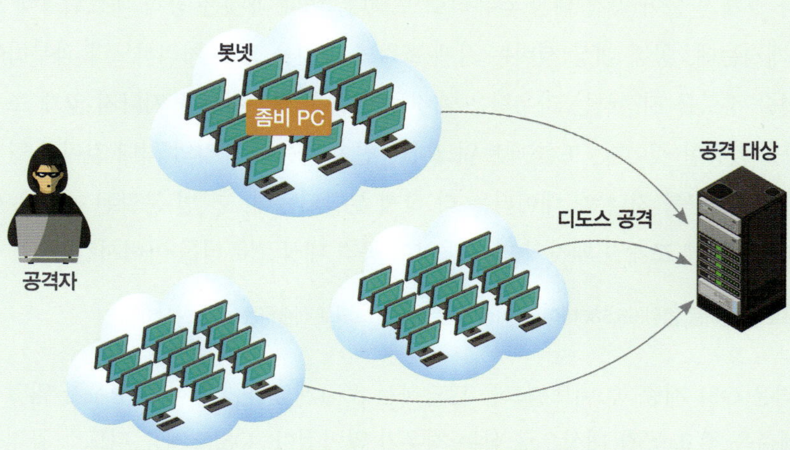

그림 11-6 좀비 PC의 디도스 공격 수행 ⓒ 양대일, 『정보 보안 개론(3판)』, 한빛아카데미, 2018

스푸핑

스푸핑 Spoofing 은 인터넷 프로토콜인 TCP/IP의 구조적 결함을 이용한 공격 방식이다. 공격자가 MAC 주소, IP 주소, 이메일 주소 등을 위조해 사용자나 시스템에 접속 유도 정보를 발송한 뒤 그들이 가짜 사이트를 방문하면 정보를 빼간다. 스푸핑 공격은 시스템 권한 얻기, 암호화된 세션 복호화하기(부호화 데이터를 알기 쉽게 번역하는 것), 네트워크 트래픽 흐름 바꾸기 등에 다양하게 이용된다. 위조하는 정보의 종류에 따라 다음과 같이 나뉜다.

- **이메일 스푸핑 :** 이메일 송신자를 다른 사람으로 위장해 특정 사이트로 접속하게 유도하거나 전자메일을 열어 보는 것만으로도 악성코드에 감염되게 하는 방법이다.
- **DNS(Domain Name System) 스푸핑 :** 공격 대상 컴퓨터가 특정 사이트의 주소를 입력하면 유도 대상 사이트의 IP 주소로 안내해 잘못된 곳으로 접속시키는 방법이다.

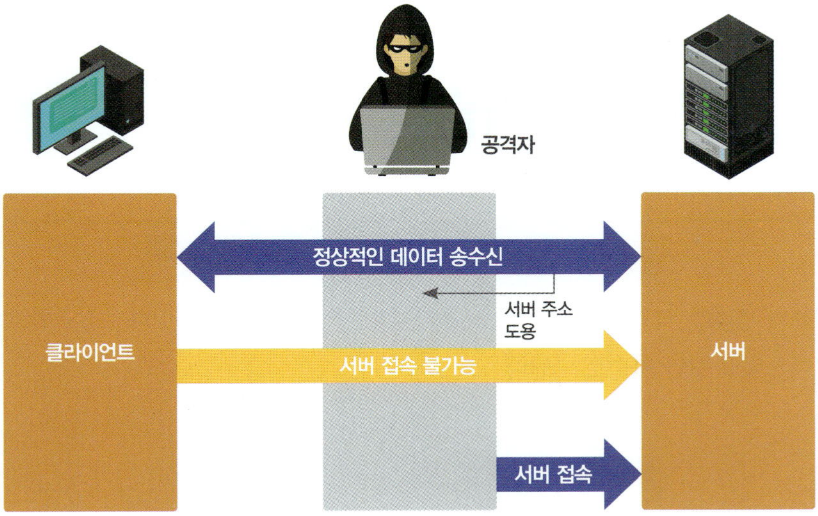

그림 11-7 **스푸핑 실행 구조**

스니핑

스니핑Sniffing은 네트워크의 한 호스트에서 실행되어 그 주위를 지나가는 패킷을 엿보는 방식이다. 네트워크를 통과하는 모든 패킷의 내용을 엿보는 행위를 가리켜 패킷 스니핑이라고 하는데, 도청과 같은 개념이라고 이해하면 된다. 패킷 스니핑을 이용하면 로그인 과정에서 전송되는 비밀번호 등의 계정 정보, 이메일 내용, 쿠키 등을 중간에 가로채 볼 수 있다. 이렇게 가로챈 정보로 시스템 해킹을 시도한다.

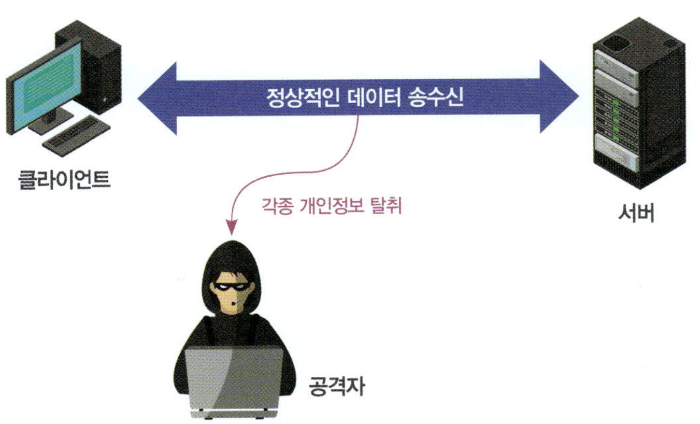

그림 11-8 **스니핑 실행 구조**

SECTION

04 정보 보안 기술

정보 보안 기술은 컴퓨터 범죄를 막고 정보 자산을 보호하기 위한 기술과 시스템이다. 크게 암호화 기술, 인증 기술, 네트워크 보안 기술로 나뉜다.

1 암호화 기술

암호는 비밀을 유지하기 위해 상호 간에 약속한 기호이다. 정보의 기밀성, 무결성, 가용성을 지키기 위해 꼭 필요한 기술이다. [그림 11-9]에서 암호화Encryption는 평문Plain Text을 암호문으로 변환하는 것이고, 복호화Decryption는 암호문을 본래의 평문으로 복원하는 행위이다.

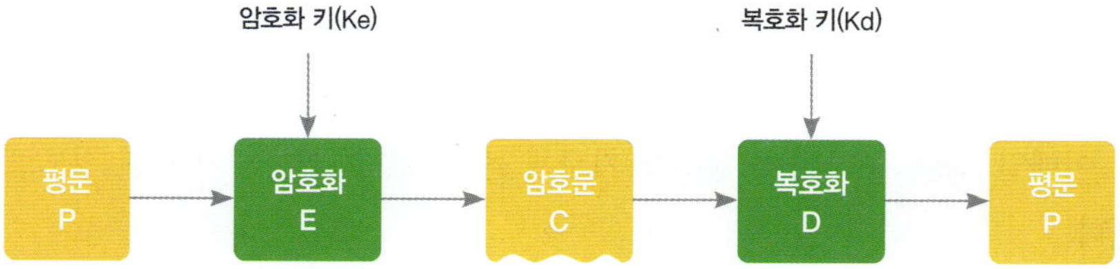

그림 11-9 암호화 기술 과정

암호는 고대 시대 때부터 사용되어 왔으며, 산업사회의 발전과 전기통신의 발달로 유통되는 정보의 양이 급증하자 사용 빈도도 크게 늘었다. 무선 네트워크가 개발된 뒤로는 암호 사용이 더욱 가속화되고 있다. 암호화는 크게 대칭키 암호 시스템과 공개키 암호 시스템으로 나뉘며, 암호화에 사용하는 키 값과 복호화에 사용하는 키 값이 같은지 다른지를 기준으로 구분한다. 암호화할 때 사용한 키로 복호화를 할 수 있으면 대칭키 암호 시스템, 암호화 키와 복호화 키가 따로 구분되어 있으면 공개키 암호 시스템이다. 일반적으로 대칭형 암호 시스템은 비공개로 쓰는 암호에 사용되며 공개키 암호 시스템은 공개된 상태의 암호에 사용된다.

대칭키 암호 시스템

대칭키 암호 시스템Symmetric Key Cryptosystem은 '비밀키 암호 알고리즘' 혹은 '단일키 암호 알고리즘'이라고 하며, 동일한 키를 사용해 암호화 및 복호화 과정을 수행한다. 공개키 암호 시스템보다 암호화 키 크기가 작아서 효과적으로 시스템을 구축할 수 있다. 또한 알고리즘의 내부 구조가 간단해 시스템 환경에 적합한 암호 알고리즘도 쉽게 개발할 수 있다. 하지만 정보를 교환하는 당사자끼리 같은 키를 공유해야 하므로 정보 교환 횟수만큼 생성된 키를 유지 · 관리해야 한다는 불편함이 있다. 대표적으로 DES와 IDEA가 있다.

- **DES(Data Encryption Standard)** : 1976년에 미국 연방 표준으로 승인되어 1977년 1월 FIPS PUB 46 Federal Information Processing Standard 46 에 공표되었다. 64비트를 사용해 평문을 암호문으로 만드는 블록 암호 시스템이다. 암호화와 복호화 과정은 동일하지만 사용되는 키가 역순으로 작용한다.
- **IDEA(International Data Encryption Algorithm)** : 1990년 PES Proposed Encryption Standard, 1991년 IPES Improved PES 에 이어 1992년에 대칭키 알고리즘 형태의 IDEA가 개발됐다. IDEA는 현재 전자메일을 위한 보안 도구로 많이 쓰이는 PGP Pretty Good Protocol 에 활용되고 있으며, 유럽 표준으로 등록되어 있다.

공개키 암호 시스템

공개키 암호 시스템 Public Key Cryptosystem 은 대칭키 암호 시스템의 문제를 해결하기 위해 개발된 방식이다. 대칭키 암호 시스템은 결정적인 단점이 하나 있는데, 바로 키 배송 문제이다. 수신자에게 암호키를 전달해야 같은 키를 공유할 수 있는데 배송 과정에서 키가 유출되면 암호 시스템을 사용한 의미가 사라지기 때문이다. 안전하게 평문을 전달하기 위해 만든 것이 암호문인데, 정작 키를 안전하게 전달하기가 어려웠다. 발상의 전환으로 이 문제를 해결한 것이 바로 공개키 암호 시스템이다.

공개키 암호 시스템은 개인키와 인증된 공개키를 이용해 암호화 및 복호화를 실행하는 암호 시스템이다. 암호화할 때는 공개키를 사용하고, 복호화할 때는 자신만 알고 있는 개인키를 사용한다. 거래 당사자들은 개인키만 가지고 있으면 되기 때문에 대칭키 암호 시스템보다 키의 개수를 적게 관리해도 된다. 암호키를 상대방에게 전송할 필요가 없어 안전하지만, 공개키의 크기가 상대적으로 커서 컴퓨팅 수행 능력이 떨어질 수 있다.

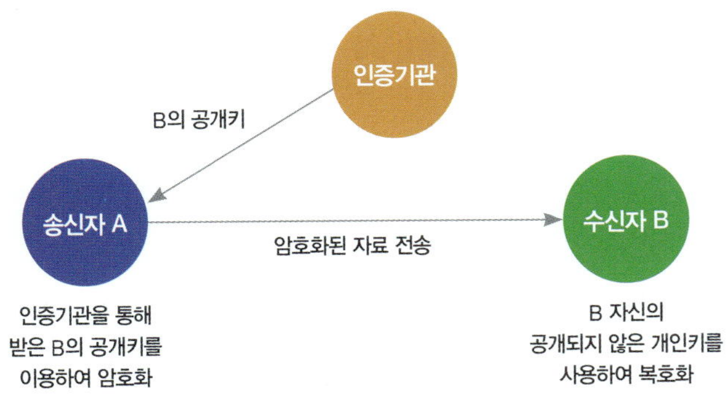

그림 11-10 **공개키 암호 시스템 구조**

2 인증 기술

인증Authentication 기술은 인증하고자 하는 주체를 파악하고 그에 대한 인증 서비스를 제공하는 시스템이다. 종이에 작성하던 계약서나 중요 문서가 컴퓨터로 넘어오면서 계약자 간 신원과 문서 내용을 인증해야 할 필요성이 생겼다. 그래서 컴퓨터로 주고받는 문서의 작성자 신원을 보증하고 문서 내용을 인증하는 데 전자서명, 공인인증서 등의 기술이 사용되고 있다.

전자서명

전자서명Digital Signature은 개인의 신원을 확인하기 위해 인감 또는 서명을 사용했던 것처럼 전자적 문서에 서명을 하는 방식이다. 전자서명은 전자 문서에 첨부되며, 논리적으로 결합된 전자적 정보 형태로 서명자가 해당 문서에 서명했음을 보증한다. 전자서명 작성자를 식별하고 작성 내용이 문서 송수신 과정에서 위조 또는 변조되지 않았다는 사실을 증명할 수 있어야 한다. 공개키 기반 알고리즘을 응용하되, 암호화되지 않기 때문에 누구나 읽을 수 있다. 즉 기밀성이 보장되지는 않는다. 전자서명이 제공하는 기능은 다음과 같다.

- **위조 불가 :** 서명자 이외의 다른 사람이 생성할 수 없어야 한다.
- **인증 :** 서명자의 의도에 따라 서명된 것임을 확인할 수 있어야 한다.
- **재사용 불가 :** 어떤 문서의 서명을 다른 문서의 서명으로 사용할 수 없다.
- **변경 불가 :** 서명한 문서의 내용을 변경할 수 없다.
- **부인 방지 :** 서명자가 자신이 서명한 사실을 부인할 수 없어야 한다.

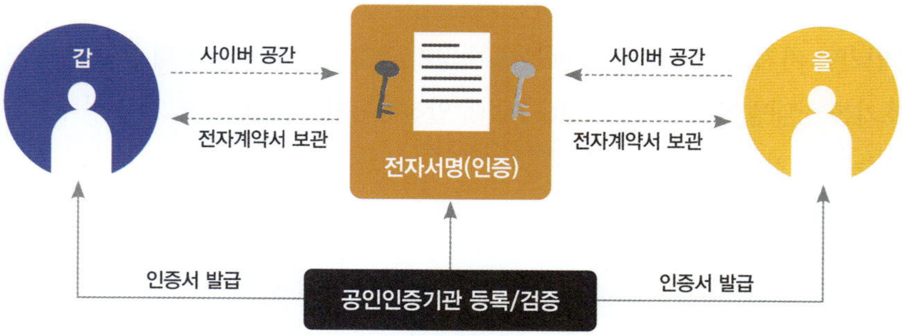

그림 11-11 전자서명 구조

공인인증서

공인인증서Certificate는 공인인증기관CA, Certification Authority이 발행하는 전자정보 형태의 사이버 거래용 인감 증명서이다. 인터넷 뱅킹이나 온라인 신용카드 거래를 할 때 꼭 필요한 서류이다. 현재는 전자상거래, 사이버 금융거래, 각종 증명서 발급, 개인정보 조회 등에 널리 사용되고 있다. 공인인증서에는 인증서 버전, 일련번호, 유효 기간, 발급 기관 이름, 가입자 이름 및 신원 확인 정보, 전자서명 방식 등의 내용이 담겨 있다. 인터넷 뱅킹이나 인터넷 쇼핑을 할 때 비밀키를 암호화한 비밀번호를 입력하면 자동으로 전자서명이 생성되어 공인인증서가 함께 첨부된다.

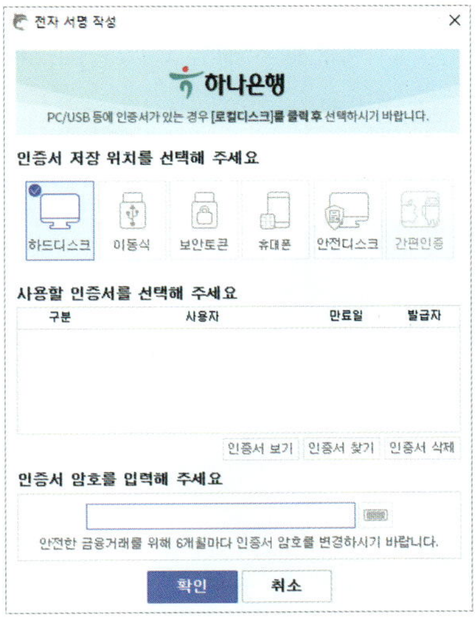

그림 11-12 **공인인증서 사용의 예**

기타 인증 기술

최근들어 지문 인식, 홍채 인식, 얼굴 인식 등 생체 조직을 이용한 인증 기술이 하나둘씩 등장하고 있다. 이 중에서 가장 많이 활용되고 있는 지문 인식 기술과 얼굴 인식 기술에 대해 살펴보자.

■ 지문 인식 기술

지문 인식 기술은 가격이 싸고 효율이 높으며, 이용자 사이에서 거부감도 거의 없는 편이다. 하지만 손에 땀이 많거나 피부가 잘 벗겨지는 사람은 인증이 잘 안 된다는 단점이 있다. 또한 영화에서 볼 수 있듯 타인의 지문을 특수 셀로판지 등으로 도용해 악용하는 사례도 있어 주의가 필요하다.

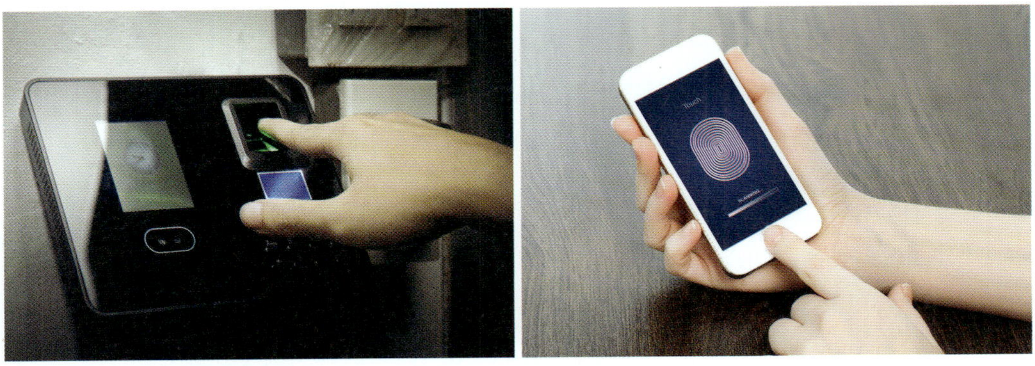

그림 11-13 **지문 인식 기술 활용의 예**

■ 얼굴 인식 기술

얼굴 인식 기술은 얼굴의 대칭 구도, 생김새, 머리카락, 눈동자 색 등을 분석해 대상자의 특징을 알아내는 작업이다. 실물뿐만 아니라 사진 속 얼굴도 인식할 수 있으며, 성별과 나이도 파악할 수 있다. 최근에는 얼굴 요소의 움직임과 근육 변화까지 파악해 내는 방향으로 기술이 발전하고 있다. 얼굴 인식은 분실이나 복제 우려가 없다는 점에서 신원 확인 시스템으로 각광받고 있는데, 최신 스마트폰은 얼굴 인식으로 암호를 설정하는 시스템도 기본으로 내장하고 있다.

그림 11-14 **얼굴 인식 기술 활용의 예**

3 네트워크 보안 기술

네트워크 보안 기술은 외부 공격으로부터 내부 시스템을 보호하는 기술이다. 종류로는 방화벽, 침입 탐지 시스템, 침입 차단 시스템 등이 있다.

방화벽

방화벽Firewall은 외부 공격으로부터 시스템을 보호하고 내부의 중요한 정보가 유출되지 않도록 경로를 차단하는 하드웨어와 소프트웨어를 뜻한다. 외부 네트워크로부터 내부 네트워크를 보호하는 것이 주 목적이다. 외부 네트워크는 신뢰도가 떨어지고 보안 침해의 원천이 될 수 있기 때문이다. 또한 허가받지 않은 사용자가 내부 네트워크의 정보에 접근하는 것을 막고, 허가받은 사용자가 방해받지 않고 네트워크 자원에 접근할 수 있도록 돕는다. 즉, 방화벽의 주요 기능은 외부 네트워크의 접근 제어이며, 로깅과 감사 추적, 인증 및 데이터의 암호화 기능도 함께 수행한다.

방화벽은 외부의 침입을 막는 동시에, 보안 취약점이 있는 NFSNetwork File System나 NISNetwork Information System 같은 서비스를 안전하게 이용할 수 있게 해준다. 또한 보안상 불안정한 텔넷, FTP, HTTP 등의 외부 네트워크 서비스도 원활하게 제공되도록 도와준다. 만약 방화벽이 설치되어 있지 않다면 해당 사이트 내의 호스트는 전적으로 호스트 단위 보안에 의존해야 할 것이다. 또한 모든 호스트는 상당 수준의 보안 상태를 유지해야 하는데, 호스트 수가 많으면 이러한 작업도 쉽지 않기 때문에 보안 허점이 발생할 수 있다. 방화벽은 이와 같은 상황에서 해당 사이트 내에 존재하는 호스트들의 보안 상태를 전반적으로 향상시켜 주는 역할을 한다.

그림 11-15 **방화벽 구조**

방화벽은 리스트를 통해 접근 제어를 관리한다. 특정 IP 주소의 트래픽을 허용하거나 거부하는 식으로 리스트를 관리하며, 서비스 단위로 접근 제어를 조율할 수 있다. 인터넷 서비스 제공업체와 같이 많은 수의 일반 사용자에게 인터넷 서비스를 제공해야 할 땐 대부분의 서비스에 접근을 허용하고 몇몇 서비스만 허용을 거부하는 방법을 사용하기도 한다. 반면 연구소나 중요 정보를 다루는 기업은 특정 서비스를 제외한 모든 서비스 허용을 금지한다. 이 방법은 유용성이 떨어지지만 보안성은 매우 뛰어나다. 프록시 서버Proxy Server는 시스템에 방화벽이 있는 경우 외부와의 통신을 위해 만들어진 서버인데, 서비스 단위의 접근 제어를 제공한다.

방화벽 종류에는 패킷 필터링 방화벽, 서킷 게이트웨이 방화벽, 애플리케이션 방화벽, 하이브리드 방화벽 등이 있다. [표 11-2]를 통해 각각의 기능과 장단점을 살펴보자.

표 11-2 **방화벽의 종류**

종류	내용
패킷 필터링 방화벽 (Packet Filtering Firewall)	• 기능 : 소스 및 목적지 IP 주소와 포트 번호를 이용해 제어함 • 장점 : 단순하며 처리 속도가 빠름 • 단점 : 사용자별로 구분해 제어하지 못함
서킷 게이트웨이 방화벽 (Circuit Gateway Firewall)	• 기능 : 패킷 필터링과 비슷하지만 OSI 다른 레벨에서 서킷을 만들어 동작함 • 장점 : 소스를 감출 수 있고 단순하면서도 사용자에게 투명성을 보장함 • 단점 : 클라이언트별로 프로그램을 수정해야 함
애플리케이션 방화벽 (Application Firewall)	• 기능 : 접근 제어를 포함한 웹에 대한 공격을 방지함 • 장점 : 강력한 인증 및 부가 서비스를 제공함 • 단점 : 투명성을 보장하지 못함
하이브리드 방화벽 (Hybrid Firewall)	• 기능 : 위의 세 유형을 경우에 따라 조합해 사용함 • 장점 : 가장 효율적이고 유연성 있는 보안 정책을 가짐 • 단점 : 구축이 어려움

침입 탐지 시스템

침입 탐지 시스템IDS, Intrusion Detection System은 기존의 방화벽이 탐지할 수 없는 종류의 악의적인 네트워크 트래픽과 컴퓨터 사용을 탐지하기 위한 시스템이다. 사용자가 원치 않는 조작을 잡아낸다. 실시간으로 해당 구역에 외부인이 침투하는지를 감시하고 이를 관리자에게 보고하는 기능을 수행한다. 여러 계층으로 구성된 보안 구역에 침입자가 발생했을 때는 공격자의 시간을 지체시키고 침입 사실을 관리자에게 통보해 다음 공격을 막고 피해를 최소화시킨다. 방화벽과 연동해 운영하면 더 빨리 침입 사실을 파악할 수 있다.

침입 탐지 시스템은 설치 위치와 목적에 따라 호스트 기반 IDSHIDS, Host-based Intrusion Detection System와 네트워크 기반 IDSNIDS, Network-based Intrusion Detection System로 나뉜다. 호스트 기반 IDS는 호스트에 설치되며 호스트의 동작과 상태 등을 분석해 침입 여부를 판단한다. 반면, 네트워크 기반 IDS는 네트워크에서 독립된 하나의 시스템으로 설치된다. 네트워크 트래픽 흐름을 분석해 침입을 감시한다.

침입 차단 시스템

침입 차단 시스템IPS, Intrusion Prevention System은 내부 네트워크로 침입하려는 외부 네트워크 패킷을 찾아 제어하는 소프트웨어 또는 하드웨어이다. 일반적으로 내부 네트워크로 들어오는 패킷이 지나가는 모든 경로에 설치된다. 호스트의 IP 주소, TCP/UDP의 포트 번호, 사용자 인증을 기반으로 외부 침입을 차단한다. 허가받지 않은 사용자나 서비스의 접근을 거부하여 내부 자원을 보호한다.

SECTION 05

정보 보안의 패러다임 변화

새로운 미디어와 서비스가 등장하면서 정보 보안의 중요성에 대한 관점도 많이 바뀌고 있다. 스마트폰, 사물인터넷, 클라우드 서비스를 예로 들어 살펴보도록 하자.

1 스마트폰의 정보 보안

정보 사회에서 스마트폰은 절대 빼놓을 수 없는 필수품이다. 하지만 스마트폰은 늘 정보 유출의 위험이 함께한다. 개인용 컴퓨팅 기기다 보니 다양한 개인정보를 단말기에 저장해 두고 있기 때문이다. 또한 오픈된 플랫폼과 다양한 모바일 운영체제가 등장하면서 해킹도 쉬워졌다.

최근에는 스마트폰을 통한 불법 과금, 도청, 스팸, 피싱 공격, 불법 위치 추적, 금융 서비스 위협 및 서비스 거부 공격 등의 범죄 발생률이 높아지고 있다. 사실 스마트폰 정보 보안 기술이 강화된다 하더라도 보안 문제는 계속 발생할 것이다. 그러므로, 애플리케이션을 다운받을 땐 다른 사람의 평가를 먼저 확인하거나 악성코드 검사를 해보는 등의 세심한 주의가 필요하다. 개인정보를 보관할 때도 항상 조심해야 한다.

2 사물인터넷의 정보 보안

2025년까지 전 세계의 사물인터넷 기기 수는 약 750억 대에 이를 것이라 보고 있다. 하지만 사물인터넷 환경은 많은 기기 수, 구조적으로 취약한 무선 네트워크 환경, 다른 기기와의 네트워크 연동 문제 등 보안에 위협이 가해질 수 있는 접점이 계속 생겨나고 있다. 아울러 센서들이 초소형, 저전력의 경량화된 형태로 사물에 내장되어 인증 및 암호화 등의 전통적인 보안 기술을 제대로 지원받기 어려워져, 그만큼 보안에 또 취약해졌다고 볼 수 있다.

사물인터넷을 구성하는 사물인터넷 기기, 네트워크, 플랫폼 및 서비스 환경에서 발생할 수 있는 보안 위협과 이에 대한 보안 요구 사항은 뭐가 있을지 좀 더 자세히 살펴보자.

사물인터넷 기기

외부에 노출된 사물인터넷 기기는 파괴나 도난 문제가 발생할 수 있다. 물리적 접근이 가능하다면 펌웨어를 변조하거나 악성코드를 삽입해 기기에 저장된 정보를 위조, 변조, 유출할 수도 있다. 하지만 워낙 다양한 종류의 기기가 설치 및 운영되고 있어, 보안 패치 및 업데이트를 빠르게 적용하기가 쉽지 않다.

네트워크

유무선 네트워크들이 연동되면서 서로 다른 네트워크 프로토콜을 사용하는 사물인터넷 서비스를 동일한 수준으로 보호하기가 어려워졌다. 최근에는 경량화된 프로토콜이 등장하면서 기존의 보안 기술(인증, 암호화 등)을 적용하기가 더 어려워졌다. 이는 곧 도청 및 감청을 통한 정보 유출 가능성 문제로 이어진다.

플랫폼 및 서비스

최근 사물인터넷 플랫폼은 원격으로 기기를 제어하고 관리할 수 있는 개방형 플랫폼으로 진화하고 있다. 개방형 플랫폼에서는 오픈 API Application Programming Interface를 통해 누구나 쉽게 애플리케이션을 제작하고 기기를 등록할 수 있다. 하지만 그만큼 보안성이 검증되지 않으면 기기 및 사용자 우회 인증, 접근 통제 취약성 등의 보안 문제들이 발생할 수 있다.

하나 더 알기 **사물인터넷의 정보 보안 침해 사례**

스마트홈 및 스마트 오피스 장치가 등장하면서 생활은 편리해졌지만 보안이 취약해 물리적 침입 등의 위협이 발생하기도 한다. 예를 들어, 스마트홈의 온도 조절 장치는 사용자 부재 시 자동으로 온도가 조절되도록 하는데, 사용자 부재 사실이 외부로 알려져 물리적 침입이 발생할 수 있다. 또한, 누군가가 불법적으로 스마트 TV 같은 카메라 내장 디바이스에 접근하면 사용자의 사생활이 고스란히 외부로 노출될 수도 있다. 최근에는 인공지능 스피커의 마이크가 개인정보 유출의 통로로 사용될 수 있다는 우려가 나오고 있다. 스마트폰에 연결된 도어록은 스마트홈 애플리케이션을 악성코드에 감염시켜 관리자 권한을 얻으면 출입문을 손쉽게 열 수 있다. CCTV, 냉장고, TV 등 가전제품부터 자동차, 의료기기에 이르기까지 IoT 기술을 접목한 기기가 잇달아 출시되고 있지만, 아직까지 해킹에 무방비한 상태라는 지적이 많아 불안함은 커지고 있다.

3 클라우드 서비스의 정보 보안

클라우드 서비스는 정보 사회의 중요한 기술 중 하나지만 정보 보안 문제가 해결되지 않았다는 큰 단점을 가지고 있다. 이용자들의 가상 머신이 서로 연결되어 있어 해킹이나 악성코드 등의 전파가 이루어질 수 있는 공격 경로가 다양하기 때문이다. 또한 클라우드 서버에는 많은 수의 고객 정보가 저장되어 있어 해킹의 표적이 되기 쉬운데, 사고가 터지면 대규모 피해가 발생할 가능성이 높아 더욱 위험하다. 그래서 클라우드 서비스를 사용하거나 도입할 때는 보안 사항을 잘 고려해 고객의 정보 보안을 강화해야 한다. 또한 자원 공유, 가상화 등 클라우드가 가지고 있는 특성을 고려한 강력하고 차별화된 보안 방식을 갖추고 있어야 한다.

요약

01 정보 보안의 개념

정보를 여러 가지 위협으로부터 보호하는 것으로, 정보를 수집 · 가공 · 저장한 후 송수신 과정에서 정보의 훼손 · 변조 · 유출 등이 일어나지 않도록 방지하기 위한 방법이다.

02 정보 보안의 필요 요소

- 기밀성 : 허락을 받은 사용자만 정보 자산에 접근할 수 있는 것으로, 일반적인 보안의 의미와 가장 가깝다.
- 무결성 : 권한을 가진 사용자가 허가된 방법으로만 정보를 변경할 수 있는 것으로, 권한이 없는 사용자는 정보를 함부로 수정할 수 없다는 뜻이다.
- 가용성 : 허가받은 사용자는 적절한 시간에 정보 자산에 접근할 수 있다는 것으로, 필요한 시점에 정보 자산에 접근할 수 있게 한다는 의미이다.

03 정보 보안의 위협 요소

정보 보안에 위협이 되는 요소는 다양한데, 발생 원인에 따라 우발적 위협, 악성코드, 해킹 등으로 분류된다.

04 악성코드의 개념

악성코드는 제작자가 사용자에게 피해를 주려고 의도적으로 만든 프로그램으로, 컴퓨터에 악영향을 끼칠 수 있는 모든 소프트웨어를 뜻한다.

05 악성코드의 분류

- 바이러스 : 악성코드의 가장 기본 형태로, 사용자의 컴퓨터에서 프로그램이나 실행 가능한 부분을 몰래 변형한 뒤 자신 또는 자신의 변형을 복사해 감염시키는 프로그램이다.
- 웜 : 독립적으로 자기복제를 실행해 번식하는 악성코드이다. 인터넷이나 네트워크를 통해 컴퓨터에서 컴퓨터로 전파된다.
- 트로이목마 : 겉으로는 정상적인 프로그램처럼 보이지만 실제로는 악성코드를 포함하고 있는 프로그램이다.

06 해킹의 개념

해킹이란 컴퓨터의 하드웨어, 소프트웨어, 네트워크 등 각종 정보 체계가 본래의 설계자나 관리자가 의도하지 않은 동작을 일으키게 하거나, 주어진 권한 이상으로 정보를 열람 · 복제 · 변경하는 것을 가능하게 하는 행위를 광범위하게 아우르는 말이다.

07 해킹의 종류

- 디도스 : 공격 대상이 수용할 수 있는 능력 이상의 정보를 제공하거나 사용자 또는 네트워크의 용량을 초과시켜 정상적으로 작동하지 못하게 하는 공격이다.
- 스푸핑 : 인터넷 프로토콜인 TCP/IP의 구조적 결함을 이용한 공격이다. 공격자가 MAC 주소, IP 주소, 이메일 주소 같은 정보를 위장해 사용자나 시스템에 전달한 뒤, 그들이 가짜 사이트를 방문하면 정보를 빼가는 식이다.
- 스니핑 : 네트워크의 한 호스트에서 실행되며 그 주위를 지나가는 모든 패킷을 엿보는 공격 방식이다.

08 정보 보안 기술

- 암호화 기술 : 암호를 사용해 평문을 암호문으로 변환하는 것이다.
- 인증 기술 : 인증하고자 하는 주체를 구별하고 인증 확인 서비스를 제공하는 시스템이다.
- 기타 인증 기술 : 지문 인식 기술, 얼굴 인식 기술 등이 있다.

09 네트워크 보안 기술

- 방화벽 : 외부 공격으로부터 시스템을 보호하고 내부의 중요한 정보가 유출되지 않도록 경로를 차단하는 하드웨어와 소프트웨어를 뜻한다.
- 침입 탐지 시스템 : 기존의 방화벽이 탐지할 수 없는 종류의 악의적인 네트워크 트래픽이나 컴퓨터 사용을 탐지하며, 시스템에 대한 원치 않는 조작을 감지한다.
- 침입 차단 시스템 : 외부 네트워크에서 내부 네트워크로 침입하는 네트워크 패킷을 찾아 제어하는 소프트웨어 또는 하드웨어이다.

10 정보 보안의 패러다임 변화

새로운 미디어와 서비스가 등장하면서 정보 보안의 중요성에 대한 관점이 많이 변화하고 있다. 특히 스마트폰, 사물인터넷, 클라우드 서비스의 정보 보안이 중요해지고 있다.

연습문제

단답형 문제

01 (　　　　　　　)이란 정보를 여러 위협으로부터 보호하는 것으로, 정보의 수집 · 가공 · 저장 후 송수신 과정에서 훼손 · 변조 · 유출 등이 일어나지 않도록 방지하는 방법이다.

02 정보 보안의 3대 요소 중 하나인 (　　　　　　　)은 허락받은 사용자만 정보 자산에 접근할 수 있는 것으로, 일반적인 보안의 의미와 가장 가깝다.

03 정보 보안의 3대 요소 중 하나인 (　　　　　　　)은 적절한 권한을 가진 사용자가 허가된 방법으로만 정보를 변경할 수 있다는 것으로, 권한이 없는 사용자는 정보를 함부로 수정할 수 없다는 의미이다.

04 정보 보안의 3대 요소 중 하나인 (　　　　　　　)은 허가받은 사용자가 적절한 시간에 정보 자산에 접근할 수 있다는 것으로, 필요할 때 정보 자산에 접근할 수 있도록 한다는 의미이다.

05 해킹은 유형에 따라 (　　　　　　　), (　　　　　　　), (　　　　　　　)으로 나뉜다.

06 (　　　　　　　)는 제작자가 사용자에게 피해를 주려고 의도적으로 만든 프로그램으로, 컴퓨터에 악영향을 끼칠 수 있는 모든 소프트웨어를 뜻한다.

07 (　　　　　　　)는 악성코드의 가장 기본 형태로, 사용자의 컴퓨터에서 프로그램이나 실행 가능한 부분을 몰래 변형한 뒤 자신 또는 자신의 변형을 복사해 감염시키는 프로그램이다.

08 (　　　　　　　)은 독립적으로 자기복제를 실행해 번식하는 악성코드이다. 인터넷이나 네트워크를 통해 컴퓨터에서 컴퓨터로 전파된다.

09 (　　　　　　　)는 겉으로는 정상 프로그램처럼 보이지만 실제로는 악성코드를 포함하고 있는 프로그램이다.

10 (　　　　　　　)이란 컴퓨터의 하드웨어, 소프트웨어, 네트워크 등 각종 정보 체계가 본래의 설계자나 관리자가 의도하지 않은 동작을 일으키게 하거나, 주어진 권한 이상으로 정보를 열람·복제·변경할 수 있게 하는 행위를 광범위하게 이르는 말이다.

11 분산 서비스 거부 공격이라는 뜻의 (　　　　　　　)는 공격 대상이 수용할 수 있는 능력 이상의 정보를 제공하거나 사용자 또는 네트워크의 용량을 초과시켜 정상적으로 작동하지 못하게 하는 공격이다.

12 (　　　　　　　)은 공격자가 자신의 정보를 위장해 사용자나 시스템이 가짜 사이트를 방문하도록 유도하고 정보를 빼가는 수법이다.

13 (　　　　　　　)은 네트워크의 한 호스트에서 실행되며 그 주위를 지나가는 패킷을 엿보는 공격 방식이다.

14 (　　　　　　　)는 평문을 암호문으로 변환하는 것이고, (　　　　　　　)는 암호문을 본래의 평문으로 복원하는 것이다.

15 (　　　　　　　)은 '비밀키 암호 알고리즘' 혹은 '단일키 암호 알고리즘'이라고 하며, 송수신자가 똑같은 키를 이용해 암호화 및 복호화 과정을 수행한다.

16 (　　　　　　　)은 개인키와 인증된 공개키를 이용해 암호화 및 복호화를 실행하는 암호 시스템이다.

17 (　　　　　　　) 기술은 인증하고자 하는 주체가 맞는지 식별하고 이에 대한 인증 서비스를 제공하는 시스템이다.

18 (　　　　　　　)은 기존의 인감 또는 서명처럼 개인 신원을 인증하기 위해 전자적 문서에 서명하는 것이다.

연습문제

19 (　　　　　　)는 공인인증기관이 발행하는 전자정보 형태의 사이버 거래용 인감 증명서로, 인터넷 뱅킹이나 온라인을 통한 신용카드 거래를 할 때 꼭 필요하다.

20 (　　　　　　)은 얼굴의 대칭 구도, 생김새, 머리카락, 눈동자 색 등을 분석해 대상자의 특징을 알아내는 작업이다.

21 (　　　　　　)은 외부 공격으로부터 시스템을 보호하고 내부의 중요한 정보가 유출되지 않도록 경로를 차단하는 하드웨어와 소프트웨어이다.

22 (　　　　　　)은 전통적인 방화벽이 탐지할 수 없는 모든 종류의 악의적인 네트워크 트래픽 및 컴퓨터 사용을 탐지하기 위해 필요하다.

23 (　　　　　　)은 외부 네트워크에서 내부 네트워크로 침입하는 네트워크 패킷을 찾아 제어하는 소프트웨어 또는 하드웨어이다.

객관식 문제

24 정보 보안이 중요해진 이유로 알맞지 <u>않은</u> 것은?

① 사이버 범죄가 늘어나고 있다.
② 개인정보가 유출되고 있다.
③ 인터넷 기반 서비스들이 복잡해지면서 보안의 취약성이 드러나고 있다.
④ ICT 기술이 발전하였다.
⑤ 정보를 탈취하고 도용하는 위협 행위가 발생하고 있다.

25 다음의 설명에 해당하는 정보 보안 필요 요소가 무엇인지 고르시오.

> 일반적으로 자물쇠를 연상하면 이해하기 쉬운데, 자물쇠처럼 허가받지 않은 자의 접근을 막는다는 것이다.

① 기밀성　② 암호성　③ 필요성
④ 남용성　⑤ 가용성

26 다음 중 정보 보안에 대한 설명이 아닌 것은?

① 정보를 여러 가지 위협으로부터 보호하는 것이다.

② 정보를 송수신하는 과정에서 정보의 훼손·변조·유출 등을 방지하기 위한 방법이다.

③ 물리 보안, 컴퓨터 보안, 인터넷 보안, 네트워크 보안, 소프트웨어 보안 등의 하위 개념을 가지고 있다.

④ 정보를 제공하는 공급자와 사용자 측면에서 각각 이해해야 한다.

⑤ 컴퓨터에 악영향을 끼칠 수 있는 모든 소프트웨어를 뜻한다.

27 다음 중 정보 보안의 3대 요소로 올바르게 짝지어진 것은?

① 기밀성, 무결성, 가용성

② 가능성, 무결성, 가용성

③ 암호성, 대칭성, 대립성

④ 해악성, 필요성, 남용성

⑤ 기밀성, 무결성, 필요성

28 디도스 공격은 정보 보안 필요 요소 중 무엇을 해치는 위협인가?

① 무결성 ② 암호성 ③ 기밀성

④ 해악성 ⑤ 가용성

29 정보 보안의 위협 요소 중 우발적 위협에 해당하는 것이 아닌 것은?

① 자연 재해

② 조작자의 실수

③ 하드웨어 고장과 소프트웨어 오류

④ 개인정보 유출

⑤ 자료의 오류

30 악성코드를 다른 말로 무엇이라고 부르는가?

① 스파이웨어 ② 멀웨어 ③ 셰어웨어

④ 랜섬웨어 ⑤ 애드웨어

연습문제

31 다음의 설명을 읽고 정보 보안 요소 중 어떤 분야에 대한 설명인지 맞히시오.

> 인터넷 뱅킹뿐 아니라 스마트폰 뱅킹 사용자도 점점 늘어나면서 보안에 대한 수요가 높아지고 있다. 하지만 지금까지는 보안 문제가 발생하면 제품 또는 시스템을 새로 도입하는 수준에서 해결하려는 경향이 강했다.

① 군사 보안 ② 스마트폰 보안 ③ 산업 보안
④ 웹 보안 ⑤ 금융 보안

32 제작자가 사용자에게 피해를 주려고 의도적으로 만든 프로그램을 무엇이라고 하는가?

① 시스템 소프트웨어 ② 해킹 ③ 악성코드
④ 소스코드 ⑤ 응용 소프트웨어

33 다음 중 악성코드의 감염 증상이 <u>아닌</u> 것은?

① 하드디스크 포맷 ② 파일 시스템 파괴 ③ 네트워크 속도 저하
④ 디도스 공격 ⑤ 메시지 상자 출력

34 다음 중 바이러스에 대한 설명이 <u>아닌</u> 것은?

① 악성코드 중 하나이다.
② 프로그램을 몰래 변형한 뒤 자신 또는 자신의 변형을 복사해 컴퓨터를 감염시킨다.
③ 컴퓨터에 침투해 프로그램을 파괴하며 동작을 방해한다.
④ 네트워크 파일 시스템을 통해 접근하는 파일을 감염시켜 다른 컴퓨터로 확산시킨다.
⑤ 복제 능력이 없어 다른 파일을 감염시키지 못하므로 해당 파일만 삭제하면 치료된다.

35 다음 중 웜에 대한 설명이 <u>아닌</u> 것은?

① 자기복제를 실행해 번식하는 악성코드이다.
② 독자적으로 실행되며 다른 실행 프로그램은 필요하지 않다.
③ 다른 실행 프로그램에 기생해 실행된다.
④ 전파 형태에 따라 매스메일러형, 시스템 공격형, 네트워크 공격형으로 나뉜다.
⑤ 인터넷이나 네트워크를 통해 컴퓨터에서 컴퓨터로 전파된다.

36 다음 악성코드 중 성격이 <u>다른</u> 것은?

① 스파이웨어 ② 애드웨어 ③ 랜섬웨어
④ 스케어웨어 ⑤ 트로이목마

37 다음 중 해킹에 대한 설명이 <u>아닌</u> 것은?

① 다른 사람의 컴퓨터나 시스템에 무단으로 침입해 정보를 빼내는 행위이다.
② 디도스, 스푸핑, 웜 등이 있다.
③ 초기 의도와는 다르게 나쁜 의미로 변질되었다.
④ 주어진 권한 이상으로 정보를 열람·복제·변경할 수 있게 하는 행위를 포함한다.
⑤ 컴퓨터의 하드웨어, 소프트웨어, 네트워크 등 각종 정보 체계가 본래의 설계자나 관리자가 의도하지 않은 동작을 일으키게 한다.

38 다음 중 디도스에 대한 설명이 <u>아닌</u> 것은?

① 사용자나 네트워크의 용량을 초과시켜 정상적으로 작동하지 못하게 하는 공격이다.
② 전통적인 디도스 공격은 주로 OSI 7계층 중 1, 2계층에서 일어났다.
③ 주로 죽음의 핑 공격을 사용한다.
④ 데이터를 한 곳에 집중적으로 보내 네트워크의 대역폭을 고갈시키는 능동적인 공격이다.
⑤ 분산 서비스 거부 공격이다.

39 다음 중 스푸핑에 대한 설명이 <u>아닌</u> 것은?

① 인터넷 프로토콜인 TCP/IP의 구조적 결함을 이용한 공격이다.
② 공격자가 정보를 위장해 정상적인 사용자나 시스템이 가짜 사이트를 방문하도록 유도하고 정보를 빼가는 수법이다.
③ 수신자가 전자메일을 열어 보는 것만으로도 악성코드에 감염되게 하는 방법도 있다.
④ ICMP 패킷의 크기를 정상보다 크게 만들어 공격 네트워크에 도달하는 동안 작은 조각으로 쪼개지는 원리를 이용한 공격이다.
⑤ 시스템 권한 얻기, 암호화된 세션 복호화하기, 네트워크 트래픽 흐름 바꾸기 등에 다양하게 이용된다.

연습문제

40 다음 중 스니핑에 대한 설명이 아닌 것은?

① 네트워크를 지나다니는 모든 패킷의 내용을 엿보는 행위를 패킷 스니핑이라고 한다.

② 공격 대상 컴퓨터가 특정 사이트의 주소를 입력하면 유도 대상 사이트의 IP 주소로 안내해 잘못된 웹으로 접속하도록 유도한다.

③ 계정 정보를 중간에서 가로채 볼 수 있으며, 이를 통해 시스템 해킹을 시도한다.

④ 네트워크에서 주고받는 데이터를 도청해 사용자의 ID, 비밀번호, 이메일 내용, 쿠키 등을 가로챈다.

⑤ 네트워크의 한 호스트에서 실행되어 그 주위를 지나가는 패킷을 엿보는 방식이다.

41 평문을 암호문으로 변환하는 것을 무엇이라고 하는가?

① 복호화 ② 송신화 ③ 공개화
④ 대칭화 ⑤ 암호화

42 다음 중 암호화에 대한 설명이 아닌 것은?

① 암호는 비밀을 유지하기 위해 상호 간에 약속한 기호이다.

② 크게 대칭키 암호 시스템과 공개키 암호 시스템으로 나뉜다.

③ 무선 네트워크가 개발되면서 암호 사용이 더욱 중요해지고 있다.

④ 정보의 양이 급증하면서 암호를 사용하기 시작했다.

⑤ 정보의 기밀성, 무결성, 가용성을 위해 꼭 필요한 기술이다.

43 '비밀키 암호 알고리즘' 혹은 '단일키 암호 알고리즘'이라고 부르는 암호 시스템은 무엇인가?

① 공개키 암호 시스템 ② 복호키 암호 시스템 ③ 대칭키 암호 시스템
④ 다중키 암호 시스템 ⑤ 개인키 암호 시스템

44 다음 중 전자서명이 제공하는 기능이 아닌 것은?

① 재사용 가능 ② 인증 ③ 부인 방지
④ 변경 불가 ⑤ 위조 불가

45 다음 중 공개키 암호 시스템에 대한 설명이 <u>아닌</u> 것은?

① 송수신자가 똑같은 키를 이용해 암호화 및 복호화 과정을 수행한다.

② 개인키와 인증된 공개키를 이용해 암호화 및 복호화를 실행하는 암호 시스템이다.

③ 암호화할 때는 공개키로 암호화하고, 복호화할 때는 자신만 알고 있는 개인키를 이용한다.

④ 관리해야 하는 키의 개수를 적게 유지할 수 있다.

⑤ 암호화를 위한 키의 크기가 상대적으로 크기 때문에 컴퓨팅 수행 능력이 떨어질 수 있다.

46 공인인증기관이 발행하는 전자정보 형태의 사이버 거래용 인감 증명서는 무엇인가?

① 공인인증서 ② 전자인증서 ③ 사이버인증서

④ 인감인증서 ⑤ 공개 인증서

47 다음 중 침입 탐지 시스템에 대한 설명이 <u>아닌</u> 것은?

① 접근 제어 리스트를 통해 관리한다.

② 설치 위치와 목적에 따라 호스트 기반 IDS와 네트워크 기반 IDS로 나뉜다.

③ 실시간으로 해당 구역에 외부인이 침투하는지 감시하고 이를 관리자에게 보고한다.

④ 시스템에 대한 원치 않는 조작을 감지한다.

⑤ 기존의 방화벽이 탐지할 수 없는 종류의 악의적인 네트워크 트래픽 및 컴퓨터 사용을 탐지하기 위해 필요한 시스템이다.

48 다음 중 방화벽에 대한 설명이 <u>아닌</u> 것은?

① 외부 공격으로부터 시스템을 보호하고 내부의 중요한 정보가 유출되지 않도록 경로를 차단하는 하드웨어와 소프트웨어이다.

② 방화벽의 주요 목적은 외부 네트워크로부터 내부 네트워크를 보호하는 것이다.

③ 방화벽의 주요 기능은 외부 네트워크의 접근 제어이며 대부분 로깅, 감사 추적, 인증 및 데이터의 암호화 기능도 함께 수행한다.

④ 외부 네트워크에서 내부 네트워크로 침입하는 네트워크 패킷을 찾아 제어하는 기능을 가진 소프트웨어 또는 하드웨어이다.

⑤ 보안에 취약한 텔넷, FTP, HTTP 등의 외부 호스트와 상용 네트워크 서비스가 원활하게 진행되도록 돕는다.

연습 문제

주관식 문제

49 정보 보안의 개념을 정의하시오.

50 정보 보안의 3대 요소에 대해 간단히 설명하시오.

51 정보 보안의 우발적 위협 종류를 적으시오.

52 악성코드의 개념을 정의하시오.

53 악성코드인 트로이목마에 대해 설명하시오.

54 디도스 공격에 대해 설명하시오.

55 공개키 암호 시스템이 등장한 배경에 대해 설명하시오.

CHAPTER 12

멀티미디어

학습목표

- 멀티미디어의 개념, 분류, 특징에 대해 알아본다.
- 멀티미디어 활용 분야와 멀티미디어 시스템에 대해 알아본다.
- 멀티미디어의 구성 요소인 텍스트, 이미지, 애니메이션, 사운드, 비디오에 대해 알아본다.
- 멀티미디어의 응용 기술인 3차원 컴퓨터 그래픽스, 가상현실, 증강현실에 대해 알아본다.

PREVIEW

섹션 1에서는 먼저, 멀티미디어의 개념과 멀티미디어의 분류 및 특징에 대해 학습한다. 이어서 멀티미디어 활용 분야를 알아보고, 멀티미디어 시스템을 하드웨어와 소프트웨어로 나눠 살펴본다.

섹션 2에서는 멀티미디어의 구성 요소인 텍스트, 이미지, 애니메이션, 사운드, 비디오의 개념과 파일 형식에 대해 알아본다.

섹션 3에서는 차세대 멀티미디어 응용 기술인 3차원 컴퓨터 그래픽스, 가상현실, 증강현실에 대해 학습한다.

이번 챕터를 통해 멀티미디어에 대한 전반적인 내용을 파악할 수 있을 것이다.

SECTION 01

멀티미디어의 개요

1 멀티미디어의 개념

멀티미디어Multimedia는 다수를 뜻하는 'Multi'와 정보를 전달하는 매체를 뜻하는 'Media'를 결합한 용어로, 여러 가지 형식의 멀티미디어 데이터와 ICT 기술을 이용해 사용자와 상호작용하며 정보를 제공하는 미디어를 뜻한다. 즉 텍스트, 이미지, 사운드, 그래픽, 애니메이션, 비디오 등과 같은 미디어가 두 개 이상 결합해 어떤 목적을 가진 콘텐츠를 생성하고, ICT 기술을 기반으로 시스템과 상호작용하여 지식이나 정보를 제공하는 기술이라는 의미이다.

1980년대만 하더라도 개인용 컴퓨터는 텍스트 이외의 정보를 처리하기가 매우 어려웠다. 하지만 1990년대에 들어서면서 개인용 컴퓨터와 운영체제의 성능 향상, 정지 영상과 동영상 압축 기술의 발전, 대용량 데이터 저장 매체의 출현, 인터넷 기반 통신기술의 발전 등이 진행되면서 멀티미디어 기술도 발전하기 시작했다.

그림 12-1 멀티미디어의 개념

2 멀티미디어의 분류

멀티미디어는 텍스트, 이미지, 그래픽, 오디오, 애니메이션, 비디오 등과 같은 단일 미디어를 통합한 복합 매체이다. 표현 미디어, 저장 미디어, 전송 미디어, 제시 미디어, 지각 미디어로 분류된다.

- **표현 미디어(Representation Media) :** 멀티미디어 데이터 생성에 관련된 미디어이다. 축구 경기를 텍스트로 문자 중계하거나 이미지를 이용하여 경기의 한 장면을 표현하는 방식 등이 그 예이다. 사운드를 이용해 음성 중계를 하거나 비디오로 촬영해 영상으로 보여 줄 수도 있다.
- **저장 미디어(Storage Media) :** 표현 미디어로 생성된 멀티미디어 데이터를 컴퓨터에서 처리·편집·재생하기 위한 저장 매체이다. 하드디스크, 씨디롬CD-ROM, DVD, USB 등이 있다.
- **전송 미디어(Communication Media) :** 멀티미디어 콘텐츠를 정보통신망을 통해 전달하는 매체이다. 인터넷, 모바일, 방송망, 무선통신망 등이 있다.
- **제시 미디어(Presentation Media) :** 사용자가 멀티미디어 정보나 콘텐츠 내용을 확인할 때 사용하는 매체이다. TV, 라디오, 컴퓨터 모니터, 모바일 기기 등이 있다.
- **지각 미디어(Perception Media) :** 인간의 시각과 청각에 해당한다. 제시 미디어로 무엇을 쓰느냐에 따라 사용 매체가 결정된다.

3 멀티미디어의 특징

멀티미디어는 디지털화, 통합화, 영상화, 쌍방향성, 비동기화 등의 특징이 있다.

- **디지털화(Digitalization) :** 멀티미디어는 컴퓨터를 통해 정보를 획득·생성·처리·응용하므로 모든 정보가 디지털 신호로 처리된다. 각종 미디어가 디지털화되면서 정보의 가공·처리·편집 작업뿐만 아니라 수평적 공유도 가능해졌다.
- **통합화(Integration) :** 멀티미디어는 유무선 전송 수단을 하나로 통합한다. 대표적인 예가 종합 정보 통신망인 ISDN Integrated Services Digital Network 이다. 정보를 유기적으로 종합해 사용자에게 전달한다.
- **영상화(Visualization) :** 문자, 음성, 영상, 기호 등 각기 다른 형태의 정보들이 영상으로 표현되어 컴퓨팅 기기 화면으로 전달된다.
- **쌍방향성(Interactivity) :** 정보가 쌍방향으로 전송돼, 정보 제공자와 사용자가 상호작용하여 새로운 정보를 만들 수 있다.
- **비동기화(Asynchronicity) :** 정보 제공자와 수용자가 꼭 동시에 참여할 필요가 없어 시간적, 공간적 제한을 극복할 수 있다.

4 멀티미디어 활용 분야

멀티미디어는 기존 매체엔 없는 새로운 기능을 통해 시간적, 공간적 제약에서 벗어난 소통을 가능하게 한다. 최근의 멀티미디어 콘텐츠는 쌍방향성을 기반으로 사용자와 상호작용하는 것을 중요하게 여긴다. 실생활에서도 멀티미디어를 활용한 예가 끊임없이 생겨나고 있다. 특히 4차 산업혁명 시대에 들어서면서 멀티미디어는 삶의 모든 부분에 함께하고 있다고 해도 과언이 아니다. 실제로도 각종 광고, 모바일 서비스, 화상 회의, 전자출판, 가상현실, 오락, 의료, 교육 등 다양한 분야에 걸쳐 활용되고 있다. [표 12-1]을 통해 다시 한번 정리해 보자.

표 12-1 멀티미디어 활용 분야와 콘텐츠

분야	콘텐츠
비즈니스	전자상거래, 프레젠테이션, 화상 회의, 공동 작업, 가상 건축물, 여행시스템, 부동산
교육·훈련	코스웨어(Courseware), 컴퓨터 기반 교육, 시뮬레이션, 기업 훈련, 가상 캠퍼스
홈 관련	엔터테인먼트, 에듀테인먼트, 온라인 쇼핑, 건강, 모바일 서비스, 온라인 게임, TV/주문형 비디오, 전자책
방송·광고	제품 광고, 가상실험, 온라인매거진, 전자제품 사용 설명서, 3D 애니메이션, 주문형 뉴스·영화, 가상현실
연구·개발	데이터전문가 지식포털, 학술연구정보서비스(RISS, SERI), 가상 수술
정부·공공장소	대중교통 앱, 정부 부처 SNS 지도, 정보 키오스크

ⓒ 김용태 외, 『스마트 시대의 멀티미디어』, 한빛아카데미, 2014

5 멀티미디어 시스템

멀티미디어 정보는 갈수록 다양하고 복잡해지며 대용량화되어 가고 있다. 이에 따라 정보를 빠르고 효율적으로 입출력 · 편집 · 저장 · 전달하는 매체가 필요해졌다. 멀티미디어 시스템Multimedia System은 이런 멀티미디어 정보를 처리하는 컴퓨터 또는 컴퓨팅 기기를 뜻한다. 이전에는 데스크톱 컴퓨터만 멀티미디어 시스템이라고 정의했지만, 최근에는 스마트폰, 태블릿 PC 같은 스마트 기기들도 멀티미디어 시스템에 포함된다.

멀티미디어 시스템의 하드웨어

멀티미디어 시스템의 하드웨어는 입력장치, 출력장치, 저장장치, 미디어 처리장치로 구성된다.

■ 입력장치

입력장치는 멀티미디어 정보를 컴퓨터로 읽어 들이는 장치로, 컴퓨터가 인식할 수 있는 디지털 형태로 변환시켜 메인메모리로 보낸다. 챕터 3에서 다룬 키보드, 마우스, 마이크, 스캐너 등이 해당된다.

디지타이저Digitizer, 터치스크린Touchscreen이라는 기기도 있는데, 디지타이저는 평판 위에서 펜 모양의 스타일러스를 이동시켜 글자를 쓰듯 정보를 입력하는 장치이다. 터치스크린은 모바일 기기에 사용하는 입력장치로, 눈에 보이지 않는 터치패널Touchpanel을 화면에 장착한 것이다. 상하좌우로 적외선이 방출되는 상태에서 특정 위치를 손끝이나 뾰족한 물체로 누르면 그 위치의 좌표를 파악해 사용자가 원하는 작업을 처리한다.

TIP 그밖에 광학문자판독기(OCR), 광학마크판독기(OMR), 라이트펜, RFID 등이 있다.

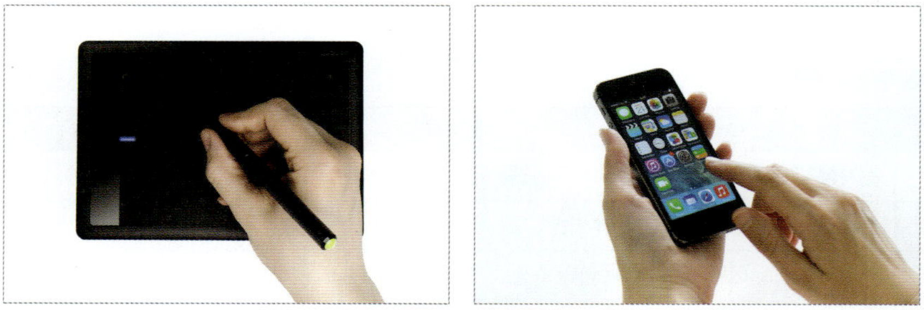

(a) 디지타이저 (b) 터치스크린

그림 12-2 **입력장치의 종류**

■ 출력장치

출력장치는 컴퓨터에서 처리된 결과나 데이터를 사용자가 알아볼 수 있게 표현해 주는 장치이다. 디지털 정보를 사용자가 인식할 수 있는 형태로 바꿔 화면에 표시하거나 인쇄한다. 모니터, 프린터, 플로터, 스피커, 프로젝터 등이 해당된다.

또 다른 장치로는 가상공간에 접속했을 때 몰입 효과를 높여 주는 HMDHead Mounted Display가 있다. 최근에는 다양한 센서 기술과 무선 기술을 결합해 한 차원 높은 단계로 발전했다. 오큘러스Oculus사에서 만든 오큘러스 리프트Oculus Rift가 대표적인 예이다. 오큘러스 리프트는 센서를 통해 사용자의 움직임을 인식하고 그 정보를 화면에 반영한다. 게임 콘텐츠의 몰입감과 현실성을 끌어올리는 데 아주 유용하다.

그림 12-3 **HMD 장치**

■ 저장장치

저장장치는 데이터를 저장하는 장소이다. 대표적으로 하드디스크, CD, DVD, 플래시메모리, USB 플래시 드라이버, 메모리 카드 등이 있다. 최근에는 NAND 플래시메모리의 일종인 SSD Solid State Drive가 하드디스크를 대신해 많이 사용되고 있다. 하드디스크보다 속도가 빠르고 지연·실패율이 낮다. 또한 발열·소음이 적으며 크기가 작아 활용도가 높다.

(a) 하드디스크 (b) SSD

그림 12-4 **저장장치의 종류**

■ 미디어 처리장치

미디어 처리장치에는 그래픽 카드와 사운드 카드가 있다.

- **그래픽 카드 :** CPU는 자체적으로 데이터를 모니터에 전달해 출력하는 기능이 없다. 그래서 데이터를 모니터에 전달해 주는 장치가 따로 필요하다. 이러한 기능을 담당하는 별도의 기기를 그래픽 카드 Graphic Card라고 한다. 그래픽 카드는 기판, GPU Graphic Processing Unit, 비디오 메모리 VRAM, 장착 슬롯, 모니터 출력부로 구성되어 있다. 예전에는 컴퓨터에 별도로 장착해 사용했지만, 요즘은 메인보드 또는 프로세서에 GPU 기능을 내장해 사용하고 있다. 메인메모리(RAM) 일부를 비디오 메모리로 사용한다. GPU 기능이 내장된 컴퓨터는 비용이 저렴하며 2D 그래픽 작업을 무리 없이 수행할 수 있다. 하지만 3D 그래픽 작업을 하려면 고성능의 GPU와 용량이 큰 그래픽 카드가 추가로 필요하다.
- **사운드 카드 :** 멀티미디어 정보를 효과적으로 전달하고 활용도를 높이려면 성능이 뛰어난 음향 출력 기기가 필요하다. 사운드 카드는 외부 스피커를 통해 다양하고 깨끗한 음향을 출력하는 장치이다. 단순히 음악을 재생하는 기능 외에도 윈도우 표준 사운드 포맷인 웨이브 WAV 녹음 기능과 미디 MIDI 같은 전문 음악 제작 기능도 수행한다.

(a) 그래픽 카드 (b) 사운드 카드

그림 12-5 미디어 처리장치 종류

멀티미디어 시스템의 소프트웨어

멀티미디어 시스템의 운영체제는 오디오나 비디오 같은 연속적 미디어 데이터를 처리하기 위해 추가 서비스를 제공한다. 문자, 그래픽, 이미지 같은 비연속적 데이터 처리도 멀티미디어 운영체제의 관리 범위에 포함된다. 멀티미디어 시스템 운영체제의 특징은 다음과 같다.

- **실시간 처리 :** 사운드, 애니메이션, 동영상 같은 데이터를 특정 시간 안에 처리한다.
- **대용량 데이터 처리 :** 압축 기법을 사용해 데이터의 용량을 줄인다.
- **데이터의 관계성에 따른 처리 :** 사운드, 애니메이션, 동영상 같은 데이터를 시간적, 공간적 연관성에 따라 처리한다.
- **데이터 품질의 가변성에 따른 처리 :** 필요에 따라 해상도나 초당 전송 프레임수를 조정해 데이터 용량을 통신 회선의 전송 능력에 맞춘다. 이 과정에서 데이터의 화질이 떨어질 수도 있다.

SECTION 02

멀티미디어의 구성 요소

멀티미디어의 구성 요소로는 텍스트, 이미지, 애니메이션, 사운드, 비디오 등이 있다. 이 요소들은 실생활에 더 가까운 형태로 제공하기 위해 상호 결합되기도 한다.

1 텍스트

텍스트Text는 가장 많이 사용하는 데이터 형식으로, 주로 키보드를 통해 입력된다. 다른 멀티미디어 데이터보다 용량을 적게 차지한다. 같은 용량 기준, 가장 많은 정보를 표현할 수 있다.

코드 시스템

코드 시스템Code System은 정해진 규칙에 따라 이진코드Binary Code를 각 문자에 할당하는 것이다. 코드 시스템을 사용하는 이유는 각각의 문자를 컴퓨터에 저장해 내부에서 사용하기 위함이다. 컴퓨터 내부에서 모든 문자는 이진코드로 인코딩된다. 인코딩Encoding이란 컴퓨터에 저장하거나 통신에 사용할 목적으로 문자나 기호를 다른 형식으로 변환하는 것을 뜻한다. 부호화된 문자는 복호화하면 본래의 문자나 기호로 돌아온다.

컴퓨터 내부에서 텍스트는 아스키코드, EBCDIC, 유니코드 방식으로 표현된다.

- **아스키코드(ASCII)** : 전 세계적으로 사용되는 문자 코드이다. 데이터 처리 및 통신 시스템에서 상호 정보 교환용으로 쓰이고 있다. 한 문자를 표현하기 위해 7비트를 사용하며, 표현할 수 있는 문자의 수는 총 128(2^7)개이다.
- **EBCDIC(Extended Binary Coded Decimal for Interchange Code)** : IBM사에서 서버급의 중대형 컴퓨터에 사용하기 위해 개발한 문자 코드이다. 8비트를 사용하므로 표현할 수 있는 문자의 수는 256(2^8)개이다. 그런데 실제로는 256개의 문자를 모두 사용하지 않고 150개 정도만 사용한다.
- **유니코드(Unicode)** : 예전에는 국가마다 사용하는 코드 체계가 다양하고 복잡했는데, 국제화 시대가 되면서 모든 나라가 공통으로 사용할 코드체계가 필요해졌다. 그렇게 등장한 것이 유니코드이다. 16비트를 사용하며 표현할 수 있는 문자의 수는 65,536(2^{16})개이다.

텍스트의 파일 형식

파일 형식은 정보를 컴퓨터 파일로 인코딩하는 절차이다. 저장을 목적으로 하며, 파일 형식이 다르면 저장된 정보의 형태도 다르게 나타난다. 여러 형식이 있지만 그중에서도 많이 쓰이는 TXT, HWP, DOCX, PDF에 대해 알아보자.

■ TXT

TXT는 대부분의 운영체제에서 기본으로 제공하는 텍스트 편집기를 이용해 저장할 수 있다. 윈도우 메모장에서 파일을 저장하면 확장자명은 '.txt'로 뜬다. TXT 파일은 아스키코드나 한글코드로 구성되어 있어 다른 편집기에서도 읽을 수 있다. 하지만 문자코드 정보만 저장하므로 폰트 모양이나 문서 모양 등의 정보는 저장할 수 없다.

■ HWP

한글과컴퓨터사의 워드프로세서인 한글에서 사용하는 형식으로, 확장자명은 '.hwp'이다. 한글 워드프로세서는 고어를 포함해 한글을 완벽히 구현하며, 성능과 안정성이 뛰어나다. 다양한 문자 모양, 문서 모양, 특수 기호, 수식, 그림 등을 사용할 수 있으며, 용량은 TXT 파일보다 크다.

■ DOCX

마이크로소프트사의 워드프로세서인 MS워드에서 사용하는 형식으로, 확장자명은 '.docx'이다. MS 워드는 전 세계적으로 시장 점유율이 가장 높으며, 문서 표준을 공개하고 있어 모든 워드프로세서와 문서편집기에서 호환할 수 있다.

■ PDF

어도비Adobe Systems Incorporated사에서 만든 문서파일 포맷이다. PDF 문서는 대부분의 운영체제에서 읽기가 가능하며 원본의 글꼴, 이미지, 그래픽 등의 문서 형태를 그대로 유지한다. 문서를 확대하거나 축소해도 해상도가 변하지 않는다. 그래서 인쇄업계에서 많이 사용한다. 또한 자체적으로 압축 기능을 수행할 수 있어 온라인 및 오프라인 환경에서 쉽게 문서를 공유할 수 있다. 보안성도 높아 자료를 배포할 때 쓰기 좋다. PDF 문서의 장단점은 [표 12-2]와 같다.

표 12-2 PDF 문서의 장점과 단점

장점	단점
• 호환성이 높고 파일의 무결성을 가진다. • 문서의 사용과 관리가 편리하다. • 보안이 뛰어나다.	• 제작 방식이 일정하지 않고 다양한 파일 형식이 존재한다. • 편집이 불편하다. • 모니터상에서 가독성이 떨어진다.

TIP 텍스트 저장 형식은 이외에도 RTF, TEX, HTML, XML 등이 있다.

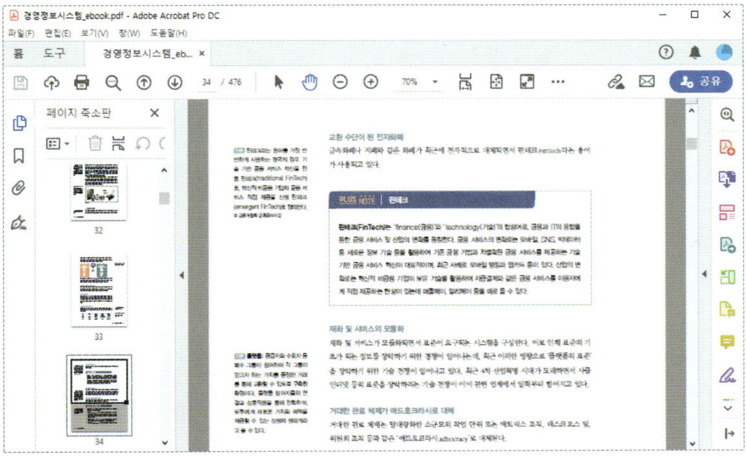

그림 12-6 **PDF의 사용 예**

2 이미지

이미지Image는 스캐너나 디지털카메라를 통해 입력된 시각 정보이다. 멀티미디어 환경에서 이미지는 2차원 평면 위에 나타나는 시각적 표현물이다. 컴퓨터를 사용해 생성하거나 디지털카메라, 스캐너를 통해 입력받는다. 최근에는 스마트폰 등과 같은 스마트 기기에 저장하기도 한다. 입력된 이미지는 기억장치에 저장된 뒤 처리된다. 일반적으로 사진, 그림, 도형 등과 같은 형태로 저장되며, 픽셀Pixel 단위로 표현된다. 픽셀은 디지털 이미지의 최소 단위로, 이미지의 정보를 담고 있다. 각각의 픽셀에는 최소 1비트 이상이 할당된다.

그림 12-7 **픽셀로 표현된 이미지**

이미지의 표현 방식

컴퓨터에서 이미지를 디지털화하는 방법으로는 비트맵 이미지 방식과 벡터 이미지 방식이 있다. 보통 그림, 사진 등은 비트맵 방식을 사용하고 글자, 도형, 로고, 캐릭터 디자인은 벡터 방식을 사용한다.

■ 비트맵 방식

비트맵 방식BMP, Bitmap Image은 픽셀Pixel이라는 바둑판 모양의 미세한 격자Grid 위에 이미지를 표현하는 방식이다. 주사선Scanning Line을 이용해 2차원의 컴퓨터 화면을 픽셀 형태로 분할한 뒤 사용한다. 문자, 그림, 사진 등과 같은 이미지가 픽셀 단위로 분해되며, 각 픽셀의 색상과 위치를 기억장치에 대응시켜 저장한다.

■ 벡터 방식

벡터 방식Vector Image은 드로잉 계열의 프로그램에서 사용되는 방식으로, 이미지를 수학적인 공식으로 표현한다. 점, 직선, 곡선, 다각형 등의 객체 위치와 기울기를 산술적인 데이터로 기록한 후 외곽선을 만들어 내부에 원하는 색상이나 패턴을 적용시킨 뒤 저장한다. 복잡한 이미지는 표현할 수 없어서 간단한 도형, 글자, 로고, 캐릭터 디자인에 주로 쓰인다.

표 12-3 **비트맵 방식과 벡터 방식 비교**

구분	비트맵 방식	벡터 방식
프로그램 구분	이미지 프로세싱 계열	드로잉 계열
이미지 처리 방식	픽셀로 표현함	수학적 함수로 계산해 표현함
특징	• 이미지를 확대하면 계단 현상이 발생함 • 해상도는 픽셀 수와 1픽셀당 비트 수에 따라 결정됨 • 해상도가 높으면 저장 용량도 커짐 • 모니터 화면에 표시되는 속도는 벡터 방식보다 빠름	• 파일 용량이 작고 이미지 크기가 변해도 파일 용량에 영향을 미치지 않음 • 이미지를 확대·축소·회전해도 품질에 영향을 미치지 않음 • 이미지의 선, 면이 매우 선명하게 표현됨 • 글자, 로고, 캐릭터 등을 표현하기에 적합함
파일 형식	BMP, GIF, JPEG, TIFF 등	AI, WMF, CDR, EPS 등
프로그램 종류	포토샵, 페인터, 페인트샵 프로 등	일러스트레이터, 코렐드로우 등

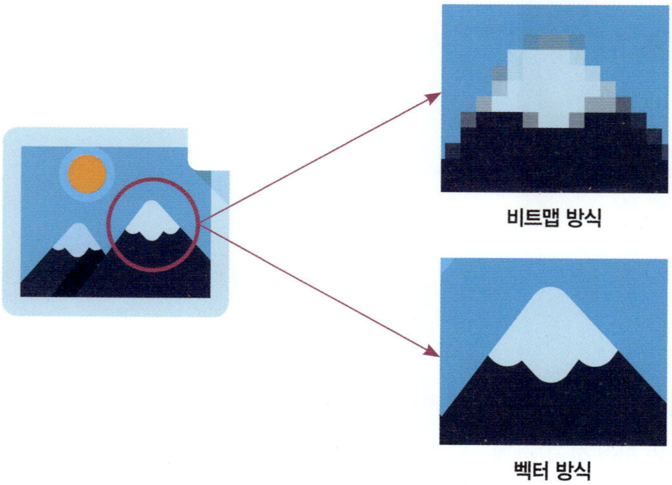

그림 12-8 **비트맵 방식과 벡터 방식의 이미지 확대**

이미지 표현을 위한 컬러 모델

컬러 모델Color Model은 컴퓨터 환경에서 컬러 영상을 효율적으로 처리하기 위해 국제조명위원회에서 개발했다. 컴퓨터에서 구현 가능한 색상을 정리하고 재현할 수 있는 색 공간Color Space을 정한다. 대표적인 컬러 모델인 RGB와 CMYK에 대해 알아보자.

TIP 이외에도 색상, 채도, 명도 같은 색의 속성을 기반으로 한 HSV(HSB) 모델과 HSL 모델이 있다.

■ RGB

RGB는 가산 혼합 모델로, 빛의 3원색인 빨간색Red, 녹색Green, 파란색Blue으로 구성되어 있다. 빛을 기반으로 한 색상 표현 모델이다. 빛이 하나도 없을 때는 검은색, 모든 색상의 빛이 모였을 때는 흰색이 되는 원리에 기초한다. 주로 컬러 TV, 컬러 모니터 등에 적용된다.

■ CMYK

CMYK는 감산 혼합 모델로, 인쇄 매체에서 사용되는 청록색Cyan, 선홍색Magenta, 노란색Yellow, 검은색Black으로 구성되어 있다. 빛에 기초한 색상 표현법인 RGB와 달리 종이에 프린트되는 잉크 색에 기초한다. 주로 컬러 프린터, 인쇄, 페인팅 등에 적용된다.

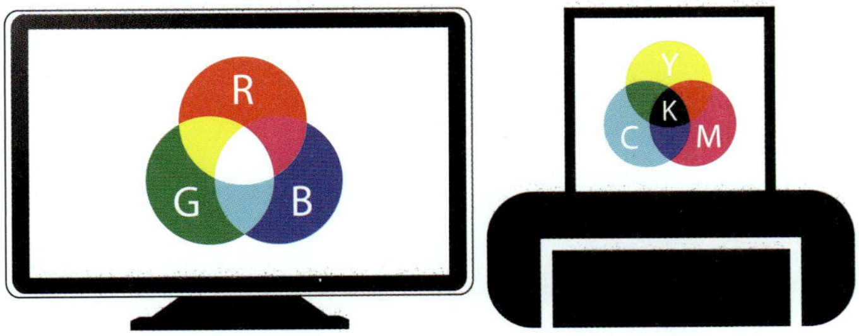

그림 12-9 RGB와 CMYK

이미지의 파일 형식

이미지 파일 형식에는 BMP, JPEG, GIF, PNG 등이 있다.

■ BMP

BMP Bitmap는 마이크로소프트사에서 개발한 형식이다. 이미지를 저장하는 파일 형식 중 가장 간단하며, 윈도우 운영체제의 그래픽과 이미지를 저장하는 기본 포맷이다. 현재는 윈도우뿐만 아니라 많은 운영체제에서 비트맵 이미지 형식을 지원한다.

■ JPEG

JPEG Joint Photographic Experts Group는 1992년에 국제 표준으로 확정된 사진 압축 관련 알고리즘이

다. 오늘날 웹 사이트, 인쇄, 출판, 광고 등의 분야에서 가장 보편적으로 사용되고 있는 이미지 포맷이다. RGB, CMYK 컬러 모델을 지원하며 이미지 데이터를 압축 저장해 이동 · 복사 · 전송 · 저장 · 재생 속도를 획기적으로 끌어올렸다. JPEG 표준 알고리즘은 무손실 압축과 손실 압축 방식을 모두 지원한다.

■ GIF

GIF Graphics Interchange Format는 온라인 전송을 위해 만들어진 파일 형식이다. 무손실 압축 방식인 LZW Lempel Ziv Welch 알고리즘을 사용한다. 화질 대비 용량은 작지만 256가지 색상으로 표현된 이미지만 구현할 수 있다. 또한 압축 기술의 특허 문제로 광범위하게 사용하기엔 한계가 있다. 정밀한 사진보단 단순한 색상으로 이루어진 선, 아이콘 등을 저장하기 좋다.

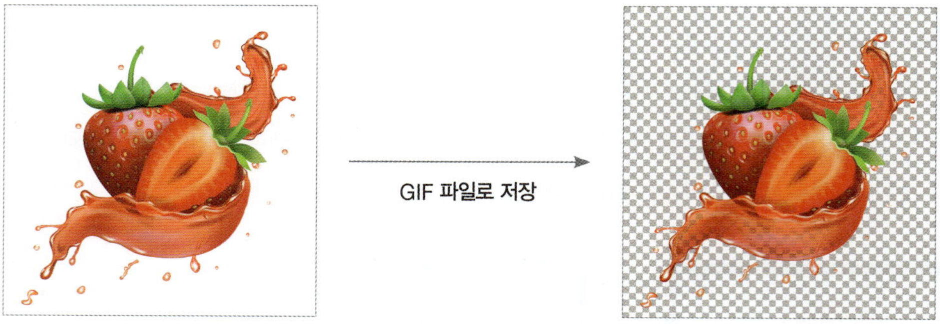

그림 12-10 GIF 파일 저장 : 흰 배경을 투명색으로 저장

■ PNG

PNG Portable Network Graphics는 GIF 형식을 대체하기 위해 개발된 파일 형식이다. 기본적으로 24비트 트루컬러True Color를 지원한다. 무손실 압축 방식을 사용해 이미지 손상이 일어나지 않는다. 그래서 인터넷상에서 원본 이미지를 그대로 표현할 수 있다. PNG 포맷은 GIF보다 압축 효율이 10~30% 정도 높으며, 작은 용량으로도 이미지 표현이 가능하다.

3 애니메이션

애니메이션Animation은 '생명을 불어넣다', '활동시키다'라는 의미인 'Animate'의 명사형 단어이다. 애니메이션은 움직임이 없는 사물에 생명을 불어넣어 움직이는 것처럼 보이게 만드는 촬영 기법 또는 영화를 가리킨다. 전통적인 애니메이션과 디지털 애니메이션으로 나뉘는데, 전통적인 애니메이션Traditional Animation은 모든 과정이 수작업으로 진행된다. 이 책에서 다룰 디지털 애니메이션Digital Animation은 컴퓨터 애니메이션Computer Animation이라고도 하며, 컴퓨터와 컴퓨터 그래픽스 기술을 사용해 이미지를 영상으로 제작한다.

디지털 애니메이션

디지털 애니메이션은 2D 또는 3D 이미지들을 결합해 화면에서 연속적으로 움직이는 것처럼 보이게 구현하는 기술이다. 셀 애니메이션의 상업적 한계를 극복하기 위해 1980년대 중반 이후부터 활발하게 사용되고 있다. 디지털 애니메이션은 셀 애니메이션의 전통과 기법을 계승하면서 컴퓨터 그래픽스 기술과 다양한 기술적 요소들을 결합해 사실성을 기반으로 한 새로운 스타일의 영상을 제작한다.

그림 12-11 **디지털 애니메이션으로 제작된 《토이 스토리4(Toy Story 4)》(왼쪽)와 《아바타(AVATAR)》(오른쪽)**

하나 더 알기 **셀 애니메이션**

셀 애니메이션(Cell Animation)은 여러 장의 투명 용지에 그림을 채색한 후 이를 합쳐 연속적으로 보여 주는 방식이다. 각 프레임은 하나의 배경 셀과 움직임을 반영한 여러 장의 셀로 구성되어 있다. 연속된 장면에서는 배경 셀을 그대로 두고 움직임을 반영한 셀만 다시 만들어 사용한다. 대표적인 예로 디즈니의 《미녀와 야수》와 《알라딘》이 있다.

그림 12-12 **셀 애니메이션으로 제작된 《미녀와 야수(Beauty and the Beast)》(왼쪽)와 《알라딘(Aladdin)》(오른쪽)**

디지털 애니메이션은 2D 애니메이션과 3D 애니메이션으로 구분된다.

■ 2D 디지털 애니메이션

2D 디지털 애니메이션2D Digital Animation은 포토샵, 페인터 등과 같은 그래픽 소프트웨어를 사용해 2차원 평면 이미지로 제작한 애니메이션이다. '2D 컴퓨터 기반 애니메이션'이라고 부르기도 한다. 대표적인 2D 애니메이션 소프트웨어로는 레타스 프로Retas Pro, 레타스 스튜디오Retas Studio,

어도비 플래시Adobe Flash 등이 있다. 제작하는 애니메이션의 특성에 따라 여러 개의 소프트웨어를 섞어서 사용한다.

■ 3D 디지털 애니메이션

3D 디지털 애니메이션3D Digital Animation은 컴퓨터를 사용해 입체적인 가상공간을 구현한 애니메이션이다. 가상공간에 배경과 3차원 캐릭터를 배치하고 여러 대의 카메라를 제어하면서 촬영한다. 카메라의 움직임과 각도 등을 잘 조절하면 역동적인 장면을 만들 수 있다. 3D 애니메이션은 최신 그래픽스 기술을 사용하며, 하나의 캐릭터 모델링이 완료되면 이를 변형해 또 다른 모델을 만들 수도 있다. 3차원으로 만든 캐릭터는 외형적인 특징을 강조할 수 있으며 2D 애니메이션과는 비교되지 않을 정도로 실제와 유사한 이미지를 표현한다.

그림 12-13 3D 1인칭 슈팅 게임 《콜 오브 듀티 : 모던 워페어(Call of Duty : Modern Warfare)》

애니메이션의 파일 형식

애니메이션 파일 형식에는 애니메이션 GIF, 플래시의 FLA와 SWF 등이 있다.

■ 애니메이션 GIF

하나의 파일에 여러 개의 이미지를 저장해 이미지 순서, 지속 시간, 반복 횟수를 나타내는 파일 형식이다. 플러그인이 따로 필요 없어 웹 광고Web Advertisement와 아바타Avatar 제작에 많이 사용된다. 하지만 제한된 이미지 저장 개수와 8비트의 한계성 때문에 움직임의 유연성이 조금 떨어진다. 또한 미리 정해진 애니메이션 효과만 보여주므로 사용자가 지루함을 느낄 수 있고 파일 용량이 크다.

■ FLA와 SWF

플래시Flash는 2D 애니메이션 소프트웨어이다. 누구나 쉽게 배울 수 있고 제작도 간단해 소규모 제작 회사들이 2~3분 분량의 작품을 만들 때 많이 사용한다. 벡터 그래픽 이미지를 사용하므로 일반 동영상 파일 용량의 1/15, GIF 애니메이션 파일 용량의 1/3 정도로 용량이 작다. 압축률이 높아 전송 속도가 빠르고 확대해도 이미지 변형이 일어나지 않는다. 플래시로 작업한 후에는 FLA

와 SWF 형식으로 파일을 저장할 수 있다. FLA는 압축되지 않은 형태의 플래시 애니메이션 파일 형식으로, 편집과 수정이 가능하다. SWF는 웹에서 FLA를 애니메이션 형태로 보기 위한 변환 파일이다.

4 사운드

사운드Sound는 청각과 관련된 매체로, 음원이 공기 분자를 진동시켜 발생한 공기의 파동을 고막으로 인지하는 소리이다. 아날로그 신호인 라디오, 전축, TV 등으로 발전하기 시작해, 오늘날에는 디지털 기술을 기반으로 컴퓨터에서 직접 사운드를 생성하고 편집할 수 있게 되었다.

그림 12-14 사운드

사운드의 구성 요소

사운드는 공기를 매개체로 진동하는 압축성 파동 형태를 띠는데, 이를 음파라 한다. 음파는 일정한 진동수로 반복되는 파형이다. 파형은 계속 같은 모양으로 나타나는데, 이를 사이클Cycle이라고 부른다. 하나의 사이클에서 음파의 압력 변화가 한 번 온전히 반복되는 데 드는 시간은 주기Period, 주기 값의 역수인 1초당 주기의 개수, 즉 진동수는 주파수Frequency라고 한다. 주파수의 단위로는 헤르츠Hz,Hertz를 사용한다.

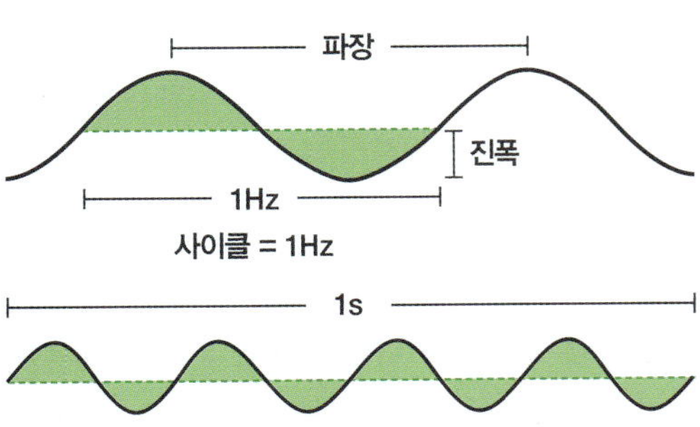

그림 12-15 주파수, 진폭, 사이클

사운드를 구성하는 구성 요소로는 주파수, 진폭, 음색이 있다. 주파수는 소리의 높이를 결정하고, 진폭은 소리의 크기를 결정하며, 음색은 소리의 특성을 결정한다.

■ 주파수

주파수는 소리의 높낮이를 결정한다. 주파수가 높을수록 고음이 되고 낮을수록 저음이 된다. 주파수는 음원의 형태에 따라 다르게 나타나는데, 크기가 큰 물체에서 나는 소리가 작은 물체에서 나는 소리보다 주파수가 낮다. 사람이 들을 수 있는 사운드의 주파수 대역폭은 20Hz～20KHz이며, 이를 가청 주파수 대역이라고 한다. 주파수 대역폭이 20Hz 미만인 초저주파와 20KHz 이상인 고주파는 들리지 않는다.

■ 진폭

진폭은 파형의 기준선에서 최고점까지의 거리를 의미하며 소리의 크기를 결정한다. 진폭이 클수록 소리가 크고 진폭이 작을수록 소리가 작다.

■ 음색

음색Tone Color은 파형이 가지는 고유한 특징으로, 음의 높낮이가 같아도 사람 또는 악기에 따라 음파의 모양이 다르게 나타나는 데서 드러나는 맵시이다. 즉 파형이나 진동수의 차이로 나타나는 음의 독특한 색깔을 의미한다.

사운드의 파일 형식

사운드의 파일 형식으로는 파형을 그대로 표현하는 웨이브 형식, 악기의 음표와 연주 시간을 표현하는 미디 형식, 영상 압축 표준 기술을 사운드에 적용한 MP3 형식, MP3보다 압축률이 뛰어난 WMA 형식 등이 있다.

■ 웨이브

웨이브WAV, WAVE는 마이크로소프트사와 IBM사에서 만든 표준 저장 형식이다. 주로 개인용 컴퓨터에서 소리나 음악 등과 같은 사운드 정보를 녹음하고 재생할 때 사용한다. 확장자명은 '.wav'이다. 웨이브 형식은 가공되지 않은 사운드를 윈도우에서 재생하는 무압축 형식의 표준 포맷이다.

■ 미디

미디MIDI는 컴퓨터를 이용해 악기를 연주하기 위한 파일 형식이다. 미디란 용어는 표준, 그 표준을 지원하는 하드웨어, 그 하드웨어가 사용하는 정보를 저장하는 파일 모두를 의미한다. 미디 형식은 주로 게임 사운드 트랙과 스튜디오 녹음 등에 사용된다. 연주장치 정보만 표현하므로 사운드를 직접 다루는 형식보다 파일 크기가 작지만 명확한 사운드 제어를 할 수 없다는 단점이 있다.

■ MP3

MP3MPEG-1 Audio Layer 3는 MPEG-1의 오디오 규격에 맞게 개발되어 MPEG-2와 MPEG-2.5로 확장된 손실 압축 포맷이다. 음악 관련 각종 사운드 데이터를 저장하는 파일 형식이다. 압축 기술이 뛰어나고 음질도 깨끗해 널리 사용되고 있다.

■ WMA

WMAWindows Media Audio는 마이크로소프트사가 개발한 음악 데이터 압축 방식이다. MP3와 동일한 음질을 제공하지만 용량은 절반 정도이다.

5 비디오

비디오Video는 영상을 의미하는 용어로, 짧은 시간 동안 순차적으로 정지 화면이 재생되는 '정지 영상 구조'이다. 정지 영상 하나를 프레임Frame이라고 하는데, 인접한 프레임끼리는 화면이 매우 유사하다. 비디오 데이터는 정지 이미지와 오디오 데이터로 구성되며, 멀티미디어 데이터 중 용량이 가장 크므로 저장 · 전송 · 압축 기술을 사용해야 한다.

비디오 데이터의 대역폭

비디오에서 중요한 요소 중 하나인 대역폭Bandwidth은 단위 시간당 데이터 전송량을 의미한다. 대역폭의 크기가 클수록 고품질의 동영상을 재생할 수 있다. 비디오에서 프레임이 바뀌는 속도는 초당 프레임수Frame Per Second라고 하는데, 움직임이 자연스러운 영상은 적어도 초당 15프레임 이상을 표현한다. 대역폭은 초당 프레임수, 프레임의 이미지 해상도, 픽셀당 비트 개수를 곱하면 값을 알 수 있다. 비디오 데이터의 크기는 대역폭에 재생 시간을 곱하면 된다.

- 프레임의 데이터 크기 = 프레임의 이미지 해상도 × 픽셀당 비트 개수
- 대역폭 = 프레임의 데이터 크기 × 초당 프레임수
- 비디오 데이터의 크기 = 대역폭 × 재생 시간

24비트 트루 컬러, 이미지 해상도 1280×720, 초당 프레임수 30fps, 재생 시간 30초인 프레임의 데이터 크기, 대역폭, 비디오 데이터의 크기를 계산하면 다음과 같다.

- 프레임의 데이터 크기 = (1280 × 720) × (24bit÷8) = 2,764,800Byte = 2764.8KB = 약 2.7MB
- 대역폭 = 2764.8KB × 30fps = 82,944KB/sec = 약 82MB/sec
- 비디오 데이터의 크기 = 82MB/sec × 30sec = 약 2,460MB

계산 결과, 한 프레임의 데이터 크기는 대략 2.7MB 정도이다. 1초 동안 재생된 데이터 용량은 82MB 정도인데, 압축하지 않고 DVD(4.7GB)에 그대로 저장한다면 약 57초 정도 분량을 저장할 수 있다. 만약 비디오 데이터를 144 : 1로 압축하면 대략 137분 정도 분량을 저장할 수 있다.

비디오의 압축과 코덱

비디오 압축Video Compression은 영상 데이터의 용량을 줄이는 것으로, 압축된 데이터를 복원하는 과정에서 영상의 품질이 떨어지지 않는 것이 중요하다. 영상을 재생할 때는 코덱Codec 과정을 거쳐야 하는데, 디지털 데이터로 변환된 정보를 압축해 파일 용량을 줄이는 인코딩과 인코딩된 데이터를 다시 복원해 출력하는 디코딩Decoding 작업을 포함해 일컫는 용어이다.

컴퓨터에서 음성이나 동영상 파일을 재생할 때는 동영상을 제작할 때 사용했던 것과 같은 코덱이 설치되어 있어야 한다. 코덱이 다르면 파일은 재생되지 않는다. 하지만 코덱은 표준화가 되어 있지 않아서 압축 방법, 화질, 압축률 등이 서로 다르고 호환성도 없어 필요할 때마다 새로 설치해야 한다. 최근에는 이런 불편함을 해소하기 위해 한꺼번에 여러 코덱을 설치해 주는 통합 코덱이 많이 사용되고 있다.

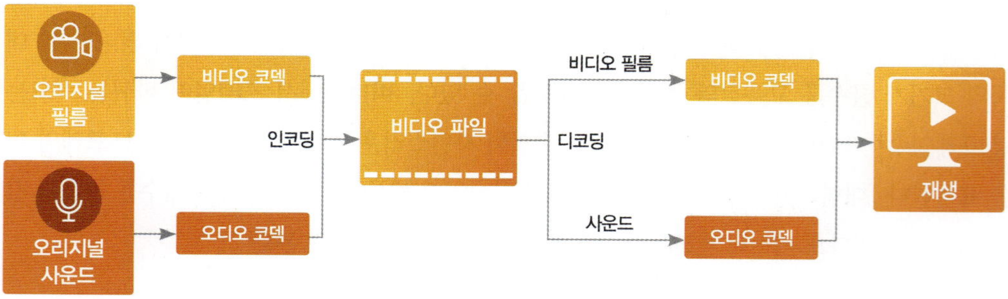

그림 12-16 코덱의 과정

코덱의 종류는 매우 다양한데 그중 가장 많이 사용되고 있는 코덱은 MPEG(MPEG-1, MPEG-2, MPEG-4), Divx, Xvid, WMV, H.264 등이다. 동영상 코덱은 기술이 발전해 이전보다 압축률이 향상되었으며, 파일 용량은 작은 데 반해 음질과 화질은 매우 뛰어나다. 하지만 압축률이 높은 코덱은 인코딩과 디코딩 과정이 복잡하므로 고성능의 CPU가 필요하다.

TIP 대표적인 비디오 파일 형식에는 AVI, ASF, MOV, DivX 등이 있다.

SECTION 03

멀티미디어의 응용 기술

1 3차원 컴퓨터 그래픽스

컴퓨터 그래픽스CG, Computer Graphics는 컴퓨터를 사용해 제작된 이미지와 이를 구현하는 데 필요한 기술을 일컫는 말이다. 시각 예술의 한 분야로, 과학과 미술이 결합해 하나의 결과물을 만들어 낸다. 3차원 컴퓨터 그래픽스는 이러한 컴퓨터 그래픽스를 3차원으로 표현한 기술이다.

3차원 컴퓨터 그래픽스의 활용

3차원 컴퓨터 그래픽스는 게임, 영화, 방송, 애니메이션 분야뿐만 아니라 산업 현장에서도 광범위하게 활용되고 있다. 상업적인 용도 외에 회화, 디자인 등의 창작 예술 분야뿐만 아니라 시뮬레이션Simulation, CAD Computer Aided Design, 의료, 과학, 군사, 교육 등의 분야에서도 활발하게 사용되고 있다.

그림 12-17 3차원 컴퓨터 그래픽스를 활용한 제작 과정

3차원 컴퓨터 그래픽스는 2차원 이미지를 3차원 공간에 존재하는 형태로 만드는 것인데, 이렇게 제작을 하려면 우선 대상을 3차원으로 형상화하는 모델링Modeling 작업을 거쳐야 한다. 이후 각각의 장면에 조명을 비춰 음영Shading 처리를 하고, 질감과 그 외 필요한 효과들을 넣는다. 마지막으로 연산 처리를 거친 후 최종 이미지를 출력하는 렌더링Rendering 과정을 진행하면 된다.

그림 12-18 3D 렌더링 작업의 예

3차원 컴퓨터 그래픽스의 표현 방식

3차원 이미지의 표면을 표현하는 방식에는 폴리곤 방식과 넙스 방식이 있다.

■ 폴리곤 방식

폴리곤Polygon 방식은 컴퓨터 그래픽에서 구현한 3D 모델의 모든 표면을 삼각형 또는 그 이상의 다각형으로 구성하는 방식이다. 계산 절차가 간단하고, 모델을 구성하는 표면 개수를 원하는 만큼 조절할 수 있어 렌더링 속도가 빠르다. 그래서 초기 컴퓨터에서는 글꼴을 제작할 때 사용되었고, 현재는 3차원 컴퓨터 그래픽스의 기본 단위로 사용되고 있다.

■ 넙스 방식

폴리곤 방식은 삼각형과 사각형 폴리곤을 사용하기 때문에 유선형의 객체를 표현할 때는 테두리가 꺾여 모델의 표면이 부드럽게 표현되지 않는다는 단점이 있다. 이를 개선하기 위해 개발된 방식이 넙스NURBS, Non-Uniform Rational B-Spline 방식이다. 넙스 방식은 적은 개수의 제어점으로 매끄러운 곡선을 표현하는 스플라인B-Spline을 사용한다. 원, 호, 곡선부터 복잡한 3차원의 입체 곡면이나 덩어리까지도 매우 정밀하고 정확하게 표현할 수 있다. 폴리곤 방식보다 처리 속도는 느리지만 완벽한 유선형 객체 표현이 가능하다.

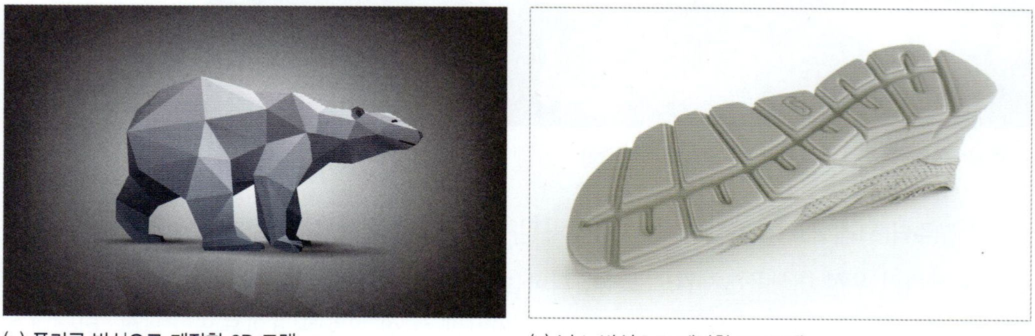

(a) 폴리곤 방식으로 제작한 3D 모델 (b) 넙스 방식으로 제작한 3D 모델

그림 12-19 3차원 컴퓨터 그래픽스의 표현 방식

2 가상현실

가상현실VR, Virtual Reality이란 컴퓨터로 구축한 가상공간에서 인간의 다양한 감각이 기계와 상호작용해 몰입감, 입체감을 느낄 수 있게 한 기술이다.

그림 12-20 **가상현실 체험 장면**

가상현실은 인간과 컴퓨터의 상호작용을 통해 구현되는데 특수 안경, 헤드셋, 장갑 같은 장치를 사용해 작동된다. 사용자는 현실 감각을 그대로 느낄 수 있지만 체험하는 공간은 현실과 전혀 다른 공간이다. 가상현실 시스템은 사용자의 시선과 동작 변화를 감지해 그에 맞는 화면을 보여 준다. 현장감을 살리기 위해 주로 HMD 디스플레이를 사용한다. 최근에는 HMD 외에 새로운 기술도 등장하고 있는데, 디스플레이 기술, 컴퓨터 능력, 통신 속도, 동작 인식 능력 등이 빠르게 발전한 결과이다.

3차원 영상 처리를 위한 컴퓨팅 성능이 향상되고 저가의 고해상도 디스플레이와 모션트래킹 같은 관련 기술이 발전하면서 교육용 콘텐츠, 기계 설비, 의료, 관광, 스포츠 등 다양한 분야에서 가상현실이 활용되고 있다. 특히 평소에 경험하기 어려운 환경이나 위험한 환경을 배경으로 한 모의 훈련을 실행하는 데 아주 유용하다. [표 12-4]는 가상현실이 분야별로 어떻게 적용되고 있는지를 정리한 것이다.

표 12-4 **가상현실의 분야별 적용 사례**

분야	적용 사례
엔터테인먼트	3D 게임, 영화, 체험형 콘텐츠 등
교육	박물관 체험, 천체 위치 연구, 입체 연구, 비행 훈련, 모의 전투 훈련 등
의료	입체 영상 응용(가상 수술, 원격 진료), 각종 정신장애와 트라우마 치료 등
산업	제품 가상 체험, 원격 로봇 조정 등

(a) 엔터테인먼트 분야

(b) 교육 분야

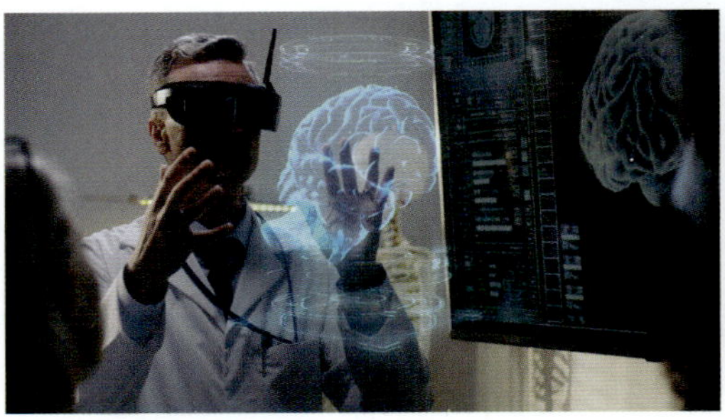

(c) 의료 분야

(d) 산업 분야

그림 12-21 **분야별 가상현실 적용 사례**

3 증강현실

2016년 큰 화제였던 '포켓몬 GO Pokemon GO' 게임은 출시된 지 24시간 만에 앱 스토어 최고 매출을 기록하며 무료 차트 순위 1위를 차지했다. 다운로드 수가 급증해 서버 문제를 겪기도 했는데, '포켓몬 GO' 게임이 바로 증강현실을 기반으로 한 게임이다.

그림 12-22 **증강현실 게임 : 《포켓몬 GO(Pokemon Go)》**

증강현실AR, Augmented Reality이란 실제 환경에 가상 사물을 합성해 원래 존재하는 사물처럼 보이도록 하는 컴퓨터 그래픽 기법이다. 현실 세계의 영상·이미지·배경에 3차원의 가상 이미지 또는 부가 정보를 합성해 하나의 영상으로 보여 준다. 가상현실이 현실 세계로부터 완전히 차단된 상태에서 가상공간을 체험하는 형태였다면, 증강현실은 현실 세계와 컴퓨터 영상을 합쳐 기술이 적용됐을 때의 상황을 체험하는 형태이다. 사용자 환경에 맞춰 실시간으로 가상의 영상을 현실과 합성해 보여 주고, 사용자와 상호작용하며 정보를 조작한다.

가상현실 기술은 영화, 영상 분야 등의 특수 환경에서 주로 사용되지만, 증강현실 기술은 다양한 애플리케이션이 개발되어 활용될 만큼 대중화된 상태이다. 우리 주변에서 쉽게 볼 수 있는 증강현실 사례로는 스마트폰의 지도 검색, 위치 검색 서비스 등이 있다. 스마트폰에는 고성능 그래픽 처리 능력과 각종 센서가 탑재되어 있어 증강현실 디스플레이 적용 요건이 잘 갖춰져 있다. 그래서 앞으로 증강현실 기술의 활용 분야는 점점 더 확대될 전망이다.

그림 12-23 **증강현실 기술의 활용 예**

요약

01 멀티미디어의 개념

멀티미디어는 다수를 뜻하는 'Multi'와 정보를 전달하는 매체를 뜻하는 'Media'를 결합한 용어로, 다양한 미디어들을 아우르는 단어이다.

02 멀티미디어의 분류

표현 미디어, 저장 미디어, 전송 미디어, 제시 미디어, 지각 미디어가 있다.

03 멀티미디어의 특징

멀티미디어의 특징으로는 디지털화, 통합화, 영상화, 쌍방향성, 비동기화가 있다.

04 멀티미디어 활용 분야

멀티미디어의 활용 분야로는 비즈니스, 교육·훈련, 홈 관련, 방송·광고, 연구·개발, 정부·공공장소 등이 있다.

05 멀티미디어 시스템

멀티미디어 정보를 처리하는 컴퓨터 또는 컴퓨팅 기기를 일컫는다. 입력장치, 출력장치, 저장장치, 미디어 처리장치로 구성되어 있다. 멀티미디어 시스템의 운영체제는 오디오나 비디오 같은 연속적인 미디어 데이터의 처리를 위해 추가 서비스를 제공한다.

06 멀티미디어의 구성 요소

- 텍스트 : 가장 많이 사용하는 데이터 형식으로, 주로 키보드를 통해 입력한다. 다른 멀티미디어 데이터보다 기억 용량을 적게 차지한다. 같은 기억 용량을 사용할 경우 표현할 수 있는 정보량이 가장 많다.
- 이미지 : 스캐너나 디지털카메라를 통해 입력된 시각 정보이다. 멀티미디어 환경에서는 2차원 평면 위에 나타나는 시각적 표현물이라고 한다.
- 애니메이션 : 멈춰 있는 사물에 생명을 불어넣어 움직이는 것처럼 보이게 만드는 촬영 기법 또는 영화를 뜻하는 말이다. 전통적인 애니메이션과 디지털 애니메이션으로 구분된다. 디지털 애니메이션은 컴퓨터 애니메이션이라고도 하며, 컴퓨터와 컴퓨터 그래픽스 기술을 사용해 이미지를 영상으로 제작한다.
- 사운드 : 청각과 관련된 매체로, 음원이 공기 분자를 진동시켜 발생한 공기의 파동을 고막으로 인지하는 소리이다. 현대에는 디지털 기술을 기반으로 컴퓨터에서 사운드를 직접 생성하고 편집할 수 있게 되었다.

- 비디오 : 영상을 의미하는 용어로, 짧은 시간 동안 순차적으로 정지 화면이 재생되는 '정지 영상 구조'이다. 정지 이미지와 오디오 데이터로 구성되어 있으며, 멀티미디어 데이터 중 용량이 가장 크다. 그래서 저장 · 전송 · 압축 기술을 사용해야 한다.

07 멀티미디어의 응용 기술

- 컴퓨터 그래픽스 : 컴퓨터를 사용해 제작된 이미지와 이를 구현하는 데 필요한 기술을 통틀어 부르는 말이다.
- 가상현실 : 컴퓨터로 구축한 가상공간에서 인간의 다양한 감각이 기계와 상호작용해 몰입감과 입체감을 느낄 수 있게 한 기술이다.
- 증강현실 : 실제 환경에 가상 사물을 합성해 원래 존재하는 사물처럼 보이도록 하는 컴퓨터 그래픽 기법이다. 현실 세계의 영상 · 이미지 · 배경에 3차원의 가상 이미지 또는 부가 정보를 합성해 하나의 영상으로 보여 준다.

연습문제

단답형 문제

01 (   )는 다수를 뜻하는 'Multi'와 정보를 전달하는 매체를 의미하는 'Media'를 결합한 용어이다.

02 (   )는 멀티미디어 데이터 생성에 관련된 미디어이고, (   )는 멀티미디어 데이터를 컴퓨터에서 처리 · 편집 · 재생하기 위한 저장 매체이다.

03 (   )는 사용자가 멀티미디어 정보나 콘텐츠의 내용을 확인하는 데 사용하는 매체이고, (   )는 인간의 시청각에 해당한다.

04 (   )이란 멀티미디어 정보를 처리하는 컴퓨터 또는 컴퓨팅 기기를 일컫는 말이다.

05 (   )는 평판 위에 펜 모양의 스타일러스를 이동시키며 글자를 쓰듯 정보를 입력하는 장치이고, (   )은 터치패널의 특정 위치를 손끝이나 기타 물체로 접촉하면 그 위치의 좌표를 파악해 사용자가 원하는 작업을 처리해 주는 장치이다.

06 (   )는 하드디스크보다 속도가 빠르고 지연 · 실패율 · 발열 · 소음이 적으며 크기가 작다.

07 CPU는 데이터를 모니터에 전달해 출력하지 못하므로 이러한 기능을 담당하는 장치인 (   )가 따로 필요하다.

08 (   )는 외부 스피커를 통해 다양하고 깨끗한 음향을 출력하는 장치이다.

09 (   )는 가장 많이 사용하는 데이터 형식이며 주로 키보드를 통해 입력한다. 다른 멀티미디어 데이터보다 기억 용량을 적게 차지한다. 같은 용량을 기준으로 했을 때 표현할 수 있는 정보량이 가장 많다.

10 (　　　　　　)은 컴퓨터에서 문자를 사용하기 위해 이진코드를 일정한 규칙에 따라 각 문자에 할당하는 것이다.

11 (　　　　　　)이란 컴퓨터에 저장하거나 통신에 사용할 목적으로 문자나 기호를 다른 형식으로 변환하는 것이다.

12 (　　　　　　)는 스캐너나 디지털카메라를 통해 입력된 시각 정보로, 멀티미디어 환경에서는 2차원 평면 위에 나타나는 시각적 표현물을 뜻한다.

13 (　　　　　　)은 디지털 이미지의 최소 단위로, 관련 정보가 저장된다.

14 (　　　　　　)은 2차원의 컴퓨터 화면을 주사선을 이용해 바둑판 모양의 미세한 격자 형태로 나눈 후 그 위에 이미지를 표현하는 방식이다.

15 (　　　　　　)은 드로잉 계열의 프로그램에서 사용하는 표현 방식으로, 이미지를 수학적인 공식으로 나타낸다.

16 (　　　　　　)은 컴퓨터 환경에서 컬러 영상을 효율적으로 처리하기 위해 국제조명위원회가 개발했다.

17 (　　　　　　)는 가산 혼합 모델로, 빛의 3원색인 빨간색, 녹색, 파란색으로 구성되어 있다.

18 (　　　　　　)는 감산 혼합 모델로, 인쇄 매체에서 사용되는 청록색, 선홍색, 노란색, 검은색으로 구성되어 있다.

19 (　　　　　　)은 움직임이 없는 사물에 생명을 불어넣어 움직이는 것처럼 보이게 만드는 촬영 기법 또는 영화를 일컫는 말이다.

연습문제

20 (   )은 컴퓨터로 2D 또는 3D 이미지들을 결합해 화면에서 연속적으로 움직이게 구현하는 기술이다.

21 (   )는 청각과 관련된 매체로, 음원이 공기 분자를 진동시켜 발생한 공기의 파동을 고막으로 인지하는 소리이다.

22 (   )는 소리의 높낮이를 결정하고, (   )은 파형의 기준선에서 최고점까지의 거리를 의미하며 소리의 크기를 결정한다. (   )은 파형이 가지는 고유한 특징이다.

23 (   )는 영상을 의미하는 용어로, 짧은 시간 동안 순차적으로 정지 화면이 재생되는 '정지 영상 구조'이다.

24 (   )은 단위 시간당 데이터의 전송량을 의미한다.

25 (   )은 영상 데이터의 용량을 줄이는 것으로, 압축된 데이터를 복원하는 과정에서 영상의 품질이 떨어지지 않아야 한다.

26 (   )은 디지털 데이터로 변환된 정보를 압축해 파일 용량을 감소시키는 인코딩과 인코딩된 데이터를 다시 복원해 출력하는 디코딩 작업을 수행하는 과정이다.

27 (   )는 컴퓨터를 사용하여 제작된 이미지와 이를 구현하는 데 필요한 기술을 합친 말이다.

28 (   )이란 컴퓨터를 이용해 구축한 가상공간에서 인간의 다양한 감각이 이미지와 상호작용해 몰입감과 입체감을 느끼도록 하는 기술이다.

29 (   )이란 실제 환경에 가상 사물을 합성해 원래 존재하는 사물처럼 보이도록 하는 컴퓨터 그래픽 기술이다.

객관식 문제

30 다음 중 멀티미디어에 대한 설명이 아닌 것은?

① 다수를 뜻하는 'Multi'와 정보 전달 매체를 의미하는 'Media'를 결합한 용어이다.

② 다양한 미디어들을 통합해 부르는 말이다.

③ 여러 가지 형식의 멀티미디어 데이터와 ICT 기술을 이용해 사용자와 상호작용하며 정보를 제공하는 미디어이다.

④ 컴퓨터를 사용해 제작된 이미지와 이를 구현하는 데 필요한 기술을 합하여 부르는 말이다.

⑤ 1990년대에 들어서면서 개인용 컴퓨터와 운영체제의 성능이 향상되자 멀티미디어 기술도 함께 발전했다.

31 멀티미디어 데이터 생성과 관련된 미디어는 무엇인가?

① 표현 미디어 ② 저장 미디어 ③ 제시 미디어

④ 지각 미디어 ⑤ 인식 미디어

32 다음 중 멀티미디어의 특징이 아닌 것은?

① 디지털화 ② 통합화 ③ 영상화

④ 쌍방향성 ⑤ 동기화

33 다음 중 멀티미디어 활용 분야와 콘텐츠가 올바르게 짝지어지지 않은 것은?

① 비즈니스 - 전자상거래

② 교육 - 코스웨어

③ 홈 관련 - 온라인 쇼핑

④ 방송 - 정부 부처 SNS 지도

⑤ 공공장소 - 정보 키오스크

34 다음 중 멀티미디어 시스템의 입력장치가 아닌 것은?

① 터치스크린 ② 스피커 ③ 키보드

④ 마우스 ⑤ 디지타이저

35 다음 중 가상공간에서 몰입 효과를 얻을 수 있는 멀티미디어 시스템의 출력장치는 무엇인가?

① HMD ② 모니터 ③ 프로젝터
④ 플로터 ⑤ 프린터

36 하드디스크와 비교했을 때 SSD의 장점이 아닌 것은?

① 빠른 속도 ② 낮은 지연율 ③ 적은 소음
④ 낮은 발열 ⑤ 큰 용량

37 다음 중 그래픽 카드에 대한 설명이 아닌 것은?

① 외부 스피커를 통해 다양하고 깨끗한 음향을 출력하는 장치이다.
② CPU는 데이터를 모니터에 전달해 출력하는 기능이 없어 이를 보완하기 위해 개발한 장치이다.
③ 3D 작업을 할 땐 용량이 큰 그래픽 카드가 추가로 필요하다.
④ 예전에는 컴퓨터에 따로 장착해 사용했지만 요즘은 메인보드 또는 프로세서에 GPU 기능을 내장해 사용한다.
⑤ 기판, GPU, 비디오 메모리, 장착 슬롯, 모니터 출력부로 구성되어 있다.

38 다음 중 멀티미디어 시스템 운영체제의 특징이 아닌 것은?

① 실시간 처리
② 빠른 속도
③ 대용량 데이터 처리
④ 데이터 관계성에 따른 처리
⑤ 데이터 품질의 가변성에 따른 처리

39 멀티미디어에서 가장 많이 사용되는 데이터 형식은 무엇인가?

① 이미지 ② 애니메이션 ③ 사운드
④ 텍스트 ⑤ 비디오

40 컴퓨터에서 문자를 사용하기 위해 이진코드를 일정한 규칙에 따라 각 문자에 할당하는 것을 무엇이라고 하는가?

① 텍스트 시스템
② 문자 시스템
③ 코드 시스템
④ 할당 시스템
⑤ 동기화 시스템

41 다음 중 텍스트의 파일 형식이 아닌 것은?

① HWP ② GIF ③ DOCX
④ PDF ⑤ TXT

42 다음 설명의 빈칸에 들어갈 용어로 알맞은 것은?

> 이미지는 보통 사진, 그림, 도형 등과 같은 형태로 저장되며, [　　　] 단위로 표현된다.

① 셀 ② 픽셀 ③ 리터
④ 비트 ⑤ 바이트

43 다음 중 비트맵 방식의 특징이 아닌 것은?

① 이미지를 확대하면 계단 현상이 발생한다.
② 이미지 해상도는 픽셀 수와 1픽셀당 비트 수에 따라 결정된다.
③ 이미지 해상도가 높아지면 저장 용량도 커진다.
④ 모니터 화면에 표시되는 속도가 벡터 방식보다 빠르다.
⑤ 이미지를 확대 · 축소 · 회전해도 품질에 영향을 끼치지 않는다.

44 다음 중 이미지의 파일 형식이 아닌 것은?

① BMP ② GIF ③ JPEG
④ RGB ⑤ PNG

연습문제

45 컴퓨터로 2D 또는 3D 이미지들을 결합해 화면에서 연속적으로 움직이게 구현하는 기술은 무엇인가?

① 아날로그 애니메이션

② 셀 애니메이션

③ 종이 애니메이션

④ 풀 애니메이션

⑤ 디지털 애니메이션

46 다음 중 3D 디지털 애니메이션에 대한 설명이 아닌 것은?

① 최신 그래픽스 기술을 사용한다.

② 3차원 가상공간을 배경으로 제작하는 애니메이션이다.

③ 하나의 캐릭터에 대한 모델링이 완료되면 이를 재사용해 다른 모델로 만들 수 있다.

④ 2D 애니메이션과는 비교되지 않을 정도로 실사 같은 그래픽을 표현한다.

⑤ 그래픽 소프트웨어를 사용해 평면 이미지로 제작한 애니메이션이다.

47 다음 중 사운드 관련 용어에 대한 설명으로 틀린 것은?

① 주파수 : 주기 값의 역수인 1초당 주기의 개수

② 진폭 : 파형의 기준선에서 최고점까지의 거리

③ 음파 : 일정한 진동수로 반복하는 파형

④ 사이클 : 파형이 같은 모양으로 계속 나타내는 것

⑤ 음색 : 압축성 파동 형태

48 다음 중 사운드의 파일 형식이 아닌 것은?

① WAV ② MP3 ③ MIDI

④ WMA ⑤ MPEG

49 비디오에서 중요한 요소 중 하나인 단위 시간당 데이터 전송량을 무엇이라고 하는가?

① 대역폭 ② 프레임 ③ 주파수

④ 방화벽 ⑤ 디코딩

50 인코딩과 디코딩 작업을 수행하는 과정을 무엇이라고 하는가?

① 코덱 ② 동기화 ③ 영상화수
④ 시스템 ⑤ 멀티미디어

51 3차원 컴퓨터 그래픽스의 제작 과정 중 여러 명령을 연산 처리해 최종적인 그래픽 이미지로 출력하는 과정을 무엇이라고 하는가?

① 모델링 ② 셰이딩 ③ 인코딩
④ 디코딩 ⑤ 렌더링

52 다음 중 가상현실에 대한 설명이 <u>아닌</u> 것은?

① 인간과 컴퓨터의 상호작용을 통해 이루어진다.
② 몰입감과 입체감을 느낄 수 있다.
③ 스마트폰만 있으면 구현할 수 있다.
④ 사용자의 시선과 동작의 변화를 감지해 그에 맞는 화면을 보여 준다.
⑤ 사용자가 현실 감각을 느낄 수는 있지만 현실과는 전혀 다른 공간이 배경이다.

53 증강현실을 다른 말로 무엇이라고 하는가?

① VR ② SSD ③ KS
④ MIDI ⑤ AR

주관식 문제

54 멀티미디어란 무엇인지 정의하시오.

55 멀티미디어 시스템 중 사운드 카드에 대해 설명하시오.

연습문제

56 비트맵 방식과 벡터 방식을 비교하여 설명하시오.

57 주파수, 진폭, 음색에 대해 설명하시오.

58 24비트 트루 컬러에 이미지 해상도는 640×480, 초당 프레임수는 30fps, 재생 시간은 30초인 프레임의 데이터 크기, 대역폭, 비디오 데이터의 크기를 구하시오.

59 3차원 컴퓨터 그래픽스의 표현 방식 중 폴리곤 방식에 대해 설명하시오.

60 증강현실이란 무엇인지 정의하시오.

CHAPTER 13

인공지능

학습목표

- 인공지능의 개념, 역사, 최근 현황에 대해 알아본다.
- 인공지능 시스템 중 지식 표현, 전문가 시스템, 탐색에 대해 알아본다.
- 기계학습의 개념과 종류에 대해 이해한다.
- 인공신경망의 개념과 구조에 대해 알아본다.
- 단층 퍼셉트론과 다층 퍼셉트론을 이해한다.

PREVIEW

섹션 1에서는 먼저 인공지능의 개념을 알아보고 강인공지능과 약인공지능, 튜링 테스트에 대해 살펴본다. 또한 인공지능의 역사와 최근 현황을 파악한다.

섹션 2에서는 인공지능의 세부 분야인 지식 표현, 전문가 시스템, 탐색에 대해 알아본다.

섹션 3에서는 기계학습의 개념과 종류에 대해 알아본다.

섹션 4에서는 인공신경망의 개념과 구조에 대해 알아본다. 이에 더해, 인공신경망의 한 종류로 패턴인식과 신경 전달 과정의 구조적 이론에 많은 영향을 끼친 단층 퍼셉트론과 다층 퍼셉트론에 대해 학습한다.

이번 챕터를 통해 인공지능에 대한 전반적인 내용을 파악할 수 있을 것이다.

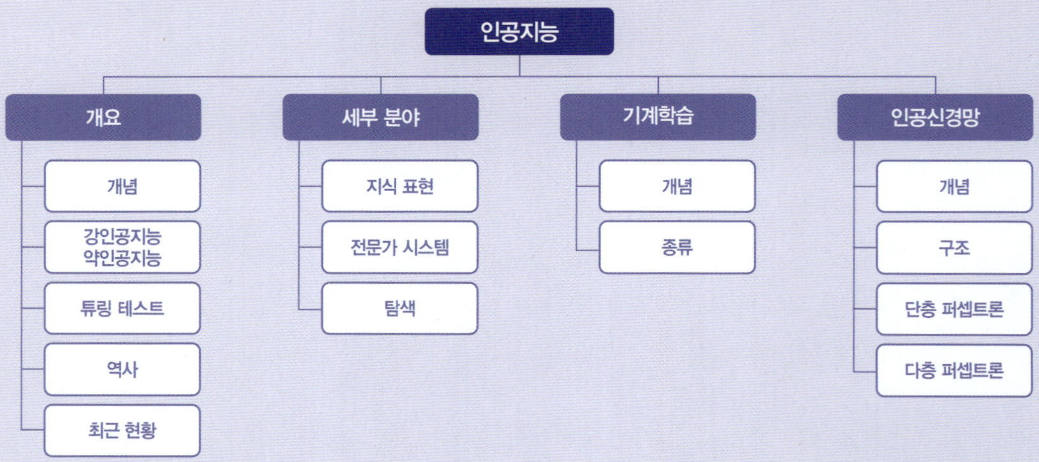

SECTION 01

인공지능의 개요

1 인공지능의 개념

인공지능AI, Artificial Intelligence이란 인간이 가지고 있는 지적 능력을 인공적으로 구현하는 기술이다. 인간의 지능으로 할 수 있는 사고 · 학습 · 자기계발 등을 컴퓨터로 구현하는 방법에 대해 연구하는 ICT 기술의 한 분야로, 컴퓨터가 인간의 지능적인 행동을 모방하게 하는 데 목적이 있다. 인공지능 활용의 예라고 하면 보통 [그림 13-1] 같은 휴머노이드 로봇Humanoid Robot이나 자율주행 자동차를 떠올릴 것이다.

(a) 휴머노이드 로봇 페퍼(Pepper) (b) 자율주행 자동차 콘셉트 카

그림 13-1 **인공지능의 예**

또한 인공지능과 인간의 세기의 대결도 빼놓을 수 없다. [그림 13-2] (a)는 1997년에 열린 세계 체스 챔피언 가리 카스파로프Garry Kasparov와 IBM사 딥블루Deep Blue의 체스 대결 장면이고, (b)는 2016년에 열린 프로 바둑기사 이세돌 9단과 구글사 알파고AlphaGo의 바둑 대국 장면이다. 이 두 대결 모두 인공지능을 기반으로 한 컴퓨터가 최종 승리하였다.

(a) 인공지능과의 체스 대결 (b) 인공지능과의 바둑 대결

그림 13-2 **인공지능과 인간의 대결**

2 강인공지능과 약인공지능

일반적으로 인공지능은 크게 강인공지능과 약인공지능으로 나뉜다.

강인공지능Strong AI은 인간이 하는 일을 인간과 유사한 방법으로 수행하는 자동화 시스템을 뜻한다. 인간의 지능을 컴퓨터의 정보처리능력으로 구현하는 데에 목적이 있다. 강인공지능의 특징은 인간과 동일한 방법으로 일을 수행한다는 것이다. 인간이라고 보아도 이상하지 않을 지적 능력을 가지고 있기 때문에 현재 이슈가 되고 있는 인공지능 관련 문제는 대부분 강인공지능을 염두에 둔 것들이다.

약인공지능Weak AI은 인간의 특정 행위 결과를 모방하는 시스템을 뜻한다. 인간과는 다른 방법을 사용해도 같은 결과를 구현해 내기만 하면 된다. 사진에서 특정 물체를 찾거나 소리를 듣고 어떤 상황인지 파악하는 것처럼, 인간이 쉽게 해결할 수 있는 문제를 컴퓨터가 수행하게 하는 데 중점을 두고 있다. 강인공지능보다는 좀 더 실용적인 목표를 가지고 개발 중이다. 즉 지능을 가진다기보다는 특정한 문제를 해결하는 도구로 활용될 가능성이 크다. 현재까지 만들어진 모든 인공지능은 약인공지능에 해당한다.

강인공지능과 약인공지능은 비유하자면 다음과 같다. 비행기가 개발되기 전까지 인간은 새가 날개를 움직이는 방식을 모방해 비행 실험을 시도했었다. 그런데 현재 개발된 비행기는 새가 날개를 움직이며 나는 방식과는 다른 방식인 제트 엔진을 이용한다. 하지만 두 가지 경우 모두 새의 '나는 행위Fly' 기능을 수행한다. 즉, 강인공지능은 새가 날개를 움직이며 날아가는 것과 똑같은 방식으로 비행기를 구현하는 분야이고, 약인공지능은 새와 다른 방식으로 날고 있지만 날아간다는 목적 자체를 비행기로 구현하는 분야라고 보면 된다. 약인공지능은 무엇을 해야 한다는 공학적인 관점에서 인공지능을 기술로 구현한 것과 같다.

TIP 강인공지능은 '과정'을, 약인공지능은 '결과'를 중시한다고 생각하면 된다.

(a) 강인공지능 : 새가 날아가는 방식까지 구현한 비행기

(b) 약인공지능 : 날아가는 목적을 구현한 비행기

그림 13-3 **강인공지능과 약인공지능의 차이**

3 튜링 테스트

튜링 테스트Turing Test란 기계가 지능을 가지고 있는지 아닌지를 판별하고자 만든 테스트로, 1950년 영국의 수학자 앨런 튜링Alan Turing이 제안했다.

테스트 방식은 [그림 13-4]와 같다. 평가자 A가 자연어Natural Language를 사용해 텍스트 기반으로 객체 B(인간), 객체 C(컴퓨터)와 대화한다. 이때, 객체 B와 C는 커튼에 가려져 있어 정체를 파악할 수 없다. 만약 평가자 A가 객체 C와 대화를 했는데 대화 상대가 컴퓨터인지 인간인지 분별할 수 없다고 느낀다면 컴퓨터인 객체 C는 지능을 가졌다고 판단할 수 있다. 다시 말해, 질문에 대한 답변이 정확한지 아닌지와 상관없이 대화 상대가 컴퓨터라는 것을 분별할 수 없다면 테스트를 통과한 것이다.

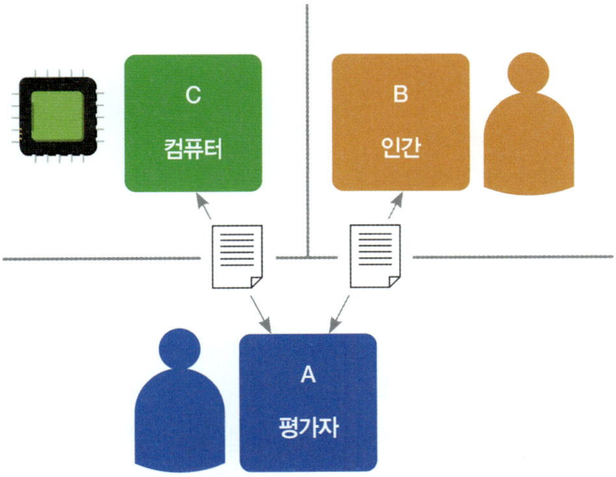

그림 13-4 **튜링 테스트 방식**

하나 더 알기 **앨런 튜링과 튜링머신**

제2차 세계대전 당시, 독일군은 명령을 암호화할 목적으로 에니그마(Enigma)라는 기계를 발명했다. 에니그마는 매우 정교한 로직과 복잡한 암호화 기법을 갖춘 암호 생성기이다. 에니그마의 암호키는 24시간을 기준으로 변경되면서 각지의 독일군에게 전달됐는데, 영국군은 이 암호문을 가로채도 완벽히 풀어내지 못했다. 24시간 내에 암호를 풀기도 역부족인데 매일 새로운 암호문이 도착했기 때문이다. 이는 영국군이 전투에서 계속 패하는 원인으로 작용했다.

이러한 상황에서 앨런 튜링은 독일군의 암호문을 해석하기 위한 기계를 만들었는데, 이것이 바로 튜링머신(Turing Machine)이다. 영국군은 튜링머신을 이용해 에니그마의 암호를 풀었고 마침내 전투에서 승리할 수 있었다. 이는 제2차 세계대전을 끝맺는 결정적인 계기가 되었다. 이후 튜링머신은 현재 우리가 사용하는 컴퓨터 동작 방식의 기초가 된다.

그림 13-5 앨런 튜링과 튜링머신

4 인공지능의 역사

인공지능의 역사는 우리가 생각하는 것보다 훨씬 길고 복잡하다. 그 과정을 인공지능의 시작, 인공지능의 기대 및 좌절, 인공지능의 부흥 3단계로 나누어 알아보자.

인공지능의 시작(1940~50년대)

인공지능에 관한 최초의 연구는 1943년 신경 생리학자 워렌 스터기스 맥컬록Warren Sturgis McCulloch과 월터 피츠Walter Pitts의 논문 〈신경 활동 내 내재적인 생각들의 논리 연산A Logical Calculus of the Ideas Immanent in Nervous Activity〉에서 시작되었다고 보고 있다. 이들은 계산 가능한 함수는 인공 뉴런의 네트워크로도 계산할 수 있다고 판단해, 적절하게 정의된 네트워크의 학습Learning 가능성을 연구했다. 여기서 주목할 점은 최초의 전자식 컴퓨터 ABC가 등장한 시기(1942년)와 비슷한 시기에 인공지능 관련 연구가 시작되었다는 것이다. 이는 인간이 전자식 컴퓨터를 개발함과 동시에 사람의 두뇌 활동을 모방하려고 했다는 중요한 근거가 된다.

그 후로도 인공지능 관련 연구는 꾸준히 진행되며 튜링 테스트Turing Test, 기계학습Machine Learning, 유전 알고리즘Genetic Algorithm, 강화 학습Reinforcement Learning 등이 차례로 소개되었다. 1951년에는 과학자 마빈 민스키Marvin Lee Minsky와 딘 에드몬즈Dean Edmonds가 최초의 신경망 컴퓨터를 만들었으며, 1956년에는 컴퓨터 과학자 존 맥카시John McCarthy가 다트머스 회의Dartmouth Conference에서 오토마타Automata 이론, 신경망Neural Network, 지능Intelligence 연구 같은 분야를 인공지능이라고 명명했다. 인공지능이라는 단어의 첫 등장이었다.

TIP **오토마타 :** 추상적인 컴퓨팅 기계와 그 기계가 풀 수 있는 문제들을 연구하는 컴퓨터 과학의 한 분야이다.

인공지능의 기대 및 좌절(1960~80년대 초)

초창기 인공지능은 원시적이라고 할 수 있는 당시의 컴퓨터를 이용해 지능적인 문제를 성공적으로 풀어냈다. 문제가 제한적이긴 했지만 많은 사람들을 놀라게 했다. 이러한 성공을 바탕으로, 초창기에는 인공지능의 미래를 매우 긍정적으로 바라보았다. 가까운 미래에는 컴퓨터가 체스 챔피언이 되고 중요한 수학 정리도 증명해 낼 것이라고 보았기 때문이다.

TIP 존 맥카시는 인공지능 분야의 이 시기를 'Look, Ma, No hands!' 시대라고 불렀다. 어린이가 처음으로 자전거를 손 놓고 타게 되면서 흥분한 상태를 나타내는 말이다.

하지만 이러한 예상은 40년이나 지난 1997년, 딥블루Deep Blue 컴퓨터가 인간 체스 챔피언과의 대결에서 이기며 실현되었다. 초창기의 생각들은 지나친 낙관이었다. 당시의 인공지능 시스템은 좀 더 일반화된 문제 풀이에 계속 실패했는데, 컴퓨터 성능이 좋지 못했다는 점과 인공지능의 모델로 삼았던 인간의 뇌에 대해 연구자도 아는 것이 거의 없었다는 점을 원인으로 보았다. 즉, 사람이 생각하는 구조를 모방해 인공지능을 만들려고 했지만 정작 사람이 어떻게 생각하고 추론하고 반응하는지를 몰랐던 것이다. 또한 초창기의 인공지능 연구를 이끈 인공신경망 관련 연구에 자주 사용됐던 인공신경망 퍼셉트론Perceptron의 한계가 드러나기도 했다. 인공지능은 점차 인기를 잃었고, 결국 오랜 침체기인 '인공지능의 겨울AI Winter'을 맞이했다.

인공지능의 부흥(1980년대~현재)

1980년대 중반, 다층 퍼셉트론Multi-Layer Perceptron의 학습 알고리즘인 오차 역전파법Back Propagation 알고리즘이 연구되면서 신경망 연구에 큰 반향이 일었다. 퍼셉트론의 문제점이 해결되자 인공신경망을 지원하는 하드웨어의 성능도 발전하기 시작했다. 이후 병렬 처리에 관한 연구를 시작으로 점점 더 많은 연구가 진행되었다. 또한 인터넷과 SNS 등의 보급으로 대용량 데이터를 처리할 일이 빈번해지자 일상생활에서도 지능적인 서비스가 필요해졌다. 이에 따라 인공지능 연구에 대한 필요성이 높아졌고, 실전 응용 분야 적용에 성공하면서 활기를 되찾았다. 지금은 구글, 페이스북, 아마존 등 초대형 IT 기업들이 인공지능 연구에 많은 힘을 쏟고 있다. 빅데이터, 데이터 과학, 로봇 등의 연구가 모두 인공지능 관련 연구 또는 사업이라고 할 수 있다.

5 인공지능의 최근 현황

최근의 IT 업계는 인공지능 연구로 들썩이고 있다. 초대형 IT 기업인 구글, 애플, 삼성, 마이크로소프트, 아마존, 페이스북 등은 경쟁적으로 인공지능 관련 연구와 관련 회사 인수에 나서며 다양한 인공지능 서비스를 출시하기 위해 노력하고 있다. 페이스북의 사진 속 얼굴 자동 인식 및 태깅, 구글의 이메일 필터링이나 이메일 내용 및 스케줄러 동기화, 마이크로소프트와 아마존의 인공지능 엔진 등 가히 인공지능의 전성시대라고 해도 모자람이 없을 정도이다. 또한 음성 인식, 얼굴 인식, 자율주행 자동차, 게임, 금융, 유통, 의학 등 개발되었거나 개발되고 있는 인공지능 응용 분야도 아직 많다.

이 중 인공지능 개발의 대표적인 사례인 IBM사의 왓슨, IBM사의 예측 범죄 전투, 구글 브레인, 구글 어시스턴트에 대해 간단히 알아보자.

- **IBM사의 왓슨(Watson)** : 자연어 처리를 위해 만들어진 컴퓨터로, 2011년 미국의 퀴즈쇼 〈제퍼디Jeopardy!〉에 출연해 우승한 적이 있다. 현재 왓슨을 활용한 인공지능 로봇이 개발되었으며 인공지능 변호사, 인공지능 의사 등의 시스템 개발에도 힘쓰고 있다.
- **IBM사의 예측 범죄 전투(Predictive Crime Fighting)** : 범죄 기록이나 범죄자의 이름 및 행동, 소셜 미디어 모니터링 시스템을 통해 수집한 데이터를 바탕으로 가까운 미래에 일어날 수 있는 범죄를 예측하는 시스템이다. 관련 테스트 결과, 범죄 발생률을 줄였다는 보고도 있다.
- **구글 어시스턴트(Google Assistant)** : 구글에서 개발한 음성 인식 인공지능 비서이다.
- **구글 브레인(Google Brain)** : 구글의 딥러닝 인공지능 연구팀이다. 2010년대 초에 만들어졌으며, 오픈 엔드 방식의 기계학습 연구를 시스템 공학 및 구글 스케일 컴퓨팅 리소스와 결합해 진행 중이다.

(a) IBM사의 왓슨

(b) IBM사의 예측 범죄 전투

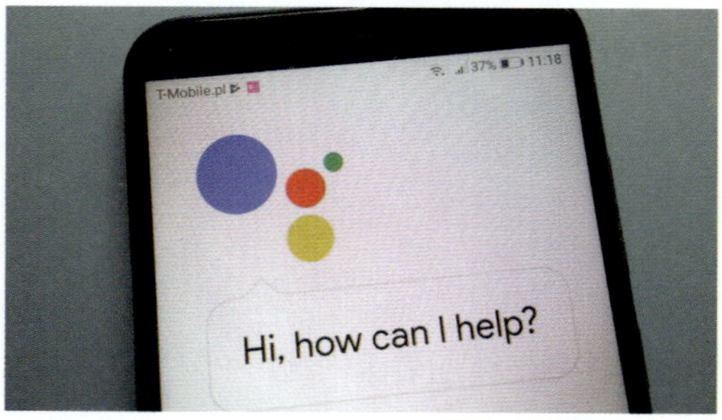

(c) 구글 어시스턴트

(d) 구글 브레인

그림 13-6 초대형 IT 기업들의 최신 인공지능 기술 개발 사례

하나 더 알기 수학을 통해 알아보는 인공지능적 문제 해결

수학의 '방정식 풀이' 문제를 이용하여 인공지능적 문제 해결에 대해 한번 생각해 보자. 아래와 같은 미지수 x에 대한 2차 방정식의 해를 구하는 방법으로는 여러 가지가 있는데, 그중에서도 '근의 공식'과 '인수분해 방식'을 가지고 살펴볼 것이다.

$$3x^2 + 7x + 2 = 0$$

- **근의 공식(Quadratic Formula)** : 2차 방정식 $ax^2 + bx + c = 0$(a, b, c는 상수, a는 0이 아님)을 완전 제곱식으로 변형해 근을 쉽게 구할 수 있도록 한 일반식이다.

$$x = \frac{-b \pm \sqrt{b^2 - 4ac}}{2a}$$

위에서 제시한 2차 방정식에 근의 공식을 대입하면 해는 다음과 같다.

$$x_1 = \frac{-7 + \sqrt{7^2 - 4 \times 3 \times 2}}{2 \times 3} = \frac{-7 + \sqrt{49 - 24}}{6} = -\frac{2}{6} = -\frac{1}{3}$$
$$x_2 = \frac{-7 - \sqrt{7^2 - 4 \times 3 \times 2}}{2 \times 3} = \frac{-7 - \sqrt{49 - 24}}{6} = -\frac{12}{6} = -2$$

- **인수분해(Factorization)** : 인수(Factor)는 약수라고도 하는데, 어떤 수를 인수분해한다는 것은 해당하는 수를 다른 수(인수)들의 곱으로 표현한다는 뜻이다. 예를 들어, $8 = 2 \times 4$라는 식은 8을 2와 4로 인수분해했다고 표현할 수 있다. 즉, 특정 수를 인수들의 곱으로 나타낸 것이다. 위에서 제시한 2차 방정식은 다음과 같이 인수분해할 수 있다.

$$3x^2 + 7x + 2 = (3x + 1)(x + 2) = 0$$

계산 결과는 마찬가지로, $x = -\frac{1}{3}$ 또는 -2가 나온다.

근의 공식을 사용하든, 인수분해를 사용하든 결과는 같다. 다만, 근의 공식은 해당 숫자를 식에 대입하는 방식이라서 컴퓨터 프로그래밍을 이용하면 더욱 단순하게 구현할 수 있다.

그렇다면, 이 수식에 대한 컴퓨터의 방정식 풀이 방법을 이야기해 보자. 인공지능이란 기본적으로 컴퓨터를 이용한 문제 풀이를 의미한다. 관련 풀이 방법으로는 '근의 공식'과 '생성 및 테스트'가 있는데, 좀 더 자세히 살펴보도록 하겠다.

- **근의 공식** : 컴퓨터를 이용한 방법 중 가장 단순한 방법은 근의 공식을 이용하는 것이다. 그러나 이 방법은 지능적(intelligent)이라기보다 단순한 계산(computation)이라고 보는 것이 더 적합하다.
- **생성 및 테스트(Generate and Test)** : 수식의 정답이 될 수 있는 해(Promising Candidates)를 모두 검사해 보는 방법이다. 해가 존재할 가능성이 있는 영역을 대략적으로 알고 있으면 사용 가능하다. $-\infty$에서 $+\infty$ 사이의 모든 수를 식에 대입해 등호가 만족하는 수를 찾으면 된다. 이 방법은 겉으로는 무식하고 무모해 보이지만, 컴퓨터의 빠른 연산 속도 덕분에 많이 쓰이고 있다. '너무 쉽게 풀리는 것 같은데 정말 이

렇게 하면 풀릴까? 문제점은 없을까?'라는 생각에서 연구가 시작되는 분야가 바로 인공지능이라고 보면 된다. 실제로도 인공지능 외 여러 분야에서 무차별 대입 공격(Brute-force)이라는 이름으로 이런 방식의 기법이 사용되고 있다. 해의 위치를 모른다면 모든 영역을 검색하고, 해의 대략적인 위치를 안다면 그 영역 주변의 가능성 높은 해를 검색하면 된다. 하지만 이 방법 또한 지능적이라고 할 수 있느냐에 대한 답은 아직 물음표이다.

SECTION 02 인공지능의 세부 분야

1 지식 표현

지식Knowledge은 정보와 데이터 등을 포함하는 개념이며, 지식 표현Knowledge Representation은 지식·정보·데이터를 사용하기 쉽게 표현하는 방법을 연구하는 분야이다. 정보와 지식이라는 단어는 명확히 구분하기 애매하지만, 일반적으로 지식은 데이터를 잘 정리해 체계화한 내용이라는 뜻을 가진다.

그림 13-7 데이터, 정보, 지식의 구분

인간은 텍스트와 자연어를 이용해 지식을 표현한다. 사고력, 유추력, 직관력 등을 가지고 있기 때문에 자연어를 이용한 정보나 지식 표현에 능숙하다. 하지만 자연어를 사용해 표현되는 지식은 종종 의미가 모호해질 수 있다. 그래서 컴퓨터를 통해 문제를 해결할 때 내부적으로 어떤 표현법을 선택하느냐가 매우 중요하다. 지식은 물체 자체뿐 아니라 물체 간 상호 관계 등 많은 내용을 포함할 수 있기 때문이다.

프로그래밍 과정에서 사용하는 자료구조Data Structure도 정보 표현 방식 중 하나지만, 지금부터 설명하고자 하는 지식 표현은 정보 표현과 조금 다르다. 자료구조가 정보의 효과적인 처리를 목표로 한다면, 지식 표현은 새로운 지식의 창출을 목표로 하기 때문이다. 지식 표현을 위한 방법으로는 의미 네트워크 방법, 프레임 기반 방법, 규칙 기반 방법이 있다.

의미 네트워크 방법

의미 네트워크Semantic Network 방법은 자연어 처리에서 나온 의미 해석 결과나 질문 응답 시스템의 지식 표현 등에 사용되는 네트워크형 데이터베이스이다. 네트워크 표현을 기반으로 개체들 사이의 관계를 나타낸다.

지식은 네트워크 구조로 표현하는데 노드Node는 특정 개체(개념)를, 노드 사이를 연결하는 에지Edge는 노드 간 관계를 의미한다. 의미 네트워크에서는 네트워크상 노드와 에지를 이용한 방향성

그래프로 지식을 표현한다.

[그림 13-8]은 포유류에 대한 지식을 의미 네트워크로 표현한 예이다. 에지에 표현된 관계는 정보를 다양하게 넣을 수 있고 필요에 따라 새로 만들 수도 있다. 이처럼 의미 네트워크는 다양한 정보를 표현하는 강력한 방법이다. 그래서 아주 복잡한 개체 간 상관관계도 잘 표현된다. 하지만 대용량의 데이터를 표현할 때는 네트워크가 너무 복잡해진다는 단점이 있다.

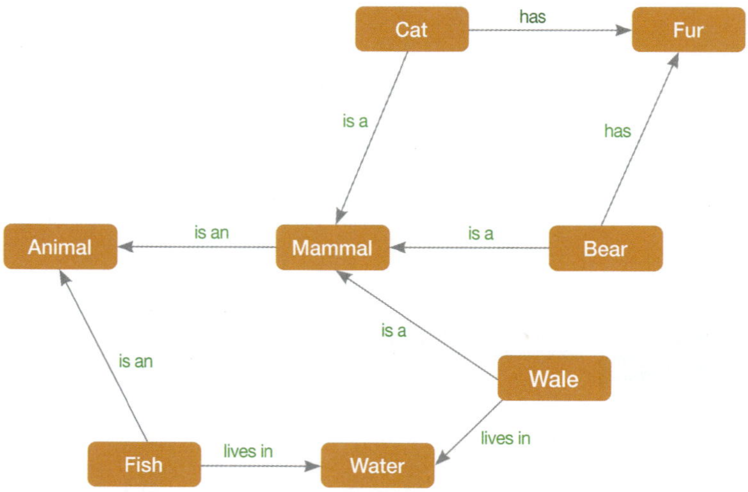

그림 13-8 의미 네트워크의 예

프레임 기반 방법

프레임 기반Frame-based 방법은 각 개체의 특징을 미리 슬롯Slot으로 구성해 놓고, 해당 개체에 대한 특징을 추출해 슬롯을 채우는 식의 표현 방법이다. 특정 주제에 필요한 항목들을 미리 정해 놓고 새로운 개체를 접할 때마다 해당 항목을 채워 넣는다. 프레임 구조는 의미 네트워크의 일종이다. [표 13-1]은 프레임 기반 방법으로 자동차라는 주제에 대한 프레임을 만들어 본 것이다.

표 13-1 프레임 기반 방법의 예 : 자동차

특징 항목	값
자동차 제조사	현대
최대 탑승 인원	5
엔진 종류	하이브리드
색상	흰색
바퀴 수	4

규칙 기반 방법

규칙 기반Rule-based 방법은 조건문 형태로 조건과 결론을 표현하는 규칙들을 추론Reasoning 한 뒤 새로운 사실을 생성하는 방법이다. 전문가 시스템에서 주로 사용한다.

2 전문가 시스템

전문가 시스템Expert System 은 특정 분야의 전문가 지식을 모델링(표현)한 뒤 이를 활용할 수 있도록 지원하는 시스템이다. 특정 분야에 대한 전문적인 지식을 정리하고 표현해 컴퓨터에 기억시킨 뒤 일반인도 이용할 수 있게 했다. 전문가 시스템은 내부의 처리 과정을 지시하기 위해 규칙Rule 을 사용하는데, 주로 구현 단계에서 규칙 기반 시스템Rule-based System 을 적용한다. 규칙 기반 시스템은 다양한 규칙을 기반으로 하며, 추론 엔진Inference Engine 을 통해 결론을 내린다.

전자식 컴퓨터가 출현하면서 개발자들은 여러 규칙과 컴퓨터 사이의 관계를 바탕으로 새로운 규칙을 만들어 내는 생성 시스템Production System 을 개발했다. 이를 통해 모든 지식을 바탕으로 한 인공지능을 만들고자 했던 것이다. 하지만 이 목표에 도달하긴 거의 불가능하다는 사실을 깨닫고, 특정 분야의 전문가 수준으로 결정을 내릴 수 있도록 지원하는 시스템 개발을 시도했다. 그 결과, 전문가 시스템이 탄생했다.

전문가 시스템은 지식 기반Knowledge-base, 추론 엔진Inference Engine, 사용자 인터페이스User Interface 로 구성되어 있다.

그림 13-9 전문가 시스템의 구성

지식 기반

지식 기반이란 특정 분야에 필요한 지식 모음을 의미한다. 지식을 어떤 형태로 저장하느냐에 따라 생성 규칙Production Rule, 의미 네트워크Semantic Network, 프레임Frame, 블랙 보드Blackboard, 신경망Neural Network 등의 표현 방법을 사용할 수 있다. 여기서 말하는 지식은 사실일 수도 있고 규칙일 수도 있다. 사실은 참이라고 밝혀진 것을 의미하며, 규칙은 사실들 사이의 관계에 대한 설명이다. 다음의 예를 통해 사실과 규칙을 구분해 보자.

> 예 **사실(Fact)** : 나는 학생이다.
> **규칙(Rule)** : A가 B의 아버지이고, B가 C의 아버지이면, A는 C의 할아버지이다.

추론 엔진

지식 베이스를 기반으로 지식(정보)을 새롭게 생성하는 방법이다. 지식 베이스에 있는 기존의 사실과 규칙들을 이용해 새로운 지식을 찾도록 수단을 제공하는 것이라고 보면 된다. 다음의 삼단논법이 추론의 간단한 예라고 할 수 있다.

> 예 **기존 사실 :**
> 사람은 죽는다.
> 나는 사람이다.
> **추론 결과 :**
> 그러므로 나는 죽는다.

사용자 인터페이스

지식 기반 시스템을 만들기 위해서는 지식을 추가·수정·삭제해야 할 필요가 있다. 또한 시스템이 완성된 후에는 질의Query를 입력받고 그에 대한 답을 사용자에게 보여 주어야 한다. 이러한 기능을 수행하는 것이 사용자 인터페이스이다. 다음의 예처럼 질문에 대한 답을 제시하는 것이다.

> 예 전문가 시스템에서 사용하는 Prolog 언어에는 질의를 할 수 있는 명령어 기반의 모드가 내장되어 있다.

3 탐색

탐색Search은 인공지능의 가장 기본 분야로, 문제 공간Problem Space 내에서 적합한 해답Solution을 찾아가는 해결 방법이다. 오목 게임을 예로 들어 과정을 설명하면 다음과 같다. 오목은 '문제 공간'인 '비어 있는 게임판 상태'에서 '해답'인 '자신의 돌 5개가 일렬로 놓인 상태'로 가는 과정을 '탐색'하는 게임이다.

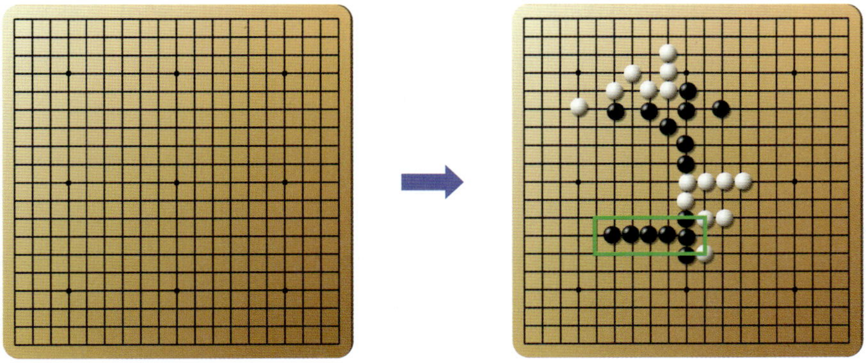

그림 13-10 **탐색의 이해 : 오목**

탐색 분야에서는 트리Tree 기반의 탐색 기법이 매우 활발하게 사용되고 있는데, 그중에서도 게임 트리Game Tree가 대표적이다. 일단, 트리라는 자료구조는 각 노드가 에지로 연결된 구조이다. 이를 게임 트리에 적용하면, 컴퓨터 프로그램으로 진행하는 게임에서 발생 가능한 모든 상황을 트리식으로 나타낼 수 있다. 게임 트리의 노드는 게임의 특정 상태를 의미하며, 각 노드의 자식 노드들은 현재 상태에서 한 수One Move 이후에 도달할 수 있는 다음 상태를 의미한다.

게임 트리를 적용해 볼 수 있는 대표적인 예로는 틱택토Tic-Tac-Toe 게임이 있다. 틱택토 게임은 2명이 번갈아 가며 수를 두는 게임이다. 오목과 비슷한데, 자신의 돌 3개를 일직선 배열로 놓는 게임이라 '삼목'이라고 할 수 있다. 플레이어 A는 ×를, 플레이어 B는 O를 번갈아 두면서 같은 표시 3개를 일렬로 먼저 배치시키면 이긴다. [그림 13-11]은 틱택토 게임 경우의 수를 게임 트리로 나타낸 것인데, 트리가 아래로 깊어질수록 게임이 계속 진행되고 있다는 의미이다.

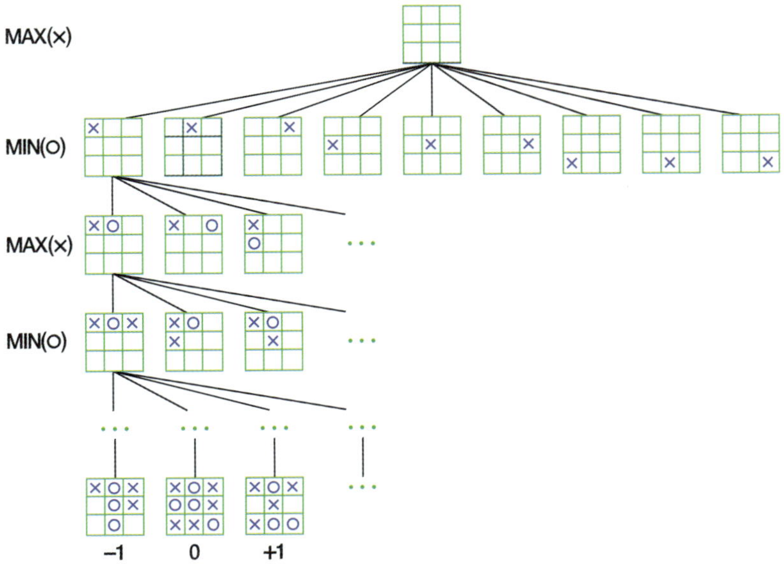

그림 13-11 **틱택토 게임의 게임 트리**

자료구조나 알고리즘 등의 분야에서 사용하는 가장 기본적인 트리 탐색 기법은 깊이 우선 탐색 Depth-first Search과 너비 우선 탐색Breadth-first Search인데, 이러한 방법들이 게임 트리에서도 그대로 활용된다. 게임 트리의 탐색은 보통 바둑과 같은 게임의 '수읽기' 행위를 구현한다. 한쪽에게 유리한 수는 다른 한쪽에게 불리한 수라고 가정하는데, 이 상태에서 A와 B는 각각 자신에게 유리한 쪽으로 게임을 진행한다. 이처럼 '자신의 이득은 상대의 손실'이 되는 형태의 게임을 제로섬Zero-Sum 게임이라고 한다. A의 이득(또는 손실)과 B의 손실(또는 이득)을 합하면 0이 된다는 뜻이다. 이러한 게임에서는 보통 게임 트리 탐색을 이용해 다음 순서를 예측하고 자신에게 가장 유리한 수를 찾는다.

또한 게임 트리는 A와 B 모두 자신이 이길 가능성을 최대화(Max 단계)하는 수를 택하므로 최선의 선택이 뭔지 찾는 문제에 사용되기도 한다. 만약 A의 기준에서 Max 단계를 마쳤다면 다음은 B가 자신이 이길 가능성이 최대치인 수를 택할 차례인데, 이 시점은 A에게 Min 단계이다. A가 이길 가능성은 최소가 되기 때문이다. 게임이 끝날 때까지 Max 단계와 Min 단계는 계속 반복되므로 민맥스 탐색 트리Min-Max Search Tree라고 부르기도 한다.

이러한 게임 트리는 체스나 장기 같은 더 복잡한 게임에도 적용할 수 있다. 하지만 게임이 복잡할수록 고려해야 하는 경우의 수는 많아진다. 그래서 컴퓨터의 속도와 용량을 고려해 게임 트리의 탐색 깊이를 적절하게 조절해야 한다. 즉, [그림 13-11]의 틱택토 같은 간단한 게임은 게임이 종료될 때까지 '수읽기'를 할 수 있지만, 더 복잡한 게임은 적절한 시간 내에 끝내는 것이 불가능하기 때문에 게임이 종료되지 않은 상태에서 점수를 매기는 방법을 따로 가지고 있어야 한다는 말이다. 그러려면 일정 수준 이후 게임 상황의 가치Value를 계산할 수 있어야 하는데 이때는 평가 함수 Evaluation Function를 적용하면 된다.

다시 설명하면, [그림 13-11]의 틱택토 게임은 진행이 간단해서 게임이 종료되는 최하단의 단말 노드Terminal Node까지 탐색이 가능하다. 하지만 장기나 바둑 같은 게임에서는 경우의 수가 너무 많고 탐색의 깊이 또한 깊어서 단말 노드까지 탐색이 불가능하다. 그러므로, 정확한 게임 상태를 평가하기 위해 중간 상태에서 사용할 평가 함수를 가지고 있어야 한다.

SECTION 03

기계학습

1 기계학습의 개념

인간은 학습을 통해 지식을 계속 확장할 수 있다. 이 과정에서 컴퓨터를 이용해 다양한 문제를 해결할 수도 있는데, 이때 인간은 컴퓨터에 명령을 내리고 컴퓨터는 단순히 주어진 절차만 수행한다. 하지만 세상에는 풀어야 할 문제가 아직 너무 많고 복잡해서, 컴퓨터에 일일이 지시를 내리는 것은 번거로운 일이기도 하다. 그래서 생각해 낸 방법이 바로, 기계학습이다. 기계 학습Machine Learning이란 컴퓨터에게 문제에 대한 정의만 설명하고 세부적인 사항은 자체적으로 학습해 해결하도록 하는 기술이다. 궁극적인 목적은 인간의 학습 능력을 기계(컴퓨터)로 구현하고자 하는 데 있다.

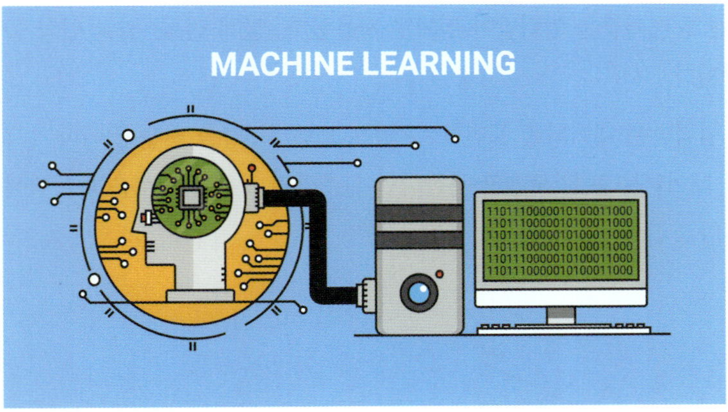

그림 13-12 기계학습

기계학습 연구는 1980년대 이후부터 활발히 진행되었는데, 그 이유는 다음과 같다.

- **자동화 촉진 :** 기계가 인간의 학습 절차를 이해하게 되면 전문가 시스템 구성의 자동화도 빨리 실현될 수 있으리라 기대하기 때문이다.
- **모델링 :** 인간의 학습 절차를 모델화할 수 있기 때문이다. 인간의 학습 절차를 깊이 이해하면 교육 방법 개선에도 큰 도움이 될 것이다.
- **다양한 분야와의 관련성 :** 기계학습은 지식 표현과 논리적인 추론 같은 철학 문제뿐만 아니라 문제 해결, 수학적 정리 증명, 자연 언어 처리, 컴퓨터 비전, 로봇, 패턴인식, 전문가 시스템 등 인공지능의 모든 분야와 연관이 있다.

기계학습을 구현하는 방법에는 세부적으로 신경망Neural Network, 데이터마이닝Data Mining, 의사결정 트리Decision Tree, 유전자 알고리즘Genetic Algorithm, 사례 기반 추론Case-Based Reasoning, 패턴인식Pattern Recognition 등이 있다.

2 기계학습의 종류

기계학습은 인간의 학습 방법과는 다른, 컴퓨터 나름의 학습법을 연구하는데 종류로는 지도 학습, 비지도 학습, 강화 학습이 있다.

지도 학습

지도 학습Supervised Learning은 정답이 알려진 학습 데이터에서 어떤 일관된 규칙을 찾는 것이다. 문제와 그에 해당하는 답을 같이 제공해 주고 이를 바탕으로 학습한다. 지도 학습은 세부적으로 분류와 회귀 분석으로 나뉜다.

- **분류(Classification) :** 입력된 샘플이 속한 군집Category을 식별(인식)하는 것이다. 입력 대상에 대한 특징 값과 함께 분류 레이블을 입력받아 정보로 사용한다. 물체 인식, 얼굴 인식 등이 모두 분류 문제에 해당된다.
- **회귀 분석(Regression) :** 입력받은 데이터를 표현할 수 있는 모델(함수)을 찾는 것이다. [그림 13-13]과 같은 2차원 데이터는 표현 모델만 구한다면 관측하지 못했던 새로운 데이터에 대한 예측치를 구할 수 있다.

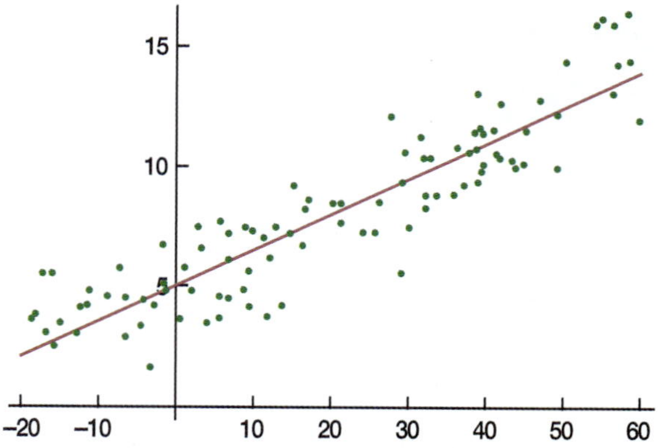

그림 13-13 지도 학습의 예 : 선형회귀 분석 예제

비지도 학습

비지도 학습Unsupervised Learning은 지도 학습과 달리 데이터만 제공한 뒤 그 안에 내재되어 있는 정

보를 찾게 하는 것이다. 입력 데이터의 구조나 그 사이의 관계를 파악하고, 이 관계를 통해 패턴들을 분류해야 할 때 주로 사용한다. [그림 13-14]와 같이 데이터를 몇몇 그룹으로 나누는 클러스터링Clustering이 대표적인 예이다.

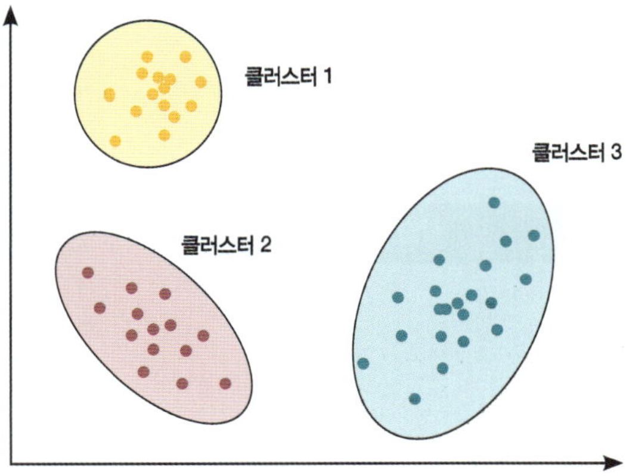

그림 13-14 **비지도 학습의 예 : 클러스터링**

강화 학습

앞서 설명했던 지도 학습은 샘플과 정답을 학습 데이터로 함께 제공한다. [그림 13-15]의 데이터는 숫자 인식을 위한 샘플로 많이 사용되는 MNIST 데이터셋의 일부인데, 이처럼 숫자 이미지와 레이블(숫자)을 학습 데이터로 제공해야 학습이 가능하다.

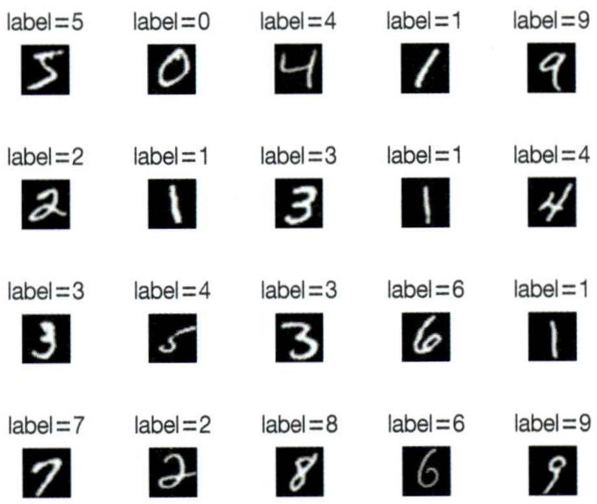

그림 13-15 **지도 학습의 예 : MNIST 데이터셋**

하지만 늘 정답(레이블)을 함께 제시할 수 있는 건 아니다. 예를 들어, 바둑 AI를 만들려면 모든 경우(문제)에 대한 다음 수 위치(정답)를 구해야 하는데, 이를 수작업으로 하기는 거의 불가능하다. 이럴 때 문제를 풀 수 있는 방법은 강화 학습을 사용하는 것이다. 강화 학습Reinforcement Learning은 학습 알고리즘이 수행한 행동Action에 대해 보상Reward을 받는 식으로 학습하는 방법이다. 보상은 행동이 이루어진 후 바로 주어질 수도 있고 나중에 주어질 수도 있다. 기계는 보상을 받으면 이를 일련의 행동에 대한 보상 값으로 나누어 계산하고, 다시 지도 학습을 위한 학습 데이터를 생성한다.

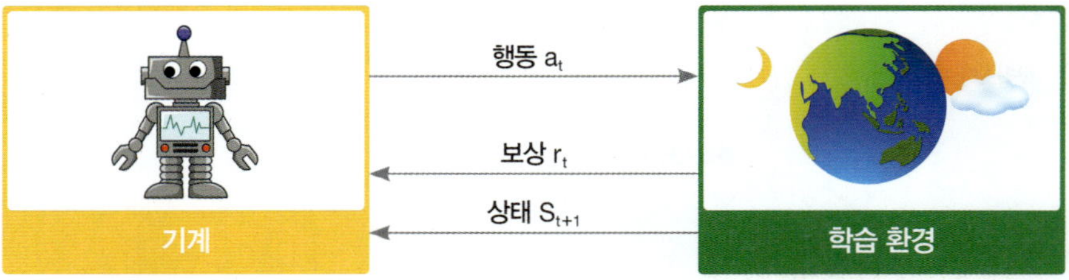

그림 13-16 **강화 학습 과정**

SECTION

04

인공신경망

1 인공신경망의 개념

인공신경망ANN, Artificial Neural Network은 인간의 뇌 구조에 착안해 만든 학습 기법이다. 수백억 개의 신경세포인 뉴런Neuron과 뉴런을 연결하는 수만 개의 시냅스Synapse로 밀접하게 연결된 인간의 뇌 구조를 흉내 냈다. 인공신경망은 뇌의 동작 방식을 모델화한 병렬 정보 처리 시스템으로, 단순 연산을 수행하는 소자들의 병렬 및 분산 처리 구조를 가진다. 인공신경망을 실제로 구현하는 방법으로는 별도의 병렬 하드웨어로 구현하는 방법, 소프트웨어를 이용해 시뮬레이션Simulation하는 방법 등이 있는데, 대부분 소프트웨어를 이용한 시뮬레이션 방법을 사용한다.

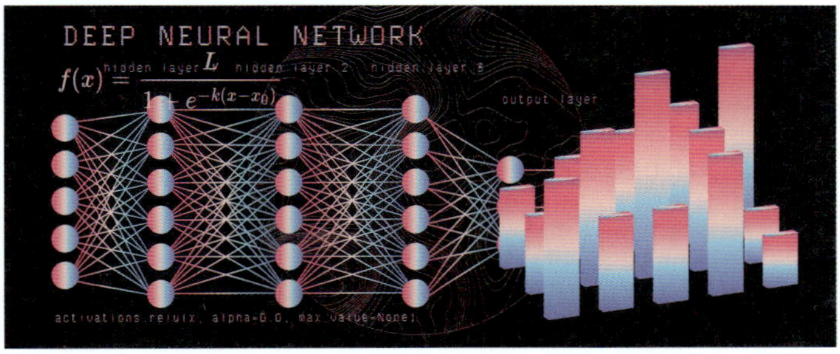

그림 13-17 인공신경망

2 인공신경망의 구조

[그림 13-18]은 신경세포인 뉴런Neuron의 구조를 나타낸 것이다. 인간의 뇌에는 매우 많은 수의 뉴런이 있으며, 이 뉴런들이 서로 복잡하게 연결된 채 일을 처리한다고 알려져 있다.

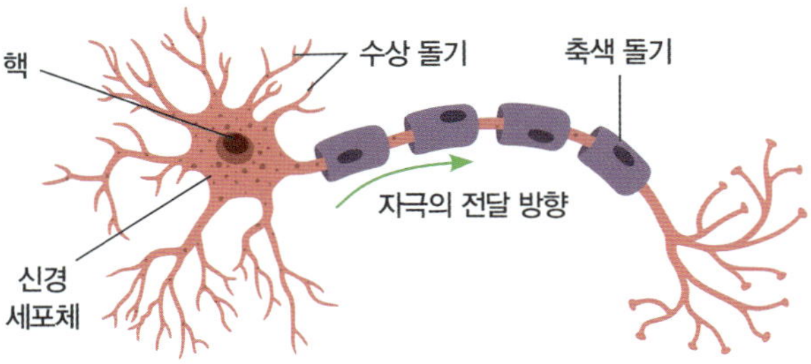

그림 13-18 뉴런의 구조

뉴런의 동작 방식을 모델링해 구현한 인공신경망은 [그림 13-19]와 같은 구조로 되어 있다. 동그란 원이 하나의 뉴런Neuron을 의미하며, 이들이 서로 복잡하게 연결되어 하나의 신경망Neural Network을 이룬다. 왼쪽의 입력층 노드에 데이터가 입력되면 오른쪽 방향으로 단계별 연산을 수행해 출력층에서 결과 값을 얻는다.

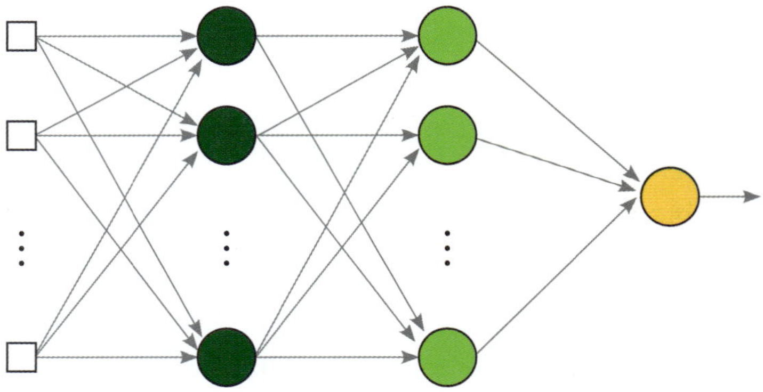

그림 13-19 인공신경망의 구조

하지만 인공신경망의 개발이 곧 인공두뇌를 만드는 작업을 의미하진 않는다. 뇌의 구조와 작동 원리에 대해서는 아직도 알려지지 않은 부분이 많기 때문이다. 현재까지는 뇌 작동 원리를 흉내 낸 수준으로, 인간의 지능Intelligence 구현 초보 단계이다. 그래서 인공신경망이라고 부르기보다는 병렬분산처리 시스템Parallel Distributed Processing System 또는 신경형 시스템Neuromorphic System이라고 부르는 것이 더 맞을지도 모른다. 혹자는 신경망 또는 신경회로망 연결주의 모델Connectionism Model, 적응형 시스템Adaptive System, 자기 조직 시스템Self-Organizing System 등으로 부르기도 한다.

TIP 이후에 설명할 퍼셉트론과 다층 퍼셉트론은 심화 내용이므로 간단히 훑고 넘어가는 정도로 학습할 예정이다.

하나 더 알기 인공신경망과 딥러닝

인공신경망 연구의 최신 트렌드는 딥러닝(Deep Learning)이다. 딥러닝은 인공신경망을 기반으로 한 학습 기법이지만, 기본 아이디어는 거대한 신경망을 이용해 학습 과정과 학습 데이터 표현을 동시에 진행하는 것이다. 1990년대부터 관련 이론 연구가 진행되었다. 2010년대에 들어서면서 컴퓨터 하드웨어의 연산 속도가 빨라지자 빅데이터를 통한 학습 데이터 수집이 쉬워져 더욱 주목받고 있는 기술이다.

3 퍼셉트론

[그림 13-20]은 키와 몸무게 정보로만 남녀를 구분한 그래프이다. 그래프의 오른쪽 윗부분이 남성 분포도이고, 그래프의 왼쪽 아랫부분이 여성 분포도이다. 이 분포도를 정확히 구분하려면 클

래스를 나누는 구분선Decision Boundary이 어디인지를 찾아야 하는데, 이 구분선을 찾는 과정이 학습이다. 학습 데이터의 구분선을 정해 두면, 새로운 샘플이 들어왔을 때 남성인지 여성인지 파악하기가 한결 쉬워진다.

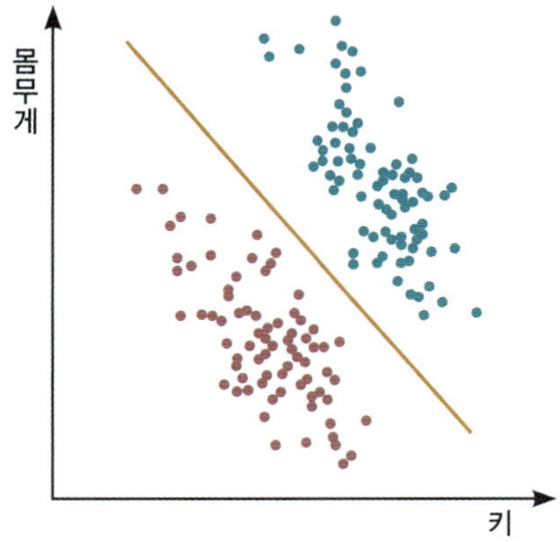

그림 13-20 **키와 몸무게 그래프**

퍼셉트론은 인공신경망의 한 종류인 지도 학습 신경망이다. 코넬 항공 연구소Cornell Aeronautical Lab의 프랑크 로젠블라트Frank Rosenblatt가 개발했다. 생물의 신경전달 조직인 시냅스를 수학적으로 모델링한 신경망의 초기 형태이다. 패턴인식, 신경전달 과정의 구조적 이론 등에 많은 영향을 끼쳤다.

TIP 퍼셉트론은 뒤에서 배울 다층 퍼셉트론과 구분하기 위해 단층 퍼셉트론이라고 부르기도 한다.

퍼셉트론의 기본식

[그림 13-21]은 인간의 뇌를 구성하는 뉴런과 시냅스의 동작 방식을 모델링한 그림이다.

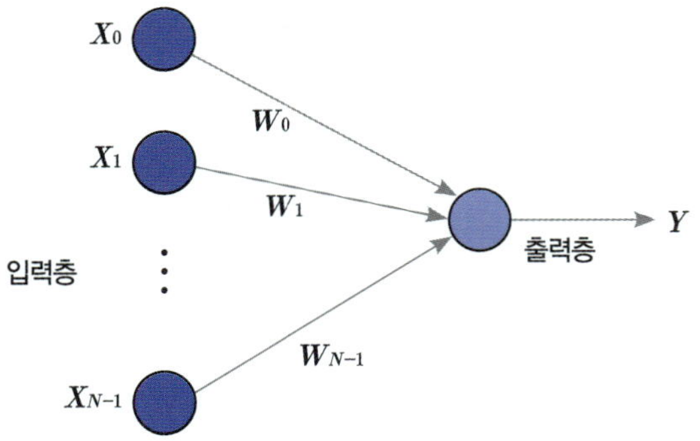

그림 13-21 **인공 뉴런의 입출력 구조**

퍼셉트론은 단층Single-Layer으로 구성된 신경망으로, 다음의 수식을 이용해 결과 값을 얻는다. [그림 13-21]을 참고하면, X 노드들은 데이터를 받는 입력층 노드이고, 최종 결과 값인 Y는 출력층 노드이다. 입력층 노드와 출력층 노드는 가중치W, Weight 값으로 연결된다. 출력층 노드는 각각의 입력 값에 가중치를 곱한 값을 합해 최종 결과 값을 생성한다.

$$NET = \sum_{i=0}^{i \le N-1} (X_i \times W_i)$$

그런데 이 식만으로는 최종 출력 값의 범위를 정할 수 없기 때문에 최종 출력 값을 활성화 함수 Activation Function에 넣어 일정 범위의 값으로 조절해야 한다. 그리고 활성화 함수 f를 구할 때는 [그림 13−22]처럼 계단 함수Step Function를 사용한다. 계단 함수는 보통 −1~+1 또는 0~+1까지의 값을 출력하도록 구현된다. 그림 속 T는 임계치Threshold인데, 가중합Weighted Sum된 결과와 비교해 출력 값을 결정한다. 여기서, 해당 노드 입력 값들의 가중합이 임계치를 넘으면 1을 출력하고 그렇지 않으면 0 또는 −1을 출력하는 것이 계단 함수를 이용한 활성화 함수이다.

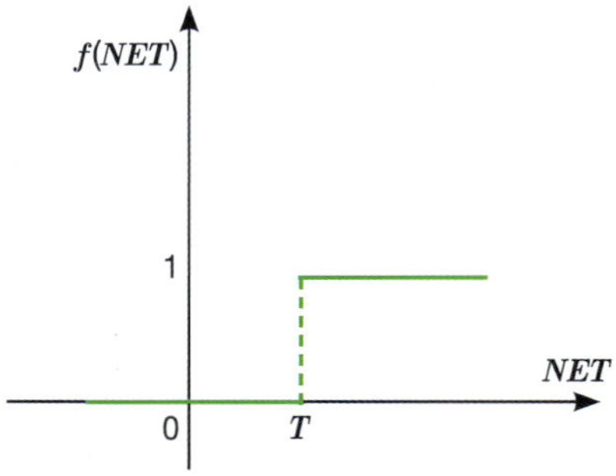

(a) 단극성

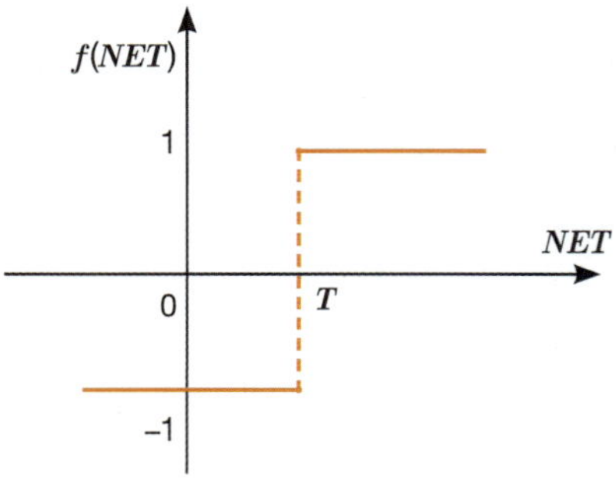

(b) 양극성

그림 13−22 임계치를 반영한 활성화 함수

퍼셉트론에서 양극성 계단 함수를 활성화 함수로 사용할 경우, 임계치를 고려한 활성화 함수식은 다음과 같다.

$$f(x) = \begin{cases} 1 & if\ w \cdot x - T > 0 \\ -1 & otherwise \end{cases}$$

퍼셉트론 동작 방식의 예

이번엔 간단한 예를 통해 퍼셉트론의 동작 방식에 대해 알아보자. [그림 13−23]은 입력 값이 2개인 퍼셉트론을 이용해 뉴런의 동작 방식을 모델링한 것이다.

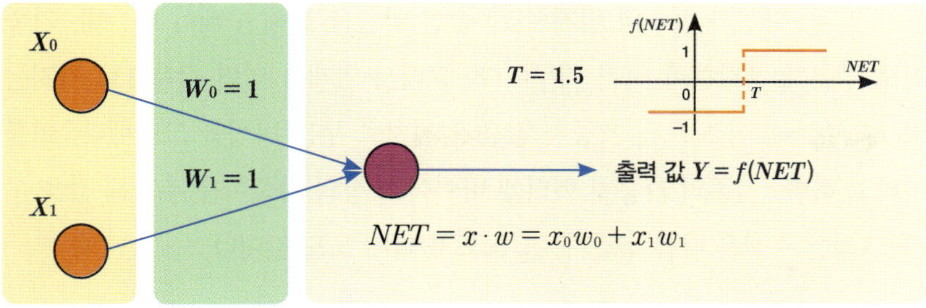

그림 13-23 간단한 퍼셉트론 동작의 예

이 그림의 퍼셉트론 신경망에서 입력 벡터는 x = $[x_0, x_1]$=[1,2], 웨이트는 w = $[w_0, w_1]$=[1,1], 임계치(T)는 1.5라고 할 때, NET 값은 다음과 같다.

$$NET = x \cdot w = [1\ 2]\begin{bmatrix}1\\1\end{bmatrix} = 3$$

즉, 노드의 기본 연산은 입력 값의 가중합이다. 이를 활성화 함수에 넣으면 수식은 다음과 같다.

$$f(x) = \begin{cases}1 & if\ w \cdot x - 1.5 > 0\\ -1 & otherwise\end{cases}$$

$$f(x) = f(NET) = f(3) = 1(\because 3 > 1.5)$$

이에 따라, 입력 벡터 x = $[x_0, x_1]$=[1,2]에 대한 최종 출력값은 1이 된다.

퍼셉트론의 학습 방법

앞에서 다룬 예제는 출력 값을 얻는 수식이므로 인공신경망 분야의 중요한 문제인 학습Learning을 포함하지 않았다. 하지만 신경망 학습의 결과는 가중치로 나타나고, 이 가중치 값을 학습으로 얻을 수 있는지 아는 것은 아주 중요한 부분이다. 그러니 인공신경망 학습의 근본적인 원리에 대해서도 한번 알아보자.

인간의 뇌세포인 뉴런은 연산장치이다. 그래서 학습된 결과물은 뉴런 사이의 연결 강도인 가중치Weight 형태로 저장된다. 만약 어떤 사람이 다른 사람의 의견을 바탕으로 결정을 내려야 한다면, 신뢰하는 사람의 의견은 강하게 반영하고 그렇지 않은 사람의 의견은 약하게 반영할 것이다. 이를 바탕으로, 퍼셉트론의 출력 노드 값을 계산할 때도 입력 값을 어떤 강도로 반영할지 결정한다는 의미에서 가중치라는 단어를 사용한다. 이 가중치 값이 인공신경망의 학습 결과가 된다.

그런데 아직 문제는 남아 있다. 활성화 함수의 임계치(T) 값은 학습을 통해 구해야 하는데, 가중치 벡터와 임계치는 따로 구분해 생각해야 하기 때문이다. 그래서 언제나 입력 값을 1로 가지는 더미Dummy 노드를 별도로 추가해 이 노드의 가중치 값을 임계치로 두는 방법을 고안했다. 이를 바이어스 항Bias Term이라고 하며, 기존의 가중치 벡터에 바이어스 항의 가중치를 추가해 값을 구하면 된다. 더미 노드를 고려한 수식은 다음과 같다. x_2 노드가 더미 노드 값이다.

$$f(x) = \begin{cases} 1 & \text{if } w^t \cdot x > 0 \quad x_2 = 1, w_2 = bias \text{ 항을 위한 웨이트} \\ -1 & otherwise \end{cases}$$

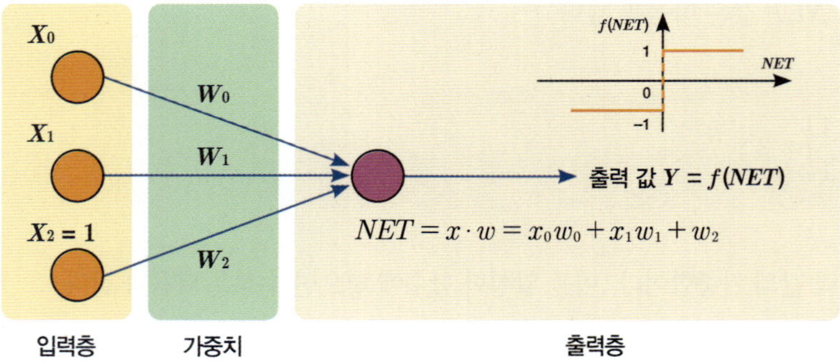

그림 13-24 **더미 노드를 추가한 퍼셉트론 수식**

그렇다면 퍼셉트론의 가중치는 어떻게 설정할 수 있을까? 퍼셉트론 인공신경망을 학습시킨다는 것은 인공신경망 각 노드 사이의 가중치 값을 학습한다는 것과 같다. 퍼셉트론 학습법에서 초기 가중치는 임의의 값을 가지며, 학습 신호로 주어진 목표치와 퍼셉트론의 실제 출력의 차이, 즉 오차를 반복 수정해 값을 얻는다. 퍼셉트론의 가중치 학습은 입력 값들에 대한 출력 값 오류를 최소화하는 것이 목표라고 보면 된다. 이 과정을 설명하기 위해 [그림 13-25]에 몇 가지 신호를 정리해 보았다. 좀 더 쉬운 이해를 위해 양극성 계단 함수를 사용한다.

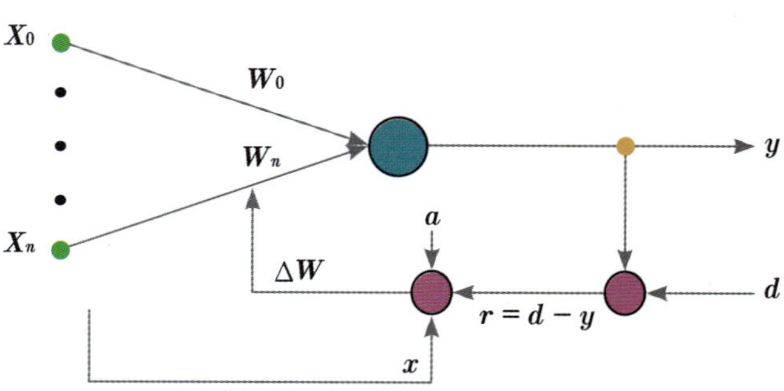

- 신경망의 출력 값 : $y = w \cdot x$
- 목표 출력 값 : d
- 오차 : $r = d - y$
- 학습률(Learning Rate) : α
- 입력 데이터의 차원 : n
- 학습 반복 횟수 : t
- 학습 샘플 개수 : s

그림 13-25 **퍼셉트론 학습법**

기호를 이용한 가중치 수정 수식은 다음과 같다.

$$\Delta w = \alpha \cdot (d - y(t)) \cdot x$$
$$w(t+1) = w(t) + \Delta w$$

가중치 수정은 $d-y(t)$, 즉 오차를 줄이는 방향으로 이루어지며 이는 입력 값의 크기에 비례한다. 학습률 α 값은 Δw의 일정 비율(예를 들면 $\alpha = 0.1$이라면 10%)을 반영한다는 의미이다. 여기서 오차 $d-y(t)$에 입력 값 x를 곱하는 이유는 입력 값 x가 양수라면 오차만큼 x의 영향력을 증대시켜야 하고 음수라면 그만큼 영향력을 감소시켜야 하기 때문이다.

4 다층 퍼셉트론

다층 퍼셉트론의 등장 배경

퍼셉트론은 인간의 뇌를 모델링했다는 점에서 많은 관심을 받았지만 간단한 문제도 해결하지 못하는 모습을 보이자 연구가 암흑기에 빠져들었다. 사실 퍼셉트론의 입력 값들은 선형분리Linearly Separable 함수라고 생각할 수 있다. 여기서 선형분리 함수란 분리된 면이 선형 함수로 표시된다는 의미이다. 하지만 이 함수는 [그림 13-26]과 같이 2개의 입력 값 중 하나의 값이 1일 때 1을 출력하는 XOR 논리게이트 문제를 해결하지 못한다. 곡선을 사용하거나 2개 이상의 직선을 사용해야 문제를 해결할 수 있기 때문이다.

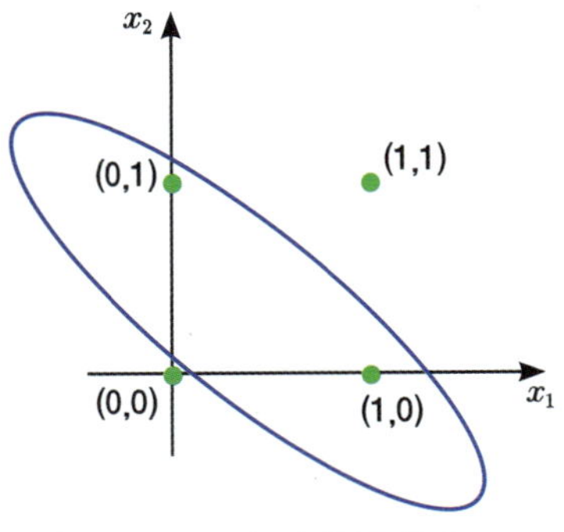

그림 13-26 XOR 논리게이트 문제

실제로도 퍼셉트론은 단층 하나로는 제대로 기능할 수 없다. 선형분리 함수에서 입력 값이 2개(입력 값이 2차원)이면 [그림 13-27] (a)처럼 직선이 되고, 입력 값이 3개면 (b)처럼 평면이 되기 때문이다. 이를 일반화해서 생각하면 n차원의 입력 값을 분리하는 함수는 $n-1$차원으로 나타난다. 바로 이러한 비선형Non-linear 분리를 해결하기 위해 다층 퍼셉트론이 등장했다.

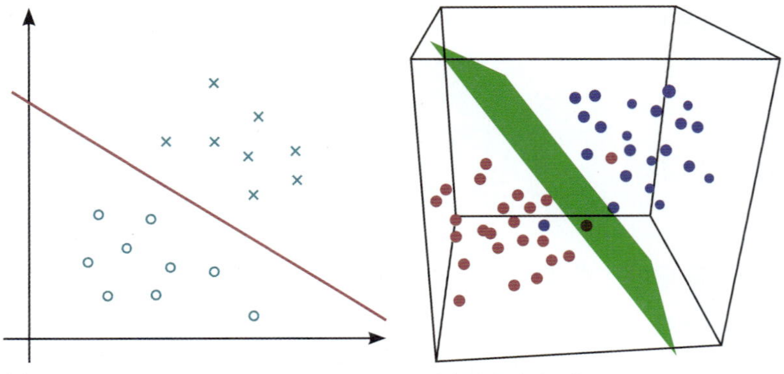

그림 13-27 **선형분리 함수의 입력 값에 따른 차이**

다층 퍼셉트론의 정의

다층 퍼셉트론MLP, Multi-Layer Perceptron이란 입력층과 출력층 중간에 은닉층을 1층 이상 추가한 것이다. 이해를 돕기 위해, XOR 문제를 풀지 못하는 단층 퍼셉트론의 단점을 다층 퍼셉트론으로 해결할 수 있는지 한번 알아보자. [그림 13-28]을 보면 단극형 계단 함수의 임계치 T는 0.5로 둔 상태이며, 입력 값들의 가중치도 각각 설정되어 있다.

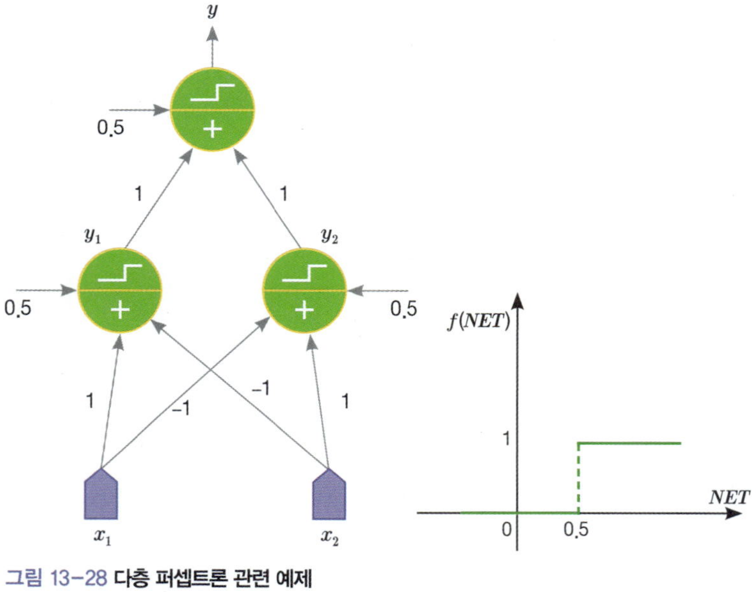

그림 13-28 **다층 퍼셉트론 관련 예제**

이제 XOR 문제를 풀기 위해 입력 값 4개를 수식에 넣고 출력 결과를 계산해 보자. 그 결과, [표 13-2]와 같이 최종 출력 값 y가 목표 값과 일치함을 확인할 수 있다.

표 13-2 다층 퍼셉트론 관련 예제

입력		출력			y 목표 값
x_1	x_2	y_1	y_2	y	
0	0	0	0	0	0
0	1	0	1	1	1
1	0	1	0	1	1
1	1	0	0	0	0

이 예제를 통해, 퍼셉트론을 다층으로 연결하면 단층 퍼셉트론의 문제를 해결할 수 있음이 확인되었다. [그림 13-29]와 같이 하나의 선형 함수로 구분할 수 없는 문제는 여러 개의 퍼셉트론을 결합하면 값을 얻을 수 있으며, 선형 분류 함수를 여러 번 사용하는 효과도 얻을 수 있다.

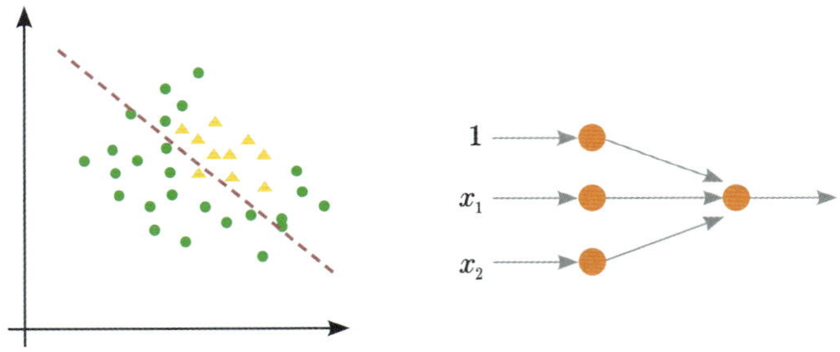

(a) 단층 퍼셉트론

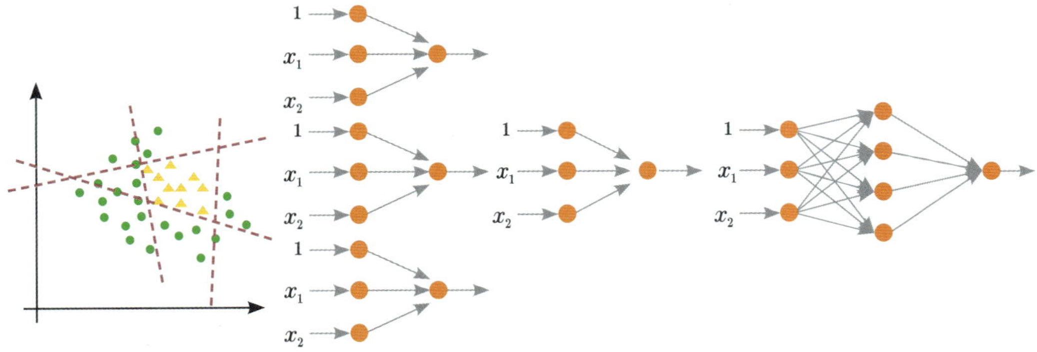

(b) 다층 퍼셉트론

그림 13-29 단층 퍼셉트론과 다층 퍼셉트론

간단한 패턴인식 예제

인공신경망의 활용 범위는 무궁무진한데 그중 패턴인식 분야에서는 어떻게 활용되고 있는지 좀 더 구체적으로 알아보자. 한 예로, [그림 13-30]과 같이 3*4 픽셀로 구성된 숫자를 인식해야 할 때 다층 퍼셉트론을 활용하면 문제를 해결할 수 있다. 먼저, 숫자 클래스 10개를 구분하기 위해 출력 노드 10개를 만든다. 그 다음, 학습 이미지로부터 특정 값을 추출해 이를 입력 노드 값으로 설정한 뒤 입력층부터 출력층까지 전방향Forward 연산을 수행하면 가장 큰 값을 찾을 수 있다. 이 때 가장 높은 출력 값을 보이는 노드가 승리 노드Winner Node 인데, [그림 13-30]에서는 7이 승리 노드가 된다.

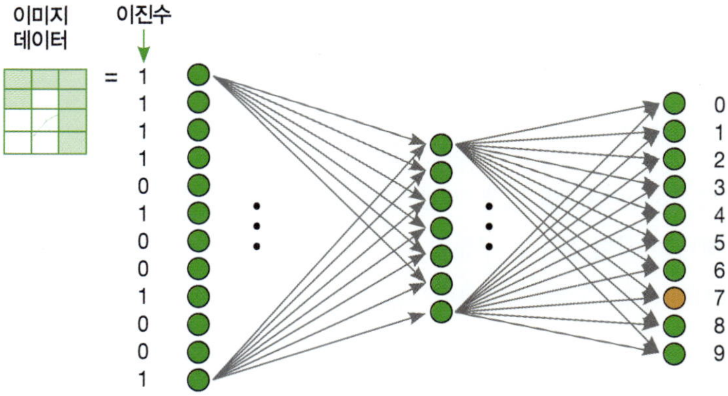

그림 13-30 패턴인식 예제

하나 더 알기 **다층 퍼셉트론을 활용한 딥러닝**

단층 퍼셉트론에서 다층 퍼셉트론으로의 확장은 층(Layer)을 많이 쌓을수록 인공신경망 성능도 향상된다는 사실을 입증한다. 딥러닝은 이러한 다층 구조 형태의 신경망을 기반으로, 다량의 데이터를 높은 수준의 추상화 모델로 구축하는 방법에 대해 연구 중이다.

요약

01 인공지능의 개념

인공지능이란 인간이 가지고 있는 지적 능력을 인공적으로 구현한 것이다. 다시 말해, 인간의 지능으로 할 수 있는 사고·학습·자기계발 등을 컴퓨터로 구현하는 방법을 연구하는 ICT 기술의 한 분야이다.

02 강인공지능과 약인공지능, 튜링 테스트

- 강인공지능 : 인간이 하는 일을 유사한 방법으로 수행하게 하는 자동화 시스템이다. 인간의 지능을 컴퓨터의 정보처리능력으로 구현하는 것이 목적이다.
- 약인공지능 : 특정한 인간의 행위 결과를 모방하는 시스템이다. 인간과 다른 방식으로 진행하더라도 같은 결과를 구현하는 것이 목적이다.
- 튜링 테스트 : 기계에 지능이 있는지를 판별하는 테스트로, 1950년 영국의 과학자 앨런 튜링이 제안했다.

03 인공지능의 역사와 최근 현황

- 인공지능의 역사 : 인공지능에 관한 연구가 최초로 시작됨(1940~50년대) → 퍼셉트론의 한계가 제기돼 인공지능의 겨울에 빠짐(1960~80년대 초) → 다층 퍼셉트론이 등장하면서 다시 부흥하기 시작함(1980년대~현재)
- 인공지능의 최근 현황 : 초대형 IT 기업들이 경쟁적으로 인공지능 관련 연구와 관련 회사 인수를 진행 중이다. 그 결과, 다양한 인공지능 서비스가 출시되고 있다.

04 인공지능의 세부 분야

- 지식 표현 : 지식·정보·데이터를 사용하기 쉽도록 표현하는 방법을 연구하는 분야이다. 의미 네트워크 방법, 프레임 기반 방법, 규칙 기반 방법이 있다.
- 전문가 시스템 : 특정 분야의 전문가 지식을 모델링(표현)해 이를 활용할 수 있도록 지원하는 시스템이다. 지식 기반, 추론 엔진, 사용자 인터페이스로 구성되어 있다.
- 탐색 : 인공지능의 가장 기본 분야로, 문제 공간에서 해답을 찾아가는 식의 해결 방법을 뜻한다.

05 기계학습의 개념

컴퓨터에게 문제에 대한 정의만 설명하고 세부적인 사항은 자체적으로 학습해 해결하도록 하는 방식이다. 궁극적인 목표는 인간의 학습 능력을 기계(컴퓨터)로 구현하고자 하는 것이다.

요약

06 기계학습의 종류

- 지도 학습 : 정답이 알려진 학습 데이터 내에서 어떤 일관된 규칙을 찾아가는 방식으로, 문제와 그에 해당하는 답을 같이 제공한 뒤 학습을 진행한다.
- 비지도 학습 : 데이터만 제공한 후 그 안에 들어 있는 정보를 찾게 하는 방식이다.
- 강화 학습 : 학습 알고리즘이 수행한 행동에 대해 보상을 받으며 학습하는 방식이다.

07 인공신경망

- 인공신경망의 개념 : 인간의 뇌 구조에서 착안해 만든 학습 기법이다. 수백억 개의 신경세포인 뉴런과 각각의 뉴런을 연결하는 수만 개의 시냅스로 이루어진 뇌 구조를 흉내 냈다.
- 인공신경망의 구조 : 왼쪽에 위치한 입력층의 노드에 데이터가 입력되면 오른쪽으로 나아가며 단계별 연산을 진행한 뒤 출력층에서 결과 값을 얻는 구조이다.
- 퍼셉트론 : 인공신경망의 한 종류로, 신경전달 조직인 시냅스를 수학적으로 모델링한 신경망의 초기 형태이다. 이 개념은 패턴인식, 신경전달 과정의 구조적 이론 등에 많은 영향을 끼쳤다.
- 다층 퍼셉트론 : 입력층과 출력층 중간에 은닉층을 1층 이상 추가한 인공신경망이다.

연습문제

단답형 문제

01 (   )이란 인간이 가지고 있는 지적 능력을 인공적으로 구현한 것이다.

02 (   )이란 인간이 하는 일을 유사한 방법으로 수행하는 자동화 시스템이다.

03 (   )은 인간의 특정 행위 결과를 모방하는 시스템이다.

04 (   )란 기계에 지능이 있는지 판별하는 테스트로, 1950년 앨런 튜링이 제안했다.

05 IBM사에서 개발한 (   )은 자연어 처리를 위해 만들어진 컴퓨터로, 미국의 제퍼디 퀴즈쇼에서 우승한 경험이 있다.

06 구글사에서 개발한 (   )는 음성 인식 인공지능 비서이다.

07 (   )은 지식 · 정보 · 데이터를 사용하기 쉽게 표현하는 방법을 연구하는 분야이다.

08 (   ) 방법은 네트워크 표현을 기반으로 개체들 사이의 관계를 표현하는 방식이다.

09 (   ) 방법은 각 개체의 특징을 슬롯으로 미리 구성한 뒤 해당 개체에서 특징을 추출해 슬롯을 채우는 표현 방법이다.

10 (   ) 방법은 조건문 형태로 조건과 결론을 나타내는 규칙을 이용해 추론을 수행한 뒤 새로운 사실을 생성해 나가는 표현 방법이다.

11 (   )은 인간이 가지고 있는 특정 분야의 전문 지식을 정리해 컴퓨터에 기억시킨 뒤 일반인도 이 지식을 이용할 수 있도록 한 시스템이다.

12 (   )이란 특정 분야에 필요한 지식 모음을 의미한다.

연습문제

13 (　　　　　　　)은 지식 베이스를 기반으로 지식(정보)을 새롭게 생성하는 방법이다.

14 지식 기반 시스템은 질의를 입력받으며 이에 대응하는 답을 사용자에게 보여 줘야 한다. 이러한 기능을 수행하는 부분을 (　　　　　　　)라고 한다.

15 (　　　　　　　) 분야는 문제 공간에서 해답을 찾아가는 해결 방법이다.

16 (　　　　　　　)는 컴퓨터 프로그램으로 진행되는 게임에서 발생 가능한 모든 상황을 나타내기 위해 구성된 트리이다.

17 게임이 마무리되지 않은 상태에서 게임 상황의 가치를 계산하는 방법은 (　　　　　　　)를 적용하는 것이다.

18 (　　　　　　　)이란 컴퓨터에게 문제에 대한 정의만 설명하고 세부적인 사항은 자체적으로 학습해 해결하게 하는 기술이다.

19 (　　　　　　　)이란 정답이 알려진 학습 데이터로부터 어떤 일관된 규칙을 찾아가는 학습 방식이다.

20 (　　　　　　　)는 입력된 샘플이 속한 군집을 식별(인식)하는 것이고, (　　　　　　　)은 입력받은 데이터를 표현할 모델(함수)을 찾는 것이다.

21 (　　　　　　　)은 데이터만 입력받아 그 안에 들어 있는 정보를 찾는 학습 방식이다.

22 (　　　　　　　)은 학습 알고리즘이 수행한 행동에 대한 보상을 받으며 학습하는 방식이다.

23 (　　　　　　　)은 인간의 뇌 속 뉴런과 시냅스 구조에서 착안한 학습 기법이다.

24 (　　　　　　　)은 신경전달 조직인 시냅스를 수학적으로 모델링한 신경망의 초기 형태이다.

25 (　　　　　　)이란 퍼셉트론을 구성하는 입력층과 출력층 중간에 은닉층을 1층 이상 추가한 구조이다.

26 (　　　　　　)이란 다층 구조 형태의 신경망을 기반으로 한 기계학습의 한 분야로, 다량의 데이터를 높은 수준의 추상화 모델로 구축하고자 하는 기법이다.

객관식 문제

27 인간의 지능으로 할 수 있는 사고 · 학습 · 자기계발 등을 컴퓨터로 구현하는 방법을 연구하는 ICT 기술의 한 분야를 무엇이라고 하는가?

① 기계학습　② 딥러닝　③ 인공지능
④ 인공신경망　⑤ 패턴인식

28 다음 중 강인공지능에 대한 설명이 아닌 것은?

① 인간이 하는 일을 동일한 방법으로 수행한다는 점이 중요한 특징이다.
② 인간과 똑같은 지성을 가진 컴퓨터 또는 프로그램이다.
③ 인간의 지능을 컴퓨터의 정보처리능력으로 구현하는 것이 목적이다.
④ 현재 사회적으로 이슈가 되고 있는 문제는 대부분 강인공지능과 관련이 있다.
⑤ 현재까지 인간이 만들어 낸 인공지능은 모두 강인공지능이다.

29 다음 중 약인공지능에 대한 설명이 아닌 것은?

① 논란이 된 인공지능 관련 문제는 대부분 약인공지능에 관한 것이다.
② 인간의 특정 행위 결과를 모방하는 시스템이다.
③ 강인공지능보다 좀 더 실용적인 목적을 가지고 개발 중이다.
④ 특정 문제를 해결하는 도구로 활용될 경향이 크다.
⑤ 인간이 행하는 방식과 다르더라도 동일한 결과를 구현하면 된다.

연습 문제

30 다음의 설명을 읽고 무엇을 의미하는 것인지 고르시오.

> 평가자 A가 자연어를 사용해 객체 B(인간), 객체 C(컴퓨터)와 대화한다. 이들 사이에는 커튼이 내려져 있어 상대를 파악하기 어렵다. 만약 평가자 A가 객체 C와 대화할 때, 자신이 대화하는 상대가 컴퓨터인지 인간인지 분별할 수 없다면 컴퓨터인 객체 C는 지능을 가졌다고 판단할 수 있다.

① 지식 표현　② 전문가 시스템　③ 기계학습
④ 튜링 테스트　⑤ 탐색

31 1940~50년대에 수행된 인공지능 관련 연구가 아닌 것은?
① 기계학습　② 유전 알고리즘　③ 강화 학습
④ 다층 퍼셉트론　⑤ 튜링 테스트

32 초창기의 인공지능 연구가 침체기를 겪었던 이유로 틀린 것은?
① 좀 더 일반화된 문제 풀이에 계속 실패했다.
② 컴퓨터 성능이 좋지 않았다.
③ 인간의 뇌에 대해 연구자도 알고 있는 것이 거의 없었다.
④ 퍼셉트론의 한계가 제기되었다.
⑤ 튜링머신이 에니그마의 암호를 해독했다.

33 인공지능의 최근 현황으로 알맞지 않은 것은?
① 초대형 IT 기업들은 경쟁적으로 인공지능 서비스를 출시하고 있다.
② 인공지능의 전성시대라고 해도 과언이 아니다.
③ 가까운 미래에는 컴퓨터가 체스 챔피언이 되고 중요한 수학 정리도 증명해 낼 것이다.
④ 얼굴 인식, 자율주행 자동차 등 이미 개발되었거나 개발되고 있는 응용 분야가 많다.
⑤ IBM사의 왓슨이나 구글 어시스턴트 등이 개발되었다.

34 지식, 정보, 데이터를 사용하기 쉽게 표현하는 방법을 연구하는 분야를 무엇이라고 하는가?
① 기계학습　② 딥러닝　③ 지식 표현
④ 인공신경망　⑤ 패턴인식

35 지식 표현 방법 중 자연어 처리의 의미 해석 결과나 질문 응답 시스템의 지식 표현에 사용되는 데이터베이스는 무엇인가?

① 무선 네트워크 ② 쿼리 네트워크 ③ 지식 네트워크
④ 유선 네트워크 ⑤ 의미 네트워크

36 각 개체의 특징을 슬롯으로 미리 구성해 두고, 해당 개체의 특징을 추출해 슬롯을 채우는 표현 방법은 무엇인가?

① 프레임 기반 방법 ② 규칙 기반 방법 ③ 슬롯 기반 방법
④ 지식 기반 방법 ⑤ 의미 기반 방법

37 특정 분야의 전문 지식을 모델링해 활용할 수 있도록 지원하는 시스템은 무엇인가?

① 데이터베이스 시스템
② 전문가 시스템
③ 모델링 시스템
④ 정보 시스템
⑤ 규칙 기반 시스템

38 전문가 시스템의 구성 중 하나인 지식 기반의 표현 방법이 <u>아닌</u> 것은?

① 프레임 ② 화이트 보드 ③ 의미 네트워크
④ 신경망 ⑤ 생성 규칙

39 다음 중 탐색에 대한 설명이 <u>아닌</u> 것은?

① 인공지능의 가장 기본 분야이다.
② 문제 공간에서 적합한 해답을 찾아가는 해결 방법이다.
③ 트리 기반의 탐색 기법도 활용되고 있는데, 그중에서도 게임 트리가 대표적이다.
④ 게임 트리 활용의 대표적인 예로 틱택토(Tic-Tac-Toe) 게임이 있다.
⑤ 높이 우선 탐색과 넓이 우선 탐색은 가장 기본적인 트리 탐색 기법이다.

연습문제

40 정답이 알려진 학습 데이터 내에서 어떤 일관된 규칙을 찾아가는 학습 방식은 무엇인가?

① 비지도 학습　② 강화 학습　③ 지도 학습
④ 문제 학습　⑤ 패턴 학습

41 강화 학습은 학습 알고리즘이 수행한 행동에 대해 (a)를(을) 받으며 학습하는 방식이다. 여기서 (a)는 무엇인가?

① 계산　② 지도　③ 레이블
④ 데이터셋　⑤ 보상

42 다음 중 인공신경망에 대한 설명이 <u>아닌</u> 것은?

① 인간의 뇌 구조에 착안해 만든 학습 기법이다.
② 뇌의 동작 방식을 모델링한 직렬 정보 처리 시스템이다.
③ 단순 연산을 수행하는 소자들의 병렬 및 분산 처리 구조를 가진다.
④ 왼쪽의 입력층 노드에 데이터가 입력되면 오른쪽으로 나아가며 단계별 연산을 수행하고 출력층에서 결과 값을 얻는다.
⑤ 인공신경망을 구현할 땐 소프트웨어를 이용한 시뮬레이션 방법을 주로 사용한다.

43 생물의 신경전달 조직인 시냅스를 수학적으로 모델링한 신경망의 초기 형태는 무엇인가?

① 기계학습　② 강화 학습　③ 퍼셉트론
④ 신경형 시스템　⑤ 딥러닝

44 입력층과 출력층의 중간에 은닉층을 1층 이상 추가한 인공신경망 구조는 무엇인가?

① 뉴런　② 강화 학습　③ 지도 학습
④ 다층 퍼셉트론　⑤ 인공 두뇌

주관식 문제

45 인공지능이 무엇인지 정의하시오.

46 튜링 테스트의 수행 과정을 설명하시오.

47 전문가 시스템의 3가지 구성 요소를 적으시오.

48 탐색을 오목에 비유해 설명하시오.

49 기계학습의 종류를 적고, 각각에 대해 간단히 설명하시오.

50 인공신경망이 무엇인지 정의하시오.

APPENDIX

부록

부록 A

파이썬 설치와 실행

1 파이썬 설치 방법

이 책에서 실습용 프로그래밍 언어로 선정한 파이썬의 설치 과정은 다음과 같다. 우선, 웹 브라우저에서 http://www.python.org/ 홈페이지에 접속해 메뉴에 있는 [Downloads]를 클릭한 후, [Download Python 3.8.x]를 클릭하면 python-3.8.x.exe 파일이 다운로드된다. 파이썬 프로그램은 무료로 다운받을 수 있으며 사용하는 데 별다른 제한이 없다.

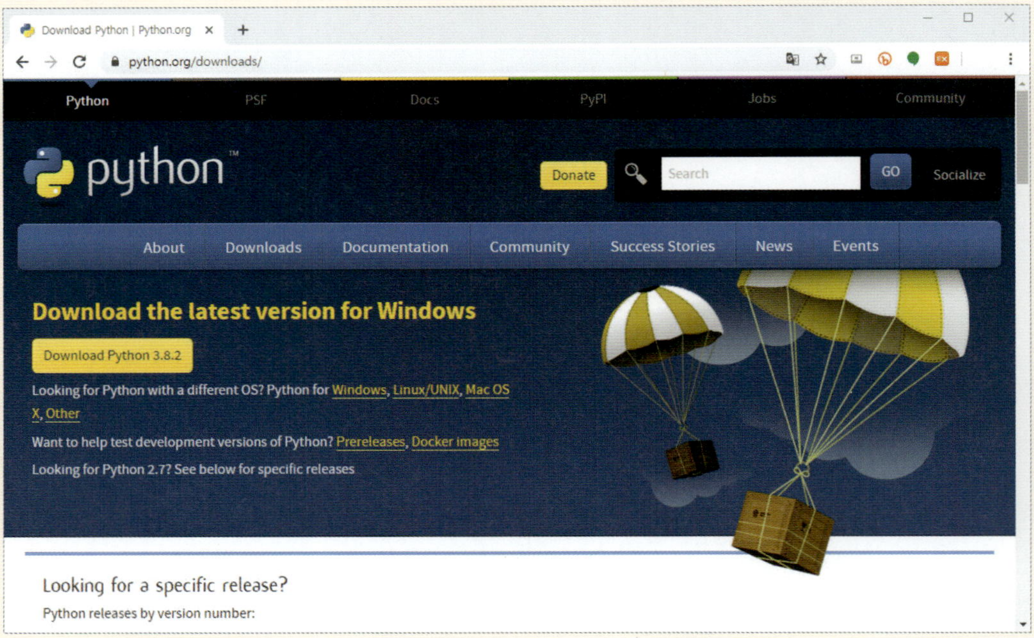

그림 A-1 파이썬 다운로드 화면

이제 다운로드한 설치 파일 python-3.8.x.exe를 더블클릭해 작업을 실행한다. 화면에 뜬 창에서 'Add Python 3.8 to PATH'에 체크하고 〈Customize Installation〉 버튼을 누른다. [Optional Features]는 그냥 〈Next〉 버튼을 누른다. [Advanced Options]에서 경로를 'C:\Python\Python38'로 변경한 후 〈Install〉 버튼을 누른다. 설치가 완료되면 〈Close〉 버튼을 눌러 창을 닫는다.

TIP 설치 파일을 더블클릭했을 때 파일 열기 보안 경고창이 뜨면 〈실행〉 버튼을 누르고, 설치 도중 사용자 계정 컨트롤 창이 뜨면서 '이 앱이 디바이스를 변경할 수 있도록 허용하시겠어요?'라고 물으면 〈예〉 버튼을 누르면 된다.

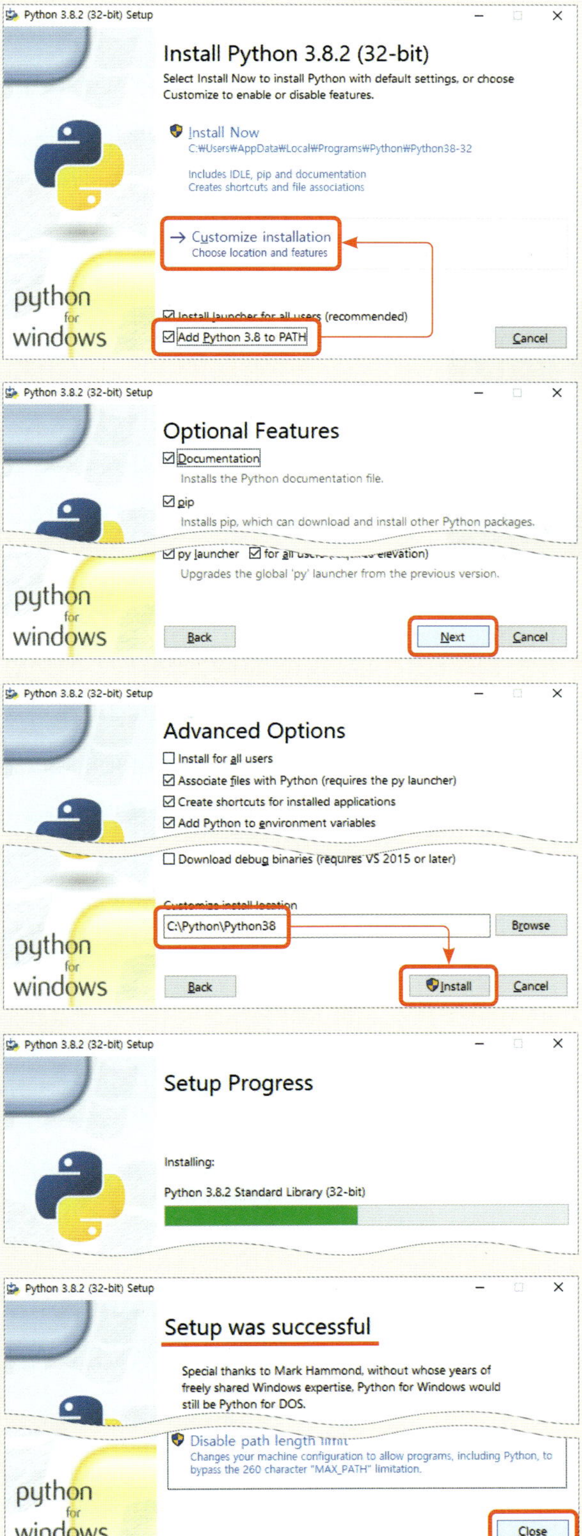

그림 A-2 **파이썬 설치 과정**

2 파이썬 실행 방법

파이썬을 실행하는 방법은 다음과 같다. 우선, 윈도우의 〈시작〉 버튼을 누르고 [모든 프로그램]-[Python 3.8]-[IDLE (Python 3.8 32-bit)] 메뉴를 누르면 파이썬이 실행된다. 파이썬에는 프로그램을 개발할 수 있는 환경이 포함되어 있는데 이것을 IDLE Integrated DeveLopment Environment, 즉 통합 개발 환경이라고 한다.

그림 A-3 IDLE 실행 과정

IDLE이 열리면 [그림 A-4]와 같이 파이썬 버전 정보가 기본적으로 출력되고, 프롬프트 Prompt 인 〉〉〉 표시 옆에 커서가 깜빡일 것이다. 이 화면은 한번에 하나의 명령이 실행되고 그 결과가 바로 나타나는 파이썬 셸 Python Shell 이며, 대화형 모드에 해당한다. 단순한 코드는 이런 대화형 모드에서 작성하는 것이 좋고, 긴 코드는 뒤에서 설명할 스크립트 모드에서 작성하는 것이 좋다.

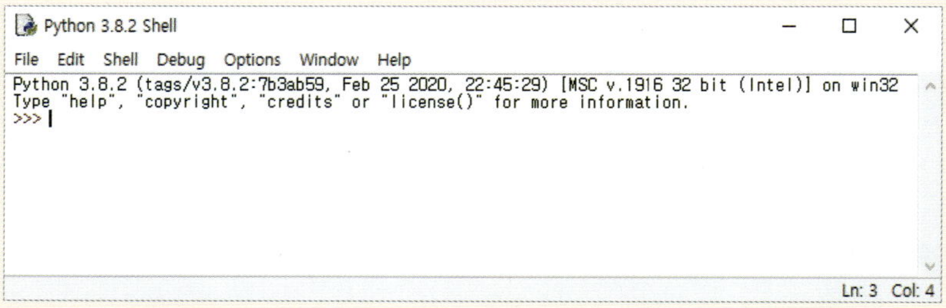

그림 A-4 IDLE 실행 화면

대화형 모드에서의 코드 실행

대화형 모드는 코드를 한 줄 입력할 때마다 해당 코드가 실행되는 구조이다. 대화형 모드에서 〉〉〉 다음에 [그림 A-5]와 같이 print("Hello, world!")를 입력해 보자. Enter 를 누르면 실행 결과가 코드 하단에 바로 출력될 것이다.

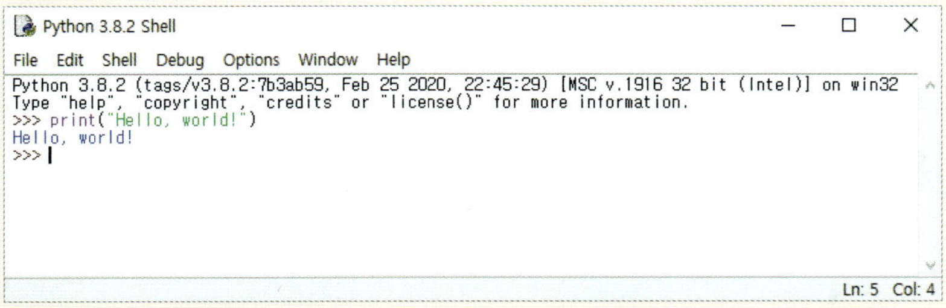

그림 A-5 **대화형 모드에서의 코드 실행**

스크립트 모드에서의 코드 실행

파이썬으로 코딩을 할 때 실행해야 할 코드가 수십 줄이라면 한 줄씩 입력하기는 상당히 번거롭다. 이때 필요한 모드가 바로, 스크립트 모드이다. 스크립트 모드로 전환하기 위해서는 IDLE 화면에서 [File]-[New File] 메뉴를 선택하면 된다. 그러면 메모장 같은 창이 열리는데 이것이 바로 스크립트 모드이다. 여기서는 코드를 한꺼번에 여러 줄 입력할 수 있다. 하지만 입력만 될 뿐 실행은 되지 않는다.

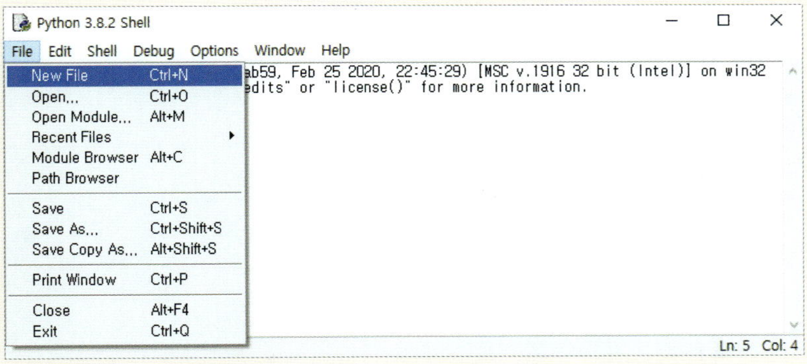

(a) [File]-[New File] 메뉴 선택

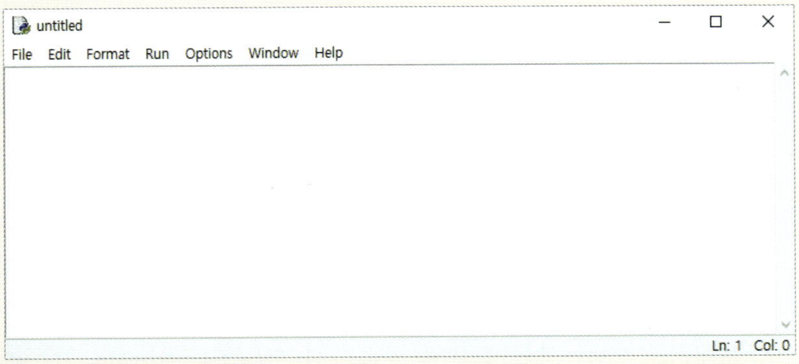

(b) 스크립트 모드 화면

그림 A-6 **스크립트 모드 전환 방법**

그러면, 스크립트 모드에서 실행 결과는 어떻게 알 수 있을까? 우선 스크립트 모드에 [코드 A-1]의 코드를 입력해 보자.

코드 A-1 스크립트 모드 적용 코드

```
a = 100
b = 50
result = a + b
print(a, "+", b, "=", result)
result = a - b
print(a, "-", b, "=", result)
result = a * b
print(a, "*", b, "=", result)
result = a / b
print(a, "/", b, "=", result)
```

코드 입력을 마쳤으면, [File]-[Save] 메뉴를 선택해 C:\Python\Source\ 폴더에 파일 이름을 'A-01'로 저장하도록 한다. 확장명 *.py가 자동으로 붙어 A-01.py 파일로 저장되며, 스크립트 모드 위쪽에 파일명이 표시될 것이다. 파일명은 다른 이름으로 지정해도 상관없다.

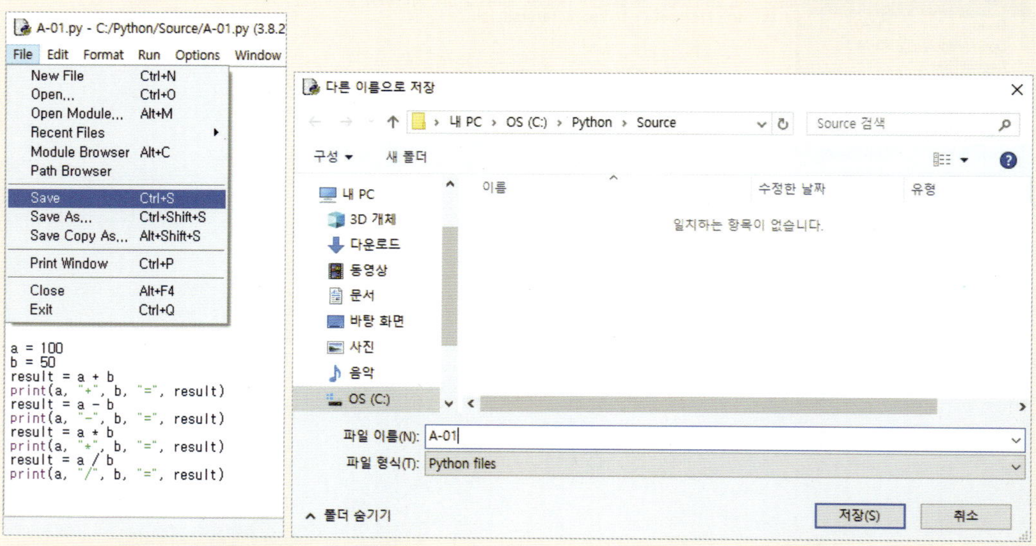

그림 A-7 파이썬 코드를 파일로 저장하는 방법

그런 다음, [Run]-[Run Module] 메뉴를 선택하거나 F5를 눌러 보자. 파이썬 셸과 달리 입력한 실행 코드들의 결과 값이 한꺼번에 실행될 것이다. 실행 결과는 파이썬 셸에 나타난다. 즉, 파이썬에서 긴 코드를 입력해야 할 때는 스크립트 모드에서 코드를 작성해 *py로 저장한 후 실행하면 결과를 빠르게 확인할 수 있다.

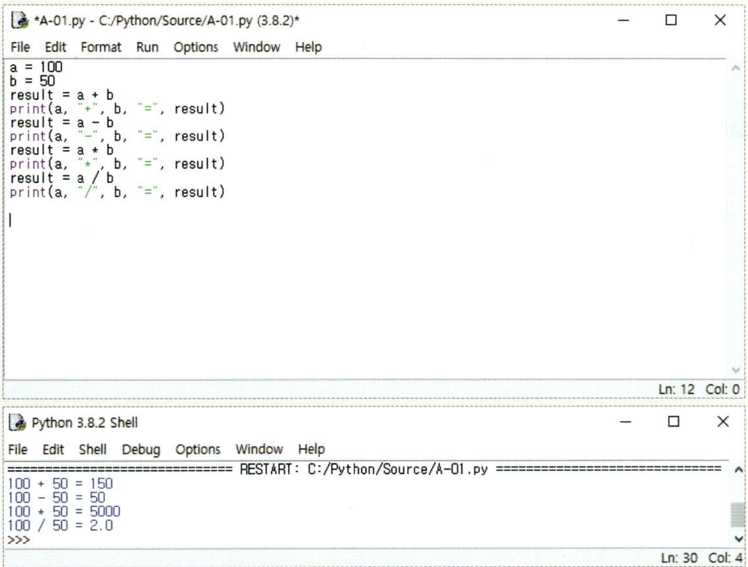

그림 A-8 스크립트 모드에서의 코드 일괄 실행

부록

B 컴퓨터 역사 도표

컴퓨터의 역사 중 중요한 사건들을 따로 모아 도표로 정리해 보았다. 좀 더 이해하기 쉽도록 이미지도 함께 삽입하였다. 오늘날 우리가 쓰고 있는 컴퓨터가 만들어지기까지 어떤 과정과 결과물을 거쳐 왔는지 [표 B-1]과 함께 살펴보자.

표 B-1 컴퓨터 역사 도표

연도	설명
BC 2700 ~2300	**주판** 메소포타미아 문명지 중 한 곳인 고대 바빌로니아(Babylonia)에서 처음 등장했다고 알려진 주판은 세계 최초의 계산기라고 할 수 있다. 이후 주판은 고대 잉카, 고대 로마 시기를 거치며 다양한 형태로 발전했다. 
BC 2000	**2진수** 이집트, 중국, 인도 등에서 수의 체계인 2진수와 유사한 개념이 사용되었다. 17세기에 들어서, 독일의 수학자이자 철학자인 고트프리트 라이프니츠(Gottfried Wilhelm von Leibniz)에 의해 근대적인 2진수 개념으로 발전했다.
1642년	**기계식 수동 계산기** 프랑스의 수학자이자 철학자인 블레즈 파스칼(Blaise Pascal)이 톱니바퀴를 이용한 최초의 기계식 수동 계산기를 만들었다. 덧셈과 뺄셈, 자리올림까지 수행할 수 있는 계산기였다. 
1671년	**사칙연산기** 고트프리트 라이프니츠가 사칙연산이 가능한 기계식 계산기를 개발하였다. 
1725년	**천공카드 형태의 직물기** 실크 공장에서 일하던 프랑스의 바실 부숑(Basile Bouchon)이 구멍을 뚫은 종이로 직물기를 제어하는 시스템을 만들었다. 

1801년

자카드 직조기

조셉 마리 자카드(Joseph Marie Jacquard)가 천공카드를 사용하여 섬유에 문양(디자인)을 입력하는 직조기를 개발했다. 이후 천공카드는 컴퓨터의 입력장치 역할을 수행한다.

1822년

차분기관

영국의 수학자 찰스 배비지(Charles Babbage)는 다항함수를 계산할 수 있는 차분기관을 설계하였다.

1837년

해석기관

찰스 배비지는 차분기관 설계 경험을 바탕으로 오늘날 우리가 사용하는 컴퓨터의 기계적 모델을 처음으로 설계하였다. 동력으로는 증기기관을 사용하였다.

1889년

천공카드 집계 시스템

독일계 미국인인 통계학자 허먼 홀러리스(Herman Hollerith)는 인구 통계를 계산하기 위해 천공카드 기반의 공학용 도표 작성기를 개발하였다.

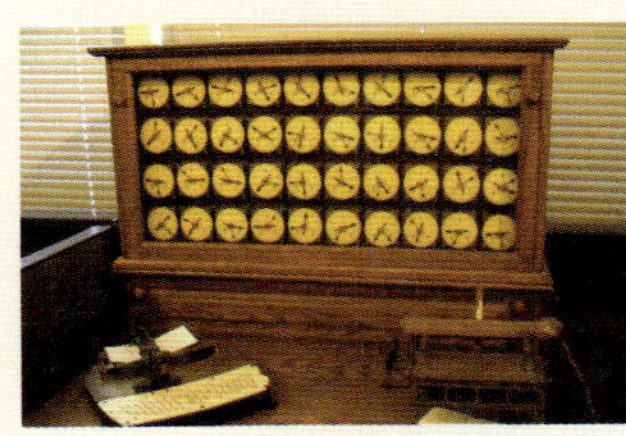

1904년

최초의 진공관

영국의 전기공학자 존 플레밍(John Ambrose Fleming)이 최초의 진공관인 2극관(Diode Tube)을 개발하였다.

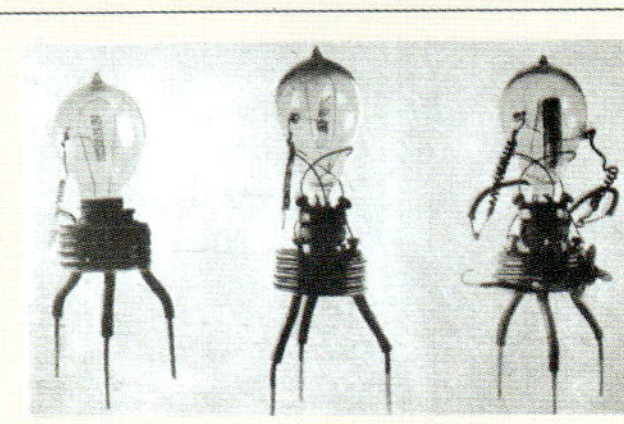

1911년

IBM 설립

천공카드 집계 시스템을 만든 허멀 홀러리스가 만든 TMC(Tabulating Machine Company)를 찰스 플린트(Charles Ranlett Flint)가 인수해, IBM 전신인 CTR(Computing Tabulating Recording Company)을 설립하였다.

1936년

튜링머신(Turing Machine)

앨런 튜링(Alan Turing)이 개발한 튜링머신은 컴퓨터 계산 방식이 추상화된 모델로, 현대 컴퓨터의 기본 개념을 제시하였다.

1939년

HP(휴렛팩커드) 설립

프린터, 컴퓨터, 서버 등의 전자제품을 제조하는 미국의 IT 회사인 HP가 설립되었다. 빌 휴렛(Bill Hewlett)과 데이비드 팩커드(David Packard)가 공동창업자이다.

1942년

ABC(Atanasoff-Berry Computer)

미국의 존 아타나소프(John Vincent Atanasoff) 교수가 선형 방정식 문제를 해결하기 위해 개발하였다. 세계 최초의 전자식 컴퓨터이다.

1943년

콜로서스(Colossus)

수학자 맥스 뉴먼(Max Newman)이 제안하고 엔지니어 토미 플라워스(Tommy Flowers)가 설계하였으며 앨런 튜링이 주도하여 만든 암호 해독기이다. 제2차 세계대전 당시 만들어진 세계 최초의 프로그래밍 가능 디지털 컴퓨터이다.

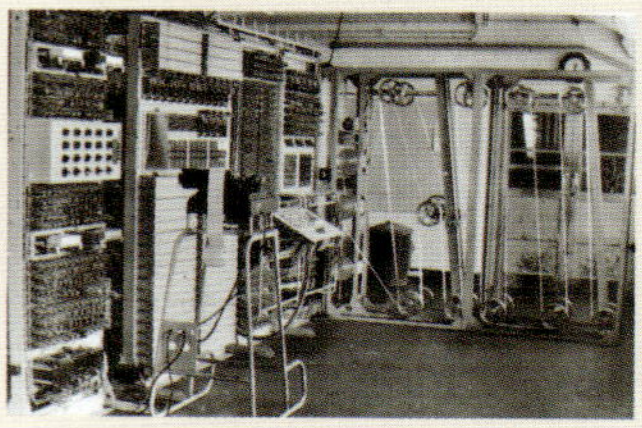

1944년

마크원(Mark-1)

전기기계식 컴퓨터인 마크원이 개발되었다. 전자식이 아니긴 하지만, 찰스 배비지의 해석기관이 실제로 구현된 기계라 여겨지고 있다.

1945년

프로그램 내장 방식

수학자 폰 노이만(John von Neumann)이 메인메모리에 컴퓨터의 명령어와 데이터를 모두 기억시키는 프로그램 내장 방식을 처음으로 제안하였다. 이전까지는 컴퓨터 외부 선을 이용해 프로그래밍을 진행했었다.

1946년

에니악(ENIAC)

제2차 세계대전 중 탄도 계산 등을 하기 위해 개발되었다. 세계 최초의 다용도 전자식 컴퓨터이다.

1947년

트랜지스터

벨 연구소의 물리학자 윌리엄 쇼클리(William Bradford Shockley), 존 바딘(John Bardeen), 월터 브래튼(Walter Houser Brattain)이 반도체 트랜지스터를 개발하였다. 이후 컴퓨터를 제작할 때는 진공관을 사용하지 않게 되었다.

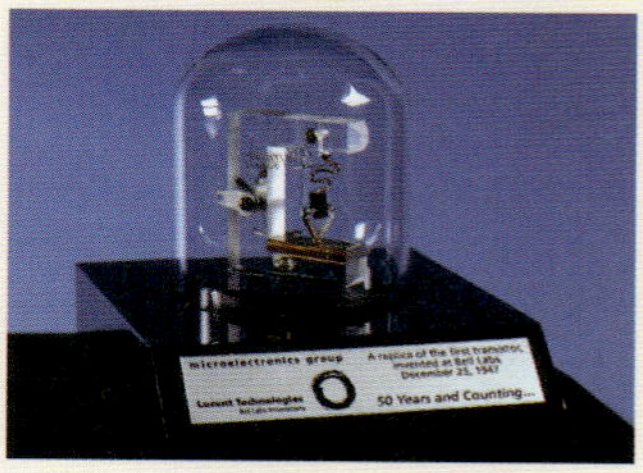

1949, 1950년

에드삭(EDSAC), 에드박(EDVAC)

1949년에 에드삭, 1950년에 에드박이 개발됐다. 모두 프로그램 내장 방식을 구현한 전자식 컴퓨터이다.

1950년

튜링 테스트(Turing Test)

앨런 튜링이 튜링 테스트를 고안해 컴퓨터 지능을 실험했다.

1951년

유니박-1(UNIVAC-1)

세계 최초의 상용 컴퓨터인 유니박이 개발되었다. 대통령 선거 결과를 예측하는 데 사용된 최초의 컴퓨터이다.

1954~ 1957년

포트란(FORTRAN), 컴파일러(Compiler)

포트란은 최초의 고급 프로그래밍 언어로, 1954년에 만들어지기 시작해 1956년에 완성됐다. 1957년에는 고급 언어 번역 프로그램인 컴파일러가 등장했다.

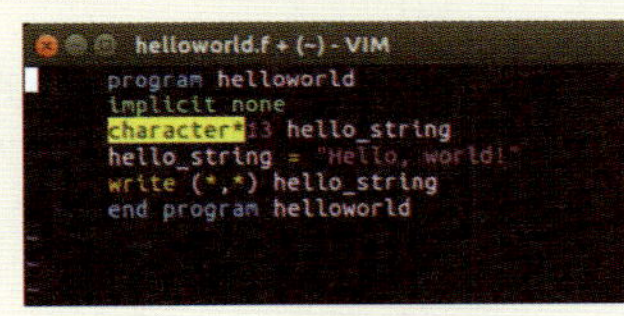

1959년

집적회로(IC, Integrated Circuit)

잭 킬비(Jack Kilby)와 로버트 노이스(Robert Norton Noyce)가 반도체 집적회로를 개발하였다.

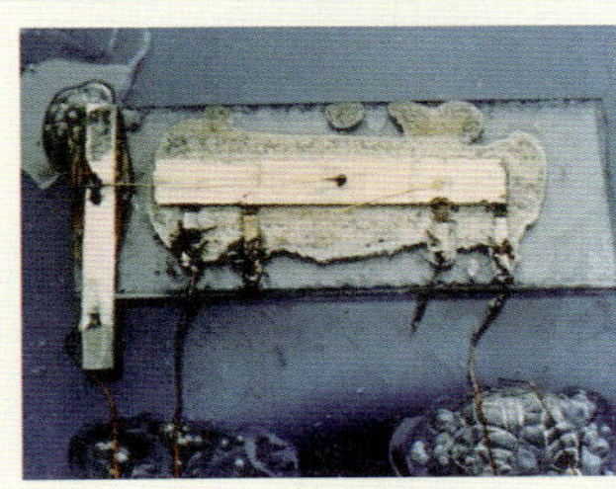

1968년

마우스(Mouse), GUI(Graphic User Interface)

발명가 더글러스 엥겔바트(Douglas Engelbart)가 입력장치인 마우스와 그래픽 사용자 인터페이스인 GUI를 제작하였다.

1971년

C 언어

소프트웨어와 운영체제 개발에 큰 영향을 끼친 C 언어가 개발되었다.

1973년

유닉스(UNIX)
벨 연구소에서 개발한 소프트웨어 개발용 운영체제이다. 1969년에 처음 완성돼, 1973년에 C 언어로 다시 만들어졌다.

1975년

마이크로소프트(Microsoft) 설립
빌 게이츠(Bill Gates)와 폴 앨런(Paul Allen)이 컴퓨터 소프트웨어 회사인 마이크로소프트를 설립했다.

1976년

애플(Apple) 설립
스티브 잡스(Steve Jobs)와 스티브 워즈니악(Stephen Gary Wozniak)이 전자제품 제조회사인 애플을 설립했다.

1979년

초고밀도집적회로(VLSI, Very Large Scale Integration)
수천 개의 트랜지스터가 하나의 칩 안에 집적된 초고밀도집적회로가 개발되었다.

1981년

IBM의 IBM PC
IBM사에서 최초의 개인용 컴퓨터를 개발해 판매하기 시작했다. 운영체제로 MS-DOS를 사용하였다.

1983년

애플의 리사(LISA)
애플사에서 GUI 시스템을 갖춘 최초의 컴퓨터를 개발하여 출시하였다.

1985년

마이크로소프트의 윈도우(Windows)
마이크로소프트사에서 GUI 운영체제인 윈도우를 출시하였다.

1990년	**HTML** 유럽입자물리연구소(CERN)에서 웹 언어인 HTML을 개발하였다. 이를 통해 월드와이드웹이 널리 사용되기 시작했다.	
1997년	**딥블루(Deep Blue)의 체스 대결 승리** IBM사의 인공지능 기반 컴퓨터인 딥블루가 당시 체스 세계 챔피언인 가리 카스파로프(Garry Kasparov)와의 체스 대결에서 승리하였다.	
1998년	**구글(Google) 설립** 래리 페이지(Larry Page)와 세르게이 브린(Sergey Brin)이 세계 최대의 인터넷 검색 서비스 기업인 구글을 설립하였다.	
2004년	**페이스북(Facebook) 설립** 마크 저커버그(Mark Zuckerberg)가 현재 가장 성공한 소셜 네트워크 서비스 웹 사이트인 페이스북을 설립하였다.	
2005년	**유튜브(YouTube) 설립** 채드 헐리(Chad Hurley), 스티브 첸(Steve Chen), 조드 카림(Jawed Karim)이 동영상 공유 서비스 회사인 유튜브를 설립하였다. 2006년 구글사가 인수하였다.	
2007년	**애플의 아이폰(iPhone)** 애플사에서 최초의 스마트폰인 아이폰을 출시하였다. 아이폰은 휴대용 음악 재생 기기인 아이팟에 통화, 인터넷, 이메일 기능을 추가한 것으로, 정전식 터치스크린을 최초로 장착한 단말기였다.	
2016년	**알파고(AlphaGo)의 바둑 대결 승리** 구글사의 인공지능 컴퓨터 알파고가 프로 바둑기사 이세돌 9단과의 바둑 대결에서 최종 승리하였다.	

찾아보기

찾아보기

찾아보기

찾아보기